Entscheidungen in Kirchensachen

seit 1946

30. Band
1. 1.–31. 12. 1992

1997
Walter de Gruyter · Berlin · New York

Zitierweise
Für die Zitierung dieser Sammlung wird die Abkürzung KirchE empfohlen,
z. B. KirchE 1,70 (= Band 1 Seite 70).

ISBN 3 11 015463 3

©

Copyright 1997 by Walter de Gruyter & Co., 10785 Berlin.
Alle Rechte, insbesondere das Recht der Vervielfältigung und Verbreitung sowie der Übersetzung, vorbehalten. Kein Teil des Werkes darf in irgendeiner Form (durch Fotokopie, Mikrofilm oder ein anderes Verfahren) ohne schriftliche Genehmigung des Verlages reproduziert oder unter Verwendung elektronischer Systeme verarbeitet, vervielfältigt oder verbreitet werden. Printed in Germany.

Satz: Dörlemann-Satz, Lemförde
Druck: Gerike, Berlin
Buchbinderarbeiten: Lüderitz & Bauer Buchgewerbe GmbH, Berlin

Vorwort und Benutzungshinweise

Die Sammlung „Entscheidungen in Kirchensachen seit 1946" (KirchE) veröffentlicht Judikatur staatlicher Gerichte in der Bundesrepublik Deutschland zum Verhältnis von Kirche und Staat und zu weiteren Problemkreisen, die durch die Relevanz religiöser Belange gekennzeichnet sind. Angesichts dieses breiten Themenkatalogs, der alle Zweige der Rechtsprechung berührt, kann eine Vollständigkeit der Übersicht nur angestrebt werden, wenn man eine gewisse zeitliche Distanz in Kauf nimmt. Um jedoch den Gebrauchswert der Sammlung zu erhöhen, ist im Quellennachweis unter Fußnote 1 der jeweiligen Entscheidung auf weitere Rechtsprechung verwiesen, die nach dem Publikationszeitraum anderenorts (nicht nur im Leitsatz) veröffentlicht worden ist und ähnliche Rechtsprobleme behandelt. Diese und weitere Entscheidungen werden in späteren Bänden der Sammlung abgedruckt. Über die aus den Bänden 1–25 ersichtliche Judikatur informiert ein im Jahr 1993 erschienener Registerband.

In Fußnote 1 finden sich ferner neben Quellenangaben Hinweise auf den Fortgang des Verfahrens (Rechtsmittel, Rechtskraft). Die Herausgeber halten es für angebracht, evtl. auch solche Entscheidungen aufzunehmen, die noch nicht rechtskräftig sind oder im weiteren Verlauf des Verfahrens keinen Bestand hatten; anderenfalls würde erfahrungsgemäß wertvolles religionsrechtliches Material für eine Auswertung in Wissenschaft und Praxis verlorengehen.

Soweit die als amtlich gekennzeichneten Leitsätze der Gerichte verwendet wurden, ist dies vermerkt. Im übrigen wurden die Leitsätze möglichst auf den religionsrechtlich relevanten Inhalt der Entscheidung beschränkt. Dasselbe gilt für die von den Herausgebern gefaßte Sachverhaltsschilderung, für die Prozeßgeschichte und die Entscheidungsgründe. Der z. T. unterschiedliche Zitier- und Abkürzungsmodus wurde nur angeglichen, wo Verwechslungen in Betracht kamen. Soweit in den Urteilen etc. auf andere Entscheidungen, die auch in KirchE abgedruckt sind, Bezug genommen wird, ist die Fundstelle in einer weiteren Fußnote – jeweils beim erstmaligen Zitat – nachgewiesen.

Zugänge zur Judikatur kirchlicher Gerichte, die in dieser Sammlung schon aus Raumgründen nicht berücksichtigt werden kann, eröffnen die Rechtsprechungsbeilage zum Amtsblatt der VELKD, das Amtsblatt der EKD (jeweils Beilage zu Heft 4 eines Jahrganges, ab 1982) und die kirchenrechtlichen Fachzeitschriften, insbesondere das „Archiv für katholisches Kirchenrecht" und die „Zeitschrift für evangelisches Kirchenrecht".

Da im Asylrecht und Feiertagsrecht relegionsrechtliche Bezüge nur ausnahmsweise eingehend behandelt werden, haben sich die Herausgeber hier auf den Abdruck einer exemplarischen Entscheidung beschränkt. Weitere Judikatur aus dem Veröffentlichungszeitraum ist jeweils in Fußnote 1 nachgewiesen.

Seit seiner Gründung (1963) erscheint das Werk in Zusammenarbeit mit dem Institut für Kirchenrecht und Rheinische Kirchenrechtsgeschichte der Universität zu Köln und wird dort auch redaktionell betreut.

Den Benutzern der Sammlung, den Gerichten und kirchlichen Stellen, insbesondere dem Kirchenamt der EKD in Hannover und dem Institut für Staatskirchenrecht der Diözesen Deutschlands in Bonn, danken die Herausgeber für Hinweise und die Zusendung bisher unveröffentlichter Entscheidungen; sie werden diese Mithilfe auch weiterhin zu schätzen wissen.

Köln, im Januar 1997   *Hubert Lentz*   *Wolfgang Rüfner*
                                    Manfred Baldus

Inhaltsverzeichnis

Nr.		Seite
1	Besonderes Kirchgeld in glaubensverschiedener Ehe. VG Koblenz, Urteil vom 10. 1. 1992 (2 K 3951/90 KO)	1
2	Eingruppierung eines kirchl. Mitarbeiters mit Tätigkeitskombination. ArbG Iserlohn, Urteil vom 16. 1. 1992 (4 Ca 2319/91)	5
3	Unterhaltspflicht eines Ordensangehörigen. BVerfG, Kammerbeschluß vom 21. 1. 1992 (1 BvR 517/91)	7
4	Kunst- u. Pressefreiheit (Fotomontage mit Bild des Papstes). LG Zweibrücken, Urteil vom 24. 1. 1992 (407 Js 10361/89 –2 Ns jug)	10
5	Eheschließung durch Stellvertreter im islamischen Recht. LG Stuttgart, Beschluß vom 28. 1. 1992 (2 T 175/21)	15
6	Förderung religionskritischer Kunst. OVG Nordrhein-Westfalen, Urteil vom 4. 2. 1992 (5 A 1320/88)	20
7	Steuerverweigerung aus Gewissensgründen. FG Münster, Urteil vom 6. 2. 1992 (3 K 5170/90 L)	34
8	Keine Rehabilitierung bei sog. Totalverweigerung in der früheren DDR. BezirksG Erfurt, Beschluß vom 11. 2. 1992 (II Reha 2587/91)	36
9	Gerichtskostenbefreiung im Kirchensteuer-Rechtsstreit. FG Münster, Beschluß vom 13. 2. 1992 (4 Ko 3188/91)	39
10	Schutz der Bezeichnung „römisch-katholisch". OLG Köln, Urteil vom 13. 2. 1992 (12 U 160/91)	41
11	Werbungskosten in der Ausbildung eines Kirchenmusikers. BFH, Urteil vom 14. 2. 1992 (VI R 69/90)	49
12	Errichtung einer privaten Bekenntnisschule. BVerwG, Urteil vom 19. 2. 1992 (6 C 3.91)	52
13	Zum Begriff der Weltanschauungsschule i. S. von Art. 7 Abs. 5 GG. BVerwG, Urteil vom 19. 2. 1992 (6 C 5.91)	70
14	Türkischer Moslem, Sozialhilfe für Bestattung in der Heimat. OVG Hamburg, Urteil vom 21. 2. 1992 (Bf IV 44/90)	86
15	Unterlassungsklage betr. Zeitschlag der Kirchturmuhr. LG Trier, Urteil vom 25. 2. 1992 (11 O 308/91)	91
16	Baugenehmigung für islam. Betsaal. BVerwG, Urteil vom 27. 2. 1992 (4 C 50.89)	93
17	§ 4 a TierSchG ist verfassungskonform. OLG Hamm, Beschluß vom 27. 2. 1992 (1 Ss OWi 652/91)	97
18	Hoheitl. Eigentumszuweisung an russ.-orth. Kirchenvereinigung in Deutschland. BVerfG, Kammerbeschluß vom 28. 2. 1992 (2 BvR 1088/88 u. a.)	104
19	Schutz der Bezeichnung „römisch-katholisch". OLG Düsseldorf, Urteil vom 4. 3. 1992 (15 U 20/91)	116
20	Wirkung kirchlicher akademischer Grade im weltlichen Bereich. OLG Hamm, Urteil vom 4. 3. 1992 (33 U 18/92)	121
21	Berufliche Aus- u. Fortbildungsseminare an Sonn- u. Feiertagen. OVG Rheinland-Pfalz, Urteil vom 11. 3. 1992 (11 A 11202/91)	124
22	Schulpflicht verfassungskonform. BayVGH, Beschluß vom 16. 3. 1992 (7 CS 92.512)	131

23 Eheauflösung durch Verstoßung. AG Esslingen, Urteil vom 19. 3. 1992 (1 F 162/91) ... 138
24 Befreiung vom Sportunterricht aus relig. Gründen. OVG Bremen, Urteil vom 24. 3. 1992 (OVG 1 BA 17/91) ... 139
25 Adoptionserklärung vor kath. Geistlichen. AG Tübingen, Beschluß vom 25. 3. 1992 (3 GR 130/89) ... 149
26 Staatl. Förderung eines Vereins zur Bekämpfung von Gefahren durch sog. Jugendreligionen. BVerwG, Urteil vom 27. 3. 1992 (7 C 21.90) ... 151
27 Kommunale Förderung eines privaten Vereins zur Bekämpfung von Gefahren durch sog. Jugendreligionen. BVerwG, Urteil vom 27. 3. 1992 (7 C 28.90) ... 164
28 Nachversicherung ausgeschiedener Ordensmitglieder. BSG, Urteil vom 31. 3. 1992 (4 RA 25/91) ... 174
29 Kirchengrundstück als res sacra. VG Koblenz, Beschluß vom 3. 4. 1992 (1 L 758/92) ... 180
30 Tarifliche Eingruppierung eines kirchl. Kindergartenleiters. ArbG Mainz, Urteil vom 3. 4. 1992 (6 Ca 48/92) ... 181
31 Kein Kapazitätsüberprüfungsanspruch eines Studienbewerbers gegenüber kirchl. Hochschule. BayVGH, Beschluß vom 7. 4. 1992 (7 CE 92.11851) ... 185
32 Objektivierbarkeit einer Verletzung der Glaubensfreiheit. BayVGH, Urteil vom 8. 4. 1992 (7 B 92.70) ... 189
33 Mitbestimmung des Personalrats bei Einstellung aufgrund Gestellungsvertrags. Hess.VGH, Beschluß vom 8. 4. 1992 (HPV TL 576/86) ... 195
34 Aufhebung eines Friedhofs durch Religionsgemeinschaft. OVG Hamburg, Beschluß vom 9. 4. 1992 (Bs II 30/92) ... 204
35 Straßenausbaubeitrag für Kirchengrundstück. Niedersächs. OVG, Beschluß vom 16. 4. 1992 (9 M 1742/92) ... 209
36 Nächtl. Glockenschlag einer kirchl. Turmuhr. BVerwG, Urteil vom 30. 4. 1992 (7 C 25.91) ... 211
37 Angebot sog. Teufelsaustreibung als versuchter Betrug. LG Mannheim, Urteil vom 30. 4. 1992 ([12] 4 Ns 80/91) ... 216
38 Kirchensteuerberechnung nach § 19 Abs. 4 BW.KiStG. FG Baden-Württemberg, Urteil vom 15. 5. 1992 (9 K 15/88) ... 219
39 Kirchensteuer, Halbteilungsgrundsatz. FG Baden-Württemberg, Urteil vom 15. 5. 1992 (9 K 219/88) ... 222
40 Überprüfung eines kirchl. Schiedsspruchs im arbeitsgerichtlichen Verfahren. BAG, Urteil vom 21. 5. 1992 (2 AZR 49/92) ... 225
41 Strafzumessung bei Zeugen Jehovas als Gewissenstäter. OLG Stuttgart, Beschluß vom 25. 5. 1992 (1 Ss 64/92) ... 237
42 Straßenbaubeitrag f. Kirchengebäude. OVG Nordrhein-Westfalen, Urteil vom 25. 5. 1992 (2 A 1646/90) ... 238
43 Ausnahme vom Verbot des Schächtens, zwingende religiöse Vorschriften. VG Gelsenkirchen, Urteil vom 25. 5. 1992 (7 K 5738/91) ... 240
44 Sexualkundeunterricht für muslimische Schülerin. VG Hannover, Beschluß vom 25. 5. 1992 (6 B 2024/92) ... 248
45 Presseberichterstattung über Spender von Geldleistungen an die Scientology-Kirche. OLG Stuttgart, Urteil vom 27. 5. 1992 (4 U 26/92) ... 252
46 Kirchgeld, Nordelbische Ev.-Luth. Kirche. FG Hamburg, Urteil vom 2. 6. 1992 (IV 66/91 H) ... 254

Inhaltsverzeichnis

47 Vornamensänderung durch Aufnahme eines weiteren (hier: muslimischen) Vornamens. BayVGH, Urteil vom 3. 6. 1992 (5 B 92.162) 262

48 Plazierung von Religionsunterricht auf sog. Randstunden. Niedersächs. OVG, Urteil vom 17. 6. 1992 (13 L 7612/91) 266

49 Staatliche Warnung vor sog. Jugendsekten. VGH Baden-Württemberg, Urteil vom 22. 6. 1992 (1 S 182/91) 270

50 Nichteheliche Lebensgemeinschaft in kirchl. Mietwohnung. LG Aachen, Urteil vom 10. 7. 1992 (5 S 472/90) 294

51 Privatschulfinanzierung. OVG Rheinland-Pfalz, Urteil vom 15. 7. 1992 (2 A 12309/91) 296

52 Sog. verkappte Statusklage, Rechtsweg. Schl.-Holst. OVG, Urteil vom 16. 7. 1992 (3 L 414/91) 303

53 Betrieb eines kirchl. Lokalsenders. BVerfG, Kammerbeschluß vom 20. 7. 1992 (1 BvR 1307/91) 307

54 Moralisch mißbilligte Lebensgemeinschaft in einer für kirchliche Zwecke genutzten Wohneinheit, Kündigungsrecht des Vermieters. AG Regensburg, Urteil vom 31. 7. 1992 (8 C 1024/92) 310

55 Leistungsverweigerung wegen relig. begründeten Gewissenskonflikts. LAG Düsseldorf, Urteil vom 7. 8. 1992 (9 Sa 794/92) 313

56 Ausschluß einer muslimischen Schülerin vom Sportunterricht. VG Köln, Urteil vom 12. 8. 1992 (10 K 429/91) 320

57 Widerruf der Aufnahme in Bekenntnisschule. VG Köln, Urteil vom 12. 8. 1992 (10 K 4800/91) 323

58 Anerkennung einer kirchl. Einrichtung als Beschäftigungsstelle des Zivildienstes. BVerwG, Urteil vom 14. 8. 1992 (8 C 67.91) 329

59 Eigenbedarf zugunsten von Glaubensgenossen. AG Köln, Urteil vom 25. 8. 1992 (217 C 14/92) 337

60 Mitarbeitervertretungsrecht, Rechtsweg. BAG, Urteil vom 9. 9. 1992 (5 AZR 456/91) .. 340

61 Pauschalierte Kirchensteuer. FG Köln, Urteil vom 9. 9. 1992 (11 K 2419-2420/87) 343

62 Ausnahme vom Verbot des Schächtens. OVG Hamburg, Urteil vom 14. 9. 1992 (OVG Bf III 42/90) 348

63 Pauschalierte Kirchensteuer. VG Hannover – Kammern Hildesheim –, Urteil vom 25. 9. 1992 (3 Hi A 21/89) 364

64 Pauschalierte Kirchensteuer. VG Hannover – Kammern Hildesheim –, Urteil vom 25. 9. 1992 (3 Hi A 17/89) 367

65 Sog. Dissidentenzuschlag für Bestattung auf kirchl. Friedhof. Niedersächs. OVG, Urteil vom 27. 10. 1992 (8 L 4451/91) 373

66 Namensänderung wegen Übertritt zum Islam. VG Koblenz, Urteil vom 27. 10. 1992 (2 K 2499/91 KO) 381

67 Bezeichnung von Kündigungsgründen bei Anhörung der Mitarbeitervertretung. LAG Köln, Urteil vom 28. 10. 1992 (7 Sa 692/92) 384

68 Kirchenvorstandswahl, Rechtsweg. VG Gelsenkirchen, Beschluß vom 2. 11. 1992 (4 L 3076/92) 387

69 Kirchensteuer, Halbteilungsgrundsatz. BFH, Beschluß vom 3. 10. 1992 (I B 87/92) 389

70 Sozialhilfe für religiös bedingten Bestattungsaufwand. VG Berlin, Urteil vom 3. 11. 1992 (8 A 286/89) 391

71 Kirchenaustritt als Kündigungsgrund. ArbG Herford, Urteil vom 11. 11. 1992 (2 Ca 782/92) 393

72 Jüdische Gemeinde, Wahlanfechtung, Rechtsweg. BVerwG, Beschluß vom 20. 11. 1992 (7 B 48.92) 396
73 Persönlichkeitsschutz eines e. V. (hier: Scientology-Kirche). OLG Stuttgart, Urteil vom 25. 11. 1992 (4 U 149/92) 398
74 Halbteilungsgrundsatz u. Kappungsgrenze im Kirchensteuerrecht des Landes Nordrhein-Westfalen. FG Köln, Urteil vom 25. 11. 1992 (11 K 1660/92) 401
75 Benutzungszwang für gemeindliches Leichenhaus. BayVGH, Urteil vom 8. 12. 1992 (4 B 90.2014) 405
76 Abschiebungshaft bei Inanspruchnahme von sog. Kirchenasyl. OLG Köln, Beschluß vom 9. 12. 1992 (16 WX 192/92) 410
77 Kirchl. Krankenhaus, Kündigung eines leitenden Arztes, Beteiligung der Mitarbeitervertretung. BAG, Urteil vom 10. 12. 1992 (2 AZR 271/92) 412
78 Modifizierte Kirchenaustrittserklärung. LG Mainz, Beschluß vom 10. 12. 1992 (8 T 219/92) 426
79 Berücksichtigung religiös-kunsthandwerklicher Prägung eines Ortskerns bei Aufstellung eines Bebauungsplans. BayVGH, Urteil vom 11. 12. 1992 (2 N 90.2791) 431
80 Religiös bedingte Verfolgungsmaßnahmen als Asylgrund. BVerwG, Urteil vom 15. 12. 1992 (9 C 61.91) 438
81 Gebührenbefreiung für Kirchengemeinde. Niedersächs. OVG, Beschluß vom 22. 12. 1992 (12 L 110/89) 443
82 Schutz der Bezeichnung „römisch-katholisch". LG Rottweil, Urteil vom 23. 12. 1992 (3 O 1058/92) 447

Abkürzungsverzeichnis

a.A.	anderer Ansicht
aaO	am angegebenen Ort
ABl.EKD	Amtsblatt der Evangelischen Kirche in Deutschland
ABl.Hess.KM	Amtsblatt des Hessischen Kultusministers
Abs.	Absatz
a.F.	alte Fassung
AG	Amtsgericht
AK	Alternativkommentar
AkKR	Archiv für katholisches Kirchenrecht
AnfG	Anfechtungsgesetz
Anm.	Anmerkung
AnVNG	Angestelltenversicherungs-Neuregelungsgesetz
AO	Abgabenordnung
AöR	Archiv des öffentlichen Rechts
AP	Arbeitsrechtliche Praxis
ArbG	Arbeitsgericht
ArbGG	Arbeitsgerichtsgesetz
AR-Blattei	Arbeitsrecht-Blattei
Art.	Artikel
ArVNG	Arbeiterrentenversicherungs-Neuregelungsgesetz
ASchO	Allgemeine Schulordnung
AuR	Arbeit und Recht
AusfVO	Ausführungsverordnung
AuslG	Ausländergesetz
AVG	Angestelltenversicherungsgesetz
BAG	Bundesarbeitsgericht
BAGE	Entscheidungen des Bundesarbeitsgerichts
BAT	Bundesangestelltentarif
BAT-KF	Bundesangestelltentarif-Kirchliche Fassung
BauGB	Baugesetzbuch
BauGBMaßnG	Maßnahmengesetz zum Baugesetzbuch
BauNVO	Baunutzungsverordnung
BayBestG	Bayern. Bestattungsgesetz
BayEUG	Bayern. Gesetz über das Erziehungs- und Unterrichtswesen
BayGO	Bayern. Gemeindeordnung
BayHSchG	Bayern. Hochschulgesetz
BayK	Bayerisches Konkordat
BayOblG	Bayerisches Oberstes Landesgericht
BayOblGSt	Entscheidungen des Bayerischen Obersten Landesgerichts in Strafsachen

BayOblGZ	Entscheidungen des Bayerischen Obersten Landesgerichts in Zivilsachen
BayRS	Bayerische Rechtssammlung
BaySchPflG	Bayern. Schulpflichtgesetz
BayVBl.	Bayerische Verwaltungsblätter
BayVerfGH	Bayerischer Verfassungsgerichtshof
BayVerfGHE	Sammlung von Entscheidungen des Bayerischen Verwaltungsgerichtshofs mit Entscheidungen des Bayerischen Verfassungsgerichtshofs
BayVGH	Bayerischer Verwaltungsgerichtshof
BayVoSchG	Bayern. Volksschulgesetz
BayVSO	Bayern. Volksschulordnung
BayVwVfG	Bayern. Verwaltungsverfahrensgesetz
BB	Der Betriebsberater
BBauGB	Bundesbaugesetz
Bd.	Band
BetrVG	Betriebsverfassungsgesetz
BezirksG	Bezirksgericht
BfA	Bundesversicherungsanstalt für Angestellte
BFH	Bundesfinanzhof
BFHE	Sammlung der Entscheidungen des Bundesfinanzhofs
BFH/NV	Sammlung amtlich nicht veröffentlichter Entscheidungen des Bundesfinanzhofs
BGB	Bürgerliches Gesetzbuch
BGBl.	Bundesgesetzblatt
BGH	Bundesgerichtshof
BGHSt	Entscheidungen des Bundesgerichtshofs in Strafsachen
BGHZ	Entscheidungen des Bundesgerichtshofs in Zivilsachen
BHO	Bundeshaushaltsordnung
BImSchG	Bundes-Immissionsschutzgesetz
BK-GG	Bonner Kommentar zum Grundgesetz
BPersVG	Bundespersonalvertretungsgesetz
BremGBl.	Bremische Gesetzblätter
BremLV	Bremen. Landesverfassung
BremSchulBl.	Bremische Schulblätter
Brem.SchulG	Bremen. Schulgesetz
BRS	Baurechtssammlung
BSG	Bundessozialgericht
BSGE	Entscheidungen des Bundessozialgerichts
BSHG	Bundessozialhilfegesetz
BStBl.	Bundessteuerblatt
BStG	Bundessteuergesetz
BV	Verfassung des Freistaates Bayern
BVerfG	Bundesverfassungsgericht
BVerfGE	Entscheidungen des Bundesverfassungsgerichts
BVerfGG	Gesetz über das Bundesverfassungsgericht
BVerwG	Bundesveraltungsgericht
BVerwGE	Entscheidungen des Bundesverwaltungsgerichts
BW.KiStG	Baden-Württemberg. Kirchensteuergesetz
BW.LV	Baden-Württemberg. Landesverfassung

c.; can.; cc.	canon, canones
CIC; CJC	Codex Iuris Canonici
DB	Der Betrieb
DÖV	Die öffentliche Verwaltung
DV	Durchführungsverordnung
DVBl.	Deutsches Verwaltungsblatt
EFG	Entscheidungen der Finanzgerichte
EGBGB	Einführungsgesetz zum Bürgerlichen Gesetzbuch
EGMR	Entscheidungen des Europäischen Gerichtshofs für Menschenrechte
EKD	Evangelische Kirche in Deutschland
EMRK	Europäische Konvention zum Schutze der Menschenrechte und Grundfreiheiten
EStDV	Einkommensteuer-Durchführungsverordnung
EStG	Einkommensteuergesetz
EuGRZ	Europäische Grundrechts-Zeitschrift
ev.-luth.	evangelisch-lutherisch
EzA	Entscheidungssammlung zum Arbeitsrecht
FAG	Fernmeldeanlagengesetz
FamRZ	Zeitschrift für das gesamte Familienrecht. Ehe und Familie im privaten und öffentlichen Recht
FEG	Freiheitsentziehungsgesetz
FEVS	Fürsorgerechtliche Entscheidungen der Verwaltungs- und Sozialgerichte
FFG	Filmförderungsgesetz
FG	Finanzgericht
FGG	Gesetz über Angelegenheiten der freiwilligen Gerichtsbarkeit
FGO	Finanzgerichtsordnung
GBl.	Gesetzblatt
GBO	Grundbuchordnung
GewArch	Gewerbearchiv
GewStG	Gewerbesteuergesetz
GG	Grundgesetz
GjS	Gesetz über die Verbreitung jugendgefährdender Schriften
GKG	Gerichtskostengesetz
GrStG	Grundsteuergesetz
GVBl., GVOBl.	Gesetz- und Verordnungsblatt
GVG	Gerichtsverfassungsgesetz
GV.NW	Gesetz- und Verordnungsblatt für das Land Nordrhein-Westfalen
GVOBl.NELK	Gesetz- und Verordnungsblatt der Nordelbischen Evangelisch-Lutherischen Kirche
HdbStKirchR	Handbuch des Staatskirchenrechts der Bundesrepublik Deutschland
Hess.VGH	Hessischer Verwaltungsgerichtshof

HFR	Höchstrichterliche Finanzrechtsprechung
Hmb.GVBl.	Hamburg. Gesetz- und Verordnungsblatt
Hmb.JVBl.	Hamburg. Justizverwaltungsblatt
Hmb.PrivatschulG	Hamburg. Privatschulgesetz
Hmb.SchulG	Hamburg. Schulgesetz
HPVG	Hessen. Personalvertretungsgesetz
HRG	Hochschulrahmengesetz
InfAuslR	Informationsbrief Ausländerrecht
IPR	Internationales Privatrecht
IPRax	Praxis des Internationalen Privat- und Verfahrensrechts
JMBl.	Justizministerialblatt
JR	Juristische Rundschau
JZ	Juristenzeitung
KABl.	Kirchliches Amtsblatt
KAVO	Kirchliche Arbeits- und Vergütungsordnung
KG	Kammergericht
KirchE	Entscheidungen in Kirchensachen seit 1946
KiStG	Kirchensteuergesetz
KiStRG	Kirchensteuerrahmengesetz
KJHG	Kinder- und Jugendhilfegesetz
KK	Karlsruher Kommentar
KMBl.	Amtsblatt des Bayerischen Staatsministeriums für Unterricht und Kultus
KStG	Körperschaftssteuergesetz
KStZ	Kommunale Steuer-Zeitschrift
KVersG	Kirchenversorgungsgesetz
LAG	Landesarbeitsgericht
LFtG	Landesgesetz über den Schutz der Sonn- und Feiertage (Feiertagsgesetz)
LG	Landgericht
LPVG	Landespersonalvertretungsgesetz
LS	Leitsatz
LStVG	Landesstraf- und Verordnungsgesetz
LT-Drucks.	Landtagsdrucksache
LV	Landesverfassung
MABl.	Ministerialblatt der bayerischen inneren Verwaltung
MAVO	Mitarbeitervertretungsordnung
MDR	Monatsschrift für Deutsches Recht
MünchKomm	Münchener Kommentar zum BGB
NÄG	Gesetz über die Änderung von Familiennamen und Vornamen
Nds.	Niedersachsen, niedersächsisch
Nds.KiStRG	Niedersachsen. Kirchensteuerrahmengesetz
Nds.MBl.	Niedersächsisches Ministerialblatt
Nds.Rpfl.	Niedersächsische Rechtspflege

Nds.SchG	Niedersachsen. Schulgesetz
NELK	Nordelbische Evangelisch-Lutherische Kirche
NF	Neue Folge
NJW	Neue Juristische Wochenschrift
NJW-RR	Neue Juristische Wochenschrift-Rechtsprechungsreport
NStZ	Neue Zeitschrift für Strafrecht
NVwZ	Neue Zeitschrift für Verwaltungsrecht
NVwZ-RR	Neue Zeitschrift für Verwaltungsrecht-Rechtsprechungsreport
NW	Nordrhein-Westfalen, nordrhein-westfälisch
NW.KhG	Nordrhein-Westfalen. Krankenhausgesetz
NW.LV	Nordrhein-Westfalen. Landesverfassung
NW.StiftG	Nordrhein-Westfalen. Stiftungsgesetz
NZA	Neue Zeitschrift für Arbeits- und Sozialrecht
OLG	Oberlandesgericht
OLGZ	Entscheidungen der Oberlandesgerichte in Zivilsachen einschl. der freiwilligen Gerichtsbarkeit
OVG	Oberverwaltungsgericht
OWiG	Gesetz über Ordnungswidrigkeiten
PfG	Pfarrergesetz
PrivSchG	Privatschulgesetz
PrGKG	Preußisches Gerichtskostengesetz
PrGS	Preußische Gesetzsammlung
PrOVG	Preußisches Oberverwaltungsgericht
PrOVGE	Entscheidungen des Preußischen Oberverwaltungsgerichts
Pr.VerwBl.	Preußisches Verwaltungsblatt
PStG	Personenstandsgesetz
PVG	Polizeiverwaltungsgesetz
RdJB	Recht der Jugend und des Bildungswesens
Rdnr.	Randnummer
RehaG	Rehabilitierungsgesetz
REMiet	Rechtsentscheide Mietrecht
RGBl.	Reichsgesetzblatt
RGr	Reichsgrundsätze über Voraussetzung, Art und Maß der öffentlichen Fürsorge
RGZ	Entscheidungen des Reichsgerichts in Zivilsachen
RhldPf.KiStG	Rheinland-Pfalz. Kirchensteuergesetz
RhldPf.PrivSchG	Rheinland-Pfalz. Privatschulgesetz
Rh.-Pf.LV	Rheinland-Pfalz. Landesverfassung
RiA	Das Recht im Amt
RMBl	Reichsministerialblatt
Rpfl.	Der Rechtspfleger
RRG	Rentenreformgesetz
Rz.	Randziffer
SchfKVO	Schülerfahrtkostenverordnung
Schl.Holst.OVG	Schleswig-Holsteinisches Oberverwaltungsgericht
SchOG	Schulordnungsgesetz

SchPflG	Schulpflichtgesetz
SchulG	Schulgesetz
SG	Sozialgericht
SGG	Sozialgerichtsgesetz
SozEntsch	Sozialrechtliche Entscheidungssammlung
SozR	Sozialrecht
StAZ	Zeitschrift für Standesamtswesen
std.Rspr.	ständige Rechtsprechung
StGB	Strafgesetzbuch
StiftG	Stiftungsgesetz
StPO	Strafprozeßordnung
StuW	Steuer und Wirtschaft
SVBl.	Schulverwaltungsblatt
TA	Technische Anleitung
TierschG	Tierschutzgesetz
TVK	Tarifvertrag für Kulturorchester
UA	Urteilsausfertigung
unv.	unveröffentlicht
Urt.	Urteil
UStG	Umsatzsteuergesetz
UWG	Gesetz gegen den unlauteren Wettbewerb
VBlBW	Verwaltungsblätter für Baden-Württemberg
VDI	Verein deutscher Ingenieure
VerfGH	Verfassungsgerichtshof
VerfGHE	Entscheidungen des Bayerischen Verfassungsgerichtshofs
VG	Verwaltungsgericht
VGH	Verwaltungsgerichtshof
VwGO	Verwaltungsgerichtsordnung
VwVfG	Verwaltungsverfahrensgesetz
WissR	Wissenschaftsrecht, Wissenschaftsverwaltung, Wissenschaftsförderung
WiVerw.	Wirtschaftsverwaltung
WPflG	Wehrpflichtgesetz
WRV	Weimarer Reichsverfassung
WuM	Wohnungswirtschaft und Mietrecht
ZDG	Zivildienstgesetz
ZevKR	Zeitschrift für evangelisches Kirchenrecht
ZfBR	Zeitschrift für deutsches und internationales Baurecht
ZPO	Zivilprozeßordnung
ZRP	Zeitschrift für Rechtspolitik

1

Die Erhebung von Kirchgeld in glaubensverschiedener Ehe nach Maßgabe des vom gemeinsamen Familieneinkommen bestimmten Lebensführungsaufwands ist in Rheinland-Pfalz (hier: insbesondere Kirchensteuerverordnung für die Diözese Trier 1971) mit höherrangigem Recht vereinbar.

Art. 3 GG; § 5 Abs. 1 RhldPf.KiStG
VG Koblenz, Urteil vom 10. Januar 1992 - 2 K 3951/90 KO[1] -

Die Klägerin wendet sich gegen ihre Heranziehung zur Kirchensteuer in Form eines besonderen Kirchgeldes. Sie gehört der röm.-kath. Kirche an. Ihr Ehemann ist konfessionslos. Beide werden zusammen zur Einkommensteuer veranlagt. Mit dem angefochtenen Steuerbescheid setzte das Finanzamt bei einem gemeinsam zu versteuernden Einkommen von 52 222,- DM gegenüber der Klägerin ein besonderes Kirchgeld in Höhe von 240,- DM fest.

Nachdem ihr mit verfassungsrechtlichen Bedenken begründeter Widerspruch von der Oberfinanzdirektion zurückgewiesen wurde, hat die Klägerin Klage erhoben, mit der sie die Aufhebung der Kirchgeldfestsetzung erstrebt. Zur Begründung trägt sie im wesentlichen vor, ihre Heranziehung verstoße gegen den Gleichheitssatz des Grundgesetzes. Eine Ungleichbehandlung im Vergleich zu anderen Steuerpflichtigen liege darin begründet, daß zur Ermittlung der Bemessungsgrundlage an den jeweils vermuteten Lebensführungsaufwand angeknüpft werde; dies widerspreche dem Grundsatz der Besteuerung nach der individuellen Leistungsfähigkeit. Zu beanstanden sei ferner, daß der Lebensführungsaufwand nicht individuell ermittelt werde, sondern nur eine grobe Typisierung erfolge. Darüber hinaus liege eine sachlich nicht gerechtfertigte Ungleichbehandlung von nichtberufstätigen Kirchenangehörigen und berufstätigen Mitgliedern vor, da erstere durch die Erhebung des besonderen Kirchgeldes eine höhere Kirchensteuer zahlen müßten. So habe sie in den letzten beiden Jahren ihrer Tätigkeit im öffentlichen Dienst 1982 nur eine Kirchensteuer in Höhe von 129,66 DM und 1983 in Höhe von 16,65 DM zahlen müssen. Aus dem Kirchensteuergesetz folge schließlich, daß die Erhebung von Kirchensteuer in verschiedenen Formen vorgenommen werden könne. Dieses Ermessen verletze den Gleichheitsgrundsatz auch deshalb, weil

---

[1] Das Urteil ist rechtskräftig.

hier nicht im einzelnen dargelegt worden sei, ob sich die Kirchensteuer nach dem Einkommen richte oder ob ein besonderes Kirchgeld erhoben werde.

Der Beklagte hält die Heranziehung der Klägerin zu einem besonderen Kirchgeld für rechtmäßig und die entsprechenden gesetzlichen Regelungen unter Verweis auf mehrere Entscheidungen des Bundesverfassungsgerichts und des Bundesverwaltungsgerichts für verfassungsmäßig. Die Erhebung eines besonderen Kirchgeldes während der Berufstätigkeit der Klägerin habe das Finanzamt versäumt.

Das Verwaltungsgericht weist die Klage ab.

Aus den Gründen:

Die Klage hat in der Sache keinen Erfolg, da die angefochtene Festsetzung eines besonderen Kirchgeldes (...) rechtmäßig ist und die Klägerin mithin nicht in ihren Rechten verletzt wird.

Nach § 5 Abs. 1 Nr. 1 und Nr. 5 des Landesgesetzes über die Steuern der Kirchen, Religionsgemeinschaften und Weltanschauungsgesellschaften – KiStG – vom 24. 2. 1971 (GVBl. S. 59) können die Kirchensteuerordnungen die Erhebung von Kirchensteuern sowohl in der Form einer Kirchensteuer vom Einkommen, als auch in der Form eines besonderen Kirchgeldes von dem Kirchensteuerpflichtigen, dessen Ehegatte nicht kirchensteuerpflichtig ist, vorsehen. Dabei ist es zulässig, beide Arten von Kirchensteuern einzeln oder nebeneinander zu erheben, wobei jedoch die Kirchensteuer nach dem Maßstab der Einkommensteuer stets auf ein besonderes Kirchgeld anzurechnen ist (§ 5 Abs. 2 KiStG). Gemäß § 5 Abs. 5 KiStG kann die Höhe dieser Kirchensteuer sowohl in festen Beträgen als auch durch gestaffelte Sätze festgelegt werden. Nach den §§ 1 Ziffer 1, 2 Ziffern 2d und 4 der Kirchensteuerordnung für die Diözese Trier (rheinland-pfälzischer Gebietsteil) vom 20. 11. 1971 (veröffentlicht im Staatsanzeiger für 1971, S. 742) wird das besondere Kirchgeld nach Maßgabe der als Anlage zur Kirchensteuerordnung erlassenen Tabelle von einem Kirchensteuerpflichtigen erhoben, dessen Ehegatte nicht kirchensteuerpflichtig ist. Die Kirchensteuerordnung und der hierzu ergangene Kirchensteuerbeschluß haben ihre staatliche Anerkennung gemäß § 3 Abs. 1 KiStG am 17. 12. 1971 durch das rheinland-pfälzische Kultus- und das Finanzministerium erhalten. Nach der im Jahr 1987 gültigen Tabelle hat die Klägerin, da sie zusammen mit ihrem nicht kirchensteuerpflichtigen Ehegatten ein gemeinsames zu versteuerndes Einkommen von über 40 000,- DM, aber unter 60 000,- DM hat, ein besonders Kirchgeld in Höhe von 240,- DM zu zahlen.

Der angefochtene Steuerbescheid erfüllt mithin die gesetzlichen Voraussetzungen.

Diese Rechtsgrundlagen sind auch wirksam, ein Verstoß gegen das Grundgesetz liegt nicht vor. Mit den vorgenannten Regelungen haben sich der Landesgesetzgeber und die beigeladene Kirche nämlich im Rahmen dessen gehalten, was das Bundesverwaltungsgericht übereinstimmend mit der Rechtsprechung des Bundesverfassungsgerichts für erforderlich und ausreichend gehalten hat.

Daß zur Ermittlung der Bemessungsrundlage an den vermuteten Lebensführungsaufwand angeknüpft wird, ist unbedenklich und mit Art. 3 GG zu vereinbaren.

Entgegen der von der Klägerin vertretenen Ansicht ist die erkennende Kammer mit dem Bundesverwaltungsgericht (vgl. BVerwG, Urteil vom 18. 2. 1977[2], BVerwGE 52, 104), welches eine vergleichbare Regelung des Hessischen Kirchensteuergesetzes und der Kirchensteuerordnung für die evangelische Kirche von Kurhessen-Waldeck auf seine Verfassungsmäßigkeit zu überprüfen hatte, der Auffassung, daß die Besteuerung des Lebensführungsaufwandes und die Bemessung dieses Aufwandes am Maßstab des gemeinsamen Familieneinkommens nach § 32 EStG auch dann keinen Einwänden begegnet, wenn, wie hier, das Einkommen allein vom kirchenfremden Ehegatten erzielt wird. Dies ergibt sich aus folgenden Überlegungen:

Das besondere Kirchgeld ist im Anschluß an die Rechtsprechung des Bundesverfassungsgerichts eingeführt worden, mit welcher der sogenannte Halbteilungsgrundsatz bei Ehegatten für verfassungswidrig erklärt worden ist (vgl. BVerfG, Urteil vom 17. 1. 1957, BVerfG 6, 55). Danach darf nicht mehr die Hälfte des Ehegatteneinkommens Bemessungsgrundlage für die Steuer des kirchenangehörigen Ehegatten sein. Die Einführung des besonderen Kirchgeldes bietet hierfür einen Ersatz. Durch das Abstellen auf den Lebensführungsaufwand oder die „wirtschaftliche Leistungsfähigkeit" des kirchensteuerpflichtigen Ehegatten wird in zulässiger Weise dem Umstand Rechnung getragen, daß dieser gegenüber dem nichtkirchensteuerpflichtigen Ehegatten, der das Einkommen allein erzielt, einen Unterlassungsanspruch hat, an seinem Einkommen letztlich partizipiert und seinen eigenen Lebensaufwand danach ausrichtet. Mit diesem Maßstab wird somit ein Merkmal, das in der Person des zum besonderen Kirchgeld Veranlagten gegeben ist (vgl. BVerfG, Urteile vom 14. 12. 1965, BVerfGE 19, 268[3] u. 282[4]) besteuert und im Gegensatz zu der von der Klägerin vertretenen Ansicht gerade an die individuelle Leistungskraft des Steuerpflichtigen angeknüpft. Das gemeinsame Einkommen ist demgegenüber nur als Hilfsmaßstab für den als solchen nicht oder nur mit erheblichen Schwierigkeiten meßbaren Lebensführungsaufwand anzusehen. Diese Hilfsgröße ist auch geeignet, den Lebensführungsaufwand des einkommenslosen Ehegatten

---

[2] KirchE 16, 76.
[3] KirchE 7, 353.
[4] KirchE 7, 363.

zu ermitteln. Denn es läßt sich typischerweise nicht bestreiten, daß ein hohes Einkommen einen größeren Aufwand gestattet und ein niedriges den Aufwand mindert.

Daß die Tarifsprünge nach der Bemessungstabelle sehr groß sind und etwa derjenige, der ein zu versteuerndes Einkommen von 48 001,- DM hat, die gleiche Behandlung erfährt wie derjenige, der annähernd 60 000,- DM jährlich versteuert, ist unerheblich. Das besondere Kirchgeld darf nämlich nicht schematisch jeder Veränderung des Einkommens des anderen Ehegatten unbegrenzt folgen, weil jeder nomale Lebensaufwand bestimmte Grenzen nicht überschreitet und nicht jede – geringfügige – Erhöhung des Einkommens des nichtsteuerpflichtigen Ehegatten zwangsläufig auch zu einer Erhöhung der wirtschaftlichen Leistungskraft des in Anspruch genommenen Ehegatten führt. Gegen größere Bandbreiten ist daher nichts einzuwenden. Diese geben einen Spielraum, um individuelle Besonderheiten, die sich etwa aus unterschiedlichen Familienbelastungen ergeben, gleichsam aufzufangen (vgl. BVerwG, Urteil vom 18. 2. 1977, aaO).

Es trifft weiterhin nicht zu, daß nichtberufstätige gegenüber berufstätigen Kirchenangehörigen benachteiligt werden. Die Klägerin verkennt insoweit, daß auch bei einem geringverdienenden berufstätigen kirchenangehörigen Ehegatten das besondere Kirchgeld erhoben und die einkommensabhängige Kirchensteuer hierauf angerechnet wird. Wenn das Finanzamt K. hier zum Vorteil der Klägerin während der letzten beiden Jahre ihrer Berufstätigkeit möglicherweise die Erhebung des besonderen Kirchgeldes versäumt hat, obwohl das zu versteuernde Einkommen der Eheleute höher als 48 000,- DM gewesen sein sollte, so kann aus einer solchen unrichtigen Sachbehandlung keine Wirkung für die folgenden Veranlagungszeiträume hergeleitet werden.

Schließlich kann die Klägerin nicht damit gehört werden, daß ein Ermessensfehler vorliege, weil eine Darlegung fehle, nach welchen Gesichtspunkten die Entscheidung darüber getroffen worden sei, ob sich die Kirchensteuer nach dem Einkommen richte oder ob ein besonderes Kirchgeld erhoben werde. Soweit die Klägerin damit meint, die einzelnen Kirchensteuerordnungen müßten eine Begründung enthalten, aus welchem Grund sich die beigeladene Kirche für eine bestimmte oder mehrere der in § 5 Abs. 1 KiStG vorgesehenen Besteuerungsarten entschieden hat, übersieht sie, daß für die Überprüfung einer Rechtsnorm allein ihr normativer Inhalt, nicht aber der dem Rechtssetzungakt vorhergehende interne Entscheidungsvorgang maßgebend ist. Denn Gegenstand der Auslegung und Anwendung einer Norm ist nur der in ihr objektivierte Wille des Normgebers. Dementsprechend führt nur die objektive Unvereinbarkeit einer Norm mit der Rechtsordnung zu ihrer Gesetz- oder Verfassungswidrigkeit.

2

Für die Eingruppierung eines kirchlichen Mitarbeiters, dem unterschiedliche Tätigkeiten (hier: Kirchenmusiker/Pfarrsekretär) übertragen sind, ist allein maßgebend, welcher Arbeitsvorgang überwiegt. Die aus Anlage 1 KAVO ersichtlichen Tätigkeitskombinationen gelten als *ein* Tätigkeitsmerkmal.
Zur Bemessung des Streitwertes.

§ 20 KAVO
ArbG Iserlohn, Urteil vom 16. Januar 1992 – 4 Ca 2319/91[1] –

Der Kläger ist seit 1951 bei der Beklagten beschäftigt. Auf das Arbeitsverhältnis findet die Kirchliche Arbeits- und Vergütungsordnung (KAVO) Anwendung. Der Kläger, der das sog. A-Examen besitzt, war zunächst mit 75 % der regelmäßigen Arbeitszeit als Organist und Chorleiter tätig. Seit dem 1. 9. 1972 arbeitet er mit voller Wochenstundenzahl. Dabei werden 60 % der Tätigkeit von seinen Aufgaben als Kirchenmusiker ausgefüllt. In den verbleibenden 40 % der Arbeitszeit fungiert der Kläger als Pfarrsekretär. Er erhielt bis zu seinem Eintritt in den Ruhestand am 30. 4. 1991 Vergütung nach der Vergütungsgruppe V b KAVO, die die Beklagte aus den Vergütungsgruppen für Kirchenmusiker (IV b) und Pfarrsekretär (VIII) errechnet hat.

Im Jahre 1990 begehrte der Kläger die Eingruppierung in die Vergütungsgruppe IV b und eine entsprechende Vergütung. Die Beklagte lehnte dieses Begehren ab. Der Kläger verfolgt sein Begehren mit der Klage weiter und beantragt, die Beklagte zu verurteilen, ihm ab dem 1. 1. 1990 Vergütung nach der Vergütungsgruppe K IV b KAVO zu zahlen. Die Beklagte ist der Ansicht, § 20 KAVO stelle nur auf zusammenhängende Tätigkeiten ab. Die Tätigkeiten eines Kirchenmusikers und eines Pfarrsekretärs hingen weder zeitlich noch sachlich, noch räumlich zusammen.

Das Arbeitsgericht gibt der Klage statt.

Aus den Gründen:

Die Klage ist begründet.
I. Der Kläger hat Anspruch auf Vergütung nach der Vergütungsgruppe IV b KAVO.
1. Gemäß § 20 Abs. 1 KAVO erfolgt die Eingruppierung eines kirchlichen Mitarbeiters nach den Tätigkeitsmerkmalen der Anlage 1. Nach § 20 Abs. 2

---

[1] Das Urteil ist rechtskräftig. Vgl. zu diesem Fragenkreis auch BAG MDR 1993, 1211 u. ZTR 1995, 22.

KAVO ist der Mitarbeiter in die Vergütungsgruppe einzugruppieren, deren Tätigkeitsmerkmale der gesamten von ihm ausgeübte Tätigkeit entspricht. Die gesamte ausgeübte Tätigkeit entspricht gemäß § 20 Satz 2 KAVO dann einer Vergütungsgruppe, wenn zeitlich mindestens zur Hälfte Arbeitsvorgänge anfallen, die für sich genommen die Anforderungen eines Tätigkeitsmerkmals erfüllen. Die in Anlage 1 enthaltenen Tätigkeitskombinationen gelten nach § 20 Abs. 3 KAVO als ein Tätigkeitsmerkmal, so daß in diesen Fällen die zeitliche Komponente nach § 20 Satz 2 KAVO nicht zu prüfen ist.

Unter „Arbeitsvorgang" ist eine unter Hinzurechnung der Zusammenhangstätigkeiten und bei Berücksichtigung einer sinnvollen, vernünftigen Verwaltungsausübung nach tatsächlichen Gesichtspunkten abgrenzbare und rechtlich selbständig zu bewertende Arbeitseinheit der zu einem bestimmten Arbeitsergebnis führenden Tätigkeit eines Angestellten zu verstehen (vgl. statt vieler BAG AP Nr. 147 zu §§ 22, 23 BAT 1975).

2. Dem Kläger ist mit 60 % der Arbeitszeit die Tätigkeit als Kirchenmusiker und mit 40 % die Tätigkeit eines Pfarrsekretärs übertragen worden. Der damit überwiegende Arbeitsvorgang „Kirchenmusiker" erfüllt die Voraussetzungen der begehrten Vergütungsgruppe IV b KAVO.

a) Für die Eingruppierung des Klägers sind die Tätigkeitsmerkmale der Anlage 1 Fallgruppe 3.2 Liturgischer Dienst/Kirchenmusiker maßgeblich.

In die VG IV b KAVO Fallgruppe 3.2.1 sind einzugruppieren Kirchenmusiker mit A-Examen nach 4jähriger Tätigkeit.

Diese Voraussetzung erfüllt der Kläger. (wird ausgeführt)

b) Die Beklagte kann sich demgegenüber nicht darauf berufen, die vom Kläger ausgeübte Tätigkeitskombination Kirchenmusiker/Pfarrsekretär finde in der Anlage 1 zur KAVO keinen Niederschlag, so daß hinsichtlich der Eingruppierung eine sogenannte Mischkalkulation vorgenommen werden muß. Die Beklagte verkennt dabei, daß sich nach § 20 Abs. 2 Satz 1 KAVO die Einordnung einer Tätigkeit unter die Tätigkeitsmerkmale der Anlage 1 allein nach der ausgeübten Tätigkeit, nach den vom Mitarbeiter auszuführenden Arbeitsvorgängen und ihrem zeitlichen Anteil der Gesamtarbeitszeit richtet. Ausnahmsweise ist nach § 20 Abs. 3 KAVO – und diese Ausnahmestelle ergibt sich abgesehen vom Wortlaut auch aus der Systematik des § 20 KAVO – bei den in der Anlage 1 aufgeführten Tätigkeitskombinationen nicht auf die verschiedenen Zeitanteile abzustellen, sondern diese Kombinationen sind als eine Tätigkeit anzusehen. Für alle anderen Kombinationen ist folglich von der Grundregel des § 20 Abs. 2 KAVO abzugehen.

Es kommt auch nicht darauf an, ob zwischen der Tätigkeit des Kirchenmusikers und des Pfarrsekretärs ein zeitlicher, sachlicher oder räumlicher Zusammenhang besteht. Die Vorschrift des § 20 Abs. 2 Satz 2 KAVO weist gerade darauf hin, daß es durchaus denkbar ist, im Rahmen eines Arbeitsverhältnisses einem Mitarbeiter unterschiedliche Tätigkeiten zu übertragen. Es kommt für die Eingruppierung nur darauf an, welcher Arbeitsvorgang im Rahmen der übertragenen Tätigkeit überwiegt. Dem steht auch nicht der Rechtsgedanke entgegen, der in § 4 BAT in der Fassung vom 1. 4. 1991 seinen Niederschlag gefunden hat. Abgesehen davon, daß diese Vorschrift auf das Arbeitsverhältnis der Parteien keine Anwendung findet, hält diese Überlegung auch aus rechtlichen Gründen einer Überprüfung nicht stand. § 4 BAT enthält eine Kann-Vorschrift. Danach *können* Arbeitgeber des öffentlichen Dienstes mit Mitarbeitern mehrere Verträge bei Vorliegen der Voraussetzungen abschließen. Es ist ihnen nach dieser Vorschrift aber unbenommen, einen einheitlichen Arbeitsvertrag abzuschließen, der sich dann nach den allgemeinen tarifvertraglichen Vorschriften richtet. Zu bedenken ist weiter, daß diese Regelung allein vor dem Hintergrund in den Tarifvertrag aufgenommen wurde, die Teilzeitarbeitsverhältnisse, die bis zum 31. 3. 1991 nicht unter den BAT fielen, nicht ab dem 1. 4. 1991 in einen tarifvertragswidrigen Zustand zu versetzen.

II. Die Kostenentscheidung beruht auf §§ 46 Abs. 2 ArbGG, 91 Abs. 1 ZPO. Die Beklagte hat als unterlegene Partei die Kosten des Rechtsstreits zu tragen. Der Streitwert wurde gemäß §§ 61 I, 12 VII ArbGG festgesetzt. Er entspricht der 36fachen Differenz der Monatsentgelte nach Vergütungsgruppe V b und IV b. Zwar ist der Kläger mit dem 30. 4. 1991 wegen Erreichens der Altersgrenze aus den Diensten ausgeschieden. Da die Höhe der Vergütung während der aktiven Dienstzeit aber erhebliche Auswirkungen auf die Berechnung des Altersruhegeldes des Klägers hat, das sich aus Leistungen der gesetzlichen Altersversorgung und der Zusatzversorgungskasse zusammensetzt, erschien dem Gericht der volle Streitwert für Eingruppierungsstreitigkeiten angemessen.

3

Es verstößt nicht gegen Grundrechte, daß es dem Unterhaltsgläubiger eines Ordensangehörigen versagt ist, dessen unentgeltliche Tätigkeit für den Orden zur Befriedigung von Unterhaltsansprüchen nutzbar zu machen.

Art. 3 Abs. 1, 6 Abs. 1, 2 u. 4 GG; § 850 h ZPO
BVerfG, Kammerbeschluß vom 21. Januar 1992 – 1 BvR 517/91[1] –

Der Vater der im Jahre 1980 geborenen Beschwerdeführerin war bis 1989 Angehöriger des Benediktinerordens und leitete das Gymnasium und das

---

[1] NJW 1992, 2471; EuGRZ 1992, 87; FuR 1992, 107. Nur LS: AkKR 161 (1992), 198.

Schülertagesheim der im Ausgangsverfahren beklagten Abtei des Ordens. Im Jahre 1988 erkannte er die Vaterschaft an und verpflichtete sich in vollstreckbarer Urkunde zur Zahlung von laufendem und rückständigem Unterhalt. Später heiratete er die Mutter der Beschwerdeführerin.

Im Ausgangsverfahren nahm die Beschwerdeführerin die Abtei auf Befriedigung eines Teils ihrer Unterhaltsforderung mit der Begründung in Anspruch, in der Tätigkeit ihres Vaters für die Abtei, für die dieser keine Vergütung erhalten habe, sei eine unentgeltliche, nach § 3 Abs. 1 Nr. 3 AnfG anfechtbare Zuwendung zu sehen. Die Klage der Beschwerdeführerin ist in den angegriffenen Entscheidungen[2] erfolglos geblieben. Mit ihrer Verfassungsbeschwerde rügt die Beschwerdeführerin insbesondere eine Verletzung von Art. 6 Abs. 1, 2 und 4 und Art. 3 Abs. 1 GG.

Die Kammer nimmt die Verfassungsbeschwerde nicht zur Entscheidung an.

Aus den Gründen:

1. Der in erster Linie erhobene Angriff, die sachliche Beurteilung in den angriffenen Entscheidungen verstoße gegen Art. 3 und Art. 6 GG, bietet keine Aussicht auf Erfolg.

a) Das Landgericht, dessen Begründung das Oberlandesgericht in vollem Umfang beigetreten ist, hat im einzelnen dargelegt, daß der Vater der Beschwerdeführerin als Ordensangehöriger von vornherein keine Vergütungsansprüche für seine Tätigkeit erworben hat, auf die er etwa nachträglich hätte verzichten können. Diese Ausführungen lassen weder willkürliche, noch sonst verfassungsrechtlich bedenkliche Erwägungen erkennen.

Die Tätigkeit selbst haben die Gerichte nicht als anfechtbare Zuwendung erachtet, weil die Arbeitskraft des Schuldners kein Zugriffsobjekt für den Gläubiger darstelle und deshalb auch eine unentgeltliche Tätigkeit für einen anderen keine anfechtbare Rechtshandlung sei. Dies entspricht allgemein anerkannter Rechtsauffassung (vgl. RGZ 69, 59 [63]; RGZ 70, 226 [230]; BGH DB 1964, 57; Böhle-Stamschräder/Kilger, Anfechtungsgesetz, 7. Aufl., 1986, § 1 Anm. III 5) und gilt für jede im Rahmen eines Arbeitsverhältnisses geleistete Tätigkeit. Es ist daher insoweit nicht von Bedeutung, daß der Vater der Beschwerdeführerin seine Dienstleistungen als Ordensangehöriger erbracht hat. Auch Landgericht und Oberlandesgericht haben hinsichtlich dieses tragenden Teils ihrer Entscheidungsgründe keine Differenzierung im Hinblick auf die Ordenszugehörigkeit des Vaters der Beschwerdeführerin vorgenommen. Der Vorwurf einer willkürlichen Ungleichbehandlung ist deshalb nicht gerechtfertigt.

---

[2] LG München KirchE 28, 98; OLG München KirchE 29, 33.

Nach der einfachrechtlichen Lage ist dem Gläubiger, wie das Oberlandesgericht dargelegt hat, in Fällen unentgeltlicher Arbeits- oder Dienstleistungen die Möglichkeit eröffnet, den Empfänger der Leistungen nach Maßgabe von § 850 h Abs. 2 ZPO in Anspruch zu nehmen. Selbst wenn die auf Art. 6 GG gestützten Angriffe der Beschwerdeführerin berechtigt wären, könnte ihnen danach im Rahmen von § 850 h ZPO Rechnung getragen werden. Sie müßten daher nicht zwangsläufig dazu führen, der Beschwerdeführerin ein Vorgehen nach dem Anfechtungsgesetz zu ermöglichen.

b) Das Oberlandesgericht hat auch das Vorliegen der Voraussetzungen von § 850 h ZPO verneint, weil Arbeiten und Dienste eines Ordensangehörigen vom Orden üblicherweise nicht vergütet würden. Ob das Gericht damit nur einen Hinweis geben oder – obwohl nicht ersichtlich ist, daß die Beschwerdeführerin ein Zwangsvollstreckungsverfahren nach § 850 h ZPO durchgeführt hat – zugleich einen Anspruch nach dieser Vorschrift verbindlich ablehnen wollte, ist dem Urteil nicht eindeutig zu entnehmen. Selbst wenn aber letzteres anzunehmen wäre, hätten die auf Art. 6 GG gestützten Angriffe keine Aussicht auf Erfolg. Die Erfüllung der Unterhaltspflicht gegenüber dem Kind obliegt in erster Linie den Eltern. Ob der Staat aufgrund seiner Pflicht zum Schutze der Familie nach Art. 6 Abs. 1 GG gehalten sein könnte, unter bestimmten Voraussetzungen von Dritten – auch Arbeitgebern oder Personen mit arbeitgeberähnlicher Stellung – Rücksichtnahme gegenüber einer solchen familiären Pflicht zu verlangen, kann dahingestellt bleiben. Eine Verpflichtung der staatlichen Organe, in einem Fall der vorliegenden Art dem Kind die Möglichkeit einzuräumen, auch den Orden oder die Abtei für seinen Unterhalt in Anspruch zu nehmen, kann aus Art. 6 Abs. 1 oder 2 GG jedenfalls nicht hergeleitet werden; auf Art. 6 Abs. 4 GG kann sich die Beschwerdeführerin ohnehin nicht berufen.

2. Die sonstigen Rügen versprechen ebenfalls keinen Erfolg.

Hinreichende Anhaltspunkte dafür, daß das Oberlandesgericht bei der Beurteilung, die Beschwerdeführerin habe einen Schadensersatzanspruch wegen Beihilfe zur Unterhaltspflichtverletzung nicht schlüssig dargetan, Vorbringen der Beschwerdeführerin außer acht gelassen und dadurch Art. 103 Abs. 1 GG verletzt hätte, sind nicht ersichtlich. Den von der Beschwerdeführerin unter Beweis gestellten Umstand, daß der Orden Kenntnis von der Vaterschaft seines Mitglieds und den Unterhaltsansprüchen der Beschwerdeführerin gehabt habe, hat das Oberlandesgericht zur Erfüllung des genannten Tatbestands nicht für ausreichend erachtet. Gegen eine solche Beurteilung, nach der es auf die Beweisanträge nicht ankam, bietet Art. 103 Abs. 1 GG keinen Schutz.

4

Zur strafrechtlichen Beurteilung einer Schallplattenhülle, auf der durch Fotomontage das Bild des Papstes mit einer pornographischen Szene in Verbindung gebracht wird.

Art. 5 Abs. 1 u. 3 GG; §§ 1 Abs. 1, 6 Nr. 3, 21 Abs. 1 GjS, 108, 166, 185–187 StGB

LG Zweibrücken, Urteil vom 24. Januar 1992 – 407 Js 10361/89 – 2 Ns jug[1] –

Der 29jährige Angeklagte A. ist seit 1987 als Chefredakteur und Geschäftsführer einer Verlags-GmbH verantwortlich für den Inhalt des „Blickpunkt", einer „Kostenlose(n) Illustrierte(n) für die Haushalte in Stadt und Landkreis X". Das in Zeitschriftenformat erscheinende Blatt wird 14-tägig gedruckt und unentgeltlich an die Haushalte in X. und Umgebung verteilt. Das Druckwerk enthält zu einem großen Teil Werbeanzeigen, aus deren Einnahmen die Kosten für Redaktion, Druck und Vertrieb gedeckt werden, und daneben einen zwischen die Anzeigen hineingestreuten redaktionellen Teil, der sich im wesentlichen mit lokalen Vorgängen befaßt. – Der 24 Jahre alte Angeklagte B. studiert Anglistik und Literaturwissenschaft. Daneben befaßt er sich mit der Produktion von Schallplatten und der Gestaltung von Plattenhüllen. Er gehört unter dem Künstlernamen „J. F." dem Duo „N. S." aus X. an.

Im Oktober 1989 brachte der Angeklagte B. als Mitglied der Gruppe „N. S." die von ihm mitkomponierte und im Fachhandel allgemein erhältliche Schallplatte „God and Evil" („Gott und das Böse") auf den Markt. Bei den aufgenommenen Musikstücken handelt es sich um elektronische Experimentalmusik, die zum Teil mit Reden und Gesängen von Papst Johannes Paul II kombiniert worden ist. Das farbige Titelbild der Plattenhülle hat der Angeklagte B. durch Herstellung einer Fotomontage gestaltet. Diese zeigt im Vordergrund ein Originalfoto von Papst Johannes Paul II in liturgischer Kleidung, welchem ein seitlich hinter ihm stehender Priester im Messgewand mit einem Griff in Hüfthöhe die Kleidung ordnet. Dieses Lichtbild ist montiert auf den Hintergrund einer optisch durch Werbetafeln für „Peep Shows" und Sexläden geprägten Häuserfront. Diese Kombination soll bei dem Betrachter die von dem Angeklagten B. gewollte Assoziation hervorrufen, daß dem gerade eine Peep Show in einem Rotlichtviertel betretenden Papst von seinem Helfer an das Geschlechtsteil gegriffen werde. In der am 18. 10. 1989 erschienen Ausgabe Nr. 57 des „Blickpunkt" berichtete der Angeklagte A. auf S. 7 über die Gruppe „N. S.". Seinem Artikel über „die Schallplatte mit dem provozierenden Bild auf dem Cover" ... aus X. ist eine in schwarzweiß gehaltene Ablichtung der von dem

---

[1] Das Urteil ist rechtskräftig.

Angeklagten B. hergestellten Fotomontage beigefügt. In der am 1./2. 11. 1989 erschienenen Ausgabe Nr. 58 des „Blickpunkt" berichtete der Angeklagte A. darüber, daß zwischenzeitlich Organe der katholischen Kirche gegen die Schallplattenhülle protestiert und rechtliche Schritte angekündigt hatten. Neben dem Bericht brachte er auf der Titelseite eine farbige Abbildung der Schallplattenhülle. Eine Aufnahme der Plattenhülle als jugendgefährdend in die durch die Bundesprüfstelle für jugendgefährdende Schriften geführte Liste ist bislang nicht erfolgt. Das Bischöfliche Ordinariat Speyer hat „wegen aller in Betracht kommenden Delikte" Strafantrag gegen beide Angeklagten gestellt.

Der Jugendrichter hat die Angeklagten wegen vorsätzlichen Zugänglichmachens jugendgefährdender Schriften an Kinder und Jugendliche (§§ 21 Abs. 1 Nr. 1 u. 2, 6 Nr. 3 GjS) zu Geldstrafen verurteilt.

Hiergegen wenden sich die Angeklagten mit der Berufung. Sie räumen den äußeren Sachverhalt ein. Gegen den von der Anklagebehörde erhobenen Vorwurf, sie hätten durch die Veröffentlichung der Plattenhülle (B.) bzw. die Bildberichterstattung hierüber (A.) dem durch das GjS geschützten Personenkreis offensichtlich schwer jugendgefährdende Schriften zugänglich gemacht, verteidigen sie sich im wesentlichen wie folgt:

Der Angeklagte B. beruft sich auf die Freiheit der Kunst (Art. 5 Abs. 3 GG). Die von ihm entworfene Plattenhülle will er als Anstoß und Beitrag zu einer gedanklichen Auseinandersetzung des Betrachters mit Gott und dem Papst als dessen Stellvertreter auf Erden in der Kunstform einer „kritischen Satire" verstanden wissen. Die Fotomontage auf dem Cover müsse im übrigen im Zusammenhang mit Titel und Text der Schallplatte gesehen werden. – Der Angeklagte A. rechtfertigt seine Berichterstattung in Wort und Bild mit der grundrechtlich geschützten Pressefreiheit (Art. 5 Abs. 1 S. 2 GG); zu der ersten Veröffentlichung habe er sich entschlossen, um ein Produkt von Künstlern aus X. vorzustellen; der Bericht in der folgenden Ausgabe sei aufgrund der aus seiner Sicht ein öffentliches Informationsinteresse begründenden Reaktion des Katholischen Pfarrverbandes X. erfolgt. Einer möglichen Auswirkung der Fotomontage auf die geistig-sittliche Entwicklung von Kindern und Jugendlichen wollen sich beide Angeklagte nicht bewußt gewesen sein.

Das Rechtsmittel führte zur Aufhebung des angefochtenen Urteils und Freisprechung der Angeklagten.

Aus den Gründen:

Nach den getroffenen Feststellungen können die Angeklagten nicht bestraft werden:

1. Ob die inkriminierte Schallplattenhülle, was gerichtlich möglicherweise erst nach Einholung eines jugendpsychologischen Gutachtens (vgl. BVerwG

MDR 1966, 703) entschieden werden könnte, (einfach) jugendgefährdend ist und deshalb von der Bundesprüfstelle indiziert werden könnte, hat die erkennende Strafkammer nicht zu bewerten.

Eine Strafbarkeit der Angeklagten wegen vorsätzlichen oder fahrlässigen Verstoßes gegen Strafandrohungen des § 21 i.V.m. § 6 GjS scheidet vorliegend deshalb aus, weil die Fotomontage nicht „offensichtlich geeignet" ist, „Kinder und Jugendliche sittlich schwer zu gefährden" und damit den allein in Betracht kommenden Tatbestand des § 6 Nr. 3 GjS objektiv nicht erfüllt. Hierzu im einzelnen:

Unter den unbestimmten Rechtsbegriff der jugendgefährdenden Schriften (§ 1 Abs. 1 GjS) fallen nach der Konkretisierung durch die Rechtsprechung solche „Schriften" (im weiten Sinn des § 1 Abs. 3 GjS), die bei Minderjährigen die naheliegende Gefahr des Eintritts eines ernsthaften Entwicklungsschadens im sittlichen Bereich befürchten lassen (BayObLG NJW 1952, 988). Die Gefährdung steigert sich zu einer i. S. v. § 6 Nr. 3 GjS *schweren*, wenn die Erziehung der jungen Menschen zu sittlich verantwortungsbewußten Persönlichkeiten *unmittelbar* in Frage gestellt wird, weil die Jugendlichen durch das Lesen (hier: Betrachten) von Schriften dieser Art der *nahen Gefahr* ausgesetzt werden, daß sie eine dem Erziehungsziel des § 1 Abs. 1 KJHG (Erziehung zu einer eigenverantwortlichen und gemeinschaftsfähigen Persönlichkeit) entgegengesetzte Haltung einnehmen (vgl. BGH St 8, 80 [83]). *Offensichtlich* ist eine schwere sittliche Gefährdung dann, wenn sie klar zutage liegt und deshalb jedem einsichtigen, für Erziehung und Schutz der Jugend aufgeschlossenen Menschen ohne besondere Mühe erkennbar ist (BGHSt aaO, 87 f.).

In dem hier zu entscheidenden Fall ist bei der Auslegung und Anwendung von § 6 Nr. 3 GjS im Rahmen einer Abwägung mit den Belangen des Jugendschutzes der Bedeutung und der Tragweite der Grundrechte des Angeklagten B. aus Art. 5 Abs. 3 GG und des Angeklagten A. aus Art. 5 Abs. 1 GG Rechnung zu tragen (vgl. BVerfG DVBl. 1991, 261 [263] = NStZ 1991, 188 und BVerfG NStZ 1988, 412):

Die von dem Angeklagten B. entworfene Schallplattenhülle ist als Kunstwerk i. S. v. Art. 5 Abs. 3 S. 1 GG anzuerkennen: Sie ist Ergebnis freier schöpferischer Gestaltung, in der Eindrücke, Erfahrungen und Phantasien des Herstellers im Werktyp der Fotomontage zum Ausdruck kommen und läßt eine Reihe von Interpretationen zu (z. B. Kritik an der Haltung des Papstes zu Fragen der Sexualität), die auf eine künstlerische Absicht schließen lassen. Den Anforderungen des Bundesverfassungsgerichts an die „Strukturmerkmale" eines Kunstwerks ist damit genügt. Eine weitere Stil,- Niveau- und Inhaltskontrolle oder eine Beurteilung der Wirkungen des Werks verbietet sich (BVerfG DVBl., aaO, m.w.N.).

Der Angeklagte A. genießt als Publizist den durch Art. 5 Abs. 1 S. 2 GG und

Art. 10 Abs. 1 EMRK (als Bestandteil der allgemeinen Mitteilungsfreiheit) garantierten Schutz der Pressefreiheit.

Daß es sich bei dem „Blickpunkt" nicht um eine Zeitung oder Zeitschrift im herkömmlichen Sinne handelt, sondern um ein Anzeigenorgan mit redaktionellem Teil, steht dem nicht entgegen (BGH NJW 1969, 744 [746 f.]).

Kunst- und Pressefreiheit sind allerdings nicht schrankenlos gewährleistet. So ergeben sich die Schranken für letztere gem. Art. 5 Abs. 2 GG u. a. aus den gesetzlichen Bestimmungen zum Schutze der Jugend und somit auch aus den §§ 21, 6 GjS; dementsprechend bestimmt Art. 10 Abs. 2 EMRK, daß Einschränkungen der Pressefreiheit auch in der Form von Strafandrohungen zulässig sind, soweit diese u. a. zum „Schutz der Moral" (insbesondere von Kindern und Jugendlichen, vgl. EGMR EuGRZ 1977, 38) „in einer demokratischen Gesellschaft ... unentbehrlich sind".

Ebenso gilt auch die nach Art. 5 Abs. 3 GG vorbehaltlose Gewährung der Kunstfreiheit nicht völlig unbeschränkt. Denn die Verfassung bildet eine einheitliche Wertordnung, die nicht nur die Freiheit der Kunst, sondern auch eine Reihe anderer, gleichfalls mit Verfassungsrang ausgestatteter Rechtsgüter garantiert. Diese Rechtsgüter bilden Schranken der Kunstfreiheit, die sich aus dem Grundgesetz selbst ergeben. Hierzu zählt der in Art. 5 Abs. 2 GG ausdrücklich erwähnte und auch durch Art. 6 Abs. 2 S. 1 und Art. 1 Abs. 1 i.V.m. Art. 2 Abs. 1 GG mit Verfassungsrang ausgestattete Kinder- und Jugendschutz. Deshalb schließt die Kunstfreiheit – vorbehaltlich einer Abwägung, welchem Rechtsgut im konkreten Einzelfall nach Maßgabe aller Umstände der Vorrang gebührt – weder die mögliche Indizierung eines Werkes aus Gründen des Jugendschutzes noch eine Strafbarkeit des Autors nach den §§ 21, 6 GjS von vornherein grundsätzlich aus (vgl. BVerfG DVBl. aaO, 263).

Bei der Abwägung zwischen den Freiheitsrechten der Angeklagten und den Bedürfnissen des Jugendschutzes muß § 6 Nr. 3 GjS als grundrechtseinschränkendes Gesetz im Lichte der besonderen Bedeutung der Kunst- und Pressefreiheit ausgelegt werden; die Bestimmung ist so zu interpretieren, daß der Wertgehalt der Grundrechte gewahrt bleibt. Denn gerade die Pressefreiheit ist nicht beschränkt auf Informationen und Ideen, die positiv aufgenommen werden oder als harmlos oder als gleichgültig angesehen werden. Sie gilt vielmehr auch für solche, die beleidigen, Anstoß erregen oder stören; das sind die Forderungen jenes Pluralismus, der Toleranz und der Großzügigkeit, ohne die eine demokratische Gesellschaft nicht bestehen kann. Die Freiheit der Presse schützt dabei auch nicht nur die Substanz der zum Ausdruck gebrachten Ideen und Informationen, sondern auch die Form, in der sie dargestellt werden (vgl. EGMR, Urteil vom 23. 5. 1991, Bd. 204, Ziff. 57). Danach gebieten sowohl das Grundgesetz (so ausdrücklich BVerfG NStZ 1988, 412 [413]) als auch die EMRK (vgl. Frowein/Peukert, EMRK-Kommentar, Art. 10, Rdnr. 26) eine enge Auslegung des im gesetzlichen Zusammenhang einen Ausnahmetatbestand darstellenden § 6 Nr. 3 GjS.

Bei der Prüfung, ob die inkriminierte Fotomontage als „sonstige" offensichtlich schwer jugendgefährdende Schrift anzusehen ist, hat sich die Kammer deshalb von der gesetzgeberischen Wertung leiten lassen, wie sie in den Nrn. 1 und 2 des § 6 GjS zum Ausdruck kommt. Dort sind als schwer jugendgefährdend neben Schriften pornographischen Inhalts solche genannt, die zum Rassenhaß anreizen oder z. B. die grausame/unmenschliche Gewalttätigkeit gegen Menschen verherrlichen oder verharmlosen.

Eine restriktive Handhabung des § 6 Nr. 3 GjS verlangt deshalb, daß die dort genannten „sonstigen" Schriften in ihrem Aussagegehalt und ihrer möglichen schädlichen Wirkung auf Minderjährige den in den Nrn. 1 und 2 des § 6 GjS genannten Schriften vergleichbar sein müssen. Im Gegensatz etwa zu Horror-Comics/Videos oder möglicherweise auch Werbeanzeigen für sog. Penis-Ringe und Selbstbefriedigungsautomaten in einer Homosexuellenzeitschrift (so die Fallgestaltung in BVerfG NStZ 1988, 412) ist eine solche Vergleichbarkeit bei der inkriminierten Fotomontage nach Überzeugung der Kammer nicht gegeben.

2. Die Angeklagten haben sich auch nicht wegen Beschimpfens von Bekenntnissen (§ 166 StGB) strafbar gemacht. Ausschließliches Rechtsgut dieser Strafvorschrift ist in der pluralistischen Gesellschaft der Bundesrepublik Deutschland mit ihrer religiös neutralen Verfassung der öffentliche Friede als rein weltliches Schutzgut. Dies sowie die Bedeutung der Grundrechte des Art. 5 GG, insbesondere der Kunstfreiheit, macht schon eine restriktive Auslegung des Begriffs „Beschimpfen" erforderlich (vgl. OLG Karlsruhe NStZ 1986, 363[2]).

Jedenfalls aber ist die von dem Angeklagten B. hergestellte Fotomontage nicht geeignet, den öffentlichen Frieden zu stören. Daß nämlich die Schallplattenhülle (objektiv) geeignet wäre, Intoleranz und Hetze zwischen den Anhängern unterschiedlicher Religionsgesellschaften oder Weltanschauungsvereinigungen zu säen (vgl. die Anm. von Ott zu OLG Karlsruhe, aaO), ist weder ersichtlich, noch sind solche Reaktionen bekannt geworden.

3. Einer Strafverfolgung der Angeklagten wegen Beleidigung des Heiligen Stuhles bzw. des verfassungsmäßigen Oberhauptes des Staates der Vatikanstadt (§ 103 StGB) steht schon das Fehlen der Voraussetzungen des § 104 a StGB (Strafverlangen der ausländischen Regierung und Ermächtigung der Bundesregierung zur Strafverfolgung) entgegen.

---

[2] KirchE 23, 225.

Ob die Angeklagten wegen Beleidigung von Johannes Paul II (§§ 185 bis 187 StGB) zu belangen wären, kann dahinstehen. Insoweit fehlt es nämlich an dem gem. § 194 StGB erforderlichen Strafantrag; eine rechtsgeschäftliche Vertretung des Verletzten im Willen bei der Stellung eines Strafantrages (hier: durch das Bischöfliche Ordinariat Speyer) ist im Falle der Verletzung höchstpersönlicher Rechte wie der Ehre nicht zulässig.

5

Die im islamischen Recht vorgesehene Eheschließung durch Stellvertreter (in der Erklärung) kann auch dann Grundlage einer nach deutschem Recht wirksamen Eheschließung sein, wenn einer der Beteiligten inzwischen deutscher Staatsangehöriger ist.

Art. 11 Abs. 1, 13 Abs. 1 u. 3 EGBGB
LG Stuttgart, Beschluß vom 28. Januar 1992 – 2 T 175/21[1] –

Die Beteiligten zu 1) und 2) – leibliche Eltern des 1989 in Sch./Baden-Württemberg geborenen Kindes (und eines weiteren 1990 geborenen Kindes) – stammen aus Pakistan und gehören der islamischen Glaubensrichtung der Ahmadiyyas an. Der im November 1977 in die Bundesrepublik geflüchtete Beteiligte 1) ist 1983 als Asylberechtigter anerkannt worden und hat am 21. 4. 1988 durch Aushändigung der Einbürgerungsurkunde die deutsche Staatsangehörigkeit erhalten. Die Beteiligte zu 2) ist – nach der noch zu erörternden Heirat in Pakistan – im Winter 1988/89 in die Bundesrepublik gekommen; seither leben die Beteiligten zu 1) und 2) in ehelicher Gemeinschaft in Sch.

Ausweislich der im Original und in beglaubigter Übersetzung in englischer und deutscher Sprache vorliegenden Urkunden, die in der deutschen Übersetzung mit „Formular zur Eheschließung" bezeichnet ist, haben die Beteiligten zu 1) und 2) am 18. 4. 1988 in S./Pakistan nach dem Ritus ihrer Glaubensgemeinschaft die Ehe geschlossen dergestalt, daß der Vater des Beteiligten zu 1) als dessen Vertreter und der Vater der Beteiligten zu 2) als deren Vertreter jeweils die Erklärungen zum Eheschluß abgegeben haben (sog. Handschuhehe). Zuvor hat der Beteiligte zu 1) am 27. 3. 1988 vor dem Amir bzw. Präsidenten der Ahmadi-Bewegung in Stuttgart in Anwesenheit von zwei Zeugen schriftlich unter Übernahme einer Verpflichtung zu einer Morgengabe von 25 000 Rupien seine Einwilligung zu dem Eheschluß mit der Beteiligten zu 2) erklärt und zugleich seinen Vater als Vertreter bestellt. Am 10. 4. 1988 hat dann die damals

---

[1] StAZ 1992, 379. Das Urteil ist rechtskräftig.

18jährige Beteiligte zu 2) in Pakistan – wiederum in Anwesenheit von zwei Zeugen – auf dem gleichen Formular ihre – ausdrücklich freiwillige – Zustimmung zum Eheschluß mit dem Beteiligten zu 1) erklärt und ihren Vater zur Abgabe der entsprechenden Erklärungen ermächtigt, was ebenfalls vom Amir der dortigen Glaubensgemeinschaft bestätigt wurde. Am gleichen Tag wurde dann in S. vor dem dortigen (als Missionar bezeichneten) Vertreter der Glaubensgemeinschaft von den beiden Vertretern der Brautleute der Eheschluß erklärt. Am 11. 4. 1988 wurde der Eheschluß von der „Standesabteilung" der Ahmadi-Bewegung in R. unter Nummer 736 registriert, was auf dem erwähnten Formular unterschriftlich bestätigt wird.

Außerdem liegt eine Heiratsbestätigung des dortigen „Standesbeamten" vom 5. 9. 1988 in englischer Sprache vor. Die Echtheit dieser vorliegenden Urkunden ist am 8. 12. 1988 vom pakistanischen Außenministerium überbeglaubigt und von der deutschen Botschaft in Islamabad am 21. 12. 1988 legalisiert worden. Aufgrund dieser Urkunden hat die deutsche Botschaft der Beteiligten zu 2) eine Einreiseerlaubnis in die Bundesrepublik erteilt.

Bei Anmeldung der Geburt der Tochter hat der Standesbeamte in Sch. Bedenken gegen die Gültigkeit der Ehe geltend gemacht und den Vorgang über die Aufsichtsbehörde dem Amtsgericht nach § 45 Abs. 2 PStG vorgelegt. Dabei hat die Aufsichtsbehörde die Ansicht vertreten, trotz der Gültigkeit einer solchen Handschuhehe in Pakistan bestehe ein zweiseitiges Ehehindernis, weil auf den Beteiligten zu 1) als Asylberechtigten nicht pakistanisches, sondern deutsches Recht anwendbar sei; eine solche Ehe sei nichtig im Sinne von § 17 EheG, und bis zur Erklärung der Nichtigkeit durch Gerichtsurteil sei das Kind als ehelich einzutragen.

Nachdem die wiederholten Anfragen des Amtsgerichts bei der deutschen Botschaft in Islamabad über die Anerkennungsfähigkeit solcher „Ferntrauungen" zu keinem positiven Ergebnis geführt hatten, hat das Amtsgericht durch Beschluß vom 14. 11. 1990 „... festgestellt, daß der Standesbeamte beim Standesamt Sch. das am 26. 11. 1989 in Sch. geborene Kind ... nicht als eheliches Kind einzutragen braucht", weil nicht sicher feststellbar sei, daß die Ehe der Eltern gültig vollzogen worden sei.

Dagegen wendet sich der Beteiligte zu 1) mit der Beschwerde, in der geltend gemacht wird, auch ein nochmaliger Eheschluß nach deutschem Recht werde vom Standesamt abgelehnt.

Daraufhin hat das Standesamt mitgeteilt, daß es aufgrund der amtsgerichtlichen Entscheidung den Beteiligten zu 1) und 2) zu einem (erneuten) Eheschluß vor dem Standesamt Sch. und zur Abgabe eines Vaterschaftsanerkenntnisses geraten hatte, der Beteiligte zu 1) aber erklärt habe, er könne die dafür erforderlichen Urkunden aus Pakistan nicht beschaffen, zumal er Ahmadi sei.

Die deutsche Botschaft in Islamabad hat schließlich bestätigt, daß nach pakistanischem Ortsrecht ein Eheschluß, bei dem ein oder auch zwei Ehegatten vertreten werden, wirksam sei.

Die Beschwerde führte zur Aufhebung des angefochtenen Beschlusses. Das Standesamt wird angewiesen, das Kind als eheliches im Geburtenbuch einzutragen.

Aus den Gründen:

Das zulässige Rechtsmittel hat Erfolg. Der Feststellungsbeschluß des Amtsgerichts kann keinen Bestand haben.

1. Die internationale Zuständigkeit der deutschen Gerichte steht hier aus zwei Gründen nicht in Zweifel: Zum einen geht es um den Eintrag in ein deutsches Personenstandsregister (vgl. OLG Hamm, StAZ 1991, 315 in einem weithin ähnlichen Fall); zum anderen ist der Beteiligte zu 1) deutscher Staatsangehöriger.

2. Die für die Zulässigkeit dieser Beschwerde vorausgesetzte Beschwerde des Beteiligten zu 1) ist gegeben. Wenn auch die Eltern einerseits und die Standesbehörden andererseits im Ergebnis übereinstimmend der Auffassung sind, daß das Kind als ehelich einzutragen ist, allerdings mit unterschiedlicher Begründung, so ist der Standesbeamte durch die von ihm beantragte Entscheidung des Amtsgerichts daran gehindert, die für richtig gehaltene Eintragung vorzunehmen (vgl. auch § 45 Abs. 2 Satz 2 PStG).

Vielmehr hat das Standesamt ausweislich seiner Stellungnahme vom 16. 4. 1991 den Feststellungsbeschluß des Amtsgerichts naheliegenderweise als Anweisung ausgelegt dahin, daß das Kind der Beteiligten zu 1) und 2) als nichteheliches Kind einzutragen sei; demgemäß hat es die Geburt des Kindes mit dem Geburtsnamen der Mutter beurkundet. Zwar wäre das richtige Rechtsmittel gegen eine richterliche Anweisung die sofortige Beschwerde nach § 49 Abs. 1 Satz 2 PStG gewesen. Nachdem aber das Amtsgericht seine Entscheidung nicht als Anweisung, sondern als „Feststellung" der Berechtigung zur Ablehnung einer Amtshandlung bezeichnet hat – was für die hier gegebene Verfahrenslage vom PStG nicht vorgesehen ist – und mit der Rechtsmittelbelehrung „Beschwerde" versehen und folglich auch nicht förmlich zugestellt hat, war das an sich befristete Rechtsmittel gleichwohl zulässig.

3. In sachlicher Hinsicht ist vorab zu klären, welches Recht zum Zuge kommt.

Die Frage der Ehelichkeit eines Kindes richtet sich gem. Art. 19 Abs. 1 EGBGB nach dem Recht, das (zum Zeitpunkt der Geburt des Kindes) für die allgemeinen Wirkungen der Ehe der Mutter nach § 14 Abs. 1 EGBGB maßgeblich ist. Ob aber überhaupt eine nach Art. 14 EGBGB zu beurteilende Ehe vorliegt, ist eine selbständige Vorfrage, die hinsichtlich der sachlichen Voraussetzungen nach Art. 13 EGBGB und hinsichtlich der formellen Voraussetzungen nach Art. 11 EGBGB zu beurteilen ist (vgl. OLG Hamm, aaO; Henrich, Internationales Familienrecht, 1989, S. 12; Palandt/Heldrich, 51. Aufl. 1992, Rdnr. 6 zu Art. 19, Rdnr. 17 zu Art. 14, Rdnr. 19 zu Art. 13 EGBGB; MünchKomm/Schwimann, 2. Aufl. 1990, Rdnrn. 11, 23 ff. zu Art. 19 EGBGB; Soergel/Kegel, 11. Aufl. 1984, Rdnr. 5 zu Art. 18 aF EGBGB).

Zwar trifft die Ansicht der Standesbehörden zu, daß hinsichtlich des nach Art. 13 Abs. 1 EGBGB maßgeblichen Eheschließungsstatuts für den Beteiligten zu 1) - bezogen auf den 10. 4. 1988 - trotz seiner damaligen pakistanischen Staatsangehörigkeit nicht mehr pakistanisches Recht maßgebend ist, sondern nach Anerkennung als Asylberechtigter nach § 3 Asylverfahrensgesetz i.V.m. Art. 12 der Genfer Flüchtlingskonvention deutsches Recht, ohne daß es darauf ankommt, die Flüchtlingseigenschaft konkret zu prüfen (vgl. OLG Hamm, aaO; Palandt/Heldrich, Rdnr. 27, Rdnr. 30-32, Anhang zu Art. 5 EGBGB). Dies ändert jedoch nichts daran, daß es hier um eine im Ausland geschlossene Ehe geht, so daß der nur für Inlandsehen maßgebliche Art. 13 Abs. 3 EGBGB nicht zur Anwendung kommen kann.

Für die Gültigkeit einer im *Ausland* vollzogenen Eheschließung bestimmt Art. 11 Abs. 1 EGBGB hinsichtlich der zu beachtenden Förmlichkeiten, daß entweder das Ortsrecht oder das sogenannte Geschäftsrecht maßgebend ist (vgl. von Bar, IPR II [1991], Rdnr. 179 bis 183). Die Frage, ob eine durch Vertreter abgeschlossene Ehe gültig ist, ist nur eine Frage der Form, auf jeden Fall zumindest dann, wenn es sich - wie hier - um Vertreter in der Erklärung und nicht um Vertreter in der Willensbildung handelt. Maßgeblich ist anerkanntermaßen nur das Recht am Ort der Trauungshandlung (grundlegend BGHZ 29, 137 = NJW 1959, 717 = StAZ 1959, 181 [Italien]; KG OLGZ 1973, 435 = StAZ 1973, 217 [Iran]; OLG Bremen, FamRZ 75, 209 = StAZ 1976, 50^2 [Kolumbien]; OLG Hamm, StAZ 1986, 134 [Jugoslawien]; Dieckmann StAZ 1976, 33 ff.; Henrich, aaO, S. 13 f.; Münch/Komm/Schwimann, Rdnr. 112; Palandt/Heldrich, Rdnr. 19; Soergel/Kegel, Rdnr. 62, jeweils zu Art. 13 EGBGB; Fritsche, StAZ 1986, 329). Somit beurteilt sich die Frage der Gültigkeit der Ehe hier also nur danach, ob das pakistanische Recht eine Vertretung für einen solchen Eheschluß ausreichen läßt. Daß die maßgebliche Vollmacht in Deutschland erteilt worden ist, spielt dagegen ebensowenig eine Rolle wie die Tatsache, daß auf den Beteiligten zu 1) nicht mehr pakistanisches, sondern deutsches Recht anwendbar ist. Danach kann auch ein deutscher Staatsangehöriger folgerichtig eine „Handschuh-Ehe" (dazu allgemein Jacobs, StAZ 1992, 5 ff.) in Pakistan eingehen, wenn sie das Ortsrecht zuläßt.

---

[2] KirchE 14, 176.

Das pakistanische Recht knüpft im Bereich des Eherechts nicht an die Staatsangehörigkeit, sondern an die Religionszugehörigkeit an. Insoweit gibt es in Pakistan – wie auch in anderen Staaten des Orients – unterschiedliche Eherechte, je nachdem, welcher Religion die Beteiligten angehören. Für Muslime – und damit auch für die Beteiligten zu 1) und 2) – ist das Dekret Nr. VIII vom 2. 3. 1961 einschlägig (abgedruckt bei Bergmann/Ferid, internationales Ehe- und Kindschaftsrecht, Loseblatt – Slg, „Pakistan", S. 25 ff.; vgl. Rauscher, StAZ 1985, 101 [103]; auch Marcks, StAZ 1983, 212 [213]. Daß sich das Personalstatut des Beteiligten zu 1) durch seine Flucht bzw. durch seine Anerkennung als Asylberechtigter gewandelt hat und für ihn insoweit deutsches Recht maßgebend ist, ändert nichts an der Tatsache, daß er nach wie vor Moslem ist; für eine Rückverweisung seitens des pakistanischen Rechts auf deutsches Recht ist insofern kein Raum (deutlich Rauscher, aaO, S. 102, 103). Auch als religiös verfolgter Flüchtling (...) untersteht der Beteiligte zu 1) somit islamischem Recht. Das muß jedenfalls solange gelten, als sich die Beteiligten zu 1) und 2) zum Islam bekennen, was hier durch die diversen bei den Akten befindlichen Bescheinigungen der Ahmadiyya-Bewegung in Deutschland außer Zweifel steht.

Das islamische Recht läßt anerkanntermaßen Eheschließung durch Stellvertreter – sowohl auf seiten des Mannes als auch auf seiten der Frau – grundsätzlich zu (näher Bergmann, aaO, S. 16; Rauscher, aaO; Marcks, aaO; Fritsche, StAZ 1988, 365 f.; vgl. auch OLG Hamm, StAZ 1991, 315 [318] sowie OLG Stuttgart, FamRZ 1971, 440 für den Fall der Scheidung). Dies beruht auf dem Grundverständnis des mohammedanischen Rechts (vgl. dazu allgemein David/Grasmann/Klingmüller, Einführung in die großen Rechtssysteme..., 2. Aufl. 1988, Nr. 482 ff., 503), daß eine Ehe ein bürgerlich-rechtlicher Vertrag ist (vgl. bes. Rauscher, aaO, S. 103). Das bestehende Formerfordernis, daß die beiden übereinstimmenden Willenserklärungen der Stellvertreter von Mann und Frau vor zwei Zeugen abgegeben worden sind, ist ausweislich der vorliegenden Urkunde erfüllt. Die Vertretung der Frau durch ihren Vater – obwohl die Braut anstelle der Bevollmächtigung ihres Vaters ihre Willenserklärung zum Eheschluß auch direkt hätte erklären können –, entspricht islamischer Tradition und wirft keine Gültigkeitsfragen auf (Bergmann, aaO; Rauscher, aaO).

Die aus der Urkunde ersichtliche Mitwirkung des religiösen „Eheschließers" hat dagegen – anders als die Mitwirkung des Standesbeamten nach deutschem Recht – keine konstitutive Wirkung, sondern dient nur der Erhöhung der Glaubwürdigkeit des Eheschließungsvorgangs. Daraus erklärt sich auch die auf der ersten Seite des „Formulars zur Eheschließung" befindliche mißverständliche Aufforderung des Erklärungsvertreters des Beteiligten zu 1), wonach die Eheschließung „stattgefunden... hat" und nunmehr mit der Trauung begonnen werden soll.

Schließlich ist auch noch der Sollvorschrift der genannten pakistanischen Dekrets Nr. VIII über das Familienrecht der Muslime Rechnung getragen, indem die in Sektion 5 vorgeschriebenee Registrierung der Ehe beim „Nikah Registrar" am 11. 4. 1988 erfolgt ist – obwohl die fehlende Registrierung die Gültigkeit des Eheschlusses in Pakistan nicht in Frage stellt (vgl. OLG Hamm, StAZ 1991, 315 [318]; Rauscher, aaO, S. 104).

Die Einholung eines – vom Beschwerdeführer hilfsweise beantragten – Sachverständigengutachtens zur weiteren Abklärung der Rechtslage in Pakistan hat die Kammer nicht für erforderlich erachtet.

Da die Kammer schließlich weder begründete Zweifel an der Echtheit der vorliegenden Urkunde noch an der sachlichen Richtigkeit der Übersetzungen hat, sieht sie keinen Anlaß, die Gültigkeit der am 10. 4. 1988 in S./Pakistan abgeschlossenen Ehe der Beteiligten zu 1) und 2) zu verneinen oder in Frage zu stellen.

6

Mit der religiös-weltanschaulichen Neutralität des Staates steht es im Einklang, wenn sowohl religiöse Kunst als auch dezidiert religionskritische Kunst gefördert wird.

Eine hinreichende bestimmte Abgrenzung nicht förderungsfähiger Kunst ist der sog. Gefühlsklausel (§§ 5, 7 Abs. 9 Satz 1 FFG) zu entnehmen, sofern man diese tatbestandlich auf besonders rohe Äußerungen der Beschimpfung (u. a. mit weltanschaulichem Bezug) reduziert.

Art. 4 Abs. 1 u. 2, 5 Abs. 3 GG
OVG Nordrhein-Westfalen, Urteil vom 4. Februar 1992 – 5 A 1320/88[1] –

Der Bundesminister des Innern (BMI) verlieh dem Kläger, der zuvor bereits acht andere Filme gemacht hatte, im Juni 1982 das Filmband in Silber für den Film „Das letzte Loch". Mit diesem Preis war eine Prämie von 300 000,– DM zur Herstellung eines guten programmfüllenden Spielfilms verbunden. Im Juli 1982 benannte der Kläger beim BMI als Prämienfilm das Projekt „Das Gespenst" und legte dafür u. a. das Drehbuch und die Finanzplanung vor: Die Gesamtkosten von 531 488,– DM sollten danach durch die Prämie und Eigenmittel in Höhe von 231 488,– DM gedeckt werden. Das Drehbuch umfaßt neben Regieanweisungen die Wortwechsel für die 11 Szenen des Films.

Mit Zuwendungsbescheid vom 20. 7. 1982 bewilligte der BMI dem Kläger daraufhin „für die Herstellung eines neuen guten Films gemäß § 6 Abs. 1 Nr. 2

---

[1] NWVBl. 1992, 279. Nur LS: AkKR 161 (1992), 238. Das Urteil ist rechtskräftig.

Kunstförderung 21

der Filmförderungsrichtlinien des BMI (FFR) vom 21. 12. 1976 i.d.F. vom 30. 5. 1979" eine Prämie von 300 000,- DM. Der Bescheid enthält folgende als Auflage bezeichnete Nebenbestimmungen:

1. Sie erkennen die o. g. Filmförderungsrichtlinien des Bundesministers des Innern, insbesondere deren §§ 6 bis 10, sowie diesen Zuwendungsbescheid an. Ich weise darauf hin, daß unabhängig von den Bestimmungen der Filmförderungsrichtlinien BMI die Vorschriften der Bundeshaushaltsordnung, insbesondere deren §§ 44 und 44 a, und die dazu erlassenen Verwaltungsvorschriften zu beachten sind.

...

5. Die Prämie kann auf der Grundlage des Finanzierungsplans in Anspruch genommen werden und wird in entsprechenden Raten zur Auszahlung fällig. Die Auszahlung der Prämie erfolgt entsprechend dem Verlauf der Herstellungsarbeiten für das Filmvorhaben:
Bis zu 20 % nach Beginn der Produktionsarbeiten
gegen Einzelnachweis der Aufwendungen
20 % nach erfolgtem Drehbeginn
20 % nach Ablauf der halben Drehzeit
15 % nach Ende der Dreharbeiten
25 % nach Freigabe durch die freiwillige Selbstkontrolle, nach Sichtveranstaltung bei mir und Prüfung der endgültigen Herstellungskosten.

...

7. Der Anspruch auf die Prämie erlischt, wenn die Fristen nach § 9 Abs. 4 und 5 der Richtlinien nicht eingehalten, wenn die allgemeinen Förderungsvoraussetzungen nach § 5 der Richtlinien nicht erfüllt oder andere wesentliche Bestimmungen der Richtlinien nicht beachtet worden sind. In diesen Fällen sind bereits empfangene Prämienteile zurückzuzahlen. Wesentliche Änderungen der Angaben zum Vorhaben, insbesondere innerhalb der Stab- und Besetzungsliste, bitte ich mir umgehend mitzuteilen. Ein etwaiger Wechsel des Regisseurs bedarf einer Ausnahmegenehmigung nach § 28 Abs. 2 der Richtlinen.

Mit schriftlicher Erklärung vom 29. 7. 1982 erkannte der Kläger den Inhalt des Zuwendungsbescheids vom 20. 7. 1982 an und erklärte sich mit der Überweisung der Prämie auf ein Anderkonto der Treuarbeit AG einverstanden. In der Folgezeit zahlte der BMI den Betrag von 300 000,- DM auf ein Anderkonto der Treuarbeit AG ein, die 225 000,- DM in Raten an den Kläger weiterleitete.

Der inzwischen fertiggestellte, rund 90 Minuten lange Film, bei dem der Kläger Regie geführt und die Hauptrolle gespielt hatte, wurde bei den Hofer Filmtagen im Herbst 1982 erstaufgeführt; ab März 1983 lief er in Filmtheatern. Die Juristenkommission der Spitzenorganisation der Filmwirtschaft e. V. gelangte am 6. 12. 1982 zu der Feststellung, daß der Film in strafrechtlicher Hinsicht bedenkenfrei sei, wenn aus einer näher bezeichneten Szene eine bestimmte Stelle entfernt würde. Dementsprechend wurde diese kurze Stelle im Film weggeschnitten. Der Arbeitsausschuß der freiwilligen Selbstkontrolle der Spitzenorganisation der Filmwirtschaft e. V. lehnte die Freigabe des Filmes am 29. 3. 1983 ab, weil er das religiöse Empfinden und die Würde des Menschen grob verletze. Durch Berufungsentscheidung vom 20. 4. 1983 gab der Hauptausschuß der freiwilligen Selbstkontrolle den Film zur Vorführung vor Personen ab 18 Jahren frei. Neben zum Teil positiven Kritiken und der Nominierung zum Filmtip des Monats durch die Jury der evangelischen Filmarbeit im April 1983 kam es auch zu öffentlichen Protesten gegen die Aufführung des Films. Die Pressestelle der katholischen Bischofskonferenz ließ durch ihren Leiter verlautbaren, der Film sei anstößig, kränke andere Menschen in ihren religiösen Empfindungen und beleidige sie. Auch der Rat der EKD bedauerte im Mai 1983 die Nominierung der Jury der evangelischen Filmarbeit u. a. deshalb, weil der Film über weite Strecken Respekt vor den Überzeugungen gläubiger Christen vermissen lasse. Ferner kam es zu verschiedenen Anfragen u. a. von Mitgliedern des Bundestages bezüglich der Erwägungen, welche seinerzeit zur Bewilligung der Mittel geführt hätten.

Am 3. 5. 1983 wurde der Film dem BMI vorgeführt. Mit Bescheid vom 23. 6. 1983 nahm der BMI den Zuwendungsbescheid vom 20. 7. 1982 insoweit zurück, als ein Betrag von 75 000,- DM noch nicht ausgezahlt war; von der Rücknahme des Zuwendungsbescheids im übrigen sah er u. a. mit der Maßgabe ab, daß der Kläger den Rücknahmebescheid bestandskräftig werden lasse. Auf die daraufhin erhobene Klage hob das Verwaltungsgericht den Bescheid vom 23. 6. 1983 wegen fehlender Anhörung auf; die Berufung des Beklagten wurde vom OVG zurückgewiesen; in den Entscheidungsgründen heißt es u. a., der Anhörungsmangel sei beachtlich im Sinne von § 46 VwVfG, weil eine andere Entscheidung in der Sache nicht ausgeschlossen werden könne. Die Aufhebung des Zuwendungsbescheids habe im Ermessen des Beklagten gestanden und eine Ermessensreduzierung auf Null sei nicht eingetreten.

In dem von der Staatsanwaltschaft 1983 gegen den Kläger und den Verleiher des Films eingeleiteten Strafverfahren wegen Verstoßes gegen § 166 StGB lehnte das Landgericht A. die Eröffnung des Hauptverfahrens ab. Die Beschwerde der Staatsanwaltschaft gegen diesen Beschluß verwarf das Oberlandesgericht B. mit der Begründung, der Film sei jedenfalls nicht geeignet, den öffentlichen Frieden zu stören.

Ab April 1985 gab der BMI dem Kläger mehrfach Gelegenheit, sich zu der beabsichtigten vollständigen Rückabwicklung der Prämienbewilligung zu äußern. In einer daraufhin erfolgten Stellungnahme machte der Kläger geltend, der Film sei unter Einplanung der gesamten Prämie konzipiert und produziert worden. Er habe Verkaufsaktionen durchgeführt, um die wirtschaftlichen Voraussetzungen für eine weitere Tätigkeit zu eröffnen. Die Bedeutung der Auszahlung der letzten Prämienrate ergebe sich schließlich aus dem Umstand, daß er gezwungen gewesen sei, Filme in „Super 8" zu drehen.

Mit dem angefochtenen Bescheid vom 29. 11. 1985 hob der BMI den Zuwendungsbescheid vom 20. 7. 1982 in vollem Umfang auf und forderte den Kläger zur Rückzahlung eines Betrages von 17 530,- DM auf. Zur Begründung führte der BMI unter anderem aus, der Anspruch auf die zuerkannte Prämie sei erloschen, weil der Film „Das Gespenst" die Förderungsvoraussetzungen nach § 5 der FFR in Verbindung mit § 19 Satz 1 FFG nicht erfülle. Nach diesen Bestimmungen seien Filme, die das religiöse Gefühl verletzten, nicht förderungsfähig. Der Film verletze das Empfinden der gläubigen Angehörigen der christlichen Konfessionen, da die Darstellung des Christus als eine ungerechtfertigte Herabsetzung des Stifters der christlichen Religion empfunden werde.

Im Verwaltungsrechtsweg hat der Kläger zunächst die Zahlung von 75 000,- DM nebst Zinsen begehrt und später gegen den Bescheid vom 29. 11. 1985 Klage erhoben. Das Verwaltungsgericht hat beide Verfahren miteinander verbunden.

Der Kläger hat u. a. vorgetragen, der Bescheid vom 29. 11. 1985 sei rechtswidrig, weil weder die Voraussetzungen des § 48 VwVfG noch die des § 49 VwVfG i.V.m. §§ 44, 44 a BHO vorlägen. § 48 VwVfG scheide als Ermächtigungsgrundlage aus, weil der Zuwendungsbescheid rechtmäßig sei. Das bei Erlaß dieses Bescheides vorliegende Drehbuch enthalte keinen Verstoß gegen § 5 FFR i.V.m. § 7 Abs. 9 Satz 1 FFG. Sofern diese Bestimmungen nicht wegen Verstoßes gegen Art. 5 Abs. 3 GG unwirksam seien, müßten sie jedenfalls verfassungskonform restriktiv ausgelegt werden. Eine Verletzung des religiösen Gefühls könne demnach nur dann vorliegen, wenn das Kunstwerk darauf abziele, zu beleidigen oder zu verleumden. Dies sei bei dem Drehbuch nicht der Fall; es stehe vielmehr in der Tradition der Kritik, die sich gegen den sich selbst untreu gewordenen Glauben wende. Die Voraussetzungen des § 49 VwVfG in Verbindung mit §§ 44, 44 a BHO seien nicht erfüllt, weil auch der Film nicht gegen § 5 FFR i.V.m. § 7 Abs. 9 Satz 1 FFG verstoße. Weder die Darstellung des Christus noch sonstige Elemente des Films verletzten das religiöse Gefühl; er beschränke sich auf eine Umsetzung des Drehbuchs, wie sie unter Berücksichtigung von Art. 5 Abs. 3 Satz 1 GG und der früheren Arbeiten des Klägers zu erwarten gewesen sei. Abgesehen davon genieße er, der Kläger, Vertrauensschutz, da das Drehbuch bei Erlaß des Zuwendungsbescheides vorgelegen habe und die Zuwendung in voller Höhe Grundlage für die Kalkulation und Produktion des Films gewesen sei.

Die Beklagte hat zwar geltend gemacht, der Zuwendungsbescheid sei rechtswidrig, weil bereits das Drehbuch die Tendenz der Verletzung des religiösen Gefühls und damit einen Verstoß gegen die FFR habe erkennen lassen. Drehbuch und Film stellten den Religionsstifter Christus als dümmlichen, heruntergekommenen Trunkenbold dar. Diese im Drehbuch angelegte Tendenz sei im Film in aller Schärfe deutlich geworden. Der Film enthalte erhebliche (von der Beklagten näher bezeichnete) Verschärfungen, die dem Drehbuch, das keinerlei Anweisungen für die filmische Umsetzung erkennen lasse, nicht zu entnehmen seien. Der Rücknahme des Zuwendungsbescheids stehe ein schutzwürdiges

Vertrauen des Klägers nicht entgegen, da die Überprüfung der Einhaltung der materiellen Teile der FFR mit der Entgegennahme des Drehbuchs nicht abgeschlossen sei. Erst mit der Sichtveranstaltung nach Lieferung des Films ende die gesamte Prüfung, die erst die Entscheidung ermögliche, ob der Inhalt des Zuwendungsbescheids erfüllt sei.

Durch das angefochtene Urteil hat das Verwaltungsgericht den Bescheid vom 29. 11. 1985 aufgehoben und die Beklagte verpflichtet, an den Kläger 75 000,- DM nebst Zinsen zu zahlen.

Mit ihrer Berufung trägt die Beklagte u. a. vor, ein Vertrauensschutz des Klägers stehe dem Erlaß des angefochtenen Bescheides nicht entgegen. Die Annahme von Vertrauensschutz sei bereits deshalb ausgeschlossen, weil der Zuwendungsbescheid vom 20. 7. 1982 lediglich eine vorläufige Regelung treffe. Im übrigen habe der Kläger den Zweck der Leistungsgewährung gekannt und diesen, nämlich einen guten, nicht die religiösen Gefühle verletzenden Film herzustellen, verfehlt. Schließlich habe die Hinnahme des Drehbuches schließlich deshalb keinen Vertrauenstatbestand zugunsten des Klägers begründen können, weil der Film in wesentlichen Punkten von dem Drehbuch abweiche. Seien Autor des Drehbuches und Filmregisseur identisch, müsse bei der optischen Umsetzung der inhaltlichen Tendenz des Drehbuches von einer höheren Verbindlichkeit des Buches ausgegangen werden. Verschärfungen seien daher in diesem Fall weniger zu erwarten als in der üblichen Konstellation, in der ein Dritter das Drehbuch filmisch umsetze. Die Beklagte sei über die wahren Absichten, die mit dem Film verfolgt würden, getäuscht worden. Dem Kläger sei es ein leichtes gewesen, die im Film vorhandenen Verschärfungen in das Drehbuch aufzunehmen. Selbst wenn man dem Kläger ein schützenswertes Vertrauen zubillige, so sei dieses im Hinblick auf die noch ausstehende Prüfung bei der Sichtveranstaltung nur gering und werde jedenfalls durch das überwiegende öffentliche Interesse an der Rücknahme des Zuwendungsbescheids verdrängt. Dieses öffentliche Interesse überwiege nicht erst dann, wenn ein Film die Tatbestandsvoraussetzungen des § 166 StGB erfülle, sondern bereits dann, wenn ein Film das religiöse Gefühl verletze. Staatliche Subventionsvergabe dürfe nämlich auch unterhalb der Schwelle der Störung des öffentlichen Friedens nicht die Lächerlichmachung religiöser Grundauffassungen unterstützen. Der Film „Das Gespenst" verletze das religiöse Gefühl, weil Christus als Karikatur seiner selbst dargestellt werde, der nicht Kritik an den Lehren der Kirche äußere, sondern den Christusglauben selbst lächerlich mache. Weniger die kritischen Behauptungen und obszönen Dialoge, sondern die optische Darstellung sei geeignet, das religiöse Gefühl zu verletzen. Die Lächerlichkeit der Christusfigur werde schon im äußeren Erscheinungsbild deutlich. Sofern dem Kläger dennoch Vertrauensschutz zukomme, sei dem dadurch Rechnung getragen, daß die gezahlten 225 000,- DM nicht zurückverlangt würden.

Kunstförderung 25

Der Kläger trägt u. a. vor, das Drehbuch sei äußerst detailliert, und der Film biete keine Verschärfungen. Unter Berücksichtigung der der Beklagten bekannten früheren Filme des Klägers sei daher davon auszugehen, daß die Beklagte gewußt habe, welchen Film sie fördere. Bei der Auslegung des Merkmals der Verletzung des religiösen Gefühls seien – sofern diese Voraussetzung überhaupt verfassungskonform sei – die Grundsätze der Autonomie der Kunst und der staatlichen Neutralität auch im Zusammenhang der staatlichen Förderungspraxis zu beachten. Daraus folge, daß auf den Horizont eines um Verständnis bemühten Betrachters abzustellen sei. Bei diesem Ansatz sei festzustellen, daß der Film die Religion nicht lächerlich mache, sondern gerade ernst nehme, weil die Diskrepanz zwischen Christusnachfolge und Glaubenspraxis thematisiert werde. Die im Film verwendeten formalen Mittel schlössen eine Herabsetzung aus, weil sie nicht auf Eingängigkeit setzten; der Zuschauer solle vielmehr durch die Präsentation von Brüchen beunruhigt werden.

Die Berufung hatte keinen Erfolg.

Aus den Gründen:

Im übrigen ist die zulässige Berufung unbegründet, weil das Verwaltungsgericht der Klage zu Recht stattgegeben hat. Denn der Bescheid vom 29. 11. 1985 ist rechtswidrig und verletzt den Kläger in seinen Rechten – § 113 Abs. 1 Satz 1 VwGO – (I.); auch hat der Kläger gegen die Beklagte einen Anspruch auf Zahlung von 75 000,– DM zuzüglich 4 v. H. Zinsen seit dem 2. 12. 1985 (II.).

I. 1. Der Bescheid vom 29. 11. 1985 stellt keinen abschließenden Ablehnungsbescheid betreffend die Förderung des Filmes „Das Gespenst" dar. Bei diesem Bescheid könnte es sich nur dann um einen den Förderungsantrag des Klägers ablehnenden, das Förderungsverhältnis endgültig regelnden Bescheid, gegen den der Kläger mit der Verpflichtungsklage auf Gewährung der Fördermittel vorgehen müßte, handeln, wenn der Zuwendungsbescheid vom 20. 7. 1982 ein sogenannter vorläufiger Verwaltungsakt ist. Dies ist jedoch nicht der Fall. (wird ausgeführt)

2. Bei dem Bescheid vom 29. 11. 1985 handelt es sich nicht um einen feststellenden Verwaltungsakt, der lediglich die ohnehin bestehende Rechtslage, nämlich den Verfall des Prämienanspruchs, als solche feststellt (wird ausgeführt).

3. Der angefochtene Bescheid kann auch nicht auf § 48 VwVfG gestützt werden. Dabei kann offen bleiben, ob der Zuwendungsbescheid vom 20. 7. 1982 rechtswidrig ist, etwa wegen fehlender Zuständigkeit des Bundes für die Filmförderung, soweit damit nicht wirtschaftliche, sondern kulturelle Zwecke verfolgt werden, der Erforderlichkeit eines Gesetzes als Grundlage für die Förderung anstelle der hier nur zugrundeliegenden Verwaltungsvorschriften (FFR) oder der Nichteinhaltung der FFR durch das vorgelegte Drehbuch.

Der Rücknahme steht jedenfalls der dem Kläger zuzubilligende Vertrauensschutz gemäß § 48 Abs. 2 VwVfG entgegen. Das Verwaltungsgericht hat im angefochtenen Urteil zutreffend festgestellt, daß der Kläger Vermögenspositionen im Sinne von § 48 Abs. 2 Satz 2 VwVfG getroffen hat. Anhaltspunkte, die gegen ein Betätigen dieses Vertrauens sprechen könnten (vgl. BVerwG, Beschluß vom 25. 6. 1986, 1 WB 166/84, BVerwGE 83, 195 [198]), liegen nicht vor. Insbesondere schließt der Umstand, daß die Produktion des Filmes nur zu erheblich geringeren Kosten als den veranschlagten geführt hat, nicht aus, daß der Kläger Vermögensdispositionen im Vertrauen auf den Erhalt der gesamten Prämie vorgenommen hat.

Der Vertrauensschutz ist auch nicht gemäß § 48 Abs. 2 Satz 3 ausgeschlossen. Insbesondere liegen eine arglistige Täuschung (Nr. 1) und unrichtige oder unvollständige Angaben im Sinne von Nr. 2 des § 48 Abs. 2 Satz 3 VwVfG nicht vor. Denn der Film stimmt im wesentlichen mit dem Drehbuch überein; er enthält keine nennenswerten Verschärfungen von kritischen Elementen, die nach dem Drehbuch nicht zu erwarten waren. Bei dem in diesem Zusammenhang anzustellenden Vergleich zwischen Film und Drehbuch sind folgende Gesichtspunkte zu berücksichtigen:

- *Das optische Medium des Films hat in der Regel eine stärkere Wirkung auf den Rezipienten als der geschriebene Text.*
- *Die Vorgeschichte des Klägers, die durch eine „nicht ordentliche" Ästhetik gekennzeichnet ist (vgl. Gutachten Prof. Dr. X).*
- *Die durch Art. 5 Abs. 3 GG gewährleistete Freiheit, die auch einem Regisseur zugute kommt, der mit dem Autor des Drehbuchs identisch ist, wobei dahinstehen kann, ob dieser Freiraum gleich groß, größer oder kleiner als bei Nichtidentität von Autor und Regisseur ist.*

Dabei kann nicht zweifelhaft sein, daß der Film „Das Gespenst" in den Schutzbereich des Art. 5 Abs. 3 Satz 1 GG fällt. Kunst ist das Ergebnis einer freien schöpferischen Gestaltung, in der Eindrücke, Erfahrungen und Erlebnisse des Künstlers durch das Medium einer bestimmten Formensprache zu unmittelbarer Anschauung gebracht werden (BVerfG, Beschluß vom 17. 7. 1984 – 1 BvR 816/82 – BVerfGE 67, 213 [226]; Beschluß vom 27. 11. 1990 – 1 BvR 402/87 – BVerfGE 83, 130 [138]).

Die freie schöpferische Gestaltung zeigt sich hier in der Phantasiegeschichte des vom Kreuz herabgestiegenen Christus, in der Eindrücke und Erlebnisse des Klägers eingearbeitet sind; der Kläger hat eigene Jugenderinnerungen mit Fröschen und Erfahrungen mit der katholischen Kirche verarbeitet. Darüber hinaus werden literarische Werke verarbeitet (insbesondere die Bibel und Hemingways Stück „Heute ist Freitag"). Die Formensprache äußert sich vor allem in der Tiersymbolik des Films (Frösche, Schlange, Blindschleiche und Raubvogel sowie die Laute von Rabenvögeln als Hintergrundgeräusche im Film).

Kunstförderung 27

Daß der Film unter Berücksichtigung der vorstehenden Gesichtspunkte dem Drehbuch im wesentlichen entspricht, hat das Verwaltungsgericht im angefochtenen Urteil zutreffend festgestellt. Die Wortwechsel im Film halten sich fast wörtlich an das Drehbuch; an zwei Stellen sind sogar Schärfen des Textes des Drehbuchs im Film weggelassen worden: In der 7. Szene (Freier Freitag) fehlen im Film die beiden Passagen über das im Vergleich zur Oberin (Kirche) größere Wissen der Tiere über Christus („Sie wissen mehr von mir wie du" – „weil sie klüger sind"). Eine Sichtkontrolle des Films bestätigt, daß der im Drehbuch vorgegebene Text an allen Passagen die Handlung des Films bestimmt; demgegenüber treten die typisch filmischen Mittel, von denen der Kläger auch nach dem Urteil seiner Kritiker einen sparsamen Gebrauch macht, deutlich zurück. Angesichts dieser Gesamtbewertung kommt den wenigen Hervorhebungen im Film, die im Drehbuch nicht enthalten waren, keine Bedeutung zu. Daß der Ober in der 8. Szene (Verdammt, verdammt) in betrunkener Weise lallend spricht, enthält das Drehbuch nicht, und der Regieanweisung von Hemingway ist dieses Element ebenfalls nicht zu entnehmen (vgl. „Heute ist Freitag" in: Hemingway, Männer ohne Frauen, Reinbek 1991, S. 108). Das Drehbuch enthält außerdem nicht die Angabe einer vergrößerten Zunge zu Beginn der ersten Szene und die Angabe des „Amen" am Ende des Films. Im übrigen treffen einige der von der Beklagten erhobenen Rügen nicht zu: Der Vorgang der Kreuzigung der Frösche wird im Film nicht gezeigt; demgegenüber werden die Frösche in bereits gekreuzigtem Zustand gezeigt; insoweit finden sie jedoch Erwähnung auf S. 12 des Drehbuchs. Das Lendentuch des Obers ist ebenfalls im Drehbuch (S. 2) erwähnt.

Die Voraussetzungen des § 48 Abs. 2 Satz 3 Ziff. 3 VwVfG hat das Verwaltungsgericht ebenfalls zutreffend verneint (...).

Die Unterwerfung des Klägers unter die Nebenbestimmungen des Zuwendungsbescheides – insbesondere Ziffer 7. – schließt ebenfalls einen Vertrauensschutz nicht aus (vgl. dazu OVG.NW, Urteil vom 15. 6. 1984 – 4 A 2306/81 – NJW 1985, 1042; anders für den Sonderfall des Vorbehalts bei zu Unrecht erhaltener Zuwendung: OVG.NW, Urteil vom 15. 8. 1980 – 9 A 251/79 –, NJW 1981, 2597). Angesichts der Sach- und Rechtskenntnis der Beklagten und ihrer Verpflichtung zum rechtmäßigen Handeln (Art. 20 Abs. 3 GG) durfte der Kläger darauf vertrauen, daß die Bewilligung der Fördermittel rechtmäßig erfolgt war, zumal er das Drehbuch vor Erlaß des Zuwendungsbescheides eingereicht hatte. Soweit er sich bei der Produktion des Films an das von der Beklagten gebilligte Drehbuch hielt, konnte er erwarten, daß die Beklagte einen Grund, der bereits die Förderungsfähigkeit des Drehbuchs hätte in Frage stellen können, auch nach Prüfung des Films nicht zum Anlaß nehmen würde, die Subvention rückabzuwickeln.

Ein überwiegendes öffentliches Interesse, das in Abwägung mit den vertrauensschutzrelevanten Vermögensdispositionen des Klägers abweichend von dem in

§ 48 Abs. 2 VwVfG vorgesehenen Regelfall ausnahmsweise eine Rücknahme rechtfertigen könnte, liegt nicht vor. Dabei kann dahinstehen, ob derartige öffentliche Interessen nur dann von hinreichendem Gewicht sind, wenn eine Verletzung des § 166 StGB in Rede steht, oder ob bereits eine Verletzung des religiösen Gefühls im Sinne von § 5 FFR in Verbindung mit § 7 Abs. 9 Satz 1 FFG ausreicht, um das entgegenstehende Vertrauensschutzinteresse des Klägers zu überwinden. Denn der Film verletzt nicht das religiöse Gefühl im Sinne der vorgenannten Vorschriften.

Ob die genannte Gefühlsklausel mit Art. 5 Abs. 3 Satz 1 GG vereinbar ist (vgl. Scholz, in: Maunz/Dürig, Art. 5 Abs. 3 Rdnr. 80; Wohland, Informationsfreiheit und politische Filmkontrolle, S. 235; Oppermann, Kulturverwaltungsrecht, S. 527; offengelassen von: BVerwG, Urteil vom 8. 2. 1974 – VII C 40.72 – BVerwGE 45, 1 [5]), bedarf im vorliegenden Fall keiner Entscheidung, weil diese Klausel jedenfalls verfassungskonform restriktiv zu interpretieren ist. Als negatives Abwehrrecht spielt Art. 5 Abs. 3 Satz 1 GG im Zusammenhang der Kulturförderung allerdings so lange keine Rolle, als die Kulturförderung nicht von einer derartigen Exklusivität und Finalität gekennzeichnet ist, wie sie der Senat bei der Subventionierung von Vereinen, die sich mit ihren Aktivitäten gegen neue religiöse Bewegungen wenden, festgestellt hat (vgl. OVG.NW, Urteil vom 23. 3. 1990 – 5 A 84/86 – DVBl. 1990, 999).

Als wertentscheidende Grundsatznorm ist Art. 5 Abs. 3 Satz 1 GG jedoch auch im Rahmen der Leistungsverwaltung zu beachten. Bei der Ausgestaltung der Kulturförderung steht dem Staat zwar eine weitgehende Freiheit zu, aber die Differenzierungskriterien, die zur Ausgrenzung bestimmter Kunstwerke aus der Förderung führen, müssen sachgerecht, d. h. im vorliegenden Zusammenhang mit Art. 5 Abs. 3 Satz 1 GG vereinbar sein (vgl. BVerfG, Urteil vom 5. 3. 1974 – 1 BvR 712/68 – BVerfGE 36, 321 [332]). Bei der Kunstförderung darf der Staat zwar bestimmte Qualitätsanforderungen stellen, aber seine Auswahlentscheidung muß der Autonomie und der Pluralität der Kunst sowie dem Prinzip der staatlichen Neutralität Rechnung tragen; ein staatliches Kunstrichtertum zu Lasten bestimmter Kunstrichtungen darf auch mit den Mitteln der Kunstförderung nicht verfolgt werden, vielmehr stellt die objektive Wertentscheidung der Verfassung für die Freiheit der Kunst dem Staat die Aufgabe, ein freiheitliches Kunstleben zu fördern (vgl. Scholz, in: Maunz/Dürig, Art. 5 Rdnr. 40; Ladeur AK Art. 5 Abs. 3 Rdnr. 24; Starck, in: von Mangoldt/Klein, Art. 5 Abs. 3 Rdnr. 198).

Für die im vorliegenden Fall angesprochene und von der Gefühlklausel betroffene Kunstrichtung bedeutet dies, daß auch dezidiert religions- und kirchenkritische Kunst nicht a limine von staatlicher Kunstförderung ausgeschlossen werden darf. Aus Art. 4 Abs. 1 und 2 GG läßt sich ein Verbot der Förderung von derartiger Kunst nicht ableiten. Dem in Art. 4 Abs. 1 und 2 GG sowie in Art. 3 Abs. 3, Art. 33 Abs. 3 GG zum Ausdruck kommenden Prinzip der religiös-

Kunstförderung

weltanschaulichen Neutralität des Staates würde es lediglich widersprechen, zielgerichtet und exklusiv die dezidiert religionskritische Kunst zu fördern. Mit der staatlichen Neutralität im Bereich von Religion und Weltanschauung sowie im Bereich der Kunst steht es demgegenüber in Einklang, wenn sowohl religiöse Kunst als auch dezidiert religionskritische Kunst gefördert wird. Das Neutralitätsgebot kann nicht in der Weise auf das einzelne geförderte Kunstwerk bezogen werden, daß der Staat nur diejenigen Kunstwerke fördern darf, die für sich gesehen in religiös-weltanschaulicher Hinsicht neutral sind. Abgesehen von den Schwierigkeiten, die Neutralität eines Kunstwerks in dieser Hinsicht festzustellen, wäre eine solche Eingrenzung der staatlichen Förderpraxis unzulässig, weil sie mit der Freiheit der Kunst unvereinbar wäre; weite Bereiche der – insbesondere engagierten Kunst – würden auf diese Weise von vornherein von der staatlichen Förderung ausgeschlossen. Die staatliche Neutralität kann daher nur dadurch hergestellt werden, daß die Fördermittel grundsätzlich allen Kunstrichtungen offenstehen mit der Folge, daß die staatliche Subventionierung eines engagierten Kunstwerks nicht als unzulässige Identifizierung mit einer bestimmten Kunstrichtung aufgefaßt werden kann. Als Kompensation für die Förderung eines bestimmten Kunstwerks besteht die Möglichkeit, daß bei nächster Gelegenheit ein Kunstwerk der „entgegengesetzten" Kunstrichtung in den Genuß der Subvention kommen kann.

Dennoch können der Subventionierung einzelner Kunstwerke äußerste Grenzen – etwa durch das Toleranzgebot – (vgl. BVerfG, Beschluß vom 16. 10. 1979[2] – 1 BvR 647/70 und 7/74 – BVerfGE 52, 223, 247 [251]) gesetzt sein, die mit der Freiheit der Kunst im Einklang stehen. Bei der Bestimmung der Grenzen, die das Toleranzgebot der Förderung einzelner religionskritischer Kunstwerke zieht, sind aber nicht nur die durch Art. 4 Abs. 1 und 2 GG geschützten Belange der Angehörigen der kritisierten Religion zu beachten, sondern auch die Freiheitsrechte des kritischen Künstlers, zu denen auch das Recht auf Abwerbung von einer anderen Religion gehört (vgl. BVerfG, Beschluß vom 8. 11. 1960[3] – 1 BvR 59/56 – BVerfGE 12, 1 [4]). Nur eine Berücksichtigung dieser beiden widerstreitenden Elemente entspricht objektiv-rechtlich der staatlichen Neutralität. Bei der Grenzziehung im vorliegenden Zusammenhang ist darüber hinaus zu beachten, daß Pointierungen und Übertreibungen typische Stilmittel der Kunst sein können.

Eine hinreichend bestimmte Abgrenzung der nicht förderungsfähigen Kunst ist der Gefühlsklausel zu entnehmen, wenn sie auf besonders rohe Äußerungen der Beschimpfung reduziert wird (vgl. BGH, Urteil vom 7. 1. 1955 – 6 StR

---

[2] KirchE 17, 325.
[3] KirchE 5, 256.

185/54 – BGHSt 7, 110; OLG Köln, Urteil vom 11. 11. 1981[4] – 3 Ss 704/81 –, NJW 1982, 658; Lenckner, in: Schönke/Schröder, § 166 Rdnr. 9; Dippel, Leipziger Kommentar, § 166 Rdnr. 24 f.). Soweit in der Literatur die Gefühlsklausel, die zu ergänzen wäre im Hinblick auf weltanschauliche Gefühle, für verfassungsgemäß gehalten wird, wird eine ähnliche Einschränkung der Klausel auf Extremfälle für notwendig gehalten (vgl. Oppermann, aaO, S. 527; Hartlieb, aaO, S. 794; Weides, Bundeskompetenz und Filmförderung, S. 68). Diese einschränkende Auslegung der Gefühlsklausel trägt sowohl dem Gebot der staatlichen Neutralität als auch der Kunstfreiheit einerseits und dem Toleranzgebot andererseits Rechnung. Die genannte Gefühlsklausel ist daher verletzt, wenn der Tatbestand des § 166 StGB mit Ausnahme der Eignung, den öffentlichen Frieden zu stören, erfüllt ist.

Wird die Gefühlsklausel in dieser Weise verfassungskonform restriktiv ausgelegt, so verstößt der Film „Das Gespenst" nicht gegen diese Klausel mit der Folge, daß ein überwiegendes öffentliches Interesse an der Rücknahme des Bewilligungsbescheides nicht gegeben ist. Die Feststellung, ob der Film die Gefühlsklausel verletzt, setzt eine werkgerechte Interpretation voraus, bei der nicht auf den in künstlerischen Dingen völlig unbewanderten Betrachter und ebenfalls nicht auf einen flüchtigen Beobachter abzustellen ist, sondern mindestens auf einen um Verständnis bemühten Durchschnittsbetrachter. Bei einem Film wie dem vorliegenden, der nicht als kassenfüllender Unterhaltungsfilm konzipiert, sondern für Programmfilmtheater anspruchsvollerer Ausrichtung gedacht war, wäre darüber hinaus möglicherweise auf das Verständnis eines überdurchschnittlich künstlerisch Gebildeten abzustellen, was aber letztlich offen bleiben kann. Die werkgerechte Interpretation setzt eine Gesamtschau des Werkes voraus und verbietet, einzelne Teile des Kunstwerks aus dem Zusammenhang zu lösen und gesondert darauf zu untersuchen, ob sie gegen die genannte Gefühlsklausel verstoßen. Das Ergebnis der Gesamtschau kann auch darin bestehen, daß mehrere Interpretationsmöglichkeiten gegeben sind; insbesondere ist zu bedenken, ob der Filmproduzent die Diskrepanz von Anspruch und Wirklichkeit darstellen will. Bestehen mehrere Interpretationsmöglichkeiten, so kann als Anknüpfung für staatliche Maßnahmen nicht ohne weiteres die für den betroffenen Künstler ungünstigere zugrundegelegt werden (BVerfG, Beschluß vom 17. 7. 1984 – 1 BvR 816/82 –, BVerfGE 67, 213 [228 f.]; Beschluß vom 7. 3. 1990 – 1 BvR 266/86 u. a. –, BVerfGE 81, 298 [307]; Beschluß vom 27. 11. 1990 – 1 BvR 402/87, BVerfGE 83, 130 [148]; BGH, Urteil vom 8. 6. 1982 – VI ZR 139/80 –, NJW 1983, 1194 [1195]).

---

[4] KirchE 19, 133.

Bei der Prüfung, ob ein Film gegen die Gefühlsklausel verstößt, steht der Exekutive ein Beurteilungsspielraum nicht zu; insoweit hat die gerichtliche Nachprüfung intensiver zu erfolgen als bei behördlichen Qualitätsanforderungen (vgl. BVerfG, Beschluß vom 27. 11. 1990 - 1 BvR 402/87 -, BVerfGE 83, 130 [148]; Geis, NVwZ 1992, 28).

Nach diesen Grundsätzen läßt sich nicht feststellen, daß der Film „Das Gespenst" das religiöse Gefühl verletzt; denn es ist jedenfalls auch eine Interpretationsmöglichkeit gegeben, die keine grobe Beschimpfung des christlichen Glaubens beinhaltet. Der Kläger macht geltend, daß der Film die Diskrepanz zwischen dem Anspruch, den die christliche Botschaft stellt, und der Wirklichkeit der Glaubensnachfolge thematisiert. Eine werkgerechte Gesamtschau aus der Sicht eines objektiven, um Verständnis bemühten Durchschnittsbetrachters bestätigt, daß diese Zielrichtung des Films jedenfalls eine mögliche Interpretation darstellt. Mit einer Verhöhnung des Christusglaubens lassen sich nämlich folgende Passagen des Films kaum in Einklang bringen; in diesen Passagen werden Christus und seine Botschaft vielmehr ausgesprochen positiv dargestellt:

- *Die Oberin bezeichnet Christus als das Vorbild allen Lebens (S. 1 im Drehbuch).*
- *Der Ober betont, daß er wieder ans Kreuz zurück muß, wenn die Menschen ihm nicht das geben, was er von ihnen verlangt (S. 5 im Drehbuch). Die Kreuzeshaltung seiner Arme stellt keine Lächerlichmachung dar, sondern unterstreicht den vorgenannten Satz, der das in der Theologie viel behandelte Thema betrifft, ob Jesus bei einem erneuten Auftreten in der heutigen Welt wiederum von den Menschen gekreuzigt würde.*
- *Der Ober bedauert, daß die Frösche nicht in seine Bar kommen (S. 10 im Drehbuch). Der Ober bringt damit zum Ausdruck, daß er die Frösche als Beispiel für die gequälte Natur gerne bedienen würde; es ist eine Vorbereitung der nachfolgenden Szene mit der Kreuzigung der Frösche. Die in der nachfolgenden Szene tatsächlich ins Werk gesetzte „Erlösung" der Frösche wird hier verbal vorbereitet, indem die Bereitschaft zum befreienden Dienst bekundet wird.*
- *Der Ober „erlöst" die Frösche und äußert die Bitte um Erlösung. Sieht man die Frösche – wie der Kläger – als Stellvertreter für die leidende Kreatur an, so stellt diese Szene – entgegen dem Vortrag der Beklagten – gerade keine Verhöhnung des Christusglaubens dar, sondern sie steht im Einklang mit einer grundlegenden Wahrheit des Christusglaubens. Mit einer negativen Gesamtschau des Films läßt sich diese zentrale Szene kaum vereinbaren. Die Zentralität dieser Szene wird nicht nur durch ihre Stellung (die 6. von 11 Szenen) deutlich, sondern auch dadurch, daß der biblische Hintergrund dieser Szene zum Zentrum des Christusglaubens gehört. Darüber hinaus verbalisiert der Ober im Anschluß an diese Szene und nach der Passage des Kreuzes als der Frage nach Erlösung eine Grundaussage des Films. Angesprochen wird nämlich die Diskrepanz zwischen der Erlösung einerseits und der – bis zur Gewalt reichenden – Dogmatisierung des Christusglaubens durch die Kirche, die in der nächstfolgenden Szene im Gespräch Ober–Oberin weiter bearbeitet wird.*
- *Der Ober wirft der Oberin (der Kirche) vor, daß sie alles so schlecht gemacht habe, obwohl er nie etwas befohlen habe. Daraus läßt sich die Aussage des Films ableiten, daß eine schlechte Nachfolge der Kirche nicht auf die Botschaft Christi zurückzuführen ist (S. 14 im Drehbuch).*

Das Thema „Anspruch und Wirklichkeit" wird in vielen Szenen deutlich:
- *Christus als Vorbild allen Lebens – die Kirche als Vorbild aller Sterilität (S. 1 im Drehbuch).*
- *Der Ober in Kreuzeshaltung begegnet Menschen auf dem Marktplatz, die Essig für gut genug für ihn halten (S. 5 im Drehbuch).*
- *Die Oberin (als Schutzmantelmadonna zuvor mit den Fröschen unter ihrem Kleid) kreuzigt Frösche und hält eine Schlange davor, während die Schlange (Ober) die Frösche losbindet, statt sie zu fressen (S. 12 im Drehbuch).*
- *Im „Gespenst"-Dialog sagt der Ober: Ich habe nichts befohlen, Ihr habt alles so schlecht gemacht (S. 14 im Drehbuch).*
- *Der Bischof als im Luxus lebender Kirchenvertreter (wiederholte Frage nach Zigaretten/ Dienstwagen einer gehobenen Marke) – hinter dem Dienstwagen der „geteerte und gefederte" Ober (S. 17 f. im Drehbuch).*
- *Der Ober wird bei der Herbergssuche abgewiesen, und die Frau beginnt mit den Vorbereitungen eines Ehebruchs (S. 19 im Drehbuch).*
- *Der Priester bei den Vorbereitungen des Ehebruchs (S. 19 im Drehbuch).*
- *Im Würgegriff des Priesters wird die Schlange zu einer harmlosen Blindschleiche (S. 20 im Drehbuch).*
- *Die Kirche (Oberin als Raubvogel) bestimmt das Geschehen mit der harmlosen Blindschleiche in den Greifen (S. 21 im Drehbuch).*

Die vorstehende Interpretation wird durch die Passagen des Films, die für sich gesehen Anlaß zu Bedenken geben könnten, nicht ausgeschlossen.
- *Wenn die Oberin (S. 1 im Drehbuch) den Herrgott als für die Volksverdummung bestimmt und als netten Bräutigam mit leeren Versprechungen bezeichnet, so muß darin keine Beschimpfung des Christusglaubens liegen. Darin kann vielmehr auch – bei Ernstnehmen des Christusglaubens – eine Kritik gegenüber der Instrumentalisierung des Christusglaubens durch Politik und Kirche zu sehen sein. Mit der Aussage der Oberin, daß der Herrgott sich um nichts kümmere, ist die Frage nach Gottes Eingriff in das Elend der Welt gestellt, die einer klassischen theologischen Fragestellung entspricht. Der Film findet die Antwort auf diese Frage in der Passage über die Bitte/Frage um Erlösung.*
- *Wenn der Ober sagt (S. 10 im Drehbuch), daß er gar nichts glaube, so verstößt das nicht gegen Grundaussagen des christlichen Glaubens: Christus ist als Gottes Sohn allwissend, so daß sich für ihn die Frage des Glaubens nicht stellt.*
- *Die zahlreichen sexuellen Anspielungen gehen fast ausschließlich von anderen Personen als dem Ober aus. Der Ober ist „reinen Herzens", er steht den Anspielungen regelmäßig verständnislos gegenüber.*

Schließlich spricht es gegen eine Beschimpfung des Christusglaubens, daß der Film nicht auf eine Vereinnahmung des Zuschauers angelegt ist. Das Verständnis des Films ist nur schwer zugänglich. Der Zuschauer wird an zahlreichen Stellen durch Brüche der äußeren Handlung und des Inhalts verunsichert und zur kritischen Reflexion angeregt. Eine demgegenüber etwa beschimpfende Tendenz hätte klarere, leichter nachvollziehbarere Aussagen erwarten lassen.

Verletzt der Film somit nicht das religiöse Gefühl, so kann offen bleiben, ob es ein „guter" Film im Sinne der FFR ist und ob insoweit ein Beurteilungsspielraum der Beklagten besteht. Denn der Gesichtspunkt, daß zu Unrecht ein nicht „guter" Film gefördert worden ist, könnte nicht ein solches Gewicht haben, die Vertrauensschutzinteressen des Klägers gemäß § 48 Abs. 2 Satz 2 VwVfG in Abweichung von dem dort normierten Regelfall zu überwinden.

4. Der angefochtene Bescheid kann auf § 49 VwVfG ebenfalls nicht gestützt werden. Da der Zuwendungsbescheid einen Widerrufsvorbehalt im Sinne von § 49 Abs. 2 Nr. 1 nicht enthält, kommt allenfalls § 49 Abs. 2 Nr. 2 – Nichterfüllung einer Auflage – als Widerrufsgrund in Betracht. Wenn die ursprüngliche Bewilligung durch den Zuwendungsbescheid vom 20. 7. 1982 rechtmäßig ist, ist die Auflage, einen guten, die religiösen Gefühle nicht verletzenden Film zu produzieren, erfüllt; dies hat das Verwaltungsgericht im angefochtenen Urteil zutreffend festgestellt, da eine insoweit erhebliche Diskrepanz zwischen Film und Drehbuch nicht besteht.

Auch wenn die Art und Weise der Finanzierung zum Gegenstand der Auflagen des Zuwendungsbescheides gemacht worden sein sollte, führen haushaltsrechtliche Überlegungen nicht dazu, daß der Zuwendungsbescheid teilweise widerrufen werden kann (wird ausgeführt).

§ 49 VwVfG ist jedoch entsprechend anwendbar auf rechtswidrige Verwaltungsakte (BVerwG, Urteil vom 21. 11. 1986, 8 C 33/84, NVwZ 1987, 498 [499]). Eine analoge Anwendung des § 49 VwVfG könnte hier in Betracht kommen, wenn der Film gegen die möglicherweise zur Auflage (vgl. Ziffer 1 der Nebenbestimmungen des Zuwendungsbescheides) gemachte Verpflichtung, einen guten Film zu produzieren, verstößt und das Drehbuch bereits denselben Verstoß enthält. In diesem Zusammenhang ist jedoch zu berücksichtigen, daß ein umfassendes Absichern der Rechtswidrigkeit eines Bewilligungsbescheids durch einen Widerrufsvorbehalt oder eine andere Nebenbestimmung unzulässig ist (vgl. BSG, Urteil vom 12. 11. 1969 – 4 RJ 223/68 – BSGE 30, 124 [125]; Schimmelpfennig, Vorläufige Verwaltungsakte, S. 122; Martens, NVwZ 1987, 464 [467]). Bereits aus diesem Grund ist die Berufung auf einen derartig umfassenden – wenn auch inzwischen bestandskräftigen – Rechtmäßigkeitsvorbehalt, der die verfassungsrechtlich legitimierten Vertrauensschutzregelungen des § 48 Abs. 2 VwVfG offensichtlich umgeht, ermessensfehlerhaft (vgl. allerdings BVerwG, Urteil vom 21. 11. 1986 – 8 C 33.84 – NVwZ 1987, 498 [499]). Abgesehen davon ist der Gesichtspunkt, keinen guten Film produziert zu haben, nicht zum Gegenstand hinreichender Ermessensüberlegungen im angefochtenen Bescheid gemacht worden, so daß § 49 VwVfG aus einem weiteren Grund als Ermächtigungsgrundlage ausscheidet. Sofern der Bescheid vom 29. 11. 1985 im Zusammenhang mit dem Bescheid vom 23. 6. 1983 überhaupt Ermessenserwägungen erkennen lassen sollte, gehen diese jedenfalls von der unzutreffenden Grundlage aus, daß der Film das religiöse Gefühl verletze. Bei der im Rahmen der Ermessensentscheidung vorzunehmenden

Gewichtung des öffentlichen Interesses an der Rückabwicklung der Förderung ist es aber von erheblicher Bedeutung, ob dem produzierten Film nur das Qualitätsmerkmal „gut" abzusprechen ist oder ob ihm darüber hinaus der stärkere Vorwurf zu machen ist, daß er das religiöse Gefühl verletze.

5. Nach den vorstehenden Ausführungen zu § 49 VwVfG steht fest, daß auch eine Zweckverfehlung und eine Nichterfüllung von Auflagen im Sinne von § 44 a BHO, die den Erlaß des angefochtenen Bescheids rechtfertigen könnten, nicht vorliegen, so daß das Konkurrenzverhältnis zwischen § 49 VwVfG und § 44 a BHO keiner abschließenden Klärung bedarf.

II. Der Anspruch des Klägers auf Zahlung von 75 000,– DM folgt aus dem Zuwendungsbescheid vom 20. 7. 1982. (wird ausgeführt)

7

Der Steuerpflichtige hat nicht die Möglichkeit, über ein Billigkeitsverfahren mittelbar Einfluß auf die Verwendung der von der Volksvertretung im Rahmen ihrer Budgethoheit disponierten Haushaltsmittel zu nehmen und damit einen Gewissenskonflikt (hier: Teilfinanzierung des Verteidigungshaushalts aus dem Lohnsteueraufkommen) zu lösen.

Art. 4 Abs. 1 u. 2 GG
FG Münster, Urteil vom 6. Februar 1992 – 3 K 5170/90 L[1] –

Der Kläger ist Diakon. Er beantragte beim Finanzamt, seine Lohnsteuer ab dem nächsten Zahlungstermin um mindestens 12 v. H. zu kürzen. Dieser Prozentsatz entspreche etwa dem im Etat 1991 der Bundesrepublik Deutschland ausgewiesenen tatsächlichen Ausgabenanteil für Verteidigung in Höhe von 12,7 v. H. Er sei von seinem finanziellen Beitrag zur Kriegsvorbereitung zu befreien, da er aus christlicher und humanitärer Überzeugung Militärdienst ablehne. Zu Rüstung und Militär beizutragen, verletze sein Grundrecht auf Gewissens- und Glaubensfreiheit, wie es in Art. 4 Abs. 1 GG garantiert sei. Für ihn stelle die Zahlung insoweit daher eine erhebliche Härte und Unbilligkeit dar. Er wolle sich an dem eingesparten Betrag nicht bereichern. Er werde ihn deshalb für gemeinnützige Zwecke zur Verfügung stellen. Diese Handhabung sei solange vorzunehmen, wie noch kein sog. Rüstungskonversionsfond eingerichtet sei, wie er in einem Gesetzentwurf zur Befreiung von Militärsteuern vorgeschlagen werde. Vorgesehen sei, daß diejenigen, die die militärische Verteidigung aus Gewissensgründen ablehnten, Lohnsteuer in einen „Bundesfond zur Konver-

---

[1] Die Nichtzulassungsbeschwerde wurde zurückgewiesen; BFH, Beschluß vom 29. 12. 1992 – VI B 59/92 – (ohne Begründung).

sion von Rüstungsproduktion" einzahlen bzw. abführen lassen könnten. – Das Finanzamt lehnte den Erlaßantrag und den Stundungsantrag ab; die dagegen erhobene Beschwerde blieb ohne Erfolg.

Mit der Klage verfolgt der Kläger sein Begehren weiter. Der Senat weist die Klage ab.

Aus den Gründen:

Die Klage ist nicht begründet.

Nach § 163 Abs. 1 Satz 1 AO können Steuern niedriger festgesetzt werden, wenn die Erhebung der Steuer nach Lage des einzelnen Falles unbillig wäre. Nach § 227 AO können Ansprüche aus dem Steuerschuldverhältnis ganz oder zum Teil erlassen werden, wenn deren Einziehung nach Lage des einzelnen Falles unbillig wäre. Die Unbilligkeit der Erhebung bzw. der Einziehung kann ihren Grund in der Sache selbst oder in den persönlichen wirtschaftlichen Verhältnissen des Steuerpflichtigen haben. Im Streitfall kommen nach dem Vortrag des Klägers nur sachliche Billigkeitsgründe in Betracht.

Die Entscheidung über den Erlaßantrag ist eine Ermessensentscheidung, die im finanzgerichtlichen Verfahren nur darauf überprüft werden kann, ob sie rechtswidrig ist, weil die gesetzlichen Grenzen des Ermessens überschritten sind oder von dem Ermessen in einer dem Zweck der Ermächtigung nicht entsprechenden Weise Gebrauch gemacht worden ist (§ 102 FGO).

Die Finanzverwaltung ist in ermessensfehlerfreier Weise zu dem Ergebnis gekommen, daß sachliche Billigkeitsgründe für eine Nichterhebung bzw. für einen Erlaß der Lohnsteuerschuld des Klägers nicht vorliegen. Sie hat sich hierfür auf die ständige Rechtsprechung des Bundesfinanzhofes (vgl. BFH-Urteil vom 25. 11. 1980 – VII R 17/78 – BStBl. II 1981, 204 [206]) berufen, wonach ein Erlaß aus sachlichen Billigkeitsgründen voraussetzt, daß die Besteuerung den Wertungen des Gesetzgebers zuwider läuft, auch wenn der Sachverhalt den gesetzlichen Steuertatbestand erfüllt. Ist diese Voraussetzung nicht gegeben, ist das Finanzamt zu einem Steuererlaß aus sachlichen Billigkeitsgründen nicht befugt.

Eine sachliche Unbilligkeit ergibt sich im Streitfall nicht daraus, daß die Steuerzahlungen des Klägers teilweise in den Verteidigungshaushalt der Bundesrepublik Deutschland fließen. Der Senat geht von der Ernstlichkeit der Gewissensentscheidung des Klägers aus. Die bei dem Kläger durch die Finanzierung von Rüstungsausgaben ausgelöste Gewissensnot fällt unter den Schutzbereich des Art. 4 Abs. 1 GG. Danach ist die Glaubens- und Gewissensfreiheit unverletzlich.

Sie ist indessen nicht schrankenlos. Ein aus dem Grundsatz der Gewissensfreiheit folgender Konflikt ist nach Maßgabe der grundgesetzlichen Wertordnung unter Berücksichtigung der Einheit dieses Wertesystems zu lösen, wobei im Ergebnis das Grundrecht der Gewissensfreiheit zurücktreten kann. Ein solch kollidierendes grundlegendes Verfassungsprinzip, das der Gewissensfreiheit eine Grenze setzt, ist das Recht der Budgethoheit der Volksvertretung. Diese ist, da sie die Kontrolle der Exekutive durch die Legislative ermöglicht, ein unverzichtbares Element des demokratischen Rechtsstaats. Die Volksvertretung hat insoweit auch zu entscheiden, ob und in welchem Maße Rüstungs- und Verteidigungsaufgaben öffentliche Mittel erfordern und diese dafür eingesetzt werden. Gegenüber diesem Verfassungsprinzip der Budgethoheit hat die allein auf die Zahlung der Lohnsteuer und den im Ergebnis geringeren Betrag des einzelnen zu diesen Ausgaben gegründete Gewissensfreiheit zurückzutreten (s. Beschluß des BVerfG vom 26. 2. 1991 – 1 BvR 752/87 – in: HFR 1991, 722 und FG Hessen vom 15. 11. 1990 – 2 K 1576/89 – in: EFG 1991, 642). Weder dem Kläger noch den Finanzbehörden kann daher das Recht zugebilligt werden, über ein Billigkeitsverfahren mittelbaren Einfluß auf die Verwendung der Haushaltsmittel zu gewinnen und damit den Gewissenskonflikt des Klägers zu lösen. Aus den genannten Gründen scheidet auch ein Erfolg des hilfsweise gestellten Stundungsantrages des Klägers aus.

8

Wer als Zeuge Jehovas auch den waffenlosen Dienst in den sog. Baueinheiten der früheren DDR verweigerte, handelte nicht mehr in Ausübung eines von der Verfassung der DDR zugestandenen Grundrechts. Eine deswegen erfolgte Verurteilung begründet keinen Anspruch auf Rehabilitierung.

§ 3 Abs. 1 RehaG
BezirksG Erfurt, Beschluß vom 11. Februar 1992 – II Reha 2587/91[1] –

Der Antragsteller wurde im November 1979 durch Urteil des Militärgerichts Erfurt wegen Nichtbefolgung des Einberufungsbefehls gem. § 32 Abs. 2 des Wehrpflichtgesetzes der DDR zu einer Freiheitsstrafe von einem Jahr und acht Monaten verurteilt. Er war in dieser Sache von November 1979 bis Juli 1981 in Untersuchungs- und Strafhaft.

Der Verurteilung lag im wesentlichen folgender Sachverhalt zugrunde: Der Antragsteller gehört seit 1976 der Glaubensgemeinschaft der Zeugen Jehovas an. Im Zuge des Einberufungsverfahrens 1979 erklärte er, daß er den Militär- und damaligen Ersatzdienst in einer Baueinheit aus Gewissensgründen ablehne. Dementsprechend leistete er auch der Einberufung nicht Folge.

---

[1] ThürVBl. 1993, 20. Nur LS: AkKR 161 (1992), 238. Der Beschluß ist rechtskräftig.

Der Antragsteller beantragt die Aufhebung des Urteils, seine Rehabilitierung und soziale Ausgleichsleistungen. Er beruft sich auf die verfassungsmäßig garantierte Glaubens- und Gewissensfreiheit und leitet daraus den Anspruch ab, zivilen Ersatzdienst außerhalb jeglicher Struktur von Streitkräften leisten zu dürfen; der Dienst als Bausoldat sei militärischer Dienst und dem zivilen Ersatzdienst nicht gleichzusetzen.

Das Bezirksgericht lehnt den Antrag ab.

Aus den Gründen:

Der Antrag ist zulässig, aber nicht begründet. Es fehlt an den gesetzlichen Voraussetzungen für eine Rehabilitierung.

Nach § 3 Abs. 1 Satz 1 des Rehabilitierungsgesetzes – RehaG – vom 6. 9. 1990 (GBl. I S. 1459) i.d.F. der Vereinbarung zum Einigungsvertrag zwischen der Bundesrepublik Deutschland und der Deutschen Demokratischen Republik, Gesetz von 23. 9. 1990 (BGBl. II S. 885) werden Personen rehabilitiert, „die wegen einer Handlung strafrechtlich verurteilt wurden, mit der sie verfassungsmäßige politische Grundrechte wahrgenommen haben". Ob diese Voraussetzung vorliegt, ist allein anhand der Verfassung der DDR in dem zur jeweiligen Tatzeit geltenden Wortlaut zu beurteilen. Denn nur auf Normen der DDR konnte das von der Volkskammer der DDR noch verabschiedete und in Teilen weitergeltende Rehabilitierungsgesetz verweisen.

Die Verfassung der DDR kannte kein allgemeines Grundrecht auf Wehrdienstverweigerung. Wohl ist nach Art. 20 Abs. 1 Satz 2 der Verfassung der DDR vom 7. 10. 1974 die „Gewissens- und Glaubensfreiheit" gewährleistet. Der erkennende Senat geht auch davon aus, daß es sich insoweit um ein politisches Grundrecht handelt. Dennoch kann sich der Antragsteller zur Rechtfertigung einer totalen Wehrdienstverweigerung nicht mit Erfolg auf diese Verfassungsnorm berufen. Abgesehen davon, daß sie ein solches Recht nicht beinhaltet (vgl. zur Definition Art. 9 der Konvention zum Schutze der Menschenrechte und Grundfreiheiten – MRK – vom 5. 11. 1950 [BGBl. 1952 II S. 686] und Art. 18 der Internationalen Konvention über Bürgerrechte und politische Rechte – InternKonv – vom 16. 12. 1966), steht ihr Art. 23 der Verfassung der DDR einschränkend entgegen. Eine solche Einschränkung u. a. „im Interesse der öffentlichen Sicherheit" sehen sowohl Art. 9 Abs. 2 MRK wie auch Art. 18 Nr. 3 der InternKonv ausdrücklich vor. Nach der gleichfalls im Verfassungsrang stehenden Bestimmung des Art. 23 der Verfassung der DDR ist „jeder Bürger zum Dienst und zu Leistungen für die Verteidigung der Deutschen Demokratischen Republik entsprechend den Gesetzen verpflichtet". Eine Einschränkung gilt nur insoweit, als jeder Bürger der DDR den *Kriegsdienst* mit der *Waffe* aus religiösen oder Gewissensgründen verweigern dürfe. Dieses Recht ist zwar nicht in der Verfassung enthalten. Es folgte aber daraus, daß aufgrund Anordnung des Nationalen Verteidigungsrates der DDR vom 7. 9. 1964 (GBl. I S. 129) ein Wehrersatzdienst in speziellen Baueinheiten ohne Ausbildung an der Waffe eingerichtet worden ist. Nur in diesem Umfang wird die generelle in Art. 23 der Verfassung der DDR normierte Pflicht zum Dienst in der und für die Landesverteidigung eingeschränkt durch ausdrückliche gesetzliche Bestimmungen, die sich an der verfassungsrechtlich garantierten und anerkannten Gewissensfreiheit orientierten.

Wer auch den waffenlosen Dienst in den Baueinheiten verweigerte, handelte nicht mehr in Ausübung eines ihm von der Verfassung der DDR zugestandenen Grundrechts. Allein an dieser Verfassung und dem innerstaatlichen Recht der DDR in der jeweils gültigen Fassung hat sich die Prüfung zu orientieren, ob ein bestimmtes Verhalten die Wahrnehmung verfassungsmäßiger politischer Grundrechte darstellt. Es kommt deshalb für die Entscheidung im Rehabilitierungsverfahren auch nicht darauf an, ob aus allgemeinen, überstaatlichen verfassungsrechtlichen Erwägungen heraus es hätte wünschenswert oder gar geboten sein können, einen zivilen Ersatzdienst außerhalb der Struktur der Streitkräfte zu schaffen. Eine solche Pflicht des Staates ergibt sich weder aus der Menschenrechtskonvention (vgl. Art. 4 Abs. III Buchst. b in Verb. mit Art. 9 MRK), noch aus der InternKonv (vgl. Art. 8 Ziff. 3 Buchst. c [ii]). Selbst wenn den zitierten Konventionen ein „überstaatliches" Grundrecht auf jegliche Wehrdienstverweigerung im Rahmen der Struktur von Streitkräften zu entnehmen wäre, ist es doch nicht in geltendes Recht der DDR umgesetzt worden, so daß ein Recht auf totale Verweigerung des Wehrdienstes zur damaligen (Tat-)Zeit nicht bestand. Es bestand ebensowenig, wie das Recht auf Freizügigkeit, das in Art. 12 der InternKonv als allgemeines Grundrecht anerkannt ist. Deshalb war auch die Schaffung einer besonderen gesetzlichen Regelung in § 3 Abs. 3 RehaG erforderlich, um diejenigen Personen rehabilitieren zu können, welche die DDR unerlaubt verlassen haben oder verlassen wollten. Auch dieses Verhalten konnte nicht als Ausübung des weithin anerkannten Grundrechts auf Freizügigkeit zu einer Rehabilitierung aus § 3 Abs. 1 RehaG führen, weil ein solches Recht auf Freizügigkeit (Art. 12 Nr. 2 der InternKonv) eben nicht in innerstaatliches Verfassungsrecht der DDR umgesetzt worden war.

Ein Recht auf Ersatzdienst außerhalb der Struktur der Streitkräfte war gleichfalls nicht innerstaatliches Recht der DDR. Eine dem § 3 Abs. 3 RehaG vergleichbare Sonderregelung für Wehrdienstverweigerer ist nicht geschaffen worden. Deshalb scheidet eine Rehabilitierung schon wegen fehlender gesetzlicher Voraussetzungen aus.

Das Rehabilitierungsgesetz vom 6. 9. 1990 bietet keine Möglichkeit, das vom Antragsteller angegriffene Urteil aufzuheben. Es bleibt dem Antragsteller aber unbenommen, beim zuständigen Bezirksgericht einen Antrag auf Kassation zu stellen, wenn er der Meinung ist, daß die damals gegen ihn ergangene Entscheidung „auf einer schwerwiegenden Verletzung des Gesetzes beruht oder im Strafausspruch oder im Ausspruch über die sonstigen Rechtsfolgen der Tat gröblich unrichtig oder nicht mit rechtsstaatlichen Maßstäben vereinbar ist".

9
Keine Gerichtskostenbefreiung für die steuererhebende Religionsgemeinschaft im Kirchensteuerrechtsstreit.

Art. 140 GG, 137 Abs. 6, 138 Abs. 1 WRV, 21 NW.LV
FG Münster, Beschluß vom 13. Februar 1992 – 4 Ko 3188/91[1] –

Der Erinnerungsführerin, einer kirchensteuerberechtigten Religionsgemeinschaft, sind in einem Kirchensteuerrechtsstreit die Verfahrenskosten auferlegt worden. Mit der Erinnerung rügt sie den Ansatz von Gerichtsgebühren.
Der Rechtsbehelf blieb erfolglos.

Aus den Gründen:

Die Erinnerung ist unbegründet.
Die Erinnerungsführerin steht dem Bund, den Ländern oder den nach Haushaltsplänen des Bundes oder eines Landes verwalteten öffentlichen Kassen oder Anstalten nicht gleich, die gem. § 2 Abs. 1 GKG Gerichtskostenbefreiung genießen. Sie stellt eigene Haushaltspläne auf. Zwar ist das Kirchensteuerwesen eine gemeinsame Angelegenheit von Staat und Kirche (BVerfG-Urteil vom 14. 12. 1965[2] – 1 BvR 413, 416/60 – BVerfGE 19, 206), aber auch aus dem in Art. 140 GG, Art. 137 Abs. 6 WRV den Kirchen verliehenen Recht, kirchliche Abgaben von den Kirchenangehörigen als Steuer zu erheben, folgt kostenrechtlich keine Gleichstellung mit Bund und Ländern.
Sinn der Gerichtskostenbefreiung von Bund und Ländern sowie der in deren Haushalt aufgenommenen öffentlichen Kassen und Anstalten nach § 2 Abs. 1 GKG ist es, die Körperschaften von der Zahlung der Gerichtskosten zu befreien, die Träger der Justizhoheit sind und demgemäß den Aufwand für Errichtung und Unterhaltung der Gerichtsorganisation zu tragen haben (BFH-Beschluß vom 9. 10. 1974 – VII B 81/73 –, BFHE 113, 496, BStBl. II 1975, 360). Zum Kreis dieser Körperschaften rechnen die Kirchen nicht.

---

[1] EFG 1992, 623; ZevKR 37 (1992), 290. Nur LS: AkKR 161 (1992), 241.
Vgl. zu diesem Fragenkreis auch OLG Oldenburg NdsRPfl. 1993, 297; OVG Lüneburg OVGE 44, 357.
[2] KirchE 7, 338.

Auch nach landesrechtlichen Vorschriften (§ 2 Abs. 2 GKG) ist der Erinnerungsführerin keine Befreiung von Kosten zu gewähren. Die Erinnerungsführerin kann sich nicht auf § 1 Abs. 1 des nordrhein-westfälischen Gerichtsgebührenbefreiungsgesetzes vom 21. 10. 1969 (GVBl.NW 1969, 725) mit seinen Änderungen vom 14. 10. 1975 (GVBl.NW 1975, 562) und 22. 3. 1977 (GVBl.NW 1977, 136) berufen. Dieses Gesetz regelt die persönliche Gerichtsgebührenbefreiung abschließend in allen Gerichtsbarkeiten und gewährt sie im Bereich der Rechtsprechung nur noch für Verfahren der ordentlichen Gerichte in Zivilsachen.

Die Erinnerungsführerin genießt schließlich auch nicht aus ihrer besonderen verfassungsrechtlichen Position im Verfahren vor den Finanzgericht Gebührenbefreiung nach Art. 140 GG und Art. 21 ff. Landesverfassung NW, jeweils i.V.m. Art. 138 Abs. 1 WRV.

Der Senat kann dahinstehen lassen, ob eine grundgesetzliche Absicherung einer Gerichtsgebührenbefreiung an ihrer fehlenden Qualifikation als negative Staatsleistung i. S. des Art. 138 Abs. 1 WRV scheitert (OVG Münster, Beschluß vom 15. 7. 1969 – V B 144/68 – DÖV 1970, 102; a. A. OVG Lüneburg, Beschluß vom 7. 1. 1987[3] – 13 B 141/86 – NVwZ 1987, 704). Denn es fehlt überhaupt an einer Gebührenbefreiung der Kirchen in Rechtsstreitigkeiten wegen Kirchensteuer beim Inkrafttreten der WRV. Rechtsschutz in Kirchensteuer-Sachen wurde damals vor dem Verwaltungsgericht gewährt. Die allgemeine Gebührenbefreiung der Kirchen nach § 8 Abs. 1 Nr. 4 i.V.m. § 115 des in Westfalen damals gültigen preußischen Gerichtskostengesetzes vom 25. 6. 1895 (PrGS NW S. 99) war aber auch im Verwaltungsgerichtsprozeß auf die Fälle beschränkt, in denen die Kirchen oder Kirchengemeinden als Eigentümer oder Verwalter des ihnen gewidmeten besonderen Vermögens Partei im Streitverfahren waren (OVG Münster, DÖV 1970, 102; Schnapp, ZevKR 14 [1968/69], S. 361 ff., 364 unter Hinweis auf das Urteil des Preußischen OVG vom 8. 10. 1961 – Rep. I C. 72/91, PrOVGE 21, 431 zum älteren Kostenrecht). Als solche Streitigkeiten können Kirchensteuersachen nicht betrachtet werden.

---

[3] KirchE 25, 1.

10

Die öffentliche Bezeichnung eines Gebetshauses als „röm.-kath." verletzt das Namensrecht des örtlich zuständigen römisch-katholischen Bistums, wenn dieses die hierfür nach kirchlichem Recht erforderliche Genehmigung nicht erteilt hat.

Art. 4 Abs. 1 u. 2, 137 Abs. 3 WRV;
§§ 12, 823 Abs. 1, 1004 BGB; cc. 216, 300 CIC
OLG Köln, Urteil vom 13. Februar 1992 – 12 U 160/91[1] –

Der beklagte Verein, in dem sich Anhänger des von der römisch-katholischen Kirche exkommunizierten und zwischenzeitlich verstorbenen Erzbischofs L. zusammengeschlossen haben, unterhält in K. in dem Haus „A." unter dem Namen „Hl. Drei Könige" eine Kapelle. Am Hauseingang befindet sich ein Schild mit den Aufschriften „Priesterbruderschaft Pius X." und „röm.-kath. Oratorium". Das Erzbistum K. (Kläger), das der Errichtung des Oratoriums nicht zugestimmt hat, forderte den Beklagten mehrfach erfolglos auf, es zu unterlassen, seine Einrichtungen und Veranstaltungen als „katholisch" oder „römisch-katholisch" zu bezeichnen, und das Schild zu beseitigen.

Der Kläger meint, der nicht in die katholische Amtskirche inkorporierte Beklagte verletze durch die Verwendung der Attribute „katholisch" und „römisch-katholisch" deren Namensrechte. Es sei zu besorgen, daß Aktivitäten des Beklagten zu Verwechslungen führen und der Amtskirche zugerechnet würden. Für die Geltendmachung hieraus folgender bürgerlich-rechtlicher Abwehransprüche sei er aufgrund der Organisationsstruktur der katholischen Kirche befugt. Er beantragt, den Beklagten zu verurteilen, 1. es zu unterlassen, seine näher genannte Kapelle in K., und überhaupt seine Einrichtungen und Veranstaltungen im Erzbistum K. in irgendeiner Form als „katholisch" oder „römisch-katholisch" zu bezeichnen, 2. die auf dem Hauseingang „A." angebrachten Schild aufgedruckte Bezeichnung „röm.-kath." zu entfernen.

Der Beklagte meint, es handele sich um eine innerkirchliche Streitigkeit, die der Entscheidung staatlicher Gerichte entzogen sei. Ferner hat er die Prozeßfähigkeit und die Anspruchsbefugnis des Klägers in Abrede gestellt sowie gemeint, er sei – auch wegen der grundrechtlich geschützten Religions- und Religionsausübungsfreiheit – befugt, die Attribute „katholisch" oder „römisch-katholisch" zur Kennzeichnung der von ihm und seinen Mitgliedern vertretenen Glaubensinhalte zu verwenden. Sein Selbstverständnis gehe dahin, den tradierten Glauben, den seit Jahrhunderten auch der Kläger gelehrt habe, sowie

---

[1] Die Revision des beklagten Vereins wurde zurückgewiesen; BGH, Urteil vom 24. 11. 1993 – XII ZR 51/92 – NJW 1994, 245. Die Verfassungsbeschwerde wurde nicht zur Entscheidung angenommen; BVerfG, Kammerbeschluß vom 31. 3. 1994 – 1 BvR 29/94, 573/92 – NJW 1994, 2346.

typisch „katholische" religiöse Kultelemente, z. B. Marienverehrung, eucharistische Anbetung, Beichte, zu bewahren.
Das Landgericht hat der Klage stattgegeben.
Die Berufung blieb ohne Erfolg.

Aus den Gründen:

I. Die Klage ist zulässig.
1. Das Landgericht hat mit Recht die Parteifähigkeit des Klägers bejaht. Entgegen der Auffassung des Beklagten hat ein katholisches Bistum oder Erzbistum nicht nur eine innerkirchliche Funktion als Teilkirche. Vielmehr erfolgt die Abgrenzung der Führungsbereiche bei der katholischen Kirche auf territorialer Grundlage, indem die in einem abgegrenzten Bezirk wohnenden Glaubensangehörigen zu einer Gebietskörperschaft, dem Bistum oder Erzbistum, zusammengeschlossen werden. Es ist daher sowohl in der Rechtsprechung (BayObLG BayObLGZ 1973, 329[1]; OVG Mannheim DÖV 1967, 309[2]; OVG Münster NJW 1983, 2592[3]) wie auch in der Literatur (Bonner Kommentar – Obermayer, GG, Art. 140 Rdnr. 44; Maunz – Dürig – Herzog, GG, Art. 140 Rdnr. 30; v. Campenhausen, Staatskirchenrecht, 2. Aufl., S. 104; Weber, Die Religionsgemeinschaften als Körperschaften des öffentlichen Rechts im System des Grundgesetzes, S. 106; Müller, DÖV 1968, 627) allgemein anerkannt, daß es sich bei katholischen Bistümern um eigenständige juristische Personen in der Rechtsform der Körperschaft des öffentlichen Rechts (Art. 140 GG i.V.m. Art. 137 WRV) handelt. Wegen des erst nachträglich gegründeten Bistums Essen ist dies sogar ausdrücklich gesetzlich bestimmt (§ 1 Abs. 2 des Vertrages des Landes Nordrhein-Westfalen mit dem Heiligen Stuhl vom 19. 12. 1956 i.V.m. dem Zustimmungsgesetz vom 12. 2. 1957 – GV.NW 1957, S. 19).

Die von dem Beklagten angeführte Fundstelle (Schlief, in: Handbuch des Staatskirchenrechts, Bd. I, S. 103) stützt seine gegenteilige Auffassung nicht. Wenn es hierin heißt, daß mit dem Verband der Diözesen Deutschlands „erstmals eine überdiözesane juristische Person des staatlichen Rechts geschaffen werden" sei, schließt dies den Körperschaftsstatus der einzelnen Diözesen nicht aus, sondern bei verständiger Würdigung ein.

2. Die gesetzliche Vertretung des Klägers als juristischer Person des öffentlichen Rechts richtet sich nach den Regeln, aus denen sich seine Organisationsstruktur ergibt (vgl. Thomas-Putzo, ZPO, 16. Aufl., § 51 Anm. 1 c). Hierfür sind also die einschlägigen kirchenrechtlichen Vorschriften heranzuziehen (vgl.

---

[1] KirchE 13, 405.
[2] KirchE 9, 4.
[3] KirchE 21, 25.

Weber, NJW 1989, 2218 [2222]), mithin die cc. 369, 381, 391 §§ 1 u. 2, 393, 475, 479 CIC, nach denen ein Bistum durch den Bischof und dieser wiederum in laufenden Verwaltungs- und Rechtsangelegenheiten durch den Generalvikar vertreten wird (siehe auch BayObLG aaO, wonach die Organstellung eines katholischen Bischofs „offenkundig" im Sinne des § 29 GBO ist).
3. Zutreffend ist auch die Meinung des Landgerichts, daß für die Streitigkeit der Rechtsweg zu den staatlichen Gerichten eröffnet sei. Es handelt sich nicht um eine innerkirchliche Angelegenheit im Sinne der Art. 140 GG, 137 Abs. 3 WRV. Ob eine Maßnahme dem innerkirchlichen oder dem staatlichen Bereich zuzuordnen ist, entscheidet sich danach, was materiell, der Natur der Sache oder Zweckbindung nach als eigene Angelegenheit der Kirche anzusehen ist (st. Rspr. des BVerfG z. B. NJW 1965, 961[4]; NJW 1983, 2569[5]; vgl. weiter OLG Köln – 22. Zivilsenat – NJW 1988, 1736[6]). Hier wird ein Namensschutzanspruch geltend gemacht. Dieser wird wiederum nicht auf einschlägige Vorschriften des Kirchenrechts (c. 216, 300 CIC), sondern auf solche des staatlichen bürgerlichen Rechts gestützt. Auch richtet sich der Anspruch gegen einen eingetragenen Verein des Privatrechts, der als solcher gerade nicht Mitglied der katholischen Kirche ist. Zur Entscheidung steht also ein Sachverhalt, der nach Vorschriften des bürgerlichen Rechts zu beurteilen ist, und nicht ein solcher, der den von staatlicher Einwirkung freien Bereich kirchlicher Selbstverwaltung berührt. Der Umstand, daß der Kläger mit der Rechtsverfolgung möglicherweise – wie der Beklagte geltend macht – zugleich innerkirchliche Zwecke verfolgt, macht die Streitigkeit nicht zu einer staatsfreien (vgl. BGH NJW 1981, 2811[7] zu einem Unterlassungsanspruch nach dem UWG gegen ein kirchliches Unternehmen).
4. Darauf, ob für die Sache der Verwaltungsrechtsweg gemäß § 40 VwGO eröffnet ist, kommt es nicht an; denn dem Senat ist gemäß § 17 a Abs. 5 GVG n. F. eine Prüfung der Zulässigkeit des Rechtswegs versagt. Der Beklagte hätte nach der Neufassung der §§ 17, 17 a GVG aufgrund des zum 1. 1. 1991 in Kraft getretenen 4. Änderungsgesetzes zur VwGO seine diesbezügliche Rüge bereits in erster Instanz erheben können und müssen, um vorab eine Klärung der Zuständigkeitsfrage im Beschlußverfahren nach § 17 a Abs. 2 – 4 GVG n. F. herbeizuführen. Auch eine – wie hier – nur stillschweigende Bejahung einer bürgerlich-rechtlichen Streitigkeiten in der Endentscheidung des erstinstanzlichen Gerichts hat das Berufungsgericht hinzunehmen (vgl. Baumbach-Hartmann, ZPO 50. Aufl., § 17 a GVG Anm. 5). Im übrigen handelt es sich

---

[4] KirchE 7, 172.
[5] KirchE 21, 171.
[6] KirchE 25, 289.
[7] KirchE 18, 492.

unzweifelhaft nicht um eine verwaltungsrechtliche Streitigkeit; denn der Kläger macht bürgerlich-rechtliche Abwehransprüche gegen eine juristische Person des Privatrechts geltend. Von der Natur der Sache her sind daher die ordentlichen Gerichte zuständig.

II. Die Klage ist sowohl mit dem Unterlassungs- wie auch mit dem Beseitigungsantrag begründet.

Der Kläger hat gemäß § 12 S. 1 BGB einen Anspruch darauf, daß der Beklagte die Aufschrift „röm. kath." von dem Schild am Hauseingang des Anwesens „A." entfernt.

1. Der Klagebegründung ist zu entnehmen, daß der Kläger sich entgegen der Fassung seines Klageantrags nicht auch gegen die lateinische Bezeichnung des Gebetshauses des Beklagten als „Oratorium", sondern nur gegen das Attribut „röm. kath." wendet. Dies hat sein Prozeßbevollmächtigter auch in der mündlichen Verhandlung vor dem Senat klargestellt.

2. Der Beklagte hat durch die Kennzeichnung seines Gebetshauses als „röm. kath." das Namensrecht des Klägers aus § 12 BGB verletzt.

Die Rechte aus § 12 BGB stehen nach allgemeiner Meinung nicht nur natürlichen Personen, sondern auch Personenvereinigungen, insbesondere juristischen Personen des öffentlichen Rechts (vgl. Palandt-Heinrichs, BGB 51. Aufl., § 12 Rdnr. 9 mit Nachweisen) und damit auch kirchlichen Organisationen zu (vgl. zu letzterem LG Kassel, Urteil vom 7. 1. 1983[8] – 9 O 330/82 – Juris Dok. Nr. 334850 für einen Unterlassungsanspruch einer Gliedkirche der EKD gegen eine privatrechtliche Religionsgemeinschaft).

Bei der von dem Beklagten verwandten Bezeichnung handelt es sich nach allgemeinem Sprachgebrauch um ein Kürzel für das Attribut „römisch-katholisch", das wiederum den gleichen Sinngehalt hat wie der Begriff „katholisch". Der Umstand, daß der Kläger diese Begriffe nicht in seinem Namen führt, steht der Geltendmachung von Namensschutzansprüchen nicht entgegen. Unter den Namensschutz nach § 12 BGB fallen auch namensartige Kennzeichnungen, die unabhängig vom gesetzlichen Namen geführt werden. Ob diesen ein selbständiger Namensschutz zukommt, hängt wiederum davon ab, ob sie geeignet sind, auf die Person des Namensträgers hinzuweisen und sie damit von anderen Personen oder Einrichtungen zu unterscheiden (vgl. BGHZ 30, 7; BGH NJW 1963, 2267; Palandt-Heinrichs, BGB, 51. Aufl., § 12 Rdnr. 10). Die hier fraglichen Bezeichnungen dienen aber – wie bereits das Landgericht, auf dessen Begründung gemäß § 543 Abs. 1 BGB ergänzend Bezug genommen wird, näher ausgeführt hat – nicht nur zur Kennzeichnung bestimmter Glaubensinhalte.

---

[8] KirchE 21, 1.

Vielmehr handelt es sich um Attribute, mit denen in der breiten Öffentlichkeit gerade auch die verfaßte römische Amtskirche und deren Untergliederungen zur Abgrenzung von anderen Religionsgemeinschaften schlagwortartig bezeichnet werden, die also für sie letztlich prägend sind.

Auch im Bereich des staatlichen Rechts dienen die Attribute zur namensmäßigen Kennzeichnung der römischen Amtskirche. So wird sie im Konkordat zwischen dem Heiligen Stuhl und dem Deutschen Reich vom 12. 9. 1933 – RGBl. II 176 – und in Art. 23 der Verfassung des Landes Nordrhein-Westfalen als „Katholische Kirche" bezeichnet. Gleiches gilt für weitere im Lande geltende Rechtsnormen (z. B. § 2 Abs. 2 des Kirchensteuergesetzes vom 22. 4. 1975 – GV NW S. 438 – Art. 2, 5 des Vertrages des Freistaates Preußen mit dem Heiligen Stuhl vom 14. 6. 1929 [Preußisches Konkordat] sowie die Vereinbarung zwischen dem Land Nordrhein-Westfalen und den Diözesen des Landes über die staatliche Mitwirkung bei der Bildung und Veränderung „katholischer" Kirchengemeinden vom 21. 11. 1960 – GV NW S. 426 –). Auch enthalten die von den Gemeinden des Landes ausgegebenen Lohnsteuerkarten für Mitglieder der Amtskirche das Kürzel „rk" für den Begriff „römisch-katholisch".

Dies hat wiederum – wie das Landgericht mit Recht ausgeführt hat – die Folge, daß in der Öffentlichkeit der Eindruck entstehen kann, bei dem Gebetshaus des Beklagten handele es sich um ein solches der Amtskirche, der auch nicht dadurch ausgeräumt wird, daß auf die „Priesterbruderschaft St. Pius X." als Träger hingewiesen wird. Dieser Hinweis stellt nur für näher Interessierte eine Verbindung zu Anhängern des Erzbischofs L. her, zumal hierin der Name eines früheren Papstes aufgeführt wird und nicht kenntlich gemacht wird, daß es sich bei der Priesterbruderschaft um einen privatrechtlich organisierten Verein handelt.

3. Aus der hieraus folgenden Verwechslungsgefahr folgt zugleich ein rechtliches Interesse des Klägers, den Gebrauch der beiden Attribute zu verhindern.

Ein rechtliches Interesse an der Durchsetzung von Namensschutzansprüchen besteht in der Regel schon dann, wenn die Verwendung von prägenden Schlagworten geeignet ist, den Beklagten in irgendeine Beziehung zum Kläger zu setzen. Hierbei ist gerade bei Vereinigungen, die zur Durchsetzung ihrer Ziele in der Öffentlichkeit wirken, deren Selbstverständnis zu beachten (vgl. BGH JZ 1965, 524 für den Namensschutz einer Gewerkschaft gegenüber einer politischen Partei). Die katholische Kirche, zu deren Selbstverständnis auch die Entfaltung und Verbreitung ihrer Glaubenslehre in der Welt gehört (vgl. BVerfGE 24, 236 [248][9]), kann daher ein berechtigtes Interesse daran haben, daß sie nicht in der Öffentlichkeit zu einer anderen Vereinigung, deren Glau-

---

[9] KirchE 10, 181.

benslehre sie nicht teilen will, in Beziehung gebracht wird. Dies gilt hier umso mehr, als der Beklagte sich zwar einerseits schlagwortartig von anderen Glaubensrichtungen abgrenzen will, aber gleichzeitig in eine Art Konkurrenzsituation zur Amtskirche tritt und die beiden Attribute letztlich werbend für die von ihm vertretene Glaubenslehre verwenden will.

Auf die in der mündlichen Verhandlung von dem Beklagten angesprochene Motivlage auf Seiten des Klägers und darauf, daß es ihm – wie der Beklagte meint – um die Durchsetzung innerkirchlicher Ziele geht, also die Inanspruchnahme zivilrechtlichen Namensschutzes möglicherweise rechtsmißbräuchlich sein könnte, kommt es nicht an. Der Senat hat bei seiner Entscheidung die durch die Verfassung geschützte Eigenständigkeit und Selbständigkeit des Klägers zu beachten, und es ist dem Kläger selbst überlassen, in welcher Weise er seinem Selbstverständnis in der Öffentlichkeit Ausdruck verleiht (BVerfGE 24, 236). Seine Entschließung, wegen der Verwendung ihn prägender Namensattribute durch eine andere Vereinigung bürgerlich-rechtliche Abwehransprüche geltend zu machen und nicht etwa innerkirchlich gestützt auf einschlägige Vorschriften des Kirchenrechts vorzugehen, ist daher hinzunehmen.

4. Zutreffend hat das Landgericht ausgeführt, daß die Verwendung der Attribute durch den Beklagten widerrechtlich ist.

Eine Einwilligung des Klägers oder einer sonstigen kirchlichen Stelle, deren Handeln der Kläger sich zurechnen lassen müßte, ist unstreitig nicht erteilt. Dafür, daß der Kläger über längere Zeit die Verwendung der Attribute durch den Beklagten widerspruchslos hingenommen haben könnte, sind Tatsachen ebenfalls nicht dargetan.

Mit Recht hat das Landgericht in diesem Zusammenhang auch geprüft, ob sich eine Rechtfertigung des Namensgebrauchs aus kirchenrechtlichen Vorschriften ergibt. Der Ausgangspunkt, daß der kirchliche Innenbereich staatlicher Einflußnahme entzogen ist, schließt nicht aus, daß die staatlichen Gerichte kirchliche Rechtsnormen, z. B. des CIC, zu berücksichtigen haben, nämlich dann, wenn diese über den rein innerkirchlichen Bereich hinaus Wirkung nach außen haben (vgl. OLG Köln aaO; Weber NJW 1989, 2217 [2220 f.]). Dies wäre aber hier der Fall. Bei einer kirchenrechtlichen Gestattung des Gebrauchs der hier streitigen Bezeichnungen könnte deren Gebrauch auch bürgerlich-rechtlich nicht widerrechtlich sein; zumindest müßte der Kläger sich dann bei der Geltendmachung eines zivilrechtlichen Namensschutzanspruchs ein widersprüchliches Verhalten vorhalten lassen.

Die kirchenrechtliche Erlaubnis nach den CC. 216, 300 CIC besitzt der Beklagte selbst aber gerade nicht. Nicht entscheidend ist es hierbei, ob die Mitglieder des Beklagten sich innerkirchlich als „katholisch" bezeichnen dürfen; denn aus einer entsprechenden Befugnis ergäbe sich für den Beklagten als eigenständige juristische Person des Privatrechs noch kein Recht, diese Kennzeichnungen für seine Veranstaltungen und Einrichtungen ebenfalls in Anspruch zu nehmen. Auch macht es einen ganz erheblichen Unterschied, ob mit den Attributen der Glaubensüberzeugung einzelner Personen Ausdruck verliehen wird oder ob hiermit eine Vereinigung in der Öffentlichkeit wirken will. Entsprechendes gilt für die weiter aufgeworfene Frage, ob die von dem Beklagten vertretene Glaubenslehre „katholisch" ist oder nicht. Deren Beantwortung ist der Überprüfung staatlicher Gerichte entzogen und nicht Gegenstand dieses Rechtsstreits.

5. Mit dem Verbot für den Beklagten, seine Einrichtungen und Veranstaltungen als „katholisch" oder „römisch-katholisch" zu bezeichnen, werden auch nicht durch Art. 4 Abs. 1, 2 GG geschützte Rechtspositionen verletzt. Zwar umfaßt die Glaubens- und Bekenntnisfreiheit nicht nur die innere Freiheit, zu glauben oder nicht zu glauben, sondern auch die äußere Freiheit, den Glauben in der Öffentlichkeit zu manifestieren, zu bekennen und zu verbreiten (BVerfGE 41, 29 [49][10]). Die Religionsausübungsfreiheit, die auch der Beklagte als juristische Person in Anspruch nehmen kann (vgl. BVerfGE 24, 236 [246]), steht allerdings in einem Spannungsverhältnis zu den allgemeinen Gesetzen, die er zu respektieren hat. Auch sog. schrankenlose Grundrechte wie Art. 4 GG, die in erster Linie nur Abwehransprüche gegen den Staat begründen, unterliegen immanenten Schranken, soweit sie mit Rechten Dritter kollidieren (vgl. Weber, HdbStKirchR S. 734). Insbesondere können sie an anderen grundrechtlich geschützten Interessen eine Grenze finden und ihre Ausübung darf nicht ihrerseits Rechte Dritter aus Art. 4 GG beeinträchtigen (vgl. Zippelius, Bonner Kommentar, GG Art. 4 Rdnr. 86).

Wenn mithin jeweils durch Art. 4 Abs. 2 GG geschützte Interessen der Parteien kollidieren, kann die Lösung des Spannungsverhältnisses für den hier nur zu entscheidenden Fall, ob „Einrichtungen und Veranstaltungen" des Beklagten mit den beiden Attributen gekennzeichnet werden dürfen, nur zu Gunsten des Klägers als Repräsentanten der Amtskirche ausfallen. Wie bereits ausgeführt wurde, sind dies nicht nur traditionelle Identifikationsmerkmale der Amtskirche in der Öffentlichkeit. Vielmehr ist jedenfalls der Begriff „katholisch" in gewisser Weise auch institutionalisiert, wie dessen Verwendung durch Staatsorgane in Staatsverträgen mit dem Heiligen Stuhl, in Verfassungsbestimmungen, sonstigen Rechtsnormen und Vereinbarungen mit Repräsentanten der Amtskirche zeigt. Der Beklagte hat deshalb jedenfalls wegen der Bezeichnung seiner Veranstaltungen und Einrichtungen Einschränkungen hinzunehmen, die sich aus den kollidierenden Rechten des Klägers ergeben, wenn er als – juristisch – Außenstehender die Attribute ebenfalls verwenden will. Darüber, ob er

---

[10] KirchE 15, 128.

ansonsten in der Öffentlichkeit die von ihm vertretene Glaubenslehre mit diesen Begriffen kennzeichnen darf, hat der Senat nicht zu befinden.

In diesem Zusammenhang ist für eine Vorlage der Sache an das Bundesverfassungsgericht gemäß Art. 100 GG kein Raum. Unabhängig davon, daß es sich bei § 12 BGB möglicherweise um vorkonstitutionelles Recht handelt, kann Gegenstand einer Vorlage immer nur die Verfassungsgemäßheit des Gesetzes selbst, nicht aber die Frage sein, ob eine bestimmte Auslegung einer Norm der Verfassung widerspricht. Zweifel an der Vereinbarkeit des § 12 BGB mit dem Grundgesetz hat der Senat nicht, zumal durch diese Vorschrift letztlich dem Grundrecht des Art. 2 Abs. 1 GG zivilrechtlich Durchsetzungskraft verliehen wird.

6. Schließlich vermag der Senat der Auffassung des Beklagten, nur „die Kirche" bzw. die Deutsche Bischofskonferenz oder der Verband der Diözesen Deutschlands könne Namensschutzansprüche geltend machen, nicht zu teilen. Abgesehen davon, daß dies bzgl. der katholischen Kirche in Deutschland als solcher oder der Bischofskonferenz ohnehin nicht möglich wäre, weil der Verband der Diözesen Deutschlands die einzige überregionale Gliederung darstellt, die körperschaftlich strukturiert ist, ist auch hier die verfaßte Struktur der katholischen Kirche zu beachten, welche die staatlichen Gerichte hinzunehmen und zu respektieren haben (vgl. BVerfGE 70, 138[11]; OLG Köln aaO). Nach c. 368 CIC wird aber die katholische Kirche durch Teilkirchen repräsentiert. Dies sind neben hier nicht interessierenden weiteren Einrichtungen in erster Linie die Diözesen, innerhalb derer es wiederum dem Bischof nach den cc. 381 ff. CIC obliegt, die gesamte kirchliche Gewalt auszuüben. Demgegenüber hat der Verband der Diözesen Deutschlands nach § 3 Abs. 1 seiner Satzung (veröffentlicht im KABl. Erzbistum Köln vom 1. 8. 1968, S. 261) nur die Befugnis, die ihm von der Deutschen Bischofskonferenz übertragenen Aufgaben im rechtlichen und wirtschaftlichen Bereich wahrzunehmen. Aus den in Abs. 2 dieser Norm beispielhaft aufgeführten Fällen ergibt sich zudem, daß sich die Zuständigkeit insbesondere auf überregionale Haushalts- und Verwaltungsaufgaben erstrecken soll. Der Verband hat mithin anders als der Kläger kirchenrechtlich keine originäre Zuständigkeit zur Wahrnehmung von rechtlichen Interessen der Amtskirche.

Von dieser verfaßten Struktur der Kirche her ist es einer Überprüfung staatlicher Gerichte entzogen, ob Namensschutzansprüche im Bereich einer Teilkirche, also nur innerhalb eines Bistums und nicht durch alle Diözesen gemeinsam, geltend gemacht werden oder nicht. Die entsprechende Entschließung obliegt alleine dem im Bereich der Teilkirche zuständigen Organ. Die

---

[11] KirchE 23, 105.

Teilkirche kann zwar Rechte nur für ihren Bereich beanspruchen. Dem ist aber bereits mit der Fassung der Klageanträge Rechnung getragen.

7. Der Beklagte ist nach alledem gemäß § 12 S. 1 BGB zunächst verpflichtet, das Kürzel „röm. kath." auf dem Schild an dem Gebetshaus zu entfernen. Da er – wie nicht zuletzt sein Prozeßvortrag zeigt – weiterhin ein Recht zur Verwendung der Attribute „katholisch" bzw. „römisch-katholisch" zur Kennzeichnung seiner Einrichtungen und Veranstaltungen in Anspruch nimmt, also weitere Namensverletzungen zu besorgen sind, ist auch das Unterlassungsbegehren gemäß § 12 Satz 2 BGB begründet.

Ihre Rechtfertigung finden die Klageanträge zudem in den §§ 823 Abs. 1, 1004 BGB, weil der Beklagte durch die Verwendung der Attribute widerrechtlich in ein absolut geschütztes Recht des Klägers eingreift.

11

Die Aufwendung eines hauptamtlichen B-Schein-Kirchenmusikers für ein zweites Hochschulstudium mit dem Ziel, das A-Examen zu machen, sind als Werbungskosten abziehbare Fortbildungskosten.

§§ 9 Abs. 1, 10 Abs. 1 Nr. 7 EStG
BFH, Urteil vom 14. Februar 1992 – VI R 69/90[1] –

Der Kläger und Revisionsbeklagte schloß sein 1983 an der Staatlichen Hochschule für Musik in K. begonnenens Studium im Sommer des Streitjahres 1987 mit dem B-Examen für Schulmusik ab. Er studierte ab dem Sommersemester 1987 Musik an der R-Hochschule in D. mit dem Ziel, das A-Examen zu machen. Seit Anfang September 1987 ist der Kläger als Kirchenmusiker tätig.

Er machte die im Zusammenhang mit dem Studium in D. angefallenen Aufwendungen, wie z. B. Fahrtkosten, Verpflegungsmehraufwendungen und Materialkosten in Höhe von insgesamt 4 395 DM, als Werbungskosten bei seinen als Kirchenmusiker erzielten Einkünften aus nichtselbständiger Arbeit geltend.

Der Beklagte und Revisionskläger (Finanzamt) berücksichtigte statt dessen Berufungsausbildungskosten mit dem Höchstbetrag von 900 DM gemäß § 10 Abs. 1 Nr. 7 EStG.

Das Finanzgericht[2] gab der auf Anerkennung der geltend gemachten Werbungskosten gerichteten Klage statt.

---

[1] Amtl. Leitsatz. BStBl. II 1992, 961.
[2] FG Köln KirchE 28, 130.

Das Finanzamt rügt mit seiner vom Finanzgericht zugelassenen Revision eine rechtsfehlerhafte Abgrenzung der Berufausbildungskosten zu den Fortbildungskosten und trägt vor: Die geltend gemachten Aufwendungen seien schon deshalb nicht als Werbungskosten zu berücksichtigen, weil der Kläger sein A-Studium in D. bereits im April/Mai des Streitjahres aufgenommen habe, während er erst seit September 1987 als Kirchenmusiker tätig sei. Der Entschluß, die Aufwendungen für das Studium zu tätigen, sei mithin nicht durch den ausgeübten Beruf, sondern durch andere Gründe bedingt. Die sich sofort an den Abschluß des B-Studiums anschließende Aufnahme des A-Studiums stelle sich als Fortführung der Ausbildung in dem Sinne dar, daß man nur von einem einheitlichen Studium ausgehen könne. Außerdem stellten nach der Rechtsprechung des Bundesfinanzhofs die Kosten für ein Hochschulstudium grundsätzlich Ausbildungskosten dar. Soweit für ein Zweit- oder Zusatzstudium Ausnahmen zugelassen worden seien, lägen die Voraussetzungen dafür im Streitfall nicht vor. Es handele sich bei dem A-Studium um ein Vollstudium, das jedermann ohne Vorstudium offenstehe und isoliert betrachtet zur Ausübung des Berufs des Kirchenmusikers berechtige. Der Kläger habe insbesondere auch kein Abendstudium absolviert.

Der BFH weist die Revision zurück.

Aus den Gründen:

Die Revision ist unbegründet.

Die Entscheidung des Finanzgerichts, die Aufwendungen des Klägers für das Hochschulstudium zur Erlangung des A-Scheins für Kirchenmusik den Werbungskosten (§ 9 Abs. 1 Satz 1 EStG) des Klägers bei seinen Einkünften aus nichtselbständiger Tätigkeit als hauptamtlicher Kirchenmusiker zuzuordnen, ist rechtsfehlerfrei.

a) Der Senat hat mit dem Urteil vom 14. 2. 1992 – VI R 26/90 – BFHE 167, 127 = BStBl. II 1992, 556 entschieden, daß die Aufwendungen für ein zweites Hochschulstudium dann Werbungskosten und nicht der allgemeinen Lebensführung zuzurechnende, als Sonderausgaben nur mit einem Höchstbetrag abzugsfähige Ausbildungskosten (§ 10 Abs. 1 Nr. 7 EStG) sind, wenn das Erststudium zu einem Berufsabschluß geführt hat und es sich bei dem Zweitstudium um ein Aufbaustudium handelt, durch das die durch das Erststudium erworbenen Kenntnisse ergänzt und vertieft werden, und das nicht den Wechsel in eine andere Berufsart eröffnet.

b) Bei Anwendung dieser Kriterien auf den Streitfall sind die Aufwendungen des Klägers für das Zweitstudium als Werbungskosten zu berücksichtigen. Nach den tatsächlichen Feststellungen des Finanzgerichts hat der Kläger sein Studium zur Erlangung des A-Scheines im Anschluß an seine abgeschlossene

Ausbildung als B-Schein-Kirchenmusiker aufgenommen. Ausweislich der vom Finanzgericht ausdrücklich in Bezug genommenen Blätter zur Berufskunde setzt die Zulassung für die A-Prüfung ein mindestens vierjähriges Kirchenmusikstudium an einer Musikhochschule voraus; für Bewerber, welche vorher eine B-Prüfung mindestens „gut" bestanden haben, beträgt die Ausbildungszeit zwei Jahre (vgl. 2.23 der eingereichten Blätter für Berufskunde). Da die im Erststudium ebenfalls an einer Musikhochschule erworbenen Kenntnisse zu einem erheblichen Teil zur Anrechnung gelangen, erweist sich die Feststellung des Finanzgerichts, es handele sich bei dem Zweitstudium des Klägers um ein Aufbaustudium, als zutreffend.

Dem Finanzgericht ist auch darin beizupflichten, daß sich durch den erfolgreichen Abschluß des Aufbaustudiums die Berufsart des Klägers nicht geändert hat. Der Kläger besaß bereits aufgrund seines B-Examens die Qualifikation als hauptamtlicher Kirchenmusiker. Der Unterschied, daß das B-Examen für den hauptamtlichen kirchenmusikalischen Dienst und das A-Examen für den hauptamtlichen kirchenmusikalischen Dienst in besonders verantwortlicher Stellung befähigt, rechtfertigt nicht die Wertung, daß es sich um einen anderen Beruf oder eine andere Berufsart handelt. Die vom Finanzgericht festgestellte Erhöhung der Endbesoldung um 300 DM, allenfalls 600 DM ist nicht so schwerwiegend, daß sie dafür spricht, von einer wesentlichen und nicht nur graduellen Veränderung der wirtschaftlichen Stellung des Klägers auszugehen. Dabei ist zu berücksichtigen, daß der Annahme von Fortbildung nicht bereits entgegensteht, daß überhaupt eine Verbesserung der wirtschaftlichen Position angestrebt wird. Eine derartige Verbesserung bildet vielmehr regelmäßig das Motiv für die Teilnahme an Fortbildungsmaßnahmen (vgl. BFH-Urteil vom 29. 4. 1991 – VI R 107/88 – BFH/NV 1991, 674 [675]).

Auch unter Gleichbehandlungsgesichtspunkten hält die Wertung des Finanzgerichts, das Zweitstudium sei als Fortbildung zu qualifizieren, einer Überprüfung stand. Die Regelstudienzeiten zwischen den beiden Abschlüssen unterscheiden sich nur um zwei Semester, und das Aufbaustudium von mindestens zwei Jahren ist zeitlich kürzer als das Erststudium von sechs bis acht Semestern für die Erlangung des B-Scheins. Damit überwiegt bei einem Zeitvergleich das Gewicht des Erststudiums gegenüber dem Aufbaustudium.

c) Auch soweit der Kläger sein Studium für die Erlangung des A-Scheins für Kirchenmusik vor seiner Berufstätigkeit als Kirchenmusiker aufgenommen hat, ist es nicht zu beanstanden, daß das Finanzgericht Werbungskosten angenommen hat. Es ist anerkannt, daß bei abgeschlossener Berufsausbildung vor Aufnahme der Berufstätigkeit Fortbildungskosten in Form von vorab entstandenen Werbungskosten und nicht Aufwendungen für die Weiterbildung in einem nicht ausgeübten Beruf (§ 10 Abs. 1 Nr. 7, 2. Alternative EStG) vorliegen können (vgl. BFH-Urteil vom 20. 10. 1978 – VI R 132/76 – BFHE 126, 275 =

BStBl. II 1979, 114; von Bornhaupt, in: Kirchhof/Söhn, Einkommensteuergesetz, § 9 Rdnr. B 271 f.). Der enge zeitliche Zusammenhang zwischen dem Beginn des Aufbaustudiums nach dem Abschluß der Ausbildung zum B-Schein-Kirchenmusiker und der Aufnahme der Berufstätigkeit bestätigt die stillschweigende Annahme des FG, daß vorab entstandene Werbungskosten vorliegen.

12

1. Bekenntnisvolksschulen i.S.v. Art. 7 Abs. 5 GG sind nicht nur Schulen der evangelischen Landeskirchen, der katholischen Kirche und der jüdischen Gemeinden, sondern – in Anknüpfung an die Glaubens- und Bekenntnisfreiheit in Art. 4 Abs. 1 GG – Schulen jeglichen Bekenntnisses; vorausgesetzt wird die Homogenität des Bekenntnisses von Eltern, Schülern und Lehrern, das die Schule und den gesamten Unterricht prägt (wie im Urteil vom 19. Februar 1992 – BVerwG 6 C 5.91 – KirchE 30, 70).
2. Auch eine Bekenntnisschule hat gemäß Art. 7 Abs. 4 Satz 3 GG nur dann einen Anspruch auf Genehmigung als private Ersatzschule, wenn sie insbesondere in ihren Lehrzielen nicht hinter den entsprechenden öffentlichen Schulen zurücksteht; zu den Lehrzielen zählen neben der zu vermittelnden Qualifikation grundsätzlich auch die vom Staat für die öffentlichen Schulen vorgeschriebenen Erziehungsziele.
3. Im Rahmen der Prognoseentscheidung, ob die Bekenntnisschule die Anforderungen hinsichtlich der zu vermittelnden Qualifikation erfüllen wird, ist von der Genehmigungsbehörde auch zu prüfen, ob die Lehrziele möglicherweise als Konsequenz der besonderen, bekenntnisbedingten Erziehungsziele und insbesondere der Art und Weise ihrer Vermittlung verfehlt werden; dies stellt keine unzulässige Prüfung und Bewertung des Bekenntnisses dar.
4. Die Anforderung des „Nichtzurückstehens" der Lehrziele setzt nicht den positiven Nachweis der Gleichwertigkeit der Lehrziele, sondern lediglich eine – nachprüfbare – Prognose aufgrund konkreter Feststellungen voraus, daß sich – voraussichtlich – gegenüber den Lehrzielen der entsprechenden öffentlichen Schulen keine erheblichen Defizite ergeben werden.

Art. 1, 2 Abs. 1, 3 Abs. 1, 4 Abs. 1, 6 Abs. 2, 7 Abs. 1, 4 u. 5 GG; §§ 2 Abs. 1 u. 2 Hmb.SchulG, 7 Hmb.PrivatschulG

BVerwG, Urteil vom 19. Februar 1992 – 6 C 3.91[1] –

---

[1] Amtl. Leitsätze. BVerwGE 90,1; Buchholz 11 Art. 4 GG, Nr. 50; DÖV 1992, 924; DVBl. 1992, 1027; NVwZ 1992, 1187; RdJB 1993, 352; AkKR 161 (1992), 236; ZevKR 37 (1992), 292.

Der Kläger, der Verein Freie Christliche Bekenntnisschule Hamburg – FCBH –, wurde im Jahre 1986 zu dem Zweck gegründet, die Gründung und Trägerschaft der FCBH als private Ersatzschule zu übernehmen. Die Schule soll als christliche „evangelikale" Bekenntnisschule auf biblischer Basis errichtet werden. Glaubensgrundlage soll allein die Bibel, Glaubenszeugnisse sollen das Apostolische Glaubensbekenntnis und die Grundsatzerklärung der Evangelischen Allianz von 1846 sein. Dem Verein können nur bekehrte und wiedergeborene Christen (nach dem Verständnis des § 2 der Statuten der Evangelischen Allianz von 1846) beitreten, die die Beichte und Vergebung praktizieren; das gleiche gilt für alle Lehrkräfte. Das Anliegen der Schule soll für Eltern und Schüler jedoch immer nur als Angebot vertreten werden.

Im Dezember 1986 beantragte der Kläger bei der Beklagten (Freie und Hansestadt Hamburg), die Genehmigung einer christlichen Bekenntnisschule mit der Bezeichnung „August-Hermann-Francke-Schule" als private Ersatzschule; im Verlaufe des Verwaltungsverfahrens beschränkte er seinen Antrag auf die Genehmigung der Errichtung einer Grundschule. Er legte ein pädagogisches Konzept vor, wonach sich der gesamte Unterricht an der Bibel orientieren soll; diese werde alleiniger Maßstab für die im Laufe des Unterrichts etwa erforderlich werdenden Auseinandersetzungen mit anderen Ideologien und Weltanschauungen sein. Die Schule soll jedoch für Schüler jeden Bekenntnisses offenstehen, sofern sich nur die Erziehungsberechtigten mit dem von der Schule verfolgten Erziehungskonzept einverstanden erklären. Hinsichtlich der Lehrziele werde man sich grundsätzlich an die Richtlinien und Lehrpläne für staatliche Schulen halten; allerdings würden besondere Akzente gesetzt, die auf der bekenntnismäßigen Bindung des Klägers beruhten.

Auf Anforderung der Beklagten reichte der Kläger im Dezember 1987 ein neugefaßtes pädagogisches Konzept ein, das er im März 1990 während des Berufungsverfahrens in zwei Punkten nochmals überarbeitete. Danach ist die Bibel an der FCBH für jeden Unterricht und für das gesamte Schulleben der entscheidende Maßstab für Erziehung, Bildung und wissenschaftliche Arbeit. Zu dem Erziehungsziel der Bildung der Schüler als ganze Persönlichkeit ist unter anderem ausgeführt: „Insgesamt hat die geistliche und charakterliche Bildung Vorrang gegenüber anderen Bildungsbereichen. Gleichwohl soll das Niveau auf intellektuellem Gebiet mindestens dem der Staatsschulen gleich sein ... Die geistliche Bildung dient der Erziehung zum Glauben an Jesus Christus, Gottes Sohn, und zum christlichen Leben in der Gemeinschaft des Heiligen Geistes. Die Schule will und kann dazu Anregung und Hilfestellung geben, denn sie ist verantwortlich dafür, Gottes Heil in Jesus Christus mit Liebe und Nachdruck anzubieten. Aber sie kann keinen christlichen Glauben als Erfolg ihrer Erziehungsmaßnahmen garantieren, und sie wird keinen unzuträglichen Druck ausüben."

Mit dem angefochtenen Bescheid lehnte es die Beklagte ab, die vom Kläger geplante Grundschule zu genehmigen. Zur Begründung führte sie aus, daß es sich nicht um eine „Bekenntnisschule" im Sinne von Art. 7 Abs. 5 GG handele, weil hierunter nur Schulen der evangelischen Landeskirchen, der katholischen Kirche und der jüdischen Gemeinden zu verstehen seien. Außerdem genüge die geplante Schule im Hinblick auf ihre Erziehungsziele nicht dem Erfordernis der Gleichwertigkeit mit den Erziehungszielen öffentlicher Schulen.

Der Kläger blieb vor dem Verwaltungsgericht mit seinem Begehren, die Beklagte unter Aufhebung des angefochtenem Beschlusses zu verurteilen, ihm die Genehmigung zur Errichtung einer Grundschule als Bekenntnisschule unter dem Namen „August-Hermann-Francke-Schule" zu erteilen, ohne Erfolg. Auf die Berufung des Klägers gab das Hamburgische Oberverwaltungsgericht mit Urteil vom 26. 11. 1990[2] dem Klagebegehren in vollem Umfange statt.

Die Revision der Beklagten wurde zurückgewiesen.

Aus den Gründen:

Die Revision ist zulässig, aber nicht begründet. Das angefochtene Urteil steht zwar nicht in allem mit Bundesrecht in Einklang; es erweist sich indessen im Ergebnis als richtig (§ 144 Abs. 4 VwGO).

Der Kläger will gemäß seiner Satzung auf allgemein christlicher „evangelikaler" Grundlage, bibelgebunden und glaubensöffnend, eine private Grundschule errichten, in der junge Menschen nach dem biblischen Menschenbild und auf der Grundlage der Bibel als des geoffenbarten Wortes Gottes erzogen werden sollen; Glaubenszeugnisse sollen das Apostolische Glaubensbekenntnis und die Grundsatzerklärung der Evangelischen Allianz von 1846 sein. Mit Recht hat das Berufungsgericht eine solche Schule als Bekenntnisschule im Sinne von Art. 7 Abs. 5 GG angesehen, die unter den dort und in Abs. 4 genannten Voraussetzungen zu genehmigen ist. Hierfür ist insbesondere nicht erforderlich, daß sich das fragliche Bekenntnis einer der etablierten Kirchen – einer evangelischen Landeskirche, der katholischen Kirche oder einer jüdischen Gemeinde – zuordnen läßt. Es gibt keine hinreichenden Anhaltspunkte für die Annahme der Beklagten, im Hinblick darauf, daß sich die Regelung des Art. 7 Abs. 4 und 5 GG in ihrem Wortlaut an die Vorschrift des Art. 147 Abs. 1 und 2 WRV anlehnt, müsse auch inhaltlich an die Rechtslage unter der Weimarer Rechsverfassung angeknüpft werden. Der Entstehungsgeschichte des Art. 7 Abs. 4 und 5 GG läßt sich derartiges nicht entnehmen (vgl. hierzu im einzelnen Urteil des Senats ebenfalls vom 19. 2. 1992[3] – BVerwG 6 C 5.91 –).

---

[2] KirchE 28, 328.
[3] KirchE 30, 70.

Daß es sich bei der vom Kläger geplanten privaten Grundschule um eine Bekenntnisschule im Sinne von Art. 7 Abs. 5 GG handelt, folgt – wie das Berufungsgericht zutreffend dargelegt hat – aus der gebotenen Zusammenschau dieser Vorschrift mit Art. 4 Abs. 1 GG, wonach die Freiheit des Glaubens, des Gewissens und die Freiheit des religiösen oder weltanschaulichen Bekenntnisses unverletzlich sind. Das Nebeneinander von Glauben und Gewissen sowie von religiösem und weltanschaulichem Bekenntnis in Art. 4 Abs. 1 GG macht dabei deutlich, daß das Grundgesetz einerseits sehr wohl zwischen Religion und Weltanschauung unterscheidet; andererseits behandelt es aus der Sicht des zu religiöser und weltanschaulicher Neutralität verpflichteten Staates (vgl. Art. 4 Abs. 1 sowie auch Art. 140 GG i.V.m. Art. 137 Abs. 1 WRV) beide in einer Weise als gleichrangig und prinzipiell gleichartig, daß daraufhin jegliches „Bekenntnis", gleich, ob religiös oder weltanschaulich fundiert, geschützt wird. Angesichts dieser jegliches Bekenntnis umfassenden Freiheitsgarantie des Art. 4 Abs. 1 GG kommt es hinsichtlich der Reichweite des Schutzes des konkreten Bekenntnisses letztlich nicht darauf an, wie im einzelnen die Grenze zwischen „religiösem" und „weltanschaulichem" Bekenntnis zu ziehen ist; denn da jegliches Bekenntnis geschützt wird, folglich keines „herausfällt", scheidet ein religiös begründetes Bekenntnis auch nicht etwa deshalb aus dem Schutzbereich des Art. 4 Abs. 1 GG aus, weil es z. B. keiner der etablierten Kirchen zugeordnet werden kann. Voraussetzung für den Schutz des Art. 4 Abs. 1 GG ist somit lediglich, daß es sich um ein – religiös *oder* weltanschaulich begründetes – „Bekenntnis" handelt.

Zu Recht ist das Berufungsgericht der Auffassung, daß dies auch für die Auslegung des Art. 7 Abs. 5 GG gilt, indem dort – zusätzlich zu der hier nicht interessierenden Gemeinschaftsschule – nebeneinander von „Bekenntnis- oder Weltanschauungsschule" die Rede ist. Während Art. 4 Abs. 1 GG nebeneinander von „religiösem und weltanschaulichem Bekenntnis" spricht und damit den Begriff des Bekenntnisses auch im Zusammenhang mit einer Weltanschauung verwendet, beschränkt Art. 7 Abs. 5 GG ihn allerdings auf die (jeweilige) Religion, indem hier „Bekenntnis- oder Weltanschauungsschule" – derart voneinander unterschieden – nebeneinanderstehen. Dabei setzen religiöses Bekenntnis einerseits und Weltanschauung andererseits jedoch gleichermaßen ein alle Lebensbereiche umfassendes, geschlossenes Weltbild voraus; sie unterscheiden sich nur dadurch, daß das religiöse Bekenntnis durch die Gottbezogenheit der Weltsicht geprägt ist, die bei einer Weltanschauungsschule fehlt (vgl. hierzu im einzelnen das bereits angeführte Urteil des Senats ebenfalls vom 19. 2. 1992 – BVerwG 6 C 5.91 –).

Da die Weltsicht des Klägers und dementsprechend auch sein Erziehungskonzept für die von ihm geplante private Grundschule durch das Bekenntnis zu Gott, zu seinem durch die Bibel geoffenbarten Wort und zum biblischen

Menschenbild geprägt und beherrscht werden, handelt es sich bei dieser Schule – vorbehaltlich weiterer Anforderungen – um eine Bekenntnisschule im Sinne von Art. 7 Abs. 5 GG, und zwar – wie bereits ausgeführt – unabhängig davon, ob der Kläger einer der etablierten Kirchen zugeordnet werden kann oder nicht. Letzteres könnte allenfalls relevant werden im Rahmen der Prüfung, ob im Sinne von Art. 7 Abs. 5 GG „eine öffentliche Volksschule dieser Art" in der Gemeinde – hier der Freien und Hansestadt Hamburg – bereits besteht. Insoweit ist unter den Beteiligten indessen nicht streitig, daß eine öffentliche Bekenntnisschule der Art, wie der Kläger sie errichten und betreiben will, in Hamburg nicht besteht.

Hinsichtlich der weiteren, speziellen Anforderungen an eine Bekenntnisschule in Sinne von Art. 7 Abs. 5 GG enthält das angefochtene Urteil allerdings Ausführungen, die – jedenfalls bei isolierter Betrachtung – eine Verletzung von Bundesrecht darstellen könnten und daher zumindest der Klarstellung bedürfen. Dies gilt insbesondere für die Auffassung des Berufungsgerichts, es sei aus Rechtsgründen nicht zu beanstanden, wenn der Kläger nach seiner Satzung auch Kinder in seine Schule aufnehmen wolle, deren Eltern sich mit der bewußt biblischen Zielsetzung der Schule nicht identifizieren könnten. Zwar trifft es zu, daß sich der Charakter einer – allerdings als solcher vorausgesetzten – Bekenntnisschule nicht dadurch ändert, daß eine Minderheit der Schüler aus einem Elternhaus kommt, das nicht der Glaubensgemeinschaft der in die Schule tragenden Personen und der Lehrer angehört, und daß deshalb Schüler, die im Elternhaus in einem anderen Bekenntnis erzogen worden sind, nicht notwendig von dem Besuch einer Bekenntnisschule ausgeschlossen sind. Dies setzt aber zunächst voraus, daß die betroffene Schule bereits durch ein bestimmtes Bekenntnis eindeutig als Bekenntnisschule geprägt ist und das *deshalb* davon ausgegangen werden kann, daß eine Minderheit – und nur eine Minderheit – von Schülern eines anderen Bekenntnisses oder auch ohne Bekenntnis den Bekenntnis-Charakter der Schule nicht zu ändern vermag. Dies kommt im angefochtenen Urteil nicht klar zum Ausdruck.

Außerdem ist in diesem Zusammenhang klarzustellen, daß Art. 7 Abs. 5 i.V.m. Abs. 4 GG das Recht auf Erteilung der Genehmigung zur Errichtung einer privaten Volksschule als Bekenntnisschule nicht irgendeinem Schulträger, sondern den antragstellenden Erziehungsberechtigten im Hinblick auf ihr Erziehungsrecht aus Art. 6 Abs. 2 Satz 1 GG sowie ihre Bekenntnisfreiheit aus Art. 4 Abs. 1 GG einräumt und daß daher maßgeblich deren (gemeinsames) Bekenntnis ist. Die Annahme einer Bekenntnisschule im Sinne von Art. 7 Abs. 5 GG setzt daher ein gemeinsames Bekenntnis der Erziehungsberechtigten, die ihre Kinder in die Schule schicken (wollen), voraus, das die Schule sowie deren gesamten Unterricht „prägt" (s. dazu im einzelnen das bereits angeführte Urteil des Senats ebenfalls vom 19. 2. 1992 – BVerwG 6 C 5.91 –); letzteres bedingt dann allerdings, daß auch die Lehrer – zumindest ganz überwiegend – dem fraglichen Bekenntnis angehören. Die Maßgeblichkeit des gemeinsamen Bekenntnisses der Erziehungsberechtigten schließt freilich nicht aus, daß – wie im vorliegenden Fall – z. B. eine Glaubensgemeinschaft die Initiative ergreift und als Schulträger fungiert; in einem solchen Fall muß indessen sichergestellt sein, daß der Antrag auf Errichtung einer privaten Grundschule als Bekenntnisschule letztlich von den betroffenen Erziehungsberechtigten gestellt wird, ihnen zugerechnet werden kann, und daß es im Ergebnis ihr gemeinsames Bekenntnis ist, das die Schule und deren gesamten Unterricht prägt. Erst wenn dies bejaht werden kann, besteht die Möglichkeit, als Ausnahme auch die Kinder solcher Eltern in die Schule aufzunehmen, die einem anderen Bekenntnis angehören oder jedenfalls das die Schule prägende Bekenntnis nicht mittragen.

Nach den tatsächlichen Feststellungen des Berufungsgerichts erfüllt die vom Kläger geplante Schule diese Voraussetzung. Zwar konnte dies nach der Präambel der Satzung des Klägers in ihrer ursprünglichen Fassung zweifelhaft sein; danach sollten nämlich nur die Mitglieder des Klägers sowie die Lehrer der geplanten Schule dem vom Kläger vertretenen Bekenntnis angehören müssen, während es den Erziehungsberechtigten und ihren Kindern generell freigestellt sein sollte, ob sie sich „mit der bewußt biblischen Zielsetzung (der Schule) identifizieren können"; sie sollten zwar um das religiöse Anliegen der Schule wissen, aber auch sicher sein, daß dieses Anliegen immer nur als Angebot vertreten werde. Diese Zweifel hat das Berufungsgericht aber dadurch ausgeräumt gesehen, daß alle Erziehungsberechtigten, die ihre Kinder für die vom Kläger geplante Schule schriftlich angemeldet haben, damit „zugleich" einen Antrag im Sinne von Art. 7 Abs. 5 GG auf Errichtung einer privaten Schule als Bekenntnisschule gestellt und außerdem ihr „Einverständnis mit dem Bekenntnis und dem pädagogischen Konzept von Schule und Verein" erklärt haben. Unter diesen Umständen wird die vom Kläger geplante private Grundschule einschließlich des vorgesehenen Erziehungskonzepts von dem Bekenntnis geprägt sein, zu dem sich die Erziehungsberechtigten mit der Anmeldung ihrer Kinder beim Kläger tatsächlich bekannt haben.

Für den Anspruch auf Zulassung einer privaten Volksschule gemäß Art. 7 Abs. 5 GG genügt es indessen nicht, daß diese auf Antrag von Erziehungsberechtigten als Bekenntnisschule in einer Gemeinde errichtet und betrieben werden soll, in der eine öffentliche Volksschule dieser Art nicht besteht. Vielmehr steht (auch) die Regelung des Art. 7 Abs. 5 GG unter dem für alle privaten Schulen geltenden Vorbehalt des Art. 7 Abs. 4 Sätze 2 und 3 GG, wonach private Schulen als Ersatz für öffentliche Schulen der staatlichen Genehmigung bedürfen und einen Anspruch auf Genehmigung nur dann haben, wenn sie unter anderem „in ihren Lehrzielen ... nicht hinter den öffentlichen Schulen zurückstehen".

Dieser Vorbehalt ist eine unmittelbare Konsequenz der Regelung des Art. 7 Abs. 1 GG, wonach von Verfassungs wegen „das gesamte Schulwesen unter der Aufsicht des Staates" – das ist unter der Kompetenzordnung des Grundgesetzes, Art. 30, 70 ff. und 83 ff., das jeweilige Land – und somit in seiner Verantwortung steht. Dies entspricht der herausragenden Bedeutung des Schul- und Bildungswesens für die Gesellschaft sowie insbesondere für die Verwirklichung der vom Grundgesetz allen Bürgern gleichermaßen eingeräumten Grundrechte, hier insbesondere Art. 2 Abs. 1 und Art. 12 Abs. 1 GG; die dem Staat vorbehaltene Aufsicht über das gesamte Schulwesen gibt ihm die Möglichkeit, dieser Verantwortung gerecht zu werden.

Zu den Grundrechten, die der Staat in Wahrnehmung seiner Aufsicht über das gesamte Schulwesen beachten muß und die seine Regelungskompetenz von vornherein entsprechend eingrenzen, gehören an erster Stelle „das natürliche Recht der Eltern und die zuvörderst ihnen obliegende Pflicht" der Pflege und Erziehung der Kinder, Art. 6 Abs. 2 Satz 1 GG; weiter kommt in diesem Zusammenhang der „Freiheit des Glaubens, des Gewissens und der Freiheit des religiösen und weltanschaulichen Bekenntnisses", Art. 4 Abs. 1 GG, von Eltern und Kindern eine herausragende Bedeutung zu.

Eine Konkretisierung dieser Elternrechte findet sich in Art. 7 Abs. 4 und Abs. 5 GG: Nach Abs. 4 wird das Recht zur Errichtung von privaten Schulen prinzipiell gewährleistet. Aus diesem Recht folgt indessen nicht, daß insoweit, wie betroffene Eltern von diesem Recht Gebrauch machen, die durch Art. 7 Abs. 1 GG begründete Verantwortung des Staates für „das gesamte Schulwesen" entfiele. Vielmehr wird das Recht zur Errichtung und zum Betreiben privater Schulen von der Verfassung im Sinne eines Ausgleichs der jeweiligen Belange nur begrenzt eingeräumt. Dies rechtfertigt den Vorbehalt, daß die privaten Schulen, soweit sie als Ersatz für öffentliche Schulen errichtet werden sollten, insbesondere „in ihren Lehrzielen ... nicht hinter den öffentlichen Schulen zurückstehen" dürfen.

Die Regelung des Art. 7 Abs. 1 in Verbindung mit Art. 7 Abs. 4 GG mit ihrem ausdrücklichen Vorbehalt zugunsten der staatlichen Verantwortung für das gesamte Schulwesen gilt ohne Einschränkung auch für die Sondertatbestände des Art. 7 Abs. 5 GG. Dabei ist das Besondere an dieser Regelung nicht etwa, daß sie in den von ihr angesprochenen speziellen Aspekten im Sinne einer Erweiterung von Elternrechten über die Regelung des Art. 7 Abs. 4 GG hinausginge oder von dieser abwiche; alle diese speziellen Aspekte, wie besonderes pädagogisches Interesse sowie Gemeinschafts-, Bekenntnis- und Weltanschauungsschule, sind nämlich bereits von Art. 7 Abs. 4 GG mitumfaßt. Vielmehr enthält Art. 7 Abs. 5 GG gegenüber der prinzipiellen Privatschulfreiheit des Art. 7 Abs. 4 GG – umgekehrt – eine wesentliche Einschränkung, indem er die Errichtung und das Betreiben von *Volksschulen*, also den Grund-

und Eingangsbereich des gesamten Schulwesens, prinzipiell umfassend von der Privatschulfreiheit ausnimmt und dem Staat vorbehält; nur unter den dort genannten engen Voraussetzungen läßt er eine Ausnahme von diesem prinzipiellen Verbot privater Volksschulen zu.

Mit diesen Ausnahmen wird dann allerdings – neben dem Gesichtspunkt des besonderen pädagogischen Interesses – dem Grundrecht der Bekenntnisfreiheit, Art. 4 Abs. 1 GG, im Zusammenhang mit den durch Art. 6 Abs. 2 Satz 1 GG geschützten Elternrechten insofern eine herausragende Stellung eingeräumt, als Art. 7 Abs. 5 GG allein für Gemeinschafts-, Bekenntnis- und Weltanschauungsschulen auf Antrag der betroffenen Erziehungsberechtigten eine Ausnahme von dem prinzipiellen Verbot privater Volksschulen vorsieht. Auf diese Ausnahmeregelung ist der Inhalt des Art. 7 Abs. 5 GG beschränkt; sie wirkt daher nicht dergestalt auf die für alle privaten Ersatzschulen geltende Grundregelung des Art. 7 Abs. 4 GG zurück, daß die privaten Bekenntnis-Volksschulen etwa im Hinblick auf den besonderen Schutz der Bekenntnisfreiheit durch Art. 4 Abs. 1 GG aus Gründen ihres Bekenntnisses in ihren Lehrzielen hinter denen der öffentlichen Schulen zurückstehen dürften. Vielmehr gilt für sie gleichermaßen wie für alle anderen privaten Ersatzschulen der Vorbehalt des Art. 7 Abs. 4 GG, so daß sie nur dann einen Anspruch auf staatliche Genehmigung haben, wenn sie in ihren Lehrzielen nicht hinter den öffentlichen Schulen zurückstehen.

Dies hat das Berufungsgericht im Ergebnis zu Recht bejaht, auch wenn seine rechtlichen Maßstäbe in mehrfacher Hinsicht mit dem anzuwendenden Bundesrecht, Art. 7 Abs. 4 Satz 3 GG, nicht in Einklang stehen. Letzteres gilt insbesondere für seine Auffassung, die Erziehungsziele des staatlichen Schulwesens seien für eine private Bekenntnisschule kein derart verbindlicher Maßstab, daß Abweichungen, die durch das den gesamten Unterricht prägende religiöse Bekenntnis bedingt seien, dem Anspruch auf Genehmigung entgegenstünden; vielmehr könne die Genehmigung erst dann versagt werden, wenn sich die Erziehung gegen Grundwerte der Verfassung oder gegen die Grundlagen der staatlichen Ordnung richte.

Bei seiner Würdigung, die vom Kläger geplante private Grundschule erfülle „ohne Einschränkung" die Voraussetzungen des Art. 7 Abs. 4 GG, hat das Berufungsgericht zunächst innerhalb des Begriffs der „Lehrziele" der privaten Schulen, die nicht hinter denjenigen der öffentlichen Schulen zurückstehen dürfen, zwischen den Teilbereichen der zu vermittelnden „Qualifikation" einerseits und der „Erziehungsziele" andererseits unterschieden. Sodann hat es zutreffend ausgeführt, daß die private Schule in ihren Lehrzielen hinsichtlich des Teilbereichs der zu vermittelnden Qualifikation (nur) dann nicht hinter den öffentlichen Schulen zurücksteht, wenn die Schüler so gefördert werden (sollen), daß ihre daraufhin erlangte Qualifikation derjenigen gleichwertig ist, die Schülern einer entsprechenden öffentlichen Schule vermittelt wird.

Bei einer solchermaßen differenzierenden Beschreibung der Lehrziele darf jedoch nicht verkannt werden, daß die von einer privaten Schule verfolgten besonderen Erziehungsziele sich durchaus auf die zu vermittelnde Qualifikation auswirken und diese beeinträchtigen können, so daß sich im Vergleich mit den entsprechenden öffentlichen Schulen im Ergebnis Defizite ergeben können. Derartige Defizite können auf zweierlei Weise entstehen: Zum einen können die besonderen Erziehungsziele in ihrer Konsequenz – was gerade bei Bekenntnisschulen denkbar ist – die Vermittlung von Unterrichtsinhalten begrenzen oder gar ausklammern, die mit der bekenntnismäßigen Erziehung nicht in Einklang stehen, jedoch für eine „gleichwertige Qualifikation" unverzichtbar sind. Ein solches Defizit kann aber auch dadurch entstehen, daß der vorgeschriebene Lernstoff zwar im Grundsatz vollständig angeboten wird, daß sich aber – als Konsequenz der besonderen Erziehungsziele – Defizite oder Deformationen bereits „auf dem Wege" zu der angestrebten Qualifikation ergeben, nämlich als Folge der Art und Weise der Vermittlung des Lernstoffs. Dies kann insbesondere dadurch geschehen, daß der Lernstoff nicht hinreichend als allgemeines Bildungsgut, sondern im Lichte der bekenntnismäßigen Erziehungsziele verkürzt dargeboten wird oder seine Wahrnehmung von vornherein durch die übermäßige Dominanz der aus diesem Anlaß vermittelten besonderen Erziehungsziele vorgeprägt wird. Wenn auf diese Weise eine unbefangene Aufnahme und vorurteilslose eigenständige Beurteilung des vollständigen und unverfälschten Lernstoffs durch den einzelnen Schüler blockiert oder zumindest wesentlich erschwert wird, ergibt sich insofern ein Defizit gegenüber den öffentlichen Schulen. Deshalb ist es geboten, schon im Rahmen der Überprüfung der von der privaten Schule angestrebten Qualifikation – und zwar als ein Teil der Lehrziele, in denen sie gemäß Art. 7 Abs. 4 Satz 3 GG nicht hinter den öffentlichen Schulen zurückstehen darf – eine Überprüfung auch ihrer besonderen Erziehungsziele daraufhin vorzunehmen, ob sie die konkrete Besorgnis begründen, daß als Konsequenz ihrer Befolgung erhebliche Defizite hinsichtlich der zu vermittelnden Qualifikation entstehen.

Einer solchen Überprüfung der Auswirkungen besonderer Erziehungsziele der privaten Schule auf die zu vermittelnde Qualifikation stehen speziell bei privaten Bekenntnisschulen weder die Glaubens- und Bekenntnisfreiheit von Eltern, Schülern und Lehrern (Art. 4 Abs. 1 GG) noch in Verbindung damit das Erziehungsrecht der Eltern (Art. 6 Abs. 2 Satz 1 GG) noch die im Hinblick auf diese Grundrechte durch Art. 7 Abs. 4 Satz 1 GG eingeräumte Privatschulfreiheit entgegen. Insbesondere trifft es nicht zu, wie das Berufungsgericht meint, daß der Staat, wenn er in dieser Weise die von einer privaten Bekenntnisschule zu vermittelnde Qualifikation auf mögliche Defizite hin überprüft, unzulässigerweise „das Bekenntnis überprüft und einer Bewertung unterzieht". Vielmehr geht es bei einer solchen Überprüfung, wie oben bereits dargelegt wurde, allein darum, in dem durch Art. 7 Abs. 4 GG für private Ersatzschulen unmittelbar von Verfassungs wegen vorgeschriebenen Genehmigungsverfahren allgemein den Vorrang der staatlichen Verantwortung für das gesamte Schulwesen und speziell das Erreichen der vom Staat zulässigerweise festgelegten Lehrziele hinsichtlich der zu vermittelnden „gleichwertigen" Qualifikation zu sichern, unbeschadet der Bekenntnisfreiheit von Eltern, Schülern und Lehrern.

Die Beklagte hat hierzu geltend gemacht, daß mehrere Einzelaussagen des pädagogischen Konzepts des Klägers wie auch die diesem insgesamt innewohnende Tendenz den Eindruck erweckten, als solle zumindest in einzelnen Fächern der zu vermittelnde Lernstoff nur unvollständig oder jedenfalls von vornherein vorgeprägt bewertet und ausschließlich aus der bekenntnismäßigen Sicht des Klägers vermittelt werden. Eine solche Würdigung des pädagogischen Konzept des Klägers ist zwar nicht ohne weiteres von der Hand zu weisen, insbesondere soweit dort ausgeführt ist, daß die Bibel die entscheidende Autorität in allen Fragen und in allen Unterrichtsbereichen der Maßstab für die kritische Auseinandersetzung mit den herrschenden und historischen Theorien und Ideologien sei (Nr. 3.5). Diese und weitere ähnliche Aussagen des pädagogischen Konzepts (vgl. für den Deutschunterricht insbesondere Nr. 4.1) rechtfertigen jedoch für sich allein nicht die Annahme, daß die Vermittlung allgemeiner Bildung in dieser Schule von vornherein verkürzt erfolgt. Ob die *konkrete* Besorgnis begründet ist, daß als Konsequenz bekenntnismäßiger Bindungen erhebliche Defizite hinsichtlich der zu vermittelnden Qualifikation entstehen, ist nicht allein im Hinblick auf die abstrakten Vorgaben des pädagogischen Konzepts, sondern im Zusammenhang mit den Lehrplänen für die einzelnen Fächer zu beurteilen. Denn die dort dargelegten allgemeinen und besonderen Lernziele, Unterrichtsinhalte, Methoden und Materialien lassen erst einen hinreichenden Schluß darauf zu, ob die grundsätzlich zulässigen religiösen Bindungen der Schule dazu führen, daß die von ihr vermittelten fachlichen Kenntnisse und die Allgemeinbildung hinter dem Standard öffentlicher Schulen zurückbleibt.

Eine konkrete Besorgnis dieser Art ist jedoch nach den Feststellungen des Berufungsgerichts und dem insoweit unstreitigen Sachverhalt nicht gegeben. Danach strebt die von dem Kläger geplante Schule ein Niveau auf intellektuellem Gebiet an, das mindestens dem der Staatsschulen gleicht. Die Schüler werden „Über den Stand der Wissenschaft unterrichtet". Dies wird insbesondere dadurch bekräftigt, daß die Beklagte die vom Kläger vorgelegten Lehrpläne und Stundentafeln – wenngleich nach mehreren Nachbesserungen – ausdrücklich und vorbehaltlos als hinreichend bewertet und die Fachbehörde der Beklagten die Genehmigung der vom Kläger geplanten privaten Grundschule im

Hinblick darauf befürwortet hat. In der mündlichen Verhandlung vor dem Senat hat die Beklagte bestätigt, daß die Genehmigungsfähigkeit der von dem Kläger geplanten Schule hinsichtlich der fachlichen und bildungsmäßigen Anforderungen nicht in Frage steht. Die bei den Beiakten, auf die das Berufungsgericht verwiesen hat, befindlichen Lehrpläne geben dem Senat keine Veranlassung, von dieser Bewertung abzuweichen.

Auch hinsichtlich der von Bundesrechts wegen zu stellenden Anforderungen an die Erziehungsziele – als ein weiterer Teilbereich der Lehrziele im Sinne von Art. 7 Abs. 4 Satz 3 GG – hat das Berufungsgericht ein Zurückstehen der vom Kläger verfolgten besonderen Erziehungsziele hinter denen der öffentlichen Schulen jedenfalls im Ergebnis zu Recht verneint.

Allerdings hat es auch in diesem Zusammenhang die Anforderungen des Art. 7 Abs. 4 Satz 3 GG an die Lehrziele von privaten Ersatzschulen einschließlich der Bekenntnisschulen im Sinne von Art. 7 Abs. 5 GG verkannt und dadurch Bundesrecht verletzt, wenn es meint, die Beklagte sei nicht berechtigt, die in § 2 ihres Schulgesetzes niedergelegten „Erziehungs- und Bildungsvorstellungen" zum verbindlichen Maßstab auch für den Schulträger einer privaten Ersatzschule zu machen. Hinsichtlich des Teilbereichs der *Bildungs*vorstellungen (den das Berufungsgericht ansonsten als die zu vermittelnde Qualifikation bezeichnet) hat es diesen unzutreffenden Maßstab indessen selbst nicht durchgehalten, sondern – wie oben bereits erörtert – von den privaten Ersatzschulen jedenfalls grundsätzlich das Vermitteln einer den öffentlichen Schulen gleichwertigen Qualifikation verlangt. Erziehungsziele soll der Staat hingegen den privaten Ersatzschulen nur sehr begrenzt vorschreiben dürfen. Hier soll er erst dann berechtigt sein, dem Antrag auf Errichtung einer privaten Volksschule die Genehmigung zu versagen, wenn die von dieser angestrebten „Lehrziele" (gemeint sind damit allerdings primär die „Erziehungsziele") gegen in der Verfassung niedergelegte Grundwerte verstoßen bzw. sich gegen die Grundlagen der staatlichen Ordnung entsprechend den Bestimmungen der Art. 20 Abs. 1 und 28 Abs. 1 GG richten.

Mit dieser Auffassung hat das Berufungsgericht den Inhalt der Gesamtregelung des Art. 7 Abs. 1,4 und 5 GG verfehlt. Zwar muß es selbst einräumen, daß aus Art. 7 Abs. 1 GG, wonach das gesamte Schulwesen unter der Aufsicht des Staates steht, zwangsläufig die Befugnis des Staates folgt, Mindestanforderungen auch für private Ersatzschulen vorzuschreiben. Auch kann es nicht daran vorbei, daß der Inhalt des Begriffs der „Lehrziele" in Art. 7 Abs. 4 Satz 3 GG sich nicht in der zu vermittelnden Qualifikation erschöpft, sondern die Erziehungsziele mitumfaßt; so habe das Bundesverfassungsgericht – ungeachtet des durch Art. 6 Abs. 2 Satz 1 GG geschützten Erziehungsrechts der Eltern – aus Art. 7 Abs. 1 GG eine dem elterlichen Erziehungsrecht gleichgeordnete Erziehungsaufgabe auch des Staates hergeleitet, und ebenso rechne das Bundeverwaltungsgericht zu den Lehrzielen im Sinne von Art. 7 Abs. 4 Satz 3 GG auch die Erziehungsziele. Dessenungeachtet spricht das Berufungsgericht der Beklagten die Befugnis ab, die in ihrem Schulgesetz für die öffentlichen Schulen niedergelegten Erziehungsziele zum verbindlichen Maßstab auch für den Schulträger einer privaten Ersatzschule zu machen.

Wenn das Berufungsgericht zur Begründung seiner Auffassung speziell im Hinblick auf die vom Kläger geplante Bekenntnisschule meint, „die Frage, ob eine auf das religiöse Bekenntnis ausgerichtete Erziehung hinter einem bekenntnisfreien Lehrziel staatlicher Schulen zurücksteht oder nicht, betrifft die Privatschulfreiheit in ihrem Wesensgehalt", so steht dahinter ersichtlich die Sorge, der Staat könne durch eine zu weitgehende Regelung von verbindlichen Erziehungszielen auch für private Bekenntnisschulen deren durch die Privatschulfreiheit des Art. 7 Abs. 4 Satz 1 GG garantierten Freiraum für eigene, speziell bekenntnisbedingte Erziehungsziele zu sehr beschneiden. Diese Sorge wäre berechtigt, wenn der Staat aufgrund der Regelung des Art. 7 Abs. 4 Satz 3 GG befugt wäre, den privaten Ersatzschulen einschließlich der Bekenntnisschulen als Teil der „Lehrziele" auch ins einzelne gehende Erziehungsziele vorzuschreiben und damit andere Erziehungsziele zugleich zu verbieten. Das ist jedoch nicht der Fall (s. dazu z. B. die Ausführungen des Bundesverfassungsgerichts in BVerfGE 27, 195 [200 ff.]), und das hat die Beklagte in ihrem Privatschulgesetz, indem sie die für die öffentlichen Schulen vorgeschriebenen Erziehungsziele des § 2 Abs. 1 und 2 SchulG ausdrücklich in dieses übernommen hat, auch nicht getan. Insbesondere hat sie keine inhaltlichen Festlegungen getroffen, die – wie etwa eine Verpflichtung zu religiös-weltanschaulicher Neutralität – einem bekenntnismäßig geprägten Unterricht entgegenstehen könnten. Sie hat sich vielmehr darauf beschränkt, diejenigen Voraussetzungen zu benennen und für die öffentlichen Schulen wie für die privaten Ersatzschulen für verbindlich zu erklären, die sie – wie etwa das noch zu erörternde Toleranzgebot – für erforderlich halten durfte, um – positiv – eine dem Menschenbild des Grundgesetzes (vgl. dazu BVerfGE 4, 7 [15 f.]; 32, 98 [108][4]; 41, 29 [50][5]) gerecht werdende Erziehung junger Menschen zu gewährleisten. Dazu ist im einzelnen auszuführen:

Daß diejenigen Anforderungen, die von Verfassungs wegen für jegliches Handeln der Exekutive gelten und daher auch vom Staat und den Kommunen als Träger von öffentlichen Schulen zu beachten sind, zum Mindeststandard der Lehrziele im Sinne von Art. 7 Abs. 4 Satz 3 GG und speziell der Erziehungsziele aller öffentlichen Schulen gehören, bedarf keiner weiteren Darlegung. Da der Staat gemäß Art. 7 Abs. 1 GG die Verantwortung für das gesamte Schulwesen

---

[4] KirchE 15, 128.
[5] KirchE 21, 171.

einschließlich der Privatschulen hat und folglich jedenfalls auch der in den privaten Ersatzschulen erteilte Unterricht letzlich ihm zuzurechnen ist, gilt der unmittelbar durch die Verfassung gebotene Mindeststandard an Erziehungszielen auch für die privaten Ersatzschulen. Das sind im einzelnen – positiv – das Gebot der Achtung der Würde eines jeden Menschen, Art. 1 Abs. 1 GG, und verbunden damit („Das Deutsche Volk bekennt sich *darum* zu unverletzlichen und unveräußerlichen Menschenrechten ...", Art. 1 Abs. 2 GG) die Grundrechte der Art. 2 ff. GG, insbesondere das Recht auf freie Entfaltung der Persönlichkeit, Art. 2 Abs. 1 GG, und die Gleichheit aller Menschen vor dem Gesetz, Art. 3 Abs. 1 GG, sowie schließlich die in Art. 20 GG aufgeführten Verfassungsgrundsätze des demokratischen und sozialen Rechtsstaats. Dies ist letztlich auch die Auffassung des Berufungsgerichts, das diesen Mindeststandard an auch für die privaten Ersatzschulen verbindlichen staatlichen Erziehungszielen allerdings – negativ – als Schranke der Privatschulfreiheit definiert, die von der privaten Schule nicht in Frage gestellt werden darf.

Entgegen der Auffassung des Berufungsgerichts braucht sich der Staat – nach der Kompetenzordnung des Grundgesetzes das jeweilige Land – bei der Normierung von Erziehungszielen als Teil der „Lehrziele" im Sinne von Art. 7 Abs. 4 Satz 3 GG, hinter denen auch die privaten Ersatzschulen nicht zurückstehen dürfen, aber nicht auf diesen Mindeststandard zu beschränken, sondern er kann über ihn hinausgehen. Der vorliegende Fall gibt keine Veranlassung, umfassend und in allen Einzelheiten zu erörtern, wo insoweit die Grenze zu ziehen ist, um den durch Art. 7 Abs. 4 Satz 1 GG von Verfassungs wegen zugelassenen und geschützten Privatschulen und hier speziell den durch Art. 7 Abs. 5 GG besonders hervorgehobenen Bekenntnisschulen einen hinreichenden Freiraum für die Verwirklichung legitimer eigener Erziehungsvorstellungen zu sichern. Vielmehr genügen hier bereits folgende (Teil-)Abgrenzungen:

Die vom Berufungsgericht angenommene Gefahr, daß die Überprüfung speziell der Erziehungsziele des Klägers daraufhin, ob diese hinter den von der Beklagten vorgeschriebenen Erziehungszielen zurückstehen, zu einer unzulässigen Überprüfung und Bewertung seines Bekenntnisses führen könnte, besteht nicht. Der Staat ist insbesondere durch Art. 4 Abs. 1 GG zu strikter religiöser und weltanschaulicher Neutralität verpflichtet und darf deshalb weder – positiv – entsprechende eigene Inhalte als Erziehungsziele vorschreiben noch – negativ – etwa bestimmte Bekenntnisse als solche bewerten oder gar mit einem Unwerturteil belegen. Letzteres schließt allerdings nicht aus, daß er – wie oben dargelegt – im Hinblick auf seine Verantwortung für das gesamte Schulwesen und speziell für die Einhaltung der von ihm zulässigerweise – unter anderem unter Beachtung des Grundrechts der Glaubens- und Bekenntnisfreiheit, Art. 4 Abs. 1 GG – normierten Lehrziele im Sinne von Art. 7 Abs. 4 Satz 3 GG die Lehrziele der privaten Ersatzschulen daraufhin überprüft, ob sie hinter denen der öffentlichen Schulen zurückstehen. Dabei bleibt es den privaten Ersatzschulen unbenommen, neben den vom Staat vorgegebenen Lehrzielen einschließlich der Erziehungsziele auch andere, den staatlichen Zielen jedenfalls nicht widerstreitende Erziehungsziele zu verfolgen, zumal die staatlichen Erziehungsziele typischerweise Raum lassen für eine inhaltliche Auffüllung im konkreten Unterricht. Insoweit bedarf es hier indessen keiner weiteren Vertiefung; denn einerseits bestreitet die Beklagte dem Kläger keineswegs das Recht zur Verfolgung auch eigener, bekenntnismäßig bedingter Erziehungsziele; andererseits ist – wie sogleich darzulegen ist – zu erwarten, daß die vom Kläger geplante Schule die von der Beklagten (auch) für private Ersatzschulen normierten Erziehungsziele beachtet wird, ohne dadurch gehindert zu sein, auch ihre eigenen, bekenntnisbedingten Erziehungsziele zu verfolgen.

Es bestehen keine verfassungsrechtlichen Bedenken dagegen, daß die Beklagte die zunächst nur für ihre öffentlichen Schulen vorgeschriebenen Erziehungsziele durch eine entsprechende Ergänzung ihres Privatschulgesetzes im Dezember 1990 nunmehr ausdrücklich auch für die privaten Ersatzschulen für verbindlich erklärt hat. Die für das Schulrecht zuständigen Länder sind nicht gehindert, bei der Konkretisierung der in Art. 7 Abs. 4 Satz 3 GG angesprochenen Lehrziele und speziell der Erziehungsziele für private Ersatzschulen über die bereits unmittelbar durch die Verfassung gebotenen Mindestanforderungen hinauszugehen, solange den durch Art. 7 Abs. 4 Satz 1 GG von Verfassungs wegen zugelassenen und geschützten Privatschulen und speziell den Bekenntnisschulen ein hinreichender Freiraum für die Verwirklichung legitimer eigener Erziehungsziele bleibt. Dies ist bei den durch § 7 Abs. 1 Nr. 1 des Privatschulgesetzes der Beklagten in der Fassung vom 21. 7. 1989 (HmbGVBl. S. 160) und des 3. Änderungsgesetzes vom 4. 12. 1990 (HmbGVBl. S. 245) in Verbindung mit § 2 Abs. 1 und 2 des Hamburger Schulgesetzes vom 17. 10. 1977 (HmbGVBl. S. 297) in der Fassung des Änderungsgesetzes vom 18. 6. 1985 (HmbGVBl. S. 143) vorgeschriebenen Erziehungszielen der Fall.

Das Berufungsgericht hat diese Änderung des Privatschulgesetzes der Beklagten vom Dezember 1990 als solche bei seinem Urteil vom 26. 11. 1990 noch nicht berücksichtigen können, auch wenn es sich bereits mit den inhaltlichen Anforderungen des § 2 des Schulgesetzes, die – unmittelbar – zunächst nur für die öffentlichen Schulen der Beklagten galten, auseinandergesetzt hat. In einem solchen Fall ist das Revisionsgericht berechtigt und berufen, seinerseits die landesrechtliche Regelung – in bundesverfassungskonformer Auslegung – (erstmals) unmittelbar anzuwenden (vgl. dazu BVerwG, Urteil vom 20. 2. 1990 – BVerwG 1 C 30.86 – NJW 1990, 2768). Dabei erweist sich, daß gegen die nunmehr ausdrücklich auch für die privaten Ersatzschulen vorgeschriebenen Erziehungsziele des § 2 Abs. 1 und 2 SchulG schon deshalb keine Bedenken bestehen, weil sie im wesentlichen nur diejenigen Anforderungen konkretisieren, die sich bereits aus der Verfassung selbst ergeben. Insbesondere ist danach nicht zu befürchten, daß den privaten Ersatzschulen kein hinreichender Freiraum für eigene Erziehungsziele verbleibt. Im Hinblick auf die privaten Bekenntnisschulen ist hervorzuheben, daß jegliche Festlegung z. B. auf bekenntnismäßige Inhalte, die unzulässigerweise in Konkurrenz mit den von dem betroffenen Bekenntnis vertretenen Inhalten treten könnten, fehlt; umgekehrt findet sich auch keine Verpflichtung zu religiös-weltanschaulicher Neutralität, die einem bekenntnisgeprägten Unterricht entgegenstehen könnte. Vielmehr beschränken sich diese Erziehungsziele im wesentlichen darauf, den Schülern eine Anleitung zu geben, die sie in die Lage versetzt, dem Menschenbild des Grundgesetzes entsprechend in freier eigener Entscheidung ihr Leben selbst zu bestimmen, ohne dabei ihre Gemeinschaftsbezogenheit und Gemeinschaftsgebundenheit außer acht zu lassen (vgl. dazu BVerfGE 4, 7 [15 f.]; 32, 98 [108]; 41, 29 [50]). Dabei kann diese eigene Entscheidung des einzelnen Schülers durchaus dahin gehen, sich etwa an die Werte und Inhalte eines Bekenntnisses zu binden; insoweit muß die private Ersatzschule lediglich die Voraussetzungen dafür bieten, daß diese Entscheidung tatsächlich als von Zwängen freie, eigene Entscheidung getroffen wird.

Im vorliegenden Zusammenhang sind vor allem die folgenden Erziehungsziele von Belang: Gemäß § 2 Abs. 1 SchulG soll die Schule dem Schüler helfen, seine Fähigkeiten und Neigungen zu entwickeln, selbständig zu denken, zu urteilen und zu handeln sowie sein Leben in eigener Verantwortung und zugleich Staat und Gesellschaft verpflichtet zu führen; in die gleiche Richtung zielen z. B. die Nrn. 1, 4 und 7 des § 2 Abs. 2 SchulG, wonach dem Schüler geholfen werden soll, sich selbständig zu orientieren, sich aber auch an Werte zu binden, was insbesondere auch eine bekenntnismäßige Bindung bedeuten kann; weiter soll er darauf vorbereitet werden, politische und soziale Verantwortung zu übernehmen und im Sinne der freiheitlich-demokratischen Grundordnung an der Gestaltung der Gesellschaft mitzuwirken; schließlich soll er befähigt werden, seine individuellen Wahrnehmungs- und Urteilsfähigkeit in einer von neuen Medien und Kommunikationstechniken geprägten Informationsgesellschaft zu entwickeln und zu behaupten. Von besonderem Interesse ist hier die Nr. 5 des § 2 Abs. 2 SchulG, wonach dem Schüler geholfen werden soll, Beziehungen zu anderen Menschen nach den Grundsätzen der Gerechtigkeit, der Solidarität und der Toleranz zu gestalten.

Entgegen der Auffassung der Beklagten ist nach den vom Berufungsgericht getroffenen tatsächlichen Feststellungen zu den vom Kläger verfolgten Erziehungszielen, wie sie sich aus dem von ihm vorgelegten pädagogischen Konzept ergeben, nicht zu befürchten, daß diese nicht den dargelegten Anforderungen in § 2 Abs. 1 und 2 SchulG genügen. Zwar erwecken einzelne Punkte, die oben im Zusammenhang der Erörterung der zu vermittelnden Qualifikation genannt worden sind, auf den ersten Blick den Eindruck, als würden eine bekenntnismäßige Bindung der Schüler und eine dementsprechende ausgerichtete Bewertung etwa von Werken der Literatur bereits in einem Stadium angestrebt, in dem der einzelne Schüler mangels hinreichend vollständiger und neutraler Information noch gar nicht in der Lage ist, sich ein eigenes Urteil zu bilden, und folglich Gefahr läuft, sich mehr oder minder blindlings an das Bekenntnis des Klägers zu binden. Entsprechendes gilt z. B. für das in Nr. 2.2 angesprochene Ziel, sich gern dem Geist und Willen Gottes zu unterstellen „unter Verzicht auf Autonomie und Selbstbehauptung", sowie für die nach Nr. 3.4 angestrebte Minderung der Anfälligkeit „für die Illusion der Lebenserfüllung durch Selbstverwirklichung". Dem stehen jedoch andere Aussagen desselben pädagogischen Konzepts gegenüber, die – insbesondere in Verbindung mit den vorgelegten Lehrplänen und Stundentafeln – erwarten lassen, daß sich der Kläger und seine Schule insgesamt um eine offene Atmosphäre bemühen wird. So will er das von ihm vertretene Bekenntnis für Eltern und Schüler zunächst einmal nur als ein Angebot verstanden wissen, was die Möglichkeit einschließt, daß dieses Angebot nicht angenommen wird, ohne daß daraufhin der betroffene Schüler „ausgeschlossen" wird. Außerdem wird wiederholt das Ziel einer offenen Auseinandersetzung und eines unvoreingenommenen Forschern hervorgehoben (vgl. z. B. Nr. 2.6). Was speziell das vom Kläger vertretene Bekenntnis angeht, so soll dieses zwar den Schülern durchaus „mit Nachdruck", aber ohne „unzuträglichen Druck" angeboten werden.

Diese Erziehungsziele des Klägers schließen nicht aus, daß er zugleich in hinreichender Weise – wie durch Art. 7 Abs. 4 Satz 3 GG geboten – auch die oben angeführten, von der Beklagten in § 7 Abs. 1 Nr. 1 ihres Privatschulgesetzes in der Fassung vom Dezember 1990 in Verbindung mit § 2 Abs. 1 und 2 SchulG auch für private Ersatzschulen vorgeschriebenen Erziehungsziele verfolgt. In diesem Zusammenhang ist die Klarstellung geboten, daß die Anforderungen des Art. 7 Abs. 4 Satz 3 GG, wonach die privaten Ersatzschulen in ihren Lehrzielen „nicht hinter den öffentlichen Schulen zurückstehen" dürfen, obwohl sie allgemein – vereinfacht – als Gebot der „Gleichwertigkeit" der Lehrziele bezeichnet wird, nicht den positiven Nachweis der Gleichwertigkeit verlangt. Vielmehr wird der Anforderung des Art. 7 Abs. 4 Satz 3 GG schon dadurch genügt, daß – aufgrund einer konkreten und detaillierten Überprüfung der von der privaten Ersatzschule angestrebten Lehrziele – in nachprüfbarer Weise die Prognose möglich ist, daß sie – voraussichtlich – jedenfalls nicht hinter den Lehrzielen der öffentlichen Schulen *zurück*stehen wird; bloße Zweifel genügen insoweit nicht, eine ansonsten konkret substantiierte Prognose in Frage zu stellen. Dies ist auch die Auffassung des Bundesverfassungsgerichts, wenn es davon spricht, daß zwar die Genehmigung einer privaten Ersatzschule die Erwartung einschließe, sie werde unter anderem aufgrund ihrer Erziehungsziele eine Ausbildung und Erziehung vermitteln, die nicht hinter der durch eine öffentliche Schule zurückstehe; ob diese Erwartung sich erfüllen werde, hänge aber letztlich weniger von der Planung und den Zielen der Schule als vielmehr von ihrer praktischen Bewährung ab, die in der Regel erst nach einer gewissen Dauer beurteilt werden könne (BVerfGE 27, 195 [204]). Im übrigen hat das Berufungsgericht in diesem Zusammenhang zutreffend darauf hingewiesen, daß die vom Kläger geplante Schule als private Ersatzschule ungeachtet ihres Charakters als private Bekenntnisschule der staatlichen Schulaufsicht unterliegen wird. Die Beklagte wird somit die Möglichkeit haben, derzeit nicht konkret voraussehbare, aber auch nicht auszuschließende Fehlentwicklungen, die sich nach Aufnahme des Unterrichts ergeben sollten, festzustellen und mit den Mitteln der Schulaufsicht dagegen einzuschreiten.

Nach diesem Maßstab kann aufgrund der vom Berufungsgericht getroffenen tatsächlichen Feststellungen davon ausgegangen werden, daß die vom Kläger geplante Schule auch hinsichtlich der von der Beklagten zulässigerweise vorgeschriebenen Erziehungsziele im Sinne von Art. 7 Abs. 4 Satz 3 GG nicht hinter den entsprechenden öffentlichen Schulen zurückstehen wird. Bei dieser Prognose ist zugunsten des Klägers unter anderem auch zu berücksichtigen, daß nach den tatsächlichen Feststellungen des Berufungsgerichts sowohl die von ihm vorgelegten, den staatlichen Lehrplänen des Beklagten weitestgehend entsprechenden Lehrpläne als auch die Ausbildung der von ihm ausgewählten Lehrkräfte, die die gleichen Anforderungen wie die staatlichen Lehrkräfte erfüllen müssen, erwarten lassen, daß der Unterricht der vom Kläger geplanten Schule – abgesehen von seinen besonderen, bekenntnisbedingten Erziehungszielen – zunächst weitestgehend dem Unterricht in der öffentlichen Schulen entsprechen und damit zwangsläufig auch die staatlichen Erziehungsziele mitberücksichtigt wird. Insoweit besteht nach den tatsächlichen Feststellungen des Berufungsgerichts zum pädagogischen Konzept des Klägers dann auch nicht die konkret begründete Besorgnis, daß der Kläger in seinem Unterricht speziell die staatlichen Erziehungsziele, den Schülern zu helfen, sich selbständig zu orientieren und ihr Leben in eigener Verantwortung zu führen, sowie ihre individuelle Wahrnehmungs- und Urteilsfähigkeit zu entwickeln und zu behaupten, nicht beachtet wird.

Dies gilt – ungeachtet des Bekenntnischarakters der vom Kläger geplanten Schule – schließlich auch für das sowohl vom Beklagten als auch vom Verwaltungsgericht in den Vordergrund gerückte Erziehungsziel, den Schülern zu helfen, Beziehungen zu anderen Menschen unter anderem nach den Grundsätzen der Toleranz zu gestalten. Toleranz bedeutet in diesem Zusammenhang nämlich nicht Offenheit und Neutralität in dem Sinne, daß den Schülern nicht vermittelt werden dürfte, eine bestimmte eigene Überzeugung zu entwickeln, sich zu dieser zu bekennen und sie erforderlichenfalls auch zu verteidigen;

vielmehr wird mit diesem Erziehungsziel bei verfassungskonformer Anwendung speziell auf Bekenntnisschulen lediglich dasjenige Maß an Duldsamkeit gegenüber anderen, abweichenden Überzeugungen verlangt, das Voraussetzung für eine offene Auseinandersetzung mit anderen Überzeugungen ist. Eben dies aber sieht das pädagogische Konzept des Klägers ausdrücklich vor. Dieses Mindestmaß an Toleranz verbietet zwar eine Abwertung sowie insbesondere eine Diffamierung von abweichenden Überzeugungen, keineswegs aber das Werben für die eigene Überzeugung. Die Zulässigkeit eines solchen Werbens für ein bestimmtes Bekenntnis folgt im übrigen bereits aus der ausdrücklichen Zulassung von Bekenntnisschulen als private Ersatzschulen durch Art. 7 Abs. 4 und 5 GG; denn jedes „Bekenntnis" ist seiner Natur nach darauf angelegt, in der Überzeugung von der Richtigkeit der eigenen Vorstellungen und Wertungen sich zu diesen zu bekennen und für sie zu werben. Damit aber schließt Art. 7 Abs. 4 Satz 3 GG ein derartiges Erziehungsziel bei einer privaten Bekenntnisschule nicht nur nicht aus, sondern setzt es umgekehrt als selbstverständlich und somit zulässig voraus.

Daß der Kläger in der von ihm geplanten Bekenntnisschule – über ein solches, zulässiges Werben hinausgehend – das Erziehungsziel verfolgen würde, andere Bekenntnisse, Anschauungen, Überzeugungen und Wertungen abzuwerten oder gar zu diffamieren, läßt sich den vom Berufungsgericht getroffenen tatsächlichen Feststellungen nicht entnehmen. Soweit die vom Kläger in seinem pädagogischen Konzept in der Fassung vom November 1987 in der Nr. 4.1 verwendete Bezeichnung „haltlose außengesteuerte Lustsucher" den Eindruck nicht nur einer moralischen Verurteilung allgemeiner Entwicklungstendenzen, sondern darüber hinaus einer generellen Diffamierung der solcherart charakterisierten Einstellung Andersdenkender erwecken konnte, hat er dies durch die Neufassung der Nr. 4.1 vom März 1990 korrigiert und verständlicher von einem Denken gesprochen, das in Verfolgung eigener Interessen auf kurzfristige Bedürfnisbefriedigung ausgerichtet und deshalb aus seiner, des Klägers, Sicht abzulehnen sei. Die ursprüngliche Formulierung erscheint danach – und auch im Gesamtzusammenhang des pädagogischen Konzepts – eher als eine verbale Übertreibung und nicht – wie es isoliert gesehen den Anschein haben mag – als eine Bekundung von Unduldsamkeit. Bei angemessener Würdigung ihres Inhalts halten sich auch diese kritischen Bemerkungen des Konzepts in den Grenzen dessen, was ein Bekenntnis und folglich auch eine Bekenntnisschule zwecks Klarstellung des eigenen Standpunkts und Unterscheidung von abweichenden Wertungen anderer für sich in Anspruch nehmen darf, ohne deshalb „intolerant" zu sein.

Nach alledem ist die rechtliche Würdigung des Berufungsgerichts, daß die vom Kläger geplante Schule in ihren Lehrzielen „ohne Einschränkung" nicht hinter den Lehrzielen der entsprechenden öffentlichen Schulen im Sinne von Art. 7 Abs. 4 Satz 3 GG zurückstehen wird, jedenfalls im Ergebnis zutreffend.

13

1. Unter Weltanschauungsschulen im Sinne von Art. 7 Abs. 5 GG sind nur solche Schulen zu verstehen, in denen eine Weltanschauung die Schule sowie ihren gesamten Unterricht prägt.
2. Dabei wird eine Weltanschauung im Sinne des Art. 4 Abs. 1 GG vorausgesetzt, also ein subjektiv verbindliches Gedankensystem, das sich mit Fragen nach dem Sinnganzen der Welt und insbesondere des Lebens der Menschen in dieser Welt befaßt und das zu sinnentsprechenden Werturteilen führt. Überzeugungen zu einzelnen Teilaspekten des Lebens genügen nicht.
3. Eine Schule wird von einer Weltanschauung geprägt, wenn deren ganzheitliches Gedankensystem für die Gestaltung von Erziehung und Unterricht in den verschiedenen Fächern nicht nur methodisch, sondern auch inhaltlich – bei der Behandlung der jeweils berührten Sinn- und Wertfragen – grundlegend ist und wenn Elternschaft, Schüler und Lehrer – abgesehen von offenzulegenden Ausnahmen – eine gemeinsame weltanschauliche Überzeugung haben oder annehmen wollen; dies muß durch ein Minimum an Organisationsgrad der Weltangschauungsgemeinschaft gewährleistet sein.
4. Die Weltanschauungsschule ist nach dem Grundgesetz ein Unterfall der in Art. 7 Abs. 3 GG angesprochenen bekenntnisfreien Schule und nicht umgekehrt. Bekenntnisfreie Schulen, die nicht Weltanschauungsschulen sind, können als private Volksschulen nicht genehmigt werden.
5. Die Möglichkeit, private Volksschulen wegen ihrer weltanschaulichen oder religiösen Ausrichtung zuzulassen, besteht nur um der positiven Bekenntnisfreiheit willen und nicht zu dem Zweck, vor (vermeintlichen) Verstößen gegen das Neutralitätsgebot in der Praxis der öffentlichen Regelschule auszuweichen. Wenn der Unterricht an öffentlichen Gemeinschaftsschulen das Neutralitätsgebot verletzt, ist dagegen durch Rechtsmittel Abhilfe zu suchen.

Art. 3 Abs. 1, 4 Abs. 1, 7 Abs. 3 u. 5 GG
BVerwG, Urteil vom 19. Februar 1992 – 6 C 5.91[1] –

Der Kläger, der sich selbst als „Trägerverein zur Gründung einer multikonfessionellen Grundschule mit pädagogischem Konzept nach Hubbard" bezeichnet, begehrt die Genehmigung zur Errichtung einer privaten Grundschule, die nach seinem Verständnis eine bekenntnisfreie Weltanschauungsschule darstellt.

---

[1] Amtl. Leitsätze. BVerwGE 89, 368; Buchholz 11 Art. 4 GG, Nr. 51; DÖV 1992, 921; DVBl. 1992, 1033; NVwZ 1992, 1192; RdJB 1993, 346; ZevKR 38 (1993), 327. Nur LS: AkKR 161 (1992), 235.

Der Kläger beantragte die begehrte Genehmigung im Juni 1989 bei der Regierung von Oberbayern. Seinen Antrag erläuterte er wie folgt: Die geplante Schule stütze sich auf das besondere pädagogische Konzept von L. Ron Hubbard. Sie sei als bekenntnisfreie Schule und damit als Weltanschauungsschule konzipiert. Bekenntnisfreiheit sei nicht deshalb gewollt, weil jede Form von Bekenntnis abgelehnt werde. Vielmehr sei sie entsprechend § 4 der Satzung des Vereins im Sinne einer Multikonfessionalität zu verstehen. Nach diesem Konzept verbiete sich das Hinerziehen der Schüler in ein vorgefertigtes und vorgedachtes Weltbild, sei es das christliche oder das einer anderen Religion oder Weltanschauung. Es sei von der Gleichwertigkeit aller religiösen und weltanschaulichen Überzeugungen auszugehen und den Schülern die grundsätzliche Achtung vor als fremd und ungewöhnlich empfundenen religiösen Vorstellungen und Gebräuchen zu vermitteln, und zwar sowohl im theoretischen Bezug auf religiöse und weltanschauliche Lehren als auch im praktischen Zusammenleben mit Andersgläubigen. Das Schulkonzept grenze sich insofern deutlich von der gezielten und verbindlichen Vermittlung christlicher Wertvorstellungen ab, wie sie der öffentlichen Regelschule als christlicher Gemeinschaftsschule zur Pflicht gemacht werde. Im Rahmen religionskundlicher Unterrichtung sollten die Religionen ausschließlich in einer Weise vorgestellt werden, die sich jeder Bewertung enthalte. Im übrigen aber sei beabsichtigt, den Lehrplan für die staatliche Grundschule zu übernehmen und – bei gewissen Modifikationen – auch die Stundentafel.

Durch den angefochtenen Bescheid lehnte die Regierung von Oberbayern den Antrag mit der Begründung ab, daß ein besonderes pädagogisches Interesse nicht nachgewiesen worden sei und es sich bei der geplanten Schule auch nicht um eine Weltanschauungsschule handele. Wesen der Weltanschauungsschule sei es, die Weltanschauung – als weltanschauliches Bekenntnis – gerade auch außerhalb des religionskundlichen Unterrichts einzubringen. Das bloße Nichthaben eines Glaubens sei dafür keine Grundlage, und auch das Ersetzen des Religionsunterrichts durch das Fach Ethik bei gleichzeitiger Übernahme der staatlichen Lehrpläne reiche für sich allein nicht aus.

Hiergegen hat der Kläger erfolglos Widerspruch erhoben. Auch seine anschließende Verpflichtungsklage, die er nicht mehr auf ein besonderes pädagogisches Interesse als Genehmigungsgrundlage stützte, hatte keinen Erfolg. Das Verwaltungsgericht München hat sie als unbegründet abgewiesen; die Berufung[2] wurde zurückgewiesen.

In der Revisionsinstanz trägt der Kläger ergänzend vor: Nicht nur nach der grammatikalisch-historischen Auslegung, sondern auch aus dem Verhältnis des

---

[2] BayVGH KirchE 28, 350.

Art. 7 Abs. 5 GG zu Art. 6 Abs. 1 und 2, Art. 4 Abs. 1 und 2 und Art. 3 Abs. 1 und 3 GG folge, daß eine bekenntnisfreie (multikonfessionelle) Volksschule als Weltanschauungsschule oder sonst nach Art. 7 Abs. 5 GG zulässig sein müsse, wenn die öffentliche Regelschule eine christliche Gemeinschaftsschule sei, in welcher der gesamte Unterricht vom Christentum her bestimmt werde. Davon sei in Bayern angesichts der durch die Lehrpläne geprägten Wirklichkeit auszugehen. In den Lehrplänen werde den Lehrern die Vermittlung reiner Glaubenswahrheiten auferlegt. Im übrigen sei die christliche Gemeinschaftsschule als öffentliche Regelschule nur deswegen mit Art. 4 und Art. 6 GG vereinbar, weil die Eltern die grundgesetzlich gewährleistete Möglichkeit hätten, in eine Privatschule auszuweichen. Davon sei auch das Bundesverfassungsgericht ausgegangen. Die Ausweichmöglichkeit müsse allen Betroffenen offenstehen und nicht etwa nur denen, die einer ausreichend strukturierten und zahlenmäßig ausreichend starken Weltanschauungsgruppe angehörten und von daher in der Lage seien, eine private Bekenntnis- oder Weltanschauungsschule im engeren Sinne zu gründen. Der Gleichheitssatz gebiete es, auch anderen und kleineren Weltanschauungsgruppen wenigstens ein Ausweichen auf private bekenntnisfreie Schulen zu ermöglichen. Schließlich sei daran zu denken, die christliche Gemeinschaftsschule bayerischer Prägung trotz ihrer unzutreffenden Bezeichnung als christliche Bekenntnisschule einzuordnen. Mangels vorhandener Gemeinschaftsschule sei dann eine private multikonfessionelle Schule als weltliche Spielart der Gemeinschaftsschule zuzulassen.

Die Revision blieb ohne Erfolg.

Aus den Gründen:

Die zulässige Revision ist nicht begründet. Indem das Berufungsgericht einen Anspruch des Klägers auf Erteilung der begehrten Genehmigung mit der Begründung verneint hat, die geplante multikonfessionelle (bekenntnisfreie) Grundschule sei keine Weltanschauungsschule, hat es revisibles Bundesrecht nicht verletzt.

1. Das angefochtene Urteil beruht auf folgender einheitlicher Auslegung des Art. 7 Abs. 5 GG und des entsprechenden Landesrechts (Art. 134 Abs. 3 BV, § 69 Abs. 3 BayEUG): Unter Weltanschauungsschulen seien Schulen zu verstehen, in denen eine Weltanschauung, die kein religiöses Bekenntnis sei, das Gepräge der Schule bestimme. Die Weltanschauung müsse in einer thematischen Geschlossenheit und Breite, die derjenigen der im Abendland bekannten Religionen vergleichbar sei, aus einer wertenden Stellungnahme zum Ganzen der Welt heraus Antwort geben auf Fragen nach Ursprung, Sinn und Ziel der Welt und des Lebens der Menschen; sie setze ferner grundsätzlich das Vorhandensein einer Weltanschauungsvereinigung als Bekenntnisgemeinschaft voraus. Die

weltanschauliche Gebundenheit der Schule müsse sich grundsätzlich im Angebot an eine bestimmte Elternschaft auf der Grundlage einer verbindlich gesetzten, gemeinsamen weltanschaulichen Überzeugung zeigen, die in einem einheitlichen, in der Schule vermittelten Weltbild zum Ausdruck komme; allein die Gemeinsamkeit in weltanschaulichen Teilaspekten berechtige noch nicht zur Gründung privater Volksschulen. Hiervon ausgehend gelangt das Berufungsgericht zu der Würdigung, das Vorhaben des Klägers müsse daran scheitern, daß es an der begriffsnotwendigen Einheitlichkeit des (positiven) weltanschaulichen Bekenntnisses und an einer entsprechenden Weltanschauungsvereinigung als Bekenntnisgemeinschaft fehle.

2. Die Ausführungen des Berufungsgerichts zur Auslegung des Grundgesetzes lassen Rechtsfehler nicht erkennen.

a) Mit Recht ist das Berufungsgericht davon ausgegangen, daß Art. 7 Abs. 5 und Art. 4 Abs. 1 GG ein einheitliches Verständnis des Begriffs Weltanschauung zugrunde liegt. Die in Art. 7 Abs. 4 GG garantierte Privatschulfreiheit ist nach der Rechtsprechung des Bundesverfassungsgerichts (BVerfGE 75, 40 [62]) nicht nur im Blick auf das Bekenntnis des Grundgesetzes zur Würde des Menschen (Art. 1 Abs. 1 GG) und zur Entfaltung der Persönlichkeit in Freiheit und Selbstverantwortlichkeit (Art. 2 GG) zu würdigen, sondern auch im Lichte der Religions- und Gewissensfreiheit (Art. 4 GG), der Verpflichtung des Staates zur religiösen und weltanschaulichen Neutralität und des natürlichen Elternrechts (Art. 6 Abs. 2 Satz 1 GG). Indem Art. 7 Abs. 5 GG für den Bereich der Volksschule einen Vorrang der öffentlichen (Volks-)Schule normiert (vgl. dazu BVerfGE 34, 165 [187]; BVerwGE 75, 275 [277 f.]), hiervon aber für Gemeinschafts-, Bekenntnis- oder Weltanschauungsschulen Ausnahmen zuläßt, die an den Antrag von Erziehungsberechtigten anknüpfen, so ist das Ausdruck eben dieses Zusammenwirkens der Grundrechtsnormen in Art. 4 Abs. 1, Art. 6 Abs. 2 Satz 1 und Art. 7 Abs. 1, 4 und 5 GG sowie ein sachgerechter Ausgleich in dem Spannungsfeld unterschiedlicher Grundrechtsgewährleistungen und staatlicher Schulhoheit. Dieser Zusammenhang, insbesondere derjenige mit Art. 4 Abs. 1 GG, zwingt zu einer engen Auslegung des Begriffs „Weltanschauungsschule".

aa) Der Begriff „Weltanschauung" ist eine Schöpfung der Philosophie. Aus der das allgemeine Sprachverständnis prägenden Sicht dieser Wissenschaft ist er abzugrenzen von dem Begriff „Weltbild". Unter letzterem ist eine umfassende und rein wissenschaftlich-gegenständliche Weltsicht zu verstehen. Hiervon unterscheidet sich die Weltanschauung durch die Ordnung der Weltsicht nach umfassenden Prinzipien, die aller Erkenntnis vorgeordnet sind, sowie durch ihre Rückbezüglichkeit auf den Menschen, der als erkennendes Subjekt teilhat an einer ganzheitlichen Welt-, Lebens-, Sinn- und Werteordnung; Sinnhaftigkeit und Werthaltigkeit dieser subjektiv vorgeordneten Wahrheit fordern als

Überzeugung von dem Menschen Verbindlichkeit auch im Sinne einer Handlungsanleitung ein (vgl. Casper, Staatslexikon, 7. Aufl., Bd. 7, Stichwort „Weltanschauung"; Mies/Wittich, in: Sandkühler, Europäische Enzyklopädie zu Philosophie und Wissenschaften, Bd. 4, Stichwort „Weltanschauung/Weltbild"; Reimer, in: Herzog/Kunst/Schlaich/Schneemelcher, Evangelisches Staatslexikon, 3. Aufl., Bd. 2, Stichwort „Weltanschauungsgemeinschaften").

bb) Art. 4 Abs. 1 GG erklärt unter anderem die Freiheit des religiösen und weltanschaulichen Bekenntnisses für unverletzlich. Soweit es die Auslegung dieses Grundrechts betrifft, werden – wie das Berufungsgericht zutreffend erkannt hat – in der verfassungsrechtlichen Literatur von dem philosophischen Begriffsverständnis ausgehend als Weltanschauung solche Gedankensysteme bezeichnet, die sich mit einer Gesamtsicht der Welt oder doch mit einer Gesamthaltung zur Welt bzw. zur Stellung des Menschen in der Welt befassen (vgl. Jarass/Pieroth, GG, 2. Aufl., Art. 4 Rdnr. 6; von Mangoldt/Klein/Starck, Das Bonner GG, 3. Aufl., Art. 4 Rdnr. 19; Maunz, in: Maunz/Dürig/Herzog, GG, Art. 140 Rdnr.20; von Münch, GG-Kommentar, 3. Aufl., Art. 4 Rdnr. 35; Preuß, in: AK-GG, 2. Aufl., Art. 4 Rdnr. 14; Zippelius, in: Bonner Kommentar zum GG – Drittbearbeitung – Art. 4 Rdnr. 94; von Campenhausen, in: Kirchhof, Handbuch des Staatsrechts, Bd. 6, § 136 Rdnr. 43). Ein Gedankensystem, das im Sinne dieser grundrechtlichen Gewährleistung Weltanschauung sein will, wird sich mit Fragen nach dem Sinnganzen der Welt und insbesondere des Lebens der Menschen in dieser Welt befassen und zu sinnentsprechenden Werturteilen hinführen (vgl. BVerwGE 61, 152 [154][3]; Obermayer, in: Bonner Kommentar zum GG – Zweitbearbeitung – Art. 140 Rdnr. 138; Maunz/Dürig/Herzog, aaO, Art. 140 Rdnr. 20; von Münch, aaO). Die aus der individuellen Wahrheitsüberzeugung von der Sinn- und Wertordnung erwachsenen subjektiv verbindlichen Gewißheiten sind es, die den besonderen Schutz des Art. 4 GG genießen und seinen Schutzbereich aus dem anderer Grundrechte herausheben (vgl. BVerfGE 32, 98 [107][4]; Jarass/Pieroth, aaO; von Mangoldt/Klein/Starck, aaO, Art. 4 Rdnr. 3; Preuß, aaO).

An das notwendig von Subjektivität geprägte Gedankensystem dürfen zwar in bezug auf den gegenständlichen Umfang einer solchen ganzheitlichen Sicht wie auch hinsichtlich seiner inneren Konsistenz keine besonders hohen Anforderungen gestellt werden (vgl. von Mangoldt/Klein/Starck, aaO., Art. 4 Rdnr. 3; Preuß, aaO). Denn erkenntniskritisch gesehen läßt sich Weltanschauung auch als bloßer Versuch bezeichnen, die Welt aus einer sinnvollen Gesamtkonzeption zu verstehen (vgl. Zippelius, aaO). Bei allen gebotenen Abstrichen an deren Vollkommenheit ist für Gedankensysteme als Weltanschauung aber dennoch

---

[3] KirchE 18, 311.
[4] KirchE 12, 294.

wenigstens eine hinreichende Konsistenz, eine ähnliche Geschlossenheit und Breite vorauszusetzen, wei sie den im abendländischen Kulturkreis bekannten Religionen zu eigen ist (vgl. Maunz/Dürig/Herzog, aaO, Art. 4 Rdnr. 67; von Mangoldt/Klein/Starck, aaO, Art. 4 Rdnrn. 18 und 31). Dafür spricht neben dem allgemeinen Sprachverständnis die Gleichstellung von Religion und Weltanschauung, wie sie in Art. 4 Abs. 1 GG als Gewährleistung der „Freiheit des religiösen und weltanschaulichen Bekenntnisses" zum Ausdruck kommt (vgl. BVerwGE 37, 344 [362 f.][5]). Vor allem aber ist diese enge Auslegung im Interesse einer klaren Abgrenzung des Schutzbereichs des Art. 4 GG von anderen Grundrechten geboten, die, wie z. B. Art. 2 und Art. 5 GG, weitergehende Einschränkungen zulassen und sich daher einer ausufernden Überhöhung als Folge fließender Übergänge zu Art. 4 GG widersetzen. Überzeugungen zu einzelnen Teilaspekten des Lebens – z. B. zum Gedanken der Toleranz – mögen im Einzelfall zwar Ausdruck einer weltanschaulichen Gesamtkonzeption sein; ohne die Einbettung in einen entsprechenden Zusammenhang vermögen sie hingegen den Begriff Weltanschauung nicht auszufüllen.

cc) Dem Berufungsgericht wäre hingegen – wenn seine Ausführungen sich auf den Schutzbereich des Art. 4 Abs. 1 GG beziehen sollten – nicht mehr darin zu folgen, daß eine Weltanschauung ferner grundsätzlich das Vorhandensein einer Weltanschauungsvereinigung als Bekenntnisgemeinschaft voraussetze. Aus Art. 4 Abs. 1 GG läßt sich dies nicht herleiten. Denn dieses Grundrecht ist seinerseits spezifischer Ausdruck der in Art. 1 Abs. 1 GG garantierten Menschenwürde. Die Auslegung des Art. 4 Abs. 1 GG hat daher auch die Eigenverantwortlichkeit des Individuums in Glaubensangelegenheiten in den Blick zu nehmen. Dieser Zusammenhang läßt ohne weiteres erkennen, daß das Grundrecht der Glaubensfreiheit auch die vereinzelt auftretende Glaubensüberzeugung schützt, wie etwa diejenige, die von den offiziellen Lehren der religiösen oder weltanschaulichen Vereinigungen abweicht (vgl. BVerfGE 33, 23 [28 f.][6]). Das schließt es jedoch nicht aus, für den Schutz bestimmter Formen der *kollektiven* Ausübung der Glaubensfreiheit und namentlich für die Spezialregelung in Art. 7 Abs. 5 GG weitergehende Anforderungen aufzustellen (dazu nachfolgend zu b).

b) Von dem aufgezeigten Verständnis des Begriffs „Weltanschauung" ist – wie schon dargelegt – auch im Rahmen der Auslegung des Art. 7 Abs. 5 GG auszugehen. Unter Weltanschauungsschulen sind daher, wie das Berufungsgericht zutreffend erkannt hat, zunächst nur solche Schulen zu verstehen, in denen eine Weltanschauung im Sinne des Art. 4 Abs. 1 GG das Gepräge der Schule bestimmt (vgl. zu den Begriffen „Gepräge" bzw. „Prägung" in diesem

---

[5] KirchE 12, 64.
[6] KirchE 12, 410.

Zusammenhang: BVerfGE 75, 40 [62]; BVerwGE 10, 136 [137][7]; 17, 267 [270][8]; Jach DÖV 1990, 506 [513]; Maunz, aaO, Art. 7 Rdnr. 12d; Vogel RdJB 1989, 299 [306]). Überzeugungen zu Teilaspekten des Lebens genügen auch hier nicht, wenn sie nicht spezifischer Ausdruck einer gemeinsamen weltanschaulichen Gesamtkonzeption sind, die der Erziehung in der Schule insgesamt eine weltanschauliche Basis verleiht.

Von einem Prägen in diesem Sinne kann allerdings nur die Rede sein, wenn die Weltanschauung für die Gestaltung von Erziehung und Unterricht in den verschiedenen Unterrichtsfächern nicht nur methodisch, sondern bei der Behandlung der jeweils berührten Sinn- und Wertfragen auch inhaltlich grundlegend ist (vgl. Eiselt DÖV 1988, 211 [216]; Jach, aaO, S. 513; Maunz, aaO, Art. 7 Rdnr. 12d). Das läßt sich mit Anspruch auf Verbindlichkeit nur gewährleisten, wenn dafür auch in personaler Hinsicht entsprechende Gemeinsamkeiten gegeben sind (vgl. Maunz, aaO, Art. 7 Rdnr. 12d; Vogel, aaO, S. 306 f.) und dies auf eine gewisse Dauer – gemessen an der Dauer der projektierten Schulexistenz – sichergestellt ist (vgl. Vogel, aaO, S. 306; Pieroth RdJB 1990, 448 [451]). Elternschaft (insbesondere die antragstellenden Erziehungsberechtigten – Art. 7 Abs. 5 GG), Schüler und Lehrer müssen also grundsätzlich eine gemeinsame weltanschauliche Überzeugung haben oder zumindest annehmen wollen. Dieser Grundsatz läßt zwar – bei entsprechender Offenlegung – Ausnahmen zu. Sie müssen jedoch nach Zahl und Bedeutung so gering sein, daß davon die gemeinsame und durchgehende Wahrnehmung der positiven Freiheit zum weltanschaulichen Bekenntnis im Schulleben nicht beeinträchtigt wird.

Für die Gewährleistung eines hinreichend gefestigten Bestandes der Weltanschauung ist darüber hinaus auch ein Minimum an Organisationsgrad einer wie auch immer organisierten Weltanschauungsvereinigung unvermeidlich und daher vorauszusetzen, mehr freilich nicht (vgl. Pieroth, aaO; von Mangoldt/Klein/Starck, aaO, Art. 4 Rdnr. 31). Von daher erweist es sich als unbedenklich, daß das Berufungsgericht „grundsätzlich" das Vorhandensein einer Weltanschauungsvereinigung als Bekenntnisgemeinschaft voraussetzt. Dies läßt sich zwar – wie dargelegt – nicht aus Art. 4 Abs. 1 GG ableiten, wohl aber aus dem Begriff „Weltanschauungsschule" in Art. 7 Abs. 5 GG.

aa) Gegen ein – von der soeben genannten Ausnahme abgesehen – einheitliches Verständnis dessen, was in Art. 4 Abs. 1 und Art. 7 Abs. 5 GG unter Weltanschauung zu verstehen ist, lassen sich entgegen der Auffassung der Revision aus der Entstehungsgeschichte des Art. 7 GG keine durchgreifenden Argumente herleiten. Die historische Interpretation läßt jedenfalls eindeutige Rückschlüsse auf ein anderweitiges Begriffsverständnis nicht zu.

---

[7] KirchE 5, 128.
[8] KirchE 6, 354.

(1) Es trifft zwar zu, daß unter der Geltung der Weimarer Reichsverfassung im Schrifttum anfänglich Weltanschauungsschule und bekenntnisfreie (weltliche) Schule gleichgesetzt wurden (vgl. etwa Anschütz, Die Verfassung des Deutschen Reichs, Art. 146 Anm. 5). Die Forderung nach bekenntnisfreien (weltlichen) Schulen betraf ursprünglich das gesamte öffentliche Schulwesen. Sie wurde daher als Ausdruck der „Weltanschauung" des Laizismus angesehen. Später wurde jedoch mit Blick auf die unterschiedliche Begrifflichkeit in Art. 146 Abs. 2 WRV – „Volksschulen ihrer Weltanschauung" – und Art. 149 Abs. 1 WRV – „bekenntnisfreie (weltliche) Schulen" – wie auch im Hinblick auf die Gleichstellung der Weltanschauungen mit den religiösen Bekenntnissen anders systematisiert: Den Bekenntnisschulen wurden die bekenntnisfreien Schulen gegenübergestellt, die wiederum untergliedert wurden einerseits nach den weltlichen Schulen und andererseits nach den Weltanschauungsschulen im engeren Sinne, also den Schulen bekenntnisähnlich organisierter Weltanschauungsgemeinschaften (vgl. zu allem Landé PrVerwBl. 1927, 463, 466; ders., Die Schule in der Reichsverfassung, 1929, S. 121 ff.). Hiernach läßt sich für die Geltungsdauer der Weimarer Verfassung weder ein klares noch ein gleichbleibendes Begriffsverständnis ausmachen. Dem anfänglich vorherrschenden historischen Verständnis wurden später als objektive und daher vorrangige Auslegungselemente der Verfassungswortlaut und die Verfassungssystematik entgegengesetzt.

(2) Auch die Materialien des Parlamentarischen Rates sind im Sinne der von der Revision vertretenen Auslegung nicht aufschlußreicher. Die unterschiedlich verstandenen Begriffe sind aus der Weimarer Verfassung nahezu unverändert übernommen worden. Soweit es Art. 7 Abs. 5 GG betrifft, ist allerdings erwähnenswert, daß der Hauptausschuß zunächst eine Fassung beschlossen hatte, die eine Zulassung privater Volksschulen vorsah, „wenn für eine Minderheit von Erziehungsberechtigten eine öffentliche Volksschule ihres Bekenntnisses oder ihrer Weltanschauung in der Gemeinde nicht besteht"; an die Stelle dieser Fassung trat dann ohne erkennbare Änderungsabsichten die vom Allgemeinen Redaktionsausschuß vorgeschlagene, wonach die Errichtung privater Volksschulen „als Gemeinschaftsschule, als Bekenntnis- oder Weltanschauungsschule" vom Antrag der Erziehungsberechtigten abhängig gemacht wurde (vgl. Dömming/Füßlein/Matz AöR NF Bd. 1 S. 113). Insgesamt war der Parlamentarische Rat bestrebt, in der Situation eines in letzter Stunde erneut notwendig gewordenen Kompromisses durch Zurückgehen auf den unter der Weimarer Verfassung vorhandenen – aber schon dort nicht völlig geklärten – Zustand eine wenigstens insoweit abgesicherte Rechtslage zu schaffen (vgl. Holtkotten, in: Bonner Kommentar zum GG, Art. 141 Anm. II 1b).

bb) Angesichts dieser Entstehungsgeschichte ist es verständlich, wenn zu Art. 7 Abs. 3 und 5 GG erneut unterschiedliche Auffassungen über das Verhältnis der bekenntnisfreien Schulen zu den Weltanschauungsschulen vertreten werden (gleichsetzend oder die Weltanschauungsschule als Oberbegriff ansehend: von Mangoldt/Klein, Das Bonner GG, 1. Aufl., Art. 7 Anm. V 3 und VII 3; Peters, in: Bettermann/Nipperdey/Scheuner, Die Grundrechte, Band IV, 1. Halbbd., S. 410 und 416; Stein NJW 1950, 658; Richter/Groh RdJB 1989, 276 [295]; a. M.: Heckel, Deutsches Privatschulrecht, 1955, S. 291; Heckel/Avenarius, Schulrechtskunde, 6. Aufl., S. 63; Maunz/Dürig, aaO, Art. 7 Rdnrn. 12d und 53e; Eiselt, aaO; Vogel, aaO; Jach, aaO). Die aus den Weimarer Schulkompromissen geborene Undeutlichkeit setzt sich in diesem Meinungsstreit fort. Indessen läßt der Blick auf die Entstehungsgeschichte die Besonderheiten des Wortlauts in Art. 7 Abs. 5 GG deutlicher hervortreten:

Die vom Hauptausschuß zunächst verabschiedete Fassung des Art. 7 Abs. 5 GG war im wesentlichen identisch mit derjenigen des Art. 147 Abs. 2 WRV. Wie jene nahm sie Bezug auf den Willen der Erziehungsberechtigten, indem sie daran anknüpfte, daß öffentliche Volksschulen „*ihres* Bekenntnisses oder *ihrer* Weltanschuung" in der Gemeinde nicht bestehen. Angesichts des darin zum Ausdruck kommenden individuellen Bezuges zu den Erziehungsberechtigten ist nicht anzunehmen, daß mit „Volksschule ihrer Weltanschauung" eine weltanschaulich ungebundene und für jedermann offene Schule gemeint gewesen sein könnte. Der Individualität des Bekenntnisses einer bestimmten Konfession wurde also in der zunächst vorgesehenen Fassung des Art. 7 Abs. 5 GG die Individualität des „Bekenntnisses" einer bestimmten Weltanschauung gegenübergestellt. Dies hätte der Vorstellung von einer strikten Gleichstellung beider Formen des Bekenntnisses entsprochen, wie sie sowohl die Weimarer Reichsverfassung als auch das Grundgesetz beherrschten und noch beherrschen. Zur sprachlichen Umgestaltung der Fassung des Art. 7 Abs. 5 GG führte erst die Anerkennung auch der Gemeinschaftsschule als eine für private Volksschulen mögliche Schulform. Dem aber ist redaktionell nicht etwa in der Weise Rechnung getragen worden, daß Gemeinschafts-, Bekenntnis- und Weltanschauungsschulen in schlichter Aufzählung nebeneinandergestellt worden wären. Der Wortlaut, wie er in das Grundgesetz Eingang gefunden hat, geht vielmehr dahin, daß private Volksschulen zuzulassen sind, „wenn sie *als* Gemeinschaftsschule, *als* Bekennntnis- oder Weltanschauungsschule" errichtet werden sollen. Diese sprachliche Gestaltung verdient Beachtung. Durch den erneuten Ansatz im Satzaufbau werden im Anschluß an die Wiederholung des Wortes „als" die Bekenntnisschule und die Weltanschauungsschule sprachlich näher aneinandergerückt und gleichzeitig von der Gemeinschaftsschule abgesetzt. Auch darin läßt sich das Bestreben nach strikter Gleichstellung der weltanschaulichen und religiösen „Bekenntnisse" erkennen. Auf diese Weise soll ersichtlich eine Gemeinsamkeit hervorgehoben werden, die nur darin liegen kann, daß in beiden Fällen ein konkretes (religiöses oder weltanschauliches) Bekenntnis mit vergleichbaren und in sich geschlossenen Inhalten angesprochen ist. Die relative

Distanz zur Gemeinschaftsschule wiederum erklärt sich allein daraus, daß hier nur an die Gemeinsamkeiten mehrerer Bekenntnisse und damit nur an unvollständige, in sich nicht abgeschlossene Bekenntnisinhalte angeknüpft wird.

cc) Die von der Revision benannten Vorschriften der Verfassung des Landes Nordrhein-Westfalen vom 18. 6. 1950 (GV.NW S. 127) können zur Auslegung des Grundgesetzes nichts Wesentliches beitragen. Das landesrechtliche Verfassungsverständnis, wie es in Art. 12 LV NW als einer Regelung für die *öffentlichen* Schulen zum Ausdruck kommt, bietet für die Auslegung des für die Genehmigung *privater* Schulen maßgeblichen Art. 7 Abs. 5 GG keine Interpretationshilfe, zumal sich die nordrhein-westfälische Landesverfassung in Art. 8 Abs. 4 darauf beschränkt, wegen der Privatschulen vollen Umfangs auf Art. 7 Abs. 4 und 5 GG zu verweisen.

c) Entgegen der Auffassung der Revision rechtfertigt die grundrechtssystematische Auslegung keine andere Würdigung, sondern sie bekräftigt die hier vertretene Auffassung des Senats.

aa) Dafür spricht nicht nur die schon angesprochene Gleichstellung des religiösen und weltanschaulichen Bekenntnisses in Art. 4 Abs. 1 GG, die für das Neutralitätsprinzip grundlegend und damit für die Auslegung des Grundgesetzes von zentraler Bedeutung ist. Nur die restriktive Auslegung des Begriffs „Weltanschauungsschule" wird auch dem in Art. 7 Abs. 5 GG für den Bereich der Volksschule normierten Vorrang gerecht, welcher der öffentlichen (Volks-) Schule als einer die Kinder aller Volksschichten zusammenfassenden Einheitsschule gegenüber den privaten Bildungseinrichtungen zukommen soll (vgl. BVerfGE 34, 165 [187]; BVerwGE 75, 275 [277 f.]). Wären nämlich bekenntnisfreie Schulen auch ohne die Prägung durch ein positives weltanschauliches „Bekenntnis" als private Volksschulen nach Art. 7 Abs. 5 GG zuzulassen, so würde das mit diesem Vorrang angestrebte Verhältnis von Regel und Ausnahme auf den Kopf gestellt. Private Volksschulen könnten dann in nahezu unbegrenzter Vielzahl errichtet werden. Dem könnte praktisch nur durch die Einführung der bekenntnisfreien Schule als Regelschule begegnet werden. Eben dies aber ist – wie die Auseinandersetzungen um den sog. Bremer Schulkompromiß gezeigt haben – im Rahmen des Art. 7 Abs. 3 GG nicht gewollt (vgl. Holtkotten, aaO); zudem wäre dies ein vordergründiges Mißverständnis der Verpflichtung des Staates zur weltanschaulich-religiösen Neutralität, das in Wahrheit auf eine Parteinahme zugunsten laizistischer Bestrebungen hinausliefe (vgl. BVerfGE 41, 29 [49 f.][9]). Mit Recht hat das Berufungsgericht auch darauf hingewiesen, daß eine extensive Auslegung des Begriffs „Weltanschauung" unausgewogen wäre, weil damit der weitere Ausnahmetatbestand des Art. 7 Abs. 5 GG, der an ein

---

[9] KirchE 15, 128.

besonderes pädagogisches Interesse anknüpft, in seinem Ausnahmecharakter weitgehend unterlaufen und entwertet würde. Der Ausnahmecharakter aller Alternativen des Art. 7 Abs. 5 GG wird auch und gerade am Verfassungswortlaut erkennbar, soweit darin hervorgehoben wird, daß private Volksschulen *nur* zuzulassen sind, wenn die im einzelnen genannten Voraussetzungen erfüllt sind.

bb) Die bekenntnisfreie Schule ist als ein Schultyp eigener Art entgegen der Auffassung der Revision durch das Grundgesetz auch nicht etwa als Institut garantiert, und zwar weder als öffentliche Schule noch als Privatschule.

Nach der vom Berufungsgericht zutreffend wiedergegebenen Rechtsprechung des Bundesverfassungsgerichts kann ein Schultyp der bekenntnisfreien Schule weder bundesverfassungsrechtlich festgelegt noch durch das Grundgesetz mit institutioneller Garantie versehen sein. Wie nämlich das Bundesverfassungsgericht ausdrücklich klargestellt hat, enthält Art. 7 Abs. 3 GG *keine* Festlegung der Schulformen; er setzt vielmehr die verschiedenen Schultypen religiös-weltanschaulicher Art (nur) als rechtlich *möglich* voraus. Auch Art. 7 Abs. 5 GG geht (lediglich) davon aus, daß öffentliche Volksschulen als Gemeinschaftsschulen, Bekenntnis- oder Weltanschauungsschulen eingerichtet sein *können* (BVerfGE 41, 29 [46]). Dies ergänzend hat das Bundesverfassungsgericht weiterhin dargelegt, daß es nach den genannten Absätzen des Art. 7 GG der demokratischen Mehrheitsentscheidung des Landesgesetzgebers überlassen ist, den religiösen oder weltanschaulichen Charakter der öffentlichen Schulen unter Berücksichtigung des Grundrechts der Religionsfreiheit aus Art. 4 Abs. 1 und 2 GG zu bestimmen (BVerfGE 41, 65 [78][10]); insoweit sei der Landesgesetzgeber grundsätzlich bei der Wahl und Ausgestaltung der Schulform für die öffentlichen Volksschulen frei (BVerfGE 41, 65 [86]); er könne sich auch für mögliche Mischformen entscheiden (BVerfGE 41, 29 [48]). Insgesamt sei zu berücksichtigen, daß Art. 7 GG dem Landesgesetzgeber bei der Gestaltung der Schulorganisation einen weiten Spielraum belasse (vgl. BVerfGE 41, 88 [111][11]). All dies spricht gegen die Annahme, das Grundgesetz habe den Landesgesetzgeber durch eine institutionelle Garantie zugunsten einer (öffentlichen oder privaten) bekenntnisfreien Schule einengen wollen.

cc) Schließlich läßt sich aus dem Verhältnis des Art. 7 Abs. 5 GG zu Art. 6 Abs. 1 und 2, Art. 4 Abs. 1 und 2 und Art. 3 Abs. 1 und 3 GG nicht etwa herleiten, daß eine bekenntnisfreie (multikonfessionelle) Volksschule als Weltanschauungsschule oder sonst nach Art. 7 Abs. 5 GG jedenfalls dann zulässig sein müßte, wenn die öffentliche Regelschule eine *christliche* Gemeinschaftsschule sei, in welcher – wie die Revision vorbringt – der gesamte Unterricht vom

---

[10] KirchE 15, 158.
[11] KirchE 15, 145.

Christentum her bestimmt werde. Die Revision gibt mit dieser Kennzeichnung die für Bayern maßgebliche Gesetzeslage unzutreffend wieder. Sie verkennt auch, daß Art. 7 Abs. 5 GG, soweit er die Zulassung privater Volksschulen aus Gründen der weltanschaulichen oder religiösen Ausrichtung ermöglicht, Ausdruck der positiven Bekenntnisfreiheit ist. Diese gebietet es, Raum für die aktive Betätigung der Glaubensüberzeugung und die Verwirklichung der autonomen Persönlichkeit auf weltanschaulich-religiösem Gebiet zu sichern (vgl. BVerfGE 41, 29 [49]). Sie schließt das Recht der Eltern ein, ihren Kindern die von ihnen für richtig gehaltene religiöse oder weltanschauliche Überzeugung zu vermitteln (vgl. BVerfGE 41, 29 [47 f.]). Das gilt grundsätzlich für jedwede Erziehung im Elternhaus wie in der Schule. Daraus folgt aber nur, daß außerhalb des staatlichen Bereichs im Rechtssinne Raum für die Einrichtung von Schulen *bestimmter* religiöser oder weltanschaulicher Prägung verlangt werden kann, und zwar zu Zwecken einer entsprechenden schulischen Erziehung; wie das Bundesverfassungsgericht ausgeführt hat, verweist das Grundgesetz die Eltern *insofern* auf Privatschulen (aaO S. 46). Allein aus der von dem Kläger und den betroffenen Eltern in Anspruch genommenen negativen Glaubensfreiheit läßt sich eine vergleichbare Forderung hingegen nicht herleiten.

(1) Art. 4 Abs. 1 und 2 GG engen nach der Rechtsprechung des Bundesverfassungsgerichts die Gestaltungsfreiheit des Gesetzgebers nicht ein, wenn bei einer weltanschaulich-religiösen Gestaltung des öffentlichen Schulwesens dem Grundrecht der Religionsfreiheit im Rahmen einer „Konkordanz" der durch die Art. 4 und 7 GG geschützten Rechtsgüter Rechnung getragen wird (vgl. BVerfGE 41, 29 [51]). Für die christliche Gemeinschaftsschule, wie sie für die öffentlichen Volksschulen Bayerns als gemeinsame Schule aller volksschulpflichtigen Kinder vorgesehen ist, hat das Bundesverfassungsgericht dies ausdrücklich in verfassungskonformer Auslegung der Art. 135 BV und Art. 7 Abs. 1 BayVoSchG festgestellt (BVerfGE 41, 65 [79 u. 82 ff.]). In dieser Auslegung entspreche sie den in BVerfGE 41, 29 (50 ff.) aufgestellten Maßstäben, wonach insbesondere die für öffentliche Pflichtschulen gewählte Schulform, soweit sie auf Glaubens-und Gewissensentscheidungen der Kinder Einfluß gewinnen kann, nur „das Minimum an Zwangselementen" enthalten dürfe (BVerfGE 41, 29 [51]; 41, 65 [78]). Ein durch spezifisch christliche Glaubensinhalte geprägtes Erziehungsziel sei weder in der Bayerischen Verfassung noch in den Schulgesetzen festgelegt (BVerfGE 41, 65 [84]). Unter den Grundsätzen (der christlichen Bekenntnisse) im Sinne von Art. 135 Satz 2 BV und Art. 7 Abs. 1 BayVoSchG seien bei verfassungskonformer Auslegung die Werte und Normen zu verstehen, die, vom Christentum maßgeblich geprägt, auch weitgehend zum Gemeingut des abendländischen Kulturkreises geworden seien. Nach diesen Prinzipien sollten die Schüler zu den in Art. 131 BV bezeichneten Bildungszielen hingeführt werden (BVerfGE 41, 65 [84 f.]). Damit werde der

verfassungsrechtlich gebotenen Abstimmung zwischen der „negativen" und der „positiven" Religionsfreiheit im Schulwesen Genüge getan. Zwar würden auch bei dieser Auslegung Schüler, die jegliche religiöse Elemente in der Erziehung ablehnten, mit einem Weltbild konfrontiert, in dem die prägende Kraft christlichen Denkens bejaht werde. Dies führe jedoch so lange zu keiner diskriminierenden Abwertung der dem Christentum nicht verbundenen Minderheiten und ihrer Weltanschauung, als es hierbei nicht um den Absolutheitsanspruch von Glaubenswahrheiten, sondern um das Bestreben nach Verwirklichung der autonomen Persönlichkeit im weltanschaulich-religiösen Bereich gemäß der Grundentscheidung des Art. 4 GG gehe. Durch eine Schulform, in der nach so verstandenen Grundsätzen erzogen und unterrichtet werde, würden Eltern und Kinder nicht in einen verfassungsrechtlich unzumutbaren Glaubens- und Gewissenskonflikt gebracht (BVerfGE 41, 65 [85 f.]).

Von dieser bundesverfassungskonformen Auslegung der bayerischen Landesverfassung und des bayerischen Volksschulgesetzes ist unverändert auszugehen. Sie bindet nach § 31 Abs. 1 BVerfGG die Verfassungsorgane des Bundes und der Länder sowie alle Gerichte und Behörden, mithin auch die Schulverwaltung einschließlich aller Lehrer. Sie entzieht sich auch einer Korrektur im Wege landesverfassungskonformer Auslegung (vgl. dazu auch Renck NVwZ 1991, 116 [119]). Wenn der Unterricht an öffentlichen Gemeinschaftsschulen in der Praxis die Maßgaben des Bundesverfassungsgerichts verkennen sollte, wie die Revision behauptet, wäre dies rechtswidrig. Dagegen müßte die Schulaufsicht gegebenenfalls einschreiten; lehnte sie dies ab, wäre gegen etwaige Rechtsverletzungen der Rechsweg gegeben. Ein in der Verfassung nicht vorgesehener Anspruch auf Genehmigung privater bekenntnisfreier Volksschulen ließe sich mit einer etwaigen verfassungswidrigen Praxis hingegen nicht begründen. Das Grundgesetz läßt es nicht zu, die staatlichen Stellen aus den Bindungen, die ihnen das Toleranzgebot und das Neutralitätsprinzip auferlegen, durch eine Verweisung auf die nicht jedermann zugänglichen Privatschulen zu entlassen. Auf die tatsächliche Verwaltungspraxis im bayerischen Schulwesen kann es für die Entscheidung über die Genehmigung der geplanten Schule als Weltanschauungsschule folglich nicht ankommen. Es ist daher nicht zu beanstanden, wenn der Verwaltungsgerichtshof insoweit von einer Aufklärung des Sachverhalts abgesehen hat.

(2) Die Revision bezweifelt, „ob es mit Art. 4 GG, dem Elternrecht und der elterlichen Weltanschauungs- und Gewissensfreiheit vereinbar ist, wenn Eltern, die ihre Kinder einer (angeblichen) weltanschaulichen Beeinflussung in der als einzige öffentliche Schule angebotenen christlichen Gemeinschaftsschule entziehen wollen, noch nicht einmal die Möglichkeit haben, in private nichtweltanschauliche Schulen auszuweichen". Auch dieser Einwand greift nicht durch. Vom Bestehen einer solchen Ausweichmöglichkeit hängt die verfas-

sungsrechtliche Würdigung, ob den Anforderungen der negativen Glaubensfreiheit hinreichend Rechnung getragen wird, nicht ab. Das Bundesverfassungsgericht hat im Rahmen seiner verfassungskonformen Auslegung nicht nur entschieden, daß dem auf die weltanschauliche und religiöse Neutralität des Staates sowie auf das grundgesetzliche Gebot der Toleranz verpflichteten Landesgesetzgeber unter bestimmten Voraussetzungen, insbesondere derjenigen einer Beschränkung auf „das Minimum an Zwangselementen", die Einführung christlicher Bezüge auch bei der einheitlichen Gestaltung der als Pflichtschule eingerichteten öffentlichen Volksschule nicht schlechthin verboten sei (BVerfGE 41, 65 [78]). Wie es an anderer Stelle ergänzend ausgeführt hat, gilt dies unter den nämlichen Voraussetzungen selbst dann, wenn eine Minderheit der Erziehungsberechtigten, die keine religiöse Erziehung wünscht, „bei der Erziehung ihrer Kinder dieser Schule *nicht* ausweichen kann" (BVerfGE 41, 29 [51]). Einen Vorbehalt im Sinne der Möglichkeit eines Ausweichens auf private Schulen – welcher Art auch immer – läßt diese uneingeschränkte Aussage, soweit mit ihr ein Abwehrrecht aus der negativen Glaubensfreiheit verneint wird, nicht zu.

dd) Auch Art. 3 Abs. 1 und 3 GG nötigt zu keiner anderen Auslegung.

(1) Die Träger privater Weltanschauungsschulen werden im Verhältnis zu den Trägern privater Bekenntnisschulen nicht willkürlich benachteiligt, wenn für ihre Schulen die gleichen Anforderungen an die bekenntnismäßige bzw. weltanschauliche Prägung gestellt werden. Davon ist auszugehen. Die oben dargelegten Anforderungen, die bei Weltanschauungsschulen an die „Prägung" zu stellen sind, entsprechen dem für die Bekenntnisschulen entwickelten Grundsatz der bekenntnismäßigen Homogenität. In der rechtswissenschaftlichen Literatur wird weitgehend schon für das Bundesrecht davon ausgegangen, daß an öffentlichen und privaten Bekenntnisschulen Lehrer und Schüler grundsätzlich – abgesehen von Ausnahmefällen – demselben Bekenntnis angehören (vgl. Geiger, Die Einschulung von Kindern verschiedenen Bekenntnisses in eine öffentliche Bekenntnisschule, 1980, S. 37 u. 46; Heckel/Avenarius, Schulrechtskunde, 6. Aufl. 1986, S. 63; Maunz/Dürig, Grundgesetz, Art. 7 Rdnr. 12d; Maunz/Zippelius, Deutsches Staatsrecht, 27. Aufl. 1988, S. 221; Stein/Roell, Handbuch des Schulrechts, 1988, S. 139; Vogel, aaO, S. 305 f.; zum nw Landesrecht: Türke DVBl. 1979, 903 [905]). Wie das Bundesverwaltungsgericht bereits entschieden hat, steht Bundesverfassungrecht jedenfalls einer entsprechenden landesrechtlichen Ausgestaltung des Rechts der Bekenntnisschulen nicht entgegen (Beschluß vom 22. 10. 1981[12] – BVerwG 7 B 126.81 – Buchholz 421 Kultur- und Schulwesen Nr. 76). Dafür, daß dies nach bayeri-

---

[12] KirchE 19, 95.

schem Landesrecht grundsätzlich anders geregelt wäre, sind Anhaltspunkte nicht ersichtlich (vgl. im übrigen auch Art. 134 Abs. 3 Satz 2 BV).

(2) Soweit die Revision einen Verstoß gegen Art. 3 Abs. 1 und 3 GG darin sieht, daß die Möglichkeit, seine Kinder einer weltanschaulichen Beeinflussung durch die christliche Gemeinschaftsschule zu entziehen, im Ergebnis von der Größe der Religionsgemeinschaft am Wohnort der Eltern abhängt, ist ihr auch darin nicht zu folgen. Nach der Rechtsprechung des Bundesverfassungsgerichts ist es dem Landesgesetzgeber unbenommen, jedenfalls bei Regelungen, die den Eltern ein positives Bestimmungsrecht über die weltanschauliche oder religiöse Ausrichtung *öffentlicher* Schulen einräumen, auch auf die konfessionelle Zusammensetzung der Bevölkerung abzustellen (vgl. auch BVerfGE 41, 29 [51]). Dann aber können unter dem Blickwinkel des Art. 3 GG auch keine Bedenken bestehen, wenn die Möglichkeit der Gründung *privater* Weltanschauungsschulen als vergleichbare Ausdrucksform der positiven Glaubensfreiheit nach den Voraussetzungen des Art. 7 Abs. 5 GG im Ergebnis davon abhängt, wie stark die Weltanschauung im räumlichen Einzugsbereich der Schule vertreten ist. In dem einen wie dem anderen Falle sind Nachteile bei der *gemeinschaftlichen* Ausübung der positiven Glaubensfreiheit für zahlenmäßig nur schwach vertretene Minderheiten aus der Natur der Sache heraus unvermeidlich und insoweit hinzunehmen.

Soweit es die negative Glaubensfreiheit betrifft, läßt sich zwar nicht in Abrede stellen, daß im Rahmen praktischer Konkordanz der einander widerstreitenden Grundrechtspositionen aus Art. 4 Abs. 1 GG ein „Minimum an Zwangselementen" vorhanden sein kann. Insoweit sind weltanschaulich-religiöse Minderheiten rein tatsächlich schlechtergestellt, wenn sie wegen ihrer geringen Zahl auf private Schulen nicht ausweichen können. Es darf aber nicht übersehen werden, daß es sich bei diesen Zwangselementen nach der genanten Rechtsprechung des Bundesverfassungsgerichts immer nur um ein Minimum handeln kann, das gerade mit Rücksicht auf weltanschaulich-religiöse Minderheiten auf ein für sie zumutbares Maß zu beschränken ist. Auch insofern steht Art. 3 GG der hier vertretenen Auslegung des Art. 7 Abs. 5 GG nicht entgegen. Eine im dargelegten Sinne zumutbare Verschiedenbehandlung ist durch das verfassungsrechtlich abgesicherte Anliegen der für alle Bevölkerungsschichten gemeinsamen Grundschule gerechtfertigt. Das Grundgesetz gebietet nicht, daß der Staat alle Religionsgesellschaften (und Weltanschauungsgemeinschaften) schematisch gleichbehandelt; vielmehr sind Differenzierungen zulässig, die durch die tatsächlichen Verschiedenheiten der einzelnen Religionsgesellschaften (und Weltanschauungsgemeinschaften) bedingt sind (vgl. BVerfGE 19, 1 [8])[13]). Auch

---

[13] KirchE 7, 183.

dem einfachen Gesetzgeber ist es daher nicht verwehrt, aus sachlichen Gründen – je nach Regelungszusammenhang – danach zu unterscheiden, wie stark eine Religion oder Weltanschauung in der Bevölkerung vertreten ist. Für die weltanschaulich-religiöse Ausgestaltung des öffentlichen Schulwesens hat das Bundesverfassungsgericht dies ausdrücklich klargestellt (vgl. BVerfGE 41, 29 [51]).

3. Die mit Aufklärungsrügen nicht angegriffenen Tatsachenfeststellungen des Berufungsgerichts rechtfertigen auch seine Rechtsanwendung im vorliegenden Fall. Die vom Kläger zur Genehmigung gestellte Schule soll nach diesen Feststellungen nicht von einem gemeinsamen weltanschaulichen Bekenntnis im Sinne positiver Überzeugungen getragen werden. Es soll sich hiernach aber auch nicht um eine bekenntnisfreie Schule im strikt laizistischen Sinne handeln, in der nach dem insoweit übereinstimmenden Willen der Eltern aus deren Weltsicht heraus jeglicher religiöse Einfluß in der Erziehung ihrer Kinder – im Elternhaus wie auch in der Schule – ausgeschlossen sein soll (vgl. dazu Jach, aaO, S. 512; Pieroth, aaO, S. 449 zu III 2). Die Schule wird folgerichtig vom Kläger nicht schlechthin als bekenntnisfrei, sondern auch als „multikonfessionell" bezeichnet. Damit wird die nach den Feststellungen des Verwaltungsgerichtshofs beabsichtigte Ausgestaltung der Schule insofern treffend umschrieben, als sie in strikter Neutralität für alle weltanschaulichen und religiösen Bekenntnisse – also nicht nur für Minderheiten, sondern auch für die christlichen Bekenntnisse – offen sein soll; lediglich soll im Schulunterricht eine Beeinflussung im Sinne der Wertvorstellungen einer bestimmten Weltanschauung oder Religion unterbleiben. Dem Verwaltungsgerichtshof ist daher darin zuzustimmen, daß eine solchermaßen offene Schule bundesrechtlich als Weltanschauungsschule nicht zu genehmigen ist, weil es schon an der notwendigen Einheitlichkeit des (positiven) weltanschaulichen Bekenntnisses fehlt.

4. Soweit die Revision sich darauf stützt, daß es sich bei der gemeinsamen (öffentlichen) Volksschule nach bayerischem Landesrecht in Wahrheit um eine Bekenntnisschule handele, es also an einer Gemeinschaftsschule im Sinne von Art. 7 Abs. 5 GG fehle, und daher die von ihr beantragte Schule als private Gemeinschaftsschule zuzulassen sei, kann sie auch damit keinen Erfolg haben. Bei einem in dieser Weise veränderten Begehren würde es sich um eine im Revisionsverfahren unzulässige Klageänderung handeln (§ 142 VwGO), die nach den in der mündlichen Verhandlung abgegebenen Erklärungen im übrigen auch nicht gewollt ist. Die Genehmigung der geplanten Schule als Gemeinschaftsschule ist mit dem bisherigen Begehren nicht identisch. Auch wenn das Vorhaben selbst vielleicht keine Änderung erfahren müßte, um als Gemeinschaftsschule anerkannt werden zu können, wäre doch seine Zulassung auf einen neuen Sachverhalt zu gründen. Art. 7 Abs. 5 GG setzt nämlich weiterhin voraus, daß eine öffentliche Volksschule dieser Art (also eine Gemeinschaftsschule, Bekenntnis- oder Weltanschauungsschule) in der Gemeinde nicht be-

steht. Über einen derartigen Sachverhalt – das Fehlen einer Gemeinschaftsschule am vorgesehenen Standort – wurde bisher nicht gestritten. Dazu fehlt es auch an jeglichen Tatsachenfeststellungen. Es handelt sich daher um einen veränderten Streitgegenstand. Im übrigen hat das Bundesverfassungsgericht – wenngleich bei der damaligen Ausformung und Praxis dieses Schultyps – verneint, daß es sich bei der gemeinsamen (öffentlichen) Volksschule, wie sie nach bayerischem Landesrecht vorgesehen ist, um eine verkappte Konfessionsschule handele (vgl. BVerfGE 41, 65 [83]). Ein durch spezifisch christliche Glaubensinhalte geprägtes Erziehungsziel sei weder in der Bayerischen Landesverfassung noch in den Schulgesetzen festgelegt (aaO, S. 84). Indem es in Würdigung der bayerischen Gesetzeslage ausgeführt hat, dem Landesgesetzgeber sei es nicht verwehrt, auf freiwilliger Grundlage Klassen mit Schülern gleichen Bekenntnisses innerhalb einer Gemeinschaftsschule zu bilden, hat auch das Bundesverfassungsgericht diese Schule dem Typ einer Gemeinschaftsschule zugeordnet (aaO S. 86 u. LS 2).

14

Kann ein türkischer Muslim an seinem Sterbeort in Deutschland nach islamischem Brauchtum bestattet werden, erfolgt aber gleichwohl eine Überführung der Leiche in die Türkei, dann sind die hiernach entstehenden Kosten nicht erforderlich im Sinne von § 15 BSHG mit der weiteren Folge, daß auch eine Übernahme fiktiver Bestattungskosten (für eine Beisetzung in Deutschland) entfällt.

OVG Hamburg, Urteil vom 21. Februar 1992 – Bf IV 44/90[1] –

Die Klägerin begehrt die Übernahme der im Zusammenhang mit der Überführung ihres verstorbenen Ehemannes in die Türkei entstandenen Kosten aus Sozialhilfemitteln.

Die 1965 geborene Klägerin ist türkische Staatsangehörige. Im Juni 1981 beantragte sie in Kiel die Anerkennung als Asylberechtigte. Im Mai 1985 heiratete sie ihren 1960 geborenen Landsmann A., der in Hamburg Asyl beantragt hatte. Die Eheleute bezogen eine Wohnung in Hamburg-Wilhelmsburg und erhielten von der Beklagten laufende Hilfe zum Lebensunterhalt sowie Krankenhilfe.

Im November 1988 verstarb der Ehemann der Klägerin bei einem Unfall. Die Klägerin begehrt von der Beklagten die Übernahme der Kosten für die Überführung des Leichnams in die Türkei und die Bestattung dort in Höhe von

---

[1] NJW 1992, 3119. Nur LS: NVwZ 1993, 98. Das Urteil ist rechtskräftig.

Bestattungskosten 87

4225,- DM. Die Leiche habe umgehend in die Heimat überführt werden müssen. Nach islamischem Glauben habe sie am ersten Freitag nach dem Tode beerdigt werden müssen. Sie, die Klägerin, sei als Erbin verpflichtet, die Beerdigungskosten zu tragen. Die Beklagte lehnte den Antrag mit dem angefochtenen Bescheid ab. In dem Widerspruchsbescheid begründete die Beklagte die Nichtübernahme der durch die Bestattung in der Türkei entstandenen Kosten unter anderem mit der Erwägung, daß es sich um unverhältnismäßige Mehrkosten im Sinne von § 3 Abs. 2 Satz 3 BSHG handele.

Im Klageverfahren, in welchem sie ihr Sozialhilfebegehren in vollem Umfange weiterverfolgt, hat die Klägerin eine Bescheinigung des Verbandes der Islamischen Kulturzentren e. V., Hauptverwaltung Köln, Zweigstelle Hamburg, vom 5. 12. 1989 vorgelegt, in der es heißt: Die Beerdigung des Ehemannes der Klägerin habe in der Türkei vorgenommen werden müssen, weil hier kein Friedhof für Moslems vorhanden sei. Nach islamischem Glauben müsse ein verstorbener Moslem auf einem islamischen Friedhof beerdigt werden, wenn die Möglichkeit dazu bestehe. Das sei hier der Fall gewesen. Der Verstorbene sei deshalb zu einem besonders günstigen Tarif mit dem Flugzeug in seine Heimatstadt überführt worden. Dies sei günstiger gewesen als eine Beerdigung in Hamburg.

Die Beklagte hat ergänzend ausgeführt: Die Bestattung islamischer Glaubensangehöriger auf staatlichen Friedhöfen sei in Hamburg nicht nur möglich, sondern bei den Angehörigen der islamischen Glaubensgemeinden auch allgemein üblich. Sowohl auf dem Hauptfriedhof Ohlsdorf als auch auf dem Hauptfriedhof Öjendorf gebe es ein eigenes Bestattungsfeld für islamische Glaubensangehörige. Es bestehe auch die Möglichkeit, daß Einzelgräber nach islamischem Ritus angelegt würden. Islamische Glaubensangehörige machten von diesen Möglichkeiten Gebrauch. Eine Bestattung auf einem deutschen staatlichen Friedhof widerspreche nicht der islamischen Tradition.

Das Verwaltungsgericht hat eine Auskunft des Garten- und Friedhofsamtes der Beklagten über die Möglichkeit der Bestattung eines Angehörigen moslemischen Glaubens auf den Friedhöfen in Hamburg eingeholt. In dem Antwortschreiben vom 26. 3. 1990 heißt es u. a.: Nach § 18 des Bestattungsgesetzes vom 14. 9. 1988 werde die Ausübung kirchlicher Amtshandlungen sowie religiöser und weltanschaulicher Gebräuche bei Bestattungen und Totengedenkfeiern gewährleistet. Auf den Ablauf anderer Bestattungen sei Rücksicht zu nehmen. Im November 1988 sei auf allen staatlichen Friedhöfen in Hamburg eine islamische Beerdigung möglich gewesen. Von der Beisetzungsmöglichkeit auf hamburgischen Friedhöfen werde zunehmend Gebrauch gemacht, da die Überführung in das Heimatland zu teuer sei. Bei einer islamischen Beerdigung entstünden keine zusätzlichen Friedhofsgebühren. Wenn keine Trauerfeier auf dem Friedhof stattfinde, würden für die Beisetzung in einer Wahlgrabstätte Gebühren und Kosten zwischen 2360,- und 4010,- DM berechnet.

Mit dem angefochtenen Urteil hat das Verwaltungsgericht die Beklagte verpflichtet, der Klägerin für die Beerdigung ihres Ehemannes 3200,51 DM aus Sozialhilfemitteln zu bewilligen. Im übrigen hat es die Klage abgewiesen und zur Begründung seiner Entscheidung u. a. ausgeführt: Der Anspruch sei gemäß § 15 i.V.m. § 120 Abs. 2 Satz 1 Nr. 1 BSHG teilweise begründet. Die Klägerin sei als Ehefrau verpflichtet, die Kosten für die Bestattung ihres Ehemannes zu tragen. Nach türkischem Recht sei sie neben dem gemeinsamen Kind Erbin ihres Ehemannes geworden. Andere Mittel hätten nicht zur Verfügung gestanden. Als erforderlich im Sinne von § 15 BSHG anzuerkennen seien nur diejenigen Kosten, die für eine würdevolle Bestattung eines Toten notwendig seien. Erstattet werden könnten der Klägerin daher nur die Kosten einer zur gleichen Zeit in Hamburg nach Sozialhilfemaßstäben durchgeführten Beerdigung unter Beachtung der von der Beklagten mit den Bestattungsunternehmen vereinbarten Preise. Die Überführungs- und Begleitkosten in die Türkei seien nicht erforderlich im Sinne von § 15 BSHG gewesen. Denn auch in Hamburg bestehe die in § 18 des Bestattungsgesetzes gewährleistete Möglichkeit zu einer Beerdigung nach islamischem Brauchtum, von der auch zunehmend Gebrauch gemacht werde. Dies sei auch der Klägerin zuzumuten gewesen. Ihrem verständlichen Wunsch, ihren Ehemann in seiner Heimat zu beerdigen, könne gemäß § 3 Abs. 2 Satz 3 BSHG nicht entsprochen werden. Die Übernahme in Höhe der Kosten, die bei einer Bestattung in Hamburg angefallen wären, sei zulässig. Die Hilfe nach § 15 BSHG sei nicht als Sachleistung, sondern als Geldleistung ausgestaltet. Daß Wünschen des Hilfeempfängers im Zusammenhang mit einer Beerdigung in keinem Fall Rechnung getragen werden dürfe, ergebe sich weder aus der einschlägigen Fachlichen Weisung noch aus anderen Vorschriften. Die Fachliche Weisung SR 6/88 sehe bei privat vergebenen Bestattungen vor, daß die Kosten bis zur Höhe der in erster Linie vorgesehenen Bestattung in einem Reihengrab auch bei einer anderen Beerdigungsform übernommen werden könnten.

Mit ihrer Berufung macht die Beklagte geltend: Sie sei nicht verpflichtet, die Kosten einer Beerdigung in der Türkei in Höhe der fiktiven Kosten einer in Hamburg durchgeführten Beerdigung zu übernehmen. Sozialhilferechtliche Bedarfe, die im Ausland entstünden – wie hier die Kosten für die Bestattung in der Türkei –, seien von einem deutschen Sozialhilfeträger grundsätzlich nicht zu übernehmen. Der Geltungsbereich des Bundessozialhilfegesetzes erstrecke sich nicht auf das Ausland. Dieser Grundsatz komme im BSHG hinreichend zum Ausdruck und werde z. B. durch die Vorschrift des § 119 BSHG belegt.

Die Berufung hatte weitgehend Erfolg. Der Senat vertritt die Auffassung, aus Sozialhilfemitteln seien lediglich die durch den Tod des Ehemannes der Klägerin entstandenen Gebührenaufwendungen (292,– DM) zu erstatten.

Aus den Gründen:

Die Berufung ist zulässig und überwiegend begründet. Die Klägerin hat keinen Anspruch auf Übernahme der durch die Überführung ihres verstorbenen Ehemannes in die Türkei verursachten Kosten aus Mitteln der Sozialhilfe. Dagegen hat die Beklagte die geltend gemachten Kosten zu übernehmen, soweit diese unabhängig von der Überführung angefallen bzw. allein durch den Tod des Ehemannes – unabhängig von der Notwendigkeit einer Bestattung – verursacht worden sind.

1. Die Klägerin hat gemäß §§ 120 Abs. 2 Satz 1 Nr. 1, 15 BSHG dem Grunde nach gegen die Beklagte einen Anspruch auf Übernahme von Bestattungskosten im Hinblick auf den Tod ihres Ehemannes.

a) Ein Übernahmeanspruch kann vorliegend nicht bereits im Hinblick auf § 97 Abs. 1 Satz 2 1. Halbs. BSHG mit der Begründung verneint werden, daß der Bestattungsort im Ausland liege und deshalb es an der örtlichen Zuständigkeit eines Trägers der Sozialhilfe nach dem BSHG fehle (so aber OVG Münster, Urteil v. 20. 3. 1991, NJW 1991 S. 2232 = FEVS Bd. 42 S. 27 sowie Schmitt, BSHG, Kommentar, § 15 Rdnr. 9). § 97 Abs. 1 BSHG regelt – wie das Verwaltungsgericht zutreffend angenommen hat – allein die Frage der örtlichen Zuständigkeit und vermag deshalb schon nach der systematischen Stellung der Vorschrift in Abschnitt 8 des Gesetzes („Träger der Sozialhilfe") weder unmittelbar etwas über den Geltungsbereich des BSHG auszusagen noch zu einer inhaltlichen Begrenzung der in dem Gesetz vorgesehenen materiellen Leistungsansprüche zu führen (vgl. Urteil des Senats v. 4. 7. 1991 – OVG Bf IV 45/90 –; ebenso Mergler/Zink, BSHG, Kommentar, 4. Aufl., § 97 Rdnr. 7). Hinsichtlich seines sachlichen Geltungsbereichs enthält das BSHG – anders als andere Leistungsgesetze – keine ausdrückliche Vorschrift (vgl. dazu ebenfalls Urteil des Senats v. 4. 7. 1991, UA S. 10).

b) Die Beklagte ist vorliegend der für die Übernahme von Bestattungskosten örtlich zuständige Träger. Das folgt aus § 97 Abs. 1 *Satz 1* BSHG. Denn die Klägerin als die Hilfesuchende hielt sich im Zeitpunkt des Todes ihres Ehemannes bzw. der Geltendmachung des Bedarfs tatsächlich in Hamburg auf (wird ausgeführt).

c) Der Kläganspruch – Übernahme der Kosten im Zusammenhang mit einer Bestattung im Ausland – läßt sich ferner nicht bereits dem Grunde nach mit der Erwägung der Beklagten verneinen, daß es sich um einen Bedarf im Ausland handele, für den grundsätzlich – nämlich abgesehen von dem hier nicht gegebenen Sonderfall des § 119 BSHG – nach dem BSHG Hilfe nicht geleistet werden könne (wird ausgeführt).

2. Nach § 15 BSHG sind die erforderlichen Kosten einer Bestattung zu übernehmen. Wenngleich die Hilfe für Bestattungskosten – worauf das Verwal-

tungsgericht zu Recht hinweist – nach der genannten Vorschrift als Geldleistung ausgestaltet ist, folgt daraus indessen nicht, daß – wie das Verwaltungsgericht weiter angenommen hat – die Hilfe der Höhe nach den (fiktiven) Kosten einer Beerdigung in Hamburg auch dann berechnet werden kann, wenn eine solche wie hier tatsächlich gar nicht stattgefunden hat, sondern der Leichnam in das Ausland überführt worden ist. Ein solches Vorgehen steht mit dem Bedarfsdeckungsprinzip nicht in Einklang. Die Hilfe für Bestattungskosten ist nach dem Gesetz weder regelsatzähnlich noch als Pauschale ausgestaltet. Letzteres hat die Beklagte auch nicht in ihrer Fachlichen Weisung SR 6/81 (DV § 15 BSHG, Teil A) vom 12. 8. 1988 vorgesehen. Vielmehr spricht § 15 BSHG – lediglich – davon, daß die (erforderlichen) Kosten einer Bestattung zu übernehmen sind. Damit können deshalb nur die jeweils tatsächlich angefallenen und vom Anspruchsberechtigten geltend gemachten Aufwendungen gemeint sein. Das sind vorliegend die in der Rechnung der Fa. E. aufgeführten Kosten sowie die Flugkosten für die zwei Begleiter in die Türkei. Soweit der Senat in seinem vom Verwaltungsgericht in diesem Zusammenhang angeführten Urteil vom 28. 4. 1989 (– OVG Bf IV 56/89 – FEVS Bd. 39, S. 144) – beiläufig – die „teilweise Übernahme der Kosten in Höhe einer ortsüblichen Bestattung in Hamburg" als Möglichkeit für die Beklagte zur Bescheidung eines (rechtzeitig) gestellten Hilfeantrages betreffend die Kosten einer Auslandsbestattung aufgezeigt hat, hält er an dieser Rechtsansicht nach Überprüfung nicht fest.

Der Begriff der „Erforderlichkeit" in § 15 BSHG ist in Anknüpfung an § 1 Abs. 2 BSHG dahin zu verstehen, daß die Vorschrift eine würdige Bestattung ermöglichen will; zu übernehmen sind daher die Kosten für ein ortsübliches, angemessenes Begräbnis (VGH Mannheim, Urteil v. 19. 12. 1990, FEVS Bd. 41 S. 279, 281, m.w.N.). Hierzu zählen die Kosten einer Überführung an den vorgesehenen Bestattungsort nur dann, wenn die Überführung nach den Besonderheiten des Einzelfalles (§ 3 Abs. 1 BSHG) erforderlich ist (OVG Münster, Urteil v. 22. 6. 1976, FEVS Bd. 25 S. 33, 34; Mergler/Zink, § 15 Rdnr. 8; Gottschick/Giese, BSHG, 9. Aufl., § 15 Rdnr. 4; Oestreicher/Schelter/Kunz, BSHG, Kommentar, § 15 Rdnr. 9; Dreyer, ZfF 1983 S. 75, 76). Zu Recht und mit zutreffenden Erwägungen, auf die Bezug genommen werden kann, hat das Verwaltungsgericht diese Voraussetzung hier verneint, weil für die Klägerin die Möglichkeit bestand, ihren Ehemann in Hamburg nach islamischem Brauchtum bestatten zu lassen. Dem – verständlichen – Wunsch der Klägerin, ihren Mann in seiner Heimat beerdigen zu lassen, brauchte die Beklagte gemäß § 3 Abs. 2 Satz 3 BSHG nicht zu entsprechen, weil die Erfüllung mit unverhältnismäßigen Mehrkosten verbunden war. (wird ausgeführt)

Danach sind sämtliche geltend gemachten, durch die Überführung verursachten Kosten nicht erstattungsfähig. Das sind neben den Aufwendungen für den Transport des Sarges und die Begleitpersonen die in der Rechnung der Fa.

E. weiter angeführten Kosten für Bereitstellung eines Überführungssarges (...) sowie die Gebühren für den Leichenpaß (...) und für die zweite Todesbescheinigung (...). Die zweite Ausfertigung der Todesbescheinigung (...) ist nach Auskunft der Fa. E. ausschließlich für die Ausstellung des Leichenpasses erforderlich gewesen.

3. Die verbleibenden Gebührenaufwendungen in Höhe von insgesamt 292,- DM hat dagegen die Beklagte zu übernehmen. (wird ausgeführt bzgl. Gebühren für die Aufbewahrung der Leiche, für die Leichenschau und die Ausstellung der Todesbescheinigung u. Sterbeurkunden)

Alle diese Kosten sind nicht durch die Überführung verursacht, wohl aber – erforderliche – Bestattungskosten im Sinne von § 15 BSHG oder jedenfalls für die Klägerin unvermeidbare sonstige Kosten aus Anlaß des Todes ihres Ehemannes, für die ihr eine einmalige Hilfe zum Lebensunterhalt gemäß §§ 11, 12 Abs. 1 BSHG zu gewähren ist.

Daß die Voraussetzungen für einen Hilfeanspruch der Klägerin nach § 15 BSHG im übrigen vorliegen und Bedenken gegen diesen Anspruch aus § 5 BSHG nicht durchgreifen, hat das Verwaltungsgericht zutreffend dargelegt. Hierauf kann Bezug genommen werden. Die Klägerin ist auch hilfebedürftig im Sinne von § 11 Abs. 1 Satz 1 BSHG. Als Asylbewerberin hat sie Anspruch auf Hilfe zum Lebensunterhalt gemäß § 120 Abs. 2 Satz 1 Nr. 1 BSHG. Die Sollvorschrift des § 120 Abs. 2 Satz 3 BSHG, die für diesen Personenkreis den Vorrang der Sachleistung statuiert, kann bei den ihr zuzusprechenden Hilfen nach der Natur des Bedarfs nicht eingreifen.

15

Hat das Verwaltungsgericht über die Zulässigkeit des nächtlichen Stundenschlags einer Kirchturmuhr rechtskräftig entschieden, dann ist eine denselben Streitgegenstand betreffende immissionsrechtliche Unterlassungsklage im Zivilrechtsweg unzulässig. Allein die steigende Bedeutung des privatrechtlichen Immissionsschutzes rechtfertigt keine andere Beurteilung.

LG Trier, Urteil vom 25. Februar 1992 – 11 O 308/91[1] –

Der Kläger wendet sich mit seiner Klage gegen Geräuschimmissionen durch die Glockenschläge der Turmuhr der Pfarrkirche St. Paulin zu Trier, soweit diese in der Zeit von 22.00 Uhr bis 6.00 Uhr erfolgen. Unter Berufung

---

[1] Das Urteil ist rechtskräftig. Vgl. zu diesem Fragenkreis auch BVerwG DVBl. 1994, 762; BayVGH BayVBl. 1994, 721.

auf eine in seinem Auftrag vom technischen Überwachungs-Verein Rheinland e. V. durchgeführte schalltechnische Messung macht er geltend, die von der Turmuhr der beklagten Kirchengemeinde ausgehenden Geräusche beeinträchtigten ihn in seiner Gesundheit; insbesondere überschritten die vor seinem Anwesen gemessenen Immissionen zwischen 68 und 70 dB (A) die zulässigen Höchstwerte. Er beantragt, die Beklagte zu verurteilen, die nächtliche aktuelle Zeitangabe durch Glockenschläge der Turmuhr St. Paulin (viertelstündliche und volle Stundenangabe) kalendertäglich in der Zeit von 22.00 Uhr abends bis 6.00 Uhr in der Frühe zu unterlassen, *hilfsweise*, die Turmuhr so einzurichten, daß während der genannten Stunden durch den Glockenschlag der Richtwert der TA-Lärm für überwiegendes Wohngebiet (40 dB [A]) nicht überschritten wird.

Die Beklagte erhebt den Einwand der Rechtskraft, indem sie geltend macht, das Verwaltungsgericht Trier habe – was unstreitig ist – durch rechtskräftiges Urteil vom 17. 5. 1977 im Verfahren 3 K 336/75 eine Klage des Klägers abgewiesen, der dieselben Klageanträge und derselbe Lebenssachverhalt wie im vorliegenden Verfahren zugrundegelegen hätten. Fernerhin ist die Beklagte der Auffassung, daß für die Entscheidung über den vorliegenden Rechtsstreit nicht der Zivilrechtsweg, sondern vielmehr der Verwaltungsrechtsweg gegeben sei.

Die Kammer weist die Klage als unzulässig ab.

Aus den Gründen:

Die Klage ist unzulässig und daher ohne Sachprüfung abzuweisen.

Zwar ist in Fällen der vorliegenden Art der Zivilrechtsweg gemäß § 13 GVG eröffnet, weil es sich um eine bürgerlich-rechtliche und nicht um eine nach § 40 Abs. 1 VwGO den Verwaltungsgerichten zugewiesene öffentlich-rechtliche Streitigkeit handelt. Dies folgt daraus, daß es sich bei den hier beanstandeten Immissionen nicht um ein sogenanntes „Liturgisches Glockengeläut" handelt (vgl. hierzu BVerwG NJW 1984, 989[2] = JZ 1984, 228; OLG Frankfurt, NJW - RR 1986, 735[3]; Münchener Kommentar – Säcker, BGB, 2. Aufl., § 906 Rdnr. 45), sondern vielmehr um eine nichtsakrale Traditionspflege der Kirche (so OVG Saarlouis, NVwZ 1992, 72 [73][4]).

Der Zulässigkeit der Klage steht die Rechtskraft des Urteils des Verwaltungsgerichts Trier vom 17. 5. 1977 – 3 K 336/75 – als Prozeßhindernis entgegen. Gemäß § 121 VwGO binden rechtskräftige verwaltungsgerichtliche Urteile die Beteiligten soweit, als über den Streitgegenstand entschieden worden ist. Im Hinblick darauf, daß der Klageantrag des vorliegenden Verfahrens derselbe ist wie im

---

[2] KirchE 21, 251.
[3] KirchE 23, 2.
[4] KirchE 29, 134.

Verfahren 3 K 336/75 VG Trier und auch die klagebegründenden Sachverhalte (vgl. hierzu Thomas-Putzo, ZPO, Einl. II Anm. 7) ebenfalls identisch sind, ist auch der Streitgegenstand, der nunmehr neuerlich erhobenen Abwehrklage identisch mit dem Streitgegenstand des rechtskräftig entschiedenen Verwaltungsrechtsstreits. Eine andere Beurteilung rechtfertigt sich auch nicht dadurch, daß der Kläger geltend macht, der privatrechtliche Immissionsschutz habe in den letzten Jahren eine immer größere Bedeutung erlangt. Seit dem Urteil des Verwaltungsgerichts Trier vom 15. 5. 1977 haben sich nämlich weder die maßgeblichen Rechtsvorschriften (§§ 1004 Abs. 2, 906 Abs. 1 BGB, § 22 Abs. 1 Satz 1 Nr. 1, Satz 2 BImSchG) grundlegend geändert, noch ist hinsichtlich der tatsächlichen Verhältnisse eine wesentliche Veränderung zum Nachteil des Klägers eingetreten (vgl. hierzu Baumbach-Hartmann, ZPO, 49. Aufl., Einf. vor § 322 Anm. 3C).

16

Der Grundstücksnachbar einer in einem Baugebiet allgemein zulässigen kirchlichen Anlage hat die mit deren Benutzung üblicherweise verbundenen Beeinträchtigungen grundsätzlich hinzunehmen.

Art. 4 Abs. 1 u. 2, 14 Abs. 1 GG; §§ 34 Abs. 1 BauGB, 4 Abs. 2, 6 Abs. 2 BauNVO – BVerwG, Urteil vom 27. Februar 1992 – 4 C 50.89[1] –

Der Kläger wendet sich als Nachbar gegen eine dem Beigeladenen erteilte Baugenehmigung zur Einrichtung eines islamischen Betsaales und eines Unterrichtsraumes für eine Koranschule mit Nebenräumen sowie zum Anbau einer Wasch- und WC-Anlage in das bislang zu Wohnzwecken genutzte Gebäude. Der Betsaal kann von bis zu 50 Personen genutzt werden. In ihm soll täglich fünfmal gebetet werden; das erste Gebet findet vor Sonnenaufgang, das letzte nach Sonnenuntergang statt. In dem Unterrichtsraum soll islamischer Religionsunterricht für Kinder an Wochenenden und an Feiertagen erteilt werden. Nach einer Auflage in der Baugenehmigung hat der Beigeladene auf dem Grundstück fünf Stellplätze anzulegen. Widerspruch und Klage des Klägers, der durch die Nutzung des Vorhabens des Beigeladenen unzumutbare Belästigungen und Störungen für sein Wohngebäude befürchtet, blieben erfolglos.

Auf die Berufung des Klägers hat das Berufungsgericht[2] nach erneuter Augenscheinseinnahme das Urteil des Verwaltungsgerichts geändert und die dem Beigeladenen erteilte Baugenehmigung aufgehoben.

---

[1] NJW 1992, 2170; DÖV 1992, 708; DVBl. 1992, 1101; VBlBW 1992, 292; BayVBl. 1992, 440; UPR 1992, 269; ZevKR 38 (1993), 89. Nur LS: AkKR 161 (1992), 237.
[2] VGH Baden-Württemberg, Urteil vom 20. 6. 1989, KirchE 27, 184.

Die Revision des Beigeladenen hatte Erfolg. Sie führte zur Wiederherstellung des klageabweisenden Urteils erster Instanz.

Aus den Gründen:

Das Berufungsurteil verletzt Bundesrecht; es stellt sich auch aus anderen Gründen nicht als richtig dar (vgl. § 144 Abs. 4 VwGO). Da keine weiteren tatsächlichen Feststellungen zu treffen sind, kann das Revisionsgericht in der Sache selbst entscheiden (vgl. § 144 Abs. 3 Nr. 1 VwGO).

Das Berufungsgericht beurteilt das Gebiet, in dem das umstrittene Bauvorhaben des Beigeladenen errichtet werden soll, nach § 34 Abs. 1 BauGB; jedenfalls lassen sein knapper Hinweis auf diese Vorschrift auf Seite 5 seines Urteils sowie seine weiteren Ausführungen, in denen andere Vorschriften des Bauplanungsrechts nicht genannt werden, keine andere Auslegung des Berufungsurteils zu. Soweit sich das Berufungsgericht mit den tatsächlichen Verhältnissen des Baugrundstücks und seiner näheren Umgebung befaßt, rechtfertigen diese Ausführungen im übrigen den Schluß, das Berufungsgericht teile die Auffassung des Verwaltungsgerichts zur bauplanungsrechtlichen Bewertung des nach § 34 Abs. 1 BauGB maßgeblichen Bereichs der näheren Umgebung, den beide Gerichte in Augenschein genommen haben. Nach den Feststellungen des Berufungsgerichts wird der Gebietscharakter vorwiegend durch Wohnbebauung und eine nahe gelegene Kirche, aber auch durch gewerblich genutzte Grundstücke geprägt; die vorhandenen Gewerbebetriebe sowie der Verkehr auf der Hauptstraße bewirken eine lärmmäßige Vorbelastung des Gebiets. Demnach weist das Gebiet im Sinne des § 34 Abs. 1 BauGB Elemente eines (allgemeinen) Wohngebiets und solche eines Mischgebiets auf. Nach den weiteren Feststellungen des Berufungsgerichts ist die Schutzwürdigkeit des Grundstücks des Klägers jedoch zumindest hinsichtlich der Nutzung in den frühen Morgenstunden nicht durch sonstige Immissionen eingeschränkt.

Im rechtlichen Ausgangspunkt zutreffend stellt das Berufungsgericht sodann darauf ab, ob die dem Beigeladenen erteilte Baugenehmigung zum Nachteil des Klägers gegen das Rücksichtnahmegebot verstößt, das Bestandteil des „Einfügens" im Sinne des § 34 Abs. 1 BauGB ist. Unter Bezugnahme auf die Rechtsprechung des erkennenden Senats (vgl. Urteil vom 13. 3. 1981 – BVerwG 4 C 1.78 – Buchholz 406.19 Nachbarschutz Nr. 44 = BRS 38, 186) führt das Berufungsgericht weiter aus, dem Rücksichtnahmegebot komme drittschützende Wirkung zu, soweit in qualifizierter und zugleich individualisierter Weise auf schutzwürdige Interessen eines erkennbar abgegrenzten Kreises Dritter Rücksicht zu nehmen sei. Das gelte nur für diejenigen Ausnahmefälle, in denen die tatsächlichen Umstände handgreiflich ergeben, auf wen Rücksicht zu nehmen sei, und in denen eine besondere rechtliche Schutzwürdigkeit des Betroffenen anzuerkennen sei. Die Schutzwürdigkeit des Betroffenen, die Intensität der Beeinträchtigung, die Interessen des Bauherrn und das, was beiden Seiten billigerweise zumutbar oder unzumutbar sei, seien dann gegeneinander abzuwägen.

Das Berufungsgericht wendet diese – der ständigen Rechtsprechung des Senats entsprechenden (vgl. auch Urteil vom 5. 8. 1983 – BVerwG 4 C 96.79 – BVerwGE 67, 334; Urteil vom 7. 2. 1986 – BVerwG 4 C 49.82 – Buchholz 406.12 § 6 BauNVO Nr. 6) – Grundsätze auf den konkreten Fall jedoch insoweit fehlerhaft an, als es die Interessen der Beteiligten nicht mit dem ihnen rechtlich zukommenden Gewicht bewertet. Das ergibt sich aus folgenden Überlegungen:

Ausgangspunkt ist zunächst die Frage, ob sich das Vorhaben des Beigeladenen nach seiner Nutzungsart grundsätzlich in die nähere Umgebung einfügt; denn die Interessen der Beteiligten haben ein unterschiedliches Gewicht, je nachdem, ob es um ein Vorhaben geht, das grundsätzlich zulässig und nur ausnahmsweise unzulässig ist oder umgekehrt (vgl. Urteil vom 6. 10. 1989 – BVerwG 4 C 14.87 – BVerwGE 82, 343 [348] zu § 15 BauNVO und § 31 Abs. 2 BauGB, ferner zu § 34 Abs. 1 BBauG schon Urteil vom 26. 5. 1979 – BVerwG 4 C 9.77 – BVerwGE 55, 369 [385 f.]).

Der Betsaal und die Koranschule wären als Anlagen für kirchliche Zwecke gemäß § 4 Abs. 2 Nr. 3 und § 6 Abs. 2 Nr. 5 BauNVO sowohl in einem Mischgebiet als auch in einem allgemeinen Wohngebiet grundsätzlich zulässig, und zwar nicht nur – wie nach § 3 Abs. 3 Nr. 2 BauNVO in einem reinen Wohngebiet – beschränkt auf die Bedürfnisse der Bewohner dieses Gebiets. Da die „Eigenart der näheren Umgebung" (vgl. § 34 Abs. 1 BauGB) des hier in Rede stehenden Vorhabens sowohl Merkmale eines allgemeinen Wohngebiets als auch eines Mischgebiets aufweist und zudem von einer bereits vorhandenen Kirche mitgeprägt wird, kann hier die Typisierung der Nutzungsart, wie sie in der Baunutzungsverordnung zur Abgrenzung der Baugebiete vorgenommen wird, auch – nicht allerdings ausschließlich wie im Falle der Anwendung des § 34 Abs. 2 BauGB – zur Bestimmung des Rahmens mit herangezogen werden, in den sich das Vorhaben nach § 34 Abs. 1 BauGB einfügen muß (vgl. zu § 34 Abs. 1 BBauG, Urteil vom 3. 4. 1987 – BVerwG 4 C 41.84 – Buchholz 406.11 § 34 BBauG Nr. 117 = ZfBR 1987, 260). Daraus ergibt sich, daß der islamische Betsaal nach der Art der Nutzung in dem durch Elemente eines allgemeinen Wohngebiets und eines Mischgebiets geprägten Gebiet grundsätzlich und allgemein zulässig ist, zumal sich auch das Maß der baulichen Nutzung (bezogen auf die Ausmaße des Gebäudes) in die umliegende Bebauung einfügt.

Der dem Beigeladenen somit grundsätzlich zustehenden und durch Art. 14 Abs. 1 Satz 1 GG geschützten baurechtlichen Position kann der Nachbar bei Vorliegen besonderer Umstände nur ausnahmsweise entgegenhalten, daß das

Vorhaben zu unzumutbaren Auswirkungen führe und deswegen ihm gegenüber „rücksichtslos" sei. Solche besonderen Umstände sind hier jedenfalls für die keinem stärkeren Lärmschutz unterliegende Zeit, die außerhalb der Nachtruhe von morgens 6.00 bis abends 22.00 Uhr anzunehmen ist, nicht ersichtlich, zumal während dieser Zeit nach den Feststellungen des Berufungsgerichts das Gebiet auch mit Verkehrsgeräuschen bereits vorbelastet ist. Nach der gesetzlichen Wertung haben die Nachbarn einer in dem Baugebiet allgemein zulässigen kirchlichen Anlage die mit deren Benutzung üblicherweise verbundenen Beeinträchtigungen grundsätzlich hinzunehmen. Dazu gehört auch der An- und Abfahrtsverkehr der Besucher, die nach den Feststellungen des Berufungsgerichts entsprechend den genehmigten Ausmaßen des Betsaals maximal die Zahl von 50 erreichen können, eine Zahl also, die für eine kirchliche Einrichtung eher bescheiden ist, keinesfalls aber nach oben aus dem Rahmen fällt.

Das Berufungsgericht geht bei seinen Überlegungen zum Gebot der Rücksichtnahme im Grundsatz auch zutreffend von dieser durch die Baugenehmigung ermöglichten Nutzung durch etwa 40 bis 50 Besuchern aus, nicht aber – wie das Verwaltungsgericht – von den Angaben des Beigeladenen, wonach bisher nur etwa 3 bis 4 Besucher zum Morgengebet erschienen seien; denn für die Frage, ob ein Vorhaben den Nachbarn zugemutet werden darf, ist grundsätzlich von dem der Genehmigung zugrundeliegenden Nutzungsumfang auszugehen, nicht aber von einer lediglich derzeit hinter diesem Umfang zurückbleibenden tatsächlichen Nutzung, es sei denn, aufgrund zuverlässig feststehender, gleichbleibender Umstände kann davon ausgegangen werden, daß die Anlage dauerhaft in einem geringeren Umfang als genehmigt genutzt wird (vgl. Urteil vom 18. 10. 1974 – BVerwG 4 C 77.73 – Buchholz 406.11 § 34 BBauG Nr. 45 = DÖV 1975, 103). Auch der Gesichtspunkt der Gewährung effektiven Rechtsschutzes spricht dafür, die Schutzbedürftigkeit eines von einem Vorhaben betroffenen Nachbarn am genehmigten Nutzungsumfang zu messen; andernfalls würde sich das Risiko einer fehlerhaften Einschätzung zum voraussichtlichen Nutzungsumfang zu seinen Lasten auswirken und die Durchsetzung von etwaigen Abwehransprüchen erschweren. Auch nach § 15 Abs. 1 Satz 2 BauNVO sind übrigens die Störungen maßgeblich, die von dem Vorhaben ausgehen *können*. Das bedeutet freilich nicht, daß für die Frage des Nachbarschutzes von einer rein fiktiven Belastung auszugehen ist. Es ist vielmehr eine realistische Prognose anzustellen, die hier den Umstand berücksichtigen muß, daß nach der Lebenserfahrung nicht täglich die maximale Besucherzahl kommen und jedenfalls auch nicht jeder Besucher einen eigenen Kraftwagen benutzen wird.

Zugunsten des Klägers spricht, daß das vor Sonnenaufgang beginnende Morgengebet und damit auch der dadurch verursachte Anfahrverkehr zeitweise in die stärkeren Schutz genießende Ruhezeit vor 6.00 Uhr fällt. Das verständliche Ruhebedürfnis des Klägers hat hier Gewicht, zumal kirchliche Einrichtungen üblicherweise in dieser Zeit nicht, jedenfalls nicht mit der Regelmäßigkeit wie bei dem Beigeladenen, benutzt werden und nach den Feststellungen des Berufungsgerichts in diesem Zeitraum eine nennenswerte Geräuschvorbelastung noch nicht vorhanden ist. Dieses Gewicht der klägerischen Interessen wird jedoch bereits dadurch gemindert, daß das Morgengebet nur während einer relativ kurzen Zeit im Jahr (ca. 3 Monate) vor 6.00 Uhr morgens abgehalten wird und auch in dieser Zeit nur geringfügig (nämlich im Mittel um etwa eine halbe Stunde) in den schutzwürdigen Zeitraum fällt.

Zugunsten des Beigeladenen ist bei der Interessenabwägung demgegenüber zu berücksichtigen, daß das Morgengebet ein unverzichtbarer Bestandteil der islamischen Religionsausübung ist. Je verständlicher und unabweisbarer die mit dem Vorhaben verfolgten Interessen sind, um so weniger braucht – nach den oben genannten Grundsätzen zum Rücksichtnahmegebot – derjenige, der das Vorhaben verwirklichen will, Rücksicht zu nehmen. In diesem Zusammenhang ist in die Abwägung zugunsten des Beigeladenen die Wertentscheidung des Grundgesetzes hinsichtlich der Gewährleistung der freien Religionsausübung (Art. 4 Abs. 1 und 2 GG) einzustellen und bei der Anwendung einfachen Rechts mitzuberücksichtigen (vgl. dazu BVerfGE 83, 341 [356])[3]. Das führt zu dem Ergebnis, daß die Interessen des Beigeladenen stärker wiegen als die Interessen des Klägers, so daß der vom Kläger begehrte Schutz zu versagen ist.

17

§ 4a TierSchG ist mit dem Grundrecht der Religionsfreiheit (Art. 4 Abs. 1 u. 2 GG) vereinbar.

OLG Hamm, Beschluß vom 27. Februar 1992 – 1 Ss OWi 652/91[1] –

Der Betroffene verkauft auf seinem landwirtschaftlichen Hof von ihm aufgezogene Rinder. Er betreibt dort auch eine Schlachtstätte, wo die Tiere – häufig von Türken – geschlachtet werden. Der Betroffene ist mit den Gebräuchen der Türken vertraut und weiß, daß diese in der Regel Rinder ohne Betäubung schlachten (schächten) wollen. Sein Betrieb wurde häufig von Bediensteten des Veterinär- und Lebensmittelüberwachungsamtes des Kreises R. aufgesucht, wobei er darauf hingewiesen wurde, daß er das Schächten unbedingt zu verhindern habe. Er hat Flugblätter herstellen lassen, in denen er Türken in deren Sprache darauf hinwies, daß das Schächten verboten sei. Im November 1989 ist

---

[3] KirchE 29, 9.
[1] NStZ 1992, 499; NVwZ 1994, 623. Vgl. zu diesem Fragenkreis auch BVerwGE 99,1; VG Koblenz NVwZ 1994, 615.

gegen ihn ein rechtskräftig gewordenes Bußgeldbescheid über 1 000,00 DM wegen betäubungslosen Schlachtens eines Rindes ergangen.

Im Dezember 1989 ließ der Betroffene es zu, daß der Zeuge A., der nicht Fleischer ist, auf dem Hof ein Rind ohne vorherige Betäubung schlachtete. Die Tötung des Tieres erfolgte in der Weise, daß ihm mit einem scharfen Messer die Hauptschlagader am Hals geöffnet wurde, nachdem es zuvor angebunden, gefesselt und zu Boden geworfen worden war. Das Fleisch des Tieres wurde ohne Fleischbeschau im Lebensmittelgeschäft der Tochter des Zeugen verkauft.

Am 4. 7. 1990, dem damaligen Tag des islamischen Kurbanfestes, überließ der Betroffene mehreren Türken einen Bullen zum Schlachten. Er erklärte ihnen, daß das Tier vorher betäubt werden müsse. Obwohl er damit rechnen mußte, daß seine Abwesenheit zum Schächten ausgenutzt werden würde – noch wenige Tage zuvor hatte er gegenüber dem Kreis-Veterinärmediziner Dr. B. erklärt, er werde Schwierigkeiten haben, den Türken mit Rücksicht auf das Fest zur Betäubung der zu schlachtenden Tiere anzuhalten –, überließ er die Türken dann sich selbst und verließ die Schlachtstätte. Gegen etwa 8.00 Uhr töteten die Türken den Bullen nach Fesselung und Anbindung an ein Gitterrohr durch einen bis auf die Wirbelsäule reichenden Halsschnitt. Als um 8.05 Uhr der Zeuge Dr. C. mit weiteren Mitarbeitern des Veterinär- und Lebensmittelüberwachungsamtes des Kreises R. auf dem Hof des Betroffenen eintraf, brachten die Türken, die anscheinend von einem vor der Schlachtstätte stehenden türkischen Jugendlichen gewarnt worden waren, dem bereits getöteten Tier einen Bolzenschuß in die Stirn bei, um eine Betäubung vorzutäuschen. Als die Überwachungsbeamten unmittelbar darauf den Schlachtraum betraten, war der Bulle bereits aus dem Halsschnitt ausgeblutet. An dem Bolzeneinschußloch waren vor und nach dem Enthäuten keine Spuren einer Blutung festzustellen. In beiden Fällen lag eine Ausnahmegenehmigung für eine Schlachtung ohne vorherige Betäubung des jeweiligen Schlachttieres nicht vor. – Die Einlassung des Betroffenen, die Tötung des Rindes in dem Fall von Dezember 1989 sei nicht ohne vorherige Betäubung geschehen, hat das Amtsgericht aufgrund der Bekundungen von Zeugen im Sinne der Feststellungen als widerlegt angesehen. Seine Einlassung zu dem Vorfall vom 4. 7. 1990, die Käufer hätten sich noch beraten sollen, während er zwischenzeitlich die Kühe auf die Weide gebracht und dazu einen Zaun umgesetzt habe, um ein Ausbrechen der Rinder zu verhindern, hat das Amtsgericht als nicht entlastend erachtet. Es hat dazu ausgeführt, daß der Betroffene aufgrund der ihm bekannten türkischen Gepflogenheiten – insbesondere wegen des Kurbanfestes – in der Schlachtstätte hätte verbleiben müssen, um die Betäubung des zu schlachtenden Tieres sicherzustellen.

Das Amtsgericht hat gegen den Betroffenen durch das angefochtene Urteil wegen fahrlässiger Ordnungswidrigkeit gem. §§ 4a, 18 TierSchG, 35, 36, 37,

Verbot des Schächtens 99

66a 130 OWiG in 2 Fällen Bußgelder verhängt. Der Amtsrichter meint dem Betroffenen sei „nicht nachzuweisen, daß er selbst ohne Betäubung mitgeschächtet" habe. Er habe es aber zugelassen, daß in seinem Betrieb geschächtet wurde, indem er die Türken, deren Bestreben er kannte, frei gewähren ließ. Damit habe er „zumindest fahrlässig seine Pflichten als Betriebsleiter verletzt" und damit gegen §§ 4a, 18 TierSchG i.V.m. § 130 OWiG verstoßen. Der Auffassung der Verteidigung, daß § 4a TierSchG im Hinblick auf das Grundrecht der in Deutschland lebenden Moslems auf freie Religionsausübung verfassungswidrig sei, könne nicht gefolgt werden. Zum einen bestehe erheblicher Streit, inwieweit für einige Religionsgemeinschaften das Schächten zwingend vorgeschrieben sei; es werde auf den gewerblichen Schlachthöfen eine insoweit ausreichende leichtere Art der Betäubung praktiziert. Zum anderen sei der Betroffene Deutscher, der das Schächten lediglich aus finanziellen Gründen nicht verhindert habe. Religiöse Fragen hätten bei ihm keine Rolle gespielt.

Die Rechtsbeschwerde des Betroffenen führte zur Aufhebung des angefochtenen Urteils und Zurückverweisung der Sache an das Amtsgericht.

Aus den Gründen:

Die Rechtsbeschwerde ist gem. §§ 79 Abs. 1 Nr. 1, Abs. 3 OWiG, § 41, 344, 345 StPO zulässig und hat auf die Sachrüge – jedenfalls vorläufigen – Erfolg. Sie führt zur Aufhebung des angefochtenen Urteils und zur Zurückverweisung der Sache an die Vorinstanz.

Das Amtsgericht hat – wie aus dem Zusammenhang der Urteilsgründe deutlich wird – den Betroffenen nicht etwa einer unmittelbaren Beteiligung (§ 14 OWiG) an einer Ordnungswidrigkeit gem. §§ 4a Abs. 1, 18 Abs. 1 Nr. 6 TierSchG, sondern lediglich der fahrlässigen Unterlassung von Aufsichtsmaßnahmen zur Sicherung der Einhaltung betriebsbezogener Pflichten gem. § 130 OWiG für schuldig befunden. Dieser Schuldspruch wird von den Feststellungen jedoch nicht getragen.

Durch § 130 OWiG wird ausschließlich und abschließend die bußgeldrechtliche Verantwortlichkeit eines Betriebs- oder Unternehmensinhabers für die Verletzung von innerbetrieblichen Aufsichtspflichten geregelt, die zur Verwirklichung eines anderen Bußgeldtatbestandes im Betrieb oder Unternehmen geführt hat, ohne daß der Inhaber hieran selbst im Sinne von § 14 OWiG beteiligt war. Ein entsprechender Schuldspruch setzt u. a. voraus, daß der Unternehmer bzw. Betriebsleiter sich im Rahmen einer Betriebsorganisation überhaupt anderer Personen bedient hat, um die betriebsbezogenen ordnungsrechtlichen Pflichten zu erfüllen. Diese Personen brauchen zwar möglicherweise nicht immer Betriebsangehörige zu sein, erforderlich ist jedoch, daß sie überhaupt in Wahrnehmung der Angelegenheiten des Betriebes gehandelt haben. Das setzt voraus, daß sie mit dieser Wahrnehmung vom Betriebsinhaber betraut oder sonst jedenfalls für ihn in diesem Sinne tätig waren (vgl. z. B. Cramer, in: KK zum OWiG, Rdnr. 95 zu § 130; Rebmann-Roth-Hermann, Kommentar zum OWiG, 2. Aufl., Rdnr. 8 u. 9 zu § 130 und Göhler, Kommentar zum OWiG, 9. Aufl., Rdnr. 19 zu § 130). Die bisherigen Feststellungen lassen indessen nicht erkennen, daß der Betroffene im Rahmen seines Schlachtstättenbetriebes überhaupt andere Personen zur Wahrung der ihn als Inhaber treffenden Pflichten eingesetzt hat. Dafür, daß die jeweils dort schlachtenden Personen insoweit für ihn tätig wurden, fehlt jeglicher Anhalt. Nach den Erfahrungen des täglichen Lebens dürften sie vielmehr die Schlachtstätte lediglich im eigenen Interesse, ausschließlich in Wahrnehmung eigener Angelegenheiten und ohne eine irgendwie geartete Einbindung in den Betrieb des Betroffenen benutzt haben. Auf diesen Hintergrund konnte das angefochtene Urteil keinen Bestand haben.

Zu einer Umstellung des Schuldspruchs im Sinne einer schuldhaften Beteiligung (§ 14 OWiG) des Betroffenen an einer oder zwei Ordnungswidrigkeiten gem. §§ 4a Abs. 1, 18 Abs. 1 Nr. 6 TierSchG hat der Senat sich auf der Grundlage der bisherigen Feststellungen des Amtsgerichts nicht in der Lage gesehen. Hierzu bedarf es vielmehr ergänzender tatrichterlicher Feststellungen zu den in Rede stehenden Schlachtvorgängen und zu dem hierauf bezogenen Verhalten der Beteiligten sowie auch zur subjektiven Tatseite. Insoweit erscheinen nach Lage des Falles ergänzende Feststellungen, auch unter Berücksichtigung dessen, daß dem Betroffenen seitens der Verwaltungsbehörde wiederholt Hinweise auf seine Pflichten hinsichtlich der Schlachtungen erteilt worden waren und auch bereits ein rechtskräftig gewordener Bußgeldbescheid wegen einer gleichartigen Ordnungswidrigkeit gegen ihn ergangen war, durchaus möglich.

Entgegen der Auffassung der Rechtsbeschwerde ist die Sache nicht etwa im Sinne einer Freisprechung des Betroffenen entscheidungsreif. Die hierzu von der Verteidigung vertretene Ansicht, ein ordnungswidriges Verhalten des Betroffenen scheide schon deswegen aus, weil § 4a Abs. 1 TierSchG wegen Verstoßes gegen Art. 4 GG verfassungswidrig sei und die jeweils schächtenden Türken deshalb weder tatbestandsmäßig noch rechtswidrig im Sinne von §§ 18 Abs. 1 Nr. 6, 4a Abs. 1 TierSchG gehandelt hätten, teilt der Senat auf der Grundlage der bisherigen Feststellungen nicht.

An der Verfassungsmäßigkeit von § 4a TierSchG sind auch im Hinblick auf das Grundrecht der Religionsfreiheit und der freien Religionsausübung (Art. 4 Abs. 1 und Abs. 2 GG) nach Auffassung des Senats durchgreifende Zweifel nicht gerechtfertigt. Der § 4a TierSchG ist als Verbotsnorm mit Erlaubnisvorbehalt ausgestaltet. Nach seinem Absatz 1 darf ein warmblütiges Tier nur geschlachtet werden, wenn es vor Beginn des Blutentzugs betäubt worden ist. Nach Abs. 2 Nr. 2 bedarf es abweichend von Abs. 1 jedoch keiner Betäubung, wenn die zuständige Behörde eine Ausnahmegenehmigung für ein Schlachten ohne Betäubung (Schächten) erteilt hat. Hierfür ist ergänzend in Abs. 2 Nr. 2 bestimmt, daß die Behörde die Ausnahmegenehmigung nur insoweit erteilen darf, als es erforderlich ist, den Bedürfnissen von Angehörigen bestimmter Religionsgemeinschaften im Geltungsbereich des Gesetzes zu entsprechen, denen zwingende Vorschriften ihrer Religionsgemeinschaft das Schächten vorschreiben oder den Genuß von Fleisch nicht geschächteter Tiere untersagen. Dieser Erlaubnisvorbehalt ist mit Rücksicht auf das Grundrecht aus Art. 4 GG in das TierSchG aufgenommen worden und trägt inhaltlich dieser Verfassungsvorschrift hinreichend Rechnung. Dafür, daß der Gesetzgeber mit dem grundsätzlichen Schächtverbot neben dem Bestreben um Verwirklichung eines ethischen Tierschutzes im Sinne einer Mitverantwortung des Menschen für die seiner Obhut anheimgegebenen Lebewesen (vgl. § 1 TierSchG) auch die Absicht verfolgt haben könnte, aus rassischen, religiösen oder sonstigen Gründen bestimmte Personengruppen in der Bundesrepublik zu diffamieren, zu unterdrücken oder in der Religionsausübung auch nur zu stören (vgl. in diesem Zusammenhang BGH, in: DÖV 1960, 635 [636] für § 1 Abs. 1 des Gesetzes über das Schlachten von Tieren vom 21. 4. 1933), kann der Senat keinen Anhaltspunkt erkennen. Auch das Gebot einer extensiven Auslegung des Grundrechts der Glaubens- und Bekenntnisfreiheit (vgl. hierzu z. B. BVerfGE 24, 236 [246][2] und BVerfGE 35, 366 [376][3]) gibt zu einer anderen Beurteilung der Verfassungsmäßigkeit der Norm keinen Anlaß. Es kann bei der Anwendung von § 4a TierSchG in vollem Umfang und ohne weiteres dadurch verwirklicht werden, daß im Rahmen der jeweiligen Verfahren auf Erteilung einer Ausnahmegenehmigung eine dem Wesensgehalt des Grundrechts voll entsprechende verfassungskonforme Auslegung und Anwendung der Vorschrift vorgenommen oder erforderlichenfalls im Verwaltungsrechtsweg durchgesetzt wird.

Die Auffassung der Rechtsbeschwerde, § 4a TierSchG sei wegen des bisherigen Fehlens der in § 4b Nr. 1 b) und c) TierSchG angesprochenen Rechtsverordnung einer verfassungskonformen Auslegung und Anwendung nicht zugänglich, sondern als lex imperfecta bis zum Erlaß einer entsprechenden Verordnung suspendiert, geht fehl. Der § 4a TierSchG enthält bereits in sich die grundsätzliche und hinreichend vollständige Regelung der betreffenden Materie und eine ausreichende Richtnorm für die verwaltungsbehördliche Handhabung von Ausnahmen. Auch solange die in § 4b TierSchG vorgesehene Verordnung nicht ergangen ist, ist über Anträge auf Erteilung einer Ausnahmegenehmigung von § 4a Abs. 1 TierSchG eine sachgerechte und rechtsstaatliche verwaltungsbehördliche Entscheidung bereit unter Zugrundelegung von § 4a Abs. 2 Nr. 2

---

[2] KirchE 10, 181.
[3] KirchE 13, 315.

TierSchG nach den allgemeinen Regeln des Verwaltungshandelns und unter verfassungskonformer Anwendung der tierschutzrechtlichen Normen möglich, die erforderlichenfalls auch verwaltungsgerichtlich und verfassungsrechtlich überprüfbar ist.

Auf diesen Hintergrund erachtet der Senat sowohl § 4a Abs. 1 TierSchG als auch die hierauf bezogenen Bußgeldnorm des § 18 Abs. 1 Nr. 6 TierSchG für verfassungsgemäß. Das hat zur Folge, daß auch ein Angehöriger des moslemischen Glaubens, der im Geltungsbereich des Tierschutzgesetzes ein warmblütiges Tier schlachtet, ohne daß es vor Beginn des Blutentzugs betäubt worden ist, diese Bußgeldvorschrift tatbestandmäßig erfüllt und auch rechtswidrig handelt, sofern nicht eine Ausnahmegenehmigung der zuständigen Behörde erteilt ist oder sonstige Rechtfertigungsgründe für ihn vorliegen.

Einen derartigen Rechtfertigungsgrund stellt nicht ohne weiteres das Grundrecht aus Art. 4 GG dar. Es erscheint bereits fraglich, ob dieses Grundrecht bei einem gesetzwidrigen Handeln aus Glaubensgründen überhaupt als Rechtfertigungs- und nicht nur als Entschuldigungsgrund in Betracht kommt (vgl. hierzu z. B. Lenckner, in: Schönke-Schröder, Kommentar zur StGB, 24. Aufl., Rdnr. 118–120 vor § 32 StGB m.w.N.). Abgesehen davon ist es auch unter Berücksichtigung dessen, daß Art. 4 GG keinen Gesetzesvorbehalt enthält und damit eine Begrenzung durch Gesetz oder aufgrund eines Gesetzes unzulässig ist, sowie auch unter Beachtung des Gebots extensiver Auslegung dieses Grundrechts nicht schrankenlos (vgl. z. B. Maunz-Düring, Kommentar zum GG, Rdnr. 111 u. 112 zu Art. 4). Es unterliegt nicht nur einem gewissen Mißbrauchsverbot (vgl. BVerfGE 12, 1 [4][4] und BVerfGE 24, 236 [246]), sondern auch solchen Einschränkungen, die sich aus den gleichfalls verfassungsrechtlich geschützten Rechten anderer ergeben. Als solche kommen hier etwa das Grundrecht aus Art. 2 GG (im Hinblick auf unabweisbare Erfordernisse der Seuchenbekämpfung und Hygiene) wie auch das verfassungsimmanente Gebot der Aufrechterhaltung der rechtsstaatlichen Ordnung als solche in Betracht.

Im übrigen läßt sich aus Art. 4 GG auch nicht etwa für jeden Angehörigen des moslemischen Glaubens das Recht ableiten, in der Bundesrepublik jederzeit, an jedem beliebigen Ort, zu jedem Zweck, unter allen denkbaren Umständen, unbegrenzt viele und auf beliebige Weise warmblütige Wirbeltiere zu schächten. Selbst nach Darstellung des Betroffenen gebietet der Koran nicht etwa das allgemeine Schächten von Tieren durch einen jeden Moslem, sondern untersagt diesem lediglich den Verzehr von Fleisch, welches nicht durch Schächtung nach islamischen Ritus gewonnen worden ist. Das hat für die Gewährleistung der

---

[4] KirchE 5, 256.

Freiheit der Religionsausübung der in der Bundesrepublik lebenden Moslems für die hier in Rede stehende Frage aber zunächst einmal nur zur Folge, daß für sie durch eine Rechtsanwendung im Sinne des Grundgesetzes die Möglichkeit ausreichender Verschaffung von nach ihrer Anschauung „reinem", also durch Schächtung gewonnen Fleisch eröffnet sein muß. Ansonsten ist es den staatlichen Organen der Bundesrepublik auch durch Art. 4 GG nicht verwehrt, die Umstände des Erschlachtens von Fleisch durch Schächtung näher zu regeln, indem im Rahmen der entsprechenden Ausnahmegenehmigungen Anordnungen etwa über die schlachtbefugten Personen (schlachterische und erforderlichenfalls kultische Qualifikationen), die Anzahl der auf diese Weise zu schlachtenden Tiere, die Ausstattung der Schlachtstätten und auch die Einhaltung des ohne eine Beeinträchtigung der Religionsausübung noch möglichen Tierschutzes (Bestimmungen z. B. über die Durchführung der Schlachtvorbereitungen, die Fesselung und das Umlegen des Tieres sowie über die Ausführung des Schächtschnittes) getroffen werden. Das gilt jedenfalls solange, als durch die Art dieser Anordnungen das Grundrecht der freien Religionsausübung als solches sicher gewahrt bleibt, was durch entsprechende verwaltungsbehördliche bzw. verwaltungsgerichtliche Praxis sichergestellt werden kann und erforderlichenfalls sichergestellt werden muß. Daraus folgt zugleich, daß die Rechtmäßigkeit einer nicht genehmigten Schächtung – auch wenn sie durch einen Angehörigen des moslemischen Glaubens erfolgt – allenfalls dann angenommen werden kann, wenn sie in Religionsausübung (also nicht etwa zu Erwerbszwecken) erfolgt ist und zudem vorher sachgerechte Bemühungen unternommen worden sind, eine Ausnahmegenehmigung gem. § 4a Abs. 2 Nr. 2 TierSchG zu erlangen. Selbst im Falle einer verfassungs- oder sonst rechtswidrigen Ablehnung bzw. Einschränkung einer derartigen Genehmigung wird der Betroffene zunächst auch verwaltungsgerichtlichen Rechtsschutz – erforderlichenfalls im Eilverfahren nach § 123 VwGO – in Anspruch genommen haben müssen, bevor eine auf andere Weise nicht mehr behebbare Einschränkung seiner Religionsausübung und damit eine Rechtfertigung seines Tuns unter dem Gesichtspunkt des Notstandes (§ 16 OWiG) in Betracht kommen kann.

Auf diesem Hintergrund erscheint eine sanktionsbewerte Beteiligung des Betroffenen an den in Rede stehenden beiden Schächtungen nicht ausgeschlossen. Da insoweit zu entscheidungserheblichen Umständen ergänzende Feststellungen noch möglich sind, war die Sache zur neuen Verhandlung und Entscheidung an die Vorinstanz zurückzuverweisen.

18

Der Schutzbereich von Art. 4 Abs. 2 GG kann bereits berührt sein, wenn die staatliche Gewalt dem Grundrechtsträger Güter entzieht, die die notwendige Grundlage der Grundrechtsausübung bilden und ihm nach Maßgabe der bürgerlichen Rechtsordnung zustehen.

Ein Streit zwischen Religionsgemeinschaften über Eigentumsrechte etc. an einer Kirche ist nicht deshalb der weltlichen Gerichtsbarkeit entzogen, weil der Unterliegende das streitige, im Schutzbereich des Art. 4 Abs. 2 GG liegende Recht verliert. Eine Grundrechtsverletzung durch Richterspruch kommt jedoch dann in Betracht, wenn in dem Rechtsstreit die Rechtmäßigkeit oder Wirksamkeit einer anderen staatlichen Maßnahme zu beurteilen war, durch die in die Eigentumsverhältnisse etc. an dem Streitobjekt eingegriffen wurde und von der eine durch das gerichtliche Urteil nicht behobene Beeinträchtigung des Art. 4 Abs. 2 GG ausgehen kann.

Zur Rechtmäßigkeit hoheitlicher Eigentumszuweisung an eine russ.-orth. Kirchenvereinigung in Deutschland während der NS-Zeit.

BVerfG, Kammerbeschluß vom 28. Februar 1992 – 2 BvR 1088/88 u. a.[1] –

Gegenstand der zu gemeinsamer Entscheidung verbundenen Verfassungsbeschwerden ist die Frage, ob eine Kirchengemeinde dadurch in ihren verfassungsmäßigen Rechten verletzt ist, daß sie zur Herausgabe des von ihr genutzten Kirchengebäudes verurteilt wird.

I. 1. Gegen Ende des Jahres 1920 schufen russisch-orthodoxe Würdenträger, die infolge des Zusammenbruchs des zaristischen Rußland emigrieren mußten, in Konstantinopel die „Oberste Kirchenverwaltung im Ausland". Für Westeuropa wurde von der „Obersten Kirchenverwaltung im Ausland", die im Jahre 1921 nach Karlowitz verlegt worden war, eine neue Diözese gebildet, zu deren Leiter sie den Erzbischof Eulogius bestimmte. An die Stelle der 1922 aufgelösten „Obersten Kirchenverwaltung im Ausland" trat die sich eigener Jurisdiktion berühmende „Bischofssynode der Russisch-Orthodoxen Auslandskirche" (ROAK). Erzbischof Eulogius gehörte zu ihren Gründungsmitgliedern. Das Moskauer wie das Ökumenische Patriarchat in Konstantinopel versagten der ROAK die kanonische Anerkennung. Im Jahre 1926 wurde Deutschland von der Karlowitzer Bischofssynode zu einer eigenen Diözese – der „Russisch-Orthodoxen Diözese des Orthodoxen Bischofs von Berlin und Deutschland" – erhoben und vom Jurisdiktionsbereich des Eulogius abgetrennt. Es kam zum Bruch zwischen der Bischofssynode und Eulogius, der im Jahre 1927 seiner

---

[1] NJW 1992, 2812; DVBl. 1992, 1020; BWVBl. 1992, 370. Nur LS: NVwZ 1992, 1185; AkKR 161 (1992), 235. Vgl. zu diesem Fragenkreis auch OLG Dresden OLG-NL 1994, 274.

Amtspflichten enthoben wurde. Erzbischof Eulogius unterstellte sich daraufhin dem Ökumenischen Patriarchen von Konstantinopel.

2. Unterstützt durch die neuen Machthaber im Deutschen Reich erließ das Karlowitzer „Russisch-Orthodoxe Konzil im Auslande" am 15./28. 10. 1935 eine „Verfassung der Orthodoxen Diözese in Deutschland". Durch Beschluß des Preußischen Staatsministeriums vom 14. 3. 1936 wurden der Russisch-Orthodoxen Diözese des Orthodoxen Bischofs von Berlin und Deutschland die Rechte einer Körperschaft des öffentlichen Rechts verliehen. Nach und nach wurden sämtliche in Großdeutschland belegenen russisch-orthodoxen Gemeinden der Russisch-Orthodoxen Diözese des Orthodoxen Bischofs von Berlin und Deutschland eingegliedert, darunter auch die Beschwerdeführerin. Nach 1945 unterstellte diese sich der Jurisdiktion des Moskauer Patriarchats.

II. Die Russisch-Orthodoxe Diözese des Orthodoxen Bischofs von Berlin und Deutschland (im folgenden: Klägerin) hat im Ausgangsverfahren von der Beschwerdeführerin die Herausgabe des in Baden-Baden belegenen Grundstücks, auf dem die russisch-orthodoxe Kirche „Zur Verklärung Christi" steht, verlangt.

1. Eigentümerin des Grundstücks war früher die Stadt Baden-Baden. Diese schloß am 2. 8. 1880 mit einem aus Privatpersonen russischer Nationalität und russisch-orthodoxer Konfession bestehenden Baukomitee einen Vertrag über die Überlassung eines Grundstücks zur Errichtung einer russisch-orthodoxen Kirche. Am 28. 10. 1882 wurde die Kirche mit Genehmigung des Metropoliten von St. Petersburg eingeweiht. Das Eigentum wurde von der Stadt Baden-Baden im Jahre 1893 an die Prinzessin Wilhelmine von Baden, eine geborene russische Großfürstin, und von dieser 1905 an den Kaiserlich-Russischen Staat übertragen.

Die Beschwerdeführerin, seit 1922 als rechtsfähiger Verein im Vereinsregister eingetragen, erwirkte 1935 beim Landgericht Karlsruhe ein Versäumnisurteil gegen die Sowjetunion auf Auflassung und Zustimmung zur Eigentumsumschreibung, nachdem diese auf die Klagezustellung in einer Verbalnote an die Deutsche Botschaft erklärt hatte, kein Interesse am Schicksal des in Baden-Baden belegenen Grundstücks zu haben. Zu einer Eigentumsumschreibung des Kirchengrundstücks auf die Beschwerdeführerin kam es nicht.

Durch Gesetz vom 25. 2. 1938 (RGBl. I S. 223) wurde der Reichsminister für die kirchlichen Angelegenheiten ermächtigt, die Eigentumsverhältnisse an verschiedenen russisch-orthodoxen Kirchengrundstücken (einschließlich des in Baden-Baden belegenen Grundbesitzes) sowie Art und Umfang der Nutzung mit rechtsverbindlicher Kraft zu regeln und über Streitigkeiten unter Ausschluß des Rechtswegs zu entscheiden, damit der „für Zwecke der russisch-orthodoxen Kirche bestimmte Grundbesitz diesem Zweck erhalten" bleibe. Aufgrund dieser Ermächtigung erließ der Reichsminister für die kirchlichen Angelegenheiten am 11. 6. 1938 eine Entscheidung, in der das Eigentum am Kirchengrundstück der Klägerin zugewiesen wurde. Der Eigentumswechsel wurde in das Grundbuch eingetragen.

Nachdem die Beschwerdeführerin im Jahre 1938 der Klägerin eingegliedert worden war, erteilte die Klägerin unter dem 19. 11. 1938 dem in Baden-Baden tätigen Priester Stefirtza, der Angehöriger der Beschwerdeführerin war, Generalvollmacht. Auch nachdem die Beschwerdeführerin sich nach 1945 dem Moskauer Patriarchat unterstellt hatte, blieb diese Vollmacht erhalten; sie wurde erst 1978 widerrufen. Daraufhin verlangte die Klägerin von Propst Stefirtza erstmals die Herausgabe des Grundstücks. Im Jahre 1979 erhob sie vor dem Landgericht Baden-Baden Herausgabeklage gegen die Beschwerdeführerin. Im Gegenzug erhob die Beschwerdeführerin Widerklage auf Bewilligung der Eintragung des Eigentums zu ihren Gunsten; hilfsweise begehrte sie Feststellung, daß das Reichsgesetz von 1938 und die Entscheidung des Rreichsministers (hilfsweise diese allein) nichtig seien und weiter hilfsweise, daß ein Recht zum Mitbesitz am Grundstück bestehe.

2. Mit Teilurteil vom 6. 9. 1984 wies das Landgericht Baden-Baden die Klage mit der Begründung ab, die Beschwerdeführerin sei zum Besitz des Kirchengrundstücks berechtigt. Auch die Widerklage wies das Landgericht durch (Schluß-)Urteil vom 14. 10. 1985 ab.

3. Die Berufung der Beschwerdeführerin gegen das landgerichtliche (Schluß-) Urteil wurde vom Oberlandesgericht Karlsruhe durch Urteil vom 30. 1. 1987 zurückgewiesen. Der Berufung der Klägerin wurde durch dasselbe Urteil teilweise stattgegeben, und zwar dergestalt, daß die Beschwerdeführerin zur Einräumung des Mitbesitzes an dem Grundstück der russisch-orthodoxen Kirche „Zur Verklärung Christi" in Baden-Baden verurteilt wurde.

4. Die Revision der Beschwerdeführerin wurde vom Bundesgerichtshof mit Beschluß vom 16. 6. 1988 mangels grundsätzlicher Bedeutung und mangels Aussicht auf Erfolg nicht angenommen. Der Revision der Klägerin wurde vom Bundesgerichtshof durch Urteil vom 28. 10. 1988[2] stattgegeben. Das Berufungsurteil des Oberlandesgerichts wurde dahingehend abgeändert, daß die Beschwerdeführerin zur Herausgabe des Kirchengrundstücks an die Klägerin verurteilt wurde. Diese könne gemäß § 985 BGB von der Beschwerdeführerin die Herausgabe des Kirchengrundstücks nebst aufstehendem Kirchengebäude verlangen. Sie sei infolge der wirksamen Eigentumszuweisung aus dem Jahre 1938 Grundstückseigentümerin geworden. Die Widmung des Kirchengebäudes zu einer „res sacra" stehe dem Herausgabeverlangen nicht entgegen. Ein ggf. durch eine Widmung begründetes Nutzungsrecht (§ 986 Abs. 1 Satz 1 BGB) habe die

---

[2] BGH KirchE 26, 346.

Beschwerdeführerin durch die aufgrund des Reichsgesetzes ergangene ministerielle Entscheidung im Jahre 1938 verloren. Auch begründe der bloße Gebrauch der Kirche seit der Loslösung der Beschwerdeführerin von der Klägerin kein Recht zum Besitz.

III. Mit ihren Verfassungsbeschwerden wendet sich die Beschwerdeführerin gegen die Entscheidungen der Fachgerichte. Sie rügt, die angefochtenen Entscheidungen verletzten ihre Rechte aus Art. 2, 14, 19 Abs. 4, 101 sowie aus Art. 4 i.V.m. Art. 140 GG, Art. 138 WRV und seien mit dem Rechtsstaats- und Neutralitätsgebot unvereinbar. Zur Stützung ihrer Rechtsauffassung hat die Beschwerdeführerin eine gutachterliche Stellungnahme über die Eigentums- und Besitzverhältnisse an der Russisch-Orthodoxen Kirche in Baden-Baden vorgelegt.

Die Kammer nimmt die Verfassungsbeschwerden nicht zur Entscheidung an.

Aus den Gründen:

B. Die Verfassungsbeschwerden sind nur teilweise zulässig (...)
II. Im übrigen sind die Verfassungsbeschwerden zulässig.

1. Die Beschwerdeführerin behauptet, in ihrem Grundrecht auf ungestörte Religionsausübung dadurch verletzt zu sein, daß die angegriffenen zivilgerichtlichen Entscheidungen ihr das Eigentum und das Recht zum (Allein-)Besitz an dem Kirchengrundstück „Zur Verklärung Christi" in Baden-Baden entzögen – mit der Folge, daß sie in der Aktualisierung ihres religiösen Bekenntnisses, namentlich in Form der Abhaltung von Gottesdiensten, eingeschränkt werde (§ 90 Abs. 1 BVerfGG).

a) Als inländische juristische Person des Privatrechts, deren Zweck die Pflege und Förderung des russisch-orthodoxen Bekenntnisses und die Verkündigung des Glaubens ihrer Mitglieder ist, ist die beschwerdeführende Kirchengemeinde Trägerin des Grundrechts der Religionsfreiheit aus Art. 4 Abs. 1 und 2 GG (vgl. BVerfGE 19, 129 [132][3]; 70, 138 [160 f.][4]; st. Rspr.).

b) Die Behauptung, das Grundrecht der Religionsausübungsfreiheit sei verletzt, ist auch in einer den §§ 23 Abs. 1 Satz 2, 92 BVerfGG genügenden Weise substantiiert worden. Der Vortrag der Beschwerdeführerin läßt eine Verletzung dieses Grundrechts durch die angegriffenen Urteile als möglich erscheinen.

Das Grundrecht der ungestörten Religionsausübung (Art. 4 Abs. 2 GG) umfaßt die Freiheit, einen religiösen Glauben zu manifestieren, zu bekennen und zu verbreiten (vgl. BVerfGE 12, 1 [3 f.][5]; 24, 236 [245][6]; 53, 366 [387][7]; 69,

---
[3] KirchE 7, 242.
[4] KirchE 23, 105.
[5] KirchE 5, 256.
[6] KirchE 10, 181.
[7] KirchE 18, 69.

1 [33 f.][8]). Als Abwehrrecht gegen den Staat vermittelt die Religionsausübungsfreiheit zwar keinen Anspruch auf Herstellung oder Gewährleistung der materiellen Voraussetzungen der Religionsausübung, also auch nicht einen Anspruch auf Bereitstellung oder Erhaltung konkreter, zur Ausübung von Religion und Weltanschauung bestimmter Räumlichkeiten. Gleichwohl ist der Schutzbereich von Art. 4 Abs. 2 GG nicht nur in dem Falle berührt, daß Akte der öffentlichen Gewalt unmittelbar in die Ausübung von Religion und Weltanschauung eingreifen, sondern auch dann, wenn die staatliche Gewalt dem Grundrechtsträger vorhandene notwendige materielle Ausübungsvoraussetzungen dieses Grundrechts entzieht, das insoweit – für das hier in Streit stehende Gotteshaus – durch Art. 140 GG i.V.m. Art. 138 Abs. 2 WRV konkretisiert wird (vgl. auch BVerfGE 83, 341 [355][9]).

Freilich kann eine Verletzung des Grundrechts nicht allein daraus hergeleitet werden, daß ein staatliches Gericht in einem Rechtsstreit zwischen zwei Religionsgesellschaften über Eigentum, Besitz oder Nutzung eines für den Gottesdienst bestimmten Gebäudes entscheidet und sein Urteil zur Folge hat, daß die unterliegende Partei das streitige Recht verliert. Das Grundrecht der ungestörten Religionsausübung entzieht solche Streitfälle zwischen Religionsgesellschaften nicht der staatlichen Gerichtsbarkeit; es schützt daher auch nicht vor den Folgen des Unterliegens in einem solchen Rechtsstreit. Eine Verletzung des Art. 4 Abs. 2 GG durch das gerichtliche Urteil kommt jedoch dann in Betracht, wenn im Rechtsstreit die Rechtmäßigkeit oder Wirksamkeit einer anderen staatlichen Maßnahme zu beurteilen war, durch die in die Eigentums-, Besitz- oder Nutzungsverhältnisse an dem Streitobjekt eingegriffen wurde und von der eine durch das gerichtliche Urteil nicht behobene Beeinträchtigung des Art. 4 Abs. 2 GG ausgehen kann.

Hiernach ist im vorliegenden Fall die Verfassungsbeschwerde zulässig. Denn die Beschwerdeführerin macht geltend, die von den Zivilgerichten als fortwirkend angesehene Entscheidung des Reichsministers für die kirchlichen Angelegenheiten vom 11. 6. 1938, durch die das Eigentum an dem hier streitigen Kirchengrundstück der Russisch-Orthodoxen Diözese des Orthodoxen Bischofs von Berlin und Deutschland zugewiesen wurde, sowie deren Auslegung und Anwendung durch die Zivilgerichte verstießen jedenfalls in ihren heutigen Auswirkungen gegen Art. 4 Abs. 2 GG.

2. In gleicher Weise kommt darüber hinaus auch eine Verletzung der Eigentumsgarantie gemäß Art. 14 Abs. 1 GG in Betracht, soweit die Beschwerdeführerin, die sich als juristische Person des Privatrechts gemäß Art. 19 Abs. 3 GG

---

[8] KirchE 23, 80.
[9] KirchE 29, 9.

auf eine Verletzung von Art. 14 GG berufen kann (vgl. BVerfGE 53, 336 [345]; st. Rspr.), den entschädigungslosen Entzug des dinglichen Anwartschaftsrechtes an dem Kirchengrundstück bzw. des Anspruchs auf dessen Übereignung rügt. Das dingliche Anwartschaftsrecht stellt wie der Übereignungsanspruch eine vermögenswerte Position dar, die aufgrund ihrer Privatnützigkeit und der ihrem Inhaber eingeräumten grundsätzlichen Verfügungsbefugnis (vgl. BVerfGE 52, 1 [30]; 53, 257 [290]; 78, 58 [71]; 83, 201 [208]) eigentumsrechtlichen Schutz genießt. Ob dies auch für ein durch die Widmung der Kirche zur res sacra etwa begründetes Besitzrecht zu gelten hat, erscheint im Hinblick auf die fehlende Verkehrsfähigkeit und Übertragbarkeit dieses Rechtes zweifelhaft (vgl. zur eingeschränkten Verfügungsbefugnis BVerfGE 83, 201 [209, 210 f.]), bedarf aber im Blick darauf, daß insoweit jedenfalls die Gewährleistung des Art. 4 Abs. 2 GG i.V.m. Art. 140 GG/Art. 138 Abs. 2 WRV in Betracht kommt (s. o. 1), keiner Entscheidung.

C. Soweit die Verfassungsbeschwerden zulässig sind, haben sie jedoch keine Aussicht auf Erfolg und sind deshalb nicht zur Entscheidung anzunehmen (§ 93b Abs. 1 Satz 1 Nr. 2 BVerfGG).

I. Zwar berührt die Entziehung eines vorhandenen, für die Religionsausübung erforderlichen Gutes, wie dargelegt, den Sachbereich des Grundrechts aus Art. 4 Abs. 2 GG. Jedoch bezieht sich der Gewährleistungsinhalt der Religionsausübungsfreiheit insoweit nur auf Güter, die dem Grundrechtsträger nach Maßgabe der Zuweisungsakte der bürgerlichen Rechtsordnung, die ihrerseits den verfassungsrechtlichen Vorgaben entsprechen muß, zustehen (vgl. entsprechend zur religiösen Vereinigungsfreiheit BVerfGE 83, 341 [355 f.][10]). Verfassungsrechtlicher Maßstab ist in diesem Sinne für den in den angegriffenen Entscheidungen beurteilten Zuweisungsakt zu Lasten der Beschwerdeführerin insbesondere die Kirchengutsgarantie gemäß Art. 140 GG i.V.m. Art. 138 Abs. 2 WRV, wonach Religionsgesellschaften und religiösen Vereinen das Eigentum und andere Rechte an ihren für Kultus-, Unterrichts- und Wohltätigkeitszwecke bestimmten Anstalten, Stiftungen und sonstigem Vermögen gewährleistet wird.

Ob die Beschwerdeführerin in persönlicher Hinsicht und die von ihr behaupteten Rechte in sachlicher Hinsicht den Schutz der durch Art. 140 GG in das Grundgesetz inkorporierten Bestimmung des Art. 138 Abs. 2 WRV genießen (vgl. dazu BVerwGE 87, 115 [121 ff., 131][11] m.w.N.), kann offenbleiben; denn eine Feststellung dahin, daß der Zuweisungsakt und seine Beurteilung durch die gerichtlichen Entscheidungen das in diesen Verfassungsbestimmungen verbürgte Recht verkannt hätten, läßt sich nicht treffen.

---

[10] KirchE 29, 9.
[11] KirchE 28, 294.

1. Ohne daß dies verfassungsrechtlich zu beanstanden ist, geht der Bundesgerichtshof in seinem Urteil vom 28. 10. 1988 davon aus, daß die Russisch-Orthodoxe Diözese des Orthodoxen Bischofs von Berlin und Deutschland infolge der gemäß § 1 Abs. 2 des Gesetzes über den Grundbesitz der russisch-orthodoxen Kirche in Deutschland vom 25. 2. 1938 erfolgten Eigentumszuweisung, die in Form der Entscheidung des Reichsministers für die kirchlichen Angelegenheiten vom 11. 6. 1938 erging, Eigentümerin des Kirchengrundstücks geworden ist. Hinsichtlich der Wirksamkeit des genannten Reichsgesetzes stützt sich der Bundesgerichtshof u. a. auf einen Beschluß des seinerzeit zuständigen Vorprüfungsausschusses des Bundesverfassungsgerichts vom 30. 11. 1983[12] (NJW 1984, S. 968), wonach dem Reichsgesetz die Geltung als Recht nicht aberkannt werden könne. Von dieser Rechtsprechung abzuweichen, besteht kein Anlaß. Auch die von der Beschwerdeführerin selbst vorgetragenen, u. a. durch das Gutachten aufgeworfenen Gesichtspunkte rechtfertigen eine solche Abweichung nicht.

a) Das Reichsgesetz vom 25. 2. 1938 (RGBl. I S. 223) war formell gültig zustande gekommen. Es war als sogenanntes Regierungsgesetz auf der Grundlage des Gesetzes zur Behebung der Not von Volk und Reich vom 24. 3. 1933 – sogenanntes Ermächtigungsgesetz (RGBl. I S. 141) – ohne die Mitwirkung der gesetzgeberischen Körperschaften erlassen worden. Nach der ständigen Rechtsprechung des Bundesverfassungsgerichts steht dies allein dem rechtsgültigen Erlaß des Gesetzes nicht entgegen (vgl. BVerfGE 6, 309 [330 f.]; 6, 389 [413 ff.]; 7, 29 [37]; 10, 354 [360 f.]; 21, 292 [295]; 28, 119 [139]).

b) Die Rechtsgültigkeit des Gesetzes vom 25. 2. 1938 läßt sich auch unter Bezug auf seinen Inhalt nicht in Frage stellen. In ständiger Rechtsprechung geht das Bundesverfassungsgericht davon aus, daß nationalsozialistischen Rechtsvorschriften die Geltung als Recht abgesprochen werden kann, wenn sie zu den alles positivierte Recht beherrschenden fundamentalen Prinzipien der Gerechtigkeit in derart evidentem Widerspruch stehen, daß der Richter, der sie anwendete oder ihre Rechtsfolgen anerkannte, Unrecht statt Recht sprechen würde (BVerfGE 3, 58 [119]; 6, 132 [198 f.]; 6, 309 [332]; 23, 98 [LS. 1 und 106]; 28, 119 [139]; 54, 53 [67 f.]). Diese äußerste Geltungsgrenze gegenüber dem schlechthin nicht mehr zu beachtenden Unrecht (vgl. BVerfGE 6, 132 [199]) hat das Reichsgesetz von 1938, wie die Fachgerichte unter Bezug auf den Beschluß des Vorprüfungsausschusses vom 30. 11. 1983 (aaO) ohne Verfassungsverstoß festgestellt haben, nicht überschritten.

aa) Eine Prüfung des Reichsgesetzes über den Grundbesitz der russisch-orthodoxen Kirche in Deutschland daraufhin, ob ihm als schlechthin unbe-

---

[12] KirchE 21, 304.

achtlichem Unrecht selbst die Beachtung kraft „soziologischer Geltungskraft" (BVerfGE 6, 132 [199]) zu versagen ist, läßt sich zwar nicht ohne Bezug auf den Gesamtkontext der die russisch-orthodoxe Kirche betreffenden nationalsozialistischen Maßnahmen, Ziele und Absichten vornehmen. Dies bedeutet aber nicht, daß damit die der russisch-orthoxen Kirche gegenüber betriebene Kirchenpolitik der nationalsozialistischen Machthaber als solche zur verfassungsrechtlichen Überprüfung steht. Vielmehr hat die Prüfung aufgrund einer Einzelbewertung dieses Gesetzes anhand einer den Gesamtzusammenhang nationalsozialistischer Kirchenpolitik berücksichtigenden Betrachtungsweise zu erfolgen (vgl. auch – am Beispiel der nationalsozialistischen Rassegesetzgebung –: BVerfGE 23, 98 [105]).

Die nationalsozialistischen Machthaber, allen voran der Reichs- und Preußische Minister für die kirchlichen Angelegenheiten Kerrl, betrieben gegenüber der russisch-orthodoxen Kirche eine aktiv-beeinflussende Kirchenpolitik in dem Sinne, daß sie die nach ihrer Einschätzung „deutschfreundliche" und antisowjetisch eingestellte Russisch-Orthodoxe Diözese des Orthodoxen Bischofs von Berlin und Deutschland einseitig förderten und im Rahmen der orthodox-innerkirchlichen Streitigkeiten eindeutig zugunsten letztgenannter Partei ergriffen (vgl. dazu: Werner Haugg, Die Ostkirche in Deutschland. Zur Geschichte der Orthodoxie in Deutschland, in: Zeitschrift für Kirchengeschichte 60 [1941], S. 132 [138 ff.]). Ausdruck dieser bevorzugten Behandlung der Russisch-Orthodoxen Diözese des Orthodoxen Bischofs von Berlin und Deutschland waren insbesondere die Anerkennung derselben als Körperschaft des öffentlichen Rechts durch Beschluß des Preußischen Staatsministeriums vom 14. 3. 1936 (RMBliV. 1936 S. 673), die maßgebliche finanzielle und sonstige Unterstützung derselben beim Neubau einer Kathedrale in Berlin-Wilmersdorf in den Jahren 1935 bis 1938 (Belege bei Käte Gaede, Russische orthodoxe Kirche in Deutschland in der ersten Hälfte des 20. Jahrhunderts, 1985, S. 151 ff., bes. 158 f.) und schließlich auch das Gesetz über den Grundbesitz der russisch-orthoxen Kirche in Deutschland vom 25. 2. 1938 (vgl. dazu auch Werner Weber, Die kleinen Religionsgemeinschaften im Staatskirchenrecht des nationalsozialistischen Regimes [1955], in: ders., Staat und Kirche in der Gegenwart, 1978, S. 226 [228 f.]). Hinter dieser Parteinahme standen durchaus handfeste kirchen- und außenpolitische sowie propagandistische Absichten und Zielsetzungen. Die Bevorzugung der Russisch-Orthodoxen Diözese des Orthodoxen Bischofs von Berlin und Deutschland führte jedoch nicht dazu, daß die russisch-orthodoxe Kirche eulogianischer Jurisdiktion, insonderheit die Beschwerdeführerin – von auf Einzelpersonen beschränkten Fällen der Ausübung politischen Drucks abgesehen – aktiven Behinderungen der Glaubensausübung, Verboten, Zwangsauflösungen, Verfolgungs- und Unterdrückungsmaßnahmen oder ähnlichen Repressalien ausgesetzt war.

bb) Vor diesem kirchenpolitischen Hintergrund bot das Reichsgesetz vom 25. 2. 1938 die Möglichkeit, der einzigen als Körperschaft des öffentlichen Rechts anerkannten „deutschfreundlichen" Richtung der russisch-orthodoxen Kirche das Eigentum an ihr bisher nicht gehörenden Kirchengrundstücken zuzuweisen, um auf diese Weise die Spaltungen innerhalb der russisch-orthodoxen Kirche im Sinne der Russisch-Orthodoxen Diözese des Orthodoxen Bischofs von Berlin und Deutschland einer Lösung zuzuführen. Dieser Effekt war indes nicht mehr als ein – sicherlich beabsichtigter – Nebenzweck. Im Vordergrund der gesetzlichen Regelung stand die Befriedigung des aus der ungeklärten Rechtsnachfolge und Eigentumslage resultierenden Regelungsbedürfnisses bezüglich jener Kirchengrundstücke, die vormalig dem inzwischen untergegangenen Kaiserlich-Russischen Fiskus gehört hatten (Belege für die Auseinandersetzung um einzelne Kirchengrundstücke bei Gaede, aaO, S. 224 ff.). Im Falle des in Baden-Baden belegenen Grundstücks hatte die Sowjetunion ihr Desinteresse der Deutschen Botschaft sogar in einer Verbalnote erklärt. Die primäre Ordnungsfunktion, die bereits die in § 1 Abs. 1 des Gesetzes positivierte Erhaltung des Grundbesitzes für Zwecke der russisch-orthodoxen Kirche nahelegt, erschließt sich nicht zuletzt aus der dem (später in Kraft gesetzten) Entwurf des Reichsgesetzes beigefügten und nicht zur Veröffentlichung bestimmten Begründung (zitiert bei Gaede, aaO, S. 229 f.).

Daß das Reichsgesetz vom 25. 2. 1938 auch nicht zu leugnende kirchenpolitische Zielsetzungen verfolgte, die nach den Grundsätzen des unter dem Grundgesetz geltenden Staatskirchenrechts unzulässig wären, und daß dem Regelungsbedürfnis auch in anderer Weise hätte Rechnung getragen werden können, ändert nichts daran, daß das Reichsgesetz als eine vorrangig ordnungspolitisch motivierte Entscheidung der Reichsregierung anzusehen ist, die einen elementaren, unter keinen Umständen zu beachtenden Unrechtsgehalt nicht aufweist.

2. Verfassungsrechtlich unbedenklich hat der Bundesgerichtshof die Frage offengelassen, ob sich die Ministerentscheidung im Hinblick auf die Beschwerdeführerin als nationalsozialistische Verfolgungsmaßnahme darstellt, und die Beschwerdeführerin insoweit auf das Rückerstattungsverfahren verwiesen. Daß sie selbst nicht zuvor im Grundbuch eingetragen war, hätte einem Rückerstattungsanspruch nicht entgegengestanden (vgl. BVerfG, NJW 1984, S. 968 m.w.N.).

3. Die vom Bundesgerichtshof vorgenommene Auslegung und Wertung der Ministerentscheidung vom 11. 6. 1938 dahin, daß durch sie der Russisch-Orthodoxen Kirche des Orthodoxen Bischofs von Berlin und Deutschland volles, uneingeschränktes und unbelastetes Eigentum an dem Kirchengrundstück zugewiesen und infolge dieser Zuweisung ein eventuelles Besitzrecht der

Beschwerdeführerin in Wegfall geraten sei, begegnet keinen verfassungsrechtlichen Bedenken.

a) Es ist nicht Aufgabe des Bundesverfassungsgerichts, in einem Verfassungsbeschwerde-Verfahren über die Richtigkeit der Auslegung des einfachen Rechts durch die Gerichte zu befinden. Subsumtionsvorgänge innerhalb des einfachen Rechts sind so lange der Nachprüfung durch das Bundesverfassungsgericht entzogen, als das zur Entscheidung berufene Gericht bei der Feststellung des Norminhalts im Wege der Auslegung nicht willkürlich verfahren ist oder als nicht Auslegungsfehler sichtbar werden, die auf einer grundsätzlichen unrichtigen Anschauung des erkennenden Fachgerichts von Bedeutung und Tragweite eines Grundrechts oder grundrechtsgleichen Rechts, insbesondere vom Umfang seines Schutzbereichs, beruhen und auch in ihrer materiellen Bedeutung für den konkreten Rechtsfall von einigem Gewicht sind (vgl. BVerfGE 18, 85 [92 f.]; 30, 173 [188]; 80, 286 [296]; st. Rspr.).

b) Entgegen der Auffassung der Beschwerdeführerin hält sich die vom Bundesgerichtshof gegebene Interpretation der Ministerentscheidung innerhalb dieser Grenzen.

aa) Die Auslegung der Entscheidung des Reichsministers für die kirchlichen Angelegenheiten bezieht sich auf einen Rechtsakt, der vor Inkrafttreten des Grundgesetzes und damit nicht unter dessen Geltung ergangen ist und der folglich nicht daraufhin zu beurteilen ist, ob sein Erlaß heute mit der Verfassungsordnung der Bundesrepublik Deutschland, namentlich den Grundrechten, vereinbar wäre. Daß die Auslegung von einem Gericht vorgenommen wird, welches seinerseits unter dem Grundgesetz und seinen verbindlichen Vorgaben steht, ändert nichts daran, daß es sich vorliegend um die Interpretation einer Maßnahme handelt, die nicht dem Verantwortungsbereich der dem Grundgesetz verpflichteten Staatsgewalt der Bundesrepublik Deutschland zugerechnet werden kann (vgl. dazu BVerfGE 84, 90 [122 f.]) und infolgedessen auch nicht den für diese geltenden spezifischen verfassungsrechtlichen Anforderungen entsprechen muß. Auch der Umstand, daß der vor Inkrafttreten des Grundgesetzes vollzogene und endgültig wirksam gewordene staatliche Hoheitsakt rechtliche Folgewirkungen in der grundgesetzlichen Ordnung zeitigt, führt nicht dazu, die Prüfung dieser Maßnahme am Maßstab des Grundgesetzes zu eröffnen (vgl. BVerfGE 17, 38 [50 f.]; 29, 166 [175]; für die Bayerische Verfassung ebenso: BayVerfGH, VerfGHE N. F. 28, S. 198 [203] m.w.N.); ebenso ist nicht die Frage aufzuwerfen, ob und gegebenenfalls mit welchem Inhalt die Maßnahme auch unter der Geltung des Grundgesetzes hätte ergehen können.

bb) Dem Vorstehenden läßt sich auch nicht der Hinweis entgegenhalten, die Bestimmung des Art. 138 Abs. 2 WRV habe bereits zu Zeiten des Erlasses des Reichsgesetzes von 1938 und der Entscheidung des Reichskirchenministers gegolten und damit von den staatlichen – gesetzgebenden wie gesetzesvollziehenden – Organen Beachtung beansprucht – mit der Folge, daß der Gewährleistungsgehalt des Art. 138 Abs. 2 WRV bereits bei Erlaß und Auslegung des Reichsgesetzes und insbesondere der Ministerentscheidung hätte berücksichtigt werden müssen.

Die diesem Hinweis zugrundeliegende Auffassung übersieht, daß es sich bei Art. 138 Abs. 2 WRV und bei Art. 140 GG i.V.m. Art. 138 Abs. 2 WRV hinsichtlich des Geltungsgrundes, des zeitlichen Geltungsrahmen und der normhierarchischen Qualifizierung als Bestimmung einer bestimmten (Verfassungs-)Rechtsordnung trotz übereinstimmenden Wortlauts nicht um dieselbe Norm handelt. Maßstabsnorm im Rahmen eines Verfassungsbeschwerdeverfahrens vor dem Bundesverfassungsgericht kann allein Art. 140 GG i.V.m. Art. 138 Abs. 2 WRV sein, nicht hingegen der Weimarer Kirchengutsartikel (Art. 138 Abs. 2 WRV) als solcher.

Ungeachtet dessen führt der Hinweis auf Art. 138 Abs. 2 WRV auch deshalb nicht weiter, weil die Weimarer Verfassung und mit ihr die Kirchengutsgarantie zu Zeiten des NS-Regimes ihren Verfassungsrang eingebüßt hatten. Das nationalsozialistische Regime hatte die formelle Verfassungskraft der Weimarer Verfassung überhaupt beseitigt (vgl. BVerfGE 2, 237 [248–250]; siehe auch BVerfGE 3, 58 [90 ff.]; 15, 167 [194 f.]). Dementsprechend vermochten ihre Bestimmungen nicht mehr Rechtsetzungs- oder Auslegungshindernisse gegenüber einfachgesetzlichen bzw. auf einfachgesetzlicher Grundlage beruhenden Maßnahmen zu bilden. Dabei mag dahinstehen, ob und gegebenenfalls in welchem Rang die Weimarer Verfassung im allgemeinen und die Kirchengutsgarantie des Art. 138 Abs. 2 WRV im besonderen weitergegolten haben. Selbst wenn von einer Weitergeltung des Art. 138 Abs. 2 WRV im Range eines einfachen Gesetzes ausgegangen wird (vgl. dazu Koellreutter, Deutsches Verfassungsrecht, 3. Aufl., 1938, S. 62), hätte Art. 138 Abs. 2 WRV nicht beachtet werden müssen. Galt nämlich die Kirchengutsgarantie nunmehr im Range eines einfachen Gesetzes, konnte es durch das Reichsgesetz von 1938, insoweit eine lex posterior, derogiert werden. Es kommt deshalb nicht mehr darauf an, daß daneben Art. 2 Satz 1 des Gesetzes zur Behebung der Not von Volk und Reich v. 24. 3. 1933 (RGBl. I S. 141; verlängert bis zum 1. 4. 1941 durch das Gesetz zur Verlängerung des Gesetzes zur Behebung der Not von Volk und Reich v. 30. 1. 1937, RGBl. I S. 105) dazu ermächtigte, daß von der Reichsregierung beschlossene Gesetze – wie das Reichsgesetz v. 25. 2. 1938 – von der Reichsverfassung abweichen konnten.

c) Die vom Bundesgerichtshof gewählte Auslegung der Ministerentscheidung ist auch nicht willkürlich im Sinne des verfassungsrechtlichen Willkürverbots (Art. 3 Abs. 1 GG).

aa) Angesichts des Wortlauts von § 1 Abs. 2 des Reichsgesetzes vom 25. 2. 1938, der zwischen der Regelung der „Eigentumsverhältnisse" und der Regelung von „Art und Umfang der Nutzung" der Grundstücke unterscheidet, und der Entstehungsgeschichte dieses Gesetzes kann nicht mit der erforderlichen Eindeutigkeit und Verläßlichkeit festgestellt werden, daß die Bestimmung des § 1 Abs. 2 keinesfalls auch eine über die bloße Eigentumszuweisung hinausgehende Entwidmung der von diesem Gesetz erfaßten Grundstücke der russisch-orthodoxen Kirche zugelassen hätte.

bb) Ebensowenig erscheint die Auslegung der Ministerentscheidung im übrigen als nicht mehr verständlich. Der Bundesgerichtshof hat seine Interpretation im wesentlichen darauf gestützt, daß der Klägerin des Ausgangsverfahrens deswegen volles, uneingeschränktes und unbelastetes Eigentum an dem Kirchengrundstück übertragen worden sei, weil durch die Enteignungsentscheidung des Reichsministers Art und Umfang der Nutzung nicht besonders – auch nicht zugunsten der Beschwerdeführerin – geregelt worden seien. Mangels eindeutiger entgegenstehender Hinweise in der Ministerentscheidung erscheint diese Auslegung nicht unvertretbar, wenngleich aus dem Fehlen einer besonderen Regelung von Art und Umfang der Nutzung des Kirchengrundstücks auch das Gegenteil gefolgert werden könnte, daß nämlich der Reichskirchenminister von der ihm zustehenden Befugnis zur (Neu-)Ordnung der Nutzung und der damit einhergehenden Entwidmung des Kirchengrundstücks im vorliegenden Fall keinen Gebrauch gemacht hatte. Über die sachliche Richtigkeit der vom Bundesgerichtshof gewählten Auslegung hat aber das Bundesverfassungsgericht nicht zu befinden.

4. Schließlich ist auch die Feststellung des Bundesgerichtshofs nicht zu beanstanden, daß der bloße Besitz und Gebrauch der Kirche zu gottesdienstlichen Zwecken seit der Loslösung der Beschwerdeführerin von der Klägerin im Ausgangsverfahren kein Recht zum Besitz im Sinne des § 986 BGB begründe (vgl. auch BVerfG, NJW 1984, S. 968 [969]). Denn insoweit könnte sich die Beschwerdeführerin allenfalls auf eine von ihr vorgenommene Widmung der Kirche berufen. Da es aber bereits an der Zustimmung des Eigentümers, der Klägerin im Ausgangsverfahren, fehlte (zum Erfordernis des Einverständnisses des Eigentümers siehe nur BVerwGE 87, 115 [125]), kann offenbleiben, ob eine Widmung durch die Beschwerdeführerin, die eine Religionsgemeinschaft ohne den Status einer öffentlich-rechtlichen Körperschaft ist, überhaupt hätte vorgenommen werden können.

II. Scheidet nach alledem eine Verletzung der Religionsausübungsfreiheit der Beschwerdeführerin aus Art. 4 Abs. 2 GG (i.V.m. Art. 140 GG, Art. 138 Abs. 2 WRV) aus, weil durch die angegriffenen Entscheidungen in den Gewährleistungsinhalt dieses Grundrechts nicht eingegriffen worden ist, so entfällt auch ein Verstoß gegen Art. 14 Abs. 1 GG, dessen Schutzumfang insoweit nicht über jenen der Art. 140 GG i.V.m. Art. 138 WRV hinausreicht.

Für die Verletzung anderer verfassungsrechtlich gewährleisteter Rechte der Beschwerdeführerin ist nichts ersichtlich.

19

Für die Klärung der Streitfrage, ob der Beklagte öffentlich für seine Einrichtungen die Bezeichnung „katholisch" oder „römisch-katholisch" ohne Genehmigung des Ortsbischofs benutzen darf, ist der Rechtsweg zu den ordentlichen Gerichten gegeben.

Wegen ihres verfassungsrechtlich geschützten Selbstbestimmungsrechts ist es der verfaßten Kirche grundsätzlich selbst überlassen, verbindlich zu bestimmen, welche Gruppierungen ihren Namen führen dürfen.

Art. 4, 140 GG, 137 Abs. 3 WRV; § 12 BGB
OLG Düsseldorf, Urteil vom 4. März 1992 – 15 U 20/91[1] –

Der beklagte Verein, ein privatrechtlicher Zusammenschluß von Anhängern des französischen Alterzbischofs L., betreibt unter seelsorgerischer Betreuung durch die „Priesterbruderschaft Pius X" in K. die Kapelle „Maria Trösterin der Betrübten". An der Hauswand befindet sich ein Schild, das die Kapelle als „röm.-kath. Oratorium" bezeichnet. Die Klägerin, das örtlich zuständige röm.-kath. Bistum M., nimmt den Beklagten auf Unterlassung der Bezeichnung seiner Kapelle, Einrichtungen und Veranstaltungen als „katholisch" oder „römisch-katholisch" in Anspruch. Der Ortsbischof hat diese Bezeichnung nicht genehmigt. Das Landgericht[2] hat der Klage stattgegeben.

Die Berufung der Beklagten blieb ohne Erfolg.

Aus den Gründen:

Die zulässige Berufung des Beklagten hat in der Sache keinen Erfolg. Das Landgericht hat den beklagten Verein zu Recht verurteilt, a) die Bezeichnung „röm.kath." auf dem Hinweisschild für seine Kapelle „Maria Trösterin der Betrübten" (...) in K. zu entfernen und b) es zu unterlassen, seine Kapelle „Maria Trösterin der Betrübten" (...) sowie seine Einrichtungen und Veranstaltungen im Bereich des Bistums M. als „katholisch" oder „römisch-katholisch" zu bezeichnen.

Der Senat folgt den Gründen der angefochtenen Entscheidung, § 543 Abs. 1 ZPO, und nimmt deshalb zur Vermeidung von Wiederholungen auf die Entscheidungsgründe des landgerichtlichen Urteils (...) Bezug. Das Berufungsvorbringen gibt lediglich zu den nachfolgenden Ergänzungen und Wiederholungen Anlaß:

Für den Streit der Parteien ist der Rechtsweg zu den ordentlichen Gerichten

---

[1] NJW-RR 1993, 185.
Vgl. hierzu auch die Nachweise bei OLG Köln KirchE 30, 41 Fn. 1.
[2] LG Kleve KirchE 28, 346.

gegeben. Entgegen der Auffassung des beklagten Vereins handelt es sich bei der vorliegenden Streitfrage nicht um eine rein innerkirchliche Angelegenheit mit der Folge, daß die staatlichen Gerichte unzuständig wären (vgl. dazu allgemein: BVerfG NJW 1965, 961[3]). Die hier streitentscheidende Frage, ob der Beklagte ohne Genehmigung der Klägerin die Bezeichnung „katholisch" oder „römisch-katholisch" öffentlich für seine Einrichtungen benutzen darf, ist der Natur nach keine eigene innerkirchliche Angelegenheit. Hierdurch werden interpersonale Beziehungen verschiedener Rechtssubjekte berührt. Es ist über die rechtmäßige oder widerrechtliche Benutzung eines Namens oder einer hiermit gleichzustellenden Bezeichnung zu entscheiden. Dies zu regeln ist Aufgabe des Staates und seiner staatlichen Gerichtsbarkeit (vgl. dazu allgemein auch Sachs, Staatliche und kirchliche Gerichtsbarkeit, DVBl. 1989, 487 f. [490]). Eine innerkirchliche Auseinandersetzung, für deren Schlichtung der Rechtsweg zu den staatlichen Gerichten unter Beachtung von Art. 140 GG i.V.m. Art. 137 Abs. 3 WRV verschlossen wäre, würde allenfalls vorliegen, wenn nicht nur die Klägerin, sondern auch der Beklagte ein Teil der verfaßten Kirche wäre. Das aber trifft für den Beklagten nicht zu. Er ist nach seiner Satzung (...) als privatrechtlicher, rechtsfähiger, eingetragener Verein im Sinne der §§ 26 f., 55 f. BGB gegründet worden zu dem Zweck der Förderung der röm.-kath. Religion in Wort, Schrift und Tat. Seine Mitglieder nehmen nach der Satzung keine kirchliche Funktion wahr, sondern wollen durch geistige und materielle Betreuung zur Ausbildung und Fortbildung röm.-kath. Priester sowie zur Errichtung von Seelsorgstützpunkten und Exerzitienhäusern beitragen. Angesichts dieser Organisationsform als eingetragener Verein des bürgerlichen Rechts ist es unerheblich, ob und in welchem Maße die Geschicke des Beklagten bestimmt werden von Mitgliedern der „Priesterbruderschaft Pius X", die sich als Teil der röm.-kath. Kirche verstehen.

Die Klägerin besitzt die notwendige Klagebefugnis. Nicht die deutsche Bischofskonferenz, sondern das jeweilige Bistum, vertreten durch den Generalvikar, ist innerhalb der jeweiligen Bistumsgrenzen berechtigt, die der katholischen Kirche zustehenden Rechte geltend zu machen. Die Bischofskonferenz stellt lediglich einen Zusammenschluß der deutschen Bischöfe zur Beratung gemeinsamer Angelegenheiten dar. Nach dem Kirchenrecht hingegen ist jedes Bistum eine eigenständige kirchenorganisatorische Einheit, eine Teilkirche, in der die katholische Kirche präsent ist. Die umfassende kirchliche Autorität für das Gebiet der Diözese ist nach can. 381 § 1 CIC dem Diözesanbischof eigen, und zwar für die gesamte Vertretung der Kirche innerhalb der Diözese als Teilkirche gemäß c. 368, 369 CIC. Der Diözesanbischof ist der „Ortsordinarius". Er hat

---

[3] KirchE 7, 172.

die Rechte der Kirche auf dem Gebiet seines Bistums wahrzunehmen. In laufenden Verwaltungs- und Rechtsangelegenheiten wird das Bistum und dessen Bischof durch den Generalvikar vertreten (vgl. zu alledem cc. 369, 381, 393, 391 § 2, 475, 480 CIC). Diese Organisation der Kirche hat der Staat gemäß Art. 140 GG i.V.m. Art. 137 Abs. 5 WRV anerkannt.

Die Klage ist auch begründet. Die Klägerin begehrt zu Recht gemäß § 12 S. 2 BGB von dem beklagten Verein, es zu unterlassen, die Kapelle „Maria Trösterin der Betrübten" in Kleve und sonstige Einrichtungen und Veranstaltungen im Bereich ihrer Zuständigkeit, dem Gebiet des Bistums Münster, als „katholisch" oder „römisch-katholisch" zu bezeichnen. Nach § 12 S. 1 BGB kann die Klägerin die Beseitigung der Bezeichnung „röm.kath." auf dem Hinweisschild für die Kapelle des Beklagten verlangen.

Nach § 12 BGB wird das Namensrecht des Berechtigten verletzt, wenn ein anderer den gleichen Namen gebraucht, wenn dieser Namensgebrauch unbefugt ist und wenn dadurch ein schutzwürdiges Interesse des Namensträgers verletzt wird (vgl. Palandt-Heinrichs, BGB, 50. Aufl., Rdnr. 19 zu § 12 BGB). § 12 BGB ist zwar eine Vorschrift aus dem Titel des BGB über natürliche Personen. Wegen des in gleicher Weise gegebenen Identitätsinteresses hat die Rechtsprechung jedoch seit langem die entsprechende Anwendung der Bestimmung auf juristische Personen anerkannt (vgl. RGZ 74, 114 [115]; BGHZ 43, 245 [252]; BGH NJW 1970, 1270).

Ob einem Namensteil oder einer aus einem Namen abgeleiteten abgekürzten Bezeichnung selbständiger Namensschutz zukommt, hängt in erster Linie davon ab, ob der Namensteil oder die Abkürzung namensmäßige Unterscheidungskraft besitzen, d. h. ob sie geeignet sind, auf die „Person" des Namensträgers hinzuweisen und sie damit von anderen „Personen" deutlich zu unterscheiden (vgl. Palandt-Heinrichs aaO, Rdnr. 11). Das trifft hier für den Ausdruck „röm.kath." zu. Die Bezeichnung röm.-kath. Kirche wird heute in der Öffentlichkeit als Identifikation der verfaßten römisch-katholischen Kirche mit dem Papst in Rom als dem Haupt dieser Kirche angesehen, ist mithin der Name einer bestimmten christlichen Kirche als Organisation in Abgrenzung von anderen Kirchen und Religionsgemeinschaften.

Der Gebrauch eines Namens wie des Namens „röm.kath. Kirche" durch einen anderen liegt nicht nur dann vor, wenn der Name oder Namensteil von jemandem zur Bezeichnung seiner eigenen Person benutzt wird. Namensschutz kann vielmehr auch beansprucht werden, wenn der Namensträger durch den anderweitigen Gebrauch seines Namens mit bestimmten Einrichtungen in Verbindung gebracht wird, mit denen er nichts zu tun hat (vgl. Palandt-Heinrichs, aaO, Rdnr. 22). Jedenfalls diese Voraussetzung ist hier gegeben. Der Beklagte benutzt die Bezeichnung „röm. kath." zumindest nicht nur zur Kennzeichnung der von ihm vertretenen Glaubensinhalte, sondern auch als Hinweis auf die seit fast 2000 Jahren bestehende römisch-katholische Kirche. Denn ein rechtlich beachtlicher Teil des Verkehrs faßt die Kennzeichnung „röm.kath." auf dem Schild an der Kapelle als Hinweis auf die Religionsgemeinschaft „römisch-katholische Kirche" auf. Diese Feststellung kann das Gericht hier im Gegensatz zu dem von dem Beklagten mehrfach angesprochenen, vom Bundesgerichtshof entschiedenen Fall (BGH NJW 1963, 2267 f.) selber treffen. Denn die Frage, wie der Hinweis auf ein „röm.kath. Oratorium" zu verstehen ist, beantwortet sich nicht aufgrund der allgemeinen Lebenserfahrung. Den Mitgliedern des Senats ist vielmehr aufgrund vielfältiger eigener Erfahrungen u. a. mit Zeitungsberichten, sonstigen Veröffentlichungen und Steuererklärungen bekannt, daß der Begriff „röm.kath." für die verfaßte römisch-katholische Kirche als eine der großen christlichen Gemeinschaften in Deutschland verwendet wird. Zur Kennzeichnung einer Glaubenseinstellung wird der Begriff „katholisch" in aller Regel nur im Hinblick auf eine bestimmte natürliche Person, zur Kennzeichnung einer persönlichen Einstellung zu Fragen des Glaubens oder der Moral oder in ähnlicher personaler Weise gebraucht. Dagegen weist die Bezeichnung „katholisch" in bezug auf eine Einrichtung oder eine Veranstaltung, also in bezug auf Sachen, die als solche keine Glaubenseinstellung haben können, auf den Träger hin, nämlich die verfaßte römisch-katholische Kirche.

Der somit vorliegende Namensgebrauch seitens des Beklagten ist auch unbefugt. Diese Voraussetzung ist gegeben, wenn kein Recht zur Benutzung dieses Namens vorhanden ist. Maßgebend dafür sind nicht allein die besonderen privat- und öffentlich-rechtlichen Vorschriften über Inhalt, Erwerb, Änderung und Verlust des Namens, sondern es entscheidet die gesamte Rechtsordnung. Auch der Gebrauch eines mit einzelnen namensrechtlichen Vorschriften in Einklang stehenden Namens kann unbefugt sein, wenn er das Namensrecht eines anderen verletzt. Insoweit kann die Frage des unbefugten Gebrauchs mit der des schutzwürdigen Interesses des Berechtigten zusammenfallen. Dann ist zwischen den Benutzern desselben Namens – nur der Gebrauch des hier nicht in Rede stehenden bürgerlichen Zwangsnamens steht nach der gesetzlichen Regelung jedem Namensträger gleichermaßen zu – mittels allgemeiner Bewertungskriterien zu entscheiden (vgl. zu alledem Heinrich, bei: Soergel, BGB, 12. Aufl., Rdn. 179 zu § 12 BGB). Da somit allgemeine Bewertungskriterien und keine starren gesetzlichen Regelungen eingreifen, ist es nach der Auffassung des Senats wegen des gemäß Art. 140 GG, Art. 137 Abs. 3 WRV verfassungsrechtlich geschützten Selbstbestimmungsrechts der verfaßten Kirche dieser verfaßten Kirche grundsätzlich selber überlassen, verbindlich zu bestimmen, welche Gruppierungen ihren – der römisch-katholischen Kirche – Namen führen dürfen (vgl. dazu BVerfGE 70, 138 [162 f., 168][4]). Denn das Selbstbe-

---

[4] KirchE 23, 105.

stimmungsrecht der verfaßten Kirche, ihren Glauben inhaltlich zu konkretisieren und die Art seiner Entfaltung in der Welt vorzugeben, wäre ausgehöhlt, wenn sie nicht festlegen könnte, wer in und unter ihrem – der verfaßten Kirche – Namen in der Welt auftreten darf. Einschränkungen kommen insoweit allenfalls in Betracht, als sich auch die verfaßte Kirche nicht in Widerspruch begeben darf zu Grundprinzipien der Rechtsordnung, wie sie im allgemeinen Willkürverbot (Art. 3 Abs. 1 GG), sowie in den Begriffen der „guten Sitten" (§ 138 Abs. 1 BGB) und des ordre public (Art. 30 EGBGB) ihren Niederschlag gefunden haben (vgl. BVerfG, aaO).

Unabhängig davon gilt folgendes: Im staatlichen Recht findet sich keine Grundlage dafür, daß der Beklagte den Namen „röm. kath." gebrauchen darf. Eine solche Befugnis könnte sich somit nur aus dem Kirchenrecht ergeben. Nach dem katholischen Kirchenrecht, can. 216, 300 CIC, darf die Bezeichnung „katholisch" nur mit Zustimmung der zuständigen kirchlichen Autorität geführt werden. Die somit für die Bezeichnung der Kapelle in K. als katholisch notwendige Zustimmung des Bischofs von M. liegt unstreitig nicht vor. Daß der Beklagte bereits vor dem Inkrafttreten des Codex Juris Canonici von 1983 gegründet wurde und den beanstandeten Namen gebraucht hat, rechtfertigt keine andere Beurteilung. Dazu hat die Klägerin vorgetragen (...), die kirchliche Verwaltung habe bereits unter der Geltung des Codex Juris Canonici von 1917 Einfluß auf die Namenswahl eines privaten Vereins, der nach seiner Satzung kirchliche Zwecke verfolgte, genommen, und es sei nichts dafür ersichtlich, daß es Vereinigungen gebe, welche die Bezeichnung „katholisch" als Namensbestandteil führten, ohne der römisch-katholischen Kirche organisatorisch verbunden zu sein und ihrer Aufsicht zu unterliegen. Diese Ausführungen hat der Beklagte in der Berufungsbegründung zwar als vage bezeichnet (...), ist ihnen aber nicht mit überprüfbaren Einzelheiten nachvollziehbar entgegengetreten. Das wirkt sich zu seinen Lasten aus. Denn es ist der Beklagte, der den Nachweis erbringen muß, daß er den Namen der verfaßten römisch-katholischen Kirche als eigenen Namen führen darf (vgl. Palandt-Heinrich, aaO, Rdnr. 37).

Schließlich werden durch den unbefugten Namensgebrauch auch schutzwürdige Interessen des Klägers verletzt. Es bedarf keiner Stellungnahme zu der Meinung des Beklagten, die Durchsetzung des katholischen Alleinvertretungsanspruchs der Klägerin sei kein schutzwürdiges Interesse im Sinne des bürgerlichen Namensrechts. Die Klägerin hat nämlich jedenfalls ein schutzwürdiges Interesse daran, daß unter ihrem Namen nur die Lehre vertreten und verkündet wird, welche die verfaßte Kirche als ihre Lehre definiert hat. Nur dann ist eine Verwechslung mit den Lehrmeinungen anderer Religionsgemeinschaften ausgeschlossen. Es muß für jede Religionsgemeinschaft ein schutzwürdiges Interesse daran anerkannt werden, sich mit ihrem Namen eindeutig und unverwechselbar von anderen abzugrenzen.

Der Beklagte wird schließlich entgegen seiner Meinung durch das ausgesprochene Unterlassungsgebot nicht in seinem Grundrecht der freien Religionsausübung gemäß Art. 4 GG verletzt. Die durch dieses Grundrecht geschützte individuelle Gewissensfreiheit wird durch den Vorrang der Kirchenautonomie nicht unvertretbar beeinträchtigt. Die Kirche kann sich nicht selbst aufgeben, und die persönliche Gewissensfreiheit schützt nicht vor Folgerungen, die Dritte, hier die Kirche, wegen ihrer unaufgebbaren Belange aus dem Schritt eines anderen sachlich angemessen ziehen. Eine „innerkirchliche Glaubensfreiheit" – auf das liefe diese Betrachtung hinaus – kann ein staatliches Gericht nicht statuieren (vgl. BAG, NJW 1978, 2116 [2119 m.w.N.][5]).

20

Weder aus dem Selbstbestimmungsrecht der Kirchen noch aus deren Hochschulfähigkeit auf dem Gebiet der Ausbildung von Geistlichen folgt das Recht, kirchliche akademische Grade mit Wirksamkeit auch außerhalb des kirchlichen Bereichs zu führen. Die weltliche Wirksamkeit derartiger Grade muß sich auf einen staatlichen Ligitimationsakt stützen.

Art. 140 GG, 137 Abs. 3 WRV
OLG Hamm, Urteil vom 4. März 1992 – 33 U 18/92[1] –

Die Beklagte zu 1), ein eingetragener Verein, wirbt mit Promotionsmöglichkeiten für Nichtakademiker und Geschäftsleute bei einer als „Kirchliche Akademie Ecclesia Libertas International" (KAELI) bezeichneten Einrichtung, als deren Träger sie auftritt. Der Kläger nahm deshalb Anfang Dezember 1989 Kontakt zur Beklagten zu 1) auf und ließ sich gegen ein Entgelt von 75,00 DM von dem Generalsekretär der Beklagten zu 1) über die Studienmöglichkeiten an der KAELI beraten. Dem Kläger wurde erklärt, daß Voraussetzung für ein Studium an der KAELI die Mitgliedschaft in deren Förderkreis bzw. die Mitgliedschaft bei der Beklagten zu 1) sei. Daraufhin unterzeichnete der Kläger ein Aufnahmegesuch der KAELI. Über den Aufnahmebetrag von 10 000,– DM stellte er einen Verrechnungsscheck aus, den er dem Generalsekretär übergab, dieser Scheck wurde eingelöst. Einen weiteren Verrechnungsscheck über 10 000,00 DM übergab der Kläger dem Generalsekretär der Beklagten zu 1). Der Kläger ließ diesen Scheck aber sperren, nachdem es zwischen den Parteien zu Differenzen über die Frage kam, ob die von der KAELI verliehenen Hochschulgrade in

---

[5] KirchE 16, 367.

[1] Das Urteil ist rechtskräftig. Vgl. zu diesem Fragenkreis auch VG Braunschweig NdsRPfl. 1995, 174.

Deutschland tatsächlich ohne Zusätze geführt werden könnten, was der Generalsekretär der Beklagten zu 1) dem Kläger schriftlich bestätigte. Tatsächlich handelt es sich jedoch bei der KAELI nicht um eine staatlich anerkannte Hochschule, die von ihr verliehenen Grade und Titel dürfen in Deutschland nicht geführt werden.

Der Kläger nimmt die Beklagte zu 1) und zweitinstanzlich auch deren alleinigen Vorstand (Beklagte zu 2) auf Schadensersatz gemäß §§ 823 Abs. 2 BGB i.V.m. § 263 StGB und § 826 BGB in Anspruch.

Das Landgericht hat der Klage stattgegeben. Die Berufung des Beklagten blieb ohne Erfolg. Das OLG verurteilt auch den Beklagten zu 2) – Vorstand – gesamtschuldnerisch neben dem Verein zur Zahlung von 10 000,- DM nebst Zinsen.

Aus den Gründen:

Die Klage ist (...) gegen beide Beklagte begründet. Sie haften (nach §§ 823 Abs. 2 BGB i.V.m. 263 StGB und 826 BGB, hinsichtlich des Beklagten zu 1) jeweils i.V.m. § 31 BGB) auf Schadensersatz, und zwar gemäß § 840 BGB gesamtschuldnerisch.

Der Kläger ist vom Beklagten zu 2), der insoweit in seiner Eigenschaft als Vorstand der Beklagten zu 1) gehandelt hat, durch Täuschung zur Zahlung von 10 000,- DM an die Beklagte zu 1) veranlaßt worden.

Unstreitig hat er sich auf die Werbung der Beklagten mit Promotionsmöglichkeiten für Nichtakademiker und Geschäftsleute hin mit dem Beklagten zu 2) in Verbindung gesetzt, der ihm im Rahmen einer entgeltlichen Beratung erläuterte, der Beklagte zu 1) betreibe eine „Kirchliche Akademie Ecclesia Libertas International", an der auch die Möglichkeit der Promotion bestehe. Voraussetzung für ein Studium an der KAELI sei die Mitgliedschaft beim Beklagten zu 1) bzw. im Förderkreis der Akademie. Die vermeintliche Promotionsmöglichkeit war Anlaß für den Kläger, ein Gesuch um Aufnahme in den Förderkreis der Akademie zu unterzeichnen und den jetzt zurückgeforderten Betrag von 10 000,- DM zu zahlen.

Ob dem Kläger im Rahmen der Beratung erläutert wurde, bei der KAELI, die bisher weder über Sachmittel und Räumlichkeiten noch über Personal verfügt, handele es sich um eine staatlich anerkannte Hochschule mit dem Recht zur Verleihung akademischer Grade, kann dahingestellt bleiben. Zur Überzeugung des Senats ist ihm jedenfalls vorgespiegelt worden, daß er einen Doktorgrad erwerben könne, den er auch im außerkirchlichen Bereich führen dürfe.

Dies war falsch. Dabei kann dahingestellt bleiben, ob es sich bei der Beklagten zu 1) um eine Religionsgesellschaft i.S.v. Art. 140 GG i.V.m. Art. 137 WRV handelt. Weder aus dem Selbstbestimmungsrecht der Kirchen noch aus deren

Hochschulfähigkeit zur Ausbildung von Geistlichen folgt das Recht, kirchenakademische Grade mit Wirksamkeit auch außerhalb des kirchlichen Bereichs zu führen. Die weltliche Wirksamkeit derartiger Grade muß sich auf einen – hier nicht existenten – staatlichen Legitimationsakt stützen (vgl. Thieme, Deutsches Hochschulrecht, 2. Aufl. 1986, Rdnr. 184).
Dem Beklagten zu 2) war dies, wie sich aus seinem eigenen Vorbringen ergibt, auch bewußt. Er selbst stellt dies nicht in Abrede, sondern behauptet, den Kläger darauf hingewiesen zu haben, daß der verliehene Doktorgrad nur im innerkirchlichen Bereich geführt werden dürfe.
Daß dies unwahr ist, ergibt sich deutlich aus seinen Schreiben vom 22. 12. 1989 und 23. 1. 1990. In beiden Schreiben ist ausgeführt, daß die von der KAELI verliehenen Titel ohne Zusatz in der Bundesrepublik Deutschland geführt werden. Im Schreiben vom 23. 1. 1990 wird darüber hinaus ausgeführt, daß die verliehenen Grade auch ohne Nostrifikationsverfahren und auch außerhalb der Kirche geführt werden. Entgegen der Auffassung der Beklagten kann weder der Hinweis auf die Verleihung „nach kanonischem Recht" noch der in der dem Kläger überreichten Promotionsordnung enthaltene Hinweis darauf, daß es sich um einen „kirchlichen akademischen Doktorgrad" handele, als Einschränkung verstanden werden. Aus der Sicht eines verständigen Empfängers ist die Aussage der genannten Schreiben eindeutig die, daß die Berechtigung zur Führung des Doktorgrades keinen Einschränkungen unterliegt.
Es erscheint in Anbetracht der eindeutigen Aussage dieser Schreiben ausgeschlossen, daß bei der vorangegangenen mündlichen Beratung Gegenteiliges zum Ausdruck gebracht worden war. Schon die Tatsache eines nachfolgenden Schriftwechsels gerade zur Frage der Führungsberechtigung wäre in dem Fall wenig verständlich, der dann im Gegensatz zu den vorangegangenen mündlichen Erörterungen stehende Inhalt der genannten Schreiben völlig unerklärlich. Alles spricht in Anbetracht der genannten Schreiben dafür, daß deren Inhalt dem entspricht, was dem Kläger auch bei der mündlichen, zum Aufnahmegesuch und der Zahlung führenden Beratung erläutert worden war. Schon die Werbung der Beklagten richtete sich im übrigen nicht an durch gemeinsame religiöse Überzeugungen verbundene Personen mit möglichem Interesse an einer kircheninterm hervorgehobenen Stellung. Gezielt angesprochen wurde vielmehr ohne jeden religiösen Bezug der „in Industrie, Wissenschaft oder Management" tätige „erfolgreiche Fachmann", also ein Personenkreis mit möglichem Interesse an der mit einem akademischen Grad verbundenen beruflichen und gesellschaftlichen Aufwertung.
Die mit dem Ziel der Bereicherung erfolgte Täuschung des Klägers über die Berechtigung zur Führung des Doktorgrades stellt sowohl einen Betrug als auch eine sittenwidrige Schädigung dar. Der Beklagten zu 1) ist diese unerlaubte Handlung ihres Vorstandes gem. § 31 BGB zuzurechnen. Sie haftet darüber

hinaus als Empfänger der vom Kläger gezahlten 10 000,- DM auch gem. § 812 BGB, nachdem der Kläger die von ihm eingegangene Zahlungsverpflichtung wirksam wegen arglistiger Täuschung gem. § 123 BGB angefochten hat.

21

Die staatliche Feiertagsgesetzgebung verbindet überkommene kirchenpolitische Vorstellungen der Sonntagsheiligung mit sozialpolitischen Zwecken.
Zur Frage der Verbote beruflicher Aus- und Fortbildungsveranstaltungen an Sonn- und Feiertagen (hier: Friseurseminare).

Art. 140 GG, 139 WRV, 47 Rh.-Pf. LFtG
OVG Rheinland-Pfalz, Urteil vom 11. März 1992 - 11 A 11202/91[1] -

Der Kläger veranstaltete u. a. auch an Sonntagen im Rahmen seines „coiffeurcollege" Aus- und Fortbildungsseminare für Personen, die im Friseurhandwerk tätig sind oder werden wollen. Die Beklagte untersagte ihm unter Hinweis auf das LFtG Rheinland-Pfalz die Durchführung dieser Veranstaltungen an Sonn- und Feiertagen.

Widerspruch, Klage und Berufung blieben ohne Erfolg.

Aus den Gründen:

Die angefochtene Verfügung findet ihre gesetzliche Grundlage in § 9 Abs. 1 PVG i. V. mit § 3 Abs. 1 u. 2 LFtG vom 15. 7. 1970 (GVBl. S. 225). Dort ist bestimmt, daß Sonn- und Feiertage „Tage allgemeiner Arbeitsruhe" sind, an denen „alle öffentlich bemerkbaren Tätigkeiten, die die äußere Ruhe beeinträchtigen und dem Wesen des Sonn- und Feiertages widersprechen", verboten sind. Letzteres trifft auf die vom Kläger veranstalteten Friseurseminare zu.

Diese sind jedenfalls „öffentlich bemerkbar" i. S. von § 3 Abs. 2 LFtG. Eine Tätigkeit ist „öffentlich bemerkbar", wenn sie von einer unbestimmten Anzahl von Personen entweder unmittelbar akustisch und/oder optisch wahrgenommen werden kann oder wenn - mittelbar - aufgrund bestimmter Begleitumstände auf ihre Vornahme zu schließen ist. Letzteres gilt z. B. aufgrund eines erkennbar verstärkten Zu- und Abgangsverkehr von Teilnehmern oder auf-

---

[1] DVBl. 1993, 44; GewArch 1993, 16. Im Veröffentlichungszeitraum (1992) sind noch folgende Entscheidungen zum Sonn- u. Feiertagsschutz bekanntgeworden: BVerfG GewArch 1993, 151; BVerwGE 90, 238, 90, 337; BayVGHE 45, 59; HessVGH NVwZ-RR 1993, 75; Nds.OVG GewArch 1993, 201; Saarl.OVG NVwZ 1993, 201; OLG Düsseldorf NVwZ-RR 1992, 300, GewArch 1992, 382; VG Wiesbaden GewArch 1992, 318.

grund von Werbemaßnahmen durch Hinweisschilder oder Zeitungsinserate (Mattner, NJW 1988, 2207, 2210; Pahlke, WiVerw. 1988, 69, 83; Hoeren/Mattner, Feiertagsgesetze der Bundesländer, Synoptischer Kommentar, Rdnrn. 45 f. zu § 3, jew. m. Nachw. aus der Rspr.). Die „öffentliche Bemerkbarkeit" der vom Kläger durchgeführten Seminare folgt bereits aus den von ihm veröffentlichten Zeitungsinseraten, in denen er für seine Veranstaltungen auch an Sonntagen wirbt, ferner aus dem verstärkten Verkehrsaufkommen zu Beginn und Ende der Seminare sowie während der Mittagspause, aus der Belegung des zum „D. coiffeur college" gehörenden Parkplatzes neben dem Seminargebäude und schließlich auch aus der Unterbringung der Teilnehmer in den umliegenden Hotels, auf die der Kläger in seinen Prospekten hinweist.

Die vom Kläger durchgeführten Fortbildungsseminare für Friseure widersprechen auch dem Wesen des Sonntags i. S. von § 3 Abs. 1 LFtG. Zur Beantwortung der Frage, ob eine – öffentlich bemerkbare – Tätigkeit diese Kriterien erfüllt, ist auf Art. 140 GG, auf Art. 139 WRV und auf Art. 47 Rh.-Pf.LV zurückzugreifen. Diese Vorschriften bestimmen Schutzgut und Anwendungsbereich des § 3 LFtG unmittelbar und abschließend (vgl. BVerwG, Urteil vom 15. 3. 1988[2], GewArch 1988, 188). Art. 139 WRV – gemäß Art. 140 GG geltendes Verfassungsrecht – verbindet mit der Formulierung, daß der Sonntag und die staatlich anerkannten Feiertage „als Tage der Arbeitsruhe und der seelischen Erhebung gesetzlich geschützt" bleiben, überkommene kirchenpolitische Vorstellungen der Sonntagsheiligung „mit in das 19. Jahrhundert zurückreichenden sozialpolitischen Forderungen" (Pahlke, aaO, S. 73). Noch deutlicher kommt diese zweifache Zweckbestimmung in Art. 47 Rh.-Pf.LV zum Ausdruck: „Der Sonntag und die staatlich anerkannten Feiertage sind als Tage der religiösen Erbauung, seelischen Erhebung und Arbeitsruhe gesetzlich geschützt." Bei diesen Verfassungsbestimmungen handelt es sich nach einheitlicher Meinung um eine sog. institutionelle Garantie (vgl. Hoeren/Mattner, aaO, Einf., Rdnrn. 12 f.; Mattner, Sonn- und Feiertagsrecht, 1988, S. 39 ff.), also die verfassungsrechtliche Gewährleistung des Sonn- und Feiertagsschutzes als eines „Grundelements sozialen Lebens und der staatlichen Ordnung" (BVerwG, Urteil vom 15. 3. 1988, aaO, S. 189). Das bedeutet, daß der Kernbereich der Sonntagsgarantie, gekennzeichnet eben durch jene „Arbeitsruhe und seelische Erhebung", ungeachtet der als Konsequenz einer zunehmenden Säkularisierung und tiefgreifender Wandlungen des gesellschaftlichen und wirtschaftlichen Lebens zu beobachtenden Veränderungen im Freizeitverständnis und -verhalten der Bevölkerung weder zur Disposition der Freizeitgesellschaft noch des einfachen Gesetzgebers und erst recht nicht der Verwaltungsgerichte steht. Von daher beruht die in der verwaltungsrechtlichen Literatur gelegentlich gerügte

---

[2] KirchE 26, 39.

restriktive Handhabung der gesetzlichen Sonn- und Feiertagsbestimmungen durch die Gerichte nicht, wie dort formuliert wurde, auf den „offensichtlich zu stark von den religiösen und gesellschaftlichen Vorstellungen der aus dem oberen Mittelstand stammenden Verwaltungsjuristen ..., die wenig Einblick in das gesellschaftliche Verhalten der unteren Mittelschicht ... haben" (Gehrmann, GewArch 1989, 317, 322; vgl. auch Röhl, Rechtssoziologie, S. 343 ff.), sondern auf eindeutigen verfassungsrechtlichen Vorgaben. Das hiermit kollidierende Recht auf individuelle Freizeitgestaltung, das zutreffend zum Schutzbereich der allgemeinen Handlungsfreiheit und der personellen Selbstbestimmung (Art. 2 Abs. 1 und 1 Abs. 1 GG) gezählt wird (Hoeren/Mattner, aaO, Einf., Rdnr. 33), wird eingegrenzt durch die Rechte anderer und die verfassungsmäßige Ordnung, also auch durch die institutionelle Garantie der Sonntagsruhe als Grundelement der staatlichen Ordnung (vgl. oben) und einer humanen Kultur.

Im übrigen hat aber ungeachtet des vielzitierten Wandels in den subjektiven Freizeitvorstellungen der Bevölkerung die von der Verfassung institutionell garantierte Sonntagsruhe sowohl hinsichtlich ihrer religiösen Sinngebung, der „Sonntagsheiligung" (vgl. BVerwG, Urteil vom 7. 9. 1981[3], GewArch 1982, 20), als auch ihrer sozialpolitischen Zweckrichtung, der „Arbeitsruhe", gerade in der pluralistischen Konsumgesellschaft des ausgehenden 20. Jahrhunderts nichts an Bedeutung verloren. Der einzelne und die Bevölkerung insgesamt bedürfen auch heute mehr denn je einer regelmäßigen Unterbrechung der von der Hektik des Arbeits- und Alltagsstresses geprägten werktäglichen Woche. Insofern dient die sonntägliche „Arbeitsruhe" einer gleichmäßigen Ausgestaltung des Lebensrhythmus, trägt so zur Verhinderung psychosomatischer Erkrankungen bei und schafft eine „Sozialsynchronisation" innerhalb der Gesellschaft und der Familie, indem sie z. B. ermöglicht, daß sämtliche Familienmitglieder gemeinsam denselben freien Tag erleben können (Pahlke, NJW 1988, 2208; vgl. zum Zusammenhang von Sonntags- und Familienschutz i. S. von Art. 6 Abs. 1 GG auch Häberle, Feiertagsgarantien als kulturelle Identitätselemente des Verfassungsstaats, 1987, S. 38; Mattner, Sonn- und Feiertagsrecht, S. 63; Hoeren/Mattner, Einf., Rdnr. 24). Die Zweckbestimmung der „seelischen Erhebung" trägt demgegenüber dem menschlichen Urbedürfnis nach innerer Ruhe, Selbstfindung und religiösem Erleben als einem weiteren wichtigen Element der personalen Regeneration Rechnung.

Sonn- und Feiertage sind also ihrer eigentlichen Zweckbestimmung nach „Nicht-Werktage" und empfangen gerade aus dieser Eigenschaft ihre besondere ethisch-kulturelle Prägung" (Pahlke, Essener Gespräche, 1990, S. 62; OVG Münster, NJW 1983, 2209). Sie sollen zu einer im öffentlichen Leben spürbaren

---

[3] KirchE 19, 27.

Unterbrechung des werktäglichen Arbeits- und Erwerbsprozesses, zu einer Atmosphäre der äußeren und inneren Ruhe, frei von Arbeit und Geschäftstätigkeit, führen. Mithin haben alle Tätigkeiten zu unterbleiben, die ihrem äußeren Erscheinungsbild nach üblicherweise an Werktagen stattfinden und dem täglichen Gelderwerb zuzurechnen sind. Denn diese nehmen den Sonn- und Feiertagen den Charakter des Besonderen, nämlich „Nicht-Werktage" zu sein, durch die die Menschen aus dem werktäglichen Berufsstreß und der allgemeinen Hektik und dem Konkurrenzdruck des Erwerbs- und Arbeitslebens herausgelöst werden. Dieser tiefere Sinn der Sonn- und Feiertagsruhe kann nur erreicht werden, wenn sich nicht nur der einzelne für sich genommen von seiner Werktagstätigkeit distanziert, sondern wenn an diesen Tagen das Geschäfts- und Erwerbsleben allgemein ruht. Denn jede Art werktäglichen Tätigseins, das sich in der Öffentlichkeit abspielt, kann den äußeren Eindruck zerstören, die Arbeit ruhe allgemein, und birgt die Gefahr, daß die Bereitschaft anderer sinkt, dem Bedürfnis nach sonntäglicher Ruhe zu entsprechen (Hoeren/Mattner, aaO, Rdnr. 27 zu § 3 m. zahlr. Nachw. aus der Rspr.). Es soll insgesamt gewährleistet sein, daß jeder Bürger ungestört von äußeren Einflüssen und frei von inneren Skrupeln seinen Freizeitbedürfnissen nachgehen kann, wobei, wie schon ausgeführt, in diesem Zusammenhang gerade das Gefühl des einzelnen und das kollektive Bewußtsein der gesamten Bevölkerung, daß es sich um einen für alle verbindlichen Ruhetag handelt, von Bedeutung sind (vgl. BVerfG, Beschluß vom 24. 11. 1986[4], GewArch 1988, 188). Erst dieses Wissen stellt den einzelnen wirklich von den Zwängen des Werktags frei und versetzt ihn in die Lage, in Ruhe und Muße entsprechend seinen persönlichen Neigungen an kirchlichen, kulturellen oder gesellschaftlichen Veranstaltungen teilzunehmen oder seinen sonstigen Freizeitinteressen nachzugehen (vgl. Pahlke, Essener Gespräche, aaO, S. 63; Urteil des Senats vom 13. 1. 1988 – 11 A 116/87 –, GewArch 1988, 175).

Nach dieser Verfassungs- und Gesetzeslage widerspricht grundsätzlich jegliche Betätigung, die der gewerblichen Gewinnerzielung oder dem beruflichen Fortkommen dient, also „Arbeit" im herkömmlichen Wortsinn darstellt, dem Wesen des Sonn- und Feiertags. Solche Tätigkeiten sind ausnahmsweise nur dann gestattet, wenn sie entweder nicht öffentlich bemerkbar sind (vgl. § 3 Abs. 2 LFtG), also beispielsweise ohne Publikumsverkehr in den eigenen vier Wänden stattfinden, wenn sie nach Bundes- oder Landesrecht ausdrücklich erlaubt sind (§ 4 Abs. 1 Nr. 1 LFtG; vgl. etwa die §§ 105 a ff. GewO) oder wenn – was vorliegend allerdings ersichtlich ausscheidet – ein anderer der in § 4 Abs. 1 Nrn. 2–8 LFtG ausdrücklich geregelten Sonderfälle vorliegt. Darüber hinaus gibt es eine nicht unerhebliche Zahl von gewerblichen Tätigkeiten, z. B. Kino-

---

[4] KirchE 24, 291.

vorführungen, Vergnügungsparks- und Bootsverleihbetriebe sowie ferner Museen, zoologische Gärten, Minigolfanlagen, Skiverleihbetriebe usw., bei denen der gewerbliche Charakter hinter ihre Eigenart als Dienstleistung zur Ermöglichung von üblicherweise sonntags stattfindenden Freizeitbeschäftigungen der Bevölkerung zurücktritt und die nach der Verkehrsauffassung auch an Sonn- und Feiertagen erlaubterweise geöffnet sind (vgl. Urteil des Senats vom 13. 1. 1988, aaO; OVG Lüneburg, Beschluß vom 27. 7. 1984, NJW 1985, 448; Pahlke, WiVerw., aaO, S. 80). Derartige gewerbliche Tätigkeiten widersprechen nicht dem dargestellten Wesen des Sonn- und Feiertages, weil sie gerade der Erholung und Entspannung der Bürgerschaft dienen und deshalb mit der allgemeinen Sonntagsruhe ohne weiteres vereinbar sind.

Dem so definierten Wesen des Sonn- und Feiertags widersprechen die vom Kläger durchgeführten Seminare für das Friseurhandwerk. Sie dienen dem Kläger zum Gelderwerb und stellen also für ihn Arbeit i. S. des Gesetzes dar. Aber auch für die Besucher der Seminare gehört die Teilnahme an diesen in den Bereich ihrer beruflichen Tätigkeit, also zur Arbeitswelt. Ganz allgemein ist jegliche schulische Veranstaltung (z. B. in Schulen und Universitäten) und jede berufliche Ausbildungsmaßnahme (z. B. an den Berufsschulen, in Meisterkursen etc.) – überwiegend geistige – Arbeit, die der – angestrebten – beruflichen Tätigkeit und dem Gelderwerb zuzurechnen ist und die dementsprechend ausnahmslos während der Woche von montags bis samstags stattzufinden hat und auch stattfinden. Daß für die vom Kläger angebotenen Seminare nichts anderes gilt, beweist schon der Umstand, daß er die den Gegenstand seines „coiffeur-colleges" bildenden Schulungen grundsätzlich innerhalb der Woche von montags bis samstags anbietet. Ausweislich eines Aktenvermerks vom 29. 4. 1988 in den Verwaltungsakten der Beklagten (...) hat der Kläger selbst angegeben, er sei bisher „mit seiner Planung auf Montag und Dienstag" ausgewichen, sehe die Notwendigkeit dazu aber nicht mehr ein, weil andere sich auch nicht an ein „Sonntagsverbot" hielten. Wenn der Kläger den Eindruck erwecken will, die Weiterbildung – insbesondere selbstständiger Erwerbstätiger – erfolge auch heute meist unter Einbeziehung der Sonn- und Feiertage, trifft dieser nicht zu. Soweit dem Senat z. B. aus entsprechenden Inseraten in Fachzeitschriften juristischer und betriebswirtschaftlicher Art bekannt ist, wurden Sonn- und Feiertage bei Fortbildungsveranstaltungen ganz überwiegend ausgespart. Auch das vom Kläger-Bevollmächtigten in der mündlichen Verhandlung überreichte „Seminar-Programm" des ASB – Management-Seminare-Heidelberg e. V. mit einem Verzeichnis der unterschiedlichsten beruflichen Fortbildungsveranstaltungen bestätigt eindrucksvoll, daß solche Seminare „üblicherweise an Werktagen" durchgeführt werden: Keines der dort für das erste Halbjahr 1992 angebotenen etwa 900 Seminare findet an einem Sonntag statt. Da solche Seminare im allgemeinen nachfrageorientiert organisiert werden, besteht offensichtlich auch in den Teilnehmerkreisen das Bedürfnis, die Sonn- und Feiertage von berufsspezifischen Tätigkeiten möglichst freizuhalten. Wenn die Berufung demgegenüber behauptet, in der Wirklichkeit unseres gesellschaftlichen und wirtschaftlichen Lebens fänden an Sonn- und Feiertagen alle die Veranstaltungen statt, „die von der sog. Nachfrage her nur am Wochenende wahrgenommen werden können, wie z. B. Messen, Ausstellungen, Fortbildungsveranstaltungen, Fortbildungstagungen, Seminare usw.", so nennt der Kläger hier zum einen eine Reihe von Veranstaltungen, die kraft ausdrücklicher behördlicher Genehmigung an Sonntagen stattfinden dürfen, wie insbesondere Messen, Ausstellungen und bestimmte Märkte, für die das Verbot des § 3 Abs. 2 LFtG also nicht gilt (vgl. § 4 Abs. 1 Nr. 1 i. V. mit § 69 Abs. 1 GewO). Zum anderen mag es zwar zutreffen, daß es im Bundesgebiet bestimmte Berufsgruppen, z. B. Ärzte, Rechtsanwälte, Versicherungsvertreter und andere Selbständige in gewerblichen Berufen auch an Sonntagen berufliche Fortbildungsveranstaltungen gibt, die nach dem Obengesagten möglicherweise nicht mit Art. 140 GG, 139 WV vereinbar sind. Hieraus kann der Kläger aber schon deshalb nichts zu seinen Gunsten ableiten, weil einerseits der Anspruch auf Gleichbehandlung nur hinsichtlich eines rechtmäßigen Verwaltungshandelns besteht und weil andererseits die Normen zum Schutz der Sonn- und Feiertage landesrechtliche Bestimmungen sind, die in den einzelnen Bundesländern nicht nur eine teilweise abweichende Regelung erfahren haben, sondern außerdem – vorbehaltlich des angeführten Bundesverfassungsrechts – auch einer unterschiedlichen Auslegung zugänglich sein können (OVG Rh.-Pf., Beschluß vom 6. 5. 1986, GewArch 1986, 278 [279]).

Ob in Rheinland-Pfalz von anderen Rechtsträgern an Sonntagen veranstaltete außerbetriebliche (vgl. BayObLGSt, Beschluß vom 22. 1. 1986, GewArch 1986, 132, wonach die *betriebliche* Ausbildung von Arbeitnehmern eines Friseursalons das Sonntagsarbeitsverbot des § 147 Abs. 2 Nr. 1 i. V. mit § 105 b Abs. 1 GewO verletzt) Fortbildungsveranstaltungen gegen § 3 LFtG verstoßen – der Kläger verweist in diesem Zusammenhang auf eine Veranstaltung IHK Koblenz „Intensivtraining für Sekretärinnen und Assistentinnen", die am Samstag/Sonntag, den 14./15. 10. 1989 stattfand – ist nicht Gegenstand der vorliegenden Entscheidung. Jedenfalls verfängt aber das hierzu vorgetragene Argument des Klägers nicht, selbständige Gewerbetreibende seien zur beruflichen Weiterbildung allgemein darauf angewiesen, derartige Seminare an Wochenenden zu besuchen, weil sie während der Woche in ihrem Betrieb unabkömmlich seien. Zwar ist die Erforderlichkeit (Verschiebbarkeit) der Sonntagsarbeit in der Tat ein maßgeblicher Gesichtspunkt für die Frage ihrer Zulässigkeit (vgl. Hoeren/Mattner, Einf., Rdnr. 15; Pahlke, WiVerw., S. 91; Mayen, DÖV 1988, 409, 414). Die hier auftretende Kollision zwischen der institutionell garantierten, vom Staat zu überwachenden Einhaltung der Sonntagsruhe mit dem durch die Art. 2 Abs. 1, 1 Abs. 1, 12 GG geschützten Recht des Bürgers auf eine grundsätzlich unreglementierte Freizeitverwirklichung erfordert eine Abwägung nach dem Verhältnismäßigkeitsgrundsatz, wobei insbesondere das „Kriterium der Notwendigkeit" zu brauchbaren Ergebnissen führt (vgl. Hoeren/Mattner, aaO, Einf. Rdnr. 15; Mattner, Sonn- und Feiertagsrecht, aaO, S. 51 ff.). In diesem Zusammenhang erscheint es bereits sehr zweifelhaft, ob es tatsächlich gruppenspezifische Bedürfnisse bestimmter berufstätiger Personen gibt, die sie dazu zwingen, solche Fortbildungsseminare unter Einbeziehung des Sonntags wahrzunehmen, oder ob es ihnen nicht vielmehr durch entsprechende Umorganisation innerhalb ihrer beruflichen Bindungen doch möglich ist, solche Seminare allein an Wochentagen ohne Inanspruchnahme von Sonn- und Feiertagen zu besuchen. Das gilt auch für Selbständige. Bei der erforderlichen Abwägung nach dem Grundsatz der Verhältnismäßigkeit ist nämlich zu sehen, daß der durch die Art. 140 GG, 139 WV an den Sonn- und Feiertagen eingerichtete und institutionell garantierte zeitliche Freiraum gerade nicht zur Ermöglichung zusätzlicher beruflicher Aktivitäten wie u. a. Weiterbildungsmaßnahmen gedacht ist, sondern im Gegenteil der Muße dienen soll, dem Ausspannen von jeglicher dem täglichen Gelderwerb dienender Betätigung. Gerade für berufliche Fortbildungsveranstaltungen gewinnt der oben hervorgehobene Gesichtspunkt einer umfassenden Verbindlichkeit der Sonntagsruhe für die gesamte Bevölkerung ein erhebliches Gewicht. Würden solche Seminare auch an Sonn- und Feiertagen zulässig sein, bestünde die Gefahr, daß sie verstärkt unter Einbeziehung dieser arbeitsfreien Tage durchgeführt würden, um den Ausfall der Arbeitskraft der Teilnehmer gering zu halten. Besonders solche Personen, die auf ein berufliches Fortkommen Wert legen, würden sich – auch angesichts der Konkurrenz mit anderen Bewerbern – mehr oder weniger gezwungen sehen, Sonn- und Feiertage für das berufliche Weiterkommen zu verwenden. Abgesehen davon, daß eine solche Entwicklung anderen derzeitigen gesellschaftspolitischen Bemühungen um Verkürzung der auf den Lebensbereich „Arbeit" entfallenden Zeit und um Verstärkung der Freiräume des einzelnen widersprechen würde, wollen die gesetzlichen Bestimmungen zum Schutz der Sonn- und Feiertage gerade auch solche mittelbaren Zwänge zur Arbeit verhindern. Die Verfassung mutet dem Bürger also grundsätzlich zu, jegliche dem Erwerbsleben zuzuordnenden öffentlich bemerkbaren Verrichtungen ausschließlich werktags durchzuführen, und zwar ggf. auch unter Inkaufnahme von Einschränkungen an anderer Stelle. Ob dieses in gleicher Weise auch für die vom Kläger angesprochenen gesellschaftspolitischen oder allgemeinbildenden Veranstaltungen gelten kann, die mit der beruflichen Weiterbildung kaum vergleichbar sind, ist im vorliegenden Verfahren nicht zu entscheiden.

22

Die Erfüllung der allgemeinen Schulpflicht in Bayern ist weder im Hinblick auf das Elternrecht noch aus Glaubens- oder Gewissensgründen als unzumutbar anzusehen.

Art. 4 Abs. 1, 6 Abs. 2 GG, 107 Abs. 1, 126 Abs. 1 BV, 4 Abs. 2 BaySchPflG
BayVGH, Beschluß vom 16. März 1992 – 7 CS 92.512[1] –

Er, der Antragsteller, wendet sich gegen die Schulpflicht seiner im Jahre 1985 geborenen Tochter Claudia. Diese wurde zwar zum Schuljahr 1991/92 zum Schulbesuch an der öffentlichen Volksschule B. angemeldet, aber nicht zur Schule geschickt, weil der Antragsteller aus Glaubensgründen die Lehrinhalte der öffentlichen Volksschule ablehnt. Er legte der Schule eine „Anmeldebestätigung" der „Philadelphia-Schule, Freie Christliche Schule für Primar- und Sekundarstufe I" in S. (Nordrhein-Westfalen) vor, wonach die Tochter zur Klasse 1 der „Heimschule" angemeldet ist. Außer kurzen Zeiten einer Anwesenheit am dortigen Schulort findet der Unterricht durch diese Schule unter Anleitung der Eltern zu Hause statt („Heimschule"). Die „Philadelphia-Schule" ist nach Auskunft des Schulamts für den Kreis S.-W. nicht staatlich genehmigt bzw. anerkannt; sie wird durch die Schulaufsicht lediglich geduldet.

Nachdem der Antragsteller trotz eingehender Belehrung die Erfüllung der Schulpflicht abgelehnt hatte, gab ihm das Landratsamt B. mit dem angefochtenen Bescheid auf, seine schulpflichtige Tochter Claudia ab 7. 1. 1992 zur regelmäßigen Teilnahme am Unterricht der Klasse 1 an der Volksschule in B. zu bringen, drohte für die nicht fristgemäße Erfüllung dieser Verpflichtung ein Zwangsgeld in Höhe von 2000 DM an und ordnete die sofortige Vollziehung dieser Anordnung an. Der Antragsteller verletze als Erziehungsberechtigter seine Obliegenheit, für die Erfüllung der Schulpflicht seiner Tochter zu sorgen. Diese Ordnungswidrigkeit sei gemäß Art. 7 Abs. 2 Nr. 1 LStVG zu unterbinden. Der Antragsteller trage keine Gründe vor, die es unzumutbar erscheinen ließen, die Schulpflicht zu erfüllen. Im Hinblick auf den dem Elternrecht gleichgeordneten staatlichen Erziehungsauftrag im schulischen Bereich bestehe kein Recht, schulpflichtige Kinder von der Schule fernzuhalten. Das Verhalten des Antragstellers laufe dem Kindeswohl zuwider. Es beeinträchtige die Lebens- und Berufschancen seiner Tochter erheblich. Die sofortige Vollziehung sei im öffentlichen Interesse und im Interesse des Wohls des Kindes anzuordnen. Eine längerfristige Mißachtung der für alle geltenden gesetzlichen und verfassungskonformen Schulpflicht könne nicht hingenommen werden. Für die Entwicklung und Bildung des Kindes seien bei einem weiteren Aufschub der Schul-

---

[1] NVwZ 1992, 1224.

ausbildung erhebliche Nachteile zu befürchten. Es würde in seiner schulischen Ausbildung in einen gravierenden Rückstand geraten. Die Schulausbildung solle möglichst altersgemäß und mit gleichaltrigen Kindern erfolgen. Über den hiergegen erhobenen Widerspruch ist noch nicht entschieden.

Mit dem vorliegenden Antrag auf Gewährung vorläufigen Rechtsschutzes beantragte der Antragsteller, die aufschiebende Wirkung seines Widerspruchs wiederherzustellen. Das Verwaltungsgericht wies den Antrag ab.

Mit der Beschwerde verfolgt der Antragsteller seinen Antrag auf Gewährung vorläufigen Rechtsschutzes weiter. Er hat im wesentlichen vorgetragen:

Seine Ehefrau und er seien semitisch-israelischen Glaubens und lehnten die Erziehungsziele wie auch das moralische Klima an der öffentlichen Volksschule ab, weil diese ihren Glaubensvorstellungen und ihrem Gewissen widersprächen. Die Schulpflicht sei nicht verfassungsgemäß. Das Elternrecht (Art. 6 Abs. 2 GG) und das Grundrecht des Art. 4 Abs. 1 GG seien übergeordnet und uneinschränkbar, da die Heilige Schrift nur ein Elternrecht, aber kein Schulrecht kenne. Alle Erziehungsverantwortung sei von Gott ausschließlich den Eltern gegeben. Die Obrigkeit habe keinen Erziehungsauftrag von Gott erhalten. Die staatliche Erziehung leite den Menschen gezielt dazu an, den Weg in das ewige Verderben zu gehen. Sie vermittle eine völlig andere Weltanschauung, als der Antragsteller sie vertrete. Das moralische Klima an den öffentlichen Schulen bringe ihn in eine ausweglose Gewissensnot. Seine Tochter würde systematisch der Erziehung zur Sünde preisgegeben. Man müsse aber Gott mehr gehorchen als den Menschen. In der öffentlichen Volksschule würden die Kinder zu einer Weltanschauung erzogen, die mit seinem Glauben absolut unvereinbar sei. Kennzeichnend für die Lehrinhalte der öffentlichen Volksschule seien Humanismus, Emanzipation, Demokratie, Evolution, Sexualisierung und Dämonisierung, alles gottlose Philosphien, antibiblische und antichristliche Weltanschauungen.

Der Humanismus sei eine antibiblische Lebensphilosophie, die im Gegensatz zu den Aussagen der Bibel das Böse im Menschen leugne und das Gute als durch die Vernunft erkennbar ansehe und verkenne, daß der Mensch auf die Erlösung durch Gott angewiesen sei. Zu der Weisheit dieser Welt, das ist zur Torheit, dürfe seine Tochter nicht erzogen werden.

Die Emanzipation ziele darauf ab, alle Machtstrukturen zu beseitigen. Sie stehe im Gegensatz zur Lehre der Bibel, nach der die Obrigkeit von Gott angeordnet sei. Ihr sei es nicht erlaubt, eigene Maßstäbe für Gut und Böse aufzustellen und sie mittels der Schulpflicht dem Volk aufzuoktroyieren. Emanzipation strebe nach Auflösung der elterlichen Autorität und nach Auflösung der Hauptfunktion des Mannes sowohl in der Familie als auch in der Gesellschaft. Eine emanzipierte Lehrerin untergrabe die Achtung und Autorität der Eltern, vor allem des Vaters. Die Emanzipation rufe die Arbeitnehmer zu Streik und Ungehorsam auf und richte sich mit ihrer Ablehnung der von Gott gewollten Autoritäten letztlich gegen die Autorität Gottes selbst.

Die Demokratielehre leugne, daß der Mensch von Natur aus böse sei und mache sich lieber selbst zu Gott als sich irgendeiner göttlichen Autorität zu unterwerfen. Jede Demokratie führe letztlich zu einer Diktatur und damit zum Antichrist. Sogar die Kreuzigung Jesu Christi gehe auf einen basisdemokratischen Entscheid zurück. Nach der Heiligen Schrift gehe dagegen jegliche Gewalt von Gott aus. Die Heilige Schrift lehne jeden Pluralismus ab.

Die in den Schulen gelehrte Evolutionslehre sei wissenschaftlich nicht bewiesen. Sie sei die Gottlosigkeit selbst, indem Gott als Schöpfer und Erhalter des Universums geleugnet werde. Diese Lehre sei mit dem Gewissen des Antragstellers unvereinbar, weil damit auch der Glaube an den Messias als Schöpfer aller Dinge und Richter aller Menschen geleugnet werde. Im Evolutionsgedanken lägen die Wurzeln des heutigen Massenmords an ungeborenen Kindern (Abtreibung). Er, der Antragsteller, wolle nicht, daß seine Tochter von Frauen erzogen werde, die er dem Wort Gottes zufolge als Mörderinnen zu betrachten habe.

Die Sexualisierung (Sexualkundeunterricht) folge aus den genannten, abzulehnenden Prinzipien und propagiere das ungehemmte Ausleben der Triebe und erziehe die Kinder zu willigen Konsumenten, zu drogen-, sex-, spiel- und mediensüchtigen Egoisten. Hinzu komme ein Okkultismus und Spiritismus (Dämonisierung), der sich bereits in der Schule zeige. In der Schule werde gelehrt, alle diese Greuel als positiv oder gleichwertig neben den Anordnungen der Heiligen Schrift zu betrachten.

Die Lehrer in der öffentlichen Volksschule gewährleisteten nicht, daß die Gebote Gottes eingehalten würden. Gottes Autorität werde ignoriert. Die Mehrheit der Lehrer bekenne sich zu einem Glauben, der seinen, den des Antragstellers, Glauben verwerfe. Eine moralische Qualifikation der Lehrer sei nicht gewährleistet. Es gebe wohl keine öffentliche Schule, wo nicht Kindesmörderinnen (Abtreibung), Ehebrecher, Hurer, Homosexuelle bzw. Lesben und solche, die erfüllt sind mit aller Ungerechtigkeit, Bosheit, Habsucht, Schlechtigkeit, Neid, Treulosigkeit usw. unterrichteten oder zumindest unterrichten dürften, da kaum eine moralische Qualifikation verlangt werde, obgleich Erziehung gewährleistet werden solle. Für ihn, den Antragsteller, sei es vor Gott unverantwortlich, seine Kinder derart ungöttlichen, moralisch verdorbenen Persönlichkeiten zur Erziehung anzuvertrauen. Das Wort Gottes gebe die gesamte Erziehungsverantwortung ausschließlich den Eltern. Seine Kinder seien heilig und es sei daher ein Greuel vor Gott, diese Kinder wissentlich und willentlich der Sünde, dem moralischen Kot und Unrat dieser Welt, welcher an öffentlichen Schulen nicht nur herrsche, sondern auch gelehrt werde, auszuliefern.

Der zu Hause erteilte Unterricht vermittle seiner Tochter genauso viel Wis-

sen wie die öffentliche Schule. In vielen anderen Ländern sei häuslicher Unterricht erlaubt.
Die Beschwerde blieb ohne Erfolg.

Aus den Gründen:
Die zulässige Beschwerde (§§ 146 ff. VwGO) ist unbegründet. Das Verwaltungsgericht hat den Antrag auf Wiederherstellung der aufschiebenden Wirkung des Widerspruchs gegen die Anordnung, der Schulpflicht nachzukommen, zu Recht abgewiesen.
1. Die Begründung der sofortigen Vollziehung in dem angefochtenen Bescheid entspricht den formellen Erfordernissen des § 80 Abs. 3 VwGO. Sie ist nicht nur formelhaft und stellt in einer konkreten Abwägung entscheidend auf das Wohl des Kindes ab, dessen Anspruch auf eine seinen Fähigkeiten entsprechende Schulbildung erheblich und mit weitreichenden Folgen beeinträchtigt würde, wenn es länger der Schulpflicht entzogen würde. Nachdem diese Begründung den Anforderungen des § 80 Abs. 3 VwGO genügt, kommt es für den Antrag, gemäß § 80 Abs. 5 VwGO die aufschiebende Wirkung des Widerspruchs gegen die angegriffene Anordnung wiederherzustellen bzw. bezüglich des Zwangsgelds anzordnen, auf eine Abwägung des von der Behörde ausreichend dargelegten öffentlichen Interesses an der sofortigen Vollziehung mit dem privaten Interesse des Antragstellers an einer Aussetzung an; dabei fallen die Erfolgsaussichten des in der Hauptsache eingelegten Rechtsbehelfs wesentlich ins Gewicht (vgl. Kopp, VwGO, 8. Aufl. 1989, Rdnr. 82 zu § 80 VwGO). Danach kann der Antrag auf Gewährung vorläufigen Rechtsschutzes keinen Erfolg haben. Der Widerspruch des Antragstellers gegen die Anordnung über die Erfüllung der Schulpflicht ist offensichtlich unbegründet.
2. Die Tochter des Antragstellers ist gemäß Art. 129 Abs. 1 BV, Art. 1, 3, 7 SchPflG i.d.F.d. Bek. v. 3. 9. 1982 (BayRS 2230 - 8 - 1 - K), zuletzt geändert durch Gesetz v. 21. 4. 1988 (GVBl S. 103), verpflichtet, die Volksschule zu besuchen. Die Erziehungsberechtigten müssen dafür sorgen, daß minderjährige Schulpflichtige ihre in Art. 3 SchPflG im einzelnen umschriebene Verpflichtung zur Erfüllung der Schulpflicht erfüllen (Art. 4 Abs. 2 Satz 1 SchPflG). Durch eine Unterrichtung über die „Philadelphia-Schule" in Siegen kann der Schulpflicht nicht genügt werden, da diese Schule nicht staatlich genehmigt oder anerkannt ist und daher keinerlei Gewähr dafür bietet, daß sie den für die Erfüllung der Schulpflicht in Betracht kommenden Schulen gleichwertig ist (Art. 7 Abs. 3 i.V.m. Art. 1 Abs. 4 Satz 1 und Abs. 3 SchPflG). Eine gesetzliche Ausnahme von der Schulpflicht (vgl. Art. 6 SchPflG) kommt nicht in Betracht; die Voraussetzungen für eine Zurückstellung (vgl. Art. 8 SchPflG) werden nicht geltend gemacht und liegen nicht vor.

Die Verletzung der Verpflichtung, als Erziehungsberechtigter für die Erfüllung der Schulpflicht zu sorgen (Art. 4 Abs. 2 Satz 1 SchPflG), ist als Ordnungswidrigkeit mit Geldbuße bedroht (Art. 19 Abs. 1 Nr. 2 SchPflG). Der angegriffene Bescheid findet daher seine Rechtsgrundlage in Art. 7 Abs. 2 Nr. 1 LStVG. Formelle Fehler sind nicht ersichtlich; insbesondere ist der Antragsteller ausreichend angehört worden (Art. 28 Abs. 1 BayVwVfG). Die Anordnung konnte sich unter den vorliegenden Umständen auch allein gegen den Antragsteller richten und mußte nicht gleichzeitig auch an seine Ehefrau ergehen. Anordnungen zur Durchsetzung der Schulpflicht können zwar grundsätzlich nur an beide Eltern ergehen, da die elterliche Sorge und gesetzliche Vertretung des Kindes Vater und Mutter nur gemeinsam zustehen (§§ 1626 Abs. 1, 1627, 1629 Abs. 1 BGB). Im vorliegenden Fall hat aber die Ehefrau des Antragstellers bei ihrer Anhörung im Bußgeldverfahren erklärt, „... des Weibes Haupt aber der Mann, des Christus Haupt aber Gott. Entsprechend dieser göttlichen Ordnung darf ich Sie voll Vertrauen bitten, die Angelegenheiten bezüglich der Schulpflicht unserer Kinder mit meinem Mann zu klären". Hierin kann eine Übertragung des Sorgerechts in schulischen Angelegenheiten auf den Antragsteller gesehen werden.

3. Die Durchsetzung der Schulpflicht nach den vorstehend genannten Vorschriften verstößt nicht gegen grundrechtlich geschützte Rechtspositionen des Antragstellers, insbesondere nicht gegen das Elternrecht (Art. 6 Abs. 2 Satz 1 GG, Art. 126 Abs. 1 BV) oder das Grundrecht der Glaubens- und Gewissensfreiheit (Art. 4 Abs. 1 GG, Art. 107 Abs. 1 BV).

Das elterliche Erziehungsrecht gibt dem Antragsteller kein Recht, die Erfüllung der gesetzlichen Schulpflicht seiner Tochter durch den Besuch der Grundschule zu verweigern. Art. 6 Abs. 2 Satz 1 GG erkennt die Pflege und Erziehung der Kinder als das natürliche Recht der Eltern und die zuvörderst ihnen obliegende Pflicht an. Diese primäre Entscheidungszuständigkeit der Eltern, die auch in den schulischen Bereich hineinreicht und hier insbesondere das Bestimmungsrecht für den vom Kind einzuschlagenden Bildungsweg umfaßt, beruht auf der Erwägung des Verfassungsgebers, daß die Interessen des Kindes am besten von den Eltern wahrgenommen werden. Dabei wird sogar die Möglichkeit in Kauf genommen, daß das Kind durch einen Entschluß der Eltern Nachteile erleidet, die bei objektiv vernünftiger Entscheidung vermeidbar wären (vgl. BVerfGE 34, 165 [184]; 60, 79 [94]). Andererseits enthält Art. 6 Abs. 2 Satz 1 GG (Art. 126 Abs. 1 BV) keinen ausschließlichen Erziehungsanspruch der Eltern. Der Staat ist im Bereich der Schule nicht auf das ihm durch Art. 6 Abs. 2 Satz 2 GG (Art. 126 Abs. 1 Satz 2 BV) zugewiesene Wächteramt beschränkt. Der staatliche Erziehungsauftrag, von dem Art. 7 Abs. 1 GG ausgeht, ist im Bereich der Schule dem Elternrecht nicht nach-, sondern gleichgeordnet (vgl. BVerfGE 34, 165 [183]; 47, 46 [69 ff.]; BayVerfGHE 39, 87 [95]; BayVGH

BayVBl. 1991, 751 [752]²). Das Elternrecht wird daher durch die allgemeine Schulpflicht in verfassungsmäßiger Weise eingeschränkt; die Eltern können die Erfüllung der Schulpflicht nicht unter Berufung auf eine Glaubens- und Gewissensfreiheit oder auf andere Gründe, aus denen sie die öffentliche Schule als ungeeignet für ihre Kinder ansehen, verweigern (allgemeine Meinung, vgl. BVerfGE 34, 165 [186 f.]; BVerfG BayVBl. 1986, 752; BVerwG Buchholz 421 Nr. 42; BayObLG BayVBl. 1984, 90; AG Bonn NJW 1989, 1047; VG Frankfurt NVwZ - RR 1988, 23; Niehues, Schul- und Prüfungsrecht, 2. Aufl. 1983, Rdnr. 186; Stein/Roell, Handbuch des Schulrechts, 1988, S. 263). In Bayern ist die Schulpflicht ausdrücklich in der Verfassung verankert (Art. 129 Abs. 1 BV); sie wird in der Rechtsprechung des Verfassungsgerichtshofs ohne weiteres als unbedenklich angesehen (vgl. Meder, Die Verfassung des Freistaates Bayern, 3. Aufl. 1985, Rdnr. 1 zu Art. 129). Der Vorrang der Schulpflicht vor dem Elternrecht ist vor allem durch das Wohl des Kindes gerechtfertigt. Oberste Richtschnur und Grenze des Elternrechts ist das Wohl des Kindes (vgl. BVerfGE 79, 203 [210]). Das Elternrecht ist als Pflichtbindung und als „Elternverantwortung" zu sehen (vgl. BVerfGE 24, 119 [143]; 56, 363 [281 f.]; 79, 203 [210]). Dadurch, daß Eltern ihre Kinder aus rein subjektiven Vorstellungen heraus der Ausbildung in der Schule entziehen, gefährden sie die Lebensaussichten ihrer Kinder auf das schwerste. Der Zugang zu weiterführenden Schulen und die Ausbildung zu vielen Berufen können dadurch unmöglich gemacht werden. Diese gravierenden Folgen eines Mißbrauchs des elterlichen Sorgerechts (vgl. BayObLG BayVBl. 1984, 90), die dem wohlverstandenen Interesse des Kindes objektiv zuwiderlaufen, braucht der Staat auch in Ansehung des Elternrechts nach dem geltenden Verfassungs- und Freiheitsverständnis nicht hinzunehmen.

Die Erfüllung der Schulpflicht ist auch unter Abwägung der vom Antragsteller geltend gemachten Glaubens- und Gewissensgründe nicht unzumutbar. Das gilt schon im Hinblick darauf, daß der Schulpflicht nicht zwingend durch den Besuch einer öffentlichen Schule genügt werden muß, sondern daß es den Eltern offensteht, ihre Kinder in eine ihnen (besser) geeignet erscheinende Privatschule zu schicken (vgl. Art. 1 Abs. 2 Satz 2 SchPflG). Aber auch der Besuch der öffentlichen Schule ist nicht unzumutbar. Die öffentlichen Volksschulen sind gemeinsame Schulen für alle volksschulpflichtigen Kinder (Art. 135 Satz 1 BV). In ihnen werden die Schüler nach den Grundsätzen der christlichen Bekenntnisse unterrichtet und erzogen (Art. 135 Satz 2 BV). Damit wird der Unterricht nicht an die Glaubensinhalte bestimmter christlicher Bekenntnisse gebunden; unter den Grundsätzen der christlichen Bekenntnisse im Sinne von Art. 135 Satz 2 BV sind nicht konfessionell gebundene Glaubensinhalte einzelner christlicher Bekenntnisse, sondern die Werte und Normen zu verstehen, die, vom

---

² KirchE 29, 156.

Christentum maßgeblich geprägt, auch weitgehend zum Gemeingut des abendländischen Kulturkreises geworden sind (BVerfGE 41, 65[3]). Die Schule darf daher keine „missionarische" Schule sein, die Kinder müssen unbeschadet der religiösen Ausrichtung ihres Elternhauses in die Schulgemeinschaft integriert werden und dürfen weder rechtlich noch praktisch dem Zwang ausgesetzt werden, von ihnen abgelehnte Erziehungsziele als verbindlich anzuerkennen (vgl. BVerfGE 41, 29 [51 f.][4]; 52, 223 [237][5]; BayVerfGHE 41, 44 [48]). Nach Art. 136 Abs. 1 BV sind an allen Schulen beim Unterricht die religiösen Empfindungen aller zu achten. Im Rahmen des Bildungsauftrags der Schulen nach Art. 131 Abs. 1 BV sind oberste Bildungsziele die Ehrfurcht vor Gott, Achtung vor religiöser Überzeugung und vor der Würde des Menschen, Verantwortungsgefühl und Verantwortungsfreudigkeit, Hilfsbereitschaft und Aufgeschlossenheit für alles Wahre, Gute und Schöne sowie Verantwortungsbewußtsein für Natur und Umwelt (Art. 131 Abs. 2 BV). Durch eine Schule, in der nach diesen Grundsätzen unterrichtet und erzogen wird (vgl. auch Art. 1, 2 BayEUG – i.d.F. d. Bek. v. 29. 2. 1988, GVBl. S. 61), werden Eltern nicht in einen unzumutbaren Glaubens- und Gewissenskonflikt gebracht (vgl. BVerfGE 41, 65 [84 ff., 86]). Unter den dargestellten Voraussetzungen ist es auch zumutbar, daß sich die Schule – was ohnehin nicht anders möglich wäre – nicht auf eine bloße Wissensvermittlung beschränkt, sondern daß der staatliche Erziehungsauftrag verfassungsrechtlich unbedenklich auch dahin verstanden wird, das Kind bei der Entwicklung zu einer eigenverantwortlichen Persönlichkeit innerhalb der Gemeinschaft zu unterstützen und zu fördern (vgl. BVerfGE 34, 165 [182]; 47, 46 [72]), wozu auch die Erziehung zur – recht verstandenen – Toleranz und zur Befähigung, Rechte und Pflichten in der Gemeinschaft wahrzunehmen, gehört. Zu berücksichtigen ist auch, daß es den Eltern im übrigen unbenommen bleibt, im Rahmen ihres Erziehungsrechts die Erziehung ihrer Kinder grundsätzlich nach ihren Vorstellungen zu gestalten, wobei sie die nach ihrer Meinung bestehenden Mängel der schulischen Erziehung in geeigneter Weise ausgleichen können.

4. Der angegriffene Bescheid ist auch im übrigen rechtmäßig. Das gilt insbesondere im Hinblick auf das angedrohte Zwangsgeld ... (wird ausgeführt)

5. Der Antrag auf Wiederherstellung bzw. Anordnung der aufschiebenden Wirkung war damit schon deshalb abzuweisen, weil der angegriffene Bescheid rechtmäßig ist. Die darüber hinaus vorzunehmende Abwägung des Interesses des Antragstellers an der aufschiebenden Wirkung seines Widerspruchs mit dem vor allem durch das Kindeswohl begründeten und damit auch öffentlichen

---

[3] KirchE 15, 158.
[4] KirchE 15, 128.
[5] KirchE 17, 325.

Interesse, die Tochter des Antragstellers umgehend dem Unterricht in der Schule zuzuführen, führt zum selben Ergebnis. Mit dem weiteren Aufschub würde die Tochter des Antragstellers voraussichtlich mindestens ein Jahr ihrer Schulausbildung und damit wertvolle Ausbildungs- und Lebenszeit verlieren.

23

Eine Eheauflösung durch islamrechtliche Verstoßung widerspricht dann nicht wesentlichen Grundsätzen des deutschen Rechts, wenn auch hiernach die Scheidung der Ehe gerichtlich auszusprechen ist.

Art. 14 Abs. 1, 17 Abs. 1 EGBGB
AG – Familiengericht – Esslingen, Urteil vom 19. März 1992 – 1 F 162/91[1] –

Die Parteien, beide libanesische Staatsangehörige und sunnitische Moslems, haben 1989 vor dem Religiösen Richter in Beirut die Ehe geschlossen. Beide Parteien stellen Scheidungsantrag. Sie leben seit Ende 1991 getrennt; der Antragsteller möchte in Deutschland bleiben, die Antragsgegnerin mit dem Kind in den Libanon zurückkehren. Im Termin vor dem erkennenden Gericht hat der Antragsteller mit Zustimmung der Antragsgegnerin dreimal deren Verstoßung ausgesprochen.

Das Amtsgericht erkennt auf Scheidung der Ehe.

Aus den Gründen:

Nachdem beide Parteien libanesische Staatsangehörige sind, ist auf dieses Scheidungsbegehren libanesisches Recht anzuwenden (Art. 17 Abs. 1 i.V.m. Art. 14 Abs. 1 EGBGB). Dieses ist nicht kodifiziert, vielmehr gilt das religiöse Recht derjenigen Konfession, der die Ehegatten angehören. Das ist hier das sunnitische Recht, dessen familienrechtliche Bestimmungen im ägyptischen Gesetzbuch über das Personenrecht und die Erbfolge nach dem hanefitischen Ritus zusammengefaßt sind (Bergmann/Ferid, Internationales Ehe- und Kindschaftsrecht, Libanon, Ziffer III, 2 bzw. Ägypten, III C 1, 3. Buch).

Danach kann der Ehemann die Ehe auflösen, indem er dreimal die Verstoßung der Frau ausspricht, wie es der Antragsteller im Termin vom 19. 3. 1992 vor dem Amtsgericht (übrigens mit ausdrücklicher Zustimmung der Antragsgegnerin) getan hat. Diese Form der Eheauflösung verstößt dann nicht gegen wesentliche Grundsätze des deutschen Rechts, wenn auch nach deutschem Recht die Scheidung auszusprechen ist (OLG München IPRax 1989, 238), was

---

[1] IPRax 1993, 250. Das Urteil ist rechtskräftig.

im Inland allerdings in jedem Fall wirksam nur durch ein Gericht geschehen kann. Nach Ansicht des Gerichts kommt es dabei nicht darauf an, ob die Voraussetzungen für die Ehescheidung nach dem deutschen Bürgerlichen Gesetzbuch schon vor der Verstoßung gegeben waren. Dies könnte im vorliegenden Fall immerhin zweifelhaft sein, da die Parteien noch nicht ein Jahr getrennt gelebt haben. Es brauchte aber nicht nach (anderen) Gründen gesucht werden, die eine Scheidung nach § 1565 Abs. 2 BGB rechtfertigen, da es der Antragsgegnerin jedenfalls nach der Verstoßung durch den Antragsteller nicht mehr zugemutet werden kann, die Ehe mit diesem fortzusetzen, und sei es auch nur dem Bande nach und beschränkt auf die Bundesrepublik Deutschland. Daß die Ehe der Parteien gescheitert ist, ergibt sich aus der bestehenden Trennung und den mit einer ehelichen Lebensgemeinschaft unvereinbaren unterschiedlichen Zukunftsabsichten der Parteien. Zumindest auf den Scheidungsantrag der Antragsgegnerin war daher die Ehe der Parteien zu scheiden.

Einer Regelung der elterlichen Sorge für das Kind A. bedarf es nicht, da nach libanesischem Recht ein gesetzliches Gewaltverhältnis besteht, das gemäß dem Haager Minderjährigen-Schutzabkommen zu beachten ist. Danach steht die Vertretung des Kindes einschließlich der Vermögenssorge („wilaya") dem Vater zu, die tatsächliche Personensorge („hadana") zunächst der Mutter. Dies widerspricht auch nicht wesentlichen Grundsätzen des sonst zur Anwendung kommenden deutschen Rechts, so daß es bei der bloßen Feststellung dieser Rechtsverhältnisse bleibt.

24

Zur Frage der Befreiung einer türkischen Schülerin islamischer Religionszugehörigkeit vom koedukativen Sportunterricht aus religiösen Gründen.

Art. 4 Abs. 1 u. 2, 6 Abs. 2, 7 Abs. 1 GG, 26 Nr. 1, 28, 30, 33 Brem.LV;
§ 36 Abs. 5 Brem.SchulG
OVG Bremen, Urteil vom 24. März 1992 – OVG 1 BA 17/91[1] –

Die Beteiligten streiten um die Befreiung der Klägerin zu 1 vom Sportunterricht.

Die 1977 geborene Klägerin zu 1 und ihre Eltern, die Kläger zu 2 und 3, sind türkische Staatsangehörige moslemischen Glaubens. Die Klägerin zu 1 besucht die Realschule des Schulzentrums W. (z. Zt. 8. Jahrgangsstufe).

---
[1] Amtl. Leitsatz. RdJB 1992, 412. Die Revision der Beklagten wurde zurückgewiesen, BVerwG, Urteil vom 25. 8. 1993 – 6 C 30.92 – RiA 1994, 198. Vgl. zu diesem Fragenkreis auch VG Freiburg InfAuslR 1994, 297.

Im September 1990 beantragte ihr Vater, der Kläger zu 3, die Klägerin zu 1 aus religiösen Gründen vom Sportunterricht zu befreien: Als gläubiger Moslem sei er nach dem Koran verpflichtet, seine Tochter im Sinne des Keuschheitsgebots zu erziehen. Er lehne sportliche Betätigung an sich nicht ab, wohl aber Sportunterricht in gemischten Klassen. Mit einem Sportunterricht in einer reinen Mädchengruppe oder mit einer Teilnahme am Unterricht in einer Parallelklasse für die Dauer des Sportunterrichts sei er zur Lösung des Konflikts einverstanden.

Das Schulzentrum W. (Beklagte) lehnte den Antrag mit dem angefochtenen Bescheid ab: Auf die religiösen Empfindungen der Kläger werde beim Sportunterricht gebührend Rücksicht genommen. Die Klägerin zu 1 dürfe, worauf sie bereits hingewiesen worden sei, im Trainings- oder Joggingsanzug sowie mit Kopftuch am Sportunterricht teilnehmen. Außerdem habe die Sportlehrerin ihr erlaubt, sich im Lehrerzimmer umzuziehen. Zur Erfüllung der allgemeinen Schulpflicht gehöre auch der Besuch des Sportunterrichts. Er sei wegen seiner sozialintegrativen Funktion und aus gesundheitlichen Gründen für die Klägerin zu 1 „sehr bedeutsam".

Der Senator für Bildung, Wissenschaft und Kunst wies den dagegen eingelegten Widerspruch als unbegründet zurück: Zwar verpflichte Art. 33 Brem.LV, auf die religiösen und weltanschaulichen Empfindungen der Schüler Rücksicht zu nehmen. Daraus folge jedoch nicht, daß die Klägerin zu 1 völlig vom Sportunterricht freizustellen sei. Durch das Entgegenkommen der Schulleitung hinsichtlich der Bekleidung und des Umziehens sei den religiösen Empfindungen der Klägerin zu 1 hinreichend Rechnung getragen worden. Dadurch sei gesichert, daß die vom Koran als Intimbereich definierten Körperteile während des Sportunterrichts vollständig und formauflösend bedeckt seien. Nach Ermessen der Fachlehrerin werde die Klägerin zu 1 zusätzlich von einzelnen Übungen freigestellt, wenn das Tragen des Kopftuches eine Gefahrenquelle darstelle. Eine weitergehende Befreiung sei wegen der sozialintegrativen und gesundheitsfördernden Zielsetzungen des Sportunterrichts nicht möglich und bei Abwägung aller Umstände auch nicht zweckmäßig.

Mit ihrer Klage machen die Kläger im wesentlichen geltend: Die Weigerung der Beklagten, die Klägerin zu 1 vom Sportunterricht zu befreien, verletze die durch Art. 4 GG garantierte Religionsfreiheit und das Elternrecht der Kläger zu 2 und 3. Die Teilnahme am Sportunterricht begründe für die Klägerin zu 1 einen Gewissenskonflikt, der durch die von der Beklagten zugestandenen Rücksichtnahmen nicht vermieden werde. Die Gesetze des Korans und der Hadith erlaubten eine Teilnahme am Sportunterricht nicht. Männer und Frauen dürften ihre nach dem Glauben als Intimbereich anzusehenden Teile ihres Körpers öffentlich weder zeigen noch bei anderen anschauen. Nicht nur eigene körperbetonende Sportkleidung verletze die Glaubensregeln des Islam, sondern auch der Anblick entsprechend freizügig bekleideter Mitschüler. Zwar werde die Klägerin zu 1 auch sonst im Unterrichtsalltag mit freizügiger Bekleidung, die die Intimbereiche nicht hinreichend verdecke, konfrontiert. Anders als im Sportunterricht, wo eine derartige Bekleidung die Regel sei, sei die Klägerin zu 1 im Alltag eher in der Lage, ihre Aufmerksamkeit durch Wegsehen oder Meiden davon abzulenken. In einem beeinflußbaren und überschaubaren Bereich wie dem Sportunterricht brauche sie eine Mißachtung ihrer religiösen Anschauungen und Überzeugungen jedoch nicht hinzunehmen.

Die Einrichtung eines getrennt geschlechtlichen Sportunterrichts halte sie für eine denkbare Kompromißlösung. Die Kläger haben beantragt, die Beklagte zu verpflichten, die Klägerin zu 1 vom Sportunterricht am Schulzentrum W. zu befreien.

Die Beklagte macht im wesentlichen geltend: Zwar umfasse die durch Art. 4 Abs. 2 GG geschützte Religionsfreiheit auch die Freiheit, religionsbedingte Bekleidungsvorschriften zu beachten, soweit sich dies im Rahmen gewisser übereinstimmender sittlicher Grundanschauungen der heutigen Kulturvölker halte. Dem habe sie, die Beklagte, jedoch im gebotenen Rahmen – wie in den Bescheiden geregelt – Rechnung getragen. Den Anblick freizügig bekleideter Mitschüler habe die Klägerin zu 1 wie auch sonst im Schulalltag hinzunehmen. Daß die Klägerin zu 1 im Schulalltag eher in der Lage sei, ihre Aufmerksamkeit von freizügig bekleideten Mitschülern abzulenken, sei nicht nachzuvollziehen. Der zwischen der Religionsfreiheit einerseits und dem staatlichen Erziehungsauftrag andererseits bestehende Konflikt sei durch das Entgegenkommen der Schulleitung, wie von Verfassungs wegen geboten, unter Berücksichtigung des Gebots der Toleranz nach dem Prinzip der Konkordanz zu einem schonenden Ausgleich gebracht und damit angemessen gelöst worden. Eine generelle Befreiung könne die Klägerin zu 1 nicht verlangen.

Das Verwaltungsgericht Bremen hat die Beklagte unter Aufhebung der Bescheide und Klageabweisung im übrigen verpflichtet, die Klägerin zu 1 vom Sportunterricht am Schulzentrum W. zu befreien, solange die Beklagte dort einen nach Geschlechtern getrennten Sportunterricht nicht anbiete.

Die Berufung der Beklagten blieb ohne Erfolg.

Aus den Gründen:

Die zulässige Berufung ist unbegründet.

Das angefochtene Urteil hat Bestand. Die ablehnenden Bescheide sind rechtswidrig und verletzen die Kläger in ihren Rechten. Die Beklagte ist verpflichtet, die Klägerin zu 1 vom koedukativen Sportunterricht in der Schule zu befreien.

Über die Befreiung von der regelmäßigen Teilnahme am Sportunterricht einer öffentlichen Schule entscheidet im Lande Bremen gemäß § 36 Abs. 5 S. 4

Brem.SchulG i.V.m. § 2 der Verordnung über das Verfahren bei der Befreiung vom Unterricht und bei Schulversäumnissen vom 16. 5. 1986 (BremGBl. S. 105, BremSchulBl. C.1.4 2 – BefreiungsVO –) auf Antrag der Erziehungsberechtigten die Schulleitung im Einvernehmen mit der Schulaufsicht (hier der Beklagten), wenn die Befreiung aus anderen als gesundheitlichen Gründen erfolgen soll. Die Vorschriften ermächtigen die Schulleitung, nach pflichtgemäßem Ermessen aus wichtigem Grund Ausnahmen von der Schulpflicht zu erlauben. Im Einzelfall kann die Gewährung einer Ausnahme im Hinblick auf die Grundrechtsordnung und den Grundsatz der Verhältnismäßigkeit (Niehues, Schul- und Prüfungsrecht, 2. Aufl., Rdnr. 203) zwingend geboten sein, d. h. das Ermessen so weit reduziert sein, daß eine Befreiung erteilt werden muß. So liegt es hier. Die Leitung des Schulzentrums W. hat dem Antrag, die Klägerin zu 1 vom koedukativen Sportunterricht der Schule zu befreien, zu Unrecht nicht entsprochen. Die Teilnahme an einem solchen Sportunterricht verletzt grundrechtlich geschützte Positionen der Kläger, denen nur durch eine Unterrichtsbefreiung angemessen Rechnung getragen werden kann. Der sich aus Art. 7 Abs. 1 GG, Art. 28, 30 Brem.LV ableitende Bildungs- und Erziehungsanspruch des Staates muß im Falle der Kläger hinter das Recht der religionsmündigen Klägerin zu 1 auf Glaubens- und Religionsausübungsfreiheit (Art. 4 Abs. 1 und 2 GG, Art. 33 Brem.LV) und das Erziehungsrecht der Eltern (Art. 6 Abs. 2 GG) zurücktreten.

In der obergerichtlichen Rechtsprechung zur Befreiung vom Sportunterricht aus religiösen Gründen ist in Anwendung der Rechtsprechung des Bundesverfassungsgerichts zu Art. 4 GG anerkannt, daß durch Art. 4 Abs. 1 und 2 GG grundsätzlich eine auf die Glaubensgrundsätze des Korans gestützte Bindung an bestimmte Bekleidungsvorschriften, und zwar auch im schulischen Bereich geschützt ist (OVG Münster, Urteile v. 12. 7. 1991[2] – 19 A 1706/90 – NVwZ 1992, 77 und vom 15. 11. 1991[3] – 19 A 2198/91 –; VGH München, Urteil v. 6. 5. 1987[4] – 7 B 86.01557 – NVwZ 1987, 706; OVG Lüneburg, Beschluß v. 26. 4. 1991[5] – 13 M 7618/91 – NVwZ 1992, 79 = DVBl. 1991, 772; VGH Kassel, Urteil v. 3. 9. 1987[6] – 6 UE 477/87 – NVwZ 1988, 951).

Die Glaubensfreiheit (Art. 4 GG) ist nicht nur den Mitgliedern anerkannter christlich-abendländischer Kirchen und Religionsgemeinschaften, sondern auch den Angehörigen anderer religiöser Vereinigungen und somit auch den Anhängern des Islam gewährleistet. Sie umfaßt nicht nur die Freiheit zu glauben, sondern auch die Freiheit, den Glauben öffentlich zu bekennen und zu verbrei-

---

[2] KirchE 29, 231.
[3] KirchE 29, 396.
[4] KirchE 25, 164.
[5] KirchE 25, 94.
[6] KirchE 25, 307.

ten. Zur geschützten Religionsausübung gehören insoweit nicht nur kultische Handlungen und die Beachtung religiöser Gebräuche, sondern auch andere Äußerungen des religiösen Lebens, jedenfalls soweit sie sich im Rahmen übereinstimmender sittlicher Grundanschauungen der heutigen Kulturvölker halten. Dazu gehören auch Bekleidungsvorschriften. Sie bilden vielfach einen nicht unwesentlichen Bestandteil der Lebensführung von Religions- und Weltanschauungsgemeinschaften (vgl. OVG Münster, aaO, VGH München, aaO).

Dem Staat und den Gerichten steht eine Bewertung der sich in Bekleidungsvorschriften widerspiegelnden Glaubenshaltung oder eine Prüfung ihrer theologischen Richtigkeit, insbesondere eine Interpretation von Belegstellen nicht zu, die dafür angeführt werden (BVerfG, Beschluß v. 17. 7. 1973[7] – 1 BvR 308/69 – BVerfGE 35, 366 [376]), es sei denn, die Grenze zur Willkür wird überschritten (OVG Münster, Urteil v. 15. 11. 1991 – 19 A 2198/91 –). Unerheblich ist ferner, ob die Glaubenshaltung allgemein oder nur von strenggläubigen Fundamentalisten geteilt wird. Auch Außenseitern und Sektierern ist die ungestörte Entfaltung ihrer Persönlichkeit gemäß ihren Glaubensüberzeugungen gestattet (vgl. BVerfG, Beschluß v. 11. 4. 1972[8] – 2 BvR 75/71 – BVerfGE 33, 23 [29]).

Den gesellschaftlichen Auswirkungen der Glaubenshaltung kommt für die Frage ihrer Schutzfähigkeit keine Bedeutung zu (BVerfG, aaO). Insoweit ist z. B. für den Grundrechtsschutz unerheblich, daß heranwachsende moslemische Frauen durch die Forderungen ihres Glaubens behindert werden, in der westlichen Gesellschaft eine gleichberechtigte Stellung als Frau zu erlangen, etwa weil sie der islamischen Kleiderordnung entsprechend den „Hedschab", ein Kopf, Haare und Schultern bedeckendes Tuch, tragen.

Art. 6 Abs. 2 S. 1 GG gewährt Eltern das Recht, die Pflege und Erziehung ihrer Kinder nach eigenen Vorstellungen frei und – vorbehaltlich des staatlichen Erziehungsauftrags aus Art. 7 Abs. 1 GG – mit Vorrang vor anderen Erziehungsträgern zu gestalten. Dazu gehört auch das Recht, die Kinder in religiöser und weltanschaulicher Hinsicht zu erziehen. Dem steht hier nicht entgegen, daß die Klägerin zu 1 seit der Vollendung ihres 14. Lebensjahres nach § 5 S. 1 des Gesetzes über die reliöse Kindererziehung vom 15. 7. 1921 (RGBl. S. 939) i.d.F. des Änderungsgesetzes vom 12. 9. 1990 (BGBl. I S. 2002, 2023 – RKEG –) über ihr religiöses Bekenntnis frei in eigener Verantwortung entscheiden kann. Mit der Religionsmündigkeit erlischt nämlich das elterliche Erziehungsrecht nicht schlechthin. Die Eltern bleiben kraft ihres Erziehungsrechts befugt, auf die religiöse Entwicklung ihres Kindes Einfluß zu nehmen und ihr Kind in Glaubensfragen, insbesondere bei der Durchsetzung des Grundrechts aus Art. 4

---

[7] KirchE 13, 315.
[8] KirchE 12, 410.

Abs. 1 und 2 GG zu unterstützen (BVerwG, Urteil v. 2. 9. 1983[9] – 7 C 169.81 – NJW 1983, 2585; s. auch Anm. Link, JZ 1985, 83).

Demgegenüber besteht im Bereich der schulischen Erziehung gemäß Art. 7 Abs. 1 GG für den Staat ein verfassungsrechtlicher Bildungs- und Erziehungsauftrag, der den Ländern (vgl. Art. 28 Brem.LV) übertragen ist. Er berechtigt den Staat zur Gestaltung und Festlegung der Ausbildungsgänge und Unterrichtsziele und zur Schulorganisation. Der staatliche Erziehungsauftrag und das Erziehungsrecht der Eltern sind gleichgeordnet; keinem von beiden kommt ein absoluter Vorrang zu (BVerfG, Beschluß vom 17. 12. 1975[10] – 1 BvR 63.68 – BVerfGE 41, 29 [44 ff.]), der Bereich der reinen Wissensvermittlung, zu dem der Sportunterricht nicht gehört, ausgenommen. Bei der reinen Wissensvermittlung handelt es sich um eine Aufgabe, die typischerweise der Schule zukommt und einer Einflußnahme aufgrund des Elternrechts entzogen ist (BVerfG, Beschluß v. 21. 12. 1977, BVerfGE 47, 46 [75 f.] = NJW 1978, 807 [809 f.] – Sexualkunde –). Greift die Unterrichtsgestaltung jedoch über die reine Wissensvermittlung in die Persönlichkeitsentwicklung des Kindes ein, können Eltern und ggf. das religionsmündige Kind grundsätzlich Zurückhaltung und Toleranz bei der Unterrichtsdurchführung, insbesondere Rücksichtnahme auf ihre religiösen und weltanschaulichen Überzeugungen verlangen, soweit sie sich auf den Unterricht auswirken (BVerfG, aaO).

In der pluralistischen, multikulturellen Gesellschaft der heutigen Bundesrepublik Deutschland ist es faktisch unmöglich, bei der weltanschaulichen Gestaltung der öffentlichen Schule allen Eltern- und Schülerwünschen vollständig Rechnung zu tragen. Der einzelne unterliegt daher bei der Ausübung seines Grundrechts aus Art. 4 Abs. 1 und 2 GG bzw. Art. 6 Abs. 2 GG im Hinblick auf den staatlichen Erziehungsauftrag aus Art. 7 Abs. 1 GG notwendigerweise Beschränkungen. Deshalb sind diese Verfassungsbestimmungen im Zusammenhang zu sehen und bei der Rechtsanwendung aufeinander abzustimmen. Nur die Konkordanz der durch diese Grundgesetzartikel geschützten Regelungsinhalte wird der Entscheidung des Grundgesetzes gerecht. Unter Berücksichtigung des grundgesetzlichen Gebots der Toleranz sind die Regelungsinhalte daher im Konfliktsfall nach dem Prinzip der praktischen Konkordanz zu einem möglichst schonenden Ausgleich zu bringen (BVerfG, Beschluß v. 17. 5. 1975, aaO, S. 51).

Die danach gebotene Abwägung fällt – wie das Verwaltungsgericht im Ergebnis zu Recht entschieden hat – zugunsten der Kläger aus:

Der Staat nimmt mit dem staatlichen Bildungs- und Erziehungsauftrag im Bereich des Sports gewichtige Interessen des Allgemeinwohls wahr. Die Auf-

---

[9] KirchE 21, 227.
[10] KirchE 15, 128.

gabe des Sportunterrichts im Rahmen des schulischen Bildungswesens besteht darin, „den Schüler sowohl zu eigener sportlicher Aktivität zu führen als auch zur Fähigkeit, sich gegenüber dem gesellschaftlichen Phänomen Sport kritisch zu verhalten". Der Unterricht soll über die Vermittlung körperlicher Fähigkeiten und Fertigkeiten hinaus dazu beitragen, „daß der Schüler zunehmend für sich selbst verantwortlich entscheiden und handeln lernt (Selbstkompetenz), aufgrund von Sachverstand in den verschiedenen Sachbereichen des Sports urteilen und handeln lernt (Sachkompetenz) und aufgrund von Einsicht in soziale und gesellschaftliche Zusammenhänge und Notwendigkeiten im Sozialbereich des Sports urteilen und handeln lernt (Sozialkompetenz)" (Senator für Bildung, „Unterrichtsrahmen – Künste/Sport –, Sekundarstufe I", April 1982, S. 1 ff.). Er bildet damit einen wichtigen Bestandteil des staatlichen Bildungs- und Erziehungsauftrags. Dies wird auch dadurch unterstrichen, daß er im Bereich der Sekundarstufe I mit einem Stundenanteil von 3 Wochenstunden versetzungswirksam ist (§ 5 Abs. 4 VersetzungsO, Stundentafel für die Realschule, Ausgabe 1983/4). Daß eine Befreiung vom Sportunterricht – insbesondere aus gesundheitlichen Gründen – vorgesehen ist (§ 2 Abs. 3 BefreiungsVO), besagt nicht, daß der Verordnungsgeber dem Sportunterricht nur eine untergeordnete Rolle beigemessen hat. Die Befreiungsmöglichkeit trägt lediglich dem Umstand Rechnung, daß es im Einzelfall – wie übrigens auch für den sonstigen Unterricht – gewichtige Umstände geben kann, hinter denen der staatliche Erziehungsauftrag trotz der besonderen Bedeutung des Sportunterrichts für die schulische Erziehung zurücktreten muß.

Der Klägerin zu 1 ist wegen der von ihr dargelegten Glaubenshaltung nicht zuzumuten, an einem koedukativen Sportunterricht ihrer Jahrgangsstufe teilzunehmen. Die Kläger haben glaubhaft dargelegt, daß sie gläubige Moslems sind, die sich bemühen, nach den Geboten ihrer Religion, zu denen für sie auch die Bekleidungsvorschriften des islamischen Glaubens gehören, zu leben. Sie besuchen regelmäßig den Gottesdienst in der Moschee. Die Klägerin zu 1 nimmt zudem an religiösen Veranstaltungen der islamischen Mädchengruppe teil. Während des Schulunterrichts trägt sie den Bekleidungsvorschriften des Korans entsprechend Kopftuch und Mantel. Sie ist zwar zur Teilnahme an einem Sportunterricht grundsätzlich bereit, nicht jedoch an einem koedukativen Sportunterricht, weil sie diesen mit dem Keuschheitsgebot und den damit zusammenhängenden Bekleidungsvorschriften des Islam für unvereinbar hält. Dafür beruft sie sich auf den Koran, Sure 33, Vers 59 und Sure 24, Verse 30, 31. Ihre so begründete Weigerung ist danach ersichtlich nicht willkürlich, sondern Ausdruck eines inneren Konflikts. Dafür spricht im übrigen, daß sich die obergerichtliche Rechtsprechung in jüngster Zeit wiederholt mit entsprechend religiös begründeten Befreiungsbegehren hat auseinandersetzen müssen. So hat ausweislich des Beschlusses des OVG Lüneburg vom 26. 4. 1991 (aaO) der Imam der islamischen türkischen Kirche H. seinen Töchtern in Übereinstimmung mit der von ihm vertretenen Auslegung der genannten Quellen der islamischen Lehre verboten, am Sportunterricht teilzunehmen (vgl. auch OVG Münster, Urteil v. 15. 11. 1991 – 19 A 2198/91 –).

Der von der Beklagten angebotenen koedukative Sportunterricht ist mit der Glaubenshaltung der Kläger unvereinbar. Der gekennzeichnete Konflikt wird für die Kläger nicht dadurch zumutbar gelöst, daß die Beklagte der Klägerin zu 1 in ihren Bescheiden hinsichtlich der Sportkleidung, des Umziehens und der Teilnahme an einzelnen Übungen und Spielen Zugeständnisse gemacht hat. Zwar hat die Klägerin zu 1 dadurch die Möglichkeit, ihre „Blöße" im Sinne der Bekleidungsvorschriften des Korans vor Dritten zu verbergen. Dies löst jedoch nur einen Teilaskept des Gewissenskonflikts. Es wird von der Klägerin auch als mit ihrer Glaubenshaltung, d. h. mit dem islamischen Keuschheitsgebot unvereinbar erlebt, ihren Mitschülern in leichter Sportkleidung, die die nach den islamischen Bekleidungsvorschriften zu bedeckenden Körperpartien nicht verhüllt, zusehen zu müssen. Die Berufung darauf ist im Hinblick auf das Toleranzgebot auch bei Berücksichtigung der gegenläufigen schulischen Interessen zu respektieren.

Zwar trifft die Klägerin zu 1 auch außerhalb des Sportunterrichts, zumal im Sommer, auf eine Bekleidung, die ihren Maßstäben zuwiderläuft, und muß dies dulden. Dadurch wird aber nicht ausgeräumt, daß die Konfrontation mit der „Blöße" fremder Menschen von ihr als Konflikt erlebt wird. Der Konflikt ist Ausdruck des Zwiespalts, mit dem strenggläubige Moslems in Westeuropa leben müssen und der sie im Alltag ständig zu Kompromissen zwingt, auch wenn sie sich – wie die Kläger – seit vielen Jahren in der Bundesrepublik Deutschland aufhalten bzw. hier aufgewachsen sind. Die Klägerin zu 1 kann im Alltag auf diesen Konflikt – anders als im Sportunterricht – angemessen reagieren. Sie kann Begegnungen mit Menschen, die nach ihrer religiösen Überzeugung unvorschriftsmäßig bekleidet sind, meiden, kann ihre Blicke abwenden und ihr Freizeitverhalten ihrer Glaubenshaltung entsprechend einrichten. Zwar sind im Schulunterricht – außerhalb des Sportunterrichts – ihre Reaktionsmöglichkeiten begrenzter. Andererseits besteht zwischen Alltagskleidung und Sportkleidung durchaus ein Unterschied. Die Alltagskleidung der heutigen Jugend ist modischer und freizügiger als in früherer Zeit, gleichwohl im allgemeinen aber keineswegs so leicht und körperbetont wie Sportkleidung. Körper und Bewegung stehen zudem im sonstigen Unterricht anders als im Sportunterricht nicht im Mittelpunkt des Unterrichtsgeschehens und finden dort deshalb keine größere Beachtung als sonst im Alltag. Überdies ist der Sportunterricht – worauf das Verwaltungsgericht zu Recht hingewiesen hat – nicht nur bei Spielen mit größerer körperlicher Nähe verbunden, als es der Schulbetrieb sonst mit sich bringt. Berührungen – wie etwa bei Hilfestellungen, aber auch unbeabsichtigt – sind unumgänglich und kommen häufiger als sonst im Schulbetrieb vor. Sie werden gelegentlich auch von Mädchen, die die Glaubenshaltung der Klägerin zu 1 nicht teilen, oft als unangenehm, in der Pubertät mitunter, wenn sie durch Jungen geschehen, auch als roh oder gar entwürdigend empfunden. Gerade auch deshalb ist nachvollziehbar, daß die Klägerin zu 1 die Teilnahme am koedukativen Sportunterricht wegen ihrer religiösen Überzeugung als ernstzunehmenden und deshalb unzumutbaren Konflikt erlebt. Dies erfordert im Sinne der gebotenen Toleranz ihre vollständige Befreiung vom Sportunterricht, da der Konflikt durch eine weniger weitreichende Maßnahme nicht ausgeräumt werden könnte (a. A.: OVG Münster, Urteil v. 15. 11. 1991 – 19 A 2198/91 –, das sich indessen auf den Sportunterricht wesentlich jüngerer Kinder bezieht).

Der staatliche Erziehungs- und Bildungsauftrag wird dadurch zwar zurückgedrängt, gleichwohl aber nicht grundsätzlich in Frage gestellt. Der Sportunterricht insgesamt bleibt unberührt. Die Funktionsfähigkeit der Schule als umfassende Bildungseinrichtung wird durch eine Befreiung vom Sportunterricht im Einzelfall nicht beeinträchtigt (vgl. VGH München, Urteil v. 6. 5. 1987, aaO, OVG Lüneburg, Beschluß v. 26. 4. 1991, aaO).

Die Auffassung der Berufung, durch eine entsprechende Befreiungspraxis werde eine schulische Erziehung zu einer Gemeinschaftsgesinnung im Sinne von Art. 26 Nr. 1 Brem.LV unmöglich gemacht, teilt der Senat nicht. Ob und in welchem Maße dies geschieht, hängt wesentlich von der Schule selbst ab, nämlich davon, ob es ihr gelingt, den Schülern zu vermitteln und einsichtig zu machen, daß in der multikulturellen, wertpluralistischen Gesellschaft der heutigen Bundesrepublik Deutschland ein friedliches Zusammenleben u. a. nur möglich ist, wenn man die Würde jedes Menschen achtet und den Meinungen anderer gegenüber duldsam ist. Gerade dies ist durch Art. 26 Nr. 1 Brem.LV (wie auch durch Art. 7 Abs. 1, 4 Abs. 1 und 2, 1 Abs. 1 und 3 GG) gefordert. Diese Vorschrift überträgt u. a. der öffentlichen Schule die Aufgabe, zu einer Gemeinschaftsgesinnung zu erziehen, die auf der Achtung vor der Würde jedes Menschen und auf dem Willen zu sozialer Gerechtigkeit und politischer Verantwortung beruht, zur Sachlichkeit und Duldsamkeit gegenüber den Meinungen anderer führt und zur friedlichen Zusammenarbeit mit anderen Menschen und Völkern aufruft. Gelingt es der Schule, im Geiste dieses Verfassungsauftrags den Mitschülern der Klägerin zu 1 die Gründe für ihre Befreiung vom Sportunterricht verständlich zu machen, ist dies ein kaum weniger gewichtiger Beitrag für die Erziehung zur Gemeinschaftsgesinnung, als ihn der Sportunterricht leisten kann. Er wird die Klägerin zu 1 davor schützen, wegen ihrer Glaubenshaltung in ihrer Schule in eine Außenseiterrolle gedrängt zu werden. Daß dies pädagogisch schwierig sein mag, ist einzuräumen, nicht aber – was die Berufung meint – daß dies nicht leistbar wäre. Es ist entsprechend der gesetzgeberischen Wertung, wie sie in § 5 S. 2 RKEG zum Ausdruck kommt, grundsätzlich davon auszugehen, daß Kinder im religionsmündigen Alter in der Lage sind, sittliche Wertentscheidungen zu verstehen und für sich zu treffen. Die Auffassung, Schüler seien bis zur 10. Jahrgangsstufe überfordert, multikulturell bedingte Rücksichtnahmen zu verstehen, erscheint deshalb überzogen.

Zurückzuweisen sind auch die Befürchtungen der Berufung, der Schulbetrieb würde durch entsprechende Befreiungen in anderen Bereichen (Klassenfahrten, Projektwochen, Sexualerziehung, Sing- und Kreisspiele, Theaterbesuche, Koch- und Nähunterricht) organisatorisch erheblich erschwert oder in Teilbereichen unmöglich gemacht. Die Schule hat im Rahmen ihres Verfassungsauftrags den Folgen, die sich aus der staatlichen Ausländerpolitik ergeben, gerecht zu werden. Sie ist Bestandteil der daraus gewachsenen multikulturellen Gesellschaft und hat sich entsprechend organisatorisch und pädagogisch einzurichten. Dazu gehört, daß sie Rücksicht nimmt, wo es aus Gründen der Toleranz von Verfassungs wegen geboten ist. Dies kann im Einzelfall bei einer entsprechenden Zusammensetzung der Schülerschaft auch organisatorische Änderungen bedingen, etwa um den Unterricht an Schulen mit hohem Ausländeranteil aufrechterhalten zu können. Dies muß nicht – wie bereits angesprochen – zu Ausgrenzungen, Aggressionen und letztlich Ausländerfeindlichkeit führen, jedenfalls dann nicht, wenn den Schülern verständlich gemacht wird, daß es von Verfassungs wegen im Sinne des schulischen Erziehungsauftrags liegt, fremden kulturellen Vorstellungen mit Toleranz zu begegnen. Insoweit sind hier nicht – wie die Berufung meint – Zugeständnisse der Kläger zu ihrer Integration gefordert. Die Integration der Klägerin zu 1, die hier aufgewachsen ist, und ihrer Eltern, die seit über 20 Jahren in der hiesigen Gesellschaft leben, kann nicht ernstlich zweifelhaft sein. Gefordert ist religiöse Toleranz gegenüber einer keineswegs übersteigerten Glaubenshaltung.

Die Befreiung aus religiösen Gründen bedingt keine organisatorischen Änderungen, die über das hinausgehen, was im Einzelfall bei einer Befreiung vom Sportunterricht aus gesundheitlichen Gründen geboten ist. Sie ist deshalb wie diese für den Schulbetrieb hinnehmbar, zumal ihr nach dem dargelegten Rang des Art. 4 Abs. 1 und 2 GG keine geringere Bedeutung zukommt als der Befreiung aus gesundheitlichen Gründen.

Die Befreiung vom Sportunterricht kann für die Klägerin zu 1 zu Nachteilen für ihre Gesundheit und ihre Sozialerziehung führen. Die Nachteile werden aber in ihrem Gewicht dadurch relativiert, daß eine Sozialerziehung auch durch den sonstigen Unterricht erfolgt und mögliche Gesundheitsgefährdungen durch private sportliche Betätigung vermieden werden können. Im übrigen könnte die Beklagte zur Vermeidung dieser Nachteile einen getrennt-geschlechtlichen Unterricht anbieten. Ob sie dazu nach den Verhältnissen an der Schule der Klägerin zu 1 verpflichtet ist, bedarf hier keiner Entscheidung. Die Kläger verlangen dies nicht. Sie haben die Teilabweisung ihrer Klage nicht angefochten und damit die

Pflicht und Bereitschaft der Klägerin zu 1, an einem solchen Unterricht teilzunehmen, wenn er angeboten wird, – wie übrigens auch schon im Vorverfahren – nicht in Zweifel gezogen.

25

Nach islamischem Recht kann ein Ehepaar fremder Staatsangehörigkeit seinen Willen zur Adoption eines Kindes nicht wirksam vor einem katholischen Geistlichen erklären.

Art. 22 EGBGB; §§ 16 a FGG, 1752 Abs. 1 BGB
AG Tübingen, Beschluß vom 25. März 1992 – 3 GR 130/89[1] –

Im Jahre 1962 wurde in Tübingen das Kind W. K. als nichtehelicher Sohn von Frau Ch. K. geboren. Frau Ch. K. ist britische Staatsangehörige. Das Kind wurde am 14. 1. 1966 in Teheran nach den Gesetzen und Regeln der katholischen Kirche deutscher Sprache im Iran von Herrn G. K., britischer Staatsangehöriger und seiner Ehefrau I. K., deutsche Staatsangehörige, an Kindes Statt angenommen. Herr G. K. wurde 1935 in Penal/Trinidad und Tobago geboren. Bei der Eheschließung mit Frau I. K. im Jahre 1961 war Herr G. K. ausweislich seines 1956 in Trinidad und Tobago ausgestellten Passes britischer Staatsangehöriger. Die Annehmenden erklärten ihren Willen zur Adoption vor dem Pater J. S., Vikar der deutschsprachigen Katholiken im Iran. Über die Adoption wurde ein Dokument aufgesetzt. Beide Annehmenden waren zum Zeitpunkt der Adoption Angehörige der katholischen Kirche. Die leibliche Mutter des Kindes hat der Adoption ihres Sohnes durch die Eheleute K. durch notarielle Erklärung vom 1. 8. 1963 zugestimmt. Diese Erklärung lag dem Vikar S. bei der Vornahme der Adoption vor.

Das Amtsgericht lehnte den Antrag auf Eintragung eines Randvermerks hinsichtlich der Adoption ab.

Aus den Gründen:

Die am 14. 1. 1966 durch Vikar S. in Teheran vorgenommene Adoption ist in Deutschland unwirksam.

Eine Anerkennung der Adoption gem. § 16 a FGG ist nicht möglich. Diese Norm setzt die Entscheidung eines ausländischen Gerichts oder einer sonstigen zuständigen staatlichen Stelle voraus. Zwar käme die Anwendung der Norm auch dann in Betracht, wenn der ausländische Staat – wie im vorliegenden Fall –

---

[1] StAZ 1992, 217. Der Beschluß ist rechtskräftig.

die Vornahme der Adoption einer nichtstaatlichen Stelle übertragen hat, die die Adoption in einem rechtsförmigen Verfahren durchführt. Im iranischen Gesetz über die Rechtsverhältnisse der nichtschiitischen Iraner vom 22. 7. 1933 wird für die Vornahme der Adoption auf die Regeln und Gebräuche der Religion der Adoptiveltern verwiesen. Diese Vorschrift regelt jedoch nur das Personalstatut iranischer Staatsangehöriger. Keiner der Adoptiveltern ist iranischer Staatsangehöriger. Aus keiner iranischen Rechtsvorschrift ergibt sich, daß das iranische Recht katholischen oder sonstigen Geistlichen die Befugnis einräumt, wirksam Adoptionen für Katholiken nichtiranischer Staatsangehörigkeit vorzunehmen. Die Adoption kann also nach verfahrensrechtlichen Grundsätzen nicht anerkannt werden.

Die Voraussetzungen des Art. 22 EGBGB sind ebenfalls nicht erfüllt. Die Adoption ist nach dem Heimatrecht beider Ehegatten unwirksam. Frau I. K. besaß zur Zeit der Adoption die deutsche Staatsangehörigkeit. Gem. § 1752 Abs. 1 BGB ist eine Adoption nach deutschem Recht nur durch vormundschaftsgerichtlichen Beschluß möglich. Eine wirksame Adoption unter Mitwirkung eines katholischen Priesters ist nach der deutschen Rechtsordnung ausgeschlossen.

Herr G. K. war zur Zeit der Adoption britischer Staatsangehöriger mit Herkunft aus Trinidad und Tobago. Die Verweisung des Art. 22 Abs. 1 EGBGB auf das britische Recht ist nicht hinreichend, da im Vereinigten Königreich und in den ehemaligen Kolonien, deren Bürger noch britische Staatsangehörige sind, unterschiedliche Teilrechtsordnungen bestehen. Ein britisches interlokales Privatrecht, welches für eine Verweisung an die jeweilige Teilrechtsordnung sorgt, ist nicht vorhanden. Hilfsweise ist daher auf die Regeln des deutschen interlokalen Privatrechts zurückzugreifen. Dies führt über den Anknüpfungspunkt der Verbundenheit zu einem Teilrechtsgebiet zur Anwendung des Rechts von Trinidad und Tobago, da die engste Beziehung Herrn K. zu diesem Rechtsgebiet über die Geburt besteht und eine irgendwie geartete Beziehung zu einem anderen Teilrechtsgebiet nicht ersichtlich ist.

Nach Sec. 10 (auf 1) des Adoption of Children Act von Trinidad und Tobago setzt eine wirksame Adoption den Beschluß des zuständigen Gerichts voraus, durch den dem Annehmenden die Annahme eines Kindes gestattet wird. Die richterliche Mitwirkung ist zwingend vorgeschrieben, um eine wirksame Adoption vorzunehmen. Die Adoption durch einen katholischen Priester ist nach dieser Rechtsordnung ebenfalls unwirksam.

26

Eine Gemeinschaft wird nicht durch das Grundrecht der Religions- und Weltanschauungsfreiheit geschützt, wenn ihre religiösen oder weltanschaulichen Lehren nur als Vorwand für die Verfolgung wirtschaftlicher Ziele dienen. Dagegen entfällt der Schutz dieses Grundrechts nicht schon dann, wenn sie sich „überwiegend" wirtschaftlich betätigt.

Der Staat greift durch die Finanzierung eines privaten Vereins, der die Öffentlichkeit vor dem Wirken bestimmter Religions- oder Weltanschauungsgemeinschaften warnen soll, in die Grundrechte der betroffenen Gemeinschaften ein. Die Förderung ist daher nur aufgrund einer gesetzlichen Ermächtigung zulässig, die diese Eingriffe zu rechtfertigen vermag.

Gesetzliche Bestimmungen, die der Exekutive eine bestimmte Sachaufgabe zuweisen, sind nur dann zur Rechtfertigung von tatsächlichen („informalen") Grundrechtseingriffen geeignet, wenn ihnen über ihren aufgabenregelnden Gehalt hinaus zugleich mit hinreichender Deutlichkeit die Ermächtigung zur Einschränkung des Freiheitsraums der von der Aufgabenerledigung Betroffenen zu entnehmen ist.

Die Bereitstellung der benötigten Mittel im Haushaltsplan reicht als Grundlage für eine Subventionsmaßnahme nicht aus, wenn die Maßnahme mit gezielten Eingriffen in die Grundrechte von nicht am Subventionsverhältnis beteiligten Dritten verbunden ist.

Art. 4 Abs. 1 u. 2 GG; § 25 Abs. 1 JWG; Art. 1 § 83 KJHG
BVerwG, Urteil vom 27. März 1992 - 7 C 21.90[1] -

Die Kläger sind Meditationsvereine der von dem Inder Osho-Rajneesh (früher: „Bhagwan") gegründeten Osho-Bewegung. Sie wenden sich dagegen, daß die Beklagte (Bundesrepublik Deutschland) den Beigeladenen mit Mitteln aus dem Bundeshaushalt fördert.

Der Beigeladene ist ein Zusammenschluß von natürlichen Personen und Vereinen, die in Deutschland und Österreich ansässig sind und sich mit Problemen der sog. neuen religiösen Bewegungen befassen. Er versteht sich als eine Einrichtung zur Förderung der Jugendwohlfahrt und Erwachsenenbildung. Nach seiner Satzung verfolgt er das Ziel, „religiösen und ideologischen Miß-

---

[1] Amtl. Leitsätze. BVerwGE 90, 104; JZ 1993, 33; NJW 1992, 2496; Buchholz 11 Art. 4 GG Nr. 52; DÖV 1992, 877; DVBl. 1992, 1039; AkKR 161 (1992), 209; ZevKR 38 (1993), 341. Nur LS: JuS 1993, 245; NVwZ 1992, 1186.
Im wesentlichen gleichlautend die Entscheidungsgründe in dem Parallelverfahren 7 C 22.90 (Urteil d. BVerwG vom 27. 3. 1992, unv.). Vgl. auch BVerwG KirchE 30, 164. Vgl. zu diesem Fragenkreis auch OLG Karlsruhe NJW-RR 1993, 1054; VGH Baden-Württemberg JZ 1993, 105.

bräuchen, durch die vor allem junge Menschen geistig und psychisch Schaden leiden, entgegen(zu)treten". Zu diesem Zweck will er insbesondere „1. betroffenen Gruppen Hilfe bei der Lösung ihrer Probleme leisten, 2. die Öffentlichkeit über die Gefahren religiöser und ideologischer Mißbräuche aufklären, 3. die Anliegen gegenüber Staat, Kirchen und Gesellschaft vertreten, 4. Verbindungen mit gleichartigen Institutionen im In- und Ausland halten".

Der Beigeladene gibt ein Mitteilungsblatt heraus, in dem er sich wiederholt mit der Osho-Bewegung befaßt hat. Außerdem veranstaltet er Tagungen zu Themen, die die sog. neuen religiösen Bewegungen betreffen, wendet sich mit Presseerklärungen an die Öffentlichkeit und bearbeitet Anfragen. Er verfügt über eigene Mittel in Form von Spenden und Beiträgen in einer Größenordnung von 3000 DM jährlich. Die Beklagte fördert den Beigeladenen seit 1980 institutionell (zwischen 124 000 und 176 000 DM jährlich) und projektbezogen (bis zu 262 000 DM jährlich). Die institutionelle Förderung wird aus einem Haushaltstitel mit der Bezeichnung „Maßnahmen auf dem Gebiet der Psychiatrie und der Psychohygiene, ... Zuschüsse an zentrale Einrichtungen und Verbände ...", die projektbezogene Förderung aus einem Titel mit der Bezeichnung „Zuschuß zu den Kosten der Vorbereitung und der Durchführung von Kongressen" gewährt. In den Erläuterungen zu beiden Titeln ist der Beigeladene als Förderungsempfänger genannt.

Die Kläger sehen sich durch die Förderung des Beigeladenen in ihrem Grundrecht aus Art. 4 GG verletzt. Sie haben deshalb Klage erhoben, mit der sie beantragt haben festzustellen, 1. daß die von der Beklagten dem Beigeladenen gewährte institutionelle Förderung rechtswidrig ist, 2. daß die von der Beklagten dem Beigeladenen gewährte projektbezogene Förderung rechtswidrig ist, soweit die Projekte sich mit der Osho-Religionsbewegung beschäftigen.

Das Verwaltungsgericht hat antragsgemäß die Förderung des Beigeladenen für rechtswidrig erklärt, die projektbezogene Förderung des Beigeladenen allerdings nur insoweit, als „die Projekte sich mit der Osho-Religionsbewegung in abwertender Form beschäftigen".

Hiergegen haben die Kläger und die Beklagte Berufung eingelegt. Das OVG Nordrhein-Westfalen (DVBl. 1990, 999) hat auch dem zweiten Feststellungsantrag der Kläger uneingeschränkt stattgegeben und die Berufung der Beklagten zurückgewiesen.

Die Revision der Beklagten hatte keinen Erfolg; es wurde lediglich Satz 1 des erstinstanzlichen Urteils wie folgt neugefaßt: „Es wird festgestellt, daß die Beklagte nicht berechtigt ist, den Beigeladenen institutionell zu fördern, solange sich dieser in seinen öffentlichen Äußerungen mit der Osho-Bewegung befaßt".

Warnung vor sog. Jugendreligionen

Aus den Gründen:

Die Revision hat keinen Erfolg. Das Berufungsgericht hat der Beklagten zutreffend das Recht abgesprochen, den Beigeladenen zu Lasten der Kläger institutionell oder projektbezogen zu fördern.

1. Die gegen die Förderungspraxis der Beklagten gerichteten Feststellungsanträge der Kläger sind gemäß § 43 VwGO zulässig. Die Kläger greifen diese Praxis deshalb vor Gericht an, weil sie sich hierdurch in ihren Rechten verletzt sehen. Die Parteien streiten mithin nicht, wie das Oberverwaltungsgericht meint, über das Rechtsverhältnis zwischen der Beklagten und dem Beigeladenen, sondern – ungeachtet der insoweit mißverständlich formulierten Klageanträge – über Rechtsbeziehungen, die zwischen ihnen selbst bestehen. An der Klärung dieser Beziehungen haben die Kläger ein berechtigtes Interesse, denn sie müssen befürchten, daß die Beklagte ohne die mit der Klage erstrebten Feststellungen die Förderung des Beigeladenen fortsetzt. Auf eine Unterlassungsklage gegen die Beklagte brauchen sie sich nicht verweisen zu lassen, weil mit Gewißheit zu erwarten ist, daß die Beklagte im Falle des Erfolgs der Klage die Förderung des Beigeladenen einstellen wird (vgl. BVerwGE 36, 179 [181 f.]). Die Beklagte hat dies in der mündlichen Verhandlung vor dem Verwaltungsgericht ausdrücklich angekündigt. Da die allgemeine Leistungsklage – und damit auch die Unterlassungsklage – den Sonderregeln für die Anfechtungs- und Verpflichtungsklage nicht unterliegt, kann von einer Umgehung der für diese Klagearten geltenden besonderen Zulässigkeitsvoraussetzungen nicht die Rede sein (vgl. BVerwGE 77, 207 [211]; Urteil vom 15. 3. 1988 – BVerwG 1 C 69.86 – Buchholz 451.29 Schornsteinfeger Nr. 31). Den Klägern ist auch nicht etwa zuzumuten, sich gegen die Förderung des Beigeladenen durch Anfechtung der einzelnen hierüber von der Beklagten erteilten Bewilligungsbescheide zu wehren; vielmehr dürfen sie, worauf bereits das Oberverwaltungsgericht mit Recht hingewiesen hat, zwecks Erlangung eines wirksamen Rechtsschutzes die Förderungspraxis der Beklagten insgesamt zur gerichtlichen Überprüfung stellen (vgl. Urteil vom 15. 3. 1988 – BVerwG 1 C 69.86 – aaO).

2. Die Feststellungsanträge sind auch begründet. Die Kläger werden durch die Förderung des Beigeladenen in ihrem Grundrecht auf Religions- oder Weltanschauungsfreiheit (Art. 4 GG) verletzt.

a) Die Kläger sind Träger des Grundrechts aus Art. 4 GG.

aa) Das Oberverwaltungsgericht ist zutreffend davon ausgegangen, daß das Grundrecht aus Art. 4 GG gemäß Art. 19 Abs. 3 GG auch Vereinen zusteht, die sich der gemeinsamen Pflege einer Religion oder Weltanschauung widmen (BVerfGE 19, 129 [132][2]; 24, 236 [246 f.][3]). Es hat ferner ohne Rechtsverstoß

---
[2] KirchE 7, 242.
[3] KirchE 10, 181.

die von den Klägern gepflegten Lehren Osho-Rajneeshs als Religion oder Weltanschauung bewertet. Unter Religion oder Weltanschauung ist eine mit der Person des Menschen verbundene Gewißheit über bestimmte Aussagen zum Weltganzen sowie zur Herkunft und zum Ziel des menschlichen Lebens zu verstehen; dabei legt die Religion eine den Menschen überschreitende und umgreifende („transzendente") Wirklichkeit zugrunde, während sich die Weltanschauung auf innerweltliche („immanente") Bezüge beschränkt (vgl. BVerfGE 32, 98 [108][4]; BVerwGE 37, 344 [363][5]; 61, 152 [154, 156][6]). Diese Voraussetzungen hat das Oberverwaltungsgericht hier mit der Begründung als erfüllt angesehen, daß insbesondere die Lehre Osho-Rajneeshs über die „Erleuchtung" das Ziel des Menschen angebe und eine umfassende Erklärung zur Sinnfrage enthalte. Das ist revisionsrechtlich nicht zu beanstanden. Einer näheren Einordnung der von den Klägern gepflegten Lehren als Religion oder als Weltanschauung bedarf es nicht, weil die Weltanschauung der Religion in Art. 4 Abs. 1 GG rechtlich gleichgestellt ist.

bb) Entgegen der Annahme der Beklagen ist den Klägern der Schutz des Grundrechts aus Art. 4 GG nicht deswegen zu versagen, weil die Osho-Bewegung sich – wie die Beklagte in den Vorinstanzen näher dargelegt hat – in erheblichem Umfang (erwerbs-)wirtschaftlich betätigt.

Eine Religions- oder Weltanschauungsgemeinschaft muß, um über den rein spirituellen Zusammenhalt hinaus als säkulare Gemeinschaft bestehen zu können, ein Minimum an organisatorischer Struktur aufweisen; hierzu benötigt sie finanzielle Mittel. In welcher Weise sie ihre Finanzverhältnisse gestaltet, hat sie kraft ihrer verfassungsrechtlich gewährleisteten Autonomie (Art. 140 GG, 137 WRV) grundsätzlich selbst zu entscheiden. Das schließt neben den traditionellen Finanzierungsformen der Erhebung von Steuern oder von Mitgliedsbeiträgen die Möglichkeit ein, für Güter oder Dienstleistungen mit unmittelbarem religiösen oder weltanschaulichen Bezug (so etwa für die Unterrichtung in den Lehren der Gemeinschaft) Entgelte zu verlangen, wie es bei den in der Öffentlichkeit als „Jugendreligionen" oder „Jugendsekten" bekannt gewordenen sog. neuen religiösen Bewegungen der Fall ist. Der Schutz des Art. 4 GG kann mithin nicht schon allein wegen einer solchen Kommerzialisierung des religiösen oder weltanschaulichen Bekenntnisses überhaupt entfallen, mag die Gemeinschaft auch bei ihrer entsprechenden Betätigung wegen des den religiösen oder weltanschaulichen Bezug überlagernden Gewinnstrebens den im Wirtschaftsleben allgemein geltenden Gesetzen unterworfen sein (vgl. Badura, Der Schutz von Religion und Weltanschauung durch das Grundgesetz, 1989, S. 60;

---

[4] KirchE 12, 294.
[5] KirchE 12, 64.
[6] KirchE 18, 311.

v. Campenhausen, Religionsfreiheit, in: Isensee/Kirchhof [Hrsg.], Handbuch des Staatsrechts der Bundesrepublik Deutschland, Bd. 6, 1989, S. 414; Guber, „Jugendreligionen" in der grundgesetzlichen Ordnung, 1987, S. 81 ff.; VG Hamburg, NVwZ 1991, 806 [811 ff.][7]). Gleiches gilt für den Betrieb von gewerblichen Unternehmen sowie für die Bildung und Verwaltung sonstiger Vermögenswerte, die der Gemeinschaft durch ihre Erträge zu dienen bestimmt sind. Zu einem vollständigen Entzug des Grundrechtsschutzes aus Art. 4 GG besteht auch dann kein hinreichender Anlaß, wenn die wirtschaftliche Betätigung der Gemeinschaft eine solche Bedeutung erlangt, daß die gemeinschaftliche Pflege von Religion oder Weltanschauung in den Hintergrund tritt, oder wenn – anders ausgedrückt – die geschäftlichen Interessen der Gemeinschaft ihre sonstigen Aktivitäten *überwiegen* (vgl. Klein/Abel, in: Engstfeld u. a. [Hrsg.], Juristische Probleme im Zusammenhang mit den sogenannten neuen Jugendreligionen, 1981, S. 39; Starosta, Religionsgemeinschaften und wirtschaftliche Betätigung, 1986, S. 43 f.; Fleischer, Der Religionsbegriff des Grundgesetzes, 1989, S. 148 ff.; *a. A.:* Müller-Volbehr, Die Jugendreligionen und die Grenzen der Religionsfreiheit, in: Essener Gespräche zum Thema Staat und Kirche, Bd. 19, 1985, S. 120 f.; v. Campenhausen, aaO, S. 415; ebenso zum Begriff des „Bekenntnisses" in § 11 Abs. 1 Nr. 3 WPflG: BVerwG, Urteil vom 14. 11. 1980 – BVerwG 8 C 12.79 – BVerwGE 61, 152 [160]). Die Abgrenzung nach diesem Kriterium liefe darauf hinaus, den „echten" Religions- oder Weltanschauungsgemeinschaften „unechte" Religions- oder Weltanschauungsgemeinschaften gegenüberzustellen. Diese Unterscheidung hat das Bundesverwaltungsgericht in seinem Urteil vom 23. 3. 1971 – BVerwG 1 C 54.66 – (BVerwGE 37, 344 [362 ff.]), das die Auflösung der sog. Ludendorff-Bewegung wegen verfassungsfeindlicher politischer Betätigung betrifft, ausdrücklich verworfen. Es hat dort ausgeführt, daß eine Religions- oder Weltanschauungsgemeinschaft den Schutz der Garantien des Art. 4 und des Art. 140 GG i.V.m. Art. 137 WRV nicht dadurch verliere, daß sie sich im politischen Raum betätige. Andererseits seien Religions- und Weltanschauungsgemeinschaften ebenso wie andere Vereinigungen bei ihrer politischen Betätigung an die verfassungsmäßige Ordnung gebunden und unterlägen deshalb im Falle ihrer Verfassungsfeindlichkeit dem in Art. 9 Abs. 2 GG vorgesehenen Verbot, sofern die verfassungsfeindliche Tätigkeit nicht mit milderen Mitteln als dem der Auflösung unterbunden werden könne. Diese Rechtsprechung trifft nicht nur auf die politische Betätigung, sondern ebenso auf die wirtschaftliche Betätigung einer Religions- oder Weltanschauungsgemeinschaft zu. Sie beruht auf der Erwägung, daß die Gefahren, die mit einer religions- oder weltanschauungsfremden Betätigung solcher Gemeinschaften verbunden sein können, nicht mit einer einschränkenden Definition

---

[7] KirchE 28, 388.

des Grundrechtstatbestands, sondern in der Weise zu bewältigen sind, daß neben Art. 4 GG die für die betreffende Betätigung einschlägigen allgemeinen Gesetze zur Anwendung gebracht werden, und zwar u. U. sogar bis hin zu der einschneidenden Rechtsfolge der Auflösung der Gemeinschaft. Der Schutz des Art. 4 GG bleibt der Gemeinschaft demnach im Prinzip erhalten und wird nur insoweit zurückgedrängt, als dies zum Schutz kollidierender Rechtsgüter anderer erforderlich ist. Das bedeutet im Ergebnis, daß der Staat zu flexiblen, den Freiheitsraum der Bürger schonenden Reaktionen angehalten wird; damit wird zugleich der Grundsatz der Verhältnismäßigkeit soweit wie möglich gewahrt (vgl. BVerwGE 37, 344 [360 f.]).

Das Berufungsgericht hat mithin bei der Beantwortung der Frage, ob den Klägern trotz der wirtschaftlichen Aktivitäten der Osho-Bewegung die Grundrechte aus Art. 4 GG zustehen, zu Recht nicht auf das Ausmaß dieser Aktivitäten abgestellt. Statt dessen hat es zutreffend nur die Frage aufgeworfen, ob die Lehren Osho-Rajneeshs „als Vorwand für eine wirtschaftliche Betätigung dienen", ob die Bewegung also in Wahrheit *ausschließlich* wirtschaftliche Interessen verfolgt, die mit ideellen Zielen bloß verbrämt sind. Unter dieser Voraussetzung würde es sich, was keiner näheren Darlegung bedarf, um einen Mißbrauch des Rechts zur gemeinschaftlichen Pflege von Religion oder Weltanschauung handeln, den sich auch die Kläger als Teilorganisationen der weltweiten Osho-Bewegung entgegenhalten lassen müßten und der ihnen den Schutz des Art. 4 GG nähme. Einen solchen Sachverhalt hat das Berufungsgericht indes nicht festgestellt. Allein die von der Beklagten behauptete und von den Klägern nicht bestrittene luxuriöse Lebensführung des (mittlerweile verstorbenen) Stifters der Bewegung reicht für die Annahme eines Mißbrauchstatbestands nicht aus, weil die gemeinschaftliche Pflege von Religion oder Weltanschauung, wie das Berufungsgericht richtig ausgeführt hat, auch mit einem besonderen Repräsentationsaufwand an der Spitze der Gemeinschaft verbunden sein kann, wobei die Höhe des Aufwands der autonomen Bestimmung durch die Gemeinschaft selbst unterliegt. Aufklärungsrügen hat die Beklagte in diesem Zusammenhang nicht erhoben; sie wirft dem Berufungsgericht ausdrücklich nur einen unzutreffenden rechtlichen Ansatz vor.

b) Die Beklagte greift durch die Förderung des Beigeladenen in die Grundrechte der Kläger aus Art. 4 GG ein.

aa) Nach den Feststellungen des Oberverwaltungsgerichts setzt sich der Beigeladene mit den sog. neuen religiösen Bewegungen, darunter auch der Osho-Bewegung, kritisch bis abwertend auseinander. Ziel seiner Arbeit ist es, den diesen Bewegungen unterstellten „religiösen und ideologischen Mißbräuchen" entgegenzutreten und die Öffentlichkeit über die von ihnen ausgehenden Gefahren aufzuklären (vgl. § 2 Abs. 1 der Vereinssatzung). An diesen Vereinszweck knüpft die Förderung des Beigeladenen durch die Beklagte an. Sie soll den Beigeladenen in die Lage versetzen, seinen selbstgewählten Aufgaben möglichst wirkungsvoll gerecht zu werden. Die von der Beklagten geförderten Aktivitäten des Beigeladenen führen auf seiten der betroffenen Religions- oder Weltanschauungsgemeinschaften dazu, daß ihre Ausbreitung behindert und ihre Rolle in der religiös-weltanschaulichen Auseinandersetzung geschwächt wird, also zu Nachteilen in dem von Art. 4 Abs. 1 GG geschützten Freiheitsraum. Die Förderung des Beigeladenen durch die Beklagte ähnelt darum nach Zielrichtung und Wirkungen den eigenen warnenden Äußerungen des Staates über die sog. „Jugendreligionen" oder „Jugendsekten", die der Senat in seinem die Bewegung der Transzendentalen Meditation betreffenden Urteil vom 23. 5. 1989[8] – BVerwG 7 C 2.87 – (BVerwGE 82, 76) bereits als Eingriffe in die durch Art. 4 GG geschützte Religions- oder Weltanschauungsfreiheit bewertet hat (aaO, S. 79). Für die von der Beklagten als zusätzliches Mittel zu demselben Zweck eingesetzte und sich in vergleichbarer Weise auswirkende Förderung des Beigeladenen gilt im Ergebnis nichts anderes.

bb) Entgegen den Ausführungen der Beklagten bestehen zwischen der Förderung des Beigeladenen und ihren im Senatsurteil vom 23. 5. 1989 behandelten eigenen Äußerungen keine derart erheblichen Unterschiede, daß im Hinblick hierauf ein Eingriff in die Grundrechte der Kläger aus Art. 4 GG verneint werden müßte. Zwar gilt die Förderung des Beigeladenen dessen gesamter Arbeit, während die damals umstrittenen Äußerungen der Bundesregierung speziell das Wirken der einzelnen sog. „Jugendreligionen" oder „Jugendsekten" zum Gegenstand hatten. Doch fördert die Beklagte den Beigeladenen in Kenntnis des Umstands, daß dieser die sog. „Jugendreligionen" oder „Jugendsekten", vor deren Aktivitäten er warnt, namentlich anspricht. Es ist daher nicht zweifelhaft, daß es der Beklagten bei der Förderung des Beigeladenen auch und gerade auf dessen Warnungen vor den Aktivitäten der einzelnen sog. „Jugendreligionen" oder „Jugendsekten" einschließlich der Osho-Bewegung ankommt. Ein weiterer Unterschied zwischen den eigenen Warnungen der Beklagten und der Förderung eines im gleichen Sinne tätigen privaten Dritten besteht darin, daß im zweiten Fall die nachteiligen Wirkungen des Verhaltens der Beklagten die Betroffenen erst über das förderungsgemäße Verhalten des Dritten erreichen, mithin die Kausalkette zwischen dem Verhalten der Beklagten und den Folgen für die Betroffenen im Vergleich zum ersten Fall um ein Glied verlängert ist. Doch fällt auch dieser Unterschied deshalb nicht ins Gewicht, weil das von der Beklagten verfolgte Handlungsziel den Geschehensablauf unabhängig von der Länge der Kausalkette zu einer einheitlichen grundrechtsbeeinträchtigenden Handlung zusammenfaßt (vgl. Bleckmann, DVBl. 1988, 373 [377]). Nach der im sog. Transparenzlisten-Urteil vom 18. 4. 1985 – BVerwG 3 C 34.84 –

---

[8] KirchE 27, 145.

(BVerwGE 71, 183 [193 f.]) eingeleiteten und seitdem wiederholt bestätigten (BVerwGE 75, 109 [115]; 87, 37 [42 f.]) Rechtsprechung des 3. Senats des Bundesverwaltungsgerichts ist die Zielrichtung des Verwaltungshandelns ein tragendes Kriterium für die Annahme eines Grundrechtseingriffs (ebenso Roth, Verwaltungshandeln mit Drittbetroffenheit und Gesetzesvorbehalt, in: Schriften zum Öffentlichen Recht, Bd. 598, 1991, S. 202 ff.). Auch der erkennende Senat hat in seinem Urteil vom 23. 5. 1989 den Eingriffscharakter der Äußerungen der Bundesregierung über die sog. „Jugendreligionen" oder „Jugendsekten" nicht zuletzt mit der den Äußerungen zugrundeliegenden Absicht der Bundesregierung begründet, das Verhalten der Öffentlichkeit in ihrem Sinne zu beeinflussen (BVerwGE 82, 76 [79]).

Zu Unrecht stellt die Beklagte eine gezielte Beeinträchtigung der Grundrechte der Kläger mit der Erwägung in Frage, die Förderung des Beigeladenen richte sich nicht gegen die Kläger und deren religiöse oder weltanschauliche Betätigung, sondern bezwecke lediglich die Information und Aufklärung der Öffentlichkeit über bestimmte, von den sog. „Jugendreligionen" oder „Jugendsekten" ausgehende Gefahren für das Gemeinwohl. Es ist zwar richtig, daß der Zweck der Förderungsmaßnahme schon dann erfüllt ist, wenn die Arbeit des Beigeladenen die ihr zugedachten Wirkungen in der Öffentlichkeit hat. Die Beklagte übersieht jedoch, daß infolgedessen Nachteile für die Kläger nicht nur mehr oder weniger zufällig oder nebenbei eintreten, sondern das zwangsläufige und sichere Ergebnis, gleichsam die „Kehrseite" der erstrebten Beeinflussung der Öffentlichkeit sind. Die Beeinträchtigung des durch Art. 4 GG geschützten Lebensbereichs steht folglich mit den primären Handlungswirkungen in einem derart engen Sachzusammenhang, daß die Maßnahme der Beklagten – bei objektiver, die Gesamtumstände einbeziehender Betrachtung – auch auf sie gerichtet erscheint. Mit einer entsprechenden Überlegung hat das Bundesverfassungsgericht (BVerfGE 13, 230 [232 f.]) die Festsetzung der Ladenschlußzeiten, obwohl strenggenommen nur an die Ladeninhaber gerichtet, zugleich als Eingriff in die Handlungsfreiheit der Kunden beurteilt.

Da die Beklagte gezielt in die Grundrechte der Kläger aus Art. 4 GG eingreift, kommt es letztlich auch nicht auf die von ihr für unerläßlich gehaltene Feststellung einer besonders schwerwiegenden Grundrechtsbeeinträchtigung an. Das Kriterium der „schwerwiegenden" oder „nachhaltigen" Grundrechtsbeeinträchtigung dient dazu, bei bloß faktischen und damit in der Regel unspezifischen Einwirkungen des Staates auf die grundrechtlich geschützte Freiheitssphäre grundrechtsrelevante Beeinträchtigungen von solchen ohne Grundrechtsrelevanz zu unterscheiden (vgl. BVerwGE 87, 37 [43]; Roth, aaO, S. 298 ff.). Solchen Einwirkungen stehen – als die praktisch bedeutsamsten Fälle – die klassischen Grundrechtseingriffe des Staates mit Regelungscharakter (sog. „imperative" Eingriffe) gegenüber; diese können wegen der mit ihnen verbundenen gezielten Verkürzung der grundrechtlichen Freiheitssphäre auch dann abgewehrt werden, wenn sie weniger schwer wiegen (vgl. Ossenbühl, Vorrang und Vorbehalt des Gesetzes, in: Isensee/Kirchhof [Hrsg.], Handbuch des Staatsrechts der Bundesrepublik Deutschland, Bd. 3, 1988, S. 336). Für gezielte Grundrechtsbeeinträchtigungen tatsächlicher Art muß ähnliches angenommen werden, und zwar auch dann, wenn der maßgebliche Wirkungszusammenhang – wie hier – kein unmittelbarer, sondern nur ein mittelbarer ist, aber gleichwohl vom handelnden Staat insgesamt beherrscht wird. Das Oberverwaltungsgericht hat daher die Förderungsmaßnahmen der Beklagten, mit denen sie die Öffentlichkeit auf Distanz zu bestimmten Religions- oder Weltanschauungsgemeinschaften bringen will, zutreffend mit einem rechsförmlichen Eingriff in deren Grundrechte verglichen. Die tatsächliche Wirksamkeit ihrer Maßnahmen setzt die Beklagte selbst voraus, weil sie den Beigeladenen andernfalls nicht fördern würde. Da sie die Arbeit des Beigeladenen zu einem erheblichen, für dessen Fortbestand ausschlaggebenden Anteil finanziert, müssen ihr die für die Kläger nachteiligen Folgen dieser Arbeit uneingeschränkt zugerechnet werden.

c) Da die Beklagte mit der Förderung des Beigeladenen in die Grundrechte der Kläger aus Art. 4 GG eingreift, bedarf sie hierfür einer gesetzlichen Grundlage. Das folgt aus dem Rechtsstaatsprinzip in Verbindung mit den berührten Grundrechten (vgl. BVerwGE 42, 331 [335]; 72, 265 [266]). Da eine solche Eingriffsermächtigung nicht vorhanden ist, brauchen die Kläger die Förderung des Beigeladenen nicht hinzunehmen.

aa) Die Religions- und Weltanschauungsfreiheit ist zwar in Art. 4 GG vorbehaltlos gewährleistet. Das bedeutet aber nicht, daß dieses Grundrecht keinerlei Einschränkungen zuließe. Vielmehr darf der Staat unter dem Gesichtspunkt der Einheit der Verfassung zum Schutz der Grundrechte anderer Bürger, also in Wahrnehmung einer ihm von den Grundrechten auferlegten Schutzpflicht, selbst vorbehaltlos gewährleistete Grundrechte einschließlich des Grundrechts aus Art. 4 GG einschränken (vgl. BVerwGE 82, 76 [82 f.]; BVerfG, NJW 1989, 3269 [3270][9]). Ein solcher Schutzzweck liegt – ebenso wie den eigenen Äußerungen der Beklagten zum Thema „Jugendreligionen/Jugendsekten" – auch der Förderung des Beigeladenen zugrunde, denn die Beklagte befürchtet, daß von dem Wirken jener Bewegungen Gefahren für grundrechtlich geschützte Rechtsgüter der Bürger ausgehen. Die Wahrnehmung einer grundrechtlichen Schutzpflicht entbindet den Staat freilich nicht von der Notwendigkeit einer gesetzlichen Eingriffsermächtigung, weil die freiheitssichernden Garantien des Rechtsstaatsprinzips und der Grundrechte auch gegenüber dem – im Verhältnis zu anderen Bürgern – grundrechtsschützend tätigen Staat Geltung beanspruchen. Aus diesem Grund hat der Senat in seinem die

---

[9] KirchE 27, 211.

eigenen Äußerungen der Beklagten zum Thema „Jugendreligionen/Jugendsekten" betreffenden Urteil vom 23. 5. 1989 (BVerwGE 82, 76 [79 ff.]) die Eingriffe in die Grundrechte der damaligen Kläger nicht nur mit der Verfolgung grundrechtlicher Schutzpflichten, sondern auch und sogar in erster Linie mit den funktionsbedingten Befugnissen der Bundesregierung zur Öffentlichkeitsarbeit und ihrem hieraus folgenden Recht zu öffentlichen Stellungnahmen gerechtfertigt. Dem lag die Erwägung zugrunde, daß jenes Recht der Bundesregierung auch kritische Äußerungen über einzelne Grundrechtsträger umfaßt und darüber hinaus, in dieser Hinsicht der Meinungsfreiheit nach Art. 5 Abs. 1 GG vergleichbar, auf Wirkungen in der Öffentlichkeit angelegt ist (vgl. Beschluß des Senats vom 13. 3. 1991 – BVerwG 7 B 99.90 – Buchholz 11 Art. 4 GG Nr. 47 S. 29 f.). So gesehen gewinnt das Äußerungsrecht der Bundesregierung, obwohl damit ebenso wie mit dem weitergehenden Begriff der Öffentlichkeitsarbeit zunächst nur Funktionen oder Aufgaben umschrieben sind, zugleich hinreichend bestimmte Konturen als – ausnahmsweise verfassungsunmittelbare – Eingriffsermächtigung.

bb) Das soeben erwähnte Äußerungsrecht der Bundesregierung scheidet als Grundlage für die hier in Rede stehenden Grundrechtseingriffe aus. Die Befugnisse der Bundesregierung zur Öffentlichkeitsarbeit und folglich auch das darin eingeschlossene Äußerungsrecht sind Ausfluß ihrer Funktionen als Organ der Staatsleitung (vgl. Beschluß vom 13. 3. 1991 – BVerwG 7 B 99.90 – aaO, S. 34). Um Funktionen dieser Art geht es hier jedoch nicht; vielmehr handelt es sich bei der Förderung eines Privaten aus Mitteln des Bundeshaushalts um eine (echte) Verwaltungstätigkeit des Bundes (vgl. BVerfGE 22, 180 [215 ff.][10]). Bereits dieser Umstand verbietet die Annahme einer verfassungsunmittelbaren Eingriffsermächtigung.

Davon abgesehen steht der Annahme einer solchen Eingriffsermächtigung auch noch ein weiterer Grund entgegen. Die Förderung privater Vereine, deren sich der Staat bedient, um die Öffentlichkeit vor dem Wirken bestimmter religiöser oder weltanschaulicher Bewegungen zu warnen, ist mit speziellen grundrechtlichen Freiheitsrisiken verbunden, die bei der Entscheidung über den Sinn und die Notwendigkeit einer solchen Förderung mitbedacht werden müssen. Zwar ist der Staat in Anbetracht grundrechtsgefährdender Aktivitäten von Religions- oder Weltanschauungsgemeinschaften weder durch die Garantie der Religions- und Weltanschauungsfreiheit (Art. 4 GG) noch durch das hieran anknüpfende Gebot der religiös-weltanschaulichen Neutralität (Art. 4 Abs. 1, Art. 3 Abs. 3, Art. 33 Abs. 3, Art. 140 GG, Art. 136 Abs. 1 und 4, Art. 137 Abs. 1 WRV) an einem aktiven Schutz der bedrohten Grundrechte gehindert. Doch ist das verfassungsrechtliche Neutralitätsgebot jedenfalls dann verletzt,

---

[10] KirchE 9, 183.

wenn er mit dieser Absicht einen privaten Verein fördert, der seinerseits auf religiöser oder weltanschaulicher Grundlage arbeitet, also an der religiös-weltanschaulichen Auseinandersetzung nicht neutral, sondern parteigebunden mitwirkt. Ferner ist zu bedenken, daß der Staat, wenn er sich selbst warnend über das Wirken bestimmter Religions- oder Weltanschauungsgemeinschaften äußert, hierbei im Interesse der betroffenen Grundrechtsträger der Pflicht zur Zurückhaltung und Sachlichkeit unterliegt (BVerwGE 82, 76 [83 f.]; BVerfG, NJW 1989, 3269 [3270 f.]). Diese rechtlichen Bindungen kann er nicht in der Weise abstreifen, daß er sich der Hilfe eines privaten Vereins versichert, der die ihm zustehende, grundrechtlich verbürgte Meinungsfreiheit bis zu der Grenze der Schmähkritik nutzen kann. Die damit den Staat treffende Pflicht, bei Förderungsmaßnahmen der hier in Rede stehenden Art strikt auf Neutralität zu achten sowie auch im Verhältnis der Grundrechtsträger untereinander eine willkürliche oder unverhältnismäßige Beschränkung des Grundrechts aus Art. 4 GG zu vermeiden, führt ebenfalls zum Erfordernis einer speziellen gesetzlichen Ermächtigungsgrundlage.

cc) An einer solchen Grundlage fehlt es.

Die der Beklagten spezialgesetzlich eingeräumten Befugnisse zur Förderung von Einrichtungen der Jugendhilfe reichen zur Rechtfertigung der Eingriffe in die Grundrechte der Kläger nicht aus. Nach § 25 Abs. 1 des früheren Jugendwohlfahrtsgesetzes – JWG – i.d.F. der Bekanntmachung vom 11. 8. 1961 (BGBl. I S. 1205) war die Bundesregierung berechtigt, Bestrebungen auf dem Gebiet der Jugendhilfe anzuregen und zu fördern, soweit sie über die Verpflichtungen der Jugendämter, Landesjugendämter und obersten Landesbehörden hinaus zur Verwirklichung der Aufgaben der Jugendhilfe von Bedeutung waren. Diese Bestimmung ist mit Wirkung vom 1. 1. 1991 durch Art. 1 § 83 Abs. 1 des Kinder- und Jugendhilfegesetzes – KJHG – vom 26. 6. 1990 (BGBl. I S. 1163) abgelöst worden; darin ist nunmehr im Anschluß an die verfassungskonforme Auslegung des zitierten § 25 Abs. 1 JWG durch das Bundesverfassungsgericht (BVerfGE 22, 180 [215 ff.]) vorgesehen, daß die fachlich zuständige oberste Bundesbehörde die Tätigkeit der Jugendhilfe anregen und fördern soll, soweit sie von überregionaler Bedeutung ist und ihrer Art nach nicht durch ein Land allein wirksam gefördert werden kann. Selbst wenn die Beklagte hiernach eine Zuständigkeit zur Förderung des Beigeladenen besäße, dürfte sie auf dieser Grundlage nicht gezielt in die Grundrechte der Kläger aus Art. 4 GG eingreifen. Zwar ist es nach der Rechtsprechung des Senats (vgl. Urteil vom 23. 5. 1989 [BVerwGE 82, 79 ff.] sowie Beschluß vom 13. 3. 1991 – BVerwG 7 B 99.90 – [aaO, S. 30 ff.]) nicht von vornherein ausgeschlossen, gerade tatsächliche („informale") Grundrechtseingriffe unter Verzicht auf eine detailliertere Ermächtigungsgrundlage allein auf eine Norm zu stützen, die dem eingreifenden Verwaltungsträger eine bestimmte Sachaufgabe zuweist. Das ist aber nur dann möglich, wenn der betreffenden Norm über ihren aufgabenregelnden Gehalt hinaus auch mit hinreichender Deutlichkeit die Ermächtigung zur Einschränkung des Freiheitsraums der von der Aufgabenerledigung Betroffenen zu entnehmen ist, was der Senat für das Äußerungsrecht der Bundesregierung aus den erwähnten Gründen bejaht hat. Die Förderungszuständigkeit der Beklagten nach Art. 1 § 83 Abs. 1 KJHG läßt sich nicht in dieser Weise zugleich als Eingriffsermächtigung verstehen, denn sie sagt über die Rechtmäßigkeit von Förderungsmaßnahmen mit dem Ziel, den öffentlichen Zulauf zu bestimmten, als gemeinwohlschädlich beurteilten Religions- oder Weltanschauungsgemeinschaften zu begrenzen, schlechterdings nichts aus.

Da Art. 1 § 83 Abs. 1 KJHG als lediglich aufgabenregelnde Norm von vornherein nicht geeignet ist, die Eingriffe der Beklagten in die Grundrechte der Kläger zu rechtfertigen, kann dahinstehen, ob der Beigeladene überhaupt zu den nach dieser Vorschrift förderungsfähigen Einrichtungen der Jugendhilfe zählt. Ebenso kann dahinstehen, ob die Beklagte, falls diese Frage zu verneinen sein sollte, den Beigeladenen im Hinblick auf seinen bundesweiten Wirkungskreis auch ohne spezialgesetzliche Zuständigkeit allein auf der Grundlage einer dem Grundgesetz zu entnehmenden ungeschriebenen Verwaltungskompetenz fördern dürfte (vgl. zur gesetzesfreien Subventionierung Privater im Rahmen der sog. Fondsverwaltung des Bundes: von Arnim, Finanzzuständigkeit, in: Isensee/Kirchhof [Hrsg.], Handbuch des Staatsrechts der Bundesrepublik Deutschland, Bd. 4, 1990, S. 1004 ff. m.w.N.). Auch unter dieser Voraussetzung ergäbe sich nämlich wiederum nur die Zuständigkeit der Beklagten zur Förderung des Beigeladenen, nicht aber die erforderliche gesetzliche Ermächtigung zu den damit verbundenen Eingriffen in die Grundrechte der Kläger.

dd) Die der Förderung des Beigeladenen zugrundeliegenden Ansätze im Bundeshaushaltsplan in Verbindung mit dem Haushaltsgesetz stellen ebenfalls keine ausreichende Ermächtigungsgrundlage für den Eingriff in die Grundrechte der Kläger dar. Der erkennende Senat hat zwar wiederholt entschieden, daß eine an Gesetz und Recht gebundene Verwaltung für geldliche Zuwendungen an Private nicht unter allen Umständen der gesetzlichen Grundlage bedürfe. Neben dem förmlichen Gesetz kommt auch jede andere parlamentarische Willensäußerung, insbesondere die etatmäßige Bereitstellung der zur Subvention erforderlichen Mittel als eine hinreichende Legitimation verwaltungsmäßigen Handelns in Betracht (vgl. Urteil vom 17. 3. 1977 – BVerwG 7 C 59.75 – NJW 1977, 1838). Diese Rechtsprechung bezieht sich jedoch – wie sich schon aus der beigefügten Einschränkung („nicht unter allen Umständen") ergibt – nur auf den Normalfall der Subventionierung, nämlich auf solche Geldleistungen an Private, die keine besonderen Grundrechtsprobleme aufwerfen. Um eine derartige Fallkonstellation geht es hier jedoch gerade nicht. Vielmehr stehen Eingriffe in die Grundrechtssphäre von am Subventionsverhältnis nicht beteiligten Dritten in Rede; solche Eingriffe unterliegen dem rechtsstaatlichen Gesetzesvorbehalt (vgl. BVerwGE 75, 109 [117]). Damit scheiden Ansätze im gesetzlich festgestellten Haushaltsplan als Ermächtigungsgrundlage schon deshalb aus, weil sie mit dem auf das Verhältnis von Parlament und Regierung begrenzten Regelungsgehalt (vgl. Art. 110 Abs. 1 und 4 GG) des Haushaltsplans und seinem Charakter als Ausgaben- und Verpflichtungsermächtigung unvereinbar sind. Dem entspricht, daß die Haushaltsansätze, soweit sie Subventionen betreffen, neben dem Gesamtbetrag der bereitgestellten Mittel regelmäßig nur den Förderungszweck angeben, ohne die Tatbestände näher zu regeln, an die die Subvention geknüpft wird. Der vorliegende Fall bietet dafür ein typisches Beispiel, wenn auch in den – überdies nicht einmal gemäß § 17 Abs. 1 Satz 2 der Bundeshaushaltsordnung für verbindlich erklärten – Erläuterungen zum Haushaltsansatz der Beigeladene als Empfänger genannt ist. Die Bundesregierung kann damit die ihr erteilte haushaltsrechtliche Ermächtigung nicht ausnutzen, solange der Gesetzgeber die dafür erforderlichen gesetzlichen Grundlagen nicht geschaffen hat. Da dieser Umstand in der Eigenart des Haushaltsgesetzes begründet liegt, kommt schon aus diesem Grunde die von der Beklagten für erforderlich gehaltene Vorlage der einschlägigen haushaltsrechtlichen Bestimmungen gemäß Art. 100 Abs. 1 GG an das Bundesverfassungsgericht mangels Entscheidungserheblichkeit nicht in Betracht.

d) Die Beklagte darf den Beigeladenen weder institutionell noch durch die Unterstützung einzelner, (auch) der Osho-Bewegung gewidmeter Arbeitsprojekte fördern. Die Projektförderung brauchen die Kläger, wie das Oberverwaltungsgericht zutreffend ausgeführt hat, ohne Rücksicht darauf nicht zu dulden, ob der Beigeladene sich ausdrücklich abwertend oder – seiner generellen Einstellung zu den sog. „Jugendreligionen" oder „Jugendsekten" entsprechend – sonst negativ mit der Osho-Bewegung auseinandersetzt. Andererseits werden sie auch durch die institutionelle Förderung des Beigeladenen nicht länger in ihren Rechten verletzt, wenn der Beigeladene die Beschäftigung mit der Osho-Bewegung insgesamt aufgeben sollte. Aus diesem Grund hat der Senat, ohne damit von dem erkennbaren Rechtsschutzziel der Kläger abzuweichen (§ 88 VwGO), den ersten Satz in dem der Klage stattgebenden Urteil des Verwaltungsgerichts entsprechend eingeschränkt. Damit ist zugleich die Zielsetzung der vorliegenden Klage verdeutlicht, die – wie bei der Prüfung ihrer Zulässigkeit dargelegt – auf die Feststellung individueller Rechtsverletzungen gerichtet ist. In diesem Sinne sind alle von den Klägern erstrittenen Feststellungen zu verstehen.

27

Die für die staatliche Förderung eines privaten Vereins zur Bekämpfung von „Jugendsekten" entwickelten Grundsätze (vgl. BVerwG, Urteil vom 27. 3. 1992 – 7 C 21.90[1] –) gelten auch für kommunale Förderungsleistungen.

Unterstützung der Vereinsziele durch Äußerungen des Oberbürgermeisters.

Art. 4 Abs. 1 u. 2 GG; § 7 JWG; Art. 1 §§ 69 Abs. 1, 74 Abs. 1 KJHG

BVerwG, Urteil vom 27. März 1992 – 7 C 28.90[2] –

Der Kläger ist ein Meditationsverein der von dem Inder Osho-Rajneesh (früher: „Bhagwan") gegründeten Osho-Bewegung. Er wendet sich gegen die Förderung des Beigeladenen durch die Beklagte (Stadt N.) und gegen Äußerungen der Beklagten.

Der Beigeladene ist anerkannter Träger der freien Jugendhilfe und Mitglied des Deutschen Paritätischen Wohlfahrtsverbandes. Er verfolgt nach seiner Satzung das Ziel, durch „Aufklärung über destruktive Kulte und Rat und Hilfe für Betroffene ... der Förderung der Jugendwohlfahrt und der Erwachsenenbildung" zu dienen. Er unterhält in E., R'straße, ein Informations- und Beratungszentrum und organisiert Vorträge, Seminare und Gruppengespräche. Darüber hinaus tritt er durch Interviews, Reportagen und Presseerklärungen an die Öffentlichkeit und wirkte bei Jugendschutzwochen in Essener Schulen sowie bei einer öffentlichen Gesundheitswoche mit. In eigenen Veröffentlichungen befaßte er sich mehrfach u. a. mit der Osho-Bewegung.

Die Beklagte fördert den Beigeladenen auf der Grundlage von Ratsbeschlüssen aus dem Jugendwohlfahrtsetat durch kostenlose Überlassung der Räumlichkeiten R'straße sowie durch laufende finanzielle, personelle und sächliche Mittel für die Unterhaltung des Zentrums. Insgesamt entsprach die Förderung seit der Gründung des Beigeladenen im Jahre 1984 einem Betrag von 38 000 bis 58 000 DM jährlich.

Neben der Förderung durch die Beklagte verfügt der Beigeladene über Spenden und Beiträge (1986: rund 9000 DM) sowie Mittel anderer öffentlicher Stellen (Landschaftsverband Rheinland, Stadt B., Bundesanstalt für Arbeit; 1986: rund 86 000 DM).

Anläßlich eines Besuchs im Zentrum des Beigeladenen im Jahre 1985 forderte der Oberbürgermeister der Beklagten zu einer stärkeren Unterstützung des Beigeladenen auf, dessen Arbeit dazu beitrage, der Problematik destruktiver

---

[1] KirchE 30, 151.
[2] Vgl. zu diesem Fragenkreis auch OLG Karlsruhe NJW-RR 1993, 1054; VGH Baden-Württemberg JZ 1993, 105.

Kulte zu begegnen. Ferner bat er die Nachbarstädte brieflich um eine stärkere Unterstützung des Beigeladenen.

Der Kläger sieht sich durch die Förderung des Beigeladenen und durch die Äußerungen des Oberbürgermeisters der Beklagten in seinem Grundrecht aus Art. 4 GG verletzt. Er hat deshalb Klage erhoben, mit der er beantragt hat, der Beklagten zu untersagen, 1. dem Beigeladenen Räumlichkeiten zur Verfügung zu stellen und ihn in sonstiger Weise, insbesondere durch finanzielle, personelle oder sächliche Mittel zu unterstützen, solange nicht sichergestellt ist, daß der Beigeladene in seiner Tätigkeit und seinen Verlautbarungen die Osho-Religionsbewegung ausdrücklich ausnimmt; 2. die Osho-Religionsgemeinschaft als „destruktiven Kult" zu bezeichnen.

Das Verwaltungsgericht hat beiden Klageanträgen stattgegeben. Dagegen haben die Beklagte und der Beigeladene Berufung eingelegt. Das Oberverwaltungsgericht hat auf die Berufung der Beklagten das vom Verwaltungsgericht ausgesprochene Äußerungsverbot aufgehoben und die Klage insoweit abgewiesen; im übrigen hat es die Berufungen zurückgewiesen.

Gegen dieses Urteil haben die Beklagte, der Beigeladene und der Kläger die vom Oberverwaltungsgericht zugelassene Revision eingelegt.

Die Beklagte erstrebt mit ihrer Revision die vollständige Abweisung der Klage. Sie meint, das Berufungsurteil sei in sich widersprüchlich, weil sich die behauptete Rechtswidrigkeit der Förderung des Beigeladenen mit dem ihr in demselben Urteil zugestandenen Recht zu eigenen öffentlichen Äußerungen nicht vereinbaren lasse. Der Kläger genieße nicht den Schutz des Grundrechts aus Art. 4 GG, weil sich die Osho-Bewegung überwiegend nicht religiös oder weltanschaulich, sondern wirtschaftlich betätige. Der Förderung des Beigeladenen fehle zudem auch die Grundrechtsrelevanz. Der Kläger werde durch sie nur mittelbar und nicht besonders intensiv betroffen. Unter diesen Umständen sei eine gesetzliche Grundlage für die Förderung entbehrlich. Jedenfalls sei diese Grundlage im Recht der Jugendhilfe zu finden.

Auch der Beigeladene bekämpft das vom Verwaltungsgericht der Beklagten auferlegte und vom Berufungsgericht bestätigte Förderungsverbot. Er teilt die Rechtsauffassung der Beklagten.

Der Kläger beantragt, die Revisionen der Beklagten und der Beigeladenen zurückzuweisen. Ferner erstrebt er die Wiederherstellung des erstinstanzlichen Urteils, soweit darin der Beklagten untersagt worden ist, die Osho-Bewegung als „destruktiven Kult" zu bezeichnen, und führt hierzu aus: Die Äußerungen des Oberbürgermeisters der Beklagten aus dem Jahre 1985 seien rechtswidrig gewesen. Die Gemeinden hätten keine Komptenz, sich zu religiösen oder weltanschaulichen Fragen zu äußern. Es fehle ihnen auch an der erforderlichen gesetzlichen Grundlage für öffentliche Warnungen vor dem Wirken von Religions- oder Weltanschauungsgemeinschaften. Jedenfalls sei die Bezeichnung der Osho-Bewegung als „destruktiver Kult" materiell rechtswidrig. Das Berufungsgericht habe die Lehren Osho-Rajneeshs und deren Bedeutung für die Anhänger der Gemeinschaft mißverstanden. Die entsprechenden Ausführungen im Berufungsurteil litten an mehreren Verfahrensfehlern. Das Attribut „destruktiv" enthalte eine schwere Verunglimpfung, die willkürlich und unverhältnismäßig sei.

Der Senat weist die Revisionen insgesamt zurück.

Aus den Gründen:

Die Revisionen haben keinen Erfolg.

A. Die Revision des Beigeladenen ist bereits unzulässig, weil der Beigeladene die Frist zur Begründung seiner Revision versäumt hat. (wird ausgeführt)

B. Die Revision der Beklagten ist zwar zulässig, aber nicht begründet.

1. Das folgt allerdings nicht daraus, daß das Berufungsgericht die Verurteilung der Beklagten im erstinstanzlichen Urteil ohne Sachprüfung hätte bestätigen müssen. Entgegen der Ansicht des Klägers war die Berufung der Beklagten nicht wegen Verstoßes gegen § 124 Abs. 3 Satz 1 VwGO unzulässig. (wird ausgeführt)

2. Die Revision der Beklagten ist jedoch deshalb unbegründet, weil die Entscheidung des Berufungsgerichts, soweit sie die Förderung des Beigeladenen durch die Beklagte betrifft, in der Sache nicht zu beanstanden ist. Das Berufungsgericht hat dem Kläger im Einklang mit Bundesrecht einen Anspruch gegen die Beklagte auf Unterlassung dieser Förderung zugebilligt; denn die Förderung des Beigeladenen verletzt den Kläger in seinem Grundrecht auf Religions- oder Weltanschauungsfreiheit (Art. 4 GG). Infolgedessen kann er kraft dieses Grundrechts von der Beklagten verlangen, daß sie die Förderung des Beigeladenen einstellt (vgl. BVerwGE 82, 76 [77 f.]).

a) Der Kläger ist Träger des Grundrechts aus Art. 4 GG. *(wird ausgeführt unter wörtlicher Übernahme der entsprechenden Ausführungen des Senats im Urteil vom 27. 3. 1992 – 7 C 21.90 –[3])*

b) Die Beklagte greift durch die Förderung des Beigeladenen in das Grundrecht des Klägers aus Art. 4 GG ein.

aa) Nach den Feststellungen des Oberverwaltungsgerichts setzt sich der Beigeladene mit den sog. neuen religiösen Bewegungen, darunter auch der Osho-Bewegung, kritisch bis abwertend auseinander. Ziel seiner Arbeit ist es, durch „Aufklärung über destruktive Kulte und Rat und Hilfe für Betroffene ... der Förderung der Jugendwohlfahrt und der Erwachsenenbildung zu dienen" (vgl. § 2 der Vereinssatzung). An diesen Vereinszweck knüpft die Förderung des Beigeladenen durch die Beklagte an. Sie soll den Beigeladenen in die Lage

---
[3] S.o. S. 151.

versetzen, seinen selbstgewählten Aufgaben möglichst wirkungsvoll gerecht zu werden. Die von der Beklagten geförderten Aktivitäten des Beigeladenen führen auf seiten der betroffenen Religions- oder Weltanschauungsgemeinschaften dazu, daß ihre Ausbreitung behindert und ihre Rolle in der religiös-weltanschaulichen Auseinandersetzung geschwächt wird, also zu Nachteilen in dem von Art. 4 Abs. 1 GG geschützten Freiheitsraum. Die Förderung des Beigeladenen durch die Beklagte ähnelt darum nach Zielrichtung und Wirkungen den warnenden Äußerungen der Bundesregierung über die sog. „Jugendreligionen" oder „Jugendsekten", die der Senat in seinem die Bewegung der Transzendentalen Meditation betreffenden Urteil vom 23. 5. 1989[4] – BVerwG 7 C 2.87 – (BVerwGE 82, 76) bereits als Eingriffe in die durch Art. 4 GG geschützte Religions- oder Weltanschauungsfreiheit bewertet hat (aaO, S. 79). Für die von der Beklagten mit entsprechender Motivation gewährte und sich in vergleichbarer Weise auswirkende Förderung des Beigeladenen gilt im Ergebnis nichts anderes.

bb) Entgegen den Ausführungen der Beklagten bestehen zwischen der Förderung des Beigeladenen und den im Senatsurteil vom 23. 5. 1989 behandelten Äußerungen der Bundesregierung keine derart erheblichen Unterschiede, daß im Hinblick hierauf ein Eingriff in das Grundrecht des Klägers aus Art. 4 GG verneint werden müßte. Zwar gilt die Förderung des Beigeladenen dessen gesamter Arbeit, während die damals umstrittenen Äußerungen der Bundesregierung speziell das Wirken der einzelnen sog. „Jugendreligionen" oder „Jugendsekten" zum Gegenstand hatten. Doch fördert die Beklagte den Beigeladenen in Kenntnis des Umstands, daß dieser die sog. „Jugendreligionen" oder „Jugendsekten", vor deren Aktivitäten er warnt, namentlich anspricht. Es ist daher nicht zweifelhaft, daß es der Beklagten bei der Förderung des Beigeladenen auch und gerade auf dessen Warnungen vor den Aktivitäten der einzelnen sog. „Jugendreligionen" oder „Jugendsekten" einschließlich des Osho-Bewegung ankommt. Ein weiterer Unterschied zwischen eigenen Warnungen des Staates und der Förderung eines im gleichen Sinne tätigen privaten Dritten besteht darin, daß im zweiten Fall die nachteiligen Wirkungen des Verhaltens des Staates die Betroffenen erst über das förderungsgemäße Verhalten des Dritten erreichen, mithin die Kausalkette zwischen dem Verhalten des Staates und den Folgen für die Betroffenen im Vergleich zum ersten Fall um ein Glied verlängert ist. Doch fällt auch dieser Unterschied deshalb nicht ins Gewicht, weil das vom Staat – hier: von der beklagten Stadt – verfolgte Handlungsziel den Geschehensablauf unabhängig von der Länge der Kausalkette zu einer einheitlichen grundrechtsbeeinträchtigenden Handlung zusammenfaßt (vgl. Bleckmann, DVBl. 1988, 373 [377]). Nach der im sog. Transparenzlisten-Urteil vom 18. 4. 1985 – BVerwG 3 C 34.84 – (BVerwGE 71, 183 [193 f.]) eingeleiteten und

---

[4] KirchE 27, 145.

seitdem wiederholt bestätigten (BVerwGE 75, 109 [115]; 87, 37 [42 f.]) Rechtsprechung des 3. Senats des Bundesverwaltungsgerichts ist die Zielrichtung des Verwaltungshandelns ein tragendes Kriterium für die Annahme eines Grundrechtseingriffs (ebenso Roth, Verwaltungshandeln mit Drittbetroffenheit und Gesetzesvorbehalt, in: Schriften zum Öffentlichen Recht, Bd. 598, 1991, S. 202 ff.). Auch der erkennende Senat hat in seinem Urteil vom 23. 5. 1989 den Eingriffscharakter der Äußerungen der Bundesregierung über die sog. „Jugendreligionen" oder „Jugendsekten" nicht zuletzt mit der den Äußerungen zugrundeliegenden Absicht der Bundesregierung begründet, das Verhalten der Öffentlichkeit in ihrem Sinne zu beeinflussen (BVerwGE 82, 76 [79]).

Zu Unrecht stellt die Beklagte eine gezielte Beeinträchtigung der Rechtsposition des Klägers mit der Erwägung in Frage, die Förderung des Beigeladenen richte sich nicht gegen den Kläger und dessen religiöse oder weltanschauliche Betätigung, sondern bezwecke lediglich die Information und Aufklärung der Öffentlichkeit über bestimmte, von den sog. „Jugendreligionen" oder „Jugendsekten" ausgehende Gefahren für das Gemeinwohl. Es ist zwar richtig, daß der Zweck der Förderungsmaßnahme schon dann erfüllt ist, wenn die Arbeit des Beigeladenen die ihr zugedachten Wirkungen in der Öffentlichkeit hat. Die Beklagte übersieht jedoch, daß infolgedessen Nachteile für den Kläger nicht nur mehr oder weniger zufällig oder nebenbei eintreten, sondern das zwangsläufige und sichere Ergebnis, gleichsam die „Kehrseite", der erstrebten Beeinflussung der Öffentlichkeit sind. Die Beeinträchtigung des durch Art. 4 GG geschützten Lebensbereichs steht folglich mit den primären Handlungswirkungen in einem derart engen Sachzusammenhang, daß die Maßnahme der Beklagten – bei objektiver, die Gesamtumstände einbeziehender Betrachtung – auch auf sie gerichtet erscheint. Mit einer entsprechenden Überlegung hat das Bundesverfassungsgericht (BVerfGE 13, 230 [232 f.]) die Festsetzung der Ladenschlußzeiten, obwohl strenggenommen nur an die Ladeninhaber gerichtet, zugleich als Eingriff in die Handlungsfreiheit der Kunden beurteilt.

Da die Beklagte gezielt in das Grundrecht des Klägers aus Art. 4 GG eingreift, kommt es letztlich auch nicht auf die von ihr für unerläßlich gehaltene Feststellung einer besonders schwerwiegenden Grundrechtsbeeinträchtigung an. Das Kriterium der „schwerwiegenden" oder „nachhaltigen" Grundrechtsbeeinträchtigung dient dazu, bei bloß faktischen und damit in der Regel unspezifischen Einwirkungen des Staates auf die grundrechtlich geschützte Freiheitssphäre grundrechtsrelevante Beeinträchtigungen von solchen ohne Grundrechtsrelevanz zu unterscheiden (vgl. BVerwGE 87, 37 [43 f.]; Roth, aaO, S. 298 ff.). Solchen Einwirkungen stehen – als die praktisch bedeutsamsten Fälle – die klassischen Grundrechtseingriffe des Staates mit Regelungscharakter (sog. „imperative" Eingriffe) gegenüber; diese können wegen der mit ihnen verbundenen gezielten Verkürzung der grundrechtlichen Freiheitssphäre auch dann abgewehrt werden, wenn sie weniger schwer wiegen (vgl. Ossenbühl, Vorrang und Vorbehalt des Gesetzes, in: Isensee/Kirchhof [Hrsg.], Handbuch des Staatsrechts der Bundesrepublik Deutschland, Bd. 3, 1988, S. 336). Für gezielte Grundrechtsbeeinträchtigungen tatsächlicher Art muß ähnliches angenommen werden, und zwar auch dann, wenn der maßgebliche Wirkungszusammenhang – wie hier – kein unmittelbarer, sondern nur ein mittelbarer ist, aber gleichwohl vom handelnden Senat insgesamt beherrscht wird. Das Oberverwaltungsgericht hat daher die Förderungsmaßnahmen der Beklagten, mit denen sie die Öffentlichkeit auf Distanz zu bestimmten Religions- oder Weltanschauungsgemeinschaften bringen will, zutreffend mit einem rechtsförmlichen Eingriff in deren Grundrechte verglichen. Die tatsächliche Wirksamkeit ihrer Maßnahmen setzt die Beklagte selbst voraus, weil sie den Beigeladenen andernfalls nicht fördern würde. Da sie im Zusammenwirken mit anderen Trägern der öffentlichen Verwaltung die Arbeit des Beigeladenen zu einem erheblichen, für dessen Fortbestand ausschlaggebenden Anteil unterstützt, müssen ihr die für den Kläger nachteiligen Folgen dieser Arbeit uneingeschränkt zugerechnet werden.

c) Da die Beklagte mit der Förderung des Beigeladenen in das Grundrecht des Klägers aus Art. 4 GG eingreift, bedarf sie hierfür einer gesetzlichen Grundlage. Das folgt aus dem Rechtsstaatsprinzip in Verbindung mit dem berührten Grundrecht (vgl. BVerwGE 42, 331 [335]; 72, 265 [266]). Da eine solche Eingriffsermächtigung nicht vorhanden ist, braucht der Kläger die Förderung des Beigeladenen nicht hinzunehmen.

aa) Die Religions- und Weltanschauungsfreiheit ist zwar in Art. 4 GG vorbehaltlos gewährleistet. Das bedeutet aber nicht, daß dieses Grundrecht keinerlei Einschränkungen zuließe. Vielmehr darf der Staat unter dem Gesichtspunkt der Einheit der Verfassung zum Schutz der Grundrechte anderer Bürger, also in Wahrnehmung einer ihm von den Grundrechten auferlegten Schutzpflicht, selbst vorbehaltlos gewährleistete Grundrechte einschließlich des Grundrechts aus Art. 4 GG einschränken (vgl. BVerwGE 82, 76 [82 f.][5]; BVerfG, NJW 1989, 3269 [3270][6]). Ein solcher Schutzzweck liegt – ebenso wie den Äußerungen der Bundesregierung zum Thema „Jugendreligionen/Jugendsekten" – auch der Förderung des Beigeladenen zugrunde, denn die Beklagte befürchtet, daß von dem Wirken jener Bewegungen Gefahren für grundrechtlich geschützte Rechtsgüter der Bürger ausgehen. Die Wahrnehmung einer grundrechtlichen Schutzpflicht entbindet den Staat freilich nicht von der Notwendigkeit einer gesetzlichen Eingriffsermächtigung, weil die freiheitssichernden Garantien des Rechtsstaatsprinzips und der Grundrechte auch gegenüber dem – im Verhältnis zu anderen Bürgern – grundrechtsschützend tätigen Staat

---

[5] KirchE 27, 145.
[6] KirchE 27, 211.

Geltung beanspruchen. Aus diesem Grund hat der Senat in seinem die Äußerungen der Bundesregierung zum Thema „Jugendreligionen/Jugendsekten" betreffenden Urteil vom 23. 5. 1989 (BVerwGE 82, 76 [79 ff.]) die Eingriffe in die Grundrechte der damaligen Kläger nicht nur mit der Verfolgung grundrechtlicher Schutzpflichten, sondern auch und sogar in erster Linie mit den funktionsbedingten Befugnissen der Bundesregierung zur Öffentlichkeitsarbeit und ihrem hieraus folgenden Recht zu öffentlichen Stellungnahmen gerechtfertigt. Dem lag die Erwägung zugrunde, daß jenes Recht der Bundesregierung auch kritische Äußerungen über einzelne Grundrechtsträger umfaßt und darüber hinaus, in dieser Hinsicht der Meinungsfreiheit nach Art. 5 Abs. 1 GG vergleichbar, auf Wirkungen in der Öffentlichkeit angelegt ist (vgl. Beschluß des Senats vom 13. 3. 1991[7] – BVerwG 7 B 99.90 – Buchholz 11 Art. 4 GG Nr. 47 S. 29 f.). So gesehen gewinnt das Äußerungsrecht der Bundesregierung, obwohl damit ebenso wie mit dem weitergehenden Begriff der Öffentlichkeitsarbeit zunächst nur Funktionen oder Aufgaben umschrieben sind, zugleich hinreichend bestimmte Konturen als – ausnahmsweise verfassungsunmittelbare – Eingriffsermächtigung.

bb) Ob die Beklagte sich – wie das Oberverwaltungsgericht annimmt – auf der Grundlage ihres Selbstverwaltungsrechts gemäß Art. 28 Abs. 2 GG ähnlich wie die Bundesregierung in der Öffentlichkeit warnend über das Wirken der sog. „Jugendreligionen" oder „Jugendsekten" äußern darf, kann dahinstehen (verneinend Kästner, NVwZ 1992, 9 [11 ff.]). Sollte diese Frage zu bejahen sein, würde dieses Äußerungsrecht schon nach seinem Gegenstand nur eigene öffentliche Äußerungen, nicht hingegen die Förderung eines sich in der Öffentlichkeit – wenn auch im Sinne der Beklagten – äußernden privaten Vereins decken.

Davon abgesehen ist die Förderung privater Vereine, deren sich der Staat bedient, um die Öffentlichkeit vor dem Wirken bestimmter religiöser oder weltanschaulicher Bewegungen zu warnen, mit speziellen grundrechtlichen Freiheitsrisiken verbunden, die bei der Entscheidung über den Sinn und die Notwendigkeit einer solchen Förderung mitbedacht werden müssen. Zwar ist der Staat in Anbetracht grundrechtsgefährdender Aktivitäten von Religions- oder Weltanschauungsgemeinschaften weder durch die Garantie der Religions- und Weltanschauungsfreiheit (Art. 4 GG) noch durch das hieran anknüpfende Gebot der religiös-weltanschaulichen Neutralität (Art. 4 Abs. 1, Art. 3 Abs. 3, Art. 33 Abs. 3, Art. 140 GG, Art. 136 Abs. 1 und 4, Art. 137 Abs. 1 WRV) an einem aktiven Schutz der bedrohten Grundrechte gehindert. Doch ist das verfassungsrechtliche Neutralitätsgebot jedenfalls dann verletzt, wenn er mit dieser Absicht einen privaten Verein fördert, der seinerseits auf religiöser oder

---

[7] KirchE 29, 59.

weltanschaulicher Grundlage arbeitet, also an der religiös-weltanschaulichen Auseinandersetzung nicht neutral, sondern parteigebunden mitwirkt. Ferner ist zu bedenken, daß der Staat, wenn er sich selbst warnend über das Wirken bestimmter Religions- oder Weltanschauungsgemeinschaften äußert, hierbei im Interesse der betroffenen Grundrechtsträger der Pflicht zur Zurückhaltung und Sachlichkeit unterliegt (BVerwGE 82, 76 [83 f.]; BVerfG, NJW 1989, 3269 [3270 f.]). Diese rechtlichen Bindungen kann er nicht in der Weise abstreifen, daß er sich der Hilfe eines privaten Vereins versichert, der die ihm zustehende, grundrechtlich verbürgte Meinungsfreiheit bis zu der Grenze der Schmähkritik nutzen kann. Die damit den Staat treffende Pflicht, bei Förderungsmaßnahmen der hier in Rede stehenden Art strikt auf Neutralität zu achten sowie auch im Verhältnis der Grundrechtsträger untereinander eine willkürliche oder unverhältnismäßige Beschränkung des Grundrechts aus Art. 4 GG zu vermeiden, führt ebenfalls zum Erfordernis einer speziellen gesetzlichen Ermächtigungsgrundlage.

cc) An einer solchen Grundlage fehlt es.

Die der Beklagten spezialgesetzlich eingeräumten Befugnisse zur Förderung von Einrichtungen der Jugendhilfe reichen zur Rechtfertigung des Eingriffs in das Grundrecht des Klägers nicht aus. Nach Art. 1 § 74 Abs. 1 des Kinder- und Jugendhilfegesetzes – KJHG – vom 26. 6. 1990 (BGBl. I S. 1163), der mit Wirkung vom 1. 1. 1991 § 7 des früheren Jugendwohlfahrtsgesetzes – JWG – ersetzt hat, sind die kreisfreien Städte als Träger der öffentlichen Jugendhilfe (Art. 1 § 69 Abs. 1 KJHG) zur Förderung der auf ihrem Gebiet wirkenden Träger der freien Jugendhilfe berechtigt. Selbst wenn die Beklagte hiernach eine Zuständigkeit zur Förderung des Beigeladenen besäße, dürfte sie auf dieser Grundlage nicht gezielt in das Grundrecht des Klägers aus Art. 4 GG eingreifen. Zwar ist es nach der Rechtsprechung des Senats (vgl. Urteil vom 23. 5. 1989 [BVerwGE 82, 79 ff.] sowie Beschluß vom 13. 3. 1991 – BVerwG 7 B 99.90 – [aaO, S. 30 ff.]) nicht von vornherein ausgeschlossen, gerade tatsächliche („informale") Grundrechtseingriffe unter Verzicht auf eine detailliertere Ermächtigungsgrundlage allein auf eine Norm zu stützen, die dem eingreifenden Verwaltungsträger eine bestimmte Sachaufgabe zuweist. Das ist aber nur dann möglich, wenn der betreffenden Norm über ihren aufgabenregelnden Gehalt hinaus auch mit hinreichender Deutlichkeit die Ermächtigung zur Einschränkung des Freiheitsraums der von der Aufgabenerledigung Betroffenen zu entnehmen ist, was der Senat für das Äußerungsrecht der Bundesregierung aus den erwähnten Gründen bejaht hat. Die Förderungsaufgaben der Träger der öffentlichen Jugendhilfe nach Art. 1 § 74 Abs. 1 KJHG lassen sich nicht in dieser Weise zugleich als Eingriffsermächtigung verstehen, denn sie sagen über die Rechtmäßigkeit von Förderungsmaßnahmen mit dem Ziel, den öffentlichen Zulauf zu bestimmten, als gemeinwohlschädlich beurteilten Religions- oder Weltanschauungsgemeinschaften zu begrenzen, schlechterdings nichts aus.

Da Art. 1 § 74 Abs. 1 KJHG als lediglich aufgabenregelnde Norm von vornherein nicht geeignet ist, den Eingriff der Beklagten in das Grundrecht des Klägers zu rechtfertigen, kann dahinstehen, ob der Beigeladene überhaupt zu den nach dieser Vorschrift förderungsfähigen Einrichtungen der Jugendhilfe zählt. Ebenso kann dahinstehen, ob die Beklagte, falls diese Frage zu verneinen sein sollte, den Beigeladenen im Hinblick auf seinen Sitz und seinen räumlichen Wirkungsbereich auch ohne spezialgesetzliche Zuständigkeit allein auf der Grundlage seines Selbstverwaltungsrechts fördern dürfte. Auch unter dieser Voraussetzung ergäbe sich nämlich wiederum nur die Zuständigkeit der Beklagten zur Förderung des Beigeladenen, nicht aber die erforderliche gesetzliche Ermächtigung zu den damit verbundenen Eingriffen in das Grundrecht des Klägers.

dd) Sonstige bundesrechtliche Ermächtigungsgrundlagen, auf die der Eingriff in die Rechtsposition des Klägers gestützt werden könnte, sind nicht ersichtlich. Auch das Landes- und Ortsrecht hält nach den insoweit irrevisiblen Ausführungen des Berufungsgerichts keine geeignete Ermächtigungsgrundlage bereit. Das Berufungsgericht hat insbesondere nicht festgestellt, daß die Beklagte aufgrund ihrer gemeindlichen Satzungsautonomie eine die Förderung des Beigeladenen und die damit verbundenen Grundrechtseingriffe regelnde Satzung erlassen hat. Selbst wenn eine solche Satzung vorläge, so wäre sie ungültig, weil sich die gemeindliche Satzungsautonomie aus bundesverfassungsrechtlichen Gründen nicht auf selbständige, über den herkömmlichen Regelungskreis der Gemeinde hinausgehende Eingriffe in die grundrechtlich geschützte Sphäre der Bürger erstreckt (vgl. BVerwGE 6, 247 [251 ff.]; 45, 277 [284]; Schmidt-Aßmann, Kommunale Selbstverwaltung nach „Rastede", in: Festschrift für Horst Sendler, München 1991, S. 121 [131 f. m. w. N.]). Auch die gemeindliche Finanzautonomie einschließlich des Rechts zur Aufstellung eines eigenen Haushaltsplans gestattet der Gemeinde solche Eingriffe nicht.

Das Berufungsgericht ist demnach zutreffend zu dem Ergebnis gelangt, daß die Förderung des Beigeladenen – gleichviel, in welcher Form sie gewährt wird – den Kläger mangels einer gesetzlichen Eingriffsermächtigung in seiner Religions- oder Weltanschauungsfreiheit verletzt und daher zu unterlassen ist, solange sich der Beigeladene in seiner Tätigkeit, insbesondere in seinen öffentlichen Äußerungen, ausdrücklich oder nach den Gesamtumständen (auch) mit der Osho-Bewegung befaßt.

C. Schließlich hat auch die Revision des Klägers keinen Erfolg. Denn das Berufungsgericht hat die Klage, soweit mit ihr der Beklagten untersagt werden soll, die Osho-Bewegung als „destruktiven Kult" zu bezeichnen, auf die zulässige Berufung der Beklagten im Ergebnis zu Recht abgewiesen (vgl. § 144 Abs. 4

VwGO). Ein gerichtliches Verbot mit diesem Inhalt erübrigt sich, weil weder aufgrund früherer Äußerungen noch sonst zu erwarten ist, daß die Beklagte die Osho-Bewegung (selbst) als „destruktiven Kult" bezeichnen wird.

Die öffentlichen Äußerungen des Oberbürgermeisters der Beklagten aus dem Jahre 1985, die den Kläger zur Stellung des entsprechenden Klageantrags veranlaßt haben, rechtfertigen eine derartige Besorgnis nicht. Nach den Feststellungen des Berufungsgerichts, die der Kläger mit seinem Revisionsvorbringen nicht in Frage stellt, hat der Oberbürgermeister damals zu einer stärkeren Unterstützung des Beigeladenen aufgefordert, dessen Arbeit dazu beitrage, der Problematik destruktiver Kulte zu begegnen; ferner hat er die Nachbarstädte um eine stärkere Unterstützung des Beigeladenen gebeten. Damit hat der Oberbürgermeister zwar die Arbeit des Beigeladenen und mittelbar auch dessen Äußerungen über die Osho-Bewegung gebilligt. Diese Billigung der Arbeit des Beigeladenen und seiner Äußerungen ist jedoch, was der Kläger verkennt, nicht gleichbedeutend mit einer eigenen, ausdrücklichen Verurteilung der Osho-Bewegung durch die Beklagte selbst, die der Kläger mit seinem vor dem Berufungsgericht erfolglosen Klageantrag verhindern will. Im Gegensatz zur Bundesregierung hat die Beklagte bislang eine eigene nähere Stellungnahme in der Öffentlichkeit zum Thema „Jugendreligionen/Jugendsekten" und dementsprechend auch eigene Namensnennungen vermieden und sich auf die Unterstützung des Beigeladenen beschränkt. In diesen Rahmen fallen auch die Äußerungen des Oberbürgermeisters aus dem Jahre 1985, die als eine die materielle Unterstützung ergänzende verbale Unterstützung oder als ein Akt der Solidarisierung mit dem Beigeladenen zu kennzeichnen sind. Einen weiteren Äußerungen dieser Art entgegenwirkenden, auf öffentliche Distanzierung von der Arbeit des Beigeladenen gerichteten Klageantrag hat der Kläger nach Abweisung durch das Verwaltungsgericht nicht weiterverfolgt.

Anhaltspunkte dafür, daß die Beklagte ihre öffentlichen Äußerungen zum Thema „Jugendreligionen/Jugendsekten" über den durch die Arbeit des Beigeladenen vorgegebenen Rahmen hinaus intensivieren will, bestehen auch nach dem Vorbringen des Klägers nicht. Im Gegenteil ist zu erwarten, daß sie im Falle der Einstellung der materiellen Hilfe für den Beigeladenen auch ihre verbale Unterstützung einstellen wird. Für eine zusätzliche Verurteilung der Beklagten im Sinne der Revision des Klägers fehlt daher der hinreichende Anlaß.

Unter diesen Umständen kommt es auf die vom Berufungsgericht ausführlich behandelte und bejahte Frage, ob die Beklagte die Osho-Bewegung öffentlich als „destruktiven Kult" bezeichnen darf, nicht an.

28

Für die Frage, ob ein Nachversicherungsverhältnis entstanden ist, kommt es auf die Rechtslage im Zeitpunkt des Ausscheidens aus der versicherungsfreien (bzw. befreiten) Beschäftigung an.

BSG, Urteil vom 31. März 1992 – 4 RA 25/91[1] –

Die 1937 geborene Klägerin gehörte vom 14. 8. 1954 bis zum 31. 5. 1964 einer Ordensgemeinschaft der Franziskanerinnen an. Weder die Ordensgemeinschaft noch sie selbst stellten innerhalb eines Jahres nach ihrem Ausscheiden einen Nachversicherungsantrag.

Im Zuge eines im Jahre 1984 durchgeführten, mangels Mitwirkung der Klägerin eingestellten Vormerkungsverfahrens stellte die beklagte BfA durch Bescheid vom 7. 12. 1984 fest, für die Zeit der Zugehörigkeit zur Ordensgemeinschaft sei eine Nachversicherung gemäß § 9 Abs. 5 AVG nicht möglich, weil die im Zeitpunkt des Ausscheidens aus dem Orden im Jahre 1964 gesetzlich vorgeschriebene Ausschlußfrist von einem Jahr für einen Nachversicherungsantrag nicht eingehalten worden sei.

Im Januar 1989 beantragte die Klägerin erneut eine Klärung ihres Versicherungskontos. Zugleich trug sie vor, sie habe „Anspruch auf Nachversicherung" für die Zeit ihrer Zugehörigkeit zur Ordensgemeinschaft. Die BfA merkte antragsgemäß zunächst mit Bescheid vom 23. 2. 1989 einen Ausfallzeittatbestand (i. S. von § 36 Abs. 1 AVG) der Schulausbildung vom 16. 9. 1953 bis zum 25. 3. 1954 sowie der Fachschulausbildung vom 1. 4. 1957 bis zum 19. 2. 1959 und mit weiterem Bescheid vom 5. 10. 1989 Zeiten des Postulats und des Noviziats vom 14. 8. 1954 bis zum 28. 2. 1957 als versicherungsfreie Lehrzeit vor. Im Blick auf das Nachversicherungsbegehren lehnte die BfA mit dem streitigen Bescheid vom 15. 2. 1989 die Rücknahme des unangefochten gebliebenen Bescheides vom 7. 12. 1984 ab, weil dieser rechtmäßig sei. Hiergegen und gegen den Vormerkungsbescheid vom 23. 2. 1989 legte die Klägerin Widerspruch ein. Sie trug vor, ihrem Antrag auf Nachversicherung müsse stattgegeben werden, weil die Ordensgemeinschaft bereit sei, die Beiträge nachzuzahlen, und weil sie nicht schlechter behandelt werden dürfe als diejenigen, denen das Gesetz später die Nachentrichtung von Beiträgen ermöglicht habe. Daraufhin lehnte die Beklagte mit Bescheid vom 6. 10. 1989 die Nachentrichtung eines Pflichtbeitrages für den Monat März 1957 gemäß § 140 Abs. 3 AVG i.V.m. § 2 Abs. 1 Nr. 7 AVG ab, weil ein Fall besonderer Härte nicht vorliege. Hiergegen sowie gegen den Vormerkungsbescheid vom 5. 10. 1989 erhob die Klägerin Widerspruch mit der Begründung, sie habe schon jetzt Anspruch auf Nachzah-

---

[1] SozR 3 – 2200 § 1232 Nr. 3. Vgl. zu diesem Fragenkreis auch VG München AkKR 162 (1993), 562.

lung der Beiträge für die gesamte Zeit ihrer Ordenszugehörigkeit. Die BfA wies den Widerspruch gegen den streitigen Bescheid vom 15. 2. 1989 zurück, weil dieser Überprüfungsbescheid zutreffend ausgesprochen habe, daß die damalige Fristversäumnis auch heute noch eine Nachversicherung verhindere.

Die Klägerin hat Klage erhoben mit dem Antrag, den (streitigen) Bescheid vom 15. 2. 1989 in der Gestalt des Widerspruchsbescheides aufzuheben und die Beklagte zu verurteilen, die „Nachentrichtung von Beiträgen" zuzulassen. Im Termin zur mündlichen Verhandlung vor dem Sozialgericht hat die Klägerin erstmals beantragt, auch den Vormerkungsbescheid vom 23. 2. 1989 abzuändern, ferner, die Beklagte zu verurteilen, die Zeit der Ordensmitgliedschaft vom 14. 8. 1954 bis zum 31. 5. 1964 nachzuversichern.

Das Sozialgericht hat diese Klage abgewiesen. Das Landessozialgericht hat hingegen „die Bescheide der Beklagten vom 15. und 23. 2. 1989 in Gestalt des Widerspruchsbescheids ... bezüglich der Nachversicherung aufgehoben und die Beklagte verurteilt, den Bescheid vom 7. 12. 1984 aufzuheben und die Klägerin für die Zeit vom 14. 8. 1954 bis zum 31. 5. 1964 nachzuversichern".

Die Revision führte zur Wiederherstellung des Urteils erster Instanz.

Aus den Gründen:

Die Revision der Beklagten ist begründet. Das Landessozialgericht hätte die Berufung der Klägerin gegen das jedenfalls im Ergebnis richtige Urteil des Sozialgerichts zurückweisen müssen.

Der Senat kann eine Sachentscheidung treffen, ohne zuvor den Rechtsstreit an das Berufungsgericht zurückzuverweisen. Zwar hat das Berufungsgericht die nach § 75 Abs. 2 Regelung 1 SGG notwendige Beiladung der Ordensgemeinschaft (vgl. BSG, Urteil vom 19. 11. 1981 – 11 RA 72/80) unterlassen; auch bestehen Bedenken, ob die Ausführungen des Landessozialgerichts – auf der Grundlage seiner Rechtsauffassung – den Mindestanforderungen entsprechen, die an eine selbst nur „gedrängte Darstellung des Tatbestandes" und an „die Entscheidungsgründe" (§ 136 Abs. 1 Nrn. 5 und 6 SGG) zu stellen sind (dazu BSG SozR 1500 § 136 Nr. 10). Jedoch zwingen die vom Landessozialgericht mit Bindungswirkung (§ 163 SGG) für den erkennenden Senat getroffenen Feststellungen, nämlich daß die Klägerin vom 14. 8. 1954 bis zum 31. 5. 1964 einer Ordensgemeinschaft angehört hat und daß innerhalb eines Jahres seit ihrem Ausscheiden kein Antrag auf Nachversicherung gestellt worden ist, zum rechtlichen Schluß, daß die Klage in jedem Fall abgewiesen werden mußte. In einem solchen Fall, in dem Rechte des an sich notwendig Beizuladenden unter keinem denkbaren Gesichtspunkt beeinträchtigt werden können, darf das Revisionsgericht auch ohne eine – im Revisionsverfahren nicht mögliche (§ 168 SGG) – Beiladung in der Sache entscheiden (BSG SozR 3-5795 § 6 Nr. 1 m.w.N.).

Zunächst ist klarzustellen, daß nicht Gegenstand des Verfahrens ist, ob die Beklagte die Klägerin gemäß § 140 Abs. 3 AVG für den streitigen Zeitraum zur Nachentrichtung von Beiträgen zulassen darf oder muß (dazu stellvertretend: BSG, Urteil vom 20. 8. 1970 – 1 RA 235/69 – in: SozEntsch BSG VI § 140 Nr. 5; BSGE 41, 38 = SozR 2200 § 1418 Nr. 2; SozR 2200 § 1418 Nr. 4): Die Klägerin hat nämlich den Bescheid vom 6. 10. 1989, mit dem die BfA die Zulassung zur Nachentrichtung von Beiträgen für den März 1957 abgelehnt hat, jedenfalls mit dem im Termin zur mündlichen Verhandlung vor dem SG gestellten Klageantrag und auch im Berufungsverfahren nicht (mehr) angefochten. Im Blick auf den streitigen Zeitraum im übrigen hat bislang weder die Beklagte eine Härtefallregelung (§ 140 Abs. 3 AVG) über die Zulassung der Klägerin zur Nachentrichtung von Pflichtbeiträgen getroffen, noch die Klägerin selbst zumindest Anhaltspunkte dafür vorgetragen, sie sei während ihrer Ordenszugehörigkeit beitragspflichtig beschäftigt gewesen. Die Revisionserwiderung scheint zu verkennen, daß das Institut der „Nachentrichtung von Beiträgen" (§ 140 AVG) die – nur ausnahmsweise zuzulassende – nachträgliche Entrichtung von Beiträgen ist, die nicht rechtzeitig (§ 140 Abs. 1 AVG) entrichtet worden waren. Demgegenüber bedeutet „Nachversicherung" das Pflichtversicherungsverhältnis, das in den abschließend geregelten gesetzlichen Fällen erst im Zeitpunkt des unversorgten Ausscheidens des Nachversicherten entsteht und die – vom bisherigen „Arbeitgeber" allein zu erfüllende – Beitragspflicht erstmals begründet (stellvertretend zur Nachversicherung: BSG SozR 2400 § 124 Nr. 6; SozR 2200 § 1418 Nr. 2).

Der Vormerkungsbescheid vom 23. 2. 1989 ist vom Berufungsgericht schon deswegen zu Unrecht aufgehoben worden, weil die dagegen gerichtete Klage unzulässig war. Hierzu muß vorweg klargestellt werden, daß dieser Bescheid entgegen den tatbestandlichen Ausführungen des Landessozialgerichts die Zeit vom 14. 8. 1954 bis zum 28. 2. 1957 nicht als Ausfallzeittatbestand vorgemerkt hat; dies ist erst in dem – mit der Klage nicht angefochtenen – Vormerkungsbescheid vom 5. 10. 1989 geschehen. Die Klägerin ist i. S. von § 54 Abs. 1 S. 2 SGG nicht klagebefugt. Sie hat selbst nicht behauptet (was aber auch unter keinen Umständen denkbar ist), daß sie die ihrem Kontenklärungsantrag und den von ihr hierzu eingereichten Urkunden in vollem Umfang entsprechende Feststellung, sie habe in der Zeit vom 1. 4. 1957 bis zum 19. 2. 1959 erfolgreich eine Frauenfachschule für Kindergärtnerinnen besucht und deswegen einen Ausfallzeittatbestand der Fachschulausbildung zurückgelegt, in ihren Rechten verletzen könnte. Diese Vormerkung, die keine Entscheidung über die Anrechenbarkeit der Ausfallzeit in einem späteren Leistungsfall enthält (zur Rechtsnatur der Vormerkung stellvertretend: BSG SozR 3-2200 § 1325 Nr. 1; SozR 3-2200 § 1227a Nr. 7; Urteil des Senats vom 25. 2. 1992 – SozR 3-6180 Art. 13 Nr. 2), ist ein die Klägerin ausschließlich begünstigender Verwaltungsakt.

Demnach ist im Revisionsverfahren allein darüber zu befinden, ob das Landessozialgericht die Beklagte zu Recht verurteilt hat, den Bescheid vom 7. 12. 1984 zurückzunehmen und die Klägerin für die Zeit vom 18. 4. 1954 bis zum 31. 5. 1964 „nachzuversichern". Hierzu hat das Sozialgericht richtig entschieden, daß der streitige Bescheid vom 15. 2. 1989 rechtmäßig ist.

Anspruchsgrundlage für die begehrte Rücknahme des bindend (§ 77 SGG) gewordenen Bescheids vom 7. 12. 1984 und damit Maßstab für die Rechtmäßigkeit des streitigen Bescheides vom 15. 2. 1989 ist § 44 Abs. 2 S. 2 i.V.m. S. 1 SGB X, entgegen der Ansicht der Vorinstanzen nicht § 44 Abs. 1 S. 1 SGB X, weil der Bescheid vom 7. 12. 1984 weder Sozialleistungen zu Unrecht versagt noch Beiträge zu Unrecht erhoben hat. Gemäß § 44 Abs. 2 SGB X kann ein rechtswidriger nicht begünstigender Verwaltungsakt, auch nachdem er unanfechtbar geworden ist, ganz oder teilweise auch für die Vergangenheit zurückgenommen werden; mit Wirkung für die Zukunft ist er zurückzunehmen. Da der Bescheid vom 7. 12. 1984 rechtmäßig war, durfte die Beklagte ihn nicht zurücknehmen.

Beurteilungsmaßstab hierfür und zugleich Anspruchsgrundlage für das Begehren der Klägerin, die Beklagte möge feststellen, daß mit dem Ausscheiden aus dem Orden ein Nachversicherungsverhältnis entstanden ist (sog. Zulassung zur Nachversicherung; zur Rechtsschutzform: BSG SozR 3-2200 § 1232 Nr. 2 S. 5), ist § 9 Abs. 5 AVG in der am 1. 3. 1957 in Kraft getretenen Fassung (a. F.; Art. 1 AnVNG vom 23. 2. 1957 - BGBl. I 88). Nach dieser Vorschrift sind u. a. Mitglieder geistlicher Genossenschaften, die aus ihrer Gemeinschaft ausscheiden, für die Zeit, in der sie aus überwiegend religiösen oder sittlichen Beweggründen mit Krankenpflege, Unterricht oder anderen gemeinnützigen Tätigkeiten beschäftigt waren, aber der Versicherungspflicht nicht unterlagen oder hiervon befreit waren, nachzuversichern, wenn dies von dem ausscheidenden Mitglied oder der Gemeinschaft innerhalb eines Jahres nach dem Ausscheiden beantragt wird.

Das Landessozialgericht hat im Blick auf den streitigen Zeitraum vor dem 1. 3. 1957 verkannt, daß der Bescheid vom 7. 12. 1984 insoweit bereits deswegen rechtmäßig ist, weil die Nachversicherung von Mitgliedern geistlicher Genossenschaften nach der verfassungsgemäßen Übergangsregelung in Art. 2 § 4 AnVNG (BVerfG SozR 2200 § 1232 Nr. 11; BSGE 25, 24 = SozR Nr. 6 zu Art. 3 ArVNG) nicht möglich ist. Denn das Gesetz hat sich – wie das BVerfG ausgeführt hat – keine Rückwirkung für Zeiten vor seinem Inkrafttreten beigemessen. Für diesen – wie für den übrigen – streitigen Zeitraum könnte ein anderes, hier nicht streitiges Nachversicherungsverhältnis nur entstanden sein, wenn die Klägerin – neben ihrer Ordenszugehörigkeit – noch in einem nachversicherungsfähigen Beschäftigungsverhältnis zu einem anderen „Arbeitgeber" gestanden hätte. Hierfür besteht aber nach dem Gesamtinhalt der

Akten, insbesondere nach dem eigenen Vorbringen der Klägerin kein Anhalt. Mit ihrem Ausscheiden aus dem Orden (31. 5. 1964) wäre – die Erfüllung der tatbestandlichen Voraussetzungen von § 9 Abs. 5 S. 1 AVG a. F. unterstellt – ein Nachversicherungsverhältnis zur Beklagten nur entstanden, wenn entweder sie oder ihr früherer Orden bis zum 31. 5. 1965 einen Nachversicherungsantrag gestellt hätte. Das ist nicht der Fall. Daß es sich bei dieser Frist um eine materiell-rechtliche Ausschlußfrist handelt, hat das BSG (u. a. gestützt auf die Gesetzesmaterialien) bereits am 15. 7. 1969 (SozR Nr. 13 zu § 1232 RVO), entgegen den Mutmaßungen im Urteil des Landessozialgerichts also nicht erst nach dem Inkrafttreten des RRG 1972 (am 1. 1. 1973), insbesondere nicht i. S. einer zweckwidrigen Restriktion der Neufassung des § 9 Abs. 5 AVG entschieden.

Da die Frage, ob ein Nachversicherungsverhältnis entstanden ist, nach dem jeweils im Zeitpunkt des Ausscheidens aus der versicherungsfreien (bzw. befreiten) Beschäftigung/Tätigkeit beurteilt werden muß, hat die Beklagte bei Erlaß des Bescheides vom 7. 12. 1984 zutreffend § 9 Abs. 5 AVG a. F. angewendet. Dessen Neufassung durch Art. 1 § 2 Nr. 3 RRG 1972, die das Entstehen des Nachversicherungsverhältnisses nicht mehr von einem Antrag abhängig macht, ist erst am 1. 1. 1973 in Kraft getreten (Art. 6 § 8 Abs. 1 RRG 1972). § 9 Abs. 5 AVG n. F. hat sich keine Rückwirkung beigelegt (BSG SozR 2200 § 1232 Nrn. 1, 13). Das Landessozialgericht hat insoweit nicht beachtet, daß eine Rechtsnorm grundsätzlich nur auf solche Sachverhalte anwendbar ist, die nach ihrem Inkrafttreten verwirklicht werden. Soweit ein Gesetz seine zeitliche Geltung auf einen Zeitraum vor seinem Inkrafttreten erstreckt, muß sich dies deutlich aus seinem Wortlaut oder schlüssig aus seinem Zweck ergeben. Die Geltungszeit, d. h. die Spanne, in der die Anwendung des Gesetzes auf Sachverhalte überhaupt in Frage kommt, beginnt daher nicht vor dem Zeitpunkt, von dem ab die Rechtsfolgen des Gesetzes für die Normadressaten eintreten und seine Bestimmungen von den Behörden und Gerichten anzuwenden sind (BVerfGE 42, 263 [283]; BSGE 62, 191 [194 f. m.w.N.] = SozR 3100 § 1 Nr. 39; vgl. schon BSGE 1, 119, 222).

Darüber hinaus enthielte § 9 Abs. 5 AVG n. F. in der vom Berufungsgericht vertretenen Ausdeutung eine verfassungswidrige echte Rückwirkung zu Lasten der Ordensgemeinschaften jedenfalls in den Fällen, in denen – wie vorliegend – vor Inkrafttreten der Neufassung der Vorschrift am 1. 1. 1973 der nach altem Recht erforderliche Antrag nicht gestellt worden war und nicht mehr gestellt werden konnte. Unerheblich ist hierfür, ob eine Ordensgemeinschaft gleichwohl bereit ist, Beiträge zu entrichten. Da das Nachversicherungsverhältnis nach altem Recht nicht mehr entstehen und die Ordensgemeinschaften nicht mehr beitragspflichtig werden konnten, würde ihnen im Wege der Rückbewirkung von Rechtsfolgen (dazu: BVerfGE 72, 200 [242 ff.]) nun doch eine

öffentlich-rechtliche Abgabe auferlegt, also durch Gesetz nachträglich belastend in abgewickelte, der Vergangenheit angehörende Tatbestände eingegriffen (vgl. BVerfGE 57, 361 [391]; 68, 287 [306]; 72, 175 [196]). Für eine derartige – grundsätzlich verbotene (BVerfGE 13, 261 [272]; 45, 142 [173]) – echte Rückwirkung bedürfte es einer besonderen verfassungsrechtlichen Rechtfertigung (BVerfGE 72, 200 [257]), die für das Nachversicherungsverhältnis nicht einmal ansatzweise erkennbar ist.
Daß auch Art. 1 § 2 Nr. 3 RRG 1972 nur Nachversicherungsverhältnisse erfassen soll, die seit dem 1. 1. 1973 entstehen, ergibt sich ferner aus den Gesetzesmaterialien (BT-Drucks. VI/3767 S. 13: „In Zukunft") und der Regelungstechnik von Art. 6 § 8 RRG 1972, der die vor dem 1. 1. 1973 (oder später) wirksam werdenden Vorschriften ausdrücklich und abschließend benennt. Danach kann § 9 Abs. 5 AVG n. F. nur für die nach dem 1. 1. 1973 entstehenden Nachversicherungsverhältnisse gelten.
Zutreffend weist die Beklagte ferner darauf hin, daß ihr Bescheid vom 7. 12. 1984 nicht nach § 8 Abs. 2 S. 1 Nr. 3 SGB VI zu beurteilen ist, weil auch diese Vorschrift nicht rückwirkend angewendet werden darf. Zwar bestimmt § 300 Abs. 1 SGB VI, daß die Vorschriften dieses Gesetzbuches von dem Zeitpunkt ihres Inkrafttretens an auf einen Sachverhalt oder Anspruch auch dann anzuwenden sind, wenn bereits vor diesem Zeitpunkt der Sachverhalt oder Anspruch bestanden hat. Es kann dahingestellt bleiben, ob diese Vorschrift überhaupt für Nachversicherungsverhältnisse gilt. § 233 Abs. 1 SGB VI bestimmt nämlich ausdrücklich, daß Personen, die vor dem 1. 1. 1992 aus einer Beschäftigung ausgeschieden sind, in der sie nach dem jeweils geltenden, u. a. den § 5 Abs. 1 Nr. 3 (Versicherungsfreiheit satzungsmäßiger Mitglieder geistlicher Genossenschaften) sinngemäß entsprechenden Recht nicht versicherungspflichtig, versicherungsfrei oder von der Versicherungspflicht befreit waren, weiterhin nach den bisherigen Vorschriften nachversichert werden, wenn sie ohne Anspruch oder Anwartschaft auf Versorgung aus der Beschäftigung ausgeschieden sind.
Weder aus den Andeutungen des Landessozialgerichts noch aus der Revisionserwiderung lassen sich Anhaltspunkte dafür gewinnen, daß die Klägerin, die gegenüber allen ausgeschiedenen Ordensmitgliedern nach dem jeweils im Zeitpunkt des Ausscheidens geltenden Rechts gleichbehandelt wird, in ihrem Grundrecht aus Art. 3 Abs. 1 GG oder in einem anderen Grundrecht (zu Art. 14 Abs. 1 GG vgl. BSG SozR 2400 § 124 Nr. 6 S. 17) verletzt sein könnte.

29

Der Charakter eines Kirchengrundstücks als res sacra erstreckt sich nicht ohne weiteres auf die im kirchlichen Eigentum stehenden Nachbarparzellen.

Art. 140 GG, 138 Abs. 2 WRV
VG Koblenz, Beschluß vom 3. April 1992 – 1 L 758/92[1] –

Der Antragsgegner (Regierungspräsident) hat mit einer für sofort vollziehbar erklärten Verfügung die Antragstellerin (ev. Kirchengemeinde) verpflichtet, die Aufstellung einer meteorologischen Meßstation nach § 10 Abs. 1 Satz 1 des Landesabfallwirtschafts- und Altlastengesetzes – LAbfWAG – i.d.F. vom 30. 4. 1991 (BS 2129-1) auf ihrem nur mit Parzellennummern bezeichneten Grundbesitz zu dulden. Auf einer dieser Parzellen steht die Kirche der Antragstellerin. Die Antragstellerin tritt der Duldungsverfügung u. a. unter Hinweis auf den verfassungsrechtlichen Schutz des Kirchenguts (Art. 140 GG, 138 Abs. 2 WRV) entgegen und begehrt Wiederherstellung der aufschiebenden Wirkung des Widerspruchs.

Das Verwaltungsgericht lehnt den Antrag mit der Maßgabe ab, daß die Aufstellung der Station nur an einer bestimmten Stelle erfolgen darf, die in einer zu den Gerichtsakten gelangten Flurkarte bezeichnet ist.

Aus den Gründen:

Der zulässige Antrag auf Wiederherstellung der aufschiebenden Wirkung des Widerspruchs der Antragstellerin gegen die für sofort vollziehbar erklärte Duldungsverfügung des Antragsgegners vom 25. 2. 1992 ist weitgehend unbegründet.

Angesichts der den Beteiligten bereits im Beschluß der Kammer vom 31. 1. 1992 (1 L 16/92.KO [unv.]) dargelegten Kriterien muß die Interessenabwägung hier größtenteils zu Lasten der Antragstellerin ausfallen.

Daß die Aufstellung einer meteorologischen Meßstation unter den Begriff „ähnliche Arbeiten" im Sinne des § 10 Abs. 1 Satz 1 LAbfWAG fällt, hat die Kammer bereits in dem vorausgegangenen Beschluß vom 31. 1. 1992 dargelegt. Daran ist festzuhalten.

Dies gilt auch bezüglich der Frage der Erforderlichkeit der Aufstellung einer solchen Station zum Zwecke der Erkundung der Geeignetheit des Geländes für eine Abfalldeponie, die ebenfalls in dem Beschluß vom 31. 1. 1992 bejaht wurde. Die Antragstellerin kann insofern nicht mit Erfolg geltend machen, daß

---

[1] Ein Hauptsacheverfahren ist nicht anhängig gemacht worden.

auch die Aufstellung an anderer Stelle möglich wäre. Soweit sie diesbezüglich auf die Aufstellung am Rande eines Wirtschaftsweges hinweist, scheidet diese Alternative angesichts des Platzbedarfes der Anlage ersichtlich aus. Bezüglich der Aufstellungsmöglichkeit auf anderen Grundstücken kann sie ebenfalls nicht gehört werden, da dieser Einwand dann genauso von diesen Grundstückseigentümern erhoben werden könnte („St. Florians Prinzip"). Die Antragstellerin kann sich angesichts der im Tenor vorgenommenen Einschränkung auch nicht auf die ihr zustehenden Rechte aus Art. 140 GG i.V.m. Art. 138 Abs. 2 WRV berufen. Zwar ist es zutreffend, daß die dem kirchlichen Gebrauch dienenden körperlichen Gegenstände zu den öffentlichen Sachen gehören (res sacrae; vgl. Papier, Recht der öffentlichen Sachen, 2. Aufl., S. 33 ff. sowie OVG Rheinland-Pfalz, Urteil vom 23. 7. 1955, AS 5, 1 [2 ff.]). An diesen res sacrae besteht für die Verwaltung wohl ohne weiteres kein Zugriff (vgl. Forsthoff, AöR 1940, 209 [229]). Bei der evangelischen Kirche gelangt – anders teilweise als bei der katholischen Kirche – die res sacra mangels sakramentaler Einkleidung mit der Aufnahme des Gottesdienstes zur Entstehung (vgl. Forsthoff, aaO, S. 217). Davon ist angesichts der aus den Lichtbildern (…) der Gerichtsakte 1 L 16/92 und der dortigen Flurkarte (…) ersichtlichen Entfernung des geplanten Standortes der Meßstation (auf den im Tenor Bezug genommen wird) zur Gottesdienststelle dieser Standort ersichtlich nicht mehr betroffen. Denn zu den res sacrae gehören nur die für die kirchliche Funktion benutzten Gegenstände, nicht das gesamte private kirchliche Grundstücksvermögen (vgl. Papier, aaO, S. 33).

Die Verfügung ist – unter Beachtung der im Tenor vorgenommenen Einschränkung, deren Zulässigkeit sich aus § 80 Abs. 5 Satz 1 und 4 VwGO analog ergibt (vgl. Kopp, VwGO, 6. Aufl., § 80 Rdnr. 77) – auch nicht unverhältnismäßig. (wird ausgeführt)

30

Zur tariflichen Eingruppierung eines Sozialpädagogen als Kindergartenleiter in die kirchliche Arbeits- und Vergütungsordnung.

ArbG Mainz, Urteil vom 3. April 1992 – 6 Ca 48/92[1] –

Die Parteien streiten über die richtige Eingruppierung des Klägers in die kirchliche Arbeits- und Vergütungsordnung des Bistums Trier (KAVO). Die beklagte kath. Kirchengemeinde ist u. a. Trägerin eines Kindergartens in S. Der Kläger, Sozialpädagoge mit staatlicher Anerkennung, ist seit dem 1. 11.

---

[1] Das Urteil ist rechtskräftig. Vgl. zu diesem Fragenkreis auch BAG MDR 1993, 1211.

1986 als Kindergartenleiter in dem Kindergarten der Beklagten, der eine Durchschnittsbelegung von mehr als 70 Plätzen aufweist, beschäftigt. Das Arbeitsverhältnis der Parteien richtet sich nach dem schriftlichen Arbeitsvertrag vom 29. 10. 1986. Arbeitsvertraglich haben die Parteien die Geltung der KAVO in ihrer jeweiligen Fassung vereinbart.
Bis zum 31. 12. 1990 galten folgende Eingruppierungsregelungen:

K V b/Ziff. 6: Jugendleiterinnen/Sozialpädagoginnen mit staatlicher Anerkennung als Leiterinnen von Kindergärten mit einer Durchschnittsbelegung von mindestens 70 Plätzen. K IV b/Ziff. 3: Jugendleiterinnen/Sozialpädagoginnen mit staatlicher Anerkennung als Leiterinnen von Kindergärten mit einer Durchschnittsbelegung von mindestens 130 Plätzen; Ziff. 4: Sozialarbeiter/Sozialpädagogen mit staatlicher Anerkennung und entsprechender Tätigkeit, denen mindestens drei Angestellte mit Tätigkeiten mindestens der Vergütungsgruppe K VI b durch ausdrückliche Anordnung ständig unterstellt sind; Ziff. 5: Sozialarbeiter/Sozialpädagogen mit staatlicher Anerkennung und entsprechender Tätigkeit nach vierjähriger Berufsausübung in einer Tätigkeit der Vergütungsgruppe K V b.

Der Kläger wurde bei seiner Einstellung in die Vergütungsgruppe K V b KAVO eingruppiert. Aufgrund einer Änderung der KAVO wurde er rückwirkend zum 1. 1. 1991 in die Vergütungsgruppe IV b höhergruppiert.

Mit vorliegender Klage macht der Kläger die Gehaltsdifferenz zwischen den Vergütungsgruppen V b und IV b KAVO für die Zeit vom 1. 5. bis zum 31. 12. 1990 in rechnerisch unstreitiger Höhe von 2477,20 DM brutto geltend.

Zur Begründung trägt er vor, er hätte von Anfang an in die Vergütungsgruppe K IV b, Fallgruppe 4 KAVO eingruppiert werden müssen, da er die Tätigkeit eines Sozialpädagogen ausübe und ihm mindestens drei Angestellte mit Tätigkeiten der Vergütungsgruppe K VI b durch ausdrückliche Anordnung ständig unterstellt seien. Letzteres ist zwischen den Parteien unstreitig. Zumindest für die Zeit ab November 1990 habe er Anspruch auf Gehalt nach Vergütungsgruppe K IV b, Fallgruppe 5 KAVO, da er ab diesem Zeitpunkt die Tätigkeit eines Sozialpädagogen länger als vier Jahre lang ausgeübt habe. Es könne nicht zu seinen Lasten gehen, daß die KAVO eine Definition dessen, was unter „entsprechender Tätigkeit" zu verstehen sei, nicht enthalte. Nach dem Bundes-Angestelltentarifvertrag (BAT) jedenfalls seien Sozialpädagogen mit staatlicher Anerkennung nach vierjähriger Berufsausübung in einer Tätigkeit der Vergütungsgruppe V b in die Vergütungsgruppe IV b BAT höher zu gruppieren, wobei nach Vergütungsgruppe V b BAT Sozialarbeiter als Leiter von Kindertagesstätten mit einer Durchschnittsbelegung von mindestens 70 Plätzen vergütet würden.

Die Beklagte meint, der Kläger sei zutreffend in Vergütungsgruppe V b, Fallgruppe 6 KAVO eingruppiert worden. Bei dieser Vorschrift handele es sich um eine spezielle Norm für die Leiter von Kindergärten. Demgegenüber könne auf die allgemeine Eingruppierung der Sozialpädagogen mit staatlicher Anerkennung und entsprechender Tätigkeit nicht abgestellt werden. Insoweit übe der Kläger auch keine „entsprechende Tätigkeit" aus. Denn das Berufsbild des staatlich anerkannten Sozialpädagogen erstrecke sich auf das gesamte Feld sozialpädagogischer Tätigkeiten; hierzu gehörten familien- und schulergänzende Erziehungshilfen, Fürsorge, Schutz, Pflege und Beratung von Jugendlichen, Erziehungsberatung usw. Demgegenüber erstrecke sich die Tätigkeit des Klägers nur auf die ganz spezielle Tätigkeit eines Leiters eines Kindergartens. Diese Tätigkeit sei von der Tätigkeit eines Sozialpädagogen dadurch abgegrenzt, daß festgelegt sei, daß Leiter von Kindergärten bei einer Durchschnittsbelegung von mindestens 70 Plätzen nach K V b, Fallgruppe 6 KAVO und erst ab 130 Plätzen nach Vergütungsgruppe K IV b, Fallgruppe 3 KAVO einzugruppieren seien. Der Hinweis des Klägers auf entsprechende Bestimmungen des BAT gehe fehl. Denn die KAVO enthalte eine abschließende, für den Kläger allein maßgebliche Eingruppierungsregelung. Lediglich soweit die Bestimmungen der KAVO mit denen des BAT übereinstimmten, sei der BAT für die Auslegung der KAVO nach deren Präambel (Blatt 29 der Akten) heranzuziehen.

Das Arbeitsgericht weist den Kläger mit der Klage ab.

Aus den Gründen:

Die Klage ist unbegründet.

1. Der Kläger hat gegen die Beklagte keinen Anspruch auf Vergütung nach Vergütungsgruppe K IV b KAVO für die Zeit ab dem 1. 5. 1990.

Da die Parteien arbeitsvertraglich die Geltung der KAVO in ihrer jeweiligen Fassung vereinbart haben, richtet sich der Vergütungsanspruch des Klägers nach deren Bestimmungen.

a) Der Kläger ist bei seiner Einstellung zutreffend in die Vergütungsgruppe V b, Fallgruppe 6 der Anlage 1a zur KAVO eingruppiert worden.

Nach dieser Vergütungsgruppe werden „Sozialpädagoginnen mit staatlicher Anerkennung als Leiterinnen von Kindergärten mit einer Durchschnittsbelegung von mindestens 70 Plätzen" vergütet.

Daß in dieser Tarifvorschrift lediglich von Sozialpädagog*innen* die Rede ist, die als Leiter*innen* von Kindergärten beschäftigt werden, beruht offensichtlich auf einem Versehen der Tarifvertragsparteien. Die Vorschrift gilt selbstverständlich auch für Sozialpädagogen, die als Leiter von Kindergärten tätig sind. Demzufolge haben die Tarifvertragsparteien die entsprechende Vorschrift, die ab dem 1. 1. 1991 gültig ist (Blatt 32 der Akten), auch geschlechtsneutral mit „Mitarbeiter als Leiter von Kindertagesstätten" abgefaßt. Möglicherweise gingen die Tarifvertragsparteien davon aus, daß in der Position eines (einer) Kindergartenleiters (Leiterin) vorwiegend weibliche Arbeitskräfte tätig würden. Wollte man die einschlägigen Eingruppierungsvorschriften lediglich für weibliche Arbeitnehmerinnen gelten lassen, würde eine solche Auslegung jedenfalls gegen Art. 3 GG verstoßen.

Auch für den Kläger als männlichen Arbeitnehmer ist somit die Vergütungsgruppe K V b, Fallgruppe 6 einschlägig.

Der Kläger erfüllt sowohl die subjektiven Voraussetzungen, als auch die objektiven Merkmale dieser Vergütungsgruppe. Der Kläger ist nämlich Sozialpädagoge mit staatlicher Anerkennung und ist als Leiter eines Kindergartens mit einer durchschnittlichen Belegung von mindestens 70 Plätzen tätig.

b) Demgegenüber ist für die Eingruppierung des Klägers die Vergütungsgruppe K IV b, Fallgruppe 4 KAVO nicht einschlägig. In diese Vergütungsgruppe sind Sozialpädagogen mit staatlicher Anerkennung und entsprechender Tätigkeit eingruppiert, denen mindestens drei Angestellte mit Tätigkeiten mindestens der Vergütungsgruppe K VI b durch ausdrückliche Anordnung ständig unterstellt sind.

Diese Tarifvorschrift kann für die Eingruppierung des Klägers bereits deshalb nicht herangezogen werden, weil die Anlage 1a zur KAVO hinsichtlich der Eingruppierung von Leitern von Kindergärten eine Spezialregelung enthält, die der allgemeinen Regelung (Tätigkeit als Sozialpädagoge) vorgeht.

Wird ein Sozialpädagoge als Leiter eines Kindergartens beschäftigt, so gilt für seine Eingruppierung die speziellere Vorschrift. Außerdem ergibt sich aus dem tariflichen Zusammenhang, daß die KAVO zwischen „Sozialpädagogen als Leiter von Kindergärten" und „Sozialpädagogen mit entsprechender Tätigkeit" unterscheidet. Sozialpädagogen mit staatlicher Anerkennung, die als Leiter von Kindergärten eingesetzt sind, haben nur dann Anspruch auf Gehalt nach Vergütungsgruppe K IV b der Anlage 1 zur KAVO (Fallgruppe 3), wenn der Kindergarten eine Durchschnittsbelegung von mindestens 130 Plätzen aufweist.

Würde man dem Kläger folgen, daß neben der speziellen Regelung für die Leiter der Kindergärten auch die allgemeinen Vorschriften für Sozialpädagogen mit entsprechender Tätigkeit Anwendung finden würden, so wären die einschlägigen Bestimmungen in den Vergütungsgruppen K V b und K IV b der Anlage 1a zur KAVO für die Leiter von Kindergärten überflüssig.

Davon kann aber nach dem klaren Tarifwortlaut nicht ausgegangen werden.

Nach alledem hat der Kläger keinen Anspruch auf Zahlung der 2477,20 DM (Gehaltsdifferenz vom 1. 5. bis 31. 12. 1990).

2. Der Kläger hat auch keinen Anspruch auf Zahlung (... der) Gehaltsdifferenz für die Monate November und Dezember 1990 (...).

Insoweit gilt ebenfalls das unter 1. Ausgeführte. Auch die Vergütungsgruppe K IV b unterscheidet zwischen Sozialpädagogen mit staatlicher Anerkennung „als Leiter von Kindergärten", die nach Fallgruppe 3 erst dann Anspruch auf Vergütung nach K IV b haben, wenn eine Durchschnittsbelegung von mindestens 130 Plätzen erreicht ist, und „Sozialpädagogen mit staatlicher Anerkennung und entsprechender Tätigkeit". Dies bedeutet wiederum, daß Sozialpädagogen, die als Leiter von Kindergärten eingesetzt sind, nach der Wertung der Anlage 1 zur KAVO nicht gleichzeitig „entsprechende Tätigkeiten" ausüben können. Entgegen der Auffassung des Klägers weist die Anlage 1a zur KAVO keine ausfüllungsbedürftigen Lücken auf. Sie enthält vielmehr hinsichtlich der Eingruppierung der Sozialpädagogen, die als Leiter von Kindergärten eingesetzt sind, klare und abschließende Vorschriften. Aus diesem Grund kann der Kläger sich auch nicht auf für ihn möglicherweise günstigere Bestimmungen des BAT berufen.

31

1. Für das unter Kapazitätsgesichtspunkten erhobene Zulassungsbegehren gegen eine nichtstaatliche kirchliche Hochschule ist der Verwaltungsrechtsweg gegeben.
2. Das Teilhaberecht aus Art. 12 Abs. 1 GG auf Zulassung zum gewählten Studium findet auf nichtstaatliche, auch kirchliche Hochschulen keine Anwendung. Auch aus Vorschriften des Konkordats ergibt sich kein solcher Anspruch.

Art. 12 Abs. 1 GG; 5 BayK; § 40 VwGO
BayVGH, Beschluß vom 7. April 1992 – 7 CE 92.10001[1] –

Die Antragstellerin will an der Kath. Universität Eichstätt (Antragsgegnerin) ab dem Wintersemester 1991/92 außerhalb der festgesetzten Zulassungszahl zum Studium der Psychologie im 1. Fachsemester zugelassen werden. Sie macht geltend, die festgesetzte Zulassungszahl von 55 Studienanfängern (Satzung über die Festsetzung der Zulassungszahlen im Diplomstudiengang Psychologie im Studienjahr 1991/92 vom 21. 3. 1991) schöpfe die vorhandene Kapazität nicht aus. Ihr stehe deshalb aufgrund von Art. 12 Abs. 1 GG ein Anspruch auf Zulassung zu dem gewählten Studium zu.

Das Verwaltungsgericht[2] lehnte den Antrag auf vorläufige Zulassung ab. Mit der Beschwerde verfolgt die Antragstellerin ihren Anordnungsantrag weiter. Sie macht geltend, die Kapazität der Antragsgegnerin im Studiengang Psychologie sei nicht ausgeschöpft. Insbesondere ergebe sich aus den vorhandenen Stellen ein Lehrdeputat nicht nur von 100, sondern von 152 Semesterwochenstunden (SWS).

Die Beschwerde blieb erfolglos.

---

[1] Amtl. Leitsätze. DÖV 1992, 711; NVwZ 1992, 1225; BayVBl. 1992, 470; WissR 1992, 275; AkKR 161 (1992), 205. Nur LS: DVBl. 1992, 1056.
[2] VG München KirchE 29, 366.

Aus den Gründen:

Die zulässige Beschwerde (§§ 146 ff. VwGO) ist nicht begründet. Das Verwaltungsgericht hat den Antrag der Antragstellerin, ab WS 1991/92 an der Katholischen Universität Eichstätt als Studienanfängerin vorläufig zum Studium der Psychologie außerhalb der festgesetzten Zulassungszahl zugelassen zu werden, im Ergebnis zu Recht abgelehnt.

1. Für den Antrag (§ 123 Abs. 1 VwGO) ist der Verwaltungsrechtsweg gegeben (§ 40 Abs. 1 VwGO). Die Entscheidung über den Rechtsweg richtet sich nach der Natur des Rechtsverhältnisses, aus dem der geltend gemachte Anspruch hergeleitet wird, so wie sich dieses Rechtsverhältnis nach dem Sachvortrag der Parteien darstellt; maßgeblich ist dabei die wirkliche Natur des von den Parteien vorgetragenen Rechtsverhältnisses, nicht seine rechtliche Qualifizierung durch sie, insbesondere durch den Antragsteller (vgl. Kopp, VwGO, 8. Aufl. 1989, Rdnr. 6 zu § 40 m.w.N.). Anspruchsgrundlage und begehrte Rechtsfolge müssen sich aus Normen des öffentlichen Rechts ergeben. Das ist hier der Fall.

Der öffentlich-rechtliche Charakter des geltend gemachten Anspruchs folgt allerdings nicht schon daraus, daß die Antragsgegnerin mit der Anerkennung (Art. 108 BayHSchG i.d.F. der Bek. v. 8. 12. 1988, GVBl. S. 399, geändert durch Ges. v. 24. 7. 1990, GVBl. S. 236) die (öffentlich-rechtliche) Berechtigung erhält, Prüfungen abzuhalten und Zeugnisse mit gleicher Geltungskraft zu erteilen wie die staatlichen Hochschulen (Art. 109 Abs. 1 BayHSchG). Soweit die nichtstaatlichen Hochschulen nicht als sog. Beliehene wie im Bereich des Prüfungsrechts handeln, sind die Rechtsbeziehungen der Studenten oder Studienbewerber zu ihnen privatrechtlicher Natur (vgl. Reich, BayHSchG, 3. Aufl. 1989, Rdnr. 1 zu Art. 108; Lorenz, in: Hailbronner, HRG, Rdnr. 14 zu § 70; Lüthje, in: Denninger, HRG, 1984, Rdnr. 12 zu § 70). Aus der hoheitlichen Beleihung im Bereich der Prüfungen und Berechtigungen kann daher nicht auf die öffentlich-rechtliche Natur des Streits um den Zugang zu den nichtstaatlichen Hochschulen geschlossen werden; das gilt auch unter dem Gesichtspunkt der behaupteten mangelnden Kapazitätsauslastung (vgl. OVG Rhld.-Pf. WissR Sonderheft August 1983, S. 142[3]; a. A. VGH.BW DÖV 1981, 65[4] = WissR Sonderheft August 1983, S. 149; OVG.NW WissR Sonderheft August 1983, S. 154[5]). Für die Zulässigkeit des Verwaltungsrechtswegs ist entscheidend, daß die Anspruchsgrundlage, auf die sich die Antragstellerin für ihren Zulassungsanspruch beruft, ausschließlich im öffentlichen Recht wurzelt. Der geltend gemachte Anspruch aus Art. 12 Abs. 1 GG ist – unbeschadet dessen, ob er tatsächlich besteht – öffentlich-rechtlicher Natur. Ebenso öffentlich-rechtlich ist

---

[3] KirchE 16, 271.
[4] KirchE 18, 224.
[5] KirchE, 20, 79.

ein etwa auf Art. 5 des Konkordats zwischen dem Heiligen Stuhl und dem Freistaat Bayern vom 29. 3. 1924 i.d.F. des Vertrages vom 8. 6. 1988 (GVBl. S. 241) i.V.m. dem hierzu ergangenen Schlußprotokoll vom 4. 9. 1974 i.d.F. v. 8. 6. 1988 (GVBl. S. 241) zu stützender Anspruch. Dem Konkordat kommt der Rang eines innerstaatlichen bayerischen öffentlich-rechtlichen Gesetzes zu (vgl. Meder, Die Verfassung des Freistaates Bayern, 3. Aufl. 1985, Rdnr. 2 zu Art. 182). Es geht daher im vorliegenden Verfahren nicht um die Frage des Abschlusses eines privatrechtlichen Vertrags über die Aufnahme des Studiums bei der Antragsgegnerin, sondern um die ausschließlich aus dem öffentlichen Recht zu beantwortende Frage eines grundrechtlichen oder sonst aus öffentlich-rechtlichen Normen abzuleitenden Zulassungsanspruchs.

2. Der geltend gemachte Anspruch ist schon deshalb nicht glaubhaft gemacht (§ 123 Abs. 3 VwGO, § 920 Abs. 2, § 294 ZPO), weil überwiegende Gesichtspunkte dafür sprechen, daß die Antragsgegnerin als nichtstaatliche kirchliche Hochschule nicht dem Anspruch eines Studienbewerbers auf Zulassung außerhalb der festgesetzten Kapazität und damit auch nicht dem Anspruch auf Überprüfung der Kapazität unterliegt.

Ein solcher Anspruch stützt sich in erster Linie auf Art. 12 Abs. 1 GG. Die Rechtsbeziehungen der Studienbewerber und Studenten zu den nichtstaatlichen Hochschulen sind, wie dargelegt, abgesehen von Sonderfällen wie etwa der Universität der Bundeswehr, privatrechtlicher Natur; die Beleihung mit Hoheitsrechten im Bereich des Prüfungs- und Berechtigungswesens (Art. 109 BayHSchG) erstreckt sich nicht auf die Gesamtheit der Rechtsbeziehungen zur nichtstaatlichen Hochschule. Diese Hochschulen haben insbesondere – wie die Privatschulen – das Recht der freien Studentenwahl und unterliegen prinzipiell keinem Kontrahierungszwang zur Aufnahme von Studenten, die sie etwa nach ihrer weltanschaulichen oder bekenntnismäßigen Ausrichtung nicht für geeignet halten (vgl. Reich, Rdnr. 12 zu Art. 115 BayHSchG; Lorenz, aaO, Rdnr. 54 zu § 70 HRG). Kirchliche Hochschulen fallen zudem in den Schutzbereich des Art. 140 GG i.V.m. Art. 137 Abs. 3 WRV (vgl. Maunz, in: Maunz/Dürig/Herzog/Scholz, GG, Rdnr. 13 zu Art. 140); in diesen Schutzbereich der verfassungskräftig garantierten Autonomie der Kirchen gehört grundsätzlich auch die Entscheidung über die Zulassung von Studienbewerbern (vgl. VGH.BW, aaO; OVG.NW, aaO). Aus der Gesamtheit dieser Gesichtspunkte muß der Schluß gezogen werden, daß die nichtstaatlichen Hochschulen – auch die kirchlichen – nicht der Grundrechtsbindung des Art. 12 Abs. 1 GG im Sinne eines Teilhaberechts an den vorhandenen Kapazitäten unterliegen (vgl. Lorenz, aaO, Rdnr. 14 zu § 70 HRG; Scholz, in: Maunz/Dürig/Herzog/Scholz, Rdnr. 67 zu Art. 12). Das rechtfertigt sich auch unter Berücksichtigung des entscheidenden Grundes für die Entwicklung des Art. 12 Abs. 1 GG zu einem Teilhaberecht auf Zulassung zu dem gewählten Studium. Dieses Teilhaberecht ist darin begründet, daß der moderne Staat im Bereich der akademischen Ausbildung weitestgehend die Fürsorge für den Bürger übernommen hat und hier ein faktisches, nicht beliebig zu überwindendes Ausbildungsmonopol innehat (vgl. BVerfGE 33, 303 [330 ff.]) und deshalb als Adressat des Teilhaberechts aus Art. 12 Abs. 1 GG in Verbindung mit dem Gleichheitssatz (Art. 3 Abs. 1 GG) und dem Sozialstaatsprinzip (Art. 20 Abs. 1 GG) muß in Anspruch genommen werden können. Eine gleichartige Sachlage ist bei den nichtstaatlichen Hochschulen nicht gegeben. Insbesondere spielen deren Ausbildungskapazitäten neben denen der staatlichen Hochschulen keine wesentliche Rolle. Die Bedeutung der nichtstaatlichen Hochschulen liegt vor allem bildungspolitisch in einer qualitativen Bereicherung und Vielfalt des Hochschulwesens (vgl. Lorenz, aaO, Rdnr. 1 zu § 70 HRG). Dementsprechend werden nichtstaatliche Hochschulen durch das Gesetz nicht der Mangelverwaltung der Studienplätze und dem damit verbundenen Zulassungszwang unterworfen. Eine nichtstaatliche Hochschule ist vielmehr nur auf Antrag in die zentrale Vergabe von Studienplätzen einzubeziehen (§ 70 Abs. 4 Satz 2 HRG i.d.F. der Bek. v. 9. 4. 1987 [BGBl. I S. 1170, zuletzt geändert durch Ges. v. 15. 12. 1990, BGBl. I S. 2806]); antragsberechtigt ist nur die betreffende Hochschule, staatlichen Stellen fehlt die Möglichkeit, sie gegen ihren Willen in das Vergabeverfahren einzubeziehen (vgl. Lorenz, aaO, Rdnr. 43 zu § 70 HRG; Lüthje, aaO, Rdnr. 14 zu § 70 HRG; Reich, HRG, 3. Aufl. 1986, Rdnr. 11 zu § 70). Der Umstand, daß die nichtstaatlichen, insbesondere die kirchlichen Hochschulen vom Staat weitgehend finanziell gefördert werden (vgl. Art. 116 BayHSchG, Art. 5 § 2 Abs. 1 Konkordat), führt ebenfalls nicht zur Annahme, sie unterlägen unmittelbar dem Teilhabeanspruch aus Art. 12 Abs. 1 GG. Soweit die nichtstaatlichen Hochschulen durch die finanzielle Förderung des Staates in die Erfüllung des staatlichen Bildungsauftrags mit einbezogen werden, findet das im Hinblick auf ein etwaiges Teilhaberecht der Studienbewerber darin seinen Ausgleich, daß sich die Hochschule nach § 70 Abs. 4 Satz 2 HRG den Regeln der zentralen Vergabe von Studienplätzen und den für die staatlichen Hochschulen geltenden Vorschriften über die Kapazitätsfestsetzung unterwirft (vgl. VGH.BW, aaO).

Aus letztgenanntem Grunde führt auch Abs. 6 des Zusatzprotokolls zu Art. 5 § 1 des Konkordats zu keinem anderen Ergebnis. Danach werden bei der Berechnung der Zulassungszahlen der Antragsgegnerin die gleichen Grundsätze wie bei den staatlichen Hochschulen angewendet; die Antragsgegnerin beteiligt sich, soweit erforderlich, am zentralen Vergabeverfahren und läßt Bewerber im Rahmen der ermittelten Zulassungszahlen zu. Nach dieser Vorschrift, die einen integrierenden Bestandteil des Konkordats bildet (vgl. Einleitung des Schlußprotokolls) und damit an dessen Gesetzeskraft teilnimmt, genügt die Katholische Universität Eichstätt ihren konkordatären Zulassungsverpflichtungen durch die Kapazitätsberechnung nach der für die staatlichen

Hochschulen geltenden Kapazitätsverordnung – KapV – (BayRS 2210-8-2-3-K, zuletzt geändert durch die 7. ÄnderungsVO v. 21. 3. 1990, GVBl. S. 117) und durch die Teilnahme am zentralen Vergabeverfahren. Ein weitergehendes Recht, insbesondere ein unmittelbar aus Art. 12 Abs. 1 GG folgender Anspruch auf Kapazitätsüberprüfung und Zulassung außerhalb der festgesetzten Zulassungszahlen wird hierdurch nicht eingeräumt. Dies widerspräche prinzipiell der dargelegten verfassungsrechtlichen Situation. Die Einhaltung der Kapazitätsvorschriften durch die Antragsgegnerin zu überwachen, wäre gegebenenfalls Sache des Staates. Mit dieser Rechtslage ist dem Zulassungsinteresse von Studienbewerbern hinreichend Rechnung getragen. Ein unmittelbarer, verwaltungsgerichtlich durchsetzbarer Rechtsanspruch von Studienbewerbern auf Kapazitätsüberprüfung und Zulassung außerhalb der festgesetzten Zulassungszahl gegen die Antragsgegnerin läßt sich aus Abs. 6 des Schlußprotokolls zu Art. 5 § 1 des Konkordats nicht ableiten.

3. Abgesehen von vorstehenden Überlegungen verstößt auch die Kapazitätsfestsetzung der Antragsgegnerin nicht gegen die hier zu beachtenden Vorschriften. Das gilt insbesondere für die von der Antragstellerin gerügte Höhe des Lehrdeputats. Dieses berechnet sich nach den Vorschriften der Regellehrverpflichtungsverordnung – RLV – (BayRS 2030-2-21-K, zuletzt geändert durch VO v. 1. 5. 1986, GVBl. S. 62). (wird ausgeführt)

32

Die Geltendmachung einer Verletzung von Grundrechten aus Art. 4 Abs. 1 u. 2 GG ist willkürlich, wenn die tatsächlichen Grundlagen nicht hinreichend objektivierbar sind.

Eine deutlich übersteigerte Auffassung von Sitte und Moral kann jedenfalls im Falle einer Kollision mit anderen grundrechtlichen Positionen keinen Vorrang beanspruchen.

Art. 4 Abs. 1 und 2, 6 Abs. 2, 7 Abs. 1 GG; § 24 Abs. 1 BayVSO
BayVGH, Urteil vom 8. April 1992 – 7 B 92.70[1] –

Die im Jahre 1983 geborene Tochter der Klägerin besucht im laufenden Schuljahr 1991/92 die dritte Jahrgangsstufe der Volksschule G. Dort findet auch Schwimmunterricht statt, nach dem Unterrichtsplan eine Wochenstunde, praktisch in zweiwöchigem Turnus mit jeweils zwei Unterrichtsstunden. Er wird in einem öffentlichen Hallenbad in G. durchgeführt, das für die Dauer des Unterrichts für die allgemeine Benutzung gesperrt bleibt. Der Schwimmunter-

---

[1] Vgl. zu diesem Fragenkreis auch BVerwGE 94, 82 u. BVerwG RiA 1994, 198.

richt wird in der Grundschulstufe in koedukativer Form und von der 5. Jahrgangsstufe an für Jungen und Mädchen getrennt erteilt.

Mit Schreiben vom 18. 9. 1991 beantragte die Klägerin bei der Schulleitung, ihre Tochter vom Schwimmunterricht zu befreien. Sie könne es aus Glaubensgründen nicht zulassen, daß sich ihre Tochter nur mit einem Badeanzug bekleidet in der Öffentlichkeit zeige. Diese Bekleidung entspreche nicht der biblischen Vorstellung von Schamhaftigkeit und Sittsamkeit. Die Klägerin bezog sich hierbei auf ein Zitat aus dem 1. Brief des Apostels Paulus an Timotheus, Kap. 2, Verse 9–11.

Der Schulleiter lehnte den Antrag mit dem angefochtenen Bescheid ab; der Schwimmunterricht sei in den Jahrgangsstufen 3 und 4 Bestandteil des Pflichtunterrichts. Den Widerspruch der Klägerin wies das Staatl. Schulamt im Landkreis S. als unbegründet zurück. Der staatliche Bildungsauftrag (Art. 7 Abs. 1 GG) sei auch im Bereich des Schwimmunterrichts durch gewichtige Interessen des Allgemeinwohls begründet. Der Sportunterricht solle u. a. die harmonische Gesamtentwicklung des Organismus und seine Leistungs- und Widerstandskraft fördern sowie Haltungsschäden vorbeugen. Demgegenüber könne sich die Klägerin nicht auf ihr Elternrecht und das Recht der Glaubens- und Kultusfreiheit berufen. Art. 4 Abs. 1 und 2 GG gewähre keinen schrankenlosen Grundrechtsschutz; insbesondere könne nicht jede subjektive Bibelinterpretation geschützt werden.

Mit der Klage verfolgt die Klägerin das Befreiungsgesuch weiter.

Das Verwaltungsgericht wies die Klage ab. Auch die Berufung der Klägerin blieb erfolglos.

Aus den Gründen:

Die Berufung ist nicht begründet. Das Verwaltungsgericht hat die Klage zu Recht abgewiesen. Der Klägerin steht aufgrund ihres Elternrechts (Art. 6 Abs. 2 GG, Art. 126 Abs. 1 BV) kein Anspruch auf Befreiung ihrer Tochter vom Schwimmunterricht zu.

1. Die in Bayern bestehende allgemeine Schulpflicht verpflichtet grundsätzlich zum Besuch aller vorgesehenen Unterrichtsveranstaltungen; die Eltern haben für die Erfüllung dieser Pflicht zu sorgen (vgl. Art. 129 Abs. 1 BV; Art. 3 Satz 1, Art. 4 Abs. 2 SchPflG i.d.F. d. Bek. vom 3. 9. 1982, BayRS 2230-8-1-K, zuletzt geändert durch Gesetz vom 21. 4. 1988, GVBl. S. 103; Art. 35 Abs. 4 Satz 2 BayEUG i.d.F. d. Bek. vom 29. 2. 1988, GVBl. S. 61). Sport gehört zu den ordentlichen Unterrichtsfächern der Grundschule (vgl. § 12 i.V.m. Anlage 3.1 VSO vom 21. 6. 1983, GVBl. S. 597, zuletzt geändert durch VO vom 29. 7. 1991, GVBl. S. 294). Im Hinblick auf den Grundsatz der Verhältnismäßigkeit ist es allerdings geboten, bei Vorliegen wichtiger Gründe die Möglichkeit

zur Befreiung vom Unterrichtsbesuch im Einzelfall zu eröffnen. (vgl. auch Niehues, Schul- und Prüfungsrecht, 2. Aufl. 1983, Rdnr. 203). Rechtsgrundlage hierfür ist in Bayern § 24 Abs. 1 Satz 1 VSO. Danach kann der Schulleiter in begründeten Fällen vom Unterricht in einzelnen Fächern befreien. Es handelt sich hierbei um eine Ermessensvorschrift, die generell für alle Fächer, also auch für den Sportunterricht gilt (vgl. Kaiser/Mahler, Volksschulordnung, Anm. 2 zu § 24; BayVGH n. F. 40, 70 [72][2]).

2. Ein „begründeter Fall" im Sinne von § 24 Abs. 1 Satz 1 VSO liegt hier nicht vor. Die Ablehnung einer Befreiung der Tochter der Klägerin vom Schwimmunterricht ist in Anbetracht der Umstände des Einzelfalles weder unverhältnismäßig noch willkürlich noch wird dadurch der nach Art. 4 Abs. 1 GG geschützte Bereich der Glaubens- und Gewissensfreiheit der Klägerin verfassungswidrig beeinträchtigt. Diese ist nicht deshalb einem unzumutbaren Glaubens- und/ oder Gewissenskonflikt ausgesetzt, weil ihre derzeit neunjährige Tochter bei der Teilnahme am Schwimmunterricht der Grundschule zweckentsprechende Badebekleidung zu tragen hat.

a) In Fällen der vorliegenden Art treten Art. 6 Abs. 2 Satz 1, Art. 4 Abs. 1 und 2 GG (Erziehungsrecht der Eltern, Glaubens- und Religionsfreiheit) und der durch Art. 7 Abs. 1 GG dem Staat erteilte verfassungsrechtliche Bildungs- und Erziehungsauftrag in Konflikt. Zu dem von Art. 7 Abs. 1 GG umfaßten staatlichen Gestaltungsbereich gehört auch die inhaltliche Festlegung der Unterrichtsziele. Der Bildungs- und Erziehungsauftrag des Staates ist eigenständig und dem Erziehungsrecht der Eltern gleichgeordnet; weder dem Elternrecht noch dem staatlichen Erziehungsauftrag kommt ein absoluter Vorrang zu (BVerfGE 34, 165 [182]; 41, 29 [44][3]; 47, 46 [72]; 52, 223 [236][4]). Deshalb hat die Gestaltung des Schulunterrichts die Grundrechte aller betroffenen Eltern und Kinder zu berücksichtigen. Da es aber faktisch unmöglich ist, bei der Festlegung der Unterrichtsinhalte und der Gestaltung des Unterrichts in der öffentlichen Pflichtschule allen weltanschaulichen Wünschen Rechnung zu tragen, muß davon ausgegangen werden, daß für den einzelnen die Ausübung seines Grundrechts aus Art. 4 Abs. 1 und 2 GG Beschränkungen unterliegt. Die damit verbundenen unvermeidlichen Spannungen sind unter Berücksichtigung des grundgesetzlichen Gebots der Toleranz nach dem Prinzip der Konkordanz zu einem möglichst schonenden Ausgleich zu bringen (vgl. BVerfGE 41, 65 [78, 83][5]; 41, 88 [107 ff.][6]; 47, 46 [77]; 52, 223 [236]). Maßgeblich kommt es dabei

---

[2] KirchE 25, 164.
[3] KirchE 15, 128.
[4] KirchE 17, 325.
[5] KirchE 15, 158.
[6] KirchE 15, 145.

auf eine Güterabwägung zwischen dem staatlichen Erziehungsauftrag aus Art. 7 Abs. 1 GG und dem Recht der Glaubens- und Kultusfreiheit aus Art. 4 Abs. 1 und 2 GG im Einzelfall an.

b) Der Schutz des Art. 4 Abs. 1 und 2 GG ist der Klägerin nicht allein schon deswegen versagt, weil es sich bei der Teilnahme einer Schülerin am Schwimmunterricht in entsprechender Badekleidung um ein bestimmtes Verhalten im Schulalltag handelt, das bei der Klägerin aus einer besonderen religiösen Überzeugung heraus auf sittliche Vorbehalte stößt. Denn zum Bereich der Religionsausübung gehören nicht nur kultische Handlungen und die Beachtung religiöser Gebräuche, sondern auch andere Äußerungen des religiösen Lebens, wie etwa Verhaltensregeln im täglichen Leben (BVerfGE 24, 236 [245 f.][7]). Zur Freiheit des Glaubens gehört ebenso das Recht des einzelnen, diesen zu manifestieren und sein ganzes Verhalten an den Lehren seines Glaubens auszurichten. Nicht nur die Befolgung imperativer Glaubenssätze, sondern auch Überzeugungen, die für bestimmte Lebenssituationen eine ausschließlich religiöse Reaktion für das beste und adäquate Mittel halten, um sich dem Glauben entsprechend zu verhalten, sind durch die Glaubensfreiheit geschützt, weil sich andernfalls die Glaubensfreiheit nicht voll entfalten könnte (vgl. BVerfGE 32, 98 [106 f.][8]; 33, 23 [28][9]; 41, 29 [49]). Daher werden grundsätzlich auch Bekleidungsvorschriften vom Schutz des Art. 4 Abs. 1 GG umfaßt, sofern sie einen nicht unwesentlichen Bestandteil der Lebensführung von Religions- oder Weltanschauungsgemeinschaften bilden. Demgemäß ist in der Rechtsprechung die Befreiung von Schülerinnen islamischer Religionszugehörigkeit vom koedukativen Schwimmunterricht im Hinblick auf die Bekleidungsvorschriften des Korans für Rechtens erachtet worden (vgl. OVG Münster vom 12. 7. 1991[10], NVwZ 1992, 77 und vom 15. 11. 1991[11], NWVBl. 1992, 136), zum Teil auch die Befreiung vom Schulsport schlechthin (vgl. OVG Lüneburg, NVwZ 1992, 79[12]; a. A. insoweit OVG Münster NWVBl. 1992, 136). Der erkennende Senat hat einen Anspruch auf Befreiung vom Sportunterricht auch noch bei Angehörigen einer christlichen Sekte (Palmarianische Kirche) anerkannt, die sich auf ausdrückliche, nachvollziehbar religiös begründete und als wesentlich angesehene Bekleidungsvorschriften ihrer Glaubensgemeinschaft berufen haben (vgl. BayVGH n. F. 40, 70 = NVwZ 1987, 706).

c) Der Grundrechtsschutz der Klägerin aus Art. 4 Abs. 1 und 2 GG muß im vorliegenden Fall aber deshalb hinter den auf Art. 7 Abs. 1 GG beruhenden

---

[7] KirchE 10, 181.
[8] KirchE 12, 294.
[9] KirchE 12, 410.
[10] KirchE 29, 231.
[11] KirchE 29, 396.
[12] KirchE 29, 94.

Erziehungsauftrag des Staates zurücktreten, weil die von ihr geltend gemachten religiösen Einwände nicht hinreichend objektivierbar sind und daher willkürlich erscheinen, so daß eine dafür gewährte Durchbrechung der Schulpflicht die Erfüllung des staatlichen Erziehungsauftrages ohne ausreichende Rechtfertigung in Frage stellen würde.

Das vom Grundgesetz gewährleistete Recht der Glaubensfreiheit ist ohne Gesetzesvorbehalt gewährleistet. Seine Grenzen dürfen daher nur von der Verfassung selbst, d. h. nach Maßgabe der grundgesetzlichen Wertordnung und unter Berücksichtigung der Einheit dieses Wertsystems gezogen werden. Auch Außenseitern und Sektierern ist grundsätzlich die ungestörte Entfaltung ihrer Persönlichkeit gemäß ihren subjektiven Glaubensüberzeugungen gestattet, solange sie nicht in Widerspruch zu anderen Wertentscheidungen der Verfassung geraten und aus ihrem Verhalten fühlbare Beeinträchtigungen für das Gemeinwesen oder die Grundrechte anderer erwachsen (vgl. BVerfGE 33, 23 [29]). Der damit verbundenen Gefahr einer zu extensiven Ausdehnung des Schutzbereichs des Art. 4 Abs. 1 und 2 GG ist dadurch zu begegnen, daß derjenige, der sich darauf beruft, die religiösen oder weltanschaulichen Motive seines Handelns als für ihn verpflichtend darstellen und begründen können muß; es bedarf einer hinreichenden Objektivierbarkeit des Inhalts der als verpflichtend dargestellten religiösen Glaubensüberzeugung (vgl. BVerwGE 41, 261; 42, 128 [132])[13]; OVG Münster, NVwZ 1992, 77 [78]).

Hinsichtlich der religiös motivierten Überzeugung der Klägerin, daß die Teilnahme eines neunjährigen Mädchens am Schwimmunterricht der Schule in Badekleidung unsittlich und sündhaft sei, fehlt es an einer plausiblen, nachvollziehbaren Begründung und Objektivierbarkeit. Die Klägerin bekennt sich nach ihren Darlegungen zu Jesus Christus, gehört jedoch keiner Glaubensgemeinschaft an. Den mit Anspruch auf Verbindlichkeit verkündeten Glaubenssätzen und Lebensregeln einer religiösen Organisation als übergeordneter Glaubensautorität, die meist die Ursache für Glaubens- und Gewissenskonflikte sind, ist die Klägerin nicht unterworfen. Wie sie in der mündlichen Verhandlung vortrug, schöpft sie ihre Glaubensüberzeugungen selbst allein und unmittelbar aus der Bibel. Für ihr Leben seien die dort gegebenen Anweisungen Christi und der Apostel maßgebend; darüber hinaus gebe es keine Normen, an die sie sich halten müsse. Die Klägerin vermag aber keine Schriftstellen vorzuweisen, die klare und eindeutige Anweisungen für den hier streitigen Lebenssachverhalt enthielten. Ob die von ihr herangezogene Stelle aus dem ersten Paulusbrief an Timotheus (Kap. 2, 9–11) eine allgemeine Lebensregel darstellt oder nur als Verhaltensanweisung für den Gottesdienst gemeint ist, kann dahingestellt blei-

---

[13] KirchE 13, 221.

ben. Ein Verbot der Teilnahme am Sport- und Schwimmunterricht in zweckentsprechender Kleidung kann dieser Schriftstelle jedenfalls bei unbefangenem, objektiven Verständnis nicht ohne weiteres entnommen werden. Unbeschadet der individuellen Glaubensfreiheit des einzelnen kann dabei auch nicht unbeachtet bleiben, daß keine der großen christlichen Religionsgemeinschaften aus dieser oder aus anderen Bibelstellen so spezielle und weitreichende Folgerungen zieht wie die Klägerin.

Damit bleibt die Glaubensüberzeugung der Klägerin, das Auftreten gegenüber anderen in Badekleidung sei in jedem Falle unsittlich und sündhaft, ausschließlich in subjektiven, objektiv nicht hinreichend erklärbaren Vorstellungen verwurzelt, die über das sittliche Empfinden anderer gläubiger Christen weit hinausgehen und – jedenfalls soweit es die erst neunjährige Tochter der Klägerin betrifft – erheblich überzogen erscheinen. Selbstverständlich bleibt es der Klägerin unverwehrt, eine so übersteigerte Auffassung von Sitte und Moral zu vertreten und in ihrem Privatleben zu verwirklichen. Im Falle der Kollision mit dem in Art. 7 Abs. 1 GG verankerten Erziehungsauftrag des Staates kann sie dafür aber nicht unter Berufung auf Art. 4 Abs. 1 und 2 GG den Vorrang beanspruchen.

Bei der insoweit vorzunehmenden Güterabwägung ist unter den hier gegebenen Umständen den schulischen Belangen, d. h. dem öffentlichen Interesse an einer lückenlosen Erfüllung des staatlichen Erziehungsauftrags an den Pflichtschulen, der Vorzug zu geben. Daß und inwiefern die Klägerin durch die Teilnahme ihres Kindes am Schwimmunterricht einem schweren Glaubens- oder Gewissenskonflikt ausgesetzt werden könnte, ist – wie dargelegt – nicht hinreichend objektivierbar. Sie ist nach eigenen Angaben keiner übergeordneten geistlichen Autorität rechenschaftspflichtig. Über ihre rein subjektive Vorstellung hinaus bestehen keinerlei greifbare Belege einer manifestierten Glaubensüberzeugung, daß die Teilnahme eines neunjährigen Kindes am schulischen Schwimmunterricht in zwecksprechender Badekleidung sittlich bedenklich sein kann. Schulkinder dieses Alters gehen im übrigen nach allgemeiner Lebenserfahrung noch kindlich-unbefangen miteinander um und sind im Schwimmunterricht zudem durch die ihnen gestellte Aufgabe, sich unter Anleitung und Beaufsichtigung im Schwimmen zu üben, in Anspruch genommen. Die bei der Klägerin offenbar bestehende Vorstellung, ihre Tochter würde durch das Tragen eines Badeanzugs zum körperlichen oder gar sexuellen Schauobjekt gemacht, ist daher auch unrealistisch, zumal das betreffende Hallenbad während der Unterrichtszeiten für andere Besucher gesperrt bleibt. Die Tochter der Klägerin braucht sich also nicht in aller Öffentlichkeit, sondern nur in dem engen Rahmen der Klassengemeinschaft („Schulöffentlichkeit") im Badeanzug zu zeigen.

Demgegenüber erscheinen die negativen Auswirkungen auf die Erfüllung des staatlichen Erziehungsauftrags im Bereich der Pflichtschulen nicht hinnehmbar, würde dem Anliegen der Klägerin allein wegen ihrer gewillkürten subjektiven Glaubensauffassung entsprochen, aus der heraus sie ihre Tochter z. B. auch dazu angehalten hat, im Heimatkundeunterricht bestimmte Arbeitsblätter zum Thema der Christianisierung Frankens nicht auszufüllen, weil die damaligen Missionare angeblich eine Irrlehre verkündet hätten. Ausnahmen in bezug auf die Unterrichtsgestaltung – hier den Schwimmunterricht – müssen auch im Hinblick auf das Grundrecht der Glaubensfreiheit (Art. 4 Abs. 1 und 2 GG) nicht hingenommen werden, wenn sie auf übersteigert erscheinenden, rein subjektiven, nicht objektivierbaren Glaubensvorstellungen beruhen. Andernfalls erschiene die Erfüllung des ebenfalls verfassungsrechtlich festgelegten schulischen Erziehungsauftrages ernsthaft gefährdet. Wesentlicher, durch gewichtige Interessen des Gemeinwohls getragener Teil dieses Erziehungsauftrags ist auch der von der Klägerin abgelehnte Schwimmunterricht als Teil des Sportunterrichts. Nach dem Lehrplan für die Grundschule vom 22. 5. 1981 (KMBl. I, SonderNr. 20/1981, S. 425) soll der Sportunterricht in all seinen Teilen die Leistungsfähigkeit und Widerstandskraft des Kindes im Rahmen einer harmonischen Gesamtentwicklung fördern sowie möglichen Haltungs-, Organleistungs- und Koordinationsschwächen vorbeugen bzw. sie beheben. Er steigert die Bewegungsfähigkeit und Bewegungsfreude, regt zu sportlicher Betätigung auch außerhalb der Schule an und zeigt beispielhaft die Notwendigkeit, sich in die Gemeinschaft einzuordnen, Regeln anzuerkennen und sich gegenseitig zu helfen, auf und übt sicherheitsbewußtes Verhalten. Es besteht daher ein erhebliches, die demgegenüber nur unbedeutende Beeinträchtigung der Glaubensüberzeugung der Klägerin bei weitem überwiegendes Interesse daran, daß auch die Tochter der Klägerin diesen wichtigen, ihre Gesunderhaltung und ihre Erziehung zu einem selbständigen und verantwortungsbewußten Mitglied der Gemeinschaft fördernden Unterrichtsteil vermittelt bekommt.

33

Durch den Einsatz einer Lehrerin als Religionslehrerin an einer Schule auf Grund eines Gestellungsvertrages zwischen dem Land Hessen und dem Bistum Mainz entsteht zwischen der Lehrerin und dem Lande Hessen kein Beschäftigungsverhältnis gemäß § 3 HPVG.
Eine gemäß § 64 Abs. 1 Nr. 2 a HPVG 1979 (§ 77 Abs. 1 Nr. 2 a HPVG (1988) mitbestimmungspflichtige Einstellung liegt auch dann vor, wenn diese Lehrerin tatsächlich in die Dienststelle eingegliedert ist. Es ist nicht erforderlich, daß sie Beschäftigte des Landes Hessen ist.

Hess. VGH – Fachsenat für Landespersonalvertretungssachen –,
Beschluß vom 8. April 1992 – HPV TL 576/86[1] –

Der Antragsteller (Personalrat der Lehrer der Integrierten Gesamtschule R.) und die Beteiligten (Schulleiter [zu 1] u. Leiter des Staatl. Schulamtes des Kreises G. [zu 2]) streiten darüber, ob der Einsatz der Frau L. als Religionslehrerin an der Integrierten Gesamtschule (IGS) in R. der Mitbestimmung des Antragstellers unterlegen hat.

Nachdem das Bischöfliche Ordinariat Mainz im August 1985 festgestellt hatte, daß ein nicht unerheblicher Teil des katholischen Religionsunterrichts an der Integrierten Gesamtschule in R. wegen Lehrermangels ausfiel, vereinbarten das Land Hessen und das Bistum Mainz die Gestellung der Lehrerinnen Frau L. und Frau G. zur nebenberuflichen Erteilung von katholischem Religionsunterricht an der Integrierten Gesamtschule in R. Der Abschluß der Gestellungsverträge erfolgte im Rahmen der zwischen dem Land Hessen und dem Bistum Mainz am 8. 1./5. 4. 1973 geschlossenen Vereinbarung über die nebenberufliche Erteilung katholischen Religionsunterrichts an öffentlichen Schulen des Landes Hessen (ABl. Hess.KM 1973, S. 768 ff.). Die Vereinbarung enthält u. a. folgende Regelungen:

„§ 1

1. Die Vertragsschließenden gehen davon aus, daß es verfassungs- und schulrechtlich die Aufgabe des Landes ist, die Erteilung eines regelmäßigen Religionsunterrichts als ordentliches Lehrfach an den öffentlichen Schulen zu gewährleisten.
2. Wenn die Erteilung des planmäßigen Religionsunterrichts durch staatliche Lehrkräfte nicht sichergestellt werden kann, wird die Kirche sich bemühen, für die verschiedenen Arten öffentlicher Schulen persönlich und fachlich geeignete kirchliche Bedienstete mit einer vom Lande anerkannten Lehrbefähigung oder erteilten Unterrichtsgenehmigung für das Fach Religion zur Erteilung von nebenberuflichem Religionsunterricht (mit weniger als der Hälfte der regelmäßigen Arbeitszeit – Pflichtstundenzahl – eines entsprechenden vollbeschäftigten Lehrers) im Rahmen dieser Vereinbarung zur Verfügung zu stellen.
...

§ 4

1. Die Lehrkräfte treten nicht in ein Angestelltenverhältnis zum Lande Hessen. Die Dienstverhältnisse zwischen der Kirche und den Lehrkräften bleiben unberührt.
2. Die Lehrkräfte unterliegen der staatlichen Schulaufsicht, den Vorschriften der jeweiligen Schulordnung, der Konferenzordnung sowie der Dienstordnung für Schulleiter, Lehrer und Erzieher. Sie sind verpflichtet, sich nach den für staatliche Lehrer geltenden Bestimmungen auf Kosten des Landes ärztlich untersuchen zu lassen."

---

[1] Amtl. Leitsätze. Auf die vom Senat im Hinblick auf die abweichende Entscheidung des OVG Lüneburg vom 21. 3. 1990 – 18 L 36/89 – (unv.) zugelassene Rechtsbeschwerde hat das BVerwG durch Beschluß vom 23. 8. 1993 – 6 P 14.92 – (RiA 1994, 249) die Entscheidung des Hess.VGH aufgehoben und die Beschwerde des Antragstellers gegen den ablehnenden Beschluß des Verwaltungsgerichts zurückgewiesen.

Gestellungsvertrag 197

Das Bistum Mainz schloß mit Frau L. einen Arbeitsvertrag und stellte sie mit einem Unterrichtsdeputat von höchstens 13 Stunden wöchentlich ab 23. 8. 1985 bis 31. 7. 1986 als nebenberufliche Lehrperson ein. Gemäß § 1 Abs. 2 des Vertrages übernahm sie die Tätigkeit einer Lehrerin an der Gesamtschule R. zur Erteilung von katholischem Religionsunterricht. Der bestehende Arbeitsvertrag mit Frau G. wurde modifiziert. Der Beteiligte zu 2 setzte Frau L. mit Schreiben vom 12. 9. 1985 unter Hinweis auf die Vereinbarung vom 8. 1./5. 4. 1973 mit Wirkung zum 1. 9. 1985 bis auf weiteres zur Erteilung von 7 Wochenstunden katholischen Religionsunterrichts an der IGS R. ein und befristete mit Schreiben vom 6. 1. 1986 den Einsatz zum 31. 1. 1986. Auch Frau G. erhielt von ihm eine Mitteilung über ihren Einsatz an der IGS R.

Der Einsatz der Lehrerinnen an dieser Schule erfolgte ohne Beteiligung des Antragstellers. Daraufhin hat der Antragsteller das personalvertretungsrechtliche Beschlußverfahren eingeleitet. Er hat vorgetragen, die Einstellung der beiden Lehrerinnen unterliege seiner Mitbestimmung, da sie Beschäftigte des Landes Hessen seien. Die schulbehördliche Gepflogenheit, Lehrpersonal über Gestellungsverträge im Religionsunterricht ohne personalvertretungsrechtliche Mitbestimmung einzusetzen, stelle einen Mißbrauch rechtlicher Gestaltungsmöglichkeiten dar. Er hat beantragt festzustellen, daß die Einstellung der vorgenannten Lehrerinnen für Religionsunterricht ohne Zustimmung des antragstellenden Personalrats das Mitbestimmungsrecht verletze.

Der Beteiligte zu 2 hat vorgetragen, die beiden Lehrerinnen seien keine Beschäftigten im Sinne von § 3 Abs. 1 HPVG. Selbst wenn sie es wären, gälten sie gemäß § 3 Abs. 3 Ziff. 3 HPVG nicht als solche Beschäftigte. Ein Mißbrauchstatbestand gegen den Antragsteller liege nicht vor, denn die Praxis der Gestellungsverträge richte sich nicht gegen den Antragsteller, sondern beruhe auf dem bestehenden und überlieferten Verhältnis zwischen Staat und Kirche.

Mit dem angefochtenen Beschluß hat das Verwaltungsgericht Darmstadt – Fachkammer für Landespersonalvertretungssachen – (L 14/85) den Antrag abgelehnt und in den Entscheidungsgründen folgende Auffassung vertreten: Beide Lehrerinnen seien trotz ihres Tätigwerdens im staatlichen Religionsunterricht für diesen ausschließlich aus religiösen Gründen bestellt worden und würden aus diesem Grunde keine mitbestimmungsfähigen Personalaufgaben erfüllen. Deshalb habe der Antragsteller kein Einstellungs-Mitbestimmungsrecht.

Der Antragsteller hat Beschwerde eingelegt, soweit sein geltend gemachtes Mitbestimmungsrecht bei der Einstellung der Lehrerin L. negiert worden war. Er macht im wesentlichen geltend: Ein offensichtlicher Mißbrauch der Formen liege deshalb vor, weil die Lehrerin – wie sich aus ihrem Arbeitsvertrag mit dem Bistum Mainz ergebe – allein zur Erteilung von katholischem Religionsunterricht an der Grundschule R. von der Kirche eingestellt worden sei. Es wäre jedoch der Abschluß eines Arbeitsvertrages direkt mit dem für die Erteilung des Religionsunterrichts kraft Verfassung und Schulverwaltungsrecht verantwortlichen Land Hessen möglich gewesen, so daß seine Mitbestimmungsrechte unzweifelhaft bestanden hätten. Im übrigen sei die Lehrerin L. tatsächlich wie eine Beschäftigte in vollem Umfang in die Schule integriert gewesen. Deshalb sei sie – entgegen der Auffassung des Verwaltungsgerichts – eine Beschäftigte im Sinne von § 3 HPVG gewesen.

Die Beschwerde hatte Erfolg und führte hinsichtlich der Lehrerin L., deren Einsatz inzwischen durch nachträglich erfolgte Befristung beendet ist, zu der beantragten Feststellung.

Aus den Gründen:

Die Beschwerde des Antragstellers ist zulässig; sie ist statthaft, form- und fristgerecht eingelegt und ordnungsgemäß begründet worden.

...

Der Beschwerde kann in materieller Hinsicht der Erfolg nicht versagt bleiben.

Die Antragsbefugnis des Antragstellers ergibt sich aus §§ 75 Abs. 1, 68 Abs. 1 Satz 1 i.V.m. 75 Abs. 2 HPVG a. F. Der Beteiligte zu 1 ist beteiligtenbefugt, denn im Falle einer mitbestimmungspflichtigen Einstellung, deren Vorliegen der Antragsteller hier geltend macht, wäre es gemäß §§ 68 Abs. 1 Satz 1, 75 Abs. 2 HPVG a. F. seine Aufgabe gewesen, den Antragsteller zu beteiligen. Außerdem ist er von der Entscheidung materiellrechtlich betroffen, da sich die Streitigkeit auf seine Dienststelle bezieht; auch deshalb ist er am Verfahren zu beteiligen (so auch Beschluß des Fachsenats vom 27. 5. 1987 – HPV TL 908/87 –). Die Beteiligtenbefugnis des Beteiligten zu 2 ergibt sich daraus, daß er die aus Sicht des Antragstellers mitbestimmungspflichtige Maßnahme durchgeführt hat.

Das Feststellungsbegehren des Antragstellers ist auch zulässig. Zwar hat sich die konkrete Beschäftigung der Frau L. als Lehrkraft an der IGS in R. zum 1. 2. 1986 erledigt, da dieser Einsatz durch die nachträglich erfolgte Befristung am 31. 1. 1986 endete. Ein Rechsschutzinteresse ist jedoch deshalb zu bejahen, weil es dem Antragsteller nicht allein um ein Mitbestimmungsrecht bei diesem Vorgang geht. Streitig ist vielmehr die dahinterstehende allgemeine Frage, ob der nebenberufliche Einsatz von Lehrpersonen zur Erteilung von katholischem Religionsunterricht im Wege von Gestellungsverträgen eine mitbestimmungspflichtige Einstellung im Sinne von § 64 Abs. 1 Nr. 2 a HPVG a. F. bzw. heute § 77 Abs. 1 Nr. 2 a HPVG vom 24. 3. 1988 (GVBl. I S. 103) i.d.F. vom 25. 2. 1992 (GVBl. I S. 77) darstellt. Dieser Streit wird sich mit einiger Wahrscheinlichkeit künftig wiederholen, denn das Land Hessen schließt weiterhin mit dem Bistum Mainz Gestellungsverträge ab, und bei Bedarf wird der Beteiligte zu 2 auch wieder auf dieser Grundlage in der IGS in R. eine Lehrkraft einsetzen. Es würde sich dann wieder die Frage nach einem Mitbestimmungsrecht des Antragstellers stellen, der heute gemäß §§ 91 Abs. 1, 83 Abs. 1 Satz 1 i.V.m. 91 Abs. 2 HPVG zuständig wäre (vgl. zum Vorliegen eines Rechtsschutzinteresses im Falle der Möglichkeit der Wiederholung der streitgegenständlichen Problematik z. B. Senatsbeschlüsse vom 10. 2. 1982 - HPV TL 32/80 - und vom 28. 11. 1990 - HPV TL 104/88 -).

Der Antrag ist begründet. Die vom Beteiligten zu 2 getroffene Maßnahme fällt unter den Mitbestimmungstatbestand des § 64 Abs. 1 Nr. 2 a HPVG a. F., der mit § 77 Abs. 1 Nr. 2 a HPVG gleichlautend ist. Nach dieser Vorschrift bestimmt der Personalrat mit in Personalangelegenheiten der Angestellten und Arbeiter bei der Einstellung. Einstellung ist die Eingliederung eines neuen Beschäftigten in die Dienststelle, die regelmäßig durch den Abschluß eines Arbeitsvertrages und die tatsächliche Aufnahme der vorgesehenen Tätigkeit bewirkt wird. Eine Einstellung liegt aber auch dann vor, wenn der Arbeitsvertrag unwirksam ist, oder ein Vertrag nicht abgeschlossen wird, sondern nur eine tatsächliche Eingliederung in die Dienststelle stattfindet (vgl. z. B. BVerwG, Beschluß vom 12. 9. 1983 - 6 P 1.82 -, DVBl. 1984, 48; Hess.VGH, Beschluß vom 13. 11. 1985 - HPV TL 2464/84 -; Lorenzen/Haas/Schmitt, BPersVG, Stand: 1992, § 75, Rdnr. 16; Ballerstedt/Schleicher/Faber/Eckinger, Bayer. Personalvertretungsrecht, Stand: November 1991, Art. 75, Rdnr. 23).

Allerdings ist zwischen dem Lande Hessen und der Lehrkraft L. kein Dienstverhältnis entstanden, so daß Frau L. keine Beschäftigte des Landes Hessen nach der Definition von §§ 3 ff. HPVG alter und neuer Fassung - hier insbesondere § 5 HPVG - war. Dies ergibt sich aus folgendem:

Nach der Vereinbarung über die nebenberufliche Erteilung katholischen Religionsunterrichts an öffentlichen Schulen zwischen dem Lande Hessen und den katholischen Bistümern aus dem Jahre 1973 handelt es sich bei den Lehrkräften um *kirchliche* Bedienstete, die im Rahmen dieser Vereinbarung für die öffentlichen Schulen zur Verfügung gestellt werden. § 4 Ziff. 1 der Vereinbarung bestimmt ausdrücklich, daß die Lehrkräfte nicht in ein Angestelltenverhältnis zum Lande Hessen treten und daß ihre Dienstverhältnisse mit der Kirche unberührt bleiben. Es ist nichts dafür ersichtlich, daß das Land Hessen, das Bistum Mainz, oder Frau L. hier eine andere Regelung treffen wollten. Nur zwischen den beiden letztgenannten Parteien ist (am 3. 9. 1985) ein schriftlicher Arbeitsvertrag geschlossen worden. Ein unmittelbares Dienst- oder Arbeitsverhältnis mit dem Lande Hessen scheidet somit aus.

Frau L. ist durch die Aufnahme der Unterrichtstätigkeit an der IGS in R. auch nicht in ein zusätzliches oder ein mittelbares Dienstverhältnis zum Lande Hessen getreten. Das Land Hessen bzw. die Beteiligten, hatten in wichtigen Fragen des Personalrechts der Lehrkraft keine Entscheidungsbefugnis; auch disziplinarische Befugnisse standen ihnen nicht zu. Vertragspartner des Landes

Hessen für die Aufnahme der Frau L. als Religionslehrerin und für die Kündigung war nicht sie, sondern – entsprechend dem auf der Grundlage der vorgenannten Vereinbarung geschlossenen Gestellungsvertrages – das Bistum Mainz. Die Unterstellung der Lehrkraft unter die staatliche Schulaufsicht und die Ordnung der Schule beruhte allein auf § 4 Ziff. 2 der Vereinbarung aus dem Jahre 1973 (vgl. zum Nichtbestehen eines staatlichen Dienstverhältnisses im Falle des Unterrichtseinsatzes eines kirchlichen Bediensteten als Religionslehrer mittels Gestellungsvertrages auch BVerwG, Beschluß vom 3. 9. 1990[2] – BVerwG 6 P 20.88 –). Somit fehlte es an wesentlichen Dienstherrneigenschaften des Landes Hessen.

Es war zwischen dem Lande Hessen und der Lehrerin L. auch kein Leiharbeitsverhältnis zustande gekommen, wobei hier mangels eines gewerbsmäßigen Tätigwerdens des Bistums Mainz nur ein unechtes Leiharbeitsverhältnis in Betracht käme. Ein solches scheitert aber jedenfalls daran, daß die Interessenlage des Bistums Mainz hinsichtlich der Überstellung von Frau L. zur Unterrichtung an der IGS in R. gänzlich verschieden von derjenigen eines Arbeitnehmerverleihers war. Denn im Gegensatz zum Leiharbeitsverhältnis wurde die Lehrerin in Erfüllung der von der katholischen Kirche in deren unmittelbarem Eigeninteresse mit der Vereinbarung von 1973 übernommenen Aufgabe tätig (so auch im Falle eines Gestellungsvertrages BVerwG, Urteil vom 3. 9. 1990, aaO, und OVG Lüneburg, Beschluß vom 21. 3. 1990 – 18 L 36/89 –).

In dem Einsatz der Lehrkraft mittels Gestellungsvertrages liegt weiter, entgegen der Auffassung des Antragstellers, kein Formenmißbrauch, so daß nicht der Frage nachgegangen werden braucht, ob die Lehrkraft so zu stellen war, als ob ein unmittelbares Dienstverhältnis mit dem Lande Hessen bestünde. Die Umgehung einer Rechtsnorm oder eines gesetzlichen Tatbestandes, der bestimmte Rechtsfolgen nach sich zieht, ist dann nicht zu beanstanden, wenn die Rechtsordnung den von den Parteien gewählten Weg zuläßt und den damit verfolgten Zweck nicht mißbilligt (so schon der erkennende Fachsenat in seinem Beschluß vom 20. 6. 1979 – HPV TL 12/78 –). Gegen die vom Lande Hessen dem Bistum Mainz und der Lehrkraft L. gewählte Vertragsgestaltung ist rechtlich nichts einzuwenden, weil sie in Ausübung des den Kirchen allgemein und besonders auf dem Gebiet der Erteilung von Religionsunterricht nach Art. 7 Abs. 3, Art. 140 GG i.V.m. Art. 137 Abs. 2 WRV gewährleisteten Selbstbestimmungsrechts vorgenommen wurde (vgl. dazu auch ausführlich BAG, Urteil vom 14. 2. 1991 – 2 AZR 363/90 –).

Andererseits ist Frau L. mit der Aufnahme ihrer Tätigkeit als Religionslehrerin in den Dienstbetrieb der IGS in R. tatsächlich eingegliedert worden. Dies ergibt sich aus Zweck und Art ihrer Tätigkeit. Sie unterrichtete während eines

---

[2] KirchE 28, 222.

Schulhalbjahres regelmäßig 7 Wochenstunden das Fach Religion. Frau L. war bei ihrer Tätigkeit wie jeder andere Lehrer in den organisatorischen Ablauf der Schule eingebunden. Hinsichtlich ihrer Arbeitszeit war sie dem dortigen Stundenplan unterworfen. Sie hatte nach den Richtlinien für die staatliche Notengebung Leistungsnachweise zu erheben; sie war bei ihrer Unterrichtstätigkeit an staatliche Lehrpläne gebunden; sie war verpflichtet, an Lehrerkonferenzen teilzunehmen. Damit unterlag sie insoweit auch den dienstlichen Weisungen des Beteiligten zu 1. Wie in § 4 Abs. 2 der Vereinbarung aus dem Jahre 1973 geregelt wurde und worauf der Beteiligte zu 2 Frau L. auch in seiner Mitteilung vom 12. 9. 1985 über ihren Einsatz hingewiesen hatte, unterstand sie im Rahmen ihrer Unterrichtstätigkeit der staatlichen Schulaufsicht, den Vorschriften der jeweiligen Schulordnung, der Konferenzordnung sowie der Dienstordnung für Schulleiter, Lehrer und Erzieher.

Frau L. nahm mit der Erteilung des Religionsunterrichts auch nicht etwa nur kurze Zeit eine Sonderaufgabe wahr, die mit der eigentlichen Aufgabe einer staatlichen Schule nicht in Zusammenhang stand und deshalb Zweifel an ihrer Eingliederung hätte hervorrufen können (zum Kriterium der Wahrnehmung allein einer einmaligen und nur kurze Zeit dauernden Sonderaufgabe für das Verneinen einer Eingliederung in eine Dienststelle vgl. Beschluß des Hess.VGH vom 29. 11. 1989 – HPV TL 467/84 –). Die Erteilung von Religionsunterricht zählt vielmehr zu den bestimmungsgemäßen Aufgaben einer öffentlichen Schule. Gemäß Art. 7 Abs. 1 GG und Art. 57 Abs. 1 Hess. Verfassung ist der Religionsunterricht in den öffentlichen Schulen ordentliches Lehrfach. Frau L. nahm deshalb originäre Aufgaben der Schule wahr. Ihre Tätigkeit diente, wie die der anderen Lehrer auch, der Erfüllung von Aufgaben, die der öffentlichen Einrichtung Schule gesetzlich übertragen sind. Daß die Lehrerin nur nebenberuflich Religionsunterricht erteilte und nicht in einem Arbeits- oder Dienstverhältnis zum Lande Hessen stand, ändert nichts an ihrer tatsächlichen Eingliederung in die Dienststelle – die IGS in R. – und in deren Arbeitsablauf.

Bei dieser Sachlage – der umfassenden Eingliederung der Lehrerin L. in die Dienststelle ohne Bestehen eines Beschäftigungsverhältnisses gemäß § 3 ff. HPVG mit dem Lande Hessen – kommt der Senat zu dem Ergebnis, daß es sich bei dem Einsatz der Lehrerin an der IGS um eine mitbestimmungspflichtige Einstellung gemäß § 64 Abs. 1 Nr. 2 a HPVG a. F. bzw. § 77 Abs. 1 Nr. 2 a HPVG handelt.

Zwar verlangen die überwiegende obergerichtliche Rechtsprechung und die Literatur zum Personalvertretungsrecht für die Erfüllung des Tatbestandes der Einstellung im Sinne des Personalvertretungsrechts, daß die einzustellende Person Beschäftigte ist oder zumindest werden soll (z. B. OVG Lüneburg, Beschluß vom 21. 3. 1990 – 18 L 36/89 –; VGH Baden-Württemberg, Beschluß vom 17. 2. 1987 – 15 S 772/86 –; Lorenzen/Haas/Schmitt, aaO, § 75, Rdnr. 14a).

Sie begründen dies mit dem Text des jeweiligen Personalvertretungsgesetzes. Beschäftigte im Sinne der Personalvertretungsgesetze seien die dort jeweils näher definierten Beamten, Angestellten und Arbeiter (z. B. § 4 Abs. 1 bis 4 BPersVG). Sie müßten danach als Beamte, Angestellte oder Arbeiter im öffentlichen Dienst bei einem der in den Personalvertretungsgesetzen aufgezählten Dienstherrn (z. B. § 1 BPersVG) stehen. Deshalb könne sich das Mitbestimmungsrecht auch hinsichtlich der Einstellung nur auf diesen Beschäftigtenkreis beziehen, wenn es in der jeweiligen Regelung heiße, der Personalrat bestimme mit „in Angelegenheiten der Angestellten und Arbeiter bei 1. Einstellung..." (z. B. § 75 Abs. 1 BPersVG) bzw. „in Angelegenheiten der Beamten bei 1. Einstellung..." (z. B. § 76 Abs. 1 BPersVG). Da andere Personen als die Beschäftigten somit nicht in die Betreuung durch den Personalrat einbezogen seien, liege auch nur im Falle der Eingliederung eines (zukünftigen) Beschäftigten eine mitbestimmungspflichtige Einstellung vor (vgl. VGH München, Beschluß vom 9. 12. 1981 – 17 C 81 A. 2168 –). Dies hat auch der erkennende Fachsenat vertreten (so in seinem Beschluß vom 20. 6. 1979 – HPV TL 12/78 –).

Der Fachsenat gibt diese Auffassung jedoch auf und schließt sich der Rechtsprechung des Bundesarbeitsgerichts zum vergleichbaren Betriebsverfassungsgesetz an (vgl. BAG, Beschluß vom 15. 4. 1986 – 1 ABR 44/84 –, BAGE 51, 337 zu § 99 BetrVG). Er vertritt – wie das BAG zum Betriebsverfassungsgesetz – nunmehr den Standpunkt, daß eine Einstellung im Sinne von § 64 Abs. 1 Nr. 2 a HPVG a. F./§ 77 Abs. 1 Nr. 2 a HPVG auch dann vorliegt, wenn der neue Mitarbeiter tatsächlich in die Dienststelle eingegliedert wird, ohne daß er in einem Beschäftigungsverhältnis im Sinne von §§ 3 ff. HPVG steht (so auch OVG Münster, Beschluß vom 23. 10. 1986[3] – CL 15/85 – zum vergleichbaren § 72 Abs. 1 Nr. 1 LPVG NW).

Dieses Ergebnis ergibt sich aus Sinn und Zweck des Mitbestimmungsrechts des Personalrats bei der Einstellung. Der Zweck der Beteiligung des Personalrats an einer Einstellung besteht darin, die allgemeinen Interessen der von ihm vertretenen Beschäftigten der Dienststelle zu wahren (vgl. dazu BVerwG, Beschluß vom 13. 2. 1979 – BVerwG 6 P 48.78 –, BVerwGE 57, 280). Dieser Schutzzweck, das Interesse der Betriebsgemeinschaft, wird durch den Bestand eines Rechtsverhältnisses zwischen dem Arbeitgeber und dem Arbeitnehmer in der Regel nicht berührt, sondern durch die Eingliederung in die betriebliche Gemeinschaft (so auch Ballerstedt/Schleicher/Faber/Eckinger, aaO, Art. 75, Rdnr. 23). So ist auch das mit der Einstellung im Regelfall zu begründende Beschäftigungsverhältnis nicht Gegenstand der Mitbestimmung, und zwar weder hinsichtlich der Art noch in bezug auf seinen Inhalt (vgl. Hess.VGH, Beschluß vom 25. 9. 1991 – BPV TK 458/91 – zu § 75 Abs. 1 Nr. 1 BPersVG mit

---

[3] KirchE 24, 273.

Gestellungsvertrag

weiteren Rechtsprechungsnachweisen). Die Mitbestimmung bezieht sich allein auf die Eingliederung, nämlich auf die zur Einstellung vorgesehene Person, auf die von ihr auszuübende Tätigkeit sowie – bei Arbeitern und Angestellten – auf die sog. Eingruppierung.

Zwar läßt insbesondere letzteres Kriterium erkennen, daß dieses Mitbestimmungsrecht auch im Schutze des neuen Mitarbeiters dient. Deutlich im Vordergrund steht hier jedoch die Aufgabe des Personalrats, das kollektive Interesse der schon vorhandenen Beschäftigten wahrzunehmen. Die Interessen der in der Dienststelle Beschäftigten – diese sind Beschäftigte im Sinne der Personalvertretungsgesetze – werden allein dadurch berührt, daß die neu aufgenommene Person ebenso wie die Beschäftigten in der Dienststelle und eingegliedert in die betriebliche Organisation arbeitet. Das Bundesarbeitsgericht führt in diesem Zusammenhang aus: „Anders als bei der Übertragung bestimmter, absonderbarer Arbeiten auf Fremdfirmen und deren Arbeitnehmer müssen in diesen Fällen die im Betrieb bereits beschäftigten Arbeitnehmer mit den übrigen Mitarbeitern – Leiharbeitnehmer u. a. – unmittelbar zusammenarbeiten. Es macht vom tatsächlichen Erscheinungsbild und der tatsächlichen Arbeitsgestaltung her keinen Unterschied, ob diese Mitarbeiter zum Arbeitgeber in einem Arbeitsverhältnis stehen oder nicht. Ebenso wie bei der Beschäftigung von Leiharbeitnehmern hat daher der Betriebsrat nach § 99 BetrVG immer dann mitzubestimmen, wenn im Betrieb Personen beschäftigt werden sollen, die eingegliedert in die betriebliche Organisation und dem Weisungsrecht des Arbeitgebers unterworfen zusammen mit den bereits im Betrieb beschäftigten Arbeitnehmern den unveränderten arbeitstechnischen Zweck des Betriebes verwirklichen sollen. Darauf, in welchem Rechtsverhältnis sie zum Arbeitgeber oder zu einem Dritten stehen, kommt es nicht an" (Beschluß des BAG vom 15. 4. 1986 – 1 ABR 44/84 –, aaO). Diese Argumentation trifft ebenso zu im Verhältnis von Beschäftigten einer Dienststelle zu einem neuen Mitarbeiter, der vollständig in die Dienststelle und den Dienstbetrieb eingegliedert ist (so auch OVG Münster, Beschluß vom 5. 4. 1990 – CL 54/87 –, PersV 1990, 314).

Insoweit ist die Situation vergleichbar mit dem Einsatz eines Leiharbeitnehmers beim Entleiher, der dort faktisch für eine bestimmte Zeit mit seinem Einverständnis eingegliedert ist und dort genauso arbeitet wie jeder Beschäftigte der Dienststelle auch. Auch in diesem Falle wird ein Einstellungsmitbestimmungsrecht des Personalrats bejaht (vgl. dazu BAG, Beschluß vom 14. 5. 1984 – 1 ABR 40/73 –, BAGE 26, 149 – zu § 99 BetrVG, das in dieser Entscheidung erstmals ausdrücklich von dem Erfordernis der Begründung eines Arbeitsverhältnisses zur Erfüllung des Einstellungstatbestandes abgerückt ist –). Diese Rechtsauffassung ist inzwischen mit Art. 1 § 14 Abs. 3 des Gesetzes zur Regelung der gewerbsmäßigen Arbeitnehmerüberlassung gesetzlich nachvollzogen worden.

Da – wie oben ausgeführt – Frau L. als Religionslehrerin wie die anderen Lehrer auch in die Integrierte Gesamtschule in R. und den Dienstbetrieb eingegliedert war, handelt es sich bei ihrem Einsatz zur Erteilung von katholischem Religionsunterricht um eine Einstellung. Gleichwohl wurde der Antragsteller bei dieser Einstellung nicht beteiligt. Dadurch ist sein Mitbestimmungsrecht nach § 64 Abs. 1 Nr. 2 a HPVG a. F. verletzt worden.

34

Nach Hamburgischem Recht sind für die Aufhebung eines kirchlichen Friedhofs mangels ausdrücklicher Regelung die allgemeinen Grundsätze des staatlichen Friedhofs- und Bestattungsrechts maßgebend. Hiernach kann eine Religionsgemeinschaft einen Friedhof, dessen Träger sie ist, aufheben. Ob die Glaubensregeln der Religionsgemeinschaft ihr die Aufhebung erlauben, ist der Kontrolle durch die staatlichen Gerichte entzogen.

§ 31 Hmb.BestattungsG
OVG Hamburg, Beschluß vom 9. April 1992 – Bs II 30/92[1] –

Die Beigeladene ist Eigentümerin eines ca. 1400 qm großen Grundstücks an der Großen Rainstraße und der Ottenser Hauptstraße, zu dem u. a. das Flurstück 464 gehört. Am 5. 3. 1991 erteilte die Antragsgegnerin der Beigeladenen im Rahmen des Gesamtprojekts eine Baugenehmigung für den Neubau eines voll unterkellerten viergeschossigen Wohnhauses mit Staffelgeschoß, in dem neun Wohnungen geschaffen werden sollen. Dies Bauvorhaben soll in der nordöstlichen Ecke des Grundstücks der Beigeladenen auf dem Flurstück 464 ausgeführt werden, eine Grundfläche von etwa 225 qm in Anspruch nehmen und künftig mit der Nr. 84 an der Großen Rainstraße belegen sein.

Das Flurstück 464 ist im Jahre 1812 von der Hochdeutschen Israelitischen Gemeinde zu Altona zur Erweiterung ihres Friedhofsgeländes in Ottensen erworben worden. Bis 1934 hat die Altonaer Israeliten-Gemeinde es als Begräbnisstätte genutzt. Nicht bekannt ist, ob auch auf demjenigen Teil des Flurstücks 464, auf den sich die Baugenehmigung vom 5. 3. 1991 bezieht, Gräber vorhanden waren. Der Antragsteller ist Rabbiner einer jüdischen Gemeinde. Er macht geltend, sein Urgroßvater, der Oberrabbiner N. sei 1909 auf dem jüdischen Friedhof in Ottensen beigesetzt worden. 1940 und 1942 wurden auf dem Friedhofsgelände zwei Luftschutzbunker gebaut. 1950 beantragte die Jüdische Gemeinde in Hamburg im Zusammenwirken mit der Jewish Trust Corporation

---
[1] NVwZ 1992, 1212. Nur LS: NJW 1993, 677.

for Germany beim Wiedergutmachungsamt die Rückerstattung des Friedhofsgeländes. Diesem Antrag wurde entsprochen. Mit Vertrag vom 15. 11. 1950 verkaufte die Jüdische Gemeinde in Hamburg die Friedhofsgrundstücke an eine Grundstücksgesellschaft und ließ sie ihr auf. In § 22 des Vertrages vom 15. 11. 1950 heißt es:

„*Für den Fall, daß bei Erdarbeiten auf dem Grundstück noch Grabsteine oder Gebeine von dem früheren Friedhofe gefunden werden sollten, verpflichtet sich der Käufer, die Jüdische Gemeinde sofort zu benachrichtigen und unter Zuziehung von Vertretern derselben alle Überreste in pietätvoller Weise zu sammeln und an die Jüdische Gemeinde auszuliefern. Der Käufer verpflichtet sich, diese Verpflichtung auch jedem seiner etwaigen Rechtsnachfolger aufzuerlegen, insbesondere den Erwerbern einzelner Parzellen.*
Der Jüdischen Gemeinde bleibt es vorbehalten, schon vor der Inangriffnahme von Erdarbeiten seitens des Käufers auf allen Teilen des Grundstücks – ausgenommen die mit Bunkern bebauten – Stichproben vorzunehmen und etwa von ihr für erforderlich erachtete Exhumierungsarbeiten auf ihre Kosten auszuführen. Auch bleiben ihr alle ihr etwa zustehenden Entschädigungsforderungen gegen die Freie und Hansestadt Hamburg wegen der seinerzeitigen Aufhebung des Friedhofes als solchen vorbehalten.
Der Jüdischen Gemeinde bleibt es ferner vorbehalten, hinsichtlich der von ihr bzw. dem Erwerber an die Stadt Altona bzw. die Freie und Hansestadt Hamburg zum Zwecke der Straßenverbreiterung abgetretenen oder noch abzutretenden Trennstücke von der Freien und Hansestadt Hamburg zu verlangen, daß die unter dem Straßengelände liegenden Gebeine und Grabsteine auf Kosten der Stadt herausgenommen und an die Jüdische Gemeinde ausgeliefert werden."

Im Januar 1953 vereinbarten die Grundstücksgesellschaft und die Jüdische Gemeinde in Hamburg mit der Freien und Hansestadt Hamburg, daß das Friedhofsgelände durchzuarbeiten sei und daß etwa gefundene Gebeine und Grabsteine nach dem Israelitischen Friedhof an der Ilandkoppel zu überführen seien. Die Jüdische Gemeinde in Hamburg billigte ausdrücklich diese Regelung. In der Baugenehmigung vom 5. 3. 1991 ist unter Nr. 005 folgendes bestimmt:

„*Die Bauherrin hat sich vor Beginn mit der Jüdischen Gemeinde und dem Denkmalschutzamt in Verbindung zu setzen. Dabei sollen Zeitpunkt und Art der Ausführung der Bauarbeiten sowie die Gewährleistung einer sachgemäßen Behandlung der Stätte vor und während der Bauzeit festgelegt werden. Bei evtl. Abbruch von Gewölben, Bergung von Grabplatten und Ausgrabung von Gebeinen muß dies auf angemessene Art und Weise geschehen. Vorgefundene Grabplatten und Gebeine sind auf Kosten der Bauherrin auf einen Israelitischen Friedhof nach Angabe der Jüdischen Gemeinde und der Kulturbehörde zu verbringen.*"

Im März 1992 erhob der Antragsteller gegen die Genehmigungen zur Errichtung des Ladenzentrums und des Wohnungsbaus auf dem Grundstück Große Rainstraße 84 Widerspruch. Zugleich hat er bei dem Verwaltungsgericht beantragt, ihm wegen seines Widerspruchs vorläufigen Rechtsschutz gegen den Vollzug der Baugenehmigung für das Grundstück Große Rainstraße 84 zu gewähren. Er hat u. a. geltend gemacht, durch den Vollzug der Baugenehmigung würden seine, des Antragstellers, Rechte aus Art. 1 und 4 GG verletzt, weil ein Friedhof nach jüdischem Recht niemals aufgelöst werden dürfe, die dort Begrabenen ihre Ruhestätte für ewig erworben hätten und eine Exhumierung unzulässig sei.

Die Antragsgegnerin meint: Die jüdische Gemeinde habe als der rechtmäßige Träger des Friedhofs diesen durch Veräußerung des Geländes entwidmet. Ob dies nach jüdischem Recht wirksam sei, sei der staatlichen Kontrolle entzogen. Dem Schutze der Totenruhe trage die Auflage in der Baugenehmigung Rechnung, die für eine Umbettung auf einen anderen israelitischen Friedhof sorge.

Das Verwaltungsgericht hat durch den angefochtenen Beschluß festgestellt, daß der Widerspruch des Antragstellers aufschiebende Wirkung hat.

Die Beschwerden der Beigeladenen und der Antragsgegnerin hatten Erfolg.

Aus den Gründen:

Auf die Beschwerden ist der angefochtene Beschluß aufzuheben und der Antrag auf Gewährung vorläufigen Rechtsschutzes abzulehnen.

1. Es kann nicht festgestellt werden, daß der Widerspruch des Antragstellers gegen die Baugenehmigung vom 5. 3. 1991 aufschiebende Wirkung hat. (wird ausgeführt)

2. Auch der Antrag, die aufschiebende Wirkung des Widerspruchs des Antragstellers gegen die Baugenehmigung vom 5. 3. 1991 anzuordnen, hat keinen Erfolg.

Aus der Regelung des § 10 Abs. 2 BauGBMaßnG folgt, daß der Gesetzgeber im Anwendungsbereich dieser Vorschrift dem Interesse am sofortigen Vollzug der Baugenehmigung grundsätzlich den Vorrang vor dem Aussetzungsinteresse eines Dritten einräumen wollte. Eine Anordnung der aufschiebenden Wirkung des Widerspruchs kommt daher nur in Betracht, wenn der Widerspruch bei summarischer Prüfung gute Aussichten auf Erfolg hat. Daran fehlt es hier.

Bei der Entscheidung über Einwendungen Dritter gegen eine Baugenehmigung kommt es darauf an, ob die Baugenehmigung gegen eine drittschützende Norm des einfachen oder des Verfassungsrechts verstößt (BVerwG, Urteil v. 30. 9. 1983 DÖV 1983, 173; OVG Hamburg, Beschluß v. 26. 9. 1984 HmbJVBl. 1985, 137). Eine solche Norm, die den Antragsteller schützt, ist vorliegend jedoch nicht ersichtlich.

Der Antragsteller macht geltend, sein Urgroßvater sei 1909 auf dem jüdischen Friedhof in Ottensen beigesetzt worden. Ob damit eine räumliche Beziehung zu dem genehmigten Wohnhaus der Beigeladenen glaubhaft gemacht ist, das nur einen kleinen Teil des ehemaligen Friedhofsgeländes in Anspruch nehmen wird, und ob der Antragsteller als Urenkel seines im Jahre 1909 dort beigesetzten Vorfahren deswegen heute noch Rechte an dem Grundstück hat, ist zweifelhaft, braucht aber nicht entschieden zu werden.

Denn die Geltendmachung eines Rechts des Antragstellers auf Unantastbarkeit des Grabes würde jedenfalls voraussetzen, daß das Grundstück noch seine Eigenschaft als Ruhestätte im Sinne des staatlichen Rechts besitzt. Nach der Geschichte des Flurstücks 464 ist jedoch davon auszugehen, daß es diese Eigenschaft durch die von der Jüdischen Gemeinde in Hamburg vorgenommene Aufhebung des Friedhofs verloren hat.

Friedhöfe können ihre Zweckbestimmung und Eigenschaft verlieren durch Schließung oder Aufhebung. Während die Schließung eines Friedhofs die Möglichkeit weiterer Beisetzungen ausschließt, ohne dem Friedhof damit schon seine Eigenschaft als Ruhestätte zu nehmen, verliert der Friedhof durch Aufhebung diese Eigenschaft (vgl. dazu Gaedke, Handbuch des Friedhofs- und Bestattungsrechts, 5. Aufl. 1983, S. 47 ff.; auch § 30 des Gesetzes über das Leichen-, Bestattungs- und Friedhofswesen v. 14. 9. 1988 – BestattungsG –, GVBl. S. 167). Die Aufhebung staatlicher Friedhöfe erfolgt in Hamburg durch Gesetz (vgl. §§ 1, 10 des Gesetzes über Gemeindefriedhöfe v. 1. 11. 1948 (GVBl. S. 127); §§ 1 Abs. 1, 13 Friedhofsgesetz v. 2. 2. 1970 (GVBl. S. 48); §§ 15, 30 Abs. 1 BestattungsG). Über die Rechtsverhältnisse an kirchlichen Friedhöfen hat sich der hamburgische Gesetzgeber genauerer Vorschriften enthalten: Das Gesetz über Gemeindefriedhöfe enthielt darüber keinerlei Regelung, das Friedhofsgesetz von 1970 erwähnte ihre Existenz jedenfalls in § 1 Abs. 2, während das heutige Bestattungsgesetz sich in § 31 mit kirchlichen Friedhöfen befaßt und gewisse Bestimmungen darüber trifft. Diese Regelung hat teils nur deklaratorische Bedeutung und wird im übrigen durch die allgemeinen Grundsätze des Friedhofs- und Bestattungsrechts ergänzt. Aus § 31 Abs. 1 in Verbindung mit Anlage 2 zum Bestattungsgesetz folgt zwar, daß nach Auffassung des Gesetzgebers als jüdischer Friedhof in Hamburg nur derjenige besteht, der sich an der Ilandkoppel in Hamburg 63 befindet und dessen Träger die Jüdische Gemeinde in Hamburg ist. Daraus kann jedoch nicht hergeleitet werden, daß der ehemalige jüdische Friedhof an der Großen Rainstraße in Ottensen durch das Bestattungsgesetz aufgehoben sei. Insoweit kommt § 31 Abs. 1 BestattungsG nur deklaratorische Bedeutung zu. § 31 Abs. 2 BestattungsG bestimmt, daß die Religionsgesellschaften des öffentlichen Rechts im Rahmen des geltenden Rechts neue Friedhöfe einrichten sowie ihre Friedhöfe verändern und schließen dürfen. Dem Staat ist in § 31 BestattungsG kein Recht zur Aufhebung eines kirchlichen Friedhofs zuerkannt, sondern in § 31 Abs. 5 BestattungsG nur die Befugnis zur Schließung eines solchen Friedhofs.

Die Aufhebung eines kirchlichen Friedhofs beurteilt sich mithin heute wie auch seit Erlaß des Gesetzes über Gemeindefriedhöfe im Jahre 1948 mangels ausdrücklicher Regelung nach den allgemeinen Grundsätzen des staatlichen

Friedhofs- und Bestattungsrechts. Nach diesen Grundsätzen können Religionsgemeinschaften Friedhöfe, deren Träger sie sind, aufheben.

Das Friedhofs- bzw. Begräbniswesen ist, auch wenn es von Religionsgemeinschaften wahrgenommen wird, kein staatsfreier verfassungsrechtlich garantierter Autonomiebereich der Religionsgemeinschaften, soweit es nicht um die religiös bestimmte Bestattungszeremonie geht. Auch wenn das Bestattungswesen ursprünglich ausschließlich oder überwiegend von den Religionsgemeinschaften wahrgenommen worden ist, hat die geschichtliche Entwicklung in der Neuzeit dazu geführt, daß das Friedhofswesen in zunehmendem Maße als staatliche Aufgabe begriffen wird, in die auch die Friedhöfe der Religionsgemeinschaften einbezogen sind (BVerwG, Urteil v. 16. 12. 1966[2] BVerwGE 25, 364 [365 f.]; OVG Münster, Beschluß v. 14. 3. 1957[3] OVGE 12, 162 [167 ff.]; OVG Hamburg, Urteil v. 21. 4. 1989[4] – OVG Bf III 39/89 –, S. 12 ff.; Gaedke, aaO, S. 21 ff.).

Der Friedhof einer öffentlich-rechtlichen Religionsgemeinschaft ist eine öffentlich-rechtliche Anstalt (BVerwG, Beschluß v. 20. 12. 1977[5] Buchholz 408.2 Nr. 6 S. 3; Gaedke, aaO, S. 6 f.). Seine Aufhebung ist nach den allgemeinen Grundsätzen des Friedhofsrechts (Gaedke, aaO, S. 50) eine Verfügung über den Bestand des Friedhofs, durch die der Friedhof seinen Charakter als öffentliche Begräbnisstätte völlig verliert, als Grundstück seine volle Verkehrs- und Verwendungsfähigkeit wiedererlangt und damit auch anderen öffentlichen oder privaten Zwecken zugeführt werden kann. Berechtigt zur Aufhebung eines kirchlichen Friedhofs ist der Anstaltsträger im Rahmen der ihm zustehenden Organisationsgewalt, ohne daß es hierzu einer besonderen staatlichen Genehmigung bedarf (Gaedke, aaO, S. 50). Ob die Glaubensregeln der Religionsgemeinschaft ihr die Aufhebung des Friedhofs erlauben, ist der staatlichen Kontrolle entzogen und daher auch von den Verwaltungsgerichten nicht zu prüfen.

Danach hat die Jüdische Gemeinde in Hamburg im Jahre 1950 den Friedhof auf dem Gelände an der Großen Rainstraße aufgehoben, indem sie das Grundstück, zu dem das Flurstück 464 gehört, an eine private Grundstücksgesellschaft verkauft und aufgelassen hat. In Kenntnis der Eigenschaft des Grundstücks als Ruhestätte hat die Jüdische Gemeinde dem Erwerber die uneingeschränkte Verfügungsbefugnis über das Grundstück eingeräumt, sich insbesondere nicht das Recht auf den Fortbestand der dortigen Gräber vorbehalten, sondern sich im Gegenteil mit ihrer Verlegung auf einen anderen Friedhof einverstanden erklärt. Aus § 22 des Kaufvertrages sowie aus dem Vertrag der Jüdischen

---

[2] KirchE 8, 254.
[3] KirchE 4, 37.
[4] KirchE 27, 106.
[5] KirchE 16, 266.

Gemeinde mit der Erwerberin und der Freien und Hansestadt Hamburg geht deutlich der Wille der Gemeinde hervor, das Grundstück als Friedhof aufzugeben. Denn nach § 22 Abs. 1 des Vertrages vom 15. 11. 1950 sollten alle Überreste des früheren Friedhofs, die bei Erdarbeiten gefunden würden, gesammelt und der Jüdischen Gemeinde ausgeliefert werden. Nach dem Vertrag von 1953 haben die Vertreter der Jüdischen Gemeinde gebilligt, daß auf dem Grundstück gefundene Gebeine und Grabsteine nach dem Friedhof Ilandkoppel überführt werden. – Die Jüdische Gemeinde in Hamburg ist nach dem hamburgischen Gesetz vom 8. 11. 1948 (GVBl. S. 137) eine Körperschaft des öffentlichen Rechts, die befugt ist, ihre Angelegenheiten selbständig zu ordnen und zu verwalten. Nachdem ihr das Friedhofsgrundstück zurückerstattet worden war, war sie als Eigentümerin und Trägerin des dort noch vorhandenen Friedhofs also befugt, den Friedhof aufzugeben, und hat das – wie ausgeführt – getan.

Seither hat das Flurstück 464 seine Eigenschaft als Ruhestätte, an die der Antragsteller mit seinem Antrag auf vorläufigen Rechtsschutz anknüpft, verloren.

Selbst wenn man in Betracht zöge, daß Angehörige von Personen, die auf diesem Friedhof beigesetzt worden sind, nach der Aufhebung des Friedhofs noch etwaige Rechte geltend machen können, werden diese Rechte durch den Vollzug der Baugenehmigung nicht berührt, sondern sind dadurch gewahrt, daß die Antragsgegnerin der Beigeladenen in Nr. 005 der Baugenehmigung u. a. auferlegt hat, vorgefundene Grabplatten und Gebeine nach Angaben der Jüdischen Gemeinde auf einen israelitischen Friedhof zu überführen.

35

Über einen längeren Zeitraum – z. B. im Wochenzyklus – wird ein Kirchengrundstück in der Regel nicht intensiver genutzt als ein der Wohnnutzung dienendes Grundstück. Die Erhebung eines sog. Artzuschlages zum Straßenausbaubeitrag ist daher nur bei Vorliegen besonderer Umstände gerechtfertigt.

Niedersächs.OVG, Beschluß vom 16. April 1992 – 9 M 1742/92[1] –

Die Antragstellerin wendet sich anläßlich ihrer Heranziehung zu einem Straßenausbaubeitrag dagegen, daß die Antragsgegnerin einen sog. Artzuschlag mit der Begründung erhoben hat, daß ihr Grundstück mit einer Kirche bebaut sei. Das Verwaltungsgericht hat ihren Antrag auf Gewährung vorläufigen Rechtsschutzes mit der Begründung abgelehnt, daß das Kirchengrundstück eine inten-

---

[1] Ein Hauptsacheverfahren ist nicht anhängig gemacht worden.

sivere Inanspruchnahme der öffentlichen Einrichtung auslöse als Grundstücke, die der Wohnnutzung vorbehalten seien.

Hiergegen wendet die Antragstellerin mit ihrer Beschwerde ein, daß bei der Bebauung mit einer Kirche eine gegenüber der Wohnnutzung atypische Nutzung vorliege, die aus der Ausbaumaßnahme regelmäßig einen vergleichsweise geringeren Vorteil ziehe; demzufolge sei ein Artzuschlag nicht gerechtfertigt, da dieser ja gerade einen gegenüber der Wohnnutzung erhöhten Vorteil voraussetze.

Die Beschwerde hatte Erfolg.

Aus den Gründen:

Der Senat ist bisher – ohne dies näher zu problematisieren – davon ausgegangen, daß bei Grundstücken, die mit einer Kirche bebaut sind, ein Artzuschlag nicht gerechtfertigt ist. Hieran ist – jedenfalls im Verfahren des vorläufigen Rechtsschutzes – festzuhalten. Zur Rechtfertigung eines Artzuschlages reicht es – entgegen der Ansicht des Verwaltungsgerichts – nicht aus, daß es bei der Benutzung von Kirchengrundstücken zu Spitzenbelastungen kommen kann und es insoweit auf die besondere Leistungsfähigkeit der öffentlichen Einrichtung ankommt. Auch ist – was die Antragsgegnerin verkennt – nicht entscheidend, welche Nutzungsmöglichkeiten für das Kirchengrundstück denkbar sind. Ausschlaggebend erscheint vielmehr, wie stark die öffentliche Einrichtung (über einen längeren Zeitraum gesehen) vom Kirchengrundstück aus erfahrungsgemäß und typischerweise tatsächlich genutzt wird. Diese Frage kann u. U. abschließend erst im Hauptsacheverfahren geklärt werden. Bei der im Verfahren des vorläufigen Rechtsschutzes lediglich möglichen summarischen Prüfung der Sach- und Rechtslage ist jedenfalls davon auszugehen, daß das Kirchengrundstück der Antragstellerin über einen längeren Zeitraum gesehen bei kirchlichen Veranstaltungen, beispielsweise Gottesdiensten und Taufen, nicht intensiver genutzt wird als ein der Wohnnutzung dienendes Grundstück. Die Besucherzahlen liegen wahrscheinlich bei Kirchengrundstücken an Sonn- und Feiertagen höher, dafür aber an Werktagen niedriger als bei Wohngrundstücken; diese Unterschiede dürften sich typischerweise in solchen Dimensionen bewegen, daß sich insgesamt gesehen regelmäßig keine erhöhte Inanspruchnahme der öffentlichen Einrichtung durch Kirchengrundstücke ergibt. Ob im Einzelfall aufgrund besonderer Umstände – wie z. B. einer Sehenswürdigkeit in der Kirche – eine abweichende Einschätzung des Umfangs der wahrscheinlichen Inanspruchnahme der Straße angebracht sein kann, bedarf keiner Entscheidung, weil dafür keine Anhaltspunkte vorliegen.

36

Das Zeitschlagen von Kirchturmuhren unterliegt während der Nachtzeit (22.00 bis 6.00 Uhr) grundsätzlich den allgemein geltenden Anforderungen des Immissionsschutzrechts.

Art. 4 Abs. 1 u. 2 GG; §§ 3 Abs. 5 Nr. 1, 22, 24 BImSchG
BVerwG, Urteil vom 30. April 1992 –7 C 25.91[1] –

Die Klägerin (Kath. Kirchenstiftung) wendet sich gegen eine das nächtliche Schlagen ihrer Kirchturmuhr betreffende immissionsschutzrechtliche Verfügung des Beklagten (Gewerbeaufsichtsamt). Die Uhr schlägt über 24 Stunden viertelstündlich. Die fortschreitenden Viertelstunden werden mit zwei bis acht Schlägen kleiner Glocken angezeigt; zu vollen Stunden läutet eine große Glocke. Die Uhr wurde im Jahre 1960 eingebaut und ersetzte eine Jahrhunderte alte Turmuhr, deren Schlagwerk ebenfalls Stunden und Teilstunden angezeigt hatte. Auf eine Beschwerde von Nachbarn hin führte der Beklagte im Jahre 1984 mehrfach Schallmessungen durch. Dabei ergaben sich am Haus der Beschwerdeführer trotz zwischenzeitlichen Einbaus von Schallblenden in den Glockenturm Werte von 72 dB(A) für die Stundenschläge und bis zu 70 dB(A) für die Viertelstundenschläge. Deshalb gab der Beklagte der Klägerin gemäß § 24 BImSchG auf, den Schallpegel des Schlagwerks so zu senken, daß er in der Nachtzeit nicht über 60 dB(A) liege; anderenfalls sei das Schlagwerk in der Zeit von 22.00 bis 6.00 Uhr abzuschalten. Dies begründete er im wesentlichen damit, daß das Gebiet, in dem die Beschwerdeführer wohnten, als allgemeines Wohngebiet anzusehen sei. In solchen Gebieten seien die Immissionsrichtwerte von tagsüber 55 dB(A) und nachts 40 dB(A) maßgeblich. Bei Einzelgeräuschen, um die es sich hier handele, gelte die Forderung der VDI-Richtlinie 2058, daß zur Sicherung der Nachtruhe auch kurzzeitige Überschreitungen der Richtwerte um mehr als 20 dB(A) zu vermeiden seien.

Der Widerspruch der Klägerin führte lediglich zu einer Umformulierung der Anordnung. Nunmehr wurde ihr aufgegeben, das Schlagwerk der Turmuhr jeweils in der Zeit von 22.00 bis 6.00 Uhr abzuschalten, es sei denn, durch zusätzliche Geräuschminderungsmaßnahmen gelänge es, den Geräuschpegel auf 60 dB(A) abzusenken. Die Widerspruchsbehörde vertrat die Auffassung, daß Kirchenglocken, soweit ihr Schlagen – wie hier – nicht liturgischen Zwecken diene, den Vorschriften des Bundesimmissionsschutzgesetzes unterlägen. Da keine speziellen Untersuchungen zum Lärm von Kirchenglocken einschließlich

---

[1] Amtl. Leitsatz. BVerwGE 90, 163; NJW 1992, 2779; Buchholz 406. 25 § 22 Nr. 10; DVBl. 1992, 1234; NVwZ 1992, 1126; BayVBl. 1992, 633; AkKR 161 (1992), 220; ZevKR 32 (1993), 85.

seiner sozialpolitischen Besonderheiten vorlägen, seien sowohl die TA Lärm als auch die VDI-Richtlinie 2058 für die Beurteilung der von solchen Anlagen ausgehenden Lärmeinwirkungen entsprechend anzuwenden.

Die dagegen erhobene Klage, mit der sich die Klägerin unter anderem auf die Ortsüblichkeit der Glockenschläge, die kirchliche Tradition und die gegenüber anderen Lärmarten geringere Lästigkeit der Geräusche berufen hatte, hat das Verwaltungsgericht abgewiesen. Es hat sich auf den Standpunkt gestellt, das lediglich der Zeitansage dienende Glockengeläut sei eine nichthoheitliche Tätigkeit, deren nur noch traditionswahrender Charakter eine erhöhte Duldungspflicht der Nachbarschaft während der Tagzeit angezeigt sein lassen könne, intensive Geräuschimmissionen zur Nachtzeit, wie sie vom Schlagwerk der Turmuhr ausgingen, aber nicht rechtfertige. Das gelte selbst dann, wenn man mit der Klägerin davon ausgehe, daß es sich bei dem maßgeblichen Gebiet um ein Mischgebiet handele.

Auf die Berufung der Klägerin hin hat das OVG des Saarlandes[2] dieses Urteil geändert und der Klage in vollem Umfange stattgegeben.

Gegen dieses Urteil wendet sich der Beklagte mit seiner durch das Oberverwaltungsgericht zugelassenen Revision. Er macht im wesentlichen geltend: Die Annahme des Berufungsgerichts, der maßgebliche Grenzwert für den Stundenschlag sei 65 dB(A), verstoße gegen die §§ 22 und 24 BImSchG. Die Art des Lärms dürfe nicht den Maßstab für die Ermittlung seiner höchstzulässigen Lautstärke bilden. Vielmehr sei eine einzelfallorientierte und situationsbezogene Abwägung erforderlich. Ausgehend davon spreche für das Anliegen der Klägerin zwar die Herkömmlichkeit ihres Glockengeläuts. In Rechnung gestellt werden müsse aber, daß dessen soziale Adäquanz im Schwinden begriffen sei. Hinzu komme, daß die Zeitansage genausogut und wirksam in einer gemäßigten Lautstärke erfolgen könne. Dem Herkommen auf seiten der emittierenden Nutzung stehe auf der Seite der immissionsbetroffenen Nachbarn deren Grundrecht auf körperliche Unversehrtheit und deren Eigentumsrecht gegenüber. Dabei sei zu berücksichtigen, daß es ausschließlich um Störungen in der Nachtzeit gehe und die Lärmeinwirkung sich auf besonders schützenswerte Wohnbereiche erstrecke. Eine Abwägung müsse daher dazu führen, daß ein rechtlich relevanter Schutz des gegenwärtigen überlauten Geläuts aus den Gesichtspunkten des Herkommens und der Tradition abzulehnen sei. Soweit sich das angegriffene Urteil auf den Viertelstundenschlag beziehe, verstoße es gegen § 113 Abs. 1 VwGO; denn auch nach Ansicht des Berufungsgerichts halte sich die getroffene Maßnahme hier im Rahmen des rechtlich Gebotenen.

Die Revision hatte Erfolg. Sie führte zur Aufhebung des angefochtenen Urteils und zur Wiederherstellung des Urteils erster Instanz.

---

[2] Urteil vom 16. 5. 1991, KirchE 29, 134.

Glockenschlag einer Kirchturmuhr

Aus den Gründen:

Die Revision ist begründet. Das Berufungsurteil beruht auf einer fehlerhaften Anwendung des Bundesimmissionsschutzgesetzes. Entgegen der Auffassung des Oberverwaltungsgerichts verletzt die mit der Klage angegriffene Verfügung die Klägerin nicht in ihren Rechten. Das Verwaltungsgericht hat die Klage daher zu Recht abgewiesen.

Der Beklagte durfte der Klägerin nach § 24 BImSchG aufgeben, das Schlagwerk der Turmuhr von 22.00 bis 6.00 Uhr abzustellen, falls es nicht gelinge, den Geräuschpegel der Glockenschläge auf 60 db(A) abzusenken; denn diese Maßnahme war erforderlich um sicherzustellen, daß die Klägerin ihre Pflichten aus § 22 Abs. 1 BImSchG erfüllt.

Nach dieser Vorschrift sind nicht genehmigungsbedürftige Anlagen, auch wenn sie wie hier nichtgewerblichen Zwecken dienen, unter anderem so zu betreiben, daß nach dem Stand der Technik vermeidbare schädliche Umwelteinwirkungen durch Geräusche verhindert werden. Das Schlagwerk der Turmuhr ist eine Anlage im Sinne des § 3 Abs. 5 Nr. 1 BImSchG (BVerwG, Urteil vom 7. 10. 1983[3] – BVerwG 7 C 44.81 – BVerwGE 68, 62 [67]), die, da sie nicht genehmigungspflichtig ist, den Anforderungen des § 22 Abs. 1 BImSchG genügen muß. Wann Geräusche die Schwelle schädlicher Umwelteinwirkungen überschreiten, also die Allgemeinheit oder die Nachbarschaft erheblich belästigen (§ 3 Abs. 1 BImSchG), unterliegt weitgehend tatrichterlicher Wertung und ist damit eine Frage der Einzelbeurteilung (BVerwG, Urteil vom 19. 1. 1989 – BVerwG 7 C 77.87 – BVerwGE 81, 197 [203]; Beschluß vom 18. 12. 1990 – BVerwG 4 N 6.88 – ZfBR 1991, 120 [123]). Diese richtet sich insbesondere nach der durch die Gebietsart und die tatsächlichen Verhältnisse bestimmten Schutzwürdigkeit und Schutzbedürftigkeit, wobei wertende Elemente wie die Herkömmlichkeit, die soziale Adäquanz und die allgemeine Akzeptanz mitbestimmend sind (BVerwG, Urteil vom 29. 4. 1988 – BVerwG 7 C 33.87 – BVerwGE 79, 254 [260] unter Berufung auf BVerwGE 51, 15 [34] und 77, 285 [289 f.]). Insoweit kann entgegen der Auffassung des Beklagten auch die Lärmart von Bedeutung sein (vgl. BVerwG, Beschluß vom 18. 12. 1990, aaO). Alle diese Umstände müssen im Sinne einer „Güterabwägung" in eine wertende Gesamtbetrachtung einfließen (BVerwG, Urteil vom 29. 4. 1988, aaO).

Diesen Anforderungen wird die angegriffene Verfügung gerecht. Dies verkennt das Oberverwaltungsgericht, weil es den traditionsbewahrenden Charakter des Glockenschlags überbewertet und damit einen angemessenen Güterausgleich verfehlt. Dabei ist nicht zu beanstanden, daß das Gericht in Überein-

---

[3] KirchE 21, 251.

stimmung mit dem Beklagten die Grenzwerte der TA Lärm als Ausgangspunkt seiner Betrachtung wählt. Dies entspricht der Einschätzung des erkennenden Senats, der die prinzipielle Eignung dieses Regelwerks für die Beurteilung der Zumutbarkeit von Glockengeläut für die Nachbarschaft nicht in Frage gestellt hat (vgl. BVerwG, Urteil vom 7. 10. 1983, aaO, S. 68). Die im Verfahren nach § 48 BImSchG als Verwaltungsvorschrift erlassene TA Lärm betrifft zwar nur die genehmigungsbedürftigen Anlagen im Sinne des § 4 BImSchG; die in ihr niedergelegten Lärmermittlungs- und Bewertungsgrundsätze sind aber auch für andere Lärmarten – je nach deren Ähnlichkeit mit gewerblichem Lärm (BVerwG, Urteil vom 19. 1. 1989, aaO, S. 202 ff.) – bedeutsam. Im vorliegenden Fall ist gegen die Heranziehung dieses Regelwerks als maßgebliche Beurteilungsgrundlage insbesondere deshalb nichts zu erinnern, weil es um die Lästigkeit nächtlicher Einzelgeräusche geht und nicht um die Mittelwertbildung bei einem Dauergeräusch. Für die schlafstörende Wirkung solcher Einzelgeräusche sind weniger ihre Art und Dauer als vornehmlich ihre Lautstärke maßgebend. Dementsprechend gilt nach Nr. 2.422.6 TA Lärm der für die Nachtzeit maßgebliche Immissionsrichtwert auch dann als überschritten, wenn ein Meßwert mehr als 20 dB(A) über dem Richtwert liegt; eine vergleichbare Regelung enthält übrigens auch Nr. 3.3.1 Abs. 3 der VDI-Richtlinie 2058.

Sind somit des Nachts Einzelgeräusche von mehr als 60 dB(A) für in Wohngebieten lebende Menschen regelmäßig immissionsschutzrechtlich nicht hinnehmbar, so setzt eine darüber hinausgehende Duldungspflicht der Nachbarn Gegenrechte oder ein gegenläufiges Interesse des Lärmverursachers von zumindest annähernd vergleichbarem Stellenwert voraus. Rechte oder Interessen solchen Ranges gibt es hier nicht. Allein unter Berufung auf die „traditionelle Präsenz" der Kirche, die sich im regelmäßig wiederkehrenden Glockenzeitschlag ausdrückt, kann jedenfalls heute den Nachbarn zur Nachtzeit kein stärkerer Lärm angesonnen werden, als sie nach der allgemeinen Schutzwürdigkeit des von ihnen bewohnten Gebiets üblicherweise hinzunehmen hätten. Das gilt ungeachtet des Umstandes, daß Kirchen traditionell im Ortskern errichtet werden und ihre Turmuhren häufig – wie auch hier – von jeher nachts schlagen. Zwar können solche Gesichtspunkte der Herkömmlichkeit für die soziale Adäquanz und damit für die Zumutbarkeit höherer Lärmimmissionen durchaus bedeutsam sein. Um Störungen der Nachtruhe zu rechtfertigen, reichen diese für das Zeitschlagen von Kirchturmuhren regelmäßig geltenden Begleitumstände jedoch nicht aus. Selbst wenn man in Rechnung stellt, daß nach dem Selbstverständnis der Kirchen die mit dem Glockenschlag bezweckte Zeitansage gleichzeitig einen Hinweis auf die Zeitlichkeit des Menschen gibt, darf nicht übersehen werden, daß das Glockengeläut seine Funktion als Zeitansage unter den heutigen Lebensbedingungen praktisch verloren hat. Das nichtsakrale Glockenschlagen kann deshalb auch nicht mehr einem Bereich kirchlicher Tätigkeit zugeordnet werden, in dem die allgemeinen Gesetze nur eingeschränkt gelten. Vielmehr erschöpft sich seine Bedeutung ähnlich wie beim Stundenschlag von Rathausuhren im wesentlichen in der Wahrung einer Tradition, die jedenfalls in der Nachtzeit so lange keine höheren Duldungspflichten der Nachbarschaft im Verhältnis zu vergleichbarem gewerblichen Lärm begründen kann, als keine besonderen örtlichen Umstände hinzutreten, die ihm eine aus dem Rahmen des Üblichen fallende Bedeutung verleihen. Zu denken wäre beispielsweise an ein besonderes, weit über die Grenzen des Ortes hinaus bekanntes Geläut oder eine spezifische Prägung der Gemeinde durch die Kirche, die eine stärkere kirchliche Präsenz auch zur Nachtzeit akzeptabel erscheinen lassen könnten.

Da solche besonderen Umstände hier nicht gegeben sind, ist – ausgehend von der bindenden Feststellung des Berufungsgerichts, die Umgebung werde vorwiegend zu Wohnzwecken genutzt – die Einschätzung des Beklagten, daß Glockenschläge mit einem Geräuschpegel von über 60 dB(A) den Anforderungen des § 22 Abs. 1 BImSchG an den Betrieb des Schlagwerks widersprechen, nicht zu beanstanden. Er durfte daher grundsätzlich nach § 24 BImSchG einschreiten. Auch die Art der getroffenen Maßnahme begegnet keinen Bedenken, obwohl die Anordnung, das Schlagwerk zu bestimmten Zeiten abzuschalten, immissionsschutzrechtlich als Teiluntersagung des Betriebs der Anlage anzusehen ist. Daß die Behörde mit diesem weitgehenden Eingriff ermessensfehlerhaft gehandelt hätte, ist nicht erkennbar. Eine Differenzierung in der Verfügung zwischen Stundenschlag und Viertelstundenschlag war entgegen der Auffassung des Oberverwaltungsgerichts nicht geboten, weil die obigen Erwägungen für beide Schlagarten gleichermaßen gelten. Die Behörde hatte auch einen hinreichenden Anlaß zur Teiluntersagung des Schlagwerkbetriebs, weil seinerzeit ein nervenfachärztliches Gutachten vorlag, das einer Nachbarin Einschlafbeschwerden durch den Glockenschlag attestierte. Da diese ärztliche Feststellung sich mit der generellen Einschätzung der ermittelten Meßwerte nach den erwähnten technischen Regelwerken deckte, mußte die Behörde von Voraussetzungen ausgehen, die eine Teilstillegung der Anlage als Mittel zur Beherrschung dieser Gefahr erlaubten.

Eine andere Beurteilung der angegriffenen Verfügung ist auch nicht deswegen geboten, weil die beschwerdeführenden Nachbarn inzwischen verzogen sind. Zwar muß sich die Behörde grundsätzlich nicht zum Einschreiten veranlaßt sehen, solange die Anwohner das überlaute nächtliche Glockengeläut hinnehmen. Auf der anderen Seite ist sie aber auch nicht gehalten, eine rechtmäßig erlassene Verfügung zur Gefahrenabwehr nur deshalb aufzuheben, weil der Anlaß, nicht aber der Grund des Einschreitens entfallen ist.

37

Das Angebot entgeltlicher „Teufelsaustreibung" kann den Tatbestand versuchten Betruges erfüllen.

§§ 263, 22 StGB, 306 BGB
LG Mannheim, Urteil vom 30. April 1992 – (12) 4 Ns 80/91[1] –

Die 1962 in Polen geborene Angeklagte ist ledig und staatenlos. Sie ist Analphabetin und hat keinen Beruf erlernt, schafft sich jedoch etwas Verdienst durch Handlesen und Kartenlegen. Seit ca. 10 Jahren hält sie sich in der Bundesrepublik Deutschland auf. Sie hat drei Kinder im Alter von jetzt 13, 12 und 6 Jahren. Derzeit wohnt sie in S., wo sie Sozialhilfe und Kindergeld erhält. Sie spricht Deutsch nahezu fließend. Am 2. Weihnachtsfeiertag 1990 hielt sich die Angeklagte in M. auf. In der Nähe des Wasserturms sprach sie die dort ihr schwerbehindertes Kind ausführende A. an und erbot sich, ihr für 30 DM die Karten zu legen. Frau A., die regelmäßig zur Wahrsagerin geht, weil sie „in ihren Problemen klarer in die Zukunft sehen möchte", nahm das Angebot an. Da die Cafés überfüllt waren, begab man sich zur nahegelegenen Wohnung der Frau A., um mehr Ruhe zu haben. Im Wohnzimmer legte die Angeklagte dann Frau A. in der üblichen Weise die Karten und las ihr auch aus der Hand, wofür sie 50 DM erhielt. Die Angeklagte, die sehr intelligent ist und gewandt auftritt, gedachte nun, die von ihr sogleich erkannte Naivität und Leichtgläubigkeit der Kundin weiter finanziell auszubeuten, und machte dieser mit düsterer Miene vor, über ihr liege ein Fluch; um Genaueres feststellen zu können, benötige sie ein rohes Ei. Bestürzt holte Frau A. ein frisches Ei aus der Küche. Die Angeklagte wickelte nun das Ei in ein mitgeführtes Handtuch, murmelte einige Beschwörungsformeln darüber und drückte das Handtuch zusammen, so daß das Ei zerbrach, zeigte dann in dem wieder aufgewickelten Handtuch den entstandenen Brei vor und wies auf eine schwärzliche Stelle im Dotter: Das sei der Teufel, der nachts kommen könne und deshalb unbedingt ausgetrieben werden müsse, verkündete sie der angstbebenden Frau. Auf deren beklommene Frage, wie denn dieser Teufel auszutreiben sei, erwiderte die Angeklagte, sie benötige dazu von ihr 5000 DM oder Geschirr, Bettwäsche oder Schmuck in diesem Wert, um dies zusammen mit dem „Wesen im Ei" um Mitternacht zu begraben. Auf den Einwand der Frau A., so viel Geld habe sie nicht zu Hause, erklärte die Angeklagte, sie werde dann eben in einigen Tagen wieder kommen und das Geld, das Frau A. zwischenzeitlich auf der Bank besorgen solle, abholen; als „Anzahlung" ließ sie sich 150 DM geben und lieh sich noch die Lederjacke der Frau A. „als Pfand", bevor sie verschwand. Als die Angeklagte

---

[1] NJW 1993, 1488.

ihre Absicht, Frau A. die 5000 DM abzuluchsen, am 28. 12. 1990 verwirklichen wollte und dieser telefonisch ihren erneuten Besuch ankündigte, bekam Frau A. es mit der Angst zu tun, nachdem ihr zwischenzeitlich Zweifel an den Behauptungen der Angeklagten gekommen waren. Sie rief deshalb bei der Polizei an und bat um Rat und Hilfe. Daraufhin begaben sich die Polizeibeamten I. und K. in die Wohnung von Frau A. und instruierten sie, sie solle die Angeklagte „hinhalten", während sie selbst im Raum nebenan das Gespräch mit anhören würden. Gegen 20.00 Uhr erschien die Angeklagte tatsächlich. In der Erwartung, nunmehr die 5000 DM kassieren zu können, gab sie Frau A. Anzahlung und Lederjacke zurück und verlangte „die 5000 DM für den Teufel", nachdem sie zuvor noch unter Kreuzschlagen angebliches Weihwasser aus einem Fläschchen versprizt hatte. Nachdem Frau A. schließlich die verlangte Geldübergabe ablehnte, erklärte die Angeklagte in der Hoffnung, bei einem weiteren Treffen das Geld doch noch zu bekommen, Frau A. solle sich „die Sache nochmal gut überlegen", und wollte die Wohnung verlassen, wurde jedoch noch an Ort und Stelle von den beiden Polizeibeamten, die im Zimmer nebenan durch einen Türspalt zugehört hatten, festgenommen. Die Angeklagte wußte und weiß, daß ihr Gerede vom „Teufel" und ihr „Ei-Test" Hokuspokus ist und sie niemandem den „Teufel austreiben" kann. Das AG hat die Angeklagte vom Vorwurf des versuchten Betruges freigesprochen.

Die hiergegen erhobene Berufung der Staatsanwaltschaft führte zur Verurteilung der Angeklagten.

Aus den Gründen:

IV. Die Angeklagte hat (...) den objektiven und subjektiven Tatbestand des versuchten Betrugs erfüllt. Sie hat in der Absicht, sich einen rechtswidrigen Vermögensvorteil zu verschaffen, versucht, das Vermögen einer anderen dadurch zu beschädigen, daß sie durch Vorspiegelung falscher Tatsachen einen Irrtum erregte, Vergehen, strafbar nach §§ 263 Abs. 1 u. 2, 22, 23 StGB.

a) Durch die mit dem „Ei-Beweis" untermauerte falsche Behauptung, im Haus sei ein „Teufel", der von ihr mit 5000 DM ausgetrieben werden könne, hat die Angeklagte die Zeugin A. in den Irrtum versetzt, dem sei tatsächlich so. Dabei wußte die Angeklagte, daß sie der Zeugin eine Komödie vorspielte und daß sie keine Teufel austreiben kann. Mittels dieser Täuschung wollte sie die Zeugin dazu bewegen, ihr 5000 DM auszuzahlen, und sie um diesen Betrag schädigen.

b) Auf das Geld hatte die Angeklagte keinen Anspruch. Der Einwand der Verteidigung, in einer freien Marktwirtschaft wie hierzulande müsse auch eine Vereinbarung über eine Teufelsaustreibung zu freien Preisen erlaubt sein, geht fehl, denn ein Vertragsverhältnis konnte im vorliegenden Fall gem. § 306 BGB von vornherein gar nicht zustande kommen, weil die von der Angeklagten versprochene Leistung objektiv unmöglich ist. Es ist nämlich offenkundig, d. h. es wird von keinem verständigen Menschen bezweifelt, daß niemand „Teufel austreiben" kann (vgl. Haag, Teufelsglaube, m.w.Nachw.). Okkulte Behauptungen dieser Art bewegen sich „außerhalb der allgemein geltenden Erfahrungssätze und wissenschaftlichen Erkenntnisse und damit auch außerhalb der auf den Naturgesetzen beruhenden Regeln menschlichen Zusammenlebens" (Prokop-Wimmer, Der moderne Okkultismus, 2. Aufl. [1987], S. 270 m.w.Nachw.). Derartige angebliche Fähigkeiten und Erscheinungen sind „lediglich dem Glauben oder Aberglauben, der Vorstellung oder dem Wahne angehörig; sie können, als nicht in der wissenschaftlichen Erkenntnis und Erfahrung des Lebens begründet, vom Richter nicht als Quelle realer Wirkungen anerkannt werden ... Wie tatsächlich, so sind sie auch rechtlich indifferent, sie fallen aus dem Kreise kausaler Veranstaltungen ganz hinaus" (RGSt 33, 322 f. - Teufelsbeschwörung). Dabei ist es gleichgültig, nach welchen „Regeln" eine „Teufelsaustreibung" erfolgen soll, ob nach dem sog. Rituale Romanum der katholischen Kirche oder nach den Zeremonien von „Zauberbüchern" („6. und 7. Buch Moses", vgl. RGSt 33, 321). Vereinbarungen, in denen Leistungen dieser Art versprochen werden, sind nach dem Grundsatz „Impossibilium nulla obligatio" nichtig (Dig. 50, 17, 185; OLG Düsseldorf, NJW 1953, 1553 - astrologisches Horoskop; LG Kassel, NJW 1985, 1642 - Liebeszauber auf parapsychologischer Grundlage).

Der Angeklagten stand also ein Anspruch auf die begehrten 5000 DM gar nicht zu, dieser von ihr erstrebte Vermögensvorteil wäre rechtswidrig gewesen. Das war ihr, wenn auch laienhaft, bewußt, denn sie hat wie gesagt eingeräumt, daß sie „niemandem den Teufel austreiben kann".

c) Die Tat ist allerdings im Versuchsstadium steckengeblieben, da es nicht zur Auszahlung der 5000 DM-Summe gekommen ist. Straflosigkeit gem. § 24 Abs. 1 StGB kommt nicht in Betracht, da die Angeklagte, wie dargelegt, die weitere Ausführung der Tat nicht freiwillig aufgegeben hat. Sie hat zwar die ihr beim ersten Besuch übergebene „Anzahlung" und die „ausgeliehene" Lederjacke zurückgegeben, aber ersichtlich nur, weil sie nunmehr die gesamten 5000 DM entgegenzunehmen gedachte. Und selbst dann noch, als die Zeugin A. endgültig die Zahlung ablehnte, gab die Angeklagte ihre Absicht, das Geld doch noch zu erhalten, nicht auf, wie ihre Aufforderung an Frau A. zeigt, diese solle sich die Sache nochmal gut überlegen.

d) Entgegen der Auffassung der Staatsanwaltschaft ist aber auch keine Vollendung durch die Herausgabe der 150 DM beim ersten Besuch eingetreten. Denn nicht auf diesen geringen Betrag, sondern auf den erst beim zweiten Besuch winkenden „großen Batzen", die 5000 DM, hatte es die Angeklagte abgesehen; die 150 DM sollten nach ihrer vorgefaßten Absicht nur als Mittel dienen, die Zeugin A. bis auf weiteres bei der Stange zu halten.

38

Die Berechnung der Kirchensteuer bei glaubensverschiedener Ehe nach Maßgabe von § 19 Abs. 4 BW.KiStG ist verfassungskonform.

FG Baden-Württemberg, Urteil vom 15. Mai 1992 – 9 K 15/88[1] –

Die Klägerin und ihr Ehemann sind einkommensteuerpflichtig, jedoch gehört nur die Klägerin einer steuerberechtigten Kirche an (glaubensverschiedene Ehe). Beide Ehegatten erzielten im Streitjahr Einkünfte aus nichtselbständiger Arbeit. In der von ihnen unterzeichneten Einkommensteuer-Erklärung begehrten sie Zusammenveranlagung.

Die Klägerin ließ gegen die in dem darauf ergangenen Steuerbescheid erfolgte Kircheneinkommensteuerfestsetzung Einspruch einlegen. Zur Begründung machte sie geltend, vom Gesamtbetrag ihrer Einkünfte seien die Versicherungsbeiträge, Spenden und Kirchensteuer hälftig abzuziehen, auch seien die Kinderfreibeträge in voller Höhe ihr zuzuordnen. Die beiden Ergebnisse der Grundtabelle seien gleichmäßig so zu reduzieren. Aus dem auf sie, die Klägerin, entfallenden reduzierten Betrag sei die Kirchensteuer zu berechnen.

Die nach erfolglosem Widerspruch erhobene Klage wurde abgewiesen.

Aus den Gründen:

2. Der Kircheneinkommensteuerbescheid (...) ist auch materiell rechtmäßig. Der Beklagte hat die auf die Klägerin entfallende Kirchensteuer zutreffend ermittelt.

Gemäß § 19 Abs. 4 Satz 1 KiStG ist dann, wenn die Kircheneinkommensteuer nur von einem Ehegatten zu erheben ist, dessen Anteil an der gemeinschaftlichen Bemessungsgrundlage maßgebend. Bemessungsgrundlage stellt gemäß § 5 Abs. 2 KiStG die in dem gegenüber den Eheleuten ergangenen Einkommensteuer-Bescheid festgesetzte Einkommensteuer, gekürzt um die Kinderfreibeträge des § 51 a EStG, dar.

Wie der Anteil des allein kirchensteuerpflichtigen Ehegatten an der gemeinschaftlichen Bemessungsgrundlage zu ermitteln ist, regelt § 19 Abs. 4 Satz 2 KiStG, wonach sich die Anteile der Ehegatten an der gemeinschaftlichen Bemessungsgrundlage nach dem Verhältnis der Steuerbeträge bestimmen, die sich bei Anwendung der Einkommensteuer-Grundtabelle auf die Summe der Einkünfte eines jeden Ehegatten ergeben. In dieser Weise ist der Beklagte hier vorgegangen. Hingegen läßt die vorgenannte Vorschrift für eine Aufteilung, wie

---

[1] EFG 1992, 621. Nur LS: AkKR 161 (1992), 240. Das Urteil ist rechtskräftig. Vgl. zu diesem Fragenkreis auch BFHE 175, 189.

sie der Klägerin vorschwebt, nämlich gemäß § 270 AO (Aufteilung einer Gesamtschuld) keinen Raum.

Der vom KiStG in § 19 Abs. 4 Satz 2 verwandte Begriff der „Summe der Einkünfte" ist ein terminus technicus. Die für die Einkommensteuer maßgebenden Begriffsbestimmungen sind auch für die Kirchensteuer maßgebend (vgl. auch § 21 Abs. 1 KiStG, wonach auf das Verfahren die für die Einkommensteuer maßgebenden Begriffsbestimmungen auch für die Kirchensteuer gelten, FG Baden-Württemberg, Urteil vom 5. 5. 1983 – X 471/82 – KirchE 21, 112). Wie sich aus § 2 Abs. 3 EStG in der ab 1975 geltenden Fassung ergibt, ist die Summe der Einkünfte deren sich bei ihrer Zusammenrechnung im Veranlagungsverfahren ergebender Gesamtbetrag. Indem das KiStG als maßgebende Bemessungsgröße auf die Summe der Einkünfte abstellt, bleiben bei der Aufteilung der gegen beide Ehegatten festgesetzten Einkommensteuer als Maßstabsteuer sämtliche Abzugsbeträge, die bei der Veranlagung *nach* der Ermittlung der Summe der Einkünfte zu berücksichtigen sind, wie etwa Sonderausgaben und außergewöhnliche Belastungen unberücksichtigt. Dies ist bei der nach § 270 AO für Zwecke der Aufteilung einer Gesamtschuld vorzunehmenden fiktiven getrennten Veranlagung anders. Hier werden sämtliche Besteuerungsgrundlagen demjenigen Ehegatten zugerechnet, in dessen Person der Tatbestand verwirklicht worden ist, also auch Sonderausgaben und außergewöhnliche Belastungen berücksichtigt.

§ 19 Abs. 4 KiStG ist entgegen der Rechtsmeinung der Klägerin nach der gefestigten Rechtsprechung der Finanzgerichte auch verfassungsrechtlich nicht zu beanstanden (FG Baden-Württemberg, Außensenate Stuttgart, Urteil vom 27. 11. 1974[2] – V 181/74 –, EFG 1975, 126; FG Baden-Württemberg, Urteil vom 5. 5. 1983 – X 471/82 –, KirchE 21, 112; ebenso FG Nürnberg, Urteil vom 27. 6. 1972 – II 72/68 –, KirchE 12, 507 zu der § 19 Abs. 4 KiStG entsprechenden Vorschrift des Art. 9 Abs. 2 BayKiStG; FG Köln, Urteil vom 13. 1. 1981[3] – XI (VI) 462/76 Ki –, EFG 1981, 587 und FG Köln, Urteil vom 25. 4. 1990[4] – 11 K 3838/89 –, EFG 1990, 594 zu der § 19 Abs. 4 KiStG entsprechenden Vorschrift des § 7 NW.KiStG; Pochhammer, Die Kirchensteuer bei glaubens- und konfessionsverschiedenen Ehen, Diss. Berlin 1976, S. 147).

Indem das KiStG in § 19 Abs. 4 nurmehr auf die individuell bezogenen Einkünfte abstellt, entspricht es dem in der Entscheidung des BVerfG vom 14. 12. 1965 – 1 BvR 606/60 – (BStBl. I 1966, 196) aufgestellten Grundsatz, daß das Besteuerungsrecht der Kirchen nur gegenüber ihren Mitgliedern und den

---

[2] KirchE 14, 204.
[3] KirchE 18, 375.
[4] KirchE 28, 81.
[5] KirchE 7, 352.

bei diesen Mitgliedern unmittelbar gegebenen Besteuerungsgrundlagen besteht. Der Klägerin ist zwar zuzugeben, daß eine konsequente Durchführung dieses Grundsatzes dazu geführt hätte, daß auch weitere Merkmale, die in der Person des kirchensteuerpflichtigen Ehegatten vorliegen, wie etwa Sonderausgaben, außergewöhnliche Belastungen und Tarifbegünstigungen (z. B. § 34 EStG) in vollem Umfang hätten berücksichtigt werden, im Ergebnis also eine getrennte Veranlagung hätte durchgeführt werden müssen. Die Aufteilung der gemeinsamen Einkommensteuerschuld nach den jeweiligen Einkünften gemäß § 19 Abs. 4 Satz 2 KiStG führt hingegen im Ergebnis dazu, daß bei der Berechnung der Kirchensteuer des Pflichtigen die auf ihn entfallenden Sonderausgaben etc. nur in Höhe seines Anteils an den Einkünften steuermindernd berücksichtigt werden (Pochhammer, aaO, S. 146).

Im Rahmen seiner weitgehenden Gestaltungsfreiheit im Bereich des Steuerrechts kann sich der Gesetzgeber aber von steuertechnischen Erwägungen leiten lassen (ständige Rechtsprechung des BVerfG, beispielsweise Beschluß vom 13. 3. 1979 – 2 BvR 72/76 – BVerfGE 50, 386). Hier haben die Erschwernisse für die Verwaltungspraxis den Landesgesetzgeber offensichtlich bewogen, den Weg einer (fiktiven) getrennten Veranlagung für jeden Ehegatten nicht zu gehen (Giloy/König, Kirchensteuerrecht und Kirchensteuerpraxis in den Bundesländern, 2. Aufl., S. 63). Die fiktive Durchführung einer getrennten Veranlagung bei Ehegatten, die tatsächlich zusammenveranlagt werden, macht nämlich in der überwiegenden Zahl der Fälle zusätzliche Ermittlungen notwendig, bei welchem Ehegatten Sonderausgaben und außergewöhnliche Belastungen zu berücksichtigen sind (Giloy/König, aaO, S. 63/64; Pochhammer, aaO, S. 146). Denn im Regelfall lassen sich anhand der eingereichten gemeinsamen Einkommensteuer-Erklärung der Eheleute nur die Einkünfte mit den persönlichen Werbungskosten eindeutig auf die beiden Ehegatten zuordnen, die Sonderausgaben und außergewöhnlichen Belastungen hingegen nicht. Läßt sich der Gesetzgeber, wie offensichtlich bei der Regelung in § 19 Abs. 4 KiStG von Vereinfachungs- und Praktikabilitätsgründen leiten, hält sich dies im Rahmen des dem Gesetzgeber zustehenden Ermessens (FG Baden-Württemberg, Außensenate Stuttgart, Urteil vom 27. 11. 1974 – V 181/74 –, EFG 1975, 126; FG Baden-Württemberg, Urteil vom 5. 5. 1983[6] – IX 471/82 –, KirchE 21, 112; FG Köln, Urteil vom 25. 4. 1990 – XI K 3838/89 –, EFG 1990, 594).

Die Berufung der Klägerin auf das Urteil des BVerfG vom 14. 12. 1965 (BStBL. I 1966, 196) zum sogenannten Halbteilungsgrundsatz greift schließlich auch deshalb nicht durch, weil durch § 19 Abs. 4 KiStG nicht eine Steuerpflicht des einer Kirche nicht angehörenden Ehegatten begründet wird, sondern die Bestimmung nur eine Methode zur Berechnung der Kirchensteuer des steuer-

---

[6] KirchE 21, 112.

pflichtigen Ehegatten darstellt. Im übrigen ist auf den Beschluß des BVerfG vom 20. 4. 1966 – 1 BvR 16/66 – BStBl. I 1966, 694, hinzuweisen, wonach der Gesetzgeber unter keinem verfassungsrechtlichen Gesichtspunkt verpflichtet ist, bei Wahl der Zusammenveranlagung zur Einkommensteuer hinsichtlich der daran anknüpfenden kirchlichen Besteuerung die getrennte Veranlagung zu ermöglichen.

39

Die Anwendung des sog. Halbteilungsgrundsatzes ist nur geboten, wenn die Religionsgemeinschaften, denen die in konfessionsverschiedener Ehe lebenden Ehegatten angehören, nicht nur steuererhebungsberechtigt sind, sondern von diesem Recht auch Gebrauch machen.

§§ 6 Abs. 4, 19 Abs. 4 BW.KiStG
FG Baden-Württemberg, Urteil vom 15. Mai 1992 – 9 K 219/88[1] –

Die Kläger sind Eheleute. Sie gehörten zunächst beide der ev. Kirche an, jedoch ist die Ehefrau im Laufe des Streitjahres aus der evangelischen Landeskirche ausgetreten.

Für das Streitjahr reichten die Kläger beim Finanzamt (Beklagter) den Antrag auf Lohnsteuerjahresausgleich ein. Darin sind nur für den Ehemann Einkünfte deklariert. In einer Klage erklärt der Ehemann, Anlaß für den Austritt seiner Ehefrau aus der ev. Kirche sei ihre Mitgliedschaft in der Christengemeinschaft. Er möchte daher aus Gründen der Billigkeit die Hälfte seiner Kirchensteuer der Christengemeinschaft übertragen. Er bitte daher um Erstattung dieses Betrages. Die Christengemeinschaft, eine Körperschaft des öffentlichen Rechts, macht von der rechtlichen Möglichkeit, Kirchensteuer zu erheben, keinen Gebrauch. In dem angefochtenen Bescheid setzte der Beklagte für den Kläger ev. Kirchensteuer auf 8 % der vollen Bemessungsgrundlage fest.

Die hiergegen gerichtete Klage blieb erfolglos.

Aus den Gründen:

2. Die Klage (...) ist unbegründet.

Die angefochtene Kircheneinkommensteuerfestsetzung gegenüber dem Ehemann ist rechtmäßig.

---

[1] EFG 1992, 620. Nur LS: AkKR 161 (1992), 240. Die Nichtzulassungsbeschwerde der Kläger hatte keinen Erfolg; BFH, Beschluß vom 3. 11. 1992 – I B 87/92 – KirchE 30, 389.
Vgl. zu diesem Fragenkreis auch BFHE 1995, 2312.

Im Streitfall war zu berücksichtigen, daß bis zum Austritt der Ehefrau aus der ev. Kirche beide Eheleute Mitglieder der ev. Kirche waren (sog. konfessionsgleiche Ehe). Bei der konfessionsgleichen Ehe bemißt sich die Kirchensteuer bei einer Zusammenveranlagung zur Einkommensteuer bzw. beim Steuerabzug vom Arbeitslohn und beim Lohnsteuer-Jahresausgleich nach den Grundsätzen der Einkommensteuer-Zusammenveranlagung nach der Hälfte der gemeinsamen Einkommensteuerschuld der Ehegatten. Dieses Ergebnis wird auch bei der Anwendung des Kirchensteuersatzes auf die ungeteilte Einkommensteuer- bzw. Lohnsteuerschuld der Ehegatten erreicht (§ 6 Abs. 3 Satz 1 KiStG).

Nachdem die Ehefrau aus der Kirche ausgetreten und nur noch der Ehemann Mitglied einer steuererhebenden Kirche war (sog. glaubensverschiedene Ehe), war allein dessen Anteil an der gemeinschaftlichen Bemessungsgrundlage maßgebend. Dieser Anteil ergibt sich aus dem Verhältnis der Steuerbeträge, die sich bei Anwendung der Einkommensteuer-Grundtabelle auf die Einkünfte eines jeden Ehegatten ergeben (§ 19 Abs. 4 KiStG).

Entsprechend den vorgenannten Grundsätzen hat im Streitfall der Beklagte zutreffend die Kircheneinkommensteuer (...) – zumindest gegenüber dem Ehemann – ermittelt.

Das Begehren des Ehemannes, die im Streitfall angefallene Kircheneinkommensteuer sei zu halbieren, findet weder im Gesetz noch in der Verfassung eine Stütze, insbesondere kann er damit seine eigene Steuerschuld nicht vermindern.

Die Vorschrift des § 19 Abs. 4 KiStG über die Besteuerung der glaubensverschiedenen Ehe, auf die sich die angefochtene Kirchensteuerfestsetzung stützt, ist Ausprägung der *Grundregel* des Kirchensteuerrechts, daß für die kirchliche Besteuerung die in der Person des Pflichtigen gegebenen Bemessungsgrundlagen maßgebend sind (§ 6 Abs. 1 KiStG; LT-Drucksache V 875 S. 18; BVerfG, Urteil vom 14. 12. 1965[2] – I BvR 606/60 – BStBl. I 1966, 196).

Hingegen handelt es sich bei der Vorschrift des § 6 Abs. 4 KiStG über die Besteuerung von Ehegatten, die verschiedenen steuererhebenden Religionsgemeinschaften angehören (sog. konfessionsverschiedene Ehe), die der Ehemann hier entsprechend herangezogen wissen will, um eine *Ausnahme* von dem angeführten Grundsatz. Denn für die Bestimmung der Höhe der Kirchensteuerschuld stellt die Vorschrift nicht auf die individuell bezogenen Einkünfte des Pflichtigen ab; vielmehr bemißt sich die Kirchensteuer nach der Hälfte der gemeinsamen Steuerbemessungsgrundlage bzw. der Hälfte der bei der Zusammenveranlagung festgesetzten staatlichen Maßstabsteuer (sog. Halbteilungsgrundsatz).

Es kann für die Entscheidung dahin stehen, ob die Vorschrift des § 6 Abs. 4 KiStG, wie die Begründung (LT-Drucksache V 875 S. 19) meint, mit dem

---

[2] KirchE 7, 352.

Grundgesetz entsprechend dem Beschluß des BVerfG vom 20. 4. 1966[3] – 1 BvR 16/66 (BStBl. I 1966, 694) – in Einklang steht oder ob die Ausschaltung des Individualprinzips verfassungsrechtlich bedenklich ist (Engelhardt, Die Kirchensteuer in der Bundesrepublik Deutschland, 1968 S. 132, 165/166; vgl. auch Pochhammer, Die Kirchensteuer bei glaubens- und konfessionsverschiedenen Ehen, Diss. Berlin 1976 S. 113). Denn die Ausprägung, die § 6 Abs. 4 KiStG erfahren hat, beruht allein auf der Konstellation, die im Streitfall gerade nicht vorliegt, daß nämlich beide Ehegatten kirchensteuerpflichtig sind.

Die Regelung des § 6 Abs. 4 KiStG, daß idealtypisch (Pochhammer, aaO, S. 93) jedem Ehegatten die Hälfte der gemeinsamen Einkünfte zugerechnet wird, läßt sich zum einen aus der großen Praktikabilität dieser Berechnungsmethode erklären (Pochhammer, aaO, S. 115), die im Ergebnis dazu führt, daß von beiden kirchensteuerpflichtigen Ehegatten zusammen nicht mehr, aber auch nicht weniger Kirchensteuer abzuführen ist, als bei Anwendung des Individualprinzips abzuführen wäre (Marré-Hoffacker, Das Kirchensteuerrecht im Land Nordrhein-Westfalen, 1969, S. 190). Zum anderen läßt sich die Anwendung des Halbteilungsgrundsatzes bei konfessionsverschiedenen Ehen damit erklären, daß nach dem Gesetz der großen Zahl diese Berechnungsmethode für die Kirchensteuergläubiger im Hinblick auf das Steueraufkommen zu demselben Gesamtergebnis führt, zu dem die Anwendung des Individualprinzips bei der Besteuerung konfessionsverschiedener Ehen führen würde (Pochhammer, aaO, S. 114–118).

Der Gesetzgeber ist auch nicht verpflichtet, den kirchensteuerpflichtigen Ehegatten einer glaubensverschiedenen Ehe hinsichtlich der Höhe der Steuerpflicht einem Ehegatten einer konfessionsverschiedenen Ehe dann gleich zu behandeln, wenn entsprechend dem Vortrag des Ehemannes im Streitfall der andere Ehegatte in seiner Eigenschaft als Mitglied der nicht steuererhebenden Christengemeinschaft Beiträge an die Christengemeinschaft erbracht hat bzw. in Höhe der Hälfte der Gesamtkirchensteuerschuld bei Vorliegen einer konfessionsverschiedenen Ehe erbringen will. Denn es liegt schon kein vergleichbarer Sachverhalt vor, geschweige denn mangelt es an einem Differenzierungsgrund.

Bei den von der Ehefrau hier im Streitjahr angeblich geleisteten Beiträgen an die Christengemeinschaft handelt es sich nicht, wie bei der Kirchensteuer, um Geldleistungen, die durch die als Körperschaft des öffentlichen Rechts anerkannte Christengemeinschaft von ihren Mitgliedern aufgrund gesetzlicher Bestimmungen erhoben wird (Art. 140 GG i.V.m. Art. 137 Abs. 6 WRV), sondern um freiwillige Beiträge. Im übrigen pflegen auch Kirchenmitglieder, die Kirchensteuer zu zahlen haben, über die von ihnen entrichtete Kirchensteuer hinaus, wie schon die Ergebnisse der Kollekten ausweisen, Beiträge für karita-

---

[3] KirchE 8, 67.

tive und humanitäre Zwecke zu leisten (Senatsurteil vom 13. 11. 1981 –
IX 262/78 –, KirchE 19, 143).
Soweit der Ehemann geltend macht, durch die gesetzliche Regelung sei die
Christengemeinschaft in ihren Rechten verletzt, verfolgt er Rechte Dritter (sog.
Popularklage), was durch die Finanzgerichtsordnung ausgeschlossen ist (§ 40
Abs. 2 FGO).

40

Kann nach kirchlichem Dienstrecht die für die Wirksamkeit einer Kündigung erforderliche Zustimmung der Mitarbeitervertretung durch den Schiedsspruch eines Schlichtungsausschusses ersetzt werden, so ist das staatliche Arbeitsgericht jedenfalls befugt, den Schiedsspruch hinsichtlich der nach kirchlichem Recht zu wahrenden Mindestanforderungen für seine Gültigkeit zu überprüfen.

BAG, Urteil vom 21. Mai 1992 – 2 AZR 49/92 –

Die Parteien streiten über die Wirksamkeit einer außerordentlichen Kündigung.

Die Klägerin war seit Januar 1980 in dem von der beklagten ev. Kirchengemeinde getragenen Krankenhaus angestellt. Auf das Arbeitsverhältnis fanden kraft Vereinbarung die Bestimmungen des BAT-KF Anwendung. In dem Krankenhaus ist eine Mitarbeitervertretung gebildet nach Maßgabe des Mitarbeitervertretungsgesetzes (MVG) für die Ev. Kirche von Westfalen vom 1. 4. 1982 (KABl. 1982, S. 58). Die Klägerin war seit 1982 Mitglied der Mitarbeitervertretung.

Die Beklagte suspendierte die Klägerin am 31. 1. 1991 vom Dienst. Sie legt ihr zur Last, bei Ausübung ihres Dienstes die ordnungsgemäße Ausführung einer ärztlichen Verordnung vorgetäuscht zu haben. Mit Schreiben vom 1. 2. 1991 informierte sie die Mitarbeitervertretung über die beabsichtigte fristlose Kündigung der Klägerin und beantragte die gem. § 18 Abs. 2 Satz 3 MVG erforderliche Zustimmung hierzu. Die Mitarbeitervertretung teilte mit Schreiben vom 4. 2. 1991 mit, sie sehe sich außerstande, der beabsichtigten außerordentlichen Kündigung zuzustimmen. Daraufhin rief die Beklagte den für den Bereich der Ev. Kirche von Westfalen gebildeten Schlichtungsausschuß an, der bei Weigerung der Mitarbeitervertretung über die Zustimmung zu entscheiden hat, § 18 Abs. 2 Satz 4 MVG. Der Schlichtungsausschuß setzt sich zusammen aus einem Vorsitzenden und zwei Beisitzern. Sein Verfahren richtet sich nach der Ordnung für das Verfahren des Schlichtungsausschusses nach dem Mitarbeitervertretungsgesetz (Schlichtungsausschußordnung) – SchliO – vom 1. 4. 1982 (KABl. 1982, S. 71). Die Schlichtungsausschußordnung trifft u. a. folgende Bestimmungen:

§ 3

Wird der Schlichtungsausschuß angerufen, so soll der Vorsitzende zunächst versuchen, durch Verhandlungen mit den beteiligten Parteien eine Einigung zu erzielen. Gelingt dies nicht, so hat der Vorsitzende den Schlichtungsausschuß zu einer Verhandlung einzuberufen.

§ 4

(1) Der Vorsitzende des Schlichtungsausschusses bestimmt Zeit und Ort der Verhandlung und trifft die Maßnahmen, die zur Vorbereitung der Verhandlung erforderlich sind. Er hat den beteiligten Parteien Gelegenheit zur Stellungnahme zu geben und kann von ihnen schriftliche Erklärungen sowie die Angabe von Beweismitteln anfordern.
(2) Im Einvernehmen mit den beteiligten Parteien kann von einer Verhandlung abgesehen und ein Beschluß im schriftlichen Verfahren gefaßt werden.
(3) Die Verhandlungen des Schlichtungsausschusses sind nicht öffentlich.

§ 5

(1) Der Schlichtungsausschuß soll in der Verhandlung zunächst versuchen, eine Einigung zwischen den beteiligten Parteien zu erzielen. Gelingt dies nicht, so hat er einen Schiedsspruch zu fällen.
(2) Der Schlichtungsausschuß entscheidet mit Stimmenmehrheit in geheimer Beratung und bei Anwesenheit aller Mitglieder. Bei der Abstimmung ist Stimmenthaltung unzulässig.
(3) Der Schiedsspruch ist schriftlich niederzulegen, zu begründen und von allen Mitgliedern des Schlichtungsausschusses zu unterschreiben. Er ist allen beteiligten Parteien und dem Landeskirchenamt schriftlich mitzuteilen.
(4) Der Schiedsspruch ist für die beteiligten Parteien verbindlich.

...

§ 7

Der Schlichtungsausschuß bestimmt im übrigen sein Verfahren nach freiem Ermessen. Er kann sich eine Geschäftsordnung geben.

Am 8. 2. 1991 führte der Vorsitzende des Schlichtungsausschusses allein mit den beteiligten Parteien ein Einigungsgespräch. Für die Beklagte nahmen hieran teil Geschäftsführer und Verwaltungsdirektor M. in Begleitung von Rechtsanwältin S., der jetzigen Prozeßbevollmächtigten, und von Pflegedienstleiter W. Nachdem die von ihm versuchte Einigung gescheitert war, teilte der Vorsitzende des Schlichtungsausschusses den Parteien mit, er habe wegen der Eilbedürftigkeit mit den Beisitzern des Ausschusses die Angelegenheit telefonisch beraten und sei ermächtigt worden, im Wege der Eilentscheidung einen Schiedsspruch zu verkünden. Nach dem von ihm sodann verkündeten Schiedsspruch wurde die fehlende Zustimmung der Mitarbeitervertretung zur beabsichtigten fristlosen Kündigung der Klägerin ersetzt. Mit Schreiben vom 11. 2. 1991 stimmte der Superintendent des Kirchenkreises N. der Kündigung zu; die Genehmigung des Landeskirchenamtes wurde telefonisch am gleichen Tage erteilt. Mit Schreiben vom 11. 2. 1991 kündigte die Beklagte das Arbeitsverhältnis fristlos. Hiergegen richtet sich die Klage, mit der die Klägerin zugleich Weiterbeschäftigung zu unveränderten Arbeitsbedingungen begehrt hat.

Die Klägerin hat mit weiterem Tatsachenvortrag das Vorliegen eines wichtigen Grundes bestritten. Die Kündigung sei aber auch aus anderen Gründen unwirksam. Die fehlende Zustimmung der Mitarbeitervertretung sei durch den am 8. 2. 1991 verkündeten Schiedsspruch nicht wirksam ersetzt worden. Der Schlichtungsausschuß sei an diesem Tage mit dem Vorsitzenden allein nicht ordnungsgemäß besetzt gewesen. Die telefonische Beratung werde dem zwingenden Verfahren vor dem Schlichtungsausschuß nicht gerecht. Der Schiedsspruch sei nämlich in geheimer Beratung bei Anwesenheit aller Mitglieder des Ausschusses mit Stimmenmehrheit zu treffen. Gegen diesen Grundsatz habe der Ausschußvorsitzende mit der telefonischen Beratung eindeutig verstoßen. Außerdem sei der Spruch nicht schriftlich niedergelegt, begründet und von allen Mitgliedern unterschrieben worden. Ein rechtmäßiger Beschluß sei daher nicht zustandegekommen. Die Beklagte könne sich auch nicht auf die Grundsätze des Vertrauensschutzes berufen. Sie habe durch maßgebliche Vertreter an der Verhandlung des Schlichtungsausschusses am 8. 2. 1991 teilgenommen und Kenntnis von der fehlerhaften Durchführung des Verfahrens gehabt.

Aus diesen formellen Gründen haben das Arbeitsgericht und das Landesarbeitsgericht[1] der Kündigungsschutzklage stattgegeben.

Auch die Revision der Klägerin blieb ohne Erfolg.

Aus den Gründen:

II. (Den) Ausführungen (des LAG) ist im Ergebnis und im wesentlichen auch in der Begründung zuzustimmen.

1. Das Arbeitsverhältnis der Parteien unterliegt den Bestimmungen des Mitarbeitervertretungsgesetzes für die Ev. Kirche von Westfalen in der Fassung der Bekanntmachung vom 1. 4. 1982 (KABl. 1982, S. 58). Bei diesem Gesetz handelt es sich um Kirchenrecht, zu dessen Erlaß die Kirchen aufgrund eigenständiger Rechtsetzungsmacht im Rahmen der verfassungsmäßigen Gewährleistung ihres Selbstbestimmungsrechts gem. Art. 140 GG i.V.m. Art. 137 Abs. 3 WRV befugt sind (BAGE 61, 376[2] = AP Nr. 34 zu Art. 140 GG; Dütz, Anm. zu BAG Ap Nr. 25 zu Art. 140 GG; Richardi, Arbeitsrecht in der Kirche, S. 190 f.). Als solches erfaßt es mit unmittelbarer Wirkung auch die Arbeitsverhältnisse im weltlichen Rechtskreis und bedarf daher keiner ausdrücklichen arbeitsvertraglichen Inbezugnahme (so ausdrücklich Richardi, aaO, S. 191; Dietz/Richardi, BetrVG, 6. Aufl., § 118 Rz 189). Insoweit besteht zwischen den Parteien auch kein Streit.

---

[1] LAG Hamm KirchE 29, 339.
[2] KirchE 27, 123.

2. Das Landesarbeitsgericht hat zu Recht angenommen, die staatlichen Gerichte seien befugt, die ordnungsgemäße Einhaltung der Bestimmungen des Mitarbeitervertretungsgesetzes zu überprüfen. Soweit es um eine Prüfung kirchlichen Rechts als Vorfrage für die Wirksamkeit einer Kündigung geht, wird eine Inzidentkontrolle allgemein als zulässig angesehen. Beschäftigt die Kirche Arbeitnehmer aufgrund eines Arbeitsverhältnisses, bedient sie sich einer Organisationsform des weltlichen Rechts. Insoweit erfolgt eine Verbindung zwischen kirchlichem und weltlichem Recht. Dementsprechend sind die staatlichen Gerichte in diesem Umfang auch zur Überprüfung des kirchlichen Rechts befugt (Senatsurteile vom 4. 7. 1991[3] – 2 AZR 16/91 – und vom 16. 9. 1991 – 2 AZR 156/91 – n. v., beide m.w.N.). Im arbeitsgerichtlichen Verfahren kann danach überprüft werden, ob die nach dem Mitarbeitervertretungsgesetz verlangte Zustimmung zur außerordentlichen Kündigung eines Mitarbeitervertreters vorliegt. Diese Prüfung ist zu trennen von der weiteren Frage, ob und inwieweit der Schiedsspruch des Schlichtungsausschusses überprüft werden kann.

3. Die Klägerin war Mitglied der in dem von der Beklagten betriebenen Krankenhaus gewählten Mitarbeitervertretung.

Gem. § 18 Abs. 2 Satz 1 MVG darf einem Mitglied der Mitarbeitervertretung nur gekündigt werden, wenn ein Grund zur außerordentlichen Kündigung vorliegt oder – was hier ausscheidet – die Dienststelle aufgelöst wird. Gem. § 18 Abs. 2 Satz 3 MVG bedarf die Kündigung der Zustimmung der Mitarbeitervertretung. Diese Zustimmung ist Wirksamkeitserfordernis für die Kündigung. Dies ist zwar nicht ausdrücklich ausgesprochen, ergibt sich aber schon aus dem Begriff der Zustimmung (vgl. nur Palandt/Heinrichs, BGB, 51. Aufl., Vor § 182 Rz 3) und ist zwischen den Parteien auch nicht im Streit. In gleicher Weise als Wirksamkeitsvoraussetzung anzusehen ist die Zustimmung des Betriebsrats zur Kündigung eines seiner Mitglieder nach § 103 BetrVG, dem § 18 Abs. 2 MVG insoweit ersichtlich nachgebildet ist.

4. Die Mitarbeitervertretung hat die Zustimmung zur außerordentlichen Kündigung unstreitig verweigert. Sie ist auch nicht wirksam ersetzt worden durch den Schlichtungsausschuß. Dieser „entscheidet" gem. § 18 Abs. 2 Satz 4 MVG auf Antrag der Dienststellenleitung bei Verweigerung der Zustimmung durch die Mitarbeitervertretung. Zwar hat der Vorsitzende des Schlichtungsausschusses in der Verhandlung am 8. 2. 1991 einen Beschluß verkündet, wonach die Zustimmung der Mitarbeitervertretung zur Kündigung der Klägerin durch die Entscheidung des Schlichtungsausschusses ersetzt werde. Dieser Beschluß stellt jedoch wegen der ihm anhaftenden Mängel keine wirksame „Entscheidung" im Sinne des § 18 Abs. 2 Satz 4 MVG dar.

---

[3] KirchE 29, 214.

kirchl. Arbeitsrecht   229

Entgegen der Auffassung der Revision ist den Arbeitsgerichten diese Überprüfung nicht verwehrt. Sie stellt keinen Eingriff in die garantierte Autonomie der Kirche dar, ihren Rechtskreis eigenständig zu regeln einschließlich der Kompetenz zur selbständigen Kontrolle des gesetzten Rechts durch kircheneigene Gerichte (vgl. BAGE 61, 376 = AP, aaO; Richardi, aaO, S. 194; Dütz, Essener Gespräche, Bd. 18, S. 103 ff.).

a) Richtig ist allerdings, daß kirchliche Schlichtungsstellen nach überwiegender Auffassung als besondere kirchliche Gerichte angesehen werden, soweit sich aus ihrer Kompetenzzuweisung ergibt, daß sie rechtsprechende Funktionen wahrnehmen und den Mindestanforderungen entsprechen, die nach rechtsstaatlichen Grundsätzen an ein Gericht zu stellen sind (BAGE 61, 376 = AP, aaO; Bernards, Die Schlichtungsstelle im Mitarbeitervertretungsrecht der Katholischen Kirche, 1989, S. 25, 26; Bietmann, Betriebliche Mitbestimmung im kirchlichen Dienst, S. 89; Dütz, Essener Gespräche, Bd. 18, S. 67, 104, 105; Duhnenkamp, Das Mitarbeitervertretungsrecht im Bereich der Evangelischen Kirche, 1985, S. 864 ff.; Richardi, aaO, S. 195; ders., Anm. zu Entsch. Nr. 6 AR-Blattei – D – Kirchenbedienstete; Kammerer, BB 1987, 1986, 1990).

Eine rechtsprechende Funktion in diesem Sinne wird etwa angenommen in Fällen, in denen, wäre Betriebsverfassungsrecht anwendbar, die Entscheidung durch das Arbeitsgericht im Beschlußverfahren zu erfolgen hätte. Diese Voraussetzung kann hier als gegeben angesehen werden. Der Mitarbeitervertretung nach dem Mitarbeitervertretungsgesetz entspricht der Betriebsrat nach dem Betriebsverfassungsgesetz. Verweigert der Betriebsrat die Zustimmung zur außerordentlichen Kündigung eines seiner Mitglieder, entscheidet auf Antrag des Arbeitgebers das Arbeitsgericht über die Ersetzung der Zustimmung. Insoweit nimmt der Schlichtungsausschuß eine dem Arbeitsgericht vergleichbare rechtsprechende Funktion wahr.

Der Schlichtungsausschuß genügt auch den Mindestanforderungen, die nach rechtsstaatlichen Grundsätzen an ein Gericht zu stellen sind (vgl. zum folgenden insbesondere BAGE 61, 376 = AP, aaO). Gem. § 37 Abs. 1 MVG muß der Vorsitzende die Befähigung zum Richteramt oder zum höheren Verwaltungsdienst haben und darf weder haupt- noch nebenberuflich im kirchlichen Dienst stehen. Die Mitglieder werden von der Landessynode gewählt für eine Amtszeit von vier Jahren. Gem. § 2 SchliO sind die Mitglieder des Schlichtungsausschusses in ihrer Entscheidung unabhängig und nur an das geltende Recht und ihr Gewissen gebunden. Für sie gelten die Bestimmungen der §§ 17 bis 19 MVG über das Behinderungsverbot, die Freistellung von der Arbeit, den Versetzungs- und Kündigungsschutz, die Unfallfürsorge sowie über die Schweigepflicht entsprechend.

Damit sind die wesentlichen Voraussetzungen, nämlich persönliche und sachliche Unabhängigkeit und die Befähigung zur Rechtsprechung erfüllt. Zu berücksichtigen ist dabei, daß Organisation und Verfahren des Gerichtsschutzes in der eigenen Verantwortung der Kirche liegen. Die für staatliche Gerichte entwickelten Kriterien können daher nicht unbesehen auf kirchliche Gerichte übertragen werden. Entscheidend ist, ob die rechtsstaatlichen Mindestanforderungen an ein Gericht erfüllt sind. Dies ist bei Vorliegen der aufgezeigten Voraussetzungen zu bejahen (vgl. insbesondere BAGE 61, 376 = AP, aaO, m.w.N.; s. aber auch etwa die kritischen Hinweise bei Kammerer, aaO, 1991, m.w.N.).

Keine grundsätzlichen Bedenken bestehen insoweit auch wegen des Fehlens einer Rechtsmittelmöglichkeit. Das Rechtsstaatsprinzip fordert keinen Instanzenzug (s. BAGE 61, 376, 385 f. = AP, aaO, zu 3 d der Gründe).

b) Auch wenn man danach den Schlichtungsausschuß als ein kirchliches Gericht betrachtet – wovon auch das Berufungsgericht ausgegangen ist –, ist eine Überprüfung seiner Entscheidung nicht ausgeschlossen.

aa) Der Revision ist allerdings einzuräumen, daß die vom Senat entwickelten Grundsätze zur Prüfung, ob ein Beschluß des Betriebsrats gem. § 103 Abs. 1 BetrVG, mit dem er der außerordentlichen Kündigung eines seiner Mitglieder zustimmt, wirksam zustandegekommen ist, nicht unmittelbar einschlägig sind (Senatsurteil vom 23. 8. 1984 – 2 AZR 391/83 – BAGE 46, 258 = AP Nr. 17 zu § 103 BetrVG 1972). Da der Schlichtungsausschuß kirchliches Gericht ist, kann er von der Funktion und Ausgestaltung her nicht dem Betriebsrat bzw. der Mitarbeitervertretung gleichgesetzt werden. Die vom Senat, aaO, entwickelten Grundsätze, wonach das Arbeitsgericht im Kündigungsschutzverfahren den Beschluß des Betriebsrats auf grobe Verfahrensmängel überprüfen kann, die zu seiner Nichtigkeit führen können, wären unmittelbar von Bedeutung für die Überprüfung des zustimmenden Beschlusses der Mitarbeitervertretung selbst, der hier aber nicht vorliegt. Die Entscheidung des Schlichtungsausschusses als kircheneigenes Gericht ist qualitativ eine Entscheidung anderer Art. Soweit das Landesarbeitsgericht sich auf die Senatsrechtsprechung zu § 103 BetrVG gestützt hat, wird es diesem Unterschied nicht gerecht.

bb) Dies ändert aber nichts an der Befugnis und der Pflicht der Arbeitsgerichte, im Rahmen der Inzidentkontrolle zu prüfen, ob die Zustimmung wirksam ersetzt ist. Nur bei Vorliegen einer entsprechenden Entscheidung entfällt die Kündigungssperre des § 18 Abs. 2 Satz 3 MVG. Diese Inzidentkontrolle beinhaltet notwendigerweise die Prüfung, ob ein *wirksamer* Beschluß vorliegt im Sinne eines Beschlusses, der Rechtswirkungen nach außen erzeugen kann.

Ist eine Entscheidung mit Fehlern behaftet derart, daß sie als im Rechtssinne nicht nur anfechtbar – also zwar fehlerhaft, aber doch bis zur Abänderung Rechtswirkungen erzeugend –, sondern nichtig – d. h. ohne jede Rechtswirkung und für niemanden bindend – zu betrachten ist, liegt keine die Zustimmung ersetzende Entscheidung vor. Ob solche Fehler vorliegen, kann nur geprüft werden anhand der jeweiligen Anforderungen, die für das wirksame

Zustandekommen einer derartigen Entscheidung – hier von der Kirche selbst – vorgegeben sind.

Diese Prüfung stellt keinen unzulässigen Eingriff in die Kompetenz des anderen Entscheidungsorgans, d. h. in eine autonome Kirchengerichtsbarkeit dar (vgl. grundsätzlich dazu etwa Bernards, aaO, S. 98 ff.; Kammerer, BB 1987, 1991 [1992]). Auch Entscheidungen staatlicher Gerichte können wirkungslos, Verwaltungsakte können nichtig sein – jeweils mit der Folge, daß die fehlende Rechtswirkung solcher Akte von jedermann geltend gemacht werden kann und auch von anderen Gerichten festzustellen und zu beachten ist, für deren Entscheidungen es auf die Wirksamkeit als Vorfrage ankommt.

5. Das Berufungsgericht hat den Beschluß des Schlichtungsausschusses zutreffend als nichtig und damit ohne Rechtswirkung angesehen. Er genügt nicht den nach den Bestimmungen der Schlichtungsausschußordnung zu wahrenden Mindestanforderungen.

a) Die Schlichtungsausschußordnung enthält allerdings keine Regelung, in welcher Weise sich Fehler bei ihrem Zustandekommen auf die Wirksamkeit der Entscheidung des Ausschusses auswirken. Eine Anfechtbarkeit des Spruchs ist ebensowenig vorgesehen wie die Möglichkeit einer etwa der Nichtigkeitsklage des § 579 ZPO entsprechenden Überprüfung der Entscheidung bei schweren Prozeßverstößen. Die Entscheidung, wann ein Spruch des Schlichtungsausschusses an derartigen Mängeln leidet, daß er nicht mehr als Rechtswirkungen erzeugend angesehen werden kann, ist daher nach allgemeinen Grundsätzen zu treffen, und zwar insbesondere unter Berücksichtigung der von der Kirche erlassenen Schlichtungsausschußordnung.

aa) Auch die Entscheidungen staatlicher Gerichte können wirkungslos sein (vgl. allgemein dazu Baumbach/Lauterbach/Albers/Hartmann, ZPO, 50. Aufl., Übersicht vor § 300 Anm. 3; Rosenberg/Schwab, Zivilprozeßrecht, 14. Aufl., § 61; Zöller/Vollkommer, ZPO, 17. Aufl., Vor § 300 Rz 13 ff.). Zwar äußert eine gerichtliche Entscheidung als Staatshoheitsakt grundsätzlich die in ihr angeordneten Wirkungen auch dann, wenn sie fehlerhaft zustandegekommen oder inhaltlich unrichtig ist. Voraussetzung ist aber, daß überhaupt eine Entscheidung und nicht nur der Schein einer solchen vorliegt. Ein Scheinurteil oder Nichturteil wird etwa angenommen bei einer Entscheidung durch ein Nichtgericht, also ein gerichtsverfassungsmäßig gar nicht zur Ausübung der Rechtspflege bestimmtes Organ. Ein Nichturteil liegt auch dann vor, wenn den an seine Verlautbarung zu stellenden Elementaranforderungen nicht genügt ist. Es geht dabei um die Frage nach den unerläßlichen Formerfordernissen, die vorliegen müssen, um überhaupt ein Urteil entstehen zu lassen (vgl. etwa BGHZ 14, 39 [44] – GS –, BGH VersR 1984, 1192; BGH NJW 1989, 1156 [1157]; OLG Frankfurt, MDR 1991, 63). Dazu gehören auch wesentliche Vorschriften über die Verkündung eines Urteils.

Eine Nichtentscheidung in diesem Sinne ist ohne Wirkung, sie bindet weder das Gericht noch die Parteien.

bb) Auch Verwaltungsakte können bei besonders schwerwiegenden Mängeln – die ihnen sozusagen „an die Stirn geschrieben sind" – nichtig sein. § 44 Abs. 1 Satz 1 VwVfG greift diesen schon immer allgemein anerkannten Rechtsgrundsatz auf, wenn dort bestimmt ist, daß ein Verwaltungsakt nichtig ist, soweit er an einem besonders schwerwiegenden Fehler leidet und dies bei verständiger Würdigung aller in Betracht kommenden Umstände offenkundig ist (vgl. allgemein zur Nichtigkeit von Verwaltungsakten etwa Kopp, Verwaltungsverfahrensgesetz, 5. Aufl., § 44 Rz 1, 3; Stelkens/Bonk/Leonhardt, Verwaltungsverfahrensgesetz, 3. Aufl., § 44 Rz 50 ff.).

cc) Für Schiedssprüche eines Schiedsgerichts im schiedsrichterlichen Verfahren nach §§ 1025 ff. ZPO, das anstelle des staatlichen Gerichts entscheidet, ist gleichfalls anerkannt, daß grundlegende Mängel nicht nur zur Anfechtbarkeit (vgl. § 1041 ZPO), sondern ausnahmsweise auch zur Nichtigkeit führen können (Zöller/Geimer, aaO, § 1041 Rz 10).

dd) Wie aus den vorstehenden Hinweisen deutlich wird, sind Akte von Hoheitsträgern nicht in jedem Fall bestandskräftig und allenfalls anfechtbar, sondern können bei schwerwiegenden Mängeln, bei Verstößen gegen die an ihr Zustandekommen zu stellenden Elementarforderungen, bei Mängeln, die ihnen an die Stirn geschrieben sind, nichtig sein. Diese allgemeinen Rechtsgrundsätze müssen auch für die Entscheidungen von Schlichtungsausschüssen als kirchlichen Gerichten und damit kirchlichen Hoheitsträgern gelten. Sie sind nur dann als Akte kirchlicher Gerichte anzusehen, wenn sie den rechtsstaatlichen Mindestanforderungen und den selbstgesetzten Regeln entsprechen. Für sie muß daher auch der allgemein anerkannte rechtsstaatliche Grundsatz gelten, daß offenkundig mangelhafte Rechtsakte keine Wirkungen erzeugen können.

b) Die Frage, wann eine so schwerwiegende Fehlerhaftigkeit vorliegt, bestimmt sich nach den für das Entstehen der Entscheidung maßgebenden Vorschriften. Die zur Beurteilung von Entscheidungen staatlicher Gerichte als Nichturteile oder Scheinurteile im einzelnen entwickelten Kriterien und Fallgruppen können nur begrenzt herangezogen werden. So ist für die staatliche Gerichtsbarkeit zu berücksichtigen, daß der Gesetzgeber durch die Einräumung von Anfechtungsmöglichkeiten, insbesondere durch die Möglichkeit der Erhebung von Nichtigkeitsklagen, zu erkennen gegeben hat, daß bestimmte – seien es auch gravierende Mängel – nicht zur Nichtigkeit führen sollen (vgl. etwa § 579 ZPO). Eine solche Regelung enthält die hier maßgebliche Schlichtungsausschußordnung nicht.

Andererseits ist zu berücksichtigen, daß die Schlichtungsausschußordnung keine Rechtsmittelinstanz vorsieht. Dies kann nicht zum Anlaß genommen werden, generell Mängel, die wegen ihrer eher geringen Bedeutung an sich nur zur Anfechtbarkeit einer Entscheidung führen, zu Nichtigkeitsgründen anzuheben.

Es ist aber im Einzelfall zu prüfen, ob das Zustandekommen des Spruchs des Schlichtungsausschusses mit so schweren und offenkundigen Defiziten behaftet ist, daß er unter Berücksichtigung aller Umstände nicht mehr den Minimalanforderungen genügt, die der kirchliche Gesetzgeber selbst aufgestellt hat.

6. Das Landesarbeitsgericht hat die Voraussetzungen einer derart offenkundigen Fehlerhaftigkeit des Schiedsspruchs zu Recht bejaht. Dieser entspricht nicht den wesentlichen Grundanforderungen, die nach der selbstverfaßten Schlichtungsausschußordnung an eine wirksame Entscheidung zu stellen sind.

a) Das Landesarbeitsgericht stellt zu Recht fest, der Ausschußvorsitzende sei im Grunde bei dem Verfahren des § 3 SchliO stehengeblieben und es sei zu einer Verhandlung im Sinne der §§ 4, 5 SchliO nicht gekommen. Gem. § 3 SchliO soll der Vorsitzende zunächst versuchen, durch Verhandlungen mit den Parteien eine Einigung zu erzielen. Gelingt dies nicht, so hat der Vorsitzende den Schlichtungsausschuß zu einer Verhandlung einzuberufen nach näherer Maßgabe des § 4 SchliO.

Dies ist bereits nicht geschehen. Der Schlichtungsausschußvorsitzende hat am 8. 2. 1991 ein „Einigungsgespräch" (vgl. Einleitung der Niederschrift vom 9. 2. 1991) mit den Parteien geführt, aufgrund dessen eine Einigung aber nicht zustandekam. Es wurde daraufhin nicht der Schlichtungsausschuß zu einer Verhandlung einberufen, was nach der Verfahrensordnung an sich auch im unmittelbaren Anschluß an das Gespräch mit dem Ausschußvorsitzenden hätte geschehen können. Der Schlichtungsausschuß besteht aus Vorsitzendem *und* Beisitzern. Diese haben an der Sitzung aber nicht teilgenommen. Eine Verhandlung vor dem Schlichtungsausschuß hat also nicht stattgefunden.

Es ist auch nicht – jedenfalls nicht von seiten der Mitarbeitervertretung – auf die Durchführung einer Verhandlung verzichtet und ein Einverständnis mit einem Spruch im schriftlichen Verfahren gem. § 4 Abs. 2 SchliO erklärt worden.

Bereits in dieser Vorgehensweise lag ein erheblicher Verfahrensfehler.

b) Gravierender noch ist der Verstoß gegen die in § 5 Abs. 2 SchliO niedergelegten Grundsätze der Beschlußfassung. Danach entscheidet der Schlichtungsausschuß mit Stimmenmehrheit in geheimer Beratung und bei Anwesenheit aller Mitglieder. Dem genügte die vom Ausschußvorsitzenden getätigte telefonische Rücksprache mit den zwei Beisitzern in keiner Weise.

Es kann dahingestellt bleiben, ob und unter welchen Voraussetzungen die Beschlußfassung eines mehrköpfigen Gremiums im Wege des Umlaufverfahrens überhaupt wirksam erfolgen kann. Angesichts der ausdrücklichen Anordnung in der Verfahrensordnung, daß der Schlichtungsausschuß *bei Anwesenheit* aller Mitglieder entscheidet, scheidet eine solche Möglichkeit hier von vornherein aus (vgl. auch Bernards, aaO, S. 72, 73; Duhnenkamp, aaO, S. 897). Es fehlte also sowohl an einer erforderlichen Beratung als auch an einer ordnungsgemäßen Beschlußfassung des Schlichtungsausschusses.

c) Es fehlte weiter an einer korrekten Verlautbarung des „Schiedsspruchs". Gem. § 5 Abs. 3 SchliO ist der Schiedsspruch schriftlich niederzulegen, zu begründen und von allen Mitgliedern des Schlichtungsausschusses zu unterschreiben. Er ist den beteiligten Parteien und dem Landeskirchenamt schriftlich mitzuteilen. Da die SchliO keine Verkündung vorsieht, ist davon auszugehen, daß die Wirksamkeit eines Beschlusses überhaupt erst mit der schriftlichen Mitteilung eintritt, und zwar der Mitteilung des vollständigen schriftlichen Beschlusses (vgl. auch Duhnenkamp, aaO, S. 902).

Auch diese Voraussetzungen sind hier in keiner Weise erfüllt. Selbst wenn man die Aufnahme des Schiedsspruchs in die Niederschrift als „schriftliche Niederlegung" auffassen wollte, fehlt es jedenfalls an der Unterschrift der Beisitzer und an der erforderlichen Begründung. Der Schiedsspruch – nämlich der im Sinne des § 5 Abs. 3 Satz 1 SchliO ordnungsgemäß niedergelegte und unterschriebene Spruch – lag den Parteien des Schlichtungsverfahrens – insbesondere also auch der Beklagten – weder bei Ausspruch der Kündigung vor, noch wurde eine solche Mitteilung – soweit ersichtlich – später nachgeholt.

d) Die demgegenüber von der Revision vorgetragenen Argumente für die verfahrensmäßige Unbedenklichkeit des vom Ausschußvorsitzenden eingeschlagenen Entscheidungsweges sind nicht zutreffend.

aa) Die Revision verweist zu Unrecht auf § 7 SchliO. Danach kann der Schlichtungsausschuß „im übrigen" sein Verfahren nach freiem Ermessen bestimmen. „Im übrigen" kann nur bedeuten: soweit §§ 3 bis 6 SchliO nicht Regelungen treffen. Gerade aus dieser Einschränkung läßt sich umgekehrt schließen, daß der Schlichtungsausschuß in jedem Fall an die Bestimmungen der §§ 4 bis 6 SchliO gebunden sein soll und insoweit eben nicht nach freiem Ermessen davon abweichen soll. Dies wird auch verständlich angesichts der Tatsache, daß die §§ 4 bis 6 SchliO ohnehin nur Grundforderungen aufstellen, die an ein rechtsstaatlichen Anforderungen entsprechendes Gerichtsverfahren zu stellen sind. Angesichts des Fehlens jeglicher weiterer Verfahrensvorgaben und angesichts auch fehlender Überprüfungsmöglichkeiten ist nicht anzunehmen, daß selbst diese Grundforderungen noch zur Disposition des Ausschusses gestellt werden sollten. Andernfalls würde sich die Frage stellen, ob eine Einrichtung, die ihre Verfahrensordnung frei bestimmen kann, überhaupt noch als ein rechtsstaatlichen Anforderungen genügendes Gericht angesehen werden könnte.

bb) Die Revision verweist auch ohne Erfolg auf § 71 Abs. 2 Kirchenordnung der Ev. Kirche von Westfalen. Danach hat in eiligen Fällen, in denen die Einberufung des Presbyteriums nicht möglich ist oder mit Rücksicht auf die geringe Bedeutung der Sache nicht gerechtfertigt erscheint, der Vorsitzende, möglichst im Einverständnis mit dem zuständigen Kirchmeister, einstweilen das Erforderliche anzuordnen. Es ist schon nicht ersichtlich, nach welchen Grundsätzen diese für ein ganz anderes Gremium konzipierte Vorschrift verbindlich sein soll für die Verfahrensordnung des Schlichtungsausschusses. Eine Verweisung oder Bezugnahme ist nicht vorgenommen. Unabhängig davon hat selbst nach § 71 Abs. 2 Satz 1 der Kirchenordnung der Vorsitzende nur „einstweilen das Erforderliche anzuordnen". Insoweit erscheint es zweifelhaft, ob diese Vorschrift zu einer endgültigen Regelung berechtigt. Eine Zustimmung des Schlichtungsausschußvorsitzenden *einstweilen* zur Kündigung ist nicht denkbar, da die Kündigung erst nach Zustimmung im Sinne einer endgültigen Zustimmung und dann ihrerseits endgültig ausgesprochen werden kann. Auch von der Sache her ist § 71 Abs. 2 Kirchenordnung daher nicht einschlägig.

cc) Das Berufungsgericht weist zu Recht auch darauf hin, daß im übrigen ein Eilbedürfnis gar nicht gegeben war. Es liegt nämlich auf der Hand, für die Wahrung der Frist des § 626 Abs. 2 BGB bzw. § 54 Abs. 2 BAT-KF als ausreichend die Anrufung des Schlichtungsausschusses innerhalb der Zweiwochenfrist anzusehen, wie es der ständigen Rechtsprechung zu der parallelen Frage der Wahrung der Frist durch Anrufung des Arbeitsgerichts mit einem Antrag auf Ersetzung der vom Betriebsrat verweigerten Zustimmung zur außerordentlichen Kündigung eines Mitgliedes entspricht; die Kündigung ist dann unverzüglich nach der Entscheidung des Schlichtungsausschusses auszusprechen (vgl. nur BAGE 27, 113 = AP Nr. 3 zu § 103 BetrVG 1972; BAGE 29, 270 = AP Nr. 10 zu § 103 BetrVG 1972; KR-Etzel, 3. Aufl., § 103 BetrVG Rz 113 und Rz 136). Für eine „Eilentscheidung" bestand also kein erkennbares Bedürfnis, schon gar nicht für eine Entscheidung unter Hinwegsetzung über sämtliche verfahrensrechtlichen Vorschriften.

e) Die wesentlichen Entstehungsstufen der Entscheidung waren danach mit grundlegenden Fehlern behaftet: Es fehlte an einer erforderlichen Verhandlung vor dem Ausschuß als Gremium, es fehlte an einer ordnungsgemäßen Beratung des Ausschusses bei Anwesenheit aller Mitglieder, es fehlte an einer ordnungsgemäßen Beschlußfassung des Ausschusses bei Anwesenheit aller Mitglieder und es fehlte an einer formgerechten Verlautbarung der Entscheidung des Ausschusses.

Angesichts dieser Häufung von Mängeln kann nicht mehr gesagt werden, daß ein den Grundanforderungen entsprechender Beschluß des Schlichtungsausschusses zustandegekommen ist. Es kann dahingestellt bleiben, ob Fehler nur auf einer der genannten Stufen dieselbe Wirkung hätten. Gerade die durchgängige Nichteinhaltung des vorgesehenen Verfahrens auf allen Stufen ist derart gravierend, daß der Entscheidung eine Rechtswirkung nach außen abzusprechen ist.

f) Die Beklagte genießt auch keinen Vertrauensschutz. Dabei kann dahingestellt bleiben, inwieweit bei Vorliegen von offenkundigen Mängeln, die zur Nichtigkeit einer Entscheidung führen, überhaupt noch ein Vertrauensschutz in Betracht kommen kann. Die Mängel der Entscheidung waren für die Beklagte erkennbar. Sie kannte die aufgeführten Tatsachen und hätte dementsprechend erkennen können, daß wesentliche Vorschriften der Findung und der Verlautbarung der Entscheidung nicht eingehalten waren. Dies gilt schon deshalb, weil maßgebliche Vertreter der Beklagten an der Sitzung teilnahmen. Die Beklagte wußte bei Ausspruch der Kündigung auch, daß eine ordnungsgemäße Verlautbarung der Entscheidung nicht erfolgt war. Eine solche konnte ihr nämlich nicht vorliegen, weil es sie nicht gab. Wenn die Beklagte überhaupt schon im Besitz der Niederschrift war, konnte sie aus dieser den Hergang unschwer entnehmen.

Nahm die Beklagte in Unkenntnis der Verfahrensordnung etwa an, eine mündliche Mitteilung reiche aus für eine wirksame Verlautbarung, war dies nicht erheblich. Eine derartige Annahme wäre auch hinsichtlich einer Entscheidung eines staatlichen Gerichts nicht schutzwürdig.

g) Die Beklagte beruft sich zu Unrecht auch darauf, die Entscheidungen des Schlichtungsausschusses seien gem. § 5 Abs. 4 SchlO für die Parteien bindend. Bindend in diesem Sinne heißt nur, daß die Parteien an die Entscheidung gebunden sind und daß ein Rechtsmittel nicht gegeben ist. Voraussetzung für eine Bindung ist aber, daß überhaupt ein – sei es auch fehlerhafter – Schiedsspruch vorliegt, der Rechtswirkungen erzeugen kann. Dies ist aber bei Vorliegen eines nichtigen Schiedsspruchs gerade nicht der Fall.

Die Beklagte kann sich auch nicht darauf stützen, nach der Verfahrensordnung sei eine Überprüfung des Schiedsspruchs nicht vorgesehen, sie könne also die Fehlerhaftigkeit des Spruchs nicht durch eine Rechtsmittelinstanz überprüfen und eventuell beseitigen lassen. Da eine wirksame Entscheidung des Schlichtungsausschusses nicht vorlag, war das Schlichtungsverfahren nicht abgeschlossen. Die Beklagte konnte danach auf einer verfahrensgerechten Bescheidung ihres Antrages bestehen. Daß ihr diese vom Schlichtungsausschuß auf entsprechende Vorstellung hin verweigert worden wäre, trägt die Beklagte nicht vor.

7. Das Landesarbeitsgericht hat also zu Recht angenommen, die gem. § 18 Abs. 2 Satz 3 MVG erforderliche Zustimmung der Mitarbeitervertretung zur außerordentlichen Kündigung der Klägerin sei nicht gem. § 18 Abs. 2 Satz 4 MVG wirksam durch eine Entscheidung des Schlichtungsausschusses ersetzt. Damit ist die Kündigung schon deshalb unwirksam, ohne daß es auf die Frage ihrer materiellen Berechtigung ankommt.

Entgegen der Auffassung der Revision ist das Verfahren nicht etwa auszusetzen bis zu einer eventuellen neuen Entscheidung des Schlichtungsausschusses. Die konkret angegriffene Kündigung bleibt in jedem Fall unwirksam. Die

Zustimmung muß vor Ausspruch der Kündigung vorliegen. Eine nachträglich erteilte ordnungsgemäße Zustimmung könnte nur Grundlage für eine neue Kündigung sein, unbeschadet der Frage, ob einer solchen Kündigung heute nicht der Ablauf der Frist des § 626 Abs. 2 BGB, § 54 Abs. 2 BAT-KF entgegenstünde.

41

Das Grundrecht der Gewissensfreiheit wirkt sich bei der Strafzumessung gegenüber Gewissenstätern, deren Verhalten auf einer achtbaren, durch ernste innere Auseinandersetzung gewonnenen Entscheidung (hier: Zivildienstflucht eines Angehörigen der Zeugen Jehovas) als „allgemeines Wohlwollensgebot" aus.

Art. 4 Abs. 1 GG; § 53 ZDG
OLG Stuttgart, Beschluß vom 25. Mai 1992 – 1 Ss 64/92[1] –

Aus den Gründen:

Die Strafkammer hat die Verhängung einer Freiheitsstrafe von sechs Monaten (mit Bewährung) für das wegen der wirksamen Beschränkung der Berufung bereits rechtskräftig festgestellte Vergehen der Dienstflucht (§ 53 ZDG) u. a. wie folgt begründet:

„Andererseits war der Gesichtspunkt der Generalprävention in Rechnung zu stellen; dies sowohl gegenüber potentiellen Gewissenstätern und Überzeugungstätern, die aus ideologischen Gründen handeln, als auch gegenüber Personen, welche aus eigensüchtigen Motiven – möglicherweise unter Vortäuschung von Gewissens- oder ideologischen Gründen – mit dem Gedanken umgehen, den Zivildienst zu verweigern. In Fällen der hier zu beurteilenden Art hat zwar der Gesichtspunkt der allgemeinen Abschreckung nicht im Vordergrund zu stehen; gänzlich zu vernachlässigen ist er gleichwohl nicht. Zu den gegen den Angeklagten sprechenden Strafzumessungserwägungen zählte auch, daß sich – als objektiver Faktor – das äußere Gewicht seiner Straftat als deutlich schwerer darstellt als die denkbar leichten oder leichtesten, ebenfalls der Strafvorschrift des § 53 ZDG zuzurechnenden Fälle einer Dienstflucht, dabei bedenkend, daß die Tat auf einem von vornherein für allemal gefaßten Entschluß beruht."

Diese Erwägungen halten rechtlicher Überprüfung nicht stand. Der Angeklagte hat als „Zeuge Jehovas" den Zivildienst verweigert, weil er glaubte, aus Gewissengründen nicht anders handeln zu können. Das Grundrecht der Gewissensfreiheit (Art. 4 Abs. 1 GG) entfaltet als eine zugleich wertentscheidende Grundsatznorm höchsten verfassungsrechtlichen Ranges seine Wertmaßstäbe setzende Kraft insbesondere auch bei der Strafzumessung; es wirkt sich hier aus

---

[1] NJW 1992, 3251. Vgl. zu diesem Fragenkreis auch OLG Düsseldorf MDR 1996, 409.

als „allgemeines Wohlwollensgebot" gegenüber Gewissenstätern, deren Verhalten auf einer achtbaren, durch ernste innere Auseinandersetzung gewonnenen Entscheidung beruht (BVerfGE 23, 127 [134][2]; BayObLGSt 1980, 15 [16]). Gegen dieses „Wohlwollensgebot" hat die Strafkammer verstoßen, soweit sie davon ausgegangen ist, das „äußere Gewicht" der Tat des Angeklagten sei deshalb höher, weil diese „auf einem von vornherein für allemal gefaßten Entschluß beruht". Sie hat damit die Endgültigkeit der Weigerung des Angeklagten als straferschwerend gewertet. Daß die auf Gewissensgründen beruhende Weigerung, den Ersatzdienst zu leisten, eine endgültige ist, liegt jedoch schon in ihrer Natur begründet (BayObLGSt 1976, 70 [74]; 1980, 15 [17]). Überdies gehört das Bestreben, sich dem Zivildienst dauernd zu entziehen, zum gesetzlichen Tatbestand des § 53 Abs. 1 ZDG und darf auch deshalb nicht strafschärfend berücksichtigt werden.

Soweit die Strafkammer bei ihrer Strafzumessung den „Gesichtspunkt der Generalprävention in Rechnung" gestellt hat, der zwar „nicht im Vordergrund zu stehen" habe, aber auch nicht „gänzlich zu vernachlässigen" sei, bestehen auch hiergegen schon deshalb durchgreifende rechtliche Bedenken, weil keine besonderen Umstände festgestellt sind, die außerhalb der vom Gesetzgeber bei Aufstellung des Strafrahmens des § 53 Abs. 1 ZDG bereits berücksichtigten allgemeinen Abschreckung lägen (BGH, StV 1983, 14; NStZ 1984, 409; BayObLGSt 1987, 171 [173]; 1988, 62 [66]). Daß sich die Strafkammer bei ihrer Strafzumessung auch von dem Bestreben hat leiten lassen, potentielle Überzeugungstäter, „die aus ideologischen Gründen handeln", wie auch solche abzuschrecken, die aus eigensüchtigen Motiven handeln und Gewissensgründe möglicherweise nur vortäuschen, ist mit dem beim Angeklagten als Gewissenstäter zu beachtenden allgemeinen Wohlwollensgebot unvereinbar und verstößt gegen das Gebot schuldangemessenen Strafens.

42

Bei der Heranziehung zu einem Straßenbaubeitrag ist ein Kirchengebäude, das nur eine Ebene ohne Zwischendecken aufweist, ohne Rücksicht auf die Gebäudehöhe als eingeschossig einzustufen, wenn nach der zugrundeliegenden Satzung auf Vollgeschosse i. S. v. § 2 Abs. 5 BauO.NW abzustellen ist. In diesem Fall ist die Satzungsvorschrift, wonach dann, wenn eine Geschoßzahl wegen der Besonderheit einer baulichen Anlage nicht feststellbar ist, je 3,5 m Höhe der baulichen Anlage als ein Vollgeschoß gerechnet werden, nicht anwendbar.

---

[2] KirchE 10, 14.

Straßenbaubeitrag

§§ 8 Abs. 2 KAG, 2 Abs. 5 BauO.NW
OVG Nordrhein-Westfalen, Urteil vom 25. Mai 1992 – 2 A 1646/90[1] –

Die Klägerin ist Eigentümerin eines am C.-Ring in M. gelegenen Grundstücks, das mit einer Kirche bebaut ist. Die Höhe des Kirchengebäudes, das nur eine Ebene ohne Zwischendecken aufweist, beträgt 12,20 m. Mit dem angefochtenen Bescheid zog der Beklagte die Klägerin für die Anlegung eines Parkstreifens zu einem Straßenbaubeitrag heran. Hierbei brachte er die Fläche des Grundstücks der Klägerin unter Berücksichtigung fiktiver Geschosse von je 3,50 m Höhe des Kirchengebäudes als viergeschossig bebaut mit einem Vervielfältiger von 1,6 in Ansatz.

Widerspruch und Klage blieben erfolglos. Auf die Berufung der Klägerin wurde der angefochtene Bescheid teilweise aufgehoben.

Aus den Gründen:

Rechtsgrundlage für die Heranziehung der Klägerin zu einem Straßenbaubeitrag ist § 8 Abs. 2 KAG i.V.m der Beitragssatzung der Stadt M.

Aufgrund dieser Satzung ist die Heranziehung der Klägerin dem Grunde nach gerechtfertigt. (wird ausgeführt)

Die Beitragsforderung ist jedoch der Höhe nach nicht in vollem Umfang gerechtfertigt. Der Beklagte hat bei der Berechnung der Beitragsforderung die vervielfältigte Grundstücksgröße nicht richtig ermittelt. Er hat die der Heranziehung zugrundegelegte Fläche des Grundstücks der Klägerin zu Unrecht mit dem Nutzungsfaktor 1,6 vervielfältigt.

Insoweit ist der Beklagte fehlerhaft unter Anwendung des § 4 Abs. 3 Satz 3 der Beitragssatzung davon ausgegangen, daß die Geschoßzahl des Kirchengebäudes wegen der Besonderheit der baulichen Anlage nicht feststellbar sei, mit der Folge, daß je 3,50 m Höhe der baulichen Anlage als ein Vollgeschoß zu rechnen seien. Tatsächlich ist nach § 4 Abs. 1 Satz 2 a i.V.m. Abs. 3 Satz 1 a der Beitragssatzung davon auszugehen, daß die in Ansatz gebrachte Fläche des Grundstücks der Klägerin mit dem Nutzungsfaktor 1,0 zu vervielfältigen ist.

Nach dieser Vorschrift ist die Grundstücksfläche entsprechend der Ausnutzbarkeit bei eingeschossiger Bebaubarkeit mit einem Nutzungsfaktor von 1,0 zu vervielfachen, wobei in unbeplanten Gebieten bei bebauten Grundstücken die Zahl der tatsächlich vorhandenen Vollgeschosse maßgebend ist. Vorliegend läßt sich feststellen, daß das auf dem Grundstück der Klägerin befindliche Kirchengebäude eingeschossig ist. Als Geschosse gelten nach § 4 Abs. 9 Satz 5 der

---

[1] Amtl. Leitsatz. NWVBl. 1992, 442; KStZ 1992, 196. Nur LS: AkKR 161 (1992), 238. Das Urteil ist rechtskräftig.

Beitragssatzung Vollgeschosse gemäß § 2 Abs. 5 BauO.NW. Vollgeschosse sind demnach Geschosse, deren Deckenoberkante mehr als 1,60 m im Mittel über die Geländeoberfläche hinausragt und die eine Höhe von mindestens 2,30 m haben. Die Höhe der Geschosse wird von Oberkante Fußboden bis Oberkante Fußboden der darüberliegenden Decke, bei Geschossen mit Dachflächen bis Oberkante Dachhaut gemessen. Der in § 2 Abs. 5 BauO.NW enthaltene Begriff des Geschosses, der in der BauO.NW selbst nicht weiter definiert ist, umfaßt alle Räume eines Gebäudes auf der gleichen Ebene einschließlich der darüberliegenden Decke (vgl. Gädtke/Bockenförde/Temme, BauO.NW, Kommentar, 8. Aufl., 1989, § 2 Rdnr. 67; Fickert/Fieseler, BauNVO, Kommentar, 7. Aufl., 1992, § 20 Rdnr. 7 ff.). Legt man diese Begriffsbestimmung zugrunde, stellt sich das auf dem Grundstück der Klägerin befindliche Kirchengebäude, das nur eine Ebene ohne Zwischendecken aufweist, als eingeschossig bebaut dar. Hieran ändert auch nichts der Umstand, daß das Kirchengebäude im Verhältnis zur angrenzenden Bebauung ein überhohes Geschoß aufweist. Eine höhenmäßige Begrenzung ist nämlich mit dem Begriff des Vollgeschosses nicht verbunden. § 2 Abs. 5 BauO.NW enthält lediglich die Bestimmung von Mindesthöhen von Vollgeschossen.

Die Anwendung des § 4 Abs. 3 Satz 1 a der Beitragssatzung führt im vorliegenden Fall auch nicht zu einem die Unterschiede im Maß der baulichen Nutzung nicht erfassenden und damit gegen Sinn und Zweck des Vollgeschoßmaßstabes verstoßenden sachwidrigen Ergebnis. Das Kirchengebäude wird nämlich von den Besuchern tatsächlich nur in der Ebene des einen vorhandenen Geschosses benutzt. Abgesehen davon weist das streitige Grundstück nicht zuletzt auch wegen der Höhe des Kirchengebäudes und der im Hinblick darauf einzuhaltenden Abstandsflächen eine erheblich größere Grundstücksfläche als die übrigen in der Nachbarschaft zu Wohnzwecken vorhandenen mehrgeschossigen Gebäude auf, so daß das Grundstück schon unter Berücksichtigung allein der Grundstücksfläche entsprechend stärker herangezogen wird.

43

Für die Inanspruchnahme des Grundrechts der Religionsfreiheit genügt nicht schon die Behauptung, das eigene Handeln, um das es im konkreten Fall geht, sei religiös geboten. Vielmehr bedarf es der Darstellung und Begründung des vom Betroffenen als verpflichtend angesehenen religiösen Gebots und der inhaltlichen Auseinandersetzung mit abweichenden Auffassungen.

Nach dem gegenwärtigen Erkenntnisstand ist es islamischen Gläubigen zumindest in Ländern, in denen das Schlachten warmblütiger Tiere ohne vorherige Betäubung grundsätzlich verboten ist, nicht mehr aus religiösen Gründen untersagt, das Fleisch auch solcher Tiere zu essen, die vor dem Schächten betäubt worden sind.

Art. 4 Abs. 2 GG; § 4 a Abs. 2 Nr. 2 TierSchG
VG Gelsenkirchen, Urteil vom 25. Mai 1992 – 7 K 5738/91[1] –

Der Kläger ist eine Glaubensgemeinschaft einer bestimmten islamischen Glaubensrichtung (Koran/Sunna). Zu den nach seiner Ansicht unverzichtbaren religiösen Pflichten gehört das Schächten von Rindern und Schafen.

Im Februar 1991 beantragte der Kläger beim Beklagten (Oberstadtdirektor der Stadt B.), ihm eine Ausnahmegenehmigung gemäß § 4 a Abs. 2 Nr. 2 des Tierschutzgesetzes i.d.F. vom 18. August 1986 (BGBl I 1320) – TierSchG – von dem in § 4 a Abs. 1 TierSchG geregelten Verbot zu erteilen, warmblütige Tiere ohne vorherige Betäubung zu schlachten. Mit der angefochtenen Verfügung lehnte der Beklagte diesen Antrag ab.

Zur Begründung seines Widerspruchs trug der Kläger folgendes vor: Zumindest für einen Teil der Gläubigen des Islam sei das betäubungslose Schlachten unabdingbarer Glaubensinhalt. Er, der Kläger, folge dieser strengen Lehrmeinung. Er bestehe darauf, aufgrund der ihm auch als Vereinigung ausländischer Mitbürger zustehenden verfassungsmäßigen Garantie auf freie Religionsausübung die Opfertiere schächten zu dürfen. Der Hinweis, die Elektrokurzzeitbetäubung sei beim Schaf ein geeignetes Verfahren zur kurzzeitigen vollständigen Ausschaltung von Schmerzempfinden, Bewußtsein und Abwehrbewegungen führe nicht weiter. Dies bedeute nämlich, daß die Elektrokurzzeitbetäubung das Bewußtsein vollständig ausschalte. Die rituelle Tötung eines Opfertieres sei jedoch nach den tragenden religiösen Grundsätzen der Glaubensmitglieder der Klägerin nur gewährleistet, wenn das Tier gesund und bei vollem Bewußtsein sei.

Der Regierungspräsident wies den Widerspruch des Klägers zurück. In der Begründung führte er im wesentlichen aus: Es bestünden keine zwingenden Vorschriften, die den Angehörigen der islamischen Religionsgemeinschaft das Schächten vorschrieben oder den Genuß von Fleisch nicht geschächteter Tiere untersagten. Vielmehr sei den Angehörigen der islamischen Religionsgemeinschaft der Verzehr von Fleisch nicht geschächteter Tiere gestattet, wenn bestimmte sonstige rituelle Bedingungen beim Schlachtvorgang – nach vorheriger Betäubung des Schlachttieres – erfüllt seien. Dies ergebe sich aus einer Stellung-

---

[1] NWVBl. 1993, 116. Das Urteil ist rechtskräftig. Mit einer im wesentlichen gleichlautenden Begründung wurde durch Urteil des VG Gelsenkirchen vom 25. 5. 1992 – 7 K 3494/91 – (unv.) eine weitere, § 4 a Abs. 2 Nr. 2 TierSchG betreffende Klage eines Muslims abgewiesen. Die gegen dieses Urteil eingelegte Berufung blieb erfolglos; OVG.NW, Urteil vom 21. 10. 1993 – 20 A 3287/92 – (unv.).

nahme des Rektors Prof. Dr. M. El-Naggar der Al-Azhar-Universität Kairo vom 25. 2.1982 gegenüber der Deutschen Botschaft in Kairo, der Erklärung der Türkischen Botschaft in Bonn gegenüber der Arbeitsgemeinschaft Deutscher Tierschutz e. V. vom 29. 7. 1982 und der gutachterlichen Äußerung des Leiters der Islamischen Gemeinschaft in Hamburg – Dr. med. Ali Emari – vom 14. 10. 1985. Danach bestehe die entscheidende Aussage der entsprechenden Koranstellen darin, daß es den Angehörigen der islamischen Religion nicht erlaubt sei, das Fleisch von Tieren zu verzehren, die vor der Schlachtung getötet worden oder bereits tot gewesen seien. Die vorherige Betäubung des Schlachttieres sei dagegen nach den islamischen Vorschriften nicht verboten. Es müsse nur gewährleistet sein, daß die vorherige Betäubung nicht zum Tode des Schlachttieres führe; das Tier müsse während der Schlachtung – wenn auch nur schwach – noch Zeichen von Leben zeigen. Wesentlich für die vorschriftsmäßige Schlachtung nach islamischem Ritus sei nach alledem nicht der Umstand, daß das Schlachttier sich in einem unbetäubten Zustand befinde, sondern daß das Schlachttier – wenn auch betäubt – während des Schlachtvorganges noch lebe und die weiteren rituellen Bedingungen eingehalten würden. Außerdem sei auf das Ergebnis einer Konferenz in Jeddah/Saudi-Arabien vom Dezember 1985 zu verweisen, die unter Teilnahme von maßgeblichen Rechtsgelehrten aus moslemischen Ländern, Mitarbeitern des Bundesgesundheitsamtes, Vertretern der Weltgesundheitsorganisation, der Moslemischen Welt-Liga, der fleischexportierenden Länder sowie der Welttierschutzgesellschaft stattgefunden habe. Zwar habe auf dieser Konferenz die Frage der Vereinbarkeit einer Betäubung von Schlachttieren mit den islamischen Rechtsgrundsätzen noch nicht abschließend geklärt werden können. Die dort anwesenden islamischen Rechtsgelehrten hätten es jedoch für zulässig erachtet, daß Moslems auch das Fleisch von nach westlichem Verfahren geschlachteten Tieren verzehren dürften, sofern in einem nichtmoslemischen Land eine Möglichkeit zur Schlachtung nach islamischem Brauch nicht bestehe.

Hiergegen hat der Kläger Klage erhoben. Zur Begründung wiederholt und vertieft er sein Vorbringen aus dem Vorverfahren. Ergänzend führt er u. a. aus: Der Regierungspräsident selbst führe in seinem Widerspruchsbescheid aus, nicht einmal in der Jeddahkonferenz von Dezember 1985 sei abschließend die Frage der Vereinbarkeit einer Betäubung von Schlachttieren mit den islamischen Rechtsgrundsätzen geklärt worden. Dabei sei zu berücksichtigen, daß selbst eine übereinstimmende Ansicht von Rechtsgelehrten nicht in der Lage wäre, Glaubensüberzeugungen als inhaltslos darzustellen. Die fehlende Übereinstimmung sogar der Rechtsgelehrten zeige jedoch deutlich, daß die vom Kläger vorgenommene Interpretation des Koran hinsichtlich des zwingenden Verzichts auf Betäubung kein Hirngespinst sei, sondern durchaus selbst von einem Teil der Rechtsgelehrten als ernsthafte Überzeugung vertreten werde. Demgegenüber erscheine die Argumentation des Regierungspräsidenten typisch abendländisch, westlich technologisch und verwissenschaftlicht. Sie laufe auf einer Ebene ab, die dem östlich-mythisch bestimmten Glaubensinhalt des Klägers auf einer dazu nicht bestimmten Ebene begegnen wolle und letztlich dem Kläger fast schon vorwerfe, er müsse doch nun endlich einsehen, daß Betäubung nach „richtiger" Interpretation islamischen Glaubens keine Verletzung ritueller Bräuche sei. Der Regierungspräsident setze damit seine Interpretation des Koran als einzig maßgebliche an die Stelle der Glaubensüberzeugung des Klägers und verletze so in geradezu klassischer Weise die Freiheit des religiösen Bekenntnisses und das Recht auf ungestörte Religionsausübung gem. Art. 4 GG. In dem Zusammenhang sei noch darauf hinzuweisen, daß sich aus dem weiteren Ergebnis der Konferenz in Jeddah vom Dezember 1985 keine Argumentationshilfe für den Beklagten ergebe. Wenn es die islamischen Rechtsgelehrten auch für zulässig erachtet hätten, daß Moslems das Fleisch nach westlichem Verfahren geschlachteter Tiere verzehren dürften, sofern in einem nichtmoslemischen Land eine Möglichkeit zur Schlachtung nach islamischem Brauch nicht bestehe, treffe dies gerade für Deutschland nicht zu, weil es die Ausnahmemöglichkeit des § 4 a Abs. 2 Nr. 2 TierSchG gebe.

Die Kammer weist den Kläger mit der Klage ab.

Aus den Gründen:

Die Klage ist zulässig, jedoch nicht begründet. Der Kläger hat keinen Anspruch auf Erteilung einer Ausnahmegenehmigung für das Schlachten warmblütiger Tiere ohne Betäubung gemäß § 4 Abs. 2 Nr. 2 TierSchG und wird daher durch die angefochtenen Bescheide nicht in seinen Rechten verletzt (§ 113 Abs. 5 Satz 1 VwGO).

Gemäß § 4 a Abs. 1 TierSchG darf ein warmblütiges Tier nur geschlachtet werden, wenn es vor Beginn des Blutentzuges betäubt worden ist. Gemäß § 4 a Abs. 2 Nr. 2 TierSchG darf eine Ausnahmegenehmigung für ein Schlachten ohne Betäubung (Schächten) insoweit erteilt werden, als es erforderlich ist, den Bedürfnissen von Angehörigen bestimmter Religionsgemeinschaften zu entsprechen, denen zwingende Vorschriften ihrer Religionsgemeinschaft das Schächten, d. h. das Schlachten ohne Betäubung, vorschreiben oder den Genuß von Fleisch nicht geschächteter, d. h. vor Beginn des Blutentzuges betäubter Tiere, untersagen. Andere rituelle Schlachtvorschriften, die nicht die Betäubung des Tieres vor der Schlachtung betreffen, werden von § 4 a Abs. 1 und Abs. 2 Nr. 2 TierSchG nicht berührt.

So ist es selbstverständlich ohne weiteres zulässig, daß der Schächter den Schlachtschnitt mit einem nach islamischen Vorstellungen geeigneten scharf geschliffenen Messer in der vorgeschriebenen Art (schnelles Durchtrennen der vier Halsschlagadern und der Luft- und Speiseröhre mit einem Schnitt) ausführt, bei der Schlachtung das Tier in Gebetsrichtung nach Mekka ausrichtet und dabei den Namen Allahs anruft.

Im vorliegenden Fall kommt es allein darauf an, ob zwingende Vorschriften ihrer Religionsgemeinschaft den Mitgliedern des Klägers den Genuß von Fleisch untersagen, das von Tieren stammt, die unter Beachtung aller rituellen Gebote geschlachtet werden, nachdem sie zuvor mit einer vom Kläger zu bestimmenden Methode betäubt worden sind. Zu denken ist dabei in erster Linie an die in Berlin von Muslimen allgemein tolerierte Elektrokurzzeitbetäubung (vgl. Nowak/Rath, Zur Integration muslimischer Schlachtvorstellungen in das Tierschutzrecht – Elektrokurzzeitbetäubung vor Schlachtungen nach muslimischem Ritus in Berlin [West], Fleischwirtschaft 1990, S. 167 ff.).

Der Kläger und seine Mitglieder bekennen sich zum Islam. Im Islam gibt es ebenso wie im Judentum religiöse Schlachtvorschriften. Nach islamischer Auffassung liegt deren Grundlage im Koran. Danach ist islamischen Gläubigen der Genuß von Fleisch nicht nach diesen Vorschriften geschlachteter Tiere untersagt. Für die Frage der Anwendung des § 4 a Abs. 2 Nr. 2 TierSchG entscheidend ist aber, ob es zwingende islamische Vorschriften gibt, die das Gebot der Betäubungslosigkeit beim Schächten enthalten; denn die Ausnahmegenehmigung zum Schlachten ohne Betäubung (Schächten) darf gemäß § 4 a Abs. 2 Nr. 2 TierSchG nur insoweit erteilt werden, als es aus zwingenden religiösen Gründen erforderlich ist.

Nach den der Kammer zur Verfügung stehenden Erkenntnissen ist das Gebot der Betäubungslosigkeit der Schlachttiere nach islamischer Auffassung nicht – mehr – bindend in religiösen Vorschriften enthalten; zumindest ist es islamischen Gläubigen in Ländern, in denen wie in Deutschland das Schlachten warmblütiger Tiere ohne vorherige Betäubung grundsätzlich verboten ist, nicht – mehr – aus religiösen Gründen untersagt, das Fleisch auch solcher Tiere zu essen, die vor dem Schächten betäubt worden sind. Die Kammer stützt sich dabei auf die Antworten und Stellungnahmen der glaubensmäßigen islamischen Autoritäten, die bereits in den angefochtenen Bescheiden angeführt, z. T. auch von Lorz, Tierschutzgesetz, Kommentar, 4. Auflage, Rdnr. 15 zu § 4 a wiedergegeben und insbesondere im Urteil des Verwaltungsgerichts Hamburg vom 14. 9. 1989[2] – 9 VG 703/89 – ausführlich behandelt worden sind. Die Kammer folgt der daraus abgeleiteten Annahme des Verwaltungsgerichts Hamburg, daß in der islamischen Religionsgemeinschaft keine zwingende Vorschrift im Sinne des § 4 a Abs. 2 Nr. 2 TierSchG über das betäubungslose Schlachten besteht, und verweist insoweit zur Vermeidung von Wiederholungen auf die Gründe dieses Urteils.

---

[2] KirchE 27, 246.

Demgegenüber beruft sich der Kläger darauf, daß diese Argumentation dem Glaubensverständnis des Klägers und seiner Mitglieder nicht gerecht werde und daß ihm auf diese Weise eine bestimmte Interpretation des islamischen Glaubens unter Verletzung von Art. 4 Abs. 2 GG von außen aufgedrängt werde. Allerdings legt er nicht dar, welcher durch die erwähnten Stellungnahmen nicht repräsentierten Lehrmeinung, Glaubensrichtung oder Rechtsschule er und seine Mitglieder anhängen und sich verpflichtet fühlen. Darüber hinaus fehlt es an Angaben, daß und ggfs. aus welchen Gründen diese Lehrmeinung, Glaubensrichtung oder Rechtsschule bei der Auslegung der dem Koran entnommenen Schlachtvorschriften auch für in Deutschland lebende Gläubige auf der Betäubungslosigkeit der zu schlachtenden Tiere beim Schächten besteht. Dazu bedürfte es auch einer inhaltlichen Auseinandersetzung mit den für die Entscheidung der Kammer herangezogenen Stellungnahmen glaubensmäßiger islamischer Autoritäten, die sämtlich ihre Stellungnahmen nicht für einzelne Glaubensrichtungen des Islam eingeschränkt haben. Insbesondere ist in diesem Zusammenhang darauf hinzuweisen, daß an der Konferenz in Jeddah/Saudi Arabien im Jahre 1985 Vertreter der Moslemischen Welt-Liga und maßgebliche Rechtsgelehrte aus acht islamischen Ländern teilgenommen haben. Es fehlt auch eine Darlegung dazu, warum der Kläger und seine Mitglieder sich der Praxis der in Berlin lebenden und sicher nicht alle einer einheitlichen Glaubensrichtung folgenden Moslems nicht anschließen können, Tiere nach Elektrokurzzeitbetäubung zu schächten. Erst eine solche Darstellung und Begründung der von den Betroffenen als verpflichtend angesehenen religiösen Gebote zur Betäubungslosigkeit beim Schächten würde den damit befaßten Behörden und Gerichten ermöglichen festzustellen, ob es sich bei den geltend gemachten Gründen tatsächlich um zwingende Vorschriften einer Religionsgemeinschaft i.S.d. § 4 a Abs. 2 Nr. 2 TierSchG handelt oder ob nicht einzelne Personen oder Gruppen althergebrachte Traditionen aufrechterhalten wollen, auch wenn deren religiöse Ableitung neueren Erkenntnissen der Glaubensvorschriften nicht mehr entspricht. Da die Berufung auf religiöse Motive des Handelns immer auch den Schutzbereich des Grundrechts auf freie Religionsausübung berührt, dieser Schutzbereich nach allgemeiner Auffassung vor allem unter Berücksichtigung des Selbstverständnisses des Grundrechtsträgers zu bestimmen und das Grundrecht ohne Gesetzesvorbehalt gewährleistet ist, bestünde die Gefahr einer extensiven Ausdehnung des Schutzbereichs des Art. 4 Abs. 1 und 2 GG, wollte man schon allein die Behauptung ausreichen lassen, das eigene Handeln, um das es im konkreten Fall geht, sei religiös motiviert (vgl. hierzu: OVG.NW, Urteil vom 12. 7. 1991[3] – 19 A 1786/90 –, NWVBl. 1992, 35 [37]; BVerfG, Beschluß vom 5. 2. 1991[4] – 2 BvR 263/86 –, BVerfGE 83, 341 (353); Kluge,

---

[3] KirchE 29, 231.
[4] KirchE 29, 9.

Vorbehaltlose Grundrechte am Beispiel des Schächtens, ZRP 1992, 141 ff.; Hollerbach, Das Staatskirchenrecht in der Rechtsprechung des Bundesverfassungsgerichts, AöR, Bd. 106, S. 218 (227); Herzog, in: Maunz-Dürig-Herzog, Kommentar zum Grundgesetz, Rdnr. 105 zu Art. 4; Fleischer, Der Religionsbegriff des Grundgesetzes, Bochum, Univ., Diss. 1989, S. 101 ff.).

Hat der Kläger nach alledem nicht ausreichend dargelegt und begründet, welche religiösen Gründe seine Religionsgemeinschaft beim Schächten die Betäubungslosigkeit der Tiere bindend fordern läßt, so ist verfassungsrechtlich auch nicht zu beanstanden, daß § 4 a Abs. 2 Nr. 2 TierSchG die Erteilung einer Ausnahmegenehmigung von Vorschriften einer Religionsgemeinschaft und nicht von den individuellen, möglicherweise abweichenden Anschauungen einzelner Angehöriger der Religionsgemeinschaft abhängig macht. Der religiöse Hintergrund des Schächtens beruht schon seit jeher auf den glaubensmäßigen Vorstellungen von Religionsgemeinschaften und zwar vor allem solcher moslemischen und mosaischen Ursprungs. Es kam und kommt in der gesellschaftlichen Wirklichkeit nicht als individuelles Ge- oder Verbot vor. So hat der Kläger selbst auch gar nicht geltend gemacht, er oder einzelne seiner Mitglieder hätten eine ganz besondere Sicht der Dinge, sondern er hat behauptet, seine Sicht der Dinge entspreche der maßgeblichen Auslegung des Koran im Islam oder doch zumindest der Glaubensrichtung des Islam, der er und seine Mitglieder anhingen. Dies zeigt, daß es sich bei den religiösen Schlachtvorschriften, die Gegenstand der Regelung des § 4 a Abs. 2 Nr. 2 TierSchG sind, auch vom religiösen Selbstverständnis der Betroffenen aus, um kollektive Religionsausübung handelt. Für den Gesetzgeber stellte sich daher die Frage, das Schächten als individuelles religiöses Freiheitsrecht regeln zu müssen, gar nicht. In diesem Zusammenhang ist auch zu berücksichtigen, daß das Verbot, Fleisch von nicht geschächteten Tieren zu essen, jedenfalls bei einer nur den Einzelnen für sich und nicht seine Einbindung in eine Religionsgemeinschaft in den Blick nehmenden Betrachtung dem Art. 4 Abs. 2 GG wohl gar nicht unterfiele. Für den Einzelnen beschreibt das Schächten nur die Bedingung für die Gewinnung eines kultisch einwandfreien Nahrungsmittels, auf das er auch verzichten könnte, ohne gegen religiöse Gebote zu verstoßen (vgl. hierzu: Zippelius, in: Kommentar des Bonner Grundgesetzes, Rdnr. 105 zu Art. 4).

Gegenüber dem hier vertretenen Verständnis der in § 4 a Abs. 2 Nr. 2 TierSchG aufgestellten Voraussetzungen für eine Ausnahmegenehmigung zum betäubungslosen Schlachten kann sich der Kläger auch nicht auf Stellungnahmen christlicher Theologen berufen, die in einem Parallelverfahren eingereicht worden sind. Zwar führen der Professor für Islamwissenschaften und Turkologie an der Universität Köln Dr. Manfred Götz und Pastor Gerhard Jasper von der Evangelischen Beratungsstelle für Islamfragen in Stellungnahmen zur islamischen Schlachtpraxis (Schächten von Tieren nach islamischem Ritus) vom

6. 7. 1988 (Jasper) und 25. 8. 1989 (Götz) aus, die Betäubungslosigkeit der Tiere sei unabdingbare Voraussetzung für das Schächten nach islamischem Ritus. Die Kammer hält aber in dieser Frage die hier verwerteten Stellungnahmen islamischer Autoritäten für aussagekräftiger und eher dem islamischen Selbstverständnis entsprechend als die Aussagen christlicher Theologen. Hinzuweisen ist dabei allerdings, daß auch letztere den Islam in der Schächtfrage als eine einheitlichen, verbindlichen und autoritativ gesetzten Vorschriften folgende Religion beschreiben und Differenzierung nach Glaubensrichtungen oder Rechtsschulen nicht vornehmen. Da das Verwaltungsgericht Berlin bei seinem Urteil vom 19. 3. 1979 – 14 A 224.77 – und das Amtsgericht Balingen bei seinem Urteil vom 14. 1. 1981[5] – 1 OWi 291/80 – (NJW 1982, 1006) die hier berücksichtigten Stellungnahmen islamischer Glaubensautoritäten noch nicht kennen konnten und da Lorz sie zwar zum Teil in der 4. Auflage seines Kommentars zum Tierschutzgesetz erwähnt, sich aber nicht mit ihnen auseinandersetzt, führen auch diese Äußerungen zum Thema nicht weiter.

Nach alledem sind die Voraussetzungen des § 4 a Abs. 2 Nr. 2 TierSchG für die Erteilung einer Ausnahmegenehmigung zum betäubungslosen Schlachten an den Kläger nicht erfüllt. Dieses Ergebnis verstößt auch nicht gegen Art. 4 Abs. 1 und 2 GG. Daher kommt es nicht mehr auf die Frage an, ob der Tierschutz als Schranke des vorbehaltlosen Grundrechts auf Religionsfreiheit angesehen werden kann (vgl. hierzu: Kuhl/Unruh, Tierschutz und Religionsfreiheit am Beispiel des Schächtens, DÖV 1991, S. 94 ff.; Kluge, aaO). Die Kammer hält allerdings die Überlegung Kluges zumindest für diskussionswürdig, den Tierschutz als einen Gesetz gewordenen sittlichen Standard im Sinne eines an die moralischen Anschauungen der Bevölkerung anknüpfenden Sittengesetzes, das nicht mit dem Sittengesetz in Art. 2 Abs. 1 GG identisch ist, und damit als geeignet anzusehen, auch vorbehaltlose Grundrechte einzuschränken, braucht diesem Gedanken aber nicht weiter nachzugehen.

Schließlich verletzt die angefochtene Entscheidung den Kläger auch nicht in seinem Grundrecht auf Gleichbehandlung gemäß Art. 3 Abs. 1 GG. Auf die Praxis in anderen Bundesländern kann sich der Kläger nicht berufen, weil die Ausführung des bundesrechtlich geregelten Tierschutzgesetzes Ländersache ist und Behörden in Nordrhein-Westfalen auf Entscheidungen von Behörden anderer Bundesländer keinen Einfluß haben. Auch eine Ungleichbehandlung gegenüber jüdischen Gläubigen oder Religionsgemeinden kann der Kläger nicht geltend machen. Trifft es zu, daß in Nordrhein-Westfalen Juden keine Ausnahmegenehmigungen gemäß § 4 a Abs. 2 Nr. 2 TierSchG erteilt worden sind, scheidet eine Ungleichbehandlung schon deshalb aus. Sind doch solche Genehmigungen erteilt worden, kann dies darauf beruhen, daß sich die Betrof-

---

[5] KirchE 18, 381.

fenen, anders als der Kläger, überprüfbar auf zwingende Vorschriften ihrer Religionsgemeinschaft i. S. des § 4 a Abs. 2 Nr. 2 TierSchG berufen haben; dann rechtfertigt dies die ungleiche Behandlung. Aber auch wenn Juden rechtswidrig Genehmigungen erteilt worden sein sollten, weil sie das Vorliegen der Voraussetzungen des § 4 a Abs. 2 Nr. 2 TierSchG nicht dargelegt haben, wäre die Verweigerung der Genehmigung dem Kläger gegenüber kein Verstoß gegen das Gleichheitsgebot. Ein Anspruch darauf, ebenso rechtswidrig begünstigt zu werden wie ein anderer, läßt sich aus Art. 3 Abs. 1 GG nicht herleiten.

44

Zu Frage, ob Eltern muslimischen Glaubens im Wege einstweiliger Anordnung erreichen können, daß in der von ihrer Tochter besuchten Schulklasse Sexualkundeunterricht für Jungen und Mädchen getrennt erteilt wird.

Art. 4 Abs. 1, 6 Abs. 2 GG; § 39 Nds.SchG
VG Hannover, Beschluß vom 25. Mai 1992 - 6 B 2024/92[1] -

Die Tochter M. der Antragsteller, die muslimischen Glaubens sind, besucht die Klasse 6 c der Antragsgegnerin, einer öffentlichen Schule. Etwa sechs Monaten vor Einleitung des vorliegenden Verfahrens hatten - nach Angaben der Antragsteller - mehrere Mädchen aus dieser Klasse den Wunsch geäußert, den in diesem Schuljahr durchzuführenden Sexualkundeunterricht nach Geschlechtern getrennt zu erhalten, weil ihre Schamgefühle ansonsten verletzt würden.

Etwa drei Wochen vor Antragstellung erklärte die Klassenlehrerin den Antragstellern, daß sie demnächst mit dem Sexualkundeunterricht beginnen werde und ein koedukativer Unterricht vorgesehen sei. Sie wolle sich aber bei der Schulleitung erkundigen, ob organisatorisch die Durchführung eines nach Geschlechtern getrennten Sexualkundeunterrichts möglich sei. Bei einem Elternabend teilte die Klassenlehrerin mit, die Schulleitung sehe sich nicht imstande, getrennten Sexualkundeunterricht durchzuführen, weil das Schulgesetz die Koedukation vorsehe und es Organisationsschwierigkeiten gebe.

Die Antragsteller, die an dem auf den Elternabend folgenden Tag um einstweiligen Rechtsschutz nachgesucht haben, leiten aus Art. 4 und 6 GG einen Anspruch auf getrennten Sexualkundeunterricht her. Auch § 39 Nds.SchG gebe ihrer Tochter als „benachteiligte Schülerin" im Rahmen der durchzuführenden Förderung einen solchen Anspruch, weil sie sich als Angehörige des

---

[1] Der Beschluß ist rechtskräftig.

islamischen Glaubens benachteiligt fühle. Der Islam sei der Auffassung, daß Kinder und Jugendliche geschlechtsspezifisch und nach Geschlechtern getrennt erzogen werden müßten. Nach islamischer Anschauung verbiete es das Schamgefühl, die menschliche Sexualität in das Licht der Öffentlichkeit zu rücken. Sie wollten, daß ihre Tochter eine den islamischen Vorstellungen entsprechende Sexualerziehung erhalte. Eine Befreiung vom Unterricht sei hingegen nicht erstrebenswert, da sie Sexualkundeunterricht erhalten solle und die Erziehung der Eltern in diesem Punkt nicht so wissenschaftlich erfolgen könne. Die Schule habe die Aufgabe, die Unterrichtsplanung so zu gestalten, daß das Bildungsrecht des einzelnen Schülers gewährleistet sei. Erziehung und Unterricht hätten auf Empfindungen Andersdenkender Rücksicht zu nehmen. Sie beantragen, der Antragsgegnerin zu untersagen, den Sexualkundeunterricht der Klasse 6 c für Schüler und Schülerinnen gemeinsam durchzuführen.

Die Antragsgegnerin ist der Meinung, § 39 Nds.SchG verpflichte die Schulaufsichtsbehörden lediglich festzustellen, in welcher Schule ein Schüler die für ihn bestmögliche Förderung erhalten könne. Mehr sei nicht Regelungsgegenstand dieser Norm. Schüler und Eltern hätten keinen Anspruch auf einzelne Organisationsakte; diese seien nichtjustitiable innerbetriebliche Maßnahmen. Überdies sei die Koedukation in Niedersachsen eines der pädagogischen Grundprinzipien; eine Abweichung hiervon sei daher nicht hinnehmbar. Letztlich sei eine Befreiung der Tochter der Antragsteller von der Teilnahme am Unterricht möglich.

Das Verwaltungsgericht lehnt den Antrag ab.

Aus den Gründen:

Der statthafte und zulässige Antrag ist nicht begründet.

Zunächst bedarf das Antragsbegehren der Auslegung, denn der tatsächlich gestellte Antrag ist nicht mit seiner Begründung kongruent. Die Kammer versteht das Rechtsschutzgesuch der Antragsteller dahingehend, daß der Antragsgegnerin aufgegeben werden soll, den Sexualkundeunterricht organisatorisch so zu gestalten, daß Jungen und Mädchen getrennt unterrichtet werden, um eine Verletzung der Schamgefühle ihrer Tochter zu vermeiden.

Statthafterweise verfolgen die Antragsteller ihr Begehren mittels einer Regelungsanordnung gemäß § 123 Abs. 1 Satz 2 VwGO, denn aufgrund des Sexualkundeunterrichts besteht zwischen ihnen und der Antragsgegnerin ein streitiges Rechtsverhältnis. Hiernach kann eine einstweilige Anordnung zur Regelung eines vorläufigen Zustandes in bezug auf ein streitiges Rechtsverhältnis erlassen werden, wenn diese Regelung, vor allem bei dauernden Rechtsverhältnissen, um wesentliche Nachteile abzuwenden oder drohende Gewalt zu verhindern oder aus anderen Gründen nötig erscheint.

Die Kammer hat bereits erhebliche Zweifel am Rechtsschutzinteresse des Antrags, da die Antragsteller ihr Anliegen nicht vorher bei der zuständigen Behörde vorgetragen haben (vgl. auch Kopp, VwGO, 8. Aufl., § 123 Rdnr. 25; OVG Lüneburg, Beschluß v. 2. 4. 1981 - 10 OVG B 1572/80 u. a. -, NVwZ 1983, 106 für Hochschulzulassungsverfahren; a. A. Jank, aaO, Rdnr. 100). Die Kammer geht nämlich davon aus, daß ein unmittelbar bei der Behörde zu stellender Antrag schon deshalb erforderlich ist, um ein Rechtsverhältnis i.S.d. § 123 Abs. 1 VwGO zwischen den Antragstellern und der Antragsgegnerin zu begründen (vgl. bereits Beschlüsse der Kammer vom 23. 8. 1988 - 6 VG D 39/88 - u. 30. 11. 1989 - 6 B 71/89 -). Das mit dem bei Gericht gestellten Anordnungsantrag begründete Streitverhältnis ist kein Rechtsverhältnis i.S.v. § 123 Abs. 1 Satz 2 VwGO. Dieses muß, wenn eine Regelung nur „in bezug auf ein streitiges Rechtsverhältnis" getroffen werden kann, *außerhalb* des gerichtlichen Verfahrens bestehen. Von den Antragstellern ist aber nicht glaubhaft gemacht worden, einen entsprechenden Antrag bei der Antragsgegnerin gestellt zu haben, vielmehr haben sie lediglich vorgetragen, sie und ihre Tochter hätten die Klassenlehrerin mündlich um getrennte Durchführung des Sexualkundeunterrichts gebeten.

Indessen kann die Kammer diese Bedenken zurückstellen, denn dem Begehren der Antragsteller fehlt es bereits am Anordnungsgrund. Für die Kammer ist nicht ersichtlich, daß der Tochter der Antragsteller unzumutbare Nachteile drohen, wenn sie in der nächsten Zeit keinen getrenntgeschlechtlichen Sexualkundeunterricht erhält. Es ist nicht ersichtlich, daß die Teilnahme am Sexualkundeunterricht zum jetzigen Zeitpunkt für die schulische Laufbahn der Tochter der Antragsteller von Relevanz sein kann, noch ist glaubhaft gemacht, daß M. in ihrer seelischen Entwicklung Schaden nehmen könnte, wenn ein getrenntgeschlechtlicher Sexualkundeunterricht bis zur Hauptsacheentscheidung des Gerichts nicht seitens der Schule angeboten wird. Vielmehr können die Antragsteller bis dahin - soweit nötig - im Rahmen ihres Erziehungsrechts ihre Tochter in sexuellen Fragen unterweisen.

Bereits das Bundesverfassungsgericht hat in seiner grundlegenden Entscheidung zum Sexualkundeunterricht in öffentlichen Schulen (BVerfG, Beschluß v. 21. 12. 1977 - 1 BvL 175, 1 BvR 147/75 -, DÖV 1978, S. 244 ff.) darauf hingewiesen, daß der geeignete Platz für die individuelle Sexualerziehung das Elternhaus ist. Der Sexualerziehung komme grundsätzlich eine größere Affinität zum elterlichen Bereich als zum schulischen Sektor zu.

Anders wäre der Anordnungsgrund dann zu beurteilen, wenn es den Antragstellern um eine *Befreiung* ihrer Tochter von der Teilnahme am koedukativen Sexualkundeunterricht ginge. Dieses ist nach ihrem ausdrücklichen Vortrag jedoch nicht beabsichtigt.

Es liegt ferner auch kein Anordnungsanspruch vor, denn die Eltern eines

Schülers haben auch beim Sexualkundeunterricht lediglich ein individuelles Informations- und Anhörungsrecht, nicht jedoch ein Recht, bei der Auswahl der Unterrichtsinhalte und -methoden durch die Schule mitzubestimmen (Klügel/Woltering, NSchG, 2. Aufl. 1991, Anm. 6 zur Vorbemerkung zu § 69 und Anm. 10 f. zu § 77). Den Antragstellern ist zuzustimmen, daß die Gestaltung des Sexualkundeunterrichts bei der Antragsgegnerin auf die religiösen Belange u. a. der Kinder islamischen Glaubensbekenntnisses Rücksicht nehmen muß, denn der Staat ist verpflichtet, in der Schule die Verantwortung der Eltern für die Erziehung ihrer Kinder zu achten und für die Vielfalt der Anschauungen in Erziehungsfragen offen zu sein (BVerfG, aaO, S. 246). Diese Verpflichtung geht jedoch nur so weit, als sie sich mit einem geordneten staatlichen Schulsystem verträgt. Der Bildungs- und Erziehungsauftrag des Staates hat bundesrechtlich seine Grundlage in Art. 7 Abs. 1 GG, landesrechtlich in § 2 Nds.SchG. Zu diesem staatlichen Erziehungsauftrag, der dem Elternrecht gleichgeordnet ist, zählt nicht nur die organisatorische Gliederung der Schule, sondern auch die inhaltliche Festlegung der Ausbildungsgänge und Unterrichtsziele (BVerfG, aaO, S. 245).

Hierbei wird den Schulbehörden ein weites Ermessen eingeräumt (vgl. Klügel/Woltering, aaO, Anm. 6 zu § 42). Die Antragsgegnerin hat in diesem Zusammenhang vorgetragen, sowohl aus organisatorischen Gründen als auch wegen des Prinzips der Koedukation von einer getrenntgeschlechtlichen Ausgestaltung des Sexualkundeunterrichts Abstand genommen zu haben. Diese Ermessensentscheidung hält nach Maßgabe der vorstehenden Überlegungen einer gerichtlichen Überprüfung stand. Die Kammer verkennt hierbei nicht, daß für die Antragsteller und ihre Tochter Gewissensbelastungen dadurch entstehen, daß sie mit der Antragsgegnerin eine staatliche Schule in Anspruch nehmen müssen, deren Erziehungsprinzipien weder ihren religiösen Wünschen noch den Anforderungen des Islams entsprechen. Da es jedoch in einer pluralistischen Gesellschaft wie der Bundesrepublik Deutschland faktisch unmöglich ist, bei der weltanschaulichen Gestaltung des Schulunterrichts allen Elternwünschen voll Rechnung zu tragen, geht die Abwägungsentscheidung zwischen den Rechten aus Art. 4 bzw. 6 GG und Art. 7 GG zu Lasten der Antragsteller aus.

Diese Auffassung der Kammer lehnt sich eng an die Rechtsprechung des Bundesverfassungsgerichts (BVerfG, aaO, S. 246 f.) zum Sexualkundeunterricht an:

„Ein Mitbestimmungsrecht der Eltern bei der Ausgestaltung der schulischen Sexualerziehung aufgrund des Art. 6 Abs. 2 GG ist jedoch zu verneinen. Dies ergibt sich aus folgender Überlegung: Das Grundrecht aus Art. 6 Abs. 2 GG ist ein Individualrecht, das jedem Elternteil einzeln zusteht. Es kann nicht durch Mehrheitsbildung ausgeübt werden. In einer pluralistischen Gesellschaft ist es faktisch unmöglich, daß die Schule allen Elternwünschen Rechnung trägt und sie bei der Aufstellung der Erziehungsziele und des Lehrplans sowie

bei der Gestaltung des Unterrichts berücksichtigt. Weder kann die Schule Unterrichtslösungen für jedes einzelne Kind oder beliebig kleine Gruppen von Kindern anbieten, noch brauchen die Eltern auf ihr individuelles Erziehungsrecht zugunsten einer von Elternmehrheiten vertretenen Auffassung zu verzichten. Ein mit allen Eltern einer Klasse auf die Persönlichkeit eines jeden Kindes in der Klasse abgestimmtes Zusammenwirken in der Sexualerziehung ist praktisch kaum vorstellbar, sobald der Bereich der schlichten Wissensvermittlung überschritten wird. Die Eltern können sich daher in diesem Bereich nicht uneingeschränkt auf ihr Recht aus Art. 6 Abs. 2 GG berufen. Sie werden in der Ausübung ihres Grundrechts insoweit durch die kollidierenden Grundrechte andersdenkender Personen begrenzt (vgl. BVerfGE 28, 243 [260 f.]; 41, 29 [...]."

Nach alledem ist der Antrag abzulehnen.

45

Wer an eine Vereinigung, die er als Religionsgemeinschaft ansieht, eine Geldspende erbringt, kann einer diesbezüglichen Presseberichterstattung auch dann entgegentreten, wenn Name und Spendenbetrag vorher in einer vereinsinternen Zeitschrift veröffentlicht worden waren.

Art. 140 GG, 136 Abs. 3 WRV
OLG Stuttgart, Urteil vom 27. Mai 1992 – 4 U 26/92[1] –

Die Verfügungsklägerin ist Mitglied der Internationalen Vereinigung der Scientologen (IAS) und hat dieser Organisation eine Spende von 100 000,- $ gemacht. Deshalb ist ihr Name in dem Magazin „XY", bei dem es sich um eine Mitgliederzeitung der IAS handelt, unter den Spendern der Vereinigung aus aller Welt (Patrons of the Association), Rubrik Germany, aufgeführt und mit zwei Sternchen gekennzeichnet, welche nach der beigegebenen Erklärung Spender von mindestens 100 000,- $ ausweisen. Über ihrem findet sich der Name ihres Ehemannes Gerhard H., versehen mit zwei etwas größeren Sternchen, was eine Spende von mindestens 250 000,- $ bezeichnet. Der Ehemann der Klägerin ist Geschäftsführer eines Unternehmens, bei der die Klägerin als freie Mitarbeiterin beschäftigt ist. – Die Verfügungsbeklagte verlegt eine lokale Tageszeitung. In deren Ausgabe vom 7. 11. 1991 wurde unter der Überschrift „Mit zwei Sternchen verziert: Ein Gönner der Scientologen" über die im Magazin „XY" bekanntgegebene Liste unter Nennung des Namens der Verfügungsklägerin und ihres Ehemannes kommentierend berichtet.

Die Klägerin ist der Ansicht, ihre Zugehörigkeit zu der IAS und ihre Unterstützung für diese seien ihrer Privatsphäre zuzurechnen, für die sie grundrechtlichen Schutz in Anspruch nehmen könne. Deshalb brauche sie es sich nicht

---

[1] AfP 1993, 739.

gefallen zu lassen, daß diese Umstände einer breiten Öffentlichkeit bekannt gemacht würden, zumal sie selbst in keiner Weise öffentlich in Erscheinung trete. So bekleide sie weder in der IAS noch sonst ein Amt. Da die IAS Gegenstand verbreiteter und heftig vorgetragener Kritik sei, würde diese durch die Mitteilungen in dem Artikel vom 7. 11. 1991 auf sie übertragen und sie an den Pranger gestellt. Demgegenüber sei ein publizistisches Anliegen der Beklagten, das die Nennung ihres Namens erforderlich mache, nicht zu erkennen.

Die Klägerin beantragt im Verfahren auf Erlaß einer einstweiligen Verfügung, der Beklagten zu verbieten, in der Öffentlichkeit die Behauptung aufzustellen oder zu verbreiten, a) sie, die Klägerin, sei Mitglied der Internationalen Vereinigung der Scientologen (IAS) und b) sie habe eine Unterstützung in Höhe von 100 000,- $ für die „Kriegskasse" der Internationalen Vereinigung der Scientologen geleistet.

Die Beklagte ist der Ansicht, daß ein hohes Informationsbedürfnis der Öffentlichkeit bestehe, die Spender sehr hoher Beträge an eine den Gegenstand kritischer Auseinandersetzung darstellende Organisation namhaft zu machen. Wer sich in dieser Weise aktiv für eine umstrittene Organisation verwende, müsse sich dies gefallen lassen. Außerdem habe die Klägerin den Vorgang selbst aus ihrer Privatsphäre dadurch herausgehoben, daß sie die Veröffentlichung ihres Namens in dem Magazin „XY" hingenommen, wahrscheinlich sogar begrüßt habe. Ebenso habe ihr Ehemann seine Aktivitäten innerhalb der IAS sogar zum Gegenstand einer Pressekonferenz gemacht, die er in seiner Firma abgehalten habe.

Das Landgericht hat die beantragte einstweilige Verfügung erlassen. Die Berufung des Beklagten hatte keinen Erfolg.

Aus den Gründen:

1. Die zulässige Berufung hat in der Sache keinen Erfolg.

a) Das angefochtene Urteil beruht auf einer am konkreten Fall erfolgten Abwägung zwischen dem Allgemeinen Persönlichkeitsrecht der Klägerin (Art. 1 und 2 GG), das über § 823 Abs. 1 BGB als „sonstiges Recht" geschützt ist, und der Pressefreiheit (Art. 5 GG), die der Beklagte für sich in Anspruch nimmt, wobei das Landgericht zum Vorrang des Persönlichkeitsrechts der Klägerin kam. Ob dem der Senat so folgen könnte, kann dahinstehen, denn das Urteil des Landgerichts ist jedenfalls im konkreten Fall im Ergebnis zutreffend.

Dem Verfassungs- bzw. Gesetzgeber steht es frei, bestimmte Bereiche des Allgemeinen Persönlichkeitsrechts abschwächend oder verstärkend speziell zu regeln. Bezüglich des vorliegend zur Entscheidung stehenden Sachverhaltes ist dies gem. Art. 140 GG, der u. a. auf Art. 136 WRV verweist, geschehen;

Art. 136 Abs. 3 Satz 1 WRV lautet: „Niemand ist verpflichtet, seine religiöse Überzeugung zu offenbaren".

Der Geheimhaltung der Religion (negative Bekenntnisfreiheit) kommt hiernach besondere Bedeutung zu und in diesen Bereich griff der Beklagte mit den angegriffenen Äußerungen ein. Dies gilt sowohl bezüglich der Mitteilung, die Klägerin sei Mitglied der Internationalen Vereinigung der Scientologen (IAS) als auch der Mitteilung, die Klägerin habe eine Unterstützung von 100 000,- Dollar für die „Kriegskasse" der Internationalen Vereinigung der Scientologen geleistet. Auch aus letzterer folgt, jedenfalls mittelbar, die Zugehörigkeit bzw. das Zugehörigkeitsgefühl der Klägerin zu den Scientologen. Ob diese rechtlich tatsächlich als Kirche einzuordnen sind, braucht hier nicht entschieden zu werden, denn es kommt allein auf die Auffassung der Klägerin an. In Anbetracht dessen führt die Abwägung der kollidierenden Interessen/Rechte unter Beachtung der Verhältnismäßigkeit dazu, daß der Beklagte die angegriffenen Äußerungen so nicht machen durfte und sich diese als rechtswidriger Eingriff in das Persönlichkeitsrecht der Klägerin darstellen.

b) Ergänzend ist noch anzumerken:

Eine ausdrückliche Einwilligung der Klägerin in die Veröffentlichung liegt nicht vor. Auch aufgrund der Namensnennung der Klägerin in der Mitgliederzeitschrift „XY" ist eine solche nicht anzunehmen, selbst wenn unterstellt wird, daß die Veröffentlichung des Namens letztlich mit Zustimmung/Einwilligung der Klägerin erfolgt ist. Abgesehen davon, daß in der Zeitschrift nur der Name genannt ist, eine Identifizierung also nur durch weitere Recherchen erfolgen kann, ist die Zeitschrift nur für Mitglieder bestimmt und deshalb der Empfängerkreis als gleichgesinnt anzusehen, die Kenntnis des Empfängerkreises also der Klägerin nicht abträglich. Demgegenüber ist die Äußerung des Beklagten mit Namensnennung der Klägerin und weiterer Identifizierbarkeit nämlich als Ehefrau des Gerhard H. „im Kreis bekannt als Geschäftsführer der Firma St." von anderer Auswirkung, so daß nicht von einer Einwilligung der Klägerin in die vorliegende konkrete Verletzungsform ausgegangen werden kann.

Auch ist die wahrheitsgemäße Aufklärung über die Mitgliedschaft der Klägerin und deren Spende aus besonderen Gründen für die Allgemeinheit nicht von überragender Bedeutung. Während dies für den Ehemann der Klägerin, der jedoch soweit ersichtlich keine gerichtlichen Schritte eingeleitet hat, aufgrund der Tatsache, daß dieser seine Aktivitäten innerhalb der Scientology Kirche zum Gegenstand einer Pressekonferenz und damit der Öffentlichkeit zugänglich gemacht hat, und der Tatsache des laufenden Ermittlungsverfahrens anders beurteilt werden könnte, sind solche Umstände bei der Klägerin nicht gegeben. Diese nimmt keine in der Vereinigung herausgehobene Position oder Führungsposition ein und ist ihrerseits im Zusammenhang mit dem streitgegenständlichen Äußerungsbereich nicht von sich aus an die Öffentlichkeit getreten.

Ferner kann man die Klägerin auch nicht insoweit mit ihrem Ehemann „in einen Topf werfen". Die Persönlichkeitsrechte sind jeweils gesondert zu betrachten und demgemäß auch die Frage der Rechtswidrigkeit ihrer Verletzung. Zwar ist richtig, daß die Scientology Kirche insbesondere auch im Großraum Stuttgart in die Schlagzeilen geraten ist, weshalb auch eine Befassung der Presse mit dieser Kirche und deren Finanzierung im Aufgabenbereich der Presse liegt und der Information der Öffentlichkeit dient. Eine sachliche und überzeugende Information der Öffentlichkeit wäre jedoch auch ohne Namensnennung gerade der Klägerin möglich gewesen; im Hinblick auf das erhebliche Mißtrauen der Öffentlichkeit gegenüber dieser Kirche und die darin liegende Beeinträchtigung von deren Mitgliedern im öffentlichen Ansehen war die Nicht-Namensnennung geradezu geboten. Die Überzeugungskraft des Artikels wäre nicht gemindert gewesen, wenn die Beklagte, dem Leserkreis als seriöse Zeitung bekannt, allgemein mit der Anmerkung „Namen der Redaktion bekannt" berichtet hätte, daß Mitglieder auch im Bereich N. vorhanden sind und Spenden in der Größenordnung von 100 000,- $ und mehr aufbringen. So wie die Bildberichterstattung im Fernsehen – von Personen der Zeitgeschichte abgesehen – gewissermaßen im Rahmen der Güterabwägung unter Beachtung der Verhältnismäßigkeit nur das „letzte Mittel" sein kann, so gilt dies entsprechend für volle Namensnennung mit voller Identifizierungsmöglichkeit für die Wortberichterstattung.

46

Die Kirchgeldregelung in der Nordelbischen Ev.-Luth. Kirche ist verfassungskonform.

Art. 3 Abs. 1 GG
FG Hamburg, Urteil vom 2. Juni 1992 – IV 66/91 H[1] –

Die Beteiligten streiten über die Bemessung des von der Klägerin geschuldeten Kirchgeldes.
Die mit ihrem Ehemann zusammenveranlagte Klägerin gehörte bis zum 30. 4. 1983 der Nordelbischen Ev.-Luth. Kirche an. Sie hatte im Jahr 1983 kein Einkommen. Ihr Ehemann, der keiner kirchensteuerberechtigten Religionsgesellschaft angehörte, hatte vor allem Einkünfte aus nichtselbständiger Arbeit, und zwar in Höhe von rund 415 000 DM. Davon entfielen rund 253 000 DM auf eine Entschädigung, die der Ehemann der Klägerin von der X.-AG wegen des Verlustes seines Arbeitsplatzes im April 1983 erhalten hatte.

---

[1] EFG 1992, 763. Das Urteil ist rechtskräftig.

Aufgrund des § 34 Abs. 2 EStG berechnete der Beklagte die auf diesen Abfindungsbetrag zu entrichtende Einkommensteuer gesondert dahin, daß der Steuersatz rund 25 % betrage, während das übrige Einkommen mit einem Satz von gut 39 % belegt wurde. In seinem diesbezüglichen Bescheid vom 27. 4. 1984 setzte der Beklagte ferner gegen die Klägerin aufgrund des gemeinsamen zu versteuernden Einkommens der Eheleute von 413 404 DM das Kirchgeld nach dem Höchstbetrag von 4800 DM jährlich auf – anteilig für 4 Monate – 1600 DM fest.

Hiergegen richtet sich die nach erfolglosem Einspruchsverfahren erhobene Klage, zu deren Begründung im wesentlichen folgendes vorgetragen wird:
Die Kirchensteuer sei als Annexsteuer zur Einkommensteuer ausgebildet. Sie müsse sich daher an den grundlegenden Prinzipien der Einkommensbesteuerung messen lassen. Während jedoch bei der Festsetzung der Einkommensteuer einer Zusammenballung von Einkünften für mehrere Jahre durch § 34 Abs. 2 EStG Rechnung getragen werde, stelle das Kirchgeld – im Gegensatz zum Regelfall der Kirchensteuerermittlung – auf den Gesamtbetrag der Einkünfte ab, ohne eine solche soziale Komponente zu berücksichtigen. Es verstoße damit gegen die tragenden Prinzipien des Einkommensteuerrechts. Daß eine solche Regelung nicht rechtens sein könne, ergebe sich zudem daraus, daß im Rahmen des Kirchgeldes auch eine Regelung zur kinderbezogenen Minderung der Kirchensteuer habe gefunden werden müssen, nachdem bei der Einkommensteuer die Kinderfreibeträge entfallen seien. Überdies würden durch das festgesetzte Kirchgeld Einkommensteile erfaßt, die Zeiträume beträfen, in denen eine Kirchensteuerpflicht der Klägerin nicht mehr bestanden habe. Denn die gezahlte Abfindung betreffe den Zeitraum bis zum normalen Pensionsalter ihres Ehemannes. Da die geminderte Einkommensteuer 61,7 % des Betrages ausmache, der sich ohne Anwendung des § 34 Abs. 2 EStG ergeben hätte, meint die Klägerin, eine gesetzeskonforme Anpassung der Kirchensteuerregelung könne darin gesehen werden, daß das Kirchgeld in gleichem Maße verringert werde wie die Einkommensteuer.

Die Klägerin beantragt, den angefochtenen Kirchgeldbescheid in der Gestalt der Einspruchsentscheidung dahin zu ändern, daß das Kirchgeld auf 500 DM festgesetzt wird.

Der Beklagte beruft sich auf die, wie er meint, eindeutige und nicht auslegungsfähige Regelung in § 2 des Kirchensteuerbeschlusses, nach dem anders als bei der Regel-Kirchensteuer Bemessungsgrundlage allein das gemeinsame zu versteuernde Einkommen sei. Zu dieser Regelung sei der Kirchengesetzgeber frei gewesen. Er habe mit ihr nicht gegen staatliches Kirchensteuerrecht oder Verfassungsrecht verstoßen.

Das Finanzgericht weist die Klage ab.

Kirchgeld 257

Aus den Gründen:

Die zulässige Klage ist unbegründet. Die Festsetzung der Kirchensteuer in dem angefochtenen Bescheid ist dem Grunde wie der Höhe nach rechtmäßig (§ 100 Abs. 1 Satz 1 FGO).
1. Rechtsgrundlage ist das Kirchensteuergesetz der Nordelbischen Ev.-Luth. Kirche vom 8. 10. 1978 (- Kirchensteuerordnung -, BStBl. 1979 I S. 200) i.V.m. mit dem Kirchengesetz über Art und Höhe der Kirchensteuern (- Kirchensteuerbeschluß -, BStBl. 1979 I S. 205). Nach diesen kirchlichen Rechtsvorschriften werden von den Mitgliedern der Nordelbischen Kirche Kirchensteuern erhoben, und zwar - u. a. - die Kirchensteuern vom Einkommen als Kirchgeld in glaubensverschiedener Ehe (§ 5 Abs. 1 Nr. 1 c Kirchensteuerordnung). Dieses Kirchgeld in glaubensverschiedener Ehe - d. h. in einer Ehe, in der der Ehegatte des Kirchenmitglieds keiner kirchensteuerberechtigten Religionsgesellschaft angehört - wird nach § 5 Kirchensteuerbeschluß von Gemeindemitgliedern erhoben, die nicht getrennt veranlagt werden, wird nach § 9 Abs. 2 Kirchensteuerordnung nach der wirtschaftlichen Leistungsfähigkeit in Anknüpfung an den Lebensführungsaufwand bemessen und beträgt bei einem gemeinsamen zu versteuernden Einkommen nach den Bestimmungen des Einkommensteuergesetzes (Bemessungsgrundlage) von mehr als 400 000 DM jährlich 4800 DM bzw. bei nur zeitweiser Mitgliedschaft ¹/₁₂ daraus pro Monat (§ 4 Abs. 3 Kirchensteuerordnung).
2. Da die Klägerin in den ersten vier Monaten des Streitjahres der Nordelbischen Kirche angehörte, in einer glaubensverschiedenen Ehe lebte, Zusammenveranlagung mit ihrem Ehemann beantragte und die Eheleute ein gemeinsames zu versteuerndes Einkommen nach § 32 EStG (in der damals geltenden Fassung) von mehr als 400 000 DM hatten, war das Kirchgeld nach der neunten Stufe der in § 5 Abs. 2 Kirchensteuerbeschluß enthaltenen Staffelung festzusetzen. § 34 Abs. 2 EStG ist insoweit offenkundig ohne Bedeutung.
3. Zu Unrecht hält die Klägerin die kirchlichen Regelungen für „nicht rechtens", insofern sie anders als § 34 Abs. 2 EStG keine Steuerermäßigung für den Fall vorsähen, daß das gemeinsame zu versteuernde Einkommen bestimmte außergewöhnliche Einkünfte enthält, die sich in einem Veranlagungszeitraum „zusammenballen", obwohl sie mehrere Veranlagungszeiträume „betreffen". Es kann dahinstehen, ob die durch § 34 Abs. 2 EStG bewirkte ermäßigte Besteuerung für außergewöhnliche Einkünfte der u. a. in § 24 Nr. 1 EStG erfaßten Art, zu denen Entschädigungen für die Aufgabe einer Tätigkeit gehören, wie sie der Ehemann der Klägerin erhalten hat, zu den „Grundprinzipien des Einkommensteuerrechts" gehört, wie die Klägerin annimmt. Denn die Klägerin wird zur Kirchensteuer nach Rechtsvorschriften herangezogen, die die Nordelbische Kirche aufgrund ihrer - verfassungsrechtlich gewährleisteten -

gesetzgeberischen Autonomie erlassen hat und denen nur das staatliche Kirchensteuergesetz und die für alle geltenden Gesetze Grenzen ziehen. Zu diesen gehört das Einkommensteuergesetz nicht. Seine Regelungen sind für die kirchliche Gesetzgebung, selbst wenn sie Steuern vom Einkommen betrifft – was bei den Regelungen über das Kirchgeld, wie noch darzulegen ist, nicht einmal zutrifft –, nicht aus sich heraus verbindlich oder von Rechts wegen vorbildhaft. Daran ändert auch § 51 a EStG nichts, den die Klägerin zu Unrecht zitiert. Auch das Hamburgische Kirchensteuergesetz beschränkt die kirchliche Steuergesetzgebung nicht dahin, daß sie die Regelungen des Einkommensteuergesetzes zu übernehmen oder jedenfalls ihre „Grundprinzipien" in ihren eigenen Regelungen zu berücksichtigen hätte. Es enthält nähere Regelungen überhaupt nur über die Kirchensteuer vom Einkommen, um die es jedoch hier nicht geht, weil nach der Terminologie des staatlichen Kirchensteuergesetzes das Kirchgeld keine „Kirchensteuer vom Einkommen" darstellt (vgl. das Urteil des FG Hamburg vom 7. 6. 1990[2] – IV 11/88 H –).

Ernsthaft in Betracht gezogen werden kann danach allein die Frage, ob die eingangs dargestellten kirchengesetzlichen Regelungen gegen die für alle geltenden Gesetze deshalb verstoßen, weil sie die der Steuergesetzgebung – also auch der der Kirchen – durch die Verfassung gezogenen Schranken überschreiten. Nach der Rechtsprechung des Bundesverfassungsgerichts (vgl. das Urteil vom 10. 2. 1987 – 1 BvL 18/81 und 20/82 –, BVerfGE 74, 182 mit Nachw.) fordert der Gleichheitssatz in seiner besonderen steuerlichen Ausprägung als Grundsatz der Steuergerechtigkeit, die Besteuerung – insbesondere im Einkommensteuerrecht – grundsätzlich an der wirtschaftlichen Leistungsfähigkeit auszurichten. Dabei beruhe allerdings die Anwendung des Art. 3 Abs. 1 GG stets auf einem Vergleich von Lebensverhältnissen, die nie in allen, sondern stets nur in einzelnen Elementen gleich seien. Es sei Sache des Gesetzgebers, zu entscheiden, welche Elemente der zu ordnenden Lebensverhältnisse er als maßgebend dafür ansieht, sie im Recht gleich oder verschieden zu behandeln. Voraussetzung für die Übereinstimmung einer Regelung mit dem Gleichheitssatz sei lediglich, daß die gewählte Differenzierung auf sachgerechten Erwägungen beruhe. Im Rahmen seiner weitgehenden Gestaltungsfreiheit könne sich der Steuergesetzgeber auch von u. a. steuertechnischen Erwägungen leiten lassen und seine Gestaltungsfreiheit ende erst dort, wo die gleiche oder ungleiche Behandlung der geregelten Sachverhalte nicht mehr mit einer am Gerechtigkeitsgedanken orientierten Betrachtungsweise vereinbar sei, wo also ein sachlicher Grund für die Gleichbehandlung oder Ungleichbehandlung fehle (aaO, 199 f.). Über diesen rechtlichen Ausgangspunkt besteht – unbeschadet unterschiedlicher Auffassungen im übrigen, insbesondere über die notwendige ver-

---

[2] KirchE 28, 133.

fassungsrechtliche Kontrolldichte – auch in der Fachgerichtsbarkeit und im Schrifttum Einigkeit (vgl. Tipke StuW 1988, 262 [272]; Kruse StuW 1990, 322 [326 ff.]). Nach diesen Grundsätzen ist nicht zu beanstanden, daß die Nordelbische Kirche in ihrer Kirchgeldregelung ausnahmslos an das gemeinsame zu versteuernde Einkommen anknüpft und keinen § 34 Abs. 2 EStG vergleichbaren Progressionsvorbehalt vorgeschrieben hat.

Eine personenbezogene Ertragsbesteuerung muß schon aus Gründen ihrer Praktikabilität auf Veranlagungszeiträume abstellen, deren jeweiliger Ertrag Besteuerungsobjekt ist. Die Kirchensteuerordnung stellt insoweit in Übereinstimmung mit dem Einkommensteuergesetz auf das Kalenderjahr ab. Ein solcher Bezugspunkt der Besteuerung bringt bei einem progressiven Steuertarif, den die kirchlichen Regelungen ebenfalls in Übereinstimmung mit dem Einkommensteuergesetz auch beim Kirchgeld vorsehen, naturgemäß Ungerechtigkeiten mit sich, wenn die Steuerquelle in den einzelnen Jahren unterschiedlich ertragreich ist. Ungerechtigkeiten dieser Art lassen sich indessen schon deshalb nicht völlig vermeiden, weil die unter dem Gesichtspunkt der Steuergerechtigkeit ausschlaggebende Leistungsfähigkeit des Steuerpflichtigen nach seinen individuellen Verhältnissen in unterschiedlichem Maße aufgrund einer nur kurzfristigen Steigerung seiner Einkünfte zunimmt oder trotz einer Steigerung seiner Einkünfte gleichbleibt. Das gilt auch bei außerordentlichen Einkünften der in § 24 EStG erfaßten Art. Daß diese oder daß zumindest die zu ihnen gehörenden Abfindungen die wirtschaftliche Leistungsfähigkeit zu erhöhen grundsätzlich nicht geeignet wären – was die unumstrittene Verfassungsmäßigkeit des § 24 EStG selbst in Frage stellte –, kann nicht ernsthaft behauptet werden. In welchem Umfang sie dies tun, ist eine einer notwendigerweise generalisierenden Regelung unzugängliche Fragen des Einzelfalls und von ihrer Höhe und den allgemeinen wirtschaftlichen Verhältnissen des Steuerpflichtigen sowie davon abhängig, ob er sie für seinen künftigen Unterhalt zurücklegen muß, was vor allem mit seinen Erwartungen und Aussichten zu tun hat, auch zukünftig laufende Einkünfte in für die Lebensführung ausreichender Höhe erzielen zu können – wie es übrigens beim Ehemann der Klägerin tatsächlich eingetroffen ist –. Es ist deshalb in hohem Maße eine Frage der grundsätzlich dem Gesetzgeber vorbehaltenen Bewertung, in welchem Umfang von dem Grundsatz gewissermaßen abgewichen werden soll, daß die Einkommensteuer ebenso wie die Kirchensteuer und insbesondere auch das Kirchgeld Jahressteuern sind, und in der einen oder anderen steuertechnischen Weise außergewöhnliche Einkünfte eines Steuerpflichtigen gegenüber den regulären Einkünften steuerlich zu privilegieren, weil bei ihnen die Vermutung besteht, daß sie mehr oder minder für die Lebensführung in den folgenden Jahren benötigt werden.

Es ist deshalb schon fraglich, ob eine steuerliche Begünstigung der Entschädigungen im Sinne des § 24 Nr. 1 EStG, wie sie § 34 Abs. 2 EStG im Streitjahr im Wege einer Halbierung des Steuersatzes vorsah und auch heute noch in modifizierter Form vorsieht, von Verfassungs wegen geboten ist. Selbst wenn das aber anzunehmen wäre, würde sich daraus die Verfassungswidrigkeit der hier streitigen Kirchgeldregelungen nicht ergeben. Denn diese weisen zwar eine ähnliche Progression wie der Einkommensteuertarif auf (rund 0,5 % Kirchgeld bei einem gemeinsamen zu versteuernden Einkommen von mehr als 48 000 DM, 1,2 % Kirchgeld aus 400 000 DM bei einem höheren Einkommen als 400 000 DM), unterscheiden sich aber von dem Einkommensteuertarif augenfällig dadurch, daß das absolute Gewicht der finanziellen Belastung durch das Kirchgeld ungleich geringer ist als durch die Einkommensteuer. Das wirkt sich auf die verfassungsrechtlichen Anforderungen an den kirchlichen Gesetzgeber dahin aus, daß es von ihm in geringerem Maße als vom Gesetzgeber des Einkommensteuergesetzes Differenzierungen bei den von ihm getroffenen steuerrechtlichen Regelungen verlangt und ihn vor allem nicht mit der Gefahr konfrontiert, die einem Steuerpflichtigen zur Sicherung seines Lebensstandards nach Aufgabe seines Arbeitsplatzes gezahlte und für diesen Zweck notwendige Entschädigung, deren absolute Höhe sich typischerweise an seinen bisherigen Einkünften orientiert, in einer mit dem Gerechtigkeitsgebot in Konflikt stehenden Weise um so mehr gleichsam wegzusteuern, als die bisherigen regulären Einkünfte des Steuerpflichtigen gering waren und damit einer niedrigen Progressionsstufe unterfielen, während er mit der ihm gezahlten Entschädigung möglicherweise in eine erheblich höhere Progression des Tarifs gerät. Diese Auswirkungen, die geeignet sind, eine Entschädigung wesentlich zu entwerten und ihrer Wirkung weitgehend zu berauben, sind bei dem Kirchgeld angesichts der geringen Höhe schwerlich zu befürchten, so daß der kirchliche Gesetzgeber ihnen nicht Rechnung tragen mußte, sondern es bei einer undifferenzierten Anknüpfung an dem gemeinsamen zu versteuernden Einkommen bewenden lassen konnte.

Die streitigen kirchlichen Regelungen über das Kirchgeld sind weiter auch nicht deshalb zu beanstanden, weil der kirchliche Gesetzgeber selbst bei der von ihm erhobenen Kirchensteuer in Höhe eines Vomhundertsatzes der Einkommensteuer Entschädigungen auch kirchensteuerlich privilegiert und es nur bei der Erhebung des Kirchgeldes unterläßt. Er hat dadurch nicht gegen den Gleichheitssatz verstoßen und Kirchensteuerpflichtige, die in glaubensverschiedener Ehe leben, nicht in rechtlich zu beanstandender Weise ungleich behandelt. Denn abgesehen davon, daß die kirchensteuerliche Privilegierung der Entschädigungen im Sinne des § 24 Nr. 1 EStG bei der Kirchensteuer, die in Höhe eines Vomhundertsatzes der Einkommensteuer erhoben wird, aufgrund der diesbezüglichen Regelungen des staatlichen Kirchensteuergesetzes für den Kirchengesetzgeber zwingend gewesen sein dürfte, lag sie schon steuertechnisch nahe, während die Berücksichtigung von Entschädigungen in einer § 34

Abs. 2 EStG vergleichbaren Weise im Rahmen der Kirchgeldregelung entweder erfordert hätte, eine völlig andere Bemessungsgrundlage zu wählen, oder durch andere, steuertechnisch nicht einfache Regelung ein Äquivalent für den Progressionsvorbehalt des § 34 Abs. 2 EStG zu suchen. Überdies ist die Erhebung der Kirchensteuer in Höhe eines Vomhundertsatzes der Einkommensteuer mit der Erhebung des Kirchgeldes nicht mit der Folge gleichzusetzen, daß sie eine in jeder Hinsicht gleichartige steuerliche Behandlung der Steuerpflichtigen erforderte; denn das Kirchgeld macht nur einen Bruchteil der Kirchensteuer in Höhe eines Vomhundertsatzes der Einkommensteuer aus, hat also ein deutlich anderes wirtschaftliches Gewicht.

Vor allem aber unterscheidet sich die Kirchgeldregelung grundlegend von den Regelungen über die Kirchensteuer in Höhe eines Vomhundertsatzes der Einkommensteuer dadurch, daß nur bei dieser das Einkommen Besteuerungsgegenstand ist, während Besteuerungsgegenstand des Kirchgeldes unmittelbar die wirtschaftliche Leistungsfähigkeit in Anknüpfung an den Lebensführungsaufwand ist, wie es in § 9 Abs. 2 der Kirchensteuerordnung heißt. Das (gemeinsame) Einkommen des Kirchensteuerpflichtigen (und seines der steuererhebenden Religionsgesellschaft nicht angehörenden Ehepartners) stellt lediglich einen Hilfsmaßstab für die Ermittlung dieses Lebensführungsaufwandes dar, der als solcher unmittelbar mit praktikablen Methoden und der für ein Steuergesetz erforderlichen tatbestandlichen Schärfe nicht erfaßt werden kann (vgl. das Urteil des BVerwG vom 18. 2. 1977[3] – VII C 48.73 –, BVerwGE 52, 104 [114] im Anschluß an das Urteil BVerfGE 19, 268 [282][4]). Diese lediglich indizielle Bedeutung des gemeinsamen Einkommens für die Kirchgeldberechnung, die insbesondere in seiner, verglichen mit der Kirchensteuer in Höhe eines Vomhundertsatzes der Einkommensteuer, wesentlich geringeren Höhe zum Ausdruck kommt, läßt ohnehin nur eine ungefähre, pauschale Erfassung der Leistungsfähigkeit des – selbst typischerweise einkommenslosen – Kirchensteuerpflichtigen zu und rechtfertigt es infolgedessen, auf tatbestandliche Differenzierungen zu verzichten, die sonst bei der Kirchensteuerfestsetzung notwendig oder jedenfalls sachgemäß erscheinen.

Schließlich kann der Klage auch nicht der Einwand zum Erfolg verhelfen, die an den Ehemann der Klägerin gezahlte Abfindung „betreffe" Zeiträume, in denen eine Kirchensteuerpflicht nicht mehr bestanden habe. Abgesehen davon, daß sich mit ähnlichem Recht eine solche innere Beziehung der Abfindung auch zu früheren Veranlagungszeiträumen herstellen ließe, in denen eine Kirchensteuerpflicht noch bestanden hat, weil sich nämlich der Ehemann der Klägerin

---

[3] KirchE 16, 76.
[4] KirchE 7, 352.

die Abfindung in diesen Jahren verdient hat, hat die Klägerin selbst keinen aus dem für alle geltenden Gesetz abgeleiteten Gesichtspunkt angegeben, unter dem der von ihr hergestellten Beziehung der Abfindung zu dem Zeitraum Bedeutung haben konnte, in dem sie die Nordelbische Kirche verlassen hatte. Ein solcher Gesichtspunkt ergibt sich insbesondere weder aus Art. 4 GG noch aus Art. 3 GG.

47

Das Begehren nach Übertritt zum Islam dem bisherigen Vornamen einen muslimischen Vornamen hinzuzufügen, kann durch Art. 4 Abs. 1 GG gedeckt sein.

§ 3 Abs. 1 NÄG
BayVGH, Urteil vom 3. Juni 1992 – 5 B 92.162[1] –

Mit Antrag vom 16. 6. 1989 beantragte der Kläger die Änderung seines Vornamens Andreas in Abdulhamid Andreas. Die Namensänderung begründete er mit seinem Übertritt zum Islam. Durch den angefochtenen Bescheid lehnte die Beklagte den Antrag ab. Es liege kein wichtiger Grund im Sinne von § 11 i.V.m. § 3 Abs. 1 NÄG vor. Ein wichtiger Grund sei dann anzunehmen, wenn nach allgemeiner Verkehrsanschauung das Interesse an der Namensänderung schutzwürdig sei und die Gründe, in Zukunft einen anderen Namen zu führen, so wesentlich seien, daß die Belange der Allgemeinheit an der Beibehaltung des bisherigen Namens zurücktreten müßten. Der Übertritt zu einer anderen Religionsgemeinschaft oder Weltanschauungsgemeinschaft stelle allein keinen wichtigen Grund für eine Vornamensänderung dar. Besondere Umstände, die im Zusammenhang mit dem Religionswechsel die Änderung des Vornamens notwendig machten, seien nicht ersichtlich. Grundrechte würden nicht verletzt.

Hiergegen hat der Kläger Widerspruch eingelegt, über den nicht entschieden wurde.

Mit seiner Klage begehrt der Kläger, die Beklagte zu verpflichten, seinen Vornamen von Andreas in Abdulhamid Andreas zu ändern. Ein zwischenzeitlich gestellter Antrag, der Kläger wolle nur noch Abdulhamid heißen, wurde wieder zurückgenommen. Der Kläger begründete seinen Antrag damit, daß sein Übertritt zur islamischen Religionsgemeinschaft einen wichtigen Grund zur Vornamensänderung darstelle. Dies folge aus Art. 4 Abs. 1 GG. Er habe sich

---

[1] NJW 1993, 346; StAZ 1992, 349; BayVBl. 1992, 630; ZevKR 39 (1994), 20. Nur LS: NVwZ 1993, 289; AkKR 161 (1992), 238. Das Urteil ist rechtskräftig.

voll in das islamische Leben integriert. Es sei bei den Moslems Sitte, einen neuen islamischen Vornamen anzugeben.

Die Beklagte meint, die Klage sei unzulässig, da die Voraussetzungen des § 75 VwGO nicht vorlägen. Sie sei aber auch in der Sache unbegründet. Weder der Umstand, daß der Kläger zum Islam übergetreten sei, noch daß er mit einer türkischen Staatsangehörigen moslemischen Glaubens verheiratet sei, stelle einen wichtigen Grund für die Vornamensänderung dar.

Das Verwaltungsgericht hat der Klage stattgegeben. Ein wichtiger Grund für die Namensänderung liege vor. Zwar reiche der Übertritt zum Islam für sich allein betrachtet wohl nicht aus, einen wichtigen Grund zu bejahen. Ein solcher liege aber dann vor, wenn der zum Islam Übergetretene aufgrund seiner besonderen Ernsthaftigkeit und seines besonderen Engagements für seine neue Religion sich persönlich durch eine religiöse Verpflichtung gebunden fühle, den neuen islamischen Namen auch im Rechts- und Behördenverkehr zu führen. Die Namensänderung habe den Zweck, gegenüber Staat und Gesellschaft ein Bekenntnis zum Islam abzulegen. Die Schutzwürdigkeit eines derartigen Interesses ergebe sich aus Art. 4 Abs. 1 GG. Die dadurch verbürgte Glaubensfreiheit umfasse nicht nur die (innere) Freiheit zu glauben oder nicht zu glauben, sondern auch die (äußere) Freiheit, den Glauben zu manifestieren, zu bekennen und zu verbreiten.

Hiergegen wendet sich der Vertreter des öffentlichen Interesses mit der Berufung, die keinen Erfolg hatte.

Aus den Gründen:

Das Verwaltungsgericht hat die Klage zu Recht als begründet angesehen. Es liegt ein wichtiger Grund für die Vornamensänderung vor.

Nach § 11 NÄG ist die Regelung des § 3 Abs. 1 NÄG über die Änderung von Familiennamen auch auf die Änderung von Vornamen anzuwenden. Ein eine Namensänderung rechtfertigender wichtiger Grund im Sinne des § 3 Abs. 1 NÄG liegt vor, wenn die Abwägung aller für und gegen die Namensänderung streitenden schutzwürdigen Belange ein Übergewicht der für die Änderung sprechenden Interessen ergibt (BVerwG vom 24. 4. 1987, NJW 1988, 85; st. Rspr.). Davon ist auch bei Prüfung des auf die Änderung eines Vornamens gerichteten Verlangens auszugehen. Von der Änderung des Familiennamens unterscheidet sich die Änderung des Vornamens nur insoweit, als den öffentlichen Interessen, auf die bei der Änderung eines Vornamens Bedacht zu nehmen ist, ein geringeres Gewicht zukommt als dem öffentlichen Interesse am unveränderten Fortbestand eines Familiennamens (BVerwG vom 24. 3. 1987, StAZ 1984, 131). Das entspricht auch der Regelung in Nr. 62 der Allgemeinen Verwaltungsvorschrift zum Gesetz über die Änderung von Familiennamen und

Vornamen – NamÄndVwV – vom 11. 8. 1980 (StAZ 1980, 291). Näheres über die Behandlung eines religiös motivierten Wunsches auf Vornamensänderung enthält die genannte Verwaltungsvorschrift allerdings nicht. Es bedarf einer Interessenabwägung im Einzelfall.

Dem Begehren des Klägers kommt im Lichte des Grundrechts aus Art. 4 Abs. 1 GG ein besonderes Gewicht zu. Das Grundrecht erklärt die Freiheit des Glaubens, des Gewissens und die Freiheit des religiösen und weltanschaulichen Bekenntnisses für unverletzlich. Die Glaubensfreiheit ist nicht nur den Mitgliedern anerkannter Kirchen und Religionsgemeinschaften, sondern auch den Angehörigen anderer religiöser Vereinigungen gewährleistet. Das folgt aus dem für den Staat verbindlichen Gebot weltanschaulich-religiöser Neutralität und dem Grundsatz der Parität der Kirchen und Bekenntnisse (BVerfG vom 19. 10. 1971[2], BVerfGE 32, 98 [106 m.w.N.]). Der Schutz des Art. 4 Abs. 1 GG steht demnach auch den Anhängern des islamischen Glaubens zu (OVG Münster vom 15. 11. 1991[3], NWVBl. 1992, 136/137). Der Grundsatz der Religionsfreiheit umfaßt nicht nur die innere Freiheit, zu glauben oder nicht zu glauben, sondern auch die äußere Freiheit, den Glauben in der Öffentlichkeit zu manifestieren, zu bekennen und zu verbreiten (BVerfG vom 16. 10. 1968[4], BVerfGE 24, 236 [245]). Dazu gehört auch das Recht des einzelnen, sein gesamtes Verhalten an den Lehren seines Glaubens auszurichten und seiner inneren Glaubensüberzeugung gemäß zu handeln. Dabei sind nicht nur Überzeugungen, die auf imperativen Glaubenssätzen beruhen, durch die Glaubensfreiheit geschützt. Vielmehr umfaßt sie auch die religiösen Überzeugungen, die für eine konkrete Lebenssituation eine ausschließlich religiöse Reaktion zwar nicht zwingend fordern, diese Reaktion aber für das beste und adäquate Mittel halten, um die Lebenslage nach der Glaubenshaltung zu bewältigen. Andernfalls würde das Grundrecht der Glaubensfreiheit sich nicht voll entfalten können (BVerfG vom 19. 10. 1971, aaO, S. 106 f.).

Davon ausgehend kann grundsätzlich auch der Wunsch, aus Glaubensgründen seinen Vornamen zu ändern, vom Schutzbereich des Art. 4 Abs. 1 GG umfaßt sein. Es handelt sich hierbei nicht um eine völlig willkürliche, auf subjektiven Fehlinterpretationen beruhende oder eine nur angeblich religiös gebotene Verhaltensnorm, die nicht unter Art. 4 Abs. 1 GG zu subsumieren ist (BayVGH vom 6. 5. 1987[5], VGH n. F. 40, 70 [73]). Der Kläger beruft sich für sein Begehren auf den Koran und die Sunna. Das hat er in der mündlichen Verhandlung vor dem Verwaltungsgericht dargelegt und in der mündlichen Verhandlung vor dem Berufungsgericht überzeugend bekräftigt. Er sieht die

---

[2] KirchE 12, 294.
[3] KirchE 29, 396.
[4] KirchE 10, 181.
[5] KirchE 25, 164.

Aussage Mohammeds, alle Gläubigen sollten „schöne" Namen tragen, wobei „die schönsten" die Namen der Propheten oder diejenigen seien, in denen Allahs Eigenschaften beschrieben würden, als für sich verbindlich an. Die Ernsthaftigkeit dieser Glaubensüberzeugung kann nicht angezweifelt werden. Der Kläger hat den Antrag erst fünf Jahre nach Übertritt zum islamischen Glauben gestellt, zu einem Zeitpunkt, in dem er sich sicher war, daß die Religion des Islams für ihn der richtige Weg sei.

Ohne Bedeutung ist im vorliegenden Zusammenhang, ob der Islam für seine Anhänger die Annahme eines Vornamens, der die Zugehörigkeit zum moslemischen Glauben bestätigt, zwingend fordert oder dies den Gläubigen nur nahelegt. Denn geschützt sind, das wurde bereits dargelegt, nicht nur Überzeugungen, die auf imperativen Glaubenssätzen beruhen, sondern auch solche religiösen Überzeugungen, die der Betreffende in einer bestimmten Situation als für ihn verbindlich ansieht. Im übrigen ergibt sich aus den vorgelegten Unterlagen, daß der Kläger mit seinem Wunsch, einen islamischen Namen zu tragen, nicht allein steht, sondern daß das innerhalb seiner Glaubensgemeinschaft eine verbreitete Sitte ist.

Der Verwaltungsgerichtshof kann offenlassen, ob allein der Übertritt zum islamischen Glauben als wichtiger Grund für eine Vornamensänderung anzusehen ist (vgl. dazu auch BVerwG vom 24. 3. 1981, Buchholz 402.10, § 11 NÄG Nr. 1; BayVGH vom 5. 8. 1980 - 9 B 80 A.150 -, S. 5 des Urteilsumdrucks). Denn jedenfalls in der vorliegenden Verwaltungsstreitsache kommen noch weitere Umstände hinzu, die gewichtig sind und dazu beitragen, das öffentliche Interesse an der Beibehaltung des bisherigen Vornamens des Klägers zu überwiegen. Der Kläger ist seit 1. 9. 1986 mit einer türkischen Staatsangehörigen moslemischen Glaubens verheiratet. Die aus dieser Ehe hervorgegangenen drei Kinder werden im moslemischen Glauben erzogen. Der Kläger nimmt auch am Leben der islamischen Glaubensgemeinschaft aktiv teil. Seine entsprechende Bekundung zu bezweifeln, besteht für den Verwaltungsgerichtshof kein Anlaß. Diese besonderen Umstände schaffen zusammen mit dem Glaubenswechsel eine Situation, die als einen Vornamenwechsel rechtfertigender wichtiger Grund anzusehen ist (Loos, NÄG - 1970 - Anm. 3 c, cc).

Demgegenüber tritt das öffentliche Interesse an der Beibehaltung des bisherigen Vornamens zurück. Diesem kommt jedenfalls im vorliegenden Fall eine verhältnismäßig geringere Bedeutung zu, weil der Kläger seinem bisherigen Vornamen lediglich einen zweiten hinzufügen möchte. Hierdurch bleibt der Kläger in den öffentlichen Büchern und Dateien, die namensmäßig geordnet sind, eher identifizierbar. Der von der Beklagten in der mündlichen Verhandlung gebrachte Einwand, bei einer etwaigen Abkehr des Klägers vom Islam in späterer Zeit müßte möglicherweise eine erneute Namensänderung durchgeführt werden, kann nicht als sonderlich gewichtig angesehen werden. Es bestehen keine Anhaltspunkte, daß der Übertritt des Klägers zum Islam nicht von Ernsthaftigkeit getragen und auf Dauer angelegt wäre; das wurde bereits dargelegt. Zu beachten ist im übrigen, daß eine Einschränkung des Art. 4 Abs. 1 GG nur unter engen Voraussetzungen zulässig ist. Dem Grundrecht aus Art. 4 Abs. 1 GG können allein durch andere Bestimmungen des Grundgesetzes Grenzen gezogen werden. Das bedeutet, daß Einschränkungen des Art. 4 Abs. 1 GG vor dem Grundgesetz nur dann Bestand haben können, wenn sie sich als Ausgestaltung einer Begrenzung durch die Verfassung selbst erweisen (BVerfG vom 8. 2. 1977[5], BVerfGE 44, 37 [50]).

48

Der Umstand, daß für konfessionslose Schüler Freistunden entstehen, wenn Religionsunterricht nicht auf sog. Randstunden gelegt wird, bedeutet in der Regel keine unzumutbare Beeinträchtigung der Betroffenen.

Art. 3 Abs. 1, 6 Abs. 2 GG
Niedersächs.OVG, Urteil vom 17. Juni 1992 – 13 L 7612/91[1] –

Die schulpflichtigen Kinder der Kläger sind konfessionslos und nehmen nicht am Religionsunterricht teil. Die Kläger erstreben die Verpflichtung der beklagten Orientierungsstufe, die Religionsstunden in den Klassen ihrer Kinder Lena und Albin auf Randstunden zu legen, soweit kein religionskundlicher Unterricht (§ 104 Abs. 2 Nds.SchG), deren Erteilung die Kläger wünschen, und auch kein Unterricht im Fach „Werte und Normen" (§ 104 Abs. 3 Nds.SchG) angeboten wird. Ihre Tochter Jana war Schülerin der Beklagten in den Schuljahren 1989/1990 und 1990/1991. Die Tochter Lena wird die Orientierungsstufe ab Beginn des Schuljahres 1992/1993 besuchen. Der jüngste Sohn Albin wird voraussichtlich in einigen Jahren von der Grundschule zur Orientierungsstufe überwechseln.

Die Beklagte führte Ende Januar 1989 eine Informationsveranstaltung für die Eltern der zur Orientierungsstufe anstehenden Schüler durch. Mit Schreiben vom 19. 2. 1989 beantragten die Kläger für ihre Tochter Jana die Erteilung religionskundlichen Unterrichts; gleichzeitig beanstandeten sie die Abfassung des damals verteilten Schülerfragebogens, in dem fälschlich nach der Religionszugehörigkeit und nicht nach dem Unterrichtswunsch der Eltern gefragt worden sei, und baten um allgemeine Information zum religionskundlichen Unterrichtsangebot. Die Beklagte bestätigte die Anmeldung der Tochter und wies

---

[5] KirchE 16, 47.

[1] Die Nichtzulassungsbeschwerde der Kläger wurde zurückgewiesen; BVerwG, Beschluß vom 8. 4. 1993 – 6 B 82.92 – NVwZ-RR 1993, 355.

darauf hin, daß die Einrichtung eines religionskundlichen Unterrichts von mindestens 12 Anmeldungen abhängig sei. Mit Rundschreiben vom Mai 1989 gab der Rektor der Beklagten den Erziehungsberechtigten weitere Informationen. Unter Nr. 3 wurden folgende „Hinweise zum Religionsunterricht" erteilt:

„An der Orientierungsstufe N. wird bisher evangelischer und katholischer Religionsunterricht erteilt. Aus organisatorischen Gründen werden katholische Schülerinnen und Schüler auf wenige Klassen verteilt, weil der evangelische und katholische Religionsunterricht in diesen Klassen parallel im Stundenplan liegen muß. Auch Schüler/innen, die anderen Konfessionen angehören oder konfessionslos sind, können am Religionsunterricht teilnehmen.

Gemäß § 104 (2) des Niedersächsischen Schulgesetzes ist die Schule gehalten, *religionskundlichen Unterricht* für Schülerinnen und Schüler anzubieten, die *nicht am Religionsunterricht teilnehmen*, wenn dazu mindestens 12 Schüler/innen angemeldet werden. Falls Ihr Kind anstelle des Religionsunterrichts religionskundlichen Unterricht erhalten soll, melden Sie es bitte hierzu bis zum 15. 6. 1989 ... an. Ich weise darauf hin, daß es aus organisatorischen Gründen möglich sein kann, daß dieser Unterricht am Nachmittag liegen muß".

In der Folge teilte der Rektor den Klägern mit Schreiben vom 22. 6. 1989 mit, im Schuljahr 1989/1990 werde kein religionskundlicher Unterricht erteilt, da hierfür allein die Tochter der Kläger angemeldet worden sei.

In Zusammenhang mit dieser Entscheidung haben die Kläger eine Reihe von Einwendungen erhoben. Unter anderem machen sie geltend, bei der Zusammenstellung der Klassenverbände sei unzulässigerweise die religiöse Anschauung der Kinder, die weder der evangelischen noch der katholischen Kirche angehörten, unberücksichtigt geblieben. Obwohl mehr als 12 Kinder der islamischen Glaubensgemeinschaft angehörten, werde für diese religiöse Minderheit kein Religionsunterricht erteilt. Bei solchem unvollständigen Unterrichtsangebot habe der evangelische und katholische Religionsunterricht jedenfalls auf die Randstunden verlegt werden müssen, solange kein religionskundlicher Unterricht erteilt werde und das Pflichtfach „Werte und Normen" ausfalle. Die bei der jetzigen Regelung sich ergebenden zwei Freistunden „stigmatisierten" Kinder, die nicht am Pflichtunterricht teilnehmen, als Außenseiter.

Die nach Zurückweisung des Widerspruchs erhobene Klage hat das Verwaltungsgericht abgewiesen.

Nach Teilerledigung wird in zweiter Instanz nur noch über die Verpflichtung der Beklagten, den Religionsunterricht auf Randstunden zu legen, gestritten. Insoweit hatte die Berufung der Kläger keinen Erfolg.

Aus den Gründen:

Der mit der Berufung in der Sache von den Klägern nur noch verfolgte Antrag, die Beklagte zu verpflichten, die Religionsstunden in den Klassen ihrer

Kinder Lena und Albin auf Randstunden zu legen, sofern kein religionskundlicher Unterricht und auch kein Unterricht im Fach „Werte und Normen" erteilt werde, hat keinen Erfolg.

Es ist bereits zweifelhaft, ob dieser Antrag in vollem Umfang zulässig ist, (...) Das kann jedoch im Ergebnis dahinstehen. Denn den Klägern steht der mit der Berufung geltend gemachte Anspruch in jedem Fall aus Gründen des materiellen Rechts nicht zu. Dieser findet – was allein in Betracht kommt – im Erziehungsrecht der Kläger (Art. 6 Abs. 2 GG) in Verbindung mit grundrechtlich geschützten Positionen ihrer Kinder – namentlich im allgemeinen Gleichheitssatz des Art. 3 Abs. 1 GG – keine Rechtsgrundlage.

Es entspricht gefestigter Rechtsprechung, daß schulorganisatorische Maßnahmen jenseits des grundlegenden Bereichs der allgemeinen Gliederung des Schulsystems, der Auswahl des Bildungsweges für die Schüler und der Frage der Erhaltung einzelner Schulen, worum es hier nicht geht, als einfache Regelungen des laufenden Schulbetriebs zum staatlichen Gestaltungsbereich im Rahmen des Erziehungsauftrags gemäß Art. 7 Abs. 1 GG gehören und der Bestimmung durch das Elternrecht und Grundrechte der Schüler grundsätzlich entzogen sind (vgl. BVerfG, Urteil vom 6. 12. 1972 – 1 BvR 230/70 u. a. – BVerfGE 34, 165 [182]; Beschlüsse vom 22. 6. 1977 – 1 BvR 799/76 – BVerfGE 45, 400 [415] und vom 26. 2. 1980 – 1 BvR 684/78 – BVerfGE 53, 185; BVerwG, Beschluß vom 17. 7. 1980 – BVerwG 7 B 192.79 – Buchholz 421 Nr. 71; Beschlüsse des Senats vom 6. 11. 1980 – 13 OVG B 28/80 – DVBl. 1981, 54 und vom 5. 6. 1981 – 13 OVG B 44/80 –; BayVGH, Beschluß vom 21. 12. 1989[2] – 7 CE 89.3102 – NVwZ-RR 1990, 478; vgl. ferner Niehues, Schul- und Prüfungsrecht, 2. Aufl., Rdnrn. 149 und 163 mit zahlreichen weiteren Nachweisen). Diese Rechtsprechung beruht auf der Erwägung, daß dem Staat bezüglich des laufenden Schulbetriebs – erstens – schon im Hinblick auf die Vielfalt elterlicher Vorstellungen sachnotwendig ein verhältnismäßig weiter Gestaltungsspielraum eingeräumt werden muß und daß – zweitens – insoweit in aller Regel die Möglichkeit einer rechtsrelevanten und daher rechtsschutzfähigen Betroffenheit des einzelnen Schülers und seiner Eltern – jedenfalls was die Grundrechte angeht – nicht gegeben ist. Das gilt auch und gerade für die Stundenplangestaltung und die Festlegung der Unterrichtszeiten, bei deren Regelung die staatliche Schulorganisation – besonders bei großen Schulen wie der zehnzügig geführten Beklagten – zwangsläufig nicht den vielfach divergierenden Vorstellungen aller Eltern Rechnung tragen kann (vgl. z. B. BayVGH, aaO; Niehues, aaO, Rdnr. 149 m.w.N.).

Hiervon ausgehend hat das Verwaltungsgericht zutreffend entschieden, daß das elterliche Erziehungsrecht des Art. 6 Abs. 2 GG und die Grundrechte ihrer

---

[2] KirchE 27, 359.

Kinder den Klägern grundsätzlich keinen einklagbaren Anspruch auf die von ihnen gewünschte Stundenplangestaltung (Plazierung des Religionsunterrichts auf Randstunden, sofern in den Klassen der Kinder kein religionskundlicher Unterricht – § 104 Abs. 2 Nds.SchG – und auch kein Unterricht im Fach „Werte und Normen" – § 104 Abs. 3 Nds.SchG – erteilt wird) vermitteln. Eine andere rechtliche Beurteilung könnte – wie das angefochtene Urteil ebenfalls zu Recht herausstellt – allenfalls Platz greifen, wenn eine von den Wünschen der Kläger abweichende Festlegung der Unterrichtszeiten nach den besonderen Umständen des Falles die Kläger und ihre Kinder schwer und unerträglich oder – weil durch sachliche Gründe eindeutig nicht gerechtfertigt – sonst unzumutbar beeinträchtigen würde (vgl. BayVGH, aaO, und Niehues, aaO, Rdnr. 163, jeweils m.w.N.). Davon kann hier indessen nicht die Rede sein.

In der Berufungsverhandlung haben die Kläger selbst eingeräumt, daß zwei Freistunden in der Woche, deren Vermeidung die angestrebte Stundenplangestaltung bezweckt, für ihre Kinder an sich keine erhebliche, nicht hinnehmbare Belastung darstellen. Sie erblicken hierin jedoch eine gegen den Gleichheitssatz (Art. 3 Abs. 1 GG) und gegen das Grundrecht aus Art. 4 Abs. 1 GG verstoßende Benachteiligung der nicht am Religionsunterricht teilnehmenden Kinder, weil bezüglich anderer Unterrichtsfächer und Kurse, an denen nur ein Teil der Klasse teilnehme, durch geeignete Stundenplangestaltung angestrebt werde, daß keine Freistunden entstünden. Für die gerügte bewußte Benachteiligung der konfessionslosen Kinder durch die Beklagte besteht bei rechter Sicht jedoch kein Anhaltspunkt. Die Beklagte ist diesem Vorwurf zuletzt detailliert in der Berufungserwiderung entgegengetreten und hat überzeugend darauf verwiesen, daß die Kläger bei ihrer Argumentation die Vielfalt der bei der Stundenplangestaltung zu berücksichtigenden Faktoren nicht berücksichtigen. Weiterhin hat die Beklagte in der Vergangenheit den Religionsunterricht z. T. tatsächlich auf Randstunden gelegt. Dies regelmäßig zu tun – wie es die Kläger erstreben –, ist sie aber aufgrund der Regelung der Nr. 7.1 des Erlasses des Kultusministeriums vom 24. 3. 1982 (SVBl. S. 58), jetzt geltend in der Fassung vom 30. 11. 1983 (SVBl. S. 326), gehindert. Danach ist bei der Aufstellung der Stundenpläne darauf zu achten, daß der Religionsunterricht nicht regelmäßig zu ungünstigen Zeiten, z. B. in Randstunden, erteilt wird. Diese Erlaßregelung trägt dem Umstand Rechnung, daß der Religionsunterricht kraft der Bestimmung des Art. 7 Abs. 3 Satz 1 GG ordentliches Unterrichtsfach ist, und ist erkennbar frei von Ermessensfehlern. Hiergegen wenden die Kläger ohne Erfolg ein, wenn und solange den Kindern, die nicht am Religionsunterricht teilnehmen, (sogar) weder der von ihnen gewünschte religionskundliche Unterricht (zu dessen geringer praktischer Bedeutung vgl. etwa Klügel/Woltering, NSchG, 2. Aufl., Rdnr. 6 zu § 104) noch Unterricht im Fach „Werte und Normen" erteilt werde, könne die Abhaltung des Religionsunterrichts in Randstunden berechtigterweise nicht beanstandet werden. Soweit es ihre eigene Betroffenheit angeht, wenden sich die Kläger mit dieser Erwägung in Wirklichkeit dagegen, daß für ihre Kinder im religiösen Bereich kein Unterricht stattfindet. Über ein „Recht auf unverkürzten Unterricht" (vgl. dazu Bryde, DÖV 1982, 661 [673]; Sendler, DVBl. 1982, 381 [384], jeweils m. w. N.) ist indessen nach dem gestellten Antrag im vorliegenden Verfahren nicht zu befinden.

49

Zur Frage, ob der im Jahre 1987 veröffentlichte „Bericht über Aufbau und Tätigkeit der sogenannten Jugendsekten" des Ministeriums für Kultur und Sport Baden-Württemberg den Rahmen staatlicher Zuständigkeit überschreitet und einen Religions- und Meditationsverein der „Osho-Bewegung" (früher Rajneesh-Religionsgemeinschaft) in seinen Grundrechten verletzt.

Art. 2 Abs. 1 i.V.m. 1 Abs. 1, 4 Abs. 1 GG, 45 BW.LV
VGH Baden-Württemberg, Urteil vom 22. Juni 1992 – 1 S 182/91[1] –

Der Kläger ist nach seinem Verständnis ein Religions- und Meditationsverein der „Osho-Bewegung" (früher Rajneesh-Religionsgemeinschaft), benannt nach ihrem zwischenzeitlich verstorbenen Gründer, der früher den Namen Bhagwan Shree Rajneesh führte. Der Verein ist in das Vereinsregister eingetragen und hat seinen Sitz in Stuttgart. Nach § 2 seiner Satzung „sieht es der Verein als seinen Sinn, seinen Zweck und seine Aufgabe, die Mission dieses erleuchteten Meisters Bhagwan Shree Rajneesh zu verwirklichen, zugänglich zu machen, zu schützen und zu repräsentieren."

Im August 1987 veröffentlichte das Ministerium für Kultus und Sport Baden-Württemberg einen „Bericht über Aufbau und Tätigkeit der sogenannten Jugendsekten" (im folgenden: Bericht). Die Landesregierung von Baden-Württemberg hatte zuvor eine interministerielle Arbeitsgruppe eingesetzt, die den Auftrag erhalten hatte, unter Federführung des Ministeriums für Kultus und Sport diesen Bericht zu erstellen. Erklärtes Ziel des Berichts ist es, sich mit dem Phänomen der sog. Jugendsekten in Baden-Württemberg auseinanderzusetzen, die aktuelle Situation im Lande zu analysieren, auf diesem Wege die Bevölkerung aufzuklären und gegebenenfalls gezielte Warnungen auszusprechen („Einführung", S. 5). Zu diesem Zweck versucht der Bericht in verschiedenen Rechtsbereichen Fragen und Probleme aufzuzeigen, die durch die Aktivitäten

---

[1] Die Nichtzulassungsbeschwerde des Klägers wurde zurückgewiesen; BVerwG, Beschluß vom 4. 5. 1993 – 7 B 149.92 – NVwZ 1994, 162.

der sog. Jugendsekten bzw. ihrer Mitglieder berührt sein könnten („Einführung", S. 7). Im „Vorwort" des Ministers für Kultus und Sport heißt es ferner unter anderem: „Die europäische Kultur ist seit über 1000 Jahren von christlich-abendländischen Werten geprägt. Diese kulturellen Werte müssen in der Auseinandersetzung mit den Vorstellungen solcher Gemeinschaften deutlich gemacht werden."

Der Bericht selbst gliedert sich in zwei Hauptteile. In dem Teil „A Beispiele sogenannter Jugendsekten" werden folgende Bewegungen dargestellt:
- Neo-Sannyas-Bewegung/Bhagwan
- Scientology-Kirche Deutschland/Hubbard
- Ananda Marga Pracaraka Samgha
- Transzendentale Meditation/Maharishi Mahesh Yogi
- Vereinigungskirche/Moon

Laut der „Einführung" des Berichts wurden diese fünf Gemeinschaften aus einer Vielzahl von Gruppierungen ausgewählt und untersucht, weil sie eine gewisse Bedeutung erlangt haben und in Baden-Württemberg in Erscheinung getreten sind.

Der Teil B des Berichts stellt rechtliche Gesichtspunkte im Zusammenhang mit den sog. Jugendsekten in allgemeiner Form dar. Er untergliedert sich in verfassungsrechtliche, verwaltungsrechtliche, strafrechtliche, zivilrechtliche, arbeits- und sozialrechtliche sowie steuer- und gemeinnützigkeitsrechtliche Gesichtspunkte. In der „Einführung" heißt es hierzu: „Die rechtlichen Erörterungen gehen nicht speziell auf die fünf hier näher beschriebenen sogenannten Jugendsekten ein, sondern behandeln die juristischen Probleme, die bei den sogenannten Jugendsekten auftreten können, in allgemeiner Form. Dies bedeutet auch, daß die aufgeworfenen Fragen nicht für alle sogenannten Jugendsekten relevant sein müssen."

Der Abschnitt I über die „Neo-Sannyas-Bewegung/Bhagwan" im darstellenden Teil A befaßt sich im ersten Kapitel mit der Person des Gründers Bhagwan Shree Rajneesh (jetzt „Osho"). Es werden der Lebensweg Bhagwans, insbesondere die Stationen Poona und Oregon, dargestellt. Im zweiten Kapitel wird die „Organisation" geschildert, wobei die der Bhagwan-Bewegung zugerechneten wirtschaftlichen Unternehmen genannt werden. Das dritte Kapitel befaßt sich unter der Überschrift „Lehre" mit veröffentlichten Aussagen Osho-Rajneeshs (früher: Bhagwan). Ein weiteres umfangreiches Kapitel handelt von der „Arbeitsweise" der Gemeinschaft. Abschließend wird in einem Kapitel „Ausblick" auf die voraussichtliche künftige Entwicklung der Bewegung eingegangen.

Der Bericht wurde der interessierten Öffentlichkeit zugänglich gemacht, insbesondere auch an Schulen ausgegeben. Ein Nachdruck des Berichts erschien im Dezember 1988. In diesem Nachdruck sind im Teil A Abschnitt I die Textstellen geschwärzt, deren weitere Verbreitung der VGH.BW mit Beschluß vom 4. 10. 1988 – 1 S 3235/87[2] – (VBlBW 1989, 187) dem Beklagten im Wege der einstweiligen Anordnung wegen Verstoßes gegen das staatliche Neutralitäts- und Toleranzgebot zum Nachteil des Klägers vorläufig untersagt hatte. Nach Angaben des Beklagten im Berufungsverfahren ist auch diese Zweitauflage des Berichts mittlerweile vergriffen.

Die Kläger haben beim Verwaltungsgericht Stuttgart Klage gegen das Land Baden-Württemberg erhoben und beantragt:

1. Dem Beklagten wird untersagt, die Rajneesh-Religionsgemeinschaft im „Bericht über Aufbau und Tätigkeiten der sogenannten Jugendsekten" der „Interministeriellen Arbeitsgruppe der Landesregierung von Baden-Württemberg" in dem Inhaltsverzeichnis (S. I) als ein „Beispiel sog. Jugendsekten" und in der „Einführung" (S. 2 f.) als eine der „untersuchten und ausgewählten Gemeinschaften" zu erwähnen.

2. Dem Beklagten wird untersagt, den Unterabschnitt „Neo-Sannyas-Bewegung/Bhagwan" (im Abschnitt „Beispiele sogenannter Jugendsekten") aus dem „Bericht über Aufbau und Tätigkeiten der sogenannten Jugendsekten" der „Interministeriellen Arbeitsgruppe der Landesregierung von Baden-Württemberg" – S. 6 bis S. 30 einschl. – zu verbreiten oder verbreiten zu lassen.

3. Dem Beklagten wird untersagt, den „Bericht über Aufbau und Tätigkeiten der sogenannten Jugendsekten" der „Interministeriellen Arbeitsgruppe der Landesregierung von Baden-Württemberg" im Schulunterricht zu verwenden, solange darin,
a) die Rajneesh-Religionsgemeinschaft im Inhaltsverzeichnis (S. I) als ein „Beispiel sogenannter Jugendsekten" und in der „Einführung" (S. 2 f.) als eine der „untersuchten und ausgewählten Gemeinschaften" erwähnt ist, bzw.
b) darin der Unterabschnitt „Neo-Sannyas-Bewegung/Bhagwan" enthalten ist.

Zur Begründung hat der Kläger im wesentlichen vorgetragen: Der verfassungsrechtliche Grundsatz der religiösen Neutralität des Staates verbiete diesem, sich an der gesellschaftlichen Diskussion über religiöse Angelegenheiten zu beteiligen. Er dürfe nicht zugunsten einer religiösen Gemeinschaft gegen andere Gemeinschaften agitieren. Staatliche Warnungen, die sich auf religiöse Lehren oder Gemeinschaften beziehen, dürften nur auf objektiven und nachgewiesenen Gefahren beruhen und Fakten beschreiben, Wertungen seien unzulässig. Die Warnungen dürften nicht pauschalieren und weiter gehen, als die festgestellten Gefahren reichten. Die vielen Vorwürfe gegenüber der Osho-Bewegung (früher: Rajneesh-Religionsgemeinschaft) ließen sich nicht belegen. Im Bericht finde sich an keiner Stelle ein Hinweis darauf, welche der im Teil B des Berichts unter rechtlichen Gesichtspunkten abstrakt erörterten Gefahren konkret von der Osho-Bewegung ausginge. Die Darstellung der Bewegung im Teil A sei in vielen Punkten unrichtig, jedenfalls einseitig. Der Beklagte habe bei seiner Darstellung so gut wie alle für die Lehre Oshos (früher: Bhagwan) entscheidenden Grundzüge ignoriert und unterdrückt oder in einer sinnentstellenden Weise verzerrt. Zum Beleg dieses Vorwurfs greift der Kläger eine Viel-

---

[2] VGH.BW KirchE 26, 276.

zahl einzelner Stellen des Berichts heraus und stellt ihnen abweichende oder gegenteilige Äußerungen Oshos gegenüber. Der Bericht leide weiterhin daran, daß er im wesentlichen aus Fremdzitaten, vielfach Berichten der Tagesmedien zusammengestellt, jedenfalls in keiner Weise wissenschaftlich fundiert sei. An zahlreichen Stellen berufe sich der Bericht auf evangelisch-christliche Quellen. In jedem Fall hätte die Darstellung der Osho-Bewegung, insbesondere ihre Lehre, dem Selbstverständnis der Gemeinschaft entsprechen müssen. Der Kläger hätte daher vor der Erstellung und Veröffentlichung des Berichts gehört werden müssen. Der Bericht verstoße gegen das staatliche Neutralitätsgebot, indem er nach seinem Vorwort der Verteidigung der christlich-abendländischen Werte dienen wolle und dadurch für die christliche Religion Stellung nehme. Die Rajneesh-Religionsgemeinschaft (jetzt Osho-Bewegung) werde diffamierend als „Jugendsekte" bezeichnet.

Der Beklagte hat Klageabweisung beantragt und hierzu zunächst erklärt, die im Beschluß des VGH.BW vom 4. 10. 1988 (aaO) beanstandeten 13 im einzelnen bezeichneten Textstellen nicht mehr zu verbreiten oder verbreiten zu lassen. Auf dieser Grundlage sei der veränderte Nachdruck vom Dezember 1988 erschienen, der den Kläger nicht in seinen Rechten verletze. Das Äußerungsrecht der Landesregierung berechtige vor dem Hintergrund der in der Öffentlichkeit kontrovers geführten Diskussionen, ob und inwieweit die sogenannten Jugendsekten auf die Loslösung ihrer Mitglieder aus familiären, sozialen und staatlichen Bezügen und Bindungen hinwirkten, ob und inwieweit von ihnen gesellschaftliche Gefahren ausgingen bzw. durch ihre Tätigkeit rechtliche Normen verletzt würden, zur Herausgabe des Berichts. Ein Recht auf Anhörung und Beteiligung vor und bei Abfassung des Berichts habe dem Kläger nicht zugestanden.

Durch das angefochtene Urteil hat das Verwaltungsgericht Stuttgart der Klage in vollem Umfang stattgegeben und den Beklagten verurteilt,

– *den Abschnitt „Neo-Sannyas-Bhagwan" im Abschnitt „Beispiel sogenannter Jugendsekten" aus dem „Bericht über Aufbau und Tätigkeiten derr sog. Jugendsekten" des Ministeriums für Kultus und Sport Baden-Württemberg nicht zu verbreiten oder verbreiten zu lassen, insbesondere nicht in den Schulen zu verwenden;*
– *im gleichen Bericht die Rajneesh-Religionsgemeinschaft nicht als ein „Beispiel sogenannter Jugendsekten" im Inhaltsverzeichnis (S. I) und in der „Einführung" (S. 2 ff.) als eine der „untersuchten und ausgewählten Gemeinschaften" zu erwähnen.*

In den Entscheidungsgründen ist ausgeführt: Der Beklagte habe in das Recht des Klägers aus Art. 4 Abs. 1, 2 GG, auf das er sich als Religions- oder Weltanschauungsgemeinschaft berufen könne, rechtswidrig eingegriffen. Allerdings habe die Regierung des Landes Baden-Württemberg auch im vorliegenden Fall die Befugnis zur Aufklärung und Information aus Art. 30 GG und Art. 13, 45 LV besessen, die sie zum Schutze der Grundrechte Dritter oder anderer Verfassungsrechtsgüter auch zum Eingriff in die Rechtsposition des Klägers aus Art. 4 Abs. 1, 2 GG berechtigen könne. Voraussetzung dafür sei das Vorliegen einer unter Umständen auch nur abstrakten Gefahr oder des begründeten Verdachts einer Gefahr für die vom Staat zu schützenden Grundrechte oder Verfassungsrechtsgüter sowie die Beachtung des Verhältnismäßigkeitsgrundsatzes. Ob diese Voraussetzungen für eine negative Äußerung über die Rajneesh-Bhagwan-Bewegung bestanden hätten, könne auf sich beruhen. Denn die rechtswidrige Beeinträchtigung des Klägers durch den Bericht ergebe sich bereits daraus, daß die im Teil B „Rechtliche Gesichtspunkte" des Berichts erläuterten Gefahren keiner der im Teil A des Berichts dargestellten Gemeinschaften zugerechnet werden. Dadurch werde dem Leser des Berichts nicht klar, welche der „Rechtlichen Gesichtspunkte" oder der dort genannten Gefahren welcher Bewegung zuzurechnen seien. So könne gerichtlicherseits nicht nachgeprüft werden, aufgrund welcher Gefahren gerade die Osho-Bewegung von dem Beklagten in den Bericht aufgenommen worden sei. Die Aufnahme der Osho-Bewegung in den Bericht allein deshalb, weil sie eine gewisse Bedeutung erlangt habe und in Baden-Württemberg in Erscheinung getreten sei, biete keine Rechtfertigung für Äußerungen und Warnungen vor dieser Bewegung. Unabhängig hiervon sei der Bericht auch rechtswidrig, soweit darin die „Lehre" der Osho-Bewegung dargestellt werde, ohne von der Religionsgemeinschaft autorisiert worden zu sein oder deren eigenes Selbstverständnis wiederzugeben. Schließlich enthalte der Bericht über die Osho-Bewegung auch nach der Schwärzung einzelner Textteile nach wie vor eine unangemessene, unsachliche und abwertende Kritik an dieser Bewegung und verletze dadurch das staatliche Neutralitätsgebot und das Toleranzprinzip sowie den Grundsatz der Verhältnismäßigkeit. In der Sache sei der ganz überwiegend auf Presseberichte gestützte Bericht nicht geeignet, ein wissenschaftlich ausreichend fundiertes und objektives Bild über die Osho-Bewegung zu geben. Auch in der Diktion fehle dem Bericht die erforderliche Neutralität und Toleranz. Der Kläger habe eine Vielzahl von Stellen aufgegriffen, in denen der Bericht seiner Meinung nach unwahr, halbwahr oder verzerrend sei, ohne daß der Beklagte dem substantiiert entgegengetreten sei. Für das sich so aus dem Bericht ergebende unnötig abwertende und unsachliche Gesamtbild der Osho-Bewegung hat das Gericht 11 Textstellen im einzelnen angeführt.

Gegen dieses Urteil hat der Beklagte Berufung eingelegt, mit der er Klageabweisung erstrebt. Anlaß für den Bericht – so führt der Beklagte aus – seien zahlreiche Anfragen an die Landesregierung von Seiten beunruhigter Bürger und aus dem Parlament gewesen. Bei der Darstellung der Lehre der Osho-Bewegung sei die Regierung nicht auf das Selbstverständnis dieser Gemeinschaft beschränkt. Sie dürfe einzelne Äußerungen von Osho-Rajneesh wiedergeben, ohne hierzu zuvor das Gutachten eines Sachverständigen der Religionsgemeinschaft eingeholt zu haben; sie dürfe diese Äußerungen auch in einer Weise werten, wie sie sich ihrem objektiven Erklärungswert nach einem Dritten darstellen, der in den Angelegenheiten dieser Religionsgemeinschaft nicht besonders sachkundig ist. Der Regierung stehe insoweit ein Bewertungsspielraum und insbesondere eine Einschätzungsprärogative bei der Beurteilung von Gefahren zu. An den negativen Äußerungen des Osho-Rajneesh zum werdenden menschlichen Leben und zur Bedeutung von Ehe und Familie, die aus authentischen Quellen stammten, müsse sich die Gemeinschaft festhalten lassen.

Der Kläger beantragt, die Berufung zurückzuweisen, *hilfsweise* festzustellen, daß die Erwähnung der Rajneesh-Religionsgemeinschaft im Inhaltsverzeichnis des „Berichts über Aufbau und Tätigkeit der sog. Jugendsekten" der „Interministeriellen Arbeitsgruppe der Landesregierung von Baden-Württemberg" als „ein Beispiel sog. Jugendsekten" und in der Einführung (S. 2) als eine der „untersuchten und ausgewählten Gemeinschaften" und die Herausgabe und Verbreitung des Unterabschnitts „Neo-Sannyas-Bewegung/Bhagwan" von Anfang an rechtswidrig war, *höchst hilfsweise* zum Zeitpunkt der letzten mündlichen Verhandlung des erkennenden Senats rechtswidrig ist.

Er macht geltend, der Bericht als Warnung vor der religiösen Gemeinschaft, deren Ziele er, der Kläger, verfolge, unterliege dem strengen Gesetzesvorbehalt, da es sich insoweit nicht um Regierungstätigkeit, sondern um schlichte Verwaltungstätigkeit handele. Hierzu bedürfe es einer spezialgesetzlichen Rechtsgrundlage, die nicht vorhanden sei. Der Rückgriff auf die polizeiliche Generalklausel sei dem Beklagten verwehrt, da er keine konkrete, die Berichtstätigkeit auslösende Gefahr durch die Osho-Bewegung habe dartun können. In diesem Zusammenhang stellt der Kläger erneut den Antrag auf Beiziehung der Verwaltungsakten des Beklagten und Einsichtgewährung in diese Akten. Daraus werde sich ergeben, daß die Erstellung des Berichts jedenfalls in bezug auf ihn, dem Kläger, nicht objektiv veranlaßt, sondern ausschließlich politisch motiviert gewesen sei. Allein die öffentlich über sog. Jugendsekten geführte Diskussion könne kein Warnrecht des Staates auslösen. Im übrigen bezieht sich der Kläger ausdrücklich auf seinen erstinstanzlichen Vortrag, in dem er im einzelnen belegt habe, daß die Darstellung der Osho-Bewegung im Teil A des Berichts einseitig und verzerrend sei. Keiner der im Teil B des Berichts genannten konkreten Vorwürfe und keine der dortigen Warnungen seien hinsichtlich der Osho-Bewegung gerechtfertigt.

Die Berufung des Beklagten hatte Erfolg. Unter Aufhebung des erstinstanzlichen Urteils weist der Verwaltungsgerichtshof die Klage im Hauptantrag ab. Auf den Hilfsantrag des Klägers wird festgestellt, daß es rechtswidrig war, die 13 in der Entscheidungsformel des Senatsbeschlusses vom 4. 10. 1988 - 1 S 3235/87 - (VBlBW 1989, 187) im einzelnen genannten Textstellen in dem „Bericht über Aufbau und Tätigkeit der sogenannten Jugendsekten" der „Interministeriellen Arbeitsgruppe der Landesregierung von Baden-Württemberg" (Stand August 1987, herausgegeben vom Ministerium für Kultus und Sport Baden-Württemberg) herauszugeben und zu verbreiten. Im übrigen werden die Hilfsanträge des Klägers abgewiesen.

Aus den Gründen:

I. Die Berufung des Beklagten ist zulässig und begründet, das Urteil des Verwaltungsgerichts daher zu ändern.

Der vom Kläger mit dem Hauptantrag (Ziff. 1–3) verfolgte Unterlassungsanspruch scheitert daran, daß gegenwärtig keine Anhaltspunkte für eine hinreichend konkrete Gefahr der erneuten Herausgabe und Verbreitung des erstmals 1987 veröffentlichten „Berichts über Aufbau und Tätigkeit der sogenannten Jugendsekten" (im folgenden: Bericht) oder dessen weitere Verwendung in den Schulen besteht. Eine solche Wiederholungsgefahr ist aber Voraussetzung für den Erfolg des Unterlassungsanspruchs (Urteil des Senats vom 29. 8. 1988, NVwZ 1989, 279 f. m.w.N.).

Der Vertreter des Beklagten hat in der mündlichen Verhandlung bestätigt, daß auch die zweite Auflage des Berichts vom Dezember 1988 seit längerem vergriffen ist und die Landesregierung keine Neuauflage beabsichtigt. Hierzu hat er zur Überzeugung des Senats dargelegt, daß die Landesregierung gegenwärtig keinen Handlungsbedarf gegenüber der Osho-Bewegung sehe und der Bericht aufgrund der zwischenzeitlichen Veränderungen in der Osho-Bewegung (Erscheinen der Schrift „Die größte Herausforderung: Die goldene Zukunft", 1988, und späterer Tod des Osho-Rajneesh) in dieser Form ohnehin nicht wieder aufgelegt werde. Die abstrakte Möglichkeit der Herausgabe eines ähnlich strukturierten Berichts unter der Voraussetzung, daß die Landesregierung – was gegenwärtig gleichfalls nicht absehbar ist – einen erneuten Anlaß zur Information und Warnung der Bevölkerung vor „neu-religiösen" Bewegungen, darunter dann womöglich auch der Osho-Bewegung, für gegeben hält, kann keine hinreichende Wiederholungsgefahr für das Unterlassungsbegehren gegenüber dem vergriffenen Bericht begründen.

Eine Wiederholungsgefahr fehlt im übrigen hinsichtlich der in der zweiten Auflage des Berichts vom Dezember 1988 aufgrund der Entscheidung des Senats vom 4. 10. 1988 – 1 S 3235/87 – (VBlBW 1989, 187) geschwärzten Textstellen auch deshalb, weil der Beklagte insoweit im Verfahren vor dem Verwaltungsgericht ausdrücklich erklärt hat, diese Textstellen nicht zu verbreiten und nicht verbreiten zu lassen (...). Der Beklagte hatte diese Erklärung nicht auf den Zeitpunkt bis zur Entscheidung in der Hauptsache beschränkt. Es ist davon auszugehen, daß sich der Beklagte, vertreten durch das federführende Ministerium, an seine Zusage halten wird. Gegenteilige Anhaltspunkte sind nicht erkennbar.

Auch hinsichtlich der weiteren Verwendung des Berichts in den Schulen (Hauptantrag Ziff. 3) fehlt eine Wiederholungsgefahr. Hierzu hat der Vertreter des Beklagten in der mündlichen Verhandlung ausgeführt, daß das Ministerium für Kultus und Sport aus eben den Gründen, die auch gegen eine Neuauflage des Berichts sprechen, die Schulen nicht dazu anhält, weiterhin den Bericht im Unterricht zu verwenden; ein ursprünglich nach Erscheinen des Berichts im Jahre 1987 ergangener Erlaß des Ministeriums für Kultus und Sport zur Verwendung des Berichts im Schulunterricht ist nach Aussage des Beklagten-Vertreters mittlerweile überholt, auch ohne ausdrücklich aufgehoben worden zu sein. An dieser Darstellung zu zweifeln, sieht der Senat keinen Anlaß. Soweit der Kläger dem fortwirkende Beeinträchtigungen durch den Bericht auch in der Öffentlichkeit entgegenhält, resultieren diese nach seiner eigenen Darstellung in der mündlichen Verhandlung aus der ursprünglichen Veröffentlichung und Verbreitung des Berichts, belegen jedoch nicht, daß der Beklagte erneut die Weiterverwendung des bereits erschienenen Berichts in den Schulen betreiben werde. Soweit nicht auszuschließen ist, daß Exemplare des in den Schulen noch vorhandenen Berichts im Einzelfall im Unterricht herangezogen werden, läßt dies die hier zu verneinende Wiederholungsgefahr gezielter Förderung der Verwendung des Berichts im Schulunterricht durch den Beklagten unberührt.

II. Die Klageerweiterung durch Hinzufügung des Feststellungsbegehrens seitens des Klägers in der Berufungsinstanz ist zulässig. Der Beklagte hat sich durch seinen Vertreter in der mündlichen Verhandlung auf den Hilfsantrag des Klägers festzustellen, daß die Herausgabe und Verbreitung des Berichts unter Einbeziehung der Osho-Bewegung rechtswidrig war – höchsthilfsweise rechtswidrig ist – eingelassen, ohne der Klageänderung zu widersprechen (§ 125 Abs. 1 Satz 1, § 91 Abs. 2 VwGO). Die Klageerweiterung ist im übrigen auch deshalb zulässig, weil sie sachdienlich ist (§ 125 Abs. 1 Satz 1, § 91 Abs. 1 VwGO), denn der Streitstoff bleibt im wesentlichen dergleiche und die Klageänderung fördert die endgültige Beilegung des Streits.

Der Kläger verfügt auch über das erforderliche besondere Interesse an der Feststellung, daß die Herausgabe und Verbreitung des Berichts hinsichtlich der Osho-Bewegung rechtswidrig *war*. Es folgt hinsichtlich der vom Kläger geltend gemachten Grundrechtsverletzungen aus dem Gesichtspunkt der Rehabilitation; auch hat der Kläger in der mündlichen Verhandlung überzeugend – und insoweit vom Beklagten nicht bestritten – dargetan, daß er nach wie vor Beeinträchtigungen seines Rufs in der Öffentlichkeit wegen des in den vergangenen Jahren verbreiteten Berichts ausgesetzt ist. Insoweit ist der Feststellungsantrag die aus prozessualer Sicht naheliegende Konsequenz aus dem Fortfall der Wiederholungsgefahr für das in erster Linie verfolgte Unterlassungsbegehren des Klägers.

Soweit wegen der Erfolglosigkeit des Hilfsantrags – dazu sogleich im folgenden – der höchsthilfsweise gestellte Antrag festzustellen, daß die Herausgabe und Verbreitung des Berichts unter Einbeziehung der Osho-Bewegung rechtswidrig *ist*, zum Tragen kommt, ist er unzulässig. Für diesen Antrag fehlt das erforderliche Feststellungsinteresse, denn es ist – wie oben unter I. dargelegt – nicht erkennbar, daß gegenwärtig die erneute Herausgabe und Verbreitung des Berichts beabsichtigt ist. Insoweit war die Klage als unzulässig abzuweisen.

Mit dem zulässigen Feststellungsantrag ist die Klage nur zu einem geringen Teil begründet. Der Kläger kann sich zwar gegenüber dem Bericht der Landesregierung auf den Schutz der Grundrechte, insbesondere auf Art. 4 Abs. 1, 2 GG berufen (1.); auch ist der angegriffene Bericht an den Maßstäben für die Zulässigkeit eines Eingriffs in diese Grundrechte zu messen (2.). Die erforderliche Rechtsgrundlage hierfür steht dem Beklagten indes zur Verfügung (3.) und er hatte auch berechtigten Anlaß in den Jahren 1987 und 1988 den Bericht herauszugeben (4.). Lediglich einzelne Teile des Berichts enthalten unsachlich abwertende Äußerungen, die zu veröffentlichen der Beklagte nicht berechtigt war, wohingegen die angegriffenen Einzelaussagen im übrigen, seien es Wertungen oder Tatsachenbehauptungen, vom Kläger hinzunehmen sind (5.). Schließlich ist die Darstellung der Osho-Bewegung und der Lehren Osho-Rajneeshs in ihrer Gesamtheit im Ergebnis rechtlich nicht zu beanstanden (6.).

1. Der Kläger kann sich als eingetragener Verein auf die Grundrechte berufen, soweit sie ihrem Wesen nach auf juristische Personen anwendbar sind (Art. 19 Abs. 3 GG). Dies gilt jedenfalls für den aus Art. 2 Abs. 1 i.V.m. Art. 1 Abs. 1 folgenden sozialen Geltungsanspruch des Klägers (BVerwGE, 82, 76 [79])[3]; BVerfG, 1. Kammer des Ersten Senats, Beschluß vom 15. 8. 1989[4], NJW 1989, 3269), für das Willkürverbot (Art. 3 Abs. 1 GG) – zu beiden unten 7. – und insbesondere für das Grundrecht der weltanschaulichen und religiösen Betätigungsfreiheit (Art. 4 Abs. 1 GG). Der Kläger pflegt satzungsgemäß die Lehren Osho-Rajneeshs. Sie sind als Religion oder Weltanschauung zu bewerten und haben damit am Schutz des Grundrechts aus Art. 4 Abs. 1 GG teil. Davon ist der Senat bereits in seinem Beschluß über den Antrag des Klägers auf Erlaß einer einstweiligen Anordnung ausgegangen (Beschluß vom 4. 10. 1988, aaO); diese Auffassung wurde im Ergebnis durch das Bundesverwaltungsgericht in Bezug auf die Osho-Bewegung bestätigt (BVerwG, Urteil vom 27. 3. 1992[5] – 7 C 21.90 – S. 9 ff. UA). Einer abschließenden Klärung, ob es sich bei der Osho-Bewegung um eine Religion oder Weltanschauung handelt, bedarf es nicht, weil die Weltanschauung der Religion in Art. 4 Abs. 1 GG rechtlich gleichgestellt ist.

---

[3] KirchE 27, 145.
[4] KirchE 27, 211.
[5] KirchE 30, 151.

sog. Jugendsekten 279

2. Der Bericht stellt im Teil A Abschnitt I die Osho-Bewegung kritisch, in der Tendenz negativ dar; er soll der Auseinandersetzung mit den Vorstellungen der in dem Bericht abgehandelten sog. „Jugendsekten" dienen (Vorwort, S. 1) und die Bevölkerung über Rechtsfragen aufklären, die durch die Aktivitäten der sog. Jugendsekten bzw. ihrer Mitglieder berührt sein könnten (Einführung, S. 7).

Soweit der Bericht dadurch die Osho-Bewegung in ihrer Ausbreitung behindert und ihre Rolle in der religiös-weltanschaulichen Auseinandersetzung schwächt, führt er zu Nachteilen in dem in Art. 4 Abs. 1 GG geschützten Freiheitsraum. Das im Bericht zum Ausdruck kommende hoheitliche Handeln der Landesregierung ist insoweit als Eingriff in den Schutzbereich des Art. 4 Abs. 1 GG zu werten und bedarf der Ermächtigung und inhaltlichen Rechtfertigung (BVerwGE 82, 76 [79], BVerwG, Beschluß vom 13. 2. 1991, NJW 1991, 1770; BVerwG, Urteil vom 27. 3. 1992, aaO, S. 13 ff. UA).

3. Die Befugnis der Landesregierung zur kritischen Äußerung gegenüber Religions- oder Weltanschauungsgemeinschaften und gegebenenfalls auch zu Warnungen vor deren Aktivitäten folgt aus ihrem unmittelbar der Verfassung zu entnehmenden Äußerungs- und Informationsrecht (Art. 45 LV). Zu den funktionsbedingten Befugnissen der Bundesregierung zur Öffentlichkeitsarbeit und ihrem hieraus folgenden Recht zur öffentlichen Stellungnahme hat das Bundesverwaltungsgericht in seinem Urteil vom 23. 5. 1989 (BVerwGE 82, 76 [80 f.]) ausgeführt, es gehöre zu den im Grundgesetz vorausgesetzten Aufgaben der Bundesregierung als Organ der Staatsleitung, die gesellschaftliche Entwicklung ständig zu beobachten, Fehlentwicklungen oder sonst auftretende Probleme möglichst rasch und genau zu erfassen, Möglichkeiten derer Verhinderung oder Behebung zu bedenken und die erforderlichen Maßnahmen in die Wege zu leiten, und zwar unabhängig davon, ob es dazu der Beschlußfassung des Gesetzgebers bedürfe oder nicht. Die Erfüllung eines Informationsbedürfnisses der Öffentlichkeit schließe die Möglichkeit staatlicher Empfehlungen und Warnungen ein. Denn auch derartige Äußerungen der Bundesregierung seien unmittelbar Ausdruck ihrer Verantwortung für das Gemeinwohl und würden daher von ihrer Befugnis zur Information und Aufklärung der Öffentlichkeit mitgetragen (bestätigt in BVerwG, NJW 1991, 1770[6] und BVerwG, Urteil vom 27. 3. 1992, aaO, S. 18 UA). Nichts anderes gilt für die Landesregierung. Auch sie ist, soweit die Zuständigkeiten des Landes reichen, befugt, in der Öffentlichkeit diskutierte Probleme aufzugreifen, sich dazu zu äußern, die Bevölkerung über ihre Sicht der Dinge zu informieren, gegebenenfalls Lösungsvorschläge aufzuzeigen oder auch auf konkrete Gefahren hinzuweisen (Beschluß des Senats vom 4. 10. 1988, aaO, S. 188). Einer konkreten „einfach-gesetzlichen" Ermächtigungsgrundlage

---

[6] KirchE 29, 59.

bedarf die Landesregierung hierfür nicht, solange sie sich im Bereich des für die Regierung spezifischen Äußerungs- und Informationsrechts bewegt (BVerwG, Urteil vom 27. 3. 1992, aaO, S. 18 UA).

a) Die Herausgabe und Verbreitung des Berichts erfolgte in Ausübung des regierungseigenen Äußerungsrechts. Der Bericht wurde auf Initiative und in ausdrücklichem Auftrag der Landesregierung erstellt (Einführung, S. 5). Die Landesregierung wollte damit erklärtermaßen auf die in der Öffentlichkeit geführte Diskussion über die sog. Jugendsekten reagieren (Einführung, S. 5) und hierzu Orientierungshilfen geben.

Ein durchgreifender Grund, den Bericht gleichwohl der Ebene „(echter) Verwaltungstätigkeit" (BVerwG, Urteil vom 27. 3. 1992, aaO, S. 18 UA) zuzuordnen, ist nicht ersichtlich. Daß der Bericht – wie der Kläger einwendet – nicht Teil staatslenkender Tätigkeit ist, hindert seine Qualifizierung als Regierungstätigkeit nicht. Denn im Rahmen des Äußerungs- und gegebenenfalls Warnungsrechts der Regierung ist diese – wie es der Natur dieser Befugnis entspricht – keineswegs auf staatslenkende Maßnahmen beschränkt.

Die Ausführung des Regierungsauftrags zur Erstellung des Berichts durch das Ministerium für Kultus und Sport nimmt dem Bericht ebensowenig den Charakter einer Regierungsäußerung wie die spätere Verteilung des Berichts durch das Ministerium an die Schulen. Ist eine Stellungnahme, Information oder Warnung als Ausfluß des regierungseigenen Äußerungsrechts gegenüber der Öffentlichkeit ergangen, verliert sie diesen Rechtscharakter nicht durch ihre Verbreitung auf den unteren Verwaltungsebenen.

Die Landesregierung hat bei der Herausgabe des Berichts auch im Rahmen der Verbandskompetenz des Landes gehandelt. Gegen eine Kompetenzüberschreitung spricht die im Grundgesetz normierte Zuständigkeitsvermutung zugunsten der Länder (Art. 30 GG) wie auch die weitreichenden Befugnisse der Länder zum Gesetzesvollzug (Art. 83 GG). Überschneidungen mit einem etwaigen Äußerungs- und Informationsrecht der Bundesregierung zu demselben Themenbereich wären im übrigen unschädlich, da die Äußerungsbefugnisse der Regierungen nicht unmittelbar an die Aufteilung der Gesetzgebungs- und Verwaltungszuständigkeiten zwischen Bund und Ländern anknüpfen, ein Tätigwerden von Landesregierungen neben der Bundesregierung zu denselben Fragen daher durchaus möglich und zulässig ist (BVerwGE 82, 76 [82]; BVerwG, NJW 1991, 1770 [1772]).

b) Der Regierung steht bei ihrer Entscheidung, ob und in welcher Form sie sich zu gesellschaftlichen Problemen äußern will, eine weitgehende, gerichtlicher Kontrolle nur begrenzt zugängliche Einschätzungsprärogative zu. Gleichwohl ist sie bei ihren Äußerungen nicht von rechtlichen Bindungen frei. Greifen die Äußerungen der Regierung in Form oder Inhalt in die Rechte, insbesondere in Grundrechte Dritter ein, darf sie die jeweilige Aussage nicht ohne hinreichend gewichtigen, dem Inhalt und der Bedeutung des berührten Grundrechts entsprechenden Anlaß machen, müssen die mitgeteilten Tatsachen zutreffen und dürfen die Äußerungen keine unsachlichen Abwertungen enthalten (BVerwGE 82, 76 [82]; BVerwG, NJW 1991, 1770 [1772]). Diese Bindungen sind umso enger, je intensiver der durch die Äußerung verursachte Eingriff in Rechtspositionen Dritter ist. Ein hinreichender Anlaß für warnende Äußerungen ist bereits dann gegeben, wenn Gefahren – gegebenenfalls auch nur eine abstrakte Gefahr oder der begründete Verdacht einer Gefahr – erkennbar sind, die zu entsprechenden Schutzmaßnahmen berechtigen (BVerwGE 82, 76 [83]; BVerwG, NJW 1991, 1770 [1772]). Greift die staatliche Äußerung – wie der vom Kläger beanstandete Bericht – in die Weltanschauungs- oder Religionsausübungsfreiheit eines Dritten ein, unterliegt die Regelung zusätzlichen, aus dem Schutzbereich dieses Grundrechts folgenden Bindungen. Einschränkungen des grundsätzlich vorbehaltlos gewährten Grundrechts aus Art. 4 Abs. 1 GG sind nur zulässig zum Schutze der Grundrechte anderer Bürger oder zum Schutze kollektiver Rechtsgüter mit Verfassungsrang (BVerwGE 82, 76 [82]; BVerwG, NJW 1991, 1770 [1772]; BVerwG, Urteil vom 27. 3. 1992, aaO, S. 17 f. UA; BVerfG, Kammerbeschluß vom 15. 8. 1989, NJW 1989, 3269 [3270]). Zudem haben Äußerungen des Staates im Anwendungsbereich des Art. 4 Abs. 1 GG dem verfassungsrechtlichen Gebot religions- und weltanschaulicher Neutralität Rechnung zu tragen (BVerwG, Urteil vom 27. 3. 1992, aaO, S. 19 UA). Sie unterliegen der Pflicht zur Sachlichkeit und Zurückhaltung (BVerwG, Urteil vom 27. 3. 1992, aaO; Urteil des Senats vom 29. 8. 1988, NVwZ 1989, 279 [280]; BVerfG, Kammerbeschluß vom 15. 8. 1989, aaO, S. 3270).

Gemessen an diesen Grundsätzen erweist sich die Herausgabe und Verbreitung des Berichts im Grundsatz als rechtens; lediglich einzelne Textteile der Darstellung der Osho-Bewegung im Teil A Abschnitt I überschreiten die Grenzen einer zulässigen Regierungsäußerung. Dies ergibt sich im einzelnen aus folgendem:

4. Der Beklagte hatte im Jahre 1987 und bei der Neuauflage 1988 hinreichend Anlaß, den Bericht über die sogenannten Jugendsekten unter Einbeziehung der Osho-Bewegung herauszugeben und zu verbreiten.

In den vergangenen Jahren wurde in der Bundesrepublik eine intensive öffentliche Diskussion über neuentstandene weltanschauliche oder religiöse Bewegungen geführt, die vielfach unter der Sammelbezeichnung „Jugendsekten" zusammengefaßt wurden. Gegenstand des kontroversen Meinungsaustausches in der Öffentlichkeit waren Entstehungsgrund und Wirkungsweise der sog. Jugendsekten vor allem aber auch die Frage, ob und inwieweit diese auf die Loslösung ihrer Mitglieder aus familiären, sozialen und staatlichen Bezügen und Bindungen hinwirken, ob und inwieweit von ihnen gesellschaftliche Gefahren ausgehen bzw. durch ihre Tätigkeit rechtliche Normen verletzt werden (Beschluß des Senats vom 4. 10. 1988, VBl.BW 1989, 187 [188][7]).

Der Tatbestand dieser öffentlichen Diskussion ist offenkundig; sie hat ihren Niederschlag unter anderem in zahlreichen – teilweise im Bericht Teil A zitierten – Zeitungs- und Zeitschriftenartikeln, in Parlaments- und Regierungsberichten (siehe dazu den dem Urteil des Bundesverwaltungsgerichts vom 23. 5. 1989 – BVerwGE 82, 76 – zugrundeliegenden Streit um verschiedene Äußerungen der Bundesregierung sowie die in der Einführung des Berichts – Seite 5 f. – genannten Berichte verschiedener Landesregierungen) wie auch in einer Reihe von Gerichtsentscheidungen gefunden (siehe neben den im Teil B des Berichts angesprochenen Entscheidungen weiterhin BVerwGE 82, 76; BVerwG, NJW 1991, 1770; BVerfG, NJW 1989, 3269 sowie Urteil des Senats vom 29. 8. 1988, NVwZ 1989, 279).

Es ist nicht zu beanstanden, daß der Beklagte diese Diskussion zum Anlaß genommen hat, einen Bericht über jene, die Öffentlichkeit bewegenden Fragen zu erstellen, zumal ihm bei der Entscheidung darüber, wann und wozu er von seinem Äußerungs- und Informationsrecht Gebrauch macht, eine weitgehende Einschätzungsprärogative zusteht.

Ob sich die Landesregierung daneben in diesem Zusammenhang durch Anfragen einzelner Bürger und Behörden zu dem Bericht veranlaßt sah, ist angesichts des durch die öffentliche Diskussion objektiv gegebenen Rechtfertigungsgrundes für die Erstellung des Berichts unerheblich. Die Beiziehung der bei der Ausarbeitung des Berichts angefallenen Unterlagen von dem Beklagten war daher nicht geboten. Sie war im übrigen auch nicht zur Ermittlung der internen Motive des Beklagten für die Erstellung und zum Nachweis der Genese (von einem „Verfahren" kann insoweit nicht gesprochen werden) des Berichts insbesondere hinsichtlich einer etwaigen Beteiligung von Vertretern der christlichen Kirchen erforderlich. Maßgeblich für die rechtliche Beurteilung des Berichts ist allein sein veröffentlichter Inhalt und die darin zum Ausdruck kommende Zielsetzung des Beklagten, die er mit der Herausgabe des Berichts verfolgt.

Insoweit rechtfertigt die öffentliche Diskussion über die sog. Jugendsekten den Bericht jedenfalls in seinem darstellenden Teil A Abschnitt I, der lediglich – wenn auch in kritischer Form – über die Osho-Bewegung informieren will. Der Beklagte war darüber hinaus aber auch berechtigt, die Osho-Bewegung zusammen mit den anderen im Teil A des Berichts genannten „neu-religiösen" Bewegungen darzustellen und sie in der geschehenen Form zum Teil B „Rechtliche Gesichtspunkte" in Beziehung zu setzen. Der Teil B des Berichts enthält keine konkreten Warnungen vor bestimmten Gefahren durch bestimmte der im Teil A

---

[7] KirchE 26, 276.

sog. Jugendsekten

dargestellten sog. Jugendsekten. Ausdrücklich wird in der Einführung des Berichts (S. 7) darauf hingewiesen, daß die im Teil B „aufgeworfenen Fragen nicht für alle sog. Jugendsekten relevant sein müssen". Die Abhandlung der rechtlichen Gesichtspunkte selbst erfolgt im wesentlichen unter Rückgriff auf bis dahin bei Gerichten oder Staatsanwaltschaften aktenkundig gewordene Vorgänge, aus denen der Bericht dann mit der gebotenen Zurückhaltung und Vorsicht Schlußfolgerungen auf mögliche Gefahren zieht, vielfach unter ausdrücklichem Hinweis auf die Nichterweislichkeit bestimmter Vorwürfe bzw. darauf, daß einschlägige Verurteilungen noch nicht vorliegen (so beispielsweise Bericht S. 95 – Beamtenbewerber –, S. 99 – verfassungsmäßige Ordnung –, S. 100 – Gewerbeuntersagung –, S. 102 – kriminelle Betätigung der Gruppen –; S. 103 f. – Selbsttötung –; S. 105 f. – Nötigung und Freiheitsberaubung –). Ungeachtet der unter zahlreichen Vorbehalten erfolgten zurückhaltenden Erörterung der „Rechtlichen Gesichtspunkte" vermittelt der Teil B dem weder in rechtlichen Fragen noch hinsichtlich der durch die sogenannten Jugendsekten aufgeworfenen Probleme in besonderer Weise vorgebildeten Leser, auf den als Adressaten des Berichts abzustellen ist, den Eindruck, daß von den Aktivitäten der sog. Jugendsekten unter Umständen nicht unerhebliche Gefahren in verschiedenen Lebensbereichen, insbesondere im Hinblick auf Familie, Gesundheit und Vermögen ausgehen können. Durch die zusammenfassende Darstellung in einem Bericht werden diese aus den Gefahrhinweisen folgenden Warnungen aus der Sicht des Lesers auch mit der Osho-Bewegung in Verbindung gebracht. Allerdings ist die Verknüpfung zwischen Osho-Bewegung und den Warnungen in Teil B erklärtermaßen (Einführung S. 7) wie auch für den Leser ohne weiteres erkennbar nur sehr vage, in keinem Fall zwangsläufig.

Die durch die zurückhaltende und neutrale Darstellung der rechtlichen Gesichtspunkte ohnehin schon geringe Eingriffsintensität der Warnungen verliert durch die nur allgemein und mit ausdrücklichem Vorbehalt versehene Verknüpfung des Teils B mit den einzelnen im Teil A des Berichts dargestellten Jugendsekten noch mehr an Gewicht. Entsprechend gering sind die Anforderungen an den nach den oben wiedergegebenen Grundsätzen (oben 4.) gebotenen Anlaß für die mittelbare Warnung vor der Osho-Bewegung in dem Bericht. Insbesondere erlaubt die im Bericht gewählte Form der Darstellung die Aufnahme der Osho-Bewegung in den Bericht, ohne daß hinsichtlich jedes einzelnen der im Teil B genannten Gefahrenmomente eine Gefahr oder zumindest der Verdacht einer Gefahr der Osho-Bewegung zurechenbar sein müßte (so ausdrücklich auch BVerwGE 82, 76 [85 f.] und BVerfG, Kammerbeschluß vom 15. 8. 1989, aaO, NJW 1989, 3269 f. zur Zulässigkeit einer solchen Darstellungsform, die keine exakte Zurechnung einzelner Warnungen zu bestimmten Jugendsekten zuläßt).

Hinsichtlich einiger der im Teil B angesprochenen Gefahren allerdings durfte der Beklagte zum Zeitpunkt der Veröffentlichung des Berichts zumindest von einem Gefahrenverdacht auch im Hinblick auf die Osho-Bewegung ausgehen. Dies gilt zunächst für die Aussage (Bericht S. 110): „..., wonach Jugendreligionen, zu denen auch die Bhagwan-Bewegung gerechnet wurde, es verstünden, mit fragwürdigen Methoden junge Menschen für ihre Ziele zu gewinnen und dabei arbeits- und sozialrechtliche Schutzbestimmungen zu unterlaufen", denn sie wird durch mehrere Gerichtsurteile belegt. Auch hinsichtlich der Warnungen vor möglichen psychischen Gefahren durch die von einzelnen Vereinigungen angewandten Meditationstechniken (Berichte S. 104) war die Annahme eines Gefahrenverdachts gegenüber der Osho-Bewegung nicht ausgeschlossen. Immerhin ist die Meditation auch nach dem eigenen Vortrag des Klägers ein zentrales Moment im „religiösen" Leben eines Sannyasin. Schließlich rechtfertigen einige der im darstellenden Teil A Abschnitt I wiedergegebenen Äußerungen Osho-Rajneeshs etwa zu Ehe und Familie und zur Geburtenkontrolle (Bericht S. 15, 16) – an denen er sich festhalten lassen muß (dazu unten 6.) – Bedenken an deren Vereinbarkeit mit der Wertordnung des Grundgesetzes und damit wiederum die Verknüpfung mit Teil B des Berichts, dort insbesondere mit den „Verfassungsrechtlichen Gesichtspunkten" (S. 88 ff.). Damit steht zugleich fest, daß der Beklagte die Osho-Bewegung nicht unberechtigt, insbesondere nicht willkürlich in den Kreis der in Teil A des Berichts dargestellten Vereinigungen aufgenommen und damit gleichsam vor die Klammer der im Teil B erörterten rechtlichen Gesichtspunkte gezogen hat (siehe dazu auch unter 7.). Bedenken dagegen sind umso weniger angebracht, als die Osho-Bewegung zu den „klassischen" Gruppierungen zählt, die in der öffentlichen Diskussion üblicherweise unter den Begriffen „Jugendsekte" oder „Jugendreligion" zusammengefaßt werden (vgl. „Jugendreligionen", 2. Sachstandsbericht der Landesregierung Nordrhein-Westfalen, 1983, S. 14 ff.).

Der begründete Gefahrenverdacht in den beispielhaft genannten Punkten genügte zu dem für die Beurteilung der Feststellungsklage maßgeblichen Zeitpunkt der Erstellung und Verbreitung des Berichts den Voraussetzungen für die Zulässigkeit regierungsamtlicher Warnungen mit – wie hier – geringerer Eingriffsintensität. Schutzziel dieser Warnungen sind zudem, wie bei Eingriffen in Art. 4 Abs. 1 GG geboten, Grundrechte (insbesondere Art. 2 Abs. 1, 2 GG) und verfassungsrechtlich geschützte Rechtsgüter (Art. 6 GG). Eines exakten Nachweises der genannten Gefahren durch konkret belegbare, gerade der Osho-Bewegung zurechenbare Vorfälle bedurfte es in diesem Fall nicht. Es kommt demzufolge auch nicht auf die Richtigkeit der vom Kläger in diesem Zusammenhang vorgebrachten Behauptungen (Schriftsatz vom 8. 6. 1992, Anlage G) an (etwa zum fehlenden Nachweis, daß weder die Lehren noch die Mitgliedschaft in der Osho-Bewegung oder die Teilnahme an Meditationen und Gruppen zu Selbstmorden geführt haben – Antrag Nr. G 6 – oder daß die Selbst-

mordrate wie auch psychische Erkrankungen bei Sannyasins in signifikant
geringerem Umfang als bei Mitgliedern anderer Bevölkerungsgruppen nachweisbar seien – Antrag Nr. G 7, 16 –). Die Berechtigung der Annahme eines
Gefahrenverdachts bei Erstellung und Verbreitung des Berichts könnte damit
nicht widerlegt werden.

5. Die Darstellung der Osho-Bewegung, des Lebenswegs ihres Gründers
und verschiedener Aussagen seiner Lehre in Teil A Abschnitt I des Berichts
verletzt in einigen Textteilen das staatliche Neutralitätsgebot (a), hat jedoch
sowohl hinsichtlich der darin im übrigen enthaltenen, teilweise abwertenden
Einzelaussagen (b) wie auch in den vom Kläger bestrittenen Tatsachenbehauptungen (c) rechtlichen Bestand.

Äußert sich der Staat – wie hier der Beklagte – bei der Darstellung einer
religiösen oder weltanschaulichen Bewegung innerhalb des Schutzbereichs von
Art. 4 GG, ist er zur Neutralität und Toleranz verpflichtet. Er hat sich unsachlicher oder aggressiver Wertungen zu enthalten (BVerwGE 82, 76/83 f.;
BVerwG, Urteil vom 27. 3. 1992, aaO, S. 19 UA). Dies nimmt dem Staat freilich
nicht die Möglichkeit der kritischen Darstellung einer solchen Bewegung auf
der Basis einer zutreffenden Tatsachengrundlage. Auch insoweit unterliegt er
freilich dem Grundsatz der Verhältnismäßigkeit (BVerfG, Kammerbeschluß v.
15. 8. 1989, aaO, S. 3269).

a) Diesen Anforderungen genügt der Teil A Abschnitt I des Berichts nicht
hinsichtlich der 13 Textstellen, die zu verbreiten oder verbreiten zu lassen der
Senat in seinem Beschluß vom 4. 10. 1988 – 1 S 3235/87 – (VBlBW 1989, 187)
dem Beklagten vorläufig untersagt hat. Der Senat hat in jener Entscheidung, die
den Beteiligten vorliegt, durch die genannten 13 Textstellen das staatliche
Neutralitäts- und Toleranzgebot zum Nachteil des Klägers verletzt gesehen und
dies im einzelnen begründet. An dieser Auffassung hält der Senat nach erneuter
Überprüfung bei insoweit grundsätzlich gleichgebliebenem rechtlichen Maßstab fest und verweist hierzu auf die dortige Begründung. Substantiierte Einwände hiergegen wurden im übrigen vom Beklagten im Berufungsverfahren
nicht vorgebracht.

b) Unsachlich abwertende oder einseitig für eine Religion oder Weltanschauung Partei ergreifende Einzeläußerungen sind darüber hinaus im Vorwort,
in der Einführung und in dem Teil A Abschnitt I des Berichts nach Überzeugung des Senats nicht enthalten.

Soweit der Kläger die Berufung des Ministers für Kultus und Sport im
Vorwort des Berichts auf christlich-abendländische Werte mit dem Ziel der
Auseinandersetzung mit den Vorstellungen solcher Gemeinschaften als Verstoß
gegen das Neutralitätsgebot beanstandet, übersieht er, daß sich der Kläger
hierdurch nicht für eine bestimmte Religion, insbesondere für keine der christlichen Kirchen ausgesprochen hat. Er bezieht sich insoweit allein auf die unbe-

streitbar durch christliche Werte geprägte abendländische Kultur und bewegt sich damit zudem auf dem Boden der dem Land in der Landesverfassung vorgegebenen Erziehungsziele (Art. 12 LV; vgl. auch Art. 16 Abs. 1 LV). Dies ist nicht zu beanstanden.

Auch die Bezeichnung der Osho-Bewegung als „Jugendsekte" verletzt den Kläger nicht in seinem religiösen und gesellschaftlichen Geltungsanspruch (Art. 4 Abs. 1, Art. 2 Abs. 1 GG). Denn der Begriff „Jugendsekte" hat jedenfalls mit dem vom Beklagten im Bericht verwendeten und in dessen Einführung (S. 6) im einzelnen erläuterten Inhalt keine ehrverletzende Bedeutung (im Ergebnis ebenso BVerwGE 82, 76 [85]; BVerfG, Kammerbeschluß vom 15. 8. 1989, aaO, S. 3269; OVG Münster, Urteil vom 22. 5. 1990[8] – 5 A 1223/86 –). Mögen mit dem Begriff Jugendsekte im öffentlichen Sprachgebrauch vielfach auch negative Assoziationen verbunden sein, findet er doch auch in nicht unbedeutendem Umfang lediglich als Sammelbezeichnung für neue religiöse oder weltanschauliche Bewegungen Gebrauch. Angesichts dieser Vielschichtigkeit des Begriffs und seiner behutsamen Verwendung im Bericht kann die Bezeichnung unter anderem auch der Osho-Bewegung als sog. Jugendsekte nicht als rechtswidrig festgestellt werden (so bereits der Beschluß des Senats vom 4. 10. 1988, aaO, S. 189 sowie Urteil des Senats vom 29. 8. 1988, NVwZ 1989, 279 [280]).

Für die hier vorgenommene Einschätzung des sprachlichen Bedeutungsgehalts des Begriffs Jugendsekte bedurfte es nicht der Einholung eines Sachverständigengutachtens; dessen Beurteilung konnte der Senat gerade auch mit Blick auf die zwischenzeitlich vorliegenden zahlreichen – oben zitierten – Gerichtsentscheidungen, die ihrerseits in gewissem Umfang die Bedeutung dieses Worte mitprägen, aus eigener Sachkunde vornehmen.

Auch im übrigen enthalten die Aussagen des Berichts in Teil A Abschnitt I, soweit sie über die oben unter a) als rechtswidrig festgestellten Textteile hinausgehen, keine den religiösen Schutzbereich des Klägers rechtswidrig beeinträchtigenden Formulierungen. Dabei geht der Senat davon aus, daß das Gebot staatlicher Neutralität und Toleranz den Beklagten nicht an einer der Zielsetzung des Berichts folgenden, auch in der Wortwahl und Diktion deutlichen Kritik an den sog. Jugendsekten hindert. Der Beklagte ist in Wahrnehmung des regierungsamtlichen Äußerungsrechts nicht auf eine wissenschaftlich neutrale Sprache beschränkt, er darf eine dem Adressatenkreis des Berichts gemäße, auch plakative Formulierungen verwendende Sprache wählen. Grenze des rechtlich Zulässigen ist die unsachlich abwertende, einseitig tendenziöse Darstellungsweise.

---

[8] KirchE 28, 106.

Die durch den Beschluß des Senats vom 4. 10. 1988 unbeanstandet gebliebenen Textteile des Berichts waren hiernach auch mit den vereinzelt verbliebenen Schärfen in der Sprache und pointierten Wertungen vom Kläger hinzunehmen. So ist es entgegen der Auffassung des Verwaltungsgerichts nicht zu beanstanden, wenn der Bericht bei der Schilderung des Lebenswegs Osho-Rajneeshs davon spricht, daß er ein „angebliches Erleuchtungserlebnis" hatte (Bericht, S. 9). Diese Formulierung gibt lediglich zutreffend die Distanz des Herausgebers des Berichts zu dieser Aussage wieder, mit der sich zu identifizieren er in keiner Weise verpflichtet ist. Auch die Bezeichnung der Stadt Rajneeshpuram als „gespenstische Wohnstadt" (Bericht, S. 10) bewegt sich noch im Rahmen der Befugnisse des Beklagten zu auch plakativen Formulierungen, zumal sich diese Einschätzung auf kritische Berichte über das Leben in dieser Stadt gründen kann, wie sie vom Beklagten in der Berufung (Berufungsschrift v. 22. 4. 1991, S. 11) im einzelnen vorgetragen wurden, ohne daß der Kläger dem substantiiert widersprochen hätte. Soweit der Kläger der Darstellung im Bericht, die Witze Osho-Rajneeshs seien „oft rassistisch" gewesen (Bericht, S. 17) entgegen hält, sie seien im Kontext von Oshos Lehren jedenfalls nie „rassistisch gemeint" gewesen (Beweisantrag des Klägers ...[9]), räumt er zugleich ein, daß man sie jedenfalls so (miß)verstehen konnte. Eine unsachliche Abwertung kann daher in dieser Aussage nicht gesehen werden. Auch die übrigen vom Kläger als abwertend angegriffenen Äußerungen im darstellenden Teil des Berichts (...) bewegen sich nach Inhalt und Form durchweg noch im Rahmen der Befugnis des Beklagten zu auch kritischen Äußerungen.

c) Soweit der Bericht Tatsachenbehauptungen über die Osho-Bewegung, insbesondere über ihren Gründer Osho-Rajneesh enthält, müssen diese Behauptungen zutreffend wiedergegeben werden (BVerfGE 57, 1 [8]; BVerfG, Kammerbeschluß v. 15. 8. 1989, aaO, S. 3270; Beschluß d. Senats v. 4. 10. 1988, aaO, S. 189). Unrichtige Tatsachenbehauptungen führen allerdings nur dann zum Erfolg der Feststellungsklage des Klägers, wenn durch sie in Rechte des Klägers eingegriffen wird. So wenig der Kläger mit der Unterlassungsklage dem Beklagten die Verbreitung allein objektiv rechtswidriger Äußerungen hätte untersagen lassen können, so wenig vermag er mit der Feststellungsklage die Feststellung ausschließlich objektiv rechtswidriger Tatsachenbehauptungen in dem Bericht der Landesregierung zu erstreiten. Die vom Kläger bestrittenen Tatsachenbehauptungen enthalten keine Aussagen über den klagenden Verein selbst; seine Rechtsbeziehungen zu der von den Behauptungen unmittelbar betroffenen Person Osho-Rajneeshs, der Osho-Bewegung insgesamt oder zu einzelnen ihrer Organisationsteile sind lediglich vermittelt durch das Grund-

---

[9] Von einer näheren, nur aus den Schriftsätzen des Klägers ersichtlichen Kennzeichnung der folgenden Beweisanträge wurde abgesehen.

recht auf Weltanschauungs- und Religionsfreiheit verbunden mit dem satzungsmäßigen Ziel des Klägers, die Lehren der Osho-Bewegung zu pflegen. Nur soweit die bestrittenen Tatsachenbehauptungen geeignet wären, das Ansehen der Osho-Bewegung oder ihres Gründers in einer auch für den Kläger beachtlichen Weise zu beeinträchtigen oder sein religiöses oder weltanschauliches Selbstverständnis zu verletzen, hätte die Feststellungsklage Erfolg.

Gemessen an diesen Erfordernissen führt keine der vom Kläger als unrichtig angegriffenen Aussagen im Teil A Abschnitt I des Berichts zu einer Rechtsbeeinträchtigung des Klägers, auch wenn dessen Vortrag (...) insoweit als zutreffend unterstellt wird.

Zum Teil sind die beanstandeten Äußerungen über den Lebensweg Osho-Rajneeshs und die Entwicklung der Osho-Bewegung offensichtlich unerheblich für die Rechtsstellung des Klägers. Dies gilt etwa für die Frage, ob Laxmi T. Hirjee die gemeinnützige „Rajneesh Foundation International" im Jahre 1974 in Indien (so Bericht, S. 10) oder erst im Jahre 1980 in den USA (Beweisantrag des Klägers ...) gegründet hat oder ob der von Osho-Rajneesh nach dessen Rückkehr nach Indien im Koreagon-Park in Poona wiedereröffnete Ashram nicht die alte Größe wiedererlangt habe (so Bericht, S. 12) oder sogar größer als früher gewesen sei (so Beweisantrag des Klägers). Letztlich unerheblich für die Rechtsstellung des Klägers ist etwa auch die Frage, ob Osho-Rajneesh seine Stellung an der Universität in Jabalpur im Jahre 1966 verlassen mußte (so Bericht, S. 9) oder freiwillig aufgegeben hatte (Beweisantrag des Klägers). Entsprechendes gilt im Hinblick auf die Behauptung des Klägers, von Sannyasins geführte Gaststätten- und Diskotheken-Betriebe in Deutschland hätten keinem Franchise-System angehört und daher auch keine Gewinne abgeführt (Beweisantrag des Klägers zum Bericht, S. 19). Für die Beurteilung der Erheblichkeit dieser vom Kläger beanstandeten Behauptungen ist jeweils nicht auf dessen subjektive Selbsteinschätzung seiner Betroffenheit, sondern darauf abzustellen, welche Bedeutung den Einzelaussagen aus der Sicht eines Dritten, der in den Angelegenheiten der Religionsgemeinschaft nicht besonders sachkundig ist (so auch der vom Bundesverwaltungsgericht bestätigte Maßstab, BVerwG, NJW 1991, 1770 [1771]), für die Gesamteinschätzung der Bewegung und ihrer Lehre zukommt.

Eine Reihe der vom Kläger als unrichtig angegriffenen Aussagen des Berichts erweisen sich als lediglich begrifflich unscharfe Formulierungen oder Wertungen, die nicht in unmittelbarem Gegensatz zu den Behauptungen des Klägers stehen, und auch deshalb für seine Rechtsstellung im Ergebnis ohne Bedeutung sind. So steht hinter den Aussagen, Osho-Rajneesh sei als „Wanderprediger" in Indien umhergezogen und habe einen „Orden" gegründet (Bericht, S. 19) erkennbar nicht der Anspruch einer fachterminologisch exakten Aussage; Entsprechendes gilt, wenn von der von Osho-Rajneesh angewandten „Therapie" (Bericht, S. 10) die Rede ist. Auch die Bezeichnung Rajneeshpurams als „eine von der Außenwelt völlig isolierte Stadt" (Bericht, S. 10) läßt im Kontext der Darstellung ohne weiteres den Schluß zu, daß damit keine Aussage über etwa fehlende Verkehrsverbindungen der Stadt mit der Außenwelt gemacht werden sollte – wogegen sich der Kläger (...) wendet –, sondern eine Wertung über die kommunikativen Beziehungen der Bewohner dieser Stadt mit der nicht dieser Bewegung angehörenden Außenwelt getroffen wird.

Nicht zur Feststellung der Rechtswidrigkeit führen schließlich verschiedene vom Kläger beanstandete Textstellen des Berichts, deren Aussagegehalt weder in direktem Gegensatz zu den Tatsachenbehauptungen des Klägers steht, noch vom zugrundeliegenden Tatsachenkern – sofern insoweit die Behauptungen des Klägers als wahr unterstellt werden – nicht mehr getragene Unschärfen oder Verallgemeinerungen enthalten. Dies gilt für die Äußerung, Osho-Rajneesh habe angeordnet, daß alle Sannyasins ab sofort ihre rote Kleidung und die Mala ablegen sollten (Bericht, S. 12), statt er habe den Sannyasins lediglich freigestellt, diese Attribute weiter zu tragen (Beweisantrag des Klägers), er habe nach dem April 1984 sexuelle Kontakte mit Außenstehenden total verboten (Bericht, S. 15), statt er habe den Sannyasins lediglich dringend nahegelegt, bestimmte Schutzmaßnahmen gegen die Übertragung von Aids zu beachten (Beweisantrag des Klägers), und als weiteres Beispiel: die Mehrzahl der Sannyasins habe in Rajneeshpuram in Hauszelten oder kleinen Holzhütten gewohnt (Bericht, S. 10), statt sie hätten nach der Aufbauphase der ersten Monate mit Ausnahme der Besucher alle in festen Häusern gelebt (Beweisantrag des Klägers). Auch diese Aussagen sind im übrigen, soweit sie sich in der Darstellung des Klägers und des Beklagten unterscheiden, nicht von solchem Gewicht, daß die Rechtsstellung des Klägers nach den oben dargelegten Maßstäben dadurch beeinträchtigt würde.

Letztlich hat der Feststellungsantrag des Klägers auch keinen Erfolg, soweit er sich gegen die Aussage des Berichts wendet, die in den von Sannyasins getragenen Unternehmen mitarbeitenden Kommunarden bekämen einen bescheidenen Arbeitslohn, allenfalls ein Handgeld von 300,- bis 400,- DM (Bericht, S. 19), und dem entgegen hält, die Mitglieder der Kommunen hätten einen Arbeitslohn von über 2000,- DM bei voller Abführung der Sozialversicherungsbeiträge erhalten (Beweisantrag des Klägers). Zwar ist die insoweit umstrittene Textstelle nach Auffassung des Senats für den Kläger von Bedeutung; denn die Darstellung im Bericht könnte, sofern durch sie der unzutreffende Eindruck einer Ausbeutung der Mitglieder der Osho-Bewegung durch ihre eigenen Unternehmen erweckt würde, den ohnehin in der Öffentlichkeit gegenüber den sog. Jugendsekten bestehenden Verdacht verstärken, sie nützten ihre Mitglieder wirtschaftlich aus (vgl. dazu Bericht Teil B, S. 105 f., 109 ff.). Die auf einen Bericht des Nachrichtenmagazins Der Spiegel (Heft 6/85, S. 29) gestützte Angabe eines Handgelds von 300,- bis 400,- DM wird indes vom

Kläger nicht substantiiert bestritten. Während die Verwendung des Begriffs „Handgeld" im Bericht die Vermutung nahe legt, daß es sich insoweit um den Wochenarbeitslohn der Kommunarden handelt, spricht der Kläger, ohne dies allerdings ausdrücklich klarzustellen, offenbar vom Monatseinkommen der Mitarbeiter. Unter dieser Voraussetzung weicht die Aussage des Berichts nur unwesentlich von der Behauptung des Klägers ab. Zu einer weiteren Aufklärung dieser Frage sieht der Senat keinen Anlaß. Auch im übrigen bedurfte es zu den umstrittenen Tatsachen keiner Beweiserhebung, da der vom Kläger gegen verschiedene Teile des Berichts vorgebrachte Tatsachenvortrag, wie vorstehend in einzelnen Punkten beispielhaft erörtert wurde, nicht entscheidungserheblich ist.

6. Die Feststellungsklage hat schließlich auch keinen Erfolg, soweit sich der Kläger damit gegen eine nach seiner Auffassung einseitige und verzerrende Darstellung der Osho-Bewegung insbesondere der Lehren Osho-Rajneeshs im Teil A Abschnitt I des Berichts wendet.

Entgegen der Auffassung des Verwaltungsgerichts Stuttgart in dem angegriffenen Urteil ist der Beklagte bei der Beschreibung der Lehre Osho-Rajneeshs nicht auf das Selbstverständnis der Gemeinschaft von ihrer eigenen Lehre beschränkt (wie hier OVG Münster, Urteil v. 22. 5. 1990 – 5 A 1223/86 –, S. 24 UA; BVerwG, Beschluß v. 13. 3. 1991, NJW 1991, 1770 [1773]); erst recht bedurfte es keiner vorherigen Autorisierung des Berichts durch verantwortliche Repräsentanten der Osho-Bewegung. Vielmehr war der Beklagte berechtigt, anhand der veröffentlichten Äußerungen Osho-Rajneeshs als des Gründers der Osho-Bewegung eine Darstellung seiner Lehre aufgrund einer eigenen Bewertung dieser Äußerungen abzugeben, wie sich ihr Aussagegehalt nach dem objektiven Erklärungswert einem Dritten darstellt, der in Angelegenheiten der Religionsgemeinschaft nicht besonders sachkundig ist (OVG Münster und BVerwG jew. aaO). Diesen Maßstab kann auch der Senat der gerichtlichen Kontrolle des Berichts zugrundelegen, weshalb es nicht der vorherigen Einholung eines Sachverständigengutachtens der betreffenden Religionsgemeinschaft zu den Inhalten ihrer Lehre und zum Selbstverständnis der Gemeinschaft bedurfte. Daraus folgt zugleich, daß der Beklagte die Osho-Bewegung vor der Veröffentlichung des Berichts nicht anhören mußte.

Wie die Formulierungen der Einzelaussagen (oben 5.) darf auch die Gesamtdarstellung nach ihrer inhaltlichen Aussage und auch der Auswahl der Themen dem Anlaß der Äußerungsbefugnis des Beklagten gemäß kritisch sein. Verfolgte die Landesregierung mit der Herausgabe des Berichts zulässigerweise das Ziel, dem Leser eine kritische Auseinandersetzung mit den sogenannten Jugendsekten zu ermöglichen, ist sie in ihrer Darstellung der jeweiligen Religions- oder Weltanschauungsgemeinschaft nicht auf eine wissenschaftlich-sachliche, in jede Richtung ausgewogene und sämtlichen Aspekten der Lehre der jeweiligen Gesog. Jugendsekten 291

meinschaft Rechnung tragende Abhandlung beschränkt. Bei der Auswahl der erörterten Themen durfte sich der Beklagte an den in der Öffentlichkeit im Zusammenhang mit der Osho-Bewegung diskutierten Fragen wie auch an dem Ziel einer den Durchschnittsbürger zum Lesen des Berichts anregenden Sprach- und Darstellungsform orientieren.

Die rechtliche Grenze des dem Beklagten hierbei zustehenden weiten Auswahl- und Darstellungsspielraums verläuft dort, wo die Beschreibung die Bewegung und ihre Lehre objektiv verzerrt oder tendenziös einseitig darstellt.

Obgleich der Beklagte bei der Auswahl der im Bericht Teil A Abschnitt I behandelten Themen der Osho-Bewegung erkennbar kritisch gegenüber steht und weitgehend zu negativen Bewertungen dieser Gemeinschaft gelangt, hält er sich noch im Rahmen der beschriebenen rechtlichen Grenzen. Hierbei fällt ins Gewicht, daß den Äußerungen Osho-Rajneeshs keine dogmatisch geschlossene Lehre zugrundeliegt und die Bewegung auch – jedenfalls zu dem für die Beurteilung dieser Klage maßgeblichen Zeitpunkt – nicht über ein verbindliches schriftliches Werk wie etwa die „Heilige Schrift" der Christen oder des Islams verfügte, an der sich die Darstellung im Bericht hätte orientieren können. Der Kläger muß es daher hinnehmen, wenn die Beschreibung der Osho-Bewegung und ihrer Lehre an einzelnen veröffentlichten Äußerungen Osho-Rajneeshs ausgerichtet ist, an denen er und seine Anhänger sich festhalten lassen müssen. Dies gilt insbesondere im Hinblick auf solche Aussagen, die Osho-Rajneesh über den eigenen Anhängerkreis hinaus bewußt an die Öffentlichkeit gerichtet hat, wie dies bei der sog. Weltpressekonferenz am 20. 7. 1985 (Rajneesh Times v. 2. 8. 1985) und in dem autorisierten Spiegel-Interview in der Ausgabe dieses Nachrichtenmagazins v. 15. 8. 1985 (Heft 32/85) der Fall war. Es ist daher nicht zu beanstanden, daß der Beklagte für wesentliche Teile des Berichts auf diese Quellen zurückgegriffen hat.

Gemessen an diesen Grundsätzen sieht der Senat im Unterschied zu dem angefochtenen Urteil keinen Verstoß gegen das Neutralitäts- und Sachlichkeitsgebot in der Darstellung Teil A Abschnitt I des Berichts. Die vom Verwaltungsgericht gerügten Hinweise des Berichts über die Rolle der Sexualität in der Osho-Bewegung (Bericht, S. 9 und S. 15) stellen keine Überbetonung dieses auch in der Öffentlichkeit im Hinblick auf die Osho-Bewegung diskutierten Phänomens dar und beruhen in der Sache zudem auf einer Äußerung Osho-Rajneeshs in dem bereits zitierten Spiegel-Interview (Bericht, S. 15). Auch die Darstellung Sheela Silvermanns, später Birnstiel, nimmt keinen unangemessenen Raum im Rahmen der Gesamtdarstellung der Osho-Bewegung ein, hält sich jedenfalls innerhalb des dem Beklagten bei der Gewichtung und Auswahl des Textes zukommenden weiten Gestaltungsspielraums.

Soweit sich der Kläger gegen die Aussage wendet, „Bhagwan verkündet keine Lehre" (Bericht, S. 13), bestätigt er sie insbesondere in der Form der nachfolgenden Wertung des Beklagten („Die Rajneesh-Bewegung stellt sich als eine schillernde und vielschichtige Erscheinung dar, die weniger eine Lehre als vielmehr ‚Erfahrungen' vermitteln will – Handbuch S. 577 –") durch seine eigenen Einlassungen. Danach habe Osho zu Lebzeiten betont und die Osho-Bewegung halte auch unverändert daran fest, daß es keine zusammenfassende Beschreibung der Lehren Oshos geben dürfe (Beweisantrag des Klägers); im übrigen seien die Lehren Oshos nicht „schillernd", sondern komplex (Beweisantrag des Klägers). Die beanstandete Feststellung des Beklagten bewegt sich somit im Rahmen des Darstellungsspielraums, wie er für ihn aus dem auf die Sicht eines Dritten bezogenen Bewertungsmaßstab folgt.

Die Aussagen des Berichts über die Haltung Osho-Rajneeshs zu Ehe und Familie (Bericht, S. 15), zu seinem Verhältnis gegenüber den Reichen und zur sozialen Frage sowie zur Geburtenkontrolle (sämtlich Bericht, S. 16) und zum Verhältnis Osho-Rajneeshs zu seinen Schülern (Bericht, S. 17 f.) werden auf Zitate Osho-Rajneeshs aus dem genannten Spiegel-Interview und jener Weltpressekonferenz vom Juli 1985 zurückgeführt. An ihnen muß er sich festhalten lassen. Daran ändern auch etwaige gegenteilige oder anders gewichtete Äußerungen Osho-Rajneeshs, die er bei anderer Gelegenheit und in anderem Zusammenhang abgegeben haben mag, nichts. Der Beklagte war – wie eingangs dargelegt – auch nicht verpflichtet, solche abweichenden Äußerungen ergänzend in die Darstellung mit aufzunehmen, denn er ist von Rechts wegen nicht auf einen in jeder Hinsicht ausgewogenen Bericht beschränkt. Demzufolge bedurfte es der Erhebung des hierzu vom Kläger angebotenen Beweises nicht. Es war auch keine Beweiserhebung zu der Frage geboten, ob und inwieweit die Lehren Osho-Rajneeshs neben den im Bericht wiedergegebenen Aussagen weitere dort nicht erwähnte zentrale Punkte enthalten (vgl. dazu den Beweisantrag ... des Klägers), da der Beklagte zu einer erschöpfenden Darstellung der Lehren Osho-Rajneeshs ohnehin nicht verpflichtet war. Die Beschränkung auf die im Bericht behandelten Gegenstände ist im Blick auf die aufklärende und warnende Zielsetzung des Berichts und die öffentliche Diskussion insbesondere jener im Bericht abgehandelten Punkte nicht willkürlich und auch nicht im Blick auf Art. 4 Abs. 1 GG zu beanstanden.

Die im Gesamtbild kritische Darstellung der Osho-Bewegung und der Lehren Osho-Rajneeshs im Teil A Abschnitt I des Berichts belastete den Kläger auch nicht unverhältnismäßig. Sie ist gerechtfertigt mit Rücksicht auf die im Bericht wiedergegebenen Äußerungen Osho-Rajneeshs zu den Themen Ehe und Familie, zum Wert menschlichen Lebens und zur Geburtenkontrolle und Abtreibung (vgl. dazu auch OVG Münster, Urteil v. 22. 5. 1990 – 5 A 1223/86 –, S. 21 ff. UA m.w.N.). Mit ihnen setzt sich die Lehre Osho-Rajneeshs in Gegensatz zur Wertordnung des Grundgesetzes. Auch das Hitlerzitat (Bericht, S. 16) – selbst wenn es aus dem Zusammenhang gerissen wiedergegeben sein sollte – und die Bezeichnung von Mutter Theresa als Verbrecherin in der Weltpressekonferenz vom 20. 7. 1985 (Bericht, S. 16) belegen mit Blick auf die diesen Äußerungen inne wohnende menschenverachtende Tendenz die Berechtigung des Beklagten zu einer entsprechend kritischen Darstellung der Bewegung und ihres Gründers. Hinzu kommt die zum Zeitpunkt der Erstellung und Verbreitung des Berichts berechtigte Annahme eines Gefahrenverdachts gegenüber der Osho-Bewegung (siehe dazu 4.). Mit Rücksicht auf beides, die vom Beklagten in den Vordergrund gerückten Teile der Lehren Osho-Rajneesh und den gegenüber der Osho-Bewegung bestehenden Verdacht gewisser Gefahren für bedeutsame Verfassungsrechtsgüter, sieht der Senat in dem darstellenden Teil A Abschnitt I des Berichts weder nach dessen Inhalt noch nach seiner Darstellungsform und auch nicht in der Verknüpfung mit dem Teil B des Berichts einen unverhältnismäßigen Eingriff in das Grundrecht des Klägers aus Art. 4 Abs. 1 GG. Ungeachtet seiner Stellung als Religions- oder Weltanschauungsgemeinschaft muß der Kläger die seitens des Beklagten an der Wertordnung des Grundgesetzes orientierte kritische Auseinandersetzung mit dem von ihm gepflegten Gedankengut durch den Regierungsbericht hinnehmen.

7. Die Berufung des Klägers auf den Schutz seiner Ehre, die ihm als Verein in der Form des Schutzes vor Beeinträchtigung seines sozialen Achtungs- und Geltungsanspruchs zukommt (BVerwGE 82, 76 [78]; BVerfG, Kammerbeschluß v. 15. 8. 1989, aaO, S. 2269), vermag seiner Feststellungsklage gleichfalls nicht zum Erfolg zu verhelfen. Einen über den Schutzbereich des Artikel 4 Abs. 1 GG, insbesondere das daraus folgende staatliche Neutralitäts- und Toleranzgebot hinausgehenden Schutz vor dem Bericht der Landesregierung vermittelt der Anspruch auf Achtung seiner sozialen Geltung dem Kläger hier nicht.

Die Aufnahme der Osho-Bewegung in den Bericht verletzte den Kläger auch nicht in Art. 3 Abs. 1 GG. Die Osho-Bewegung in diesen Bericht mit einzubeziehen, weil sie wie die anderen im Teil A des Berichts dargestellten Gruppierungen eine gewisse Bedeutung erlangt hat und in Baden-Württemberg in Erscheinung getreten ist (Bericht, S. 6), ist nicht willkürlich. Die Behandlung der Osho-Bewegung in dieser Schrift ist vor allem auch deshalb unter Gleichheitsgesichtspunkten gerechtfertigt, weil der Beklagte ihr gegenüber von einem Gefahrenverdacht ausgehen durfte (oben 4.). Im übrigen konnte der Beklagte gerade in Bezug auf die Osho-Bewegung ein beachtliches öffentliches Informationsbedürfnis annehmen, weil sie in der öffentlichen Diskussion als eine der „klassischen" sog. Jugendsekten angesehen wird und in der Bundesrepublik zu den am weitesten verbreiteten neu-religiösen Bewegungen zählt (siehe dazu 2. Sachstandsbericht der Landesregierung Nordrhein-Westfalen, aaO).

Ein Verstoß gegen den Gleichheitssatz liegt entgegen der Auffassung des

Klägers auch nicht darin begründet, daß die Landesregierung nicht gleichfalls vor etwaigen Gefahren gewarnt hat, die – nach dem Vortrag des Klägers – von den bestehenden großen Religionsgemeinschaften ausgehen. Der Landesregierung steht ein weiter Beurteilungsspielraum bei der Frage zu, wann sie von ihrem Äußerungsrecht Gebrauch macht und welche gesellschaftspolitischen Gegebenheiten sie bei einer Äußerung aufgreift. Aufgrund der relativen Neuartigkeit des Phänomens der sog. Jugendsekten und der über sie im Gange befindlichen öffentlichen Diskussion durfte die Landesregierung von einem diesbezüglich gesteigerten Informationsbedürfnis der Bevölkerung ausgehen, das in vergleichbarer Weise in bezug auf die traditionellen christlichen Großkirchen offensichtlich nicht gegeben war (ebenso OVG Münster, Urteil v. 22. 5. 1990 – 5 A 1232/86 – S. 31 f. UA). Der Beurteilungsspielraum des Beklagten bei Wahrnehmung seines regierungsamtlichen Äußerungs- und Informationsrechts war daher nicht in der vom Kläger geltend gemachten Weise eingeschränkt.

50

Zur Frage, aufgrund welcher tatsächlichen Umstände anzunehmen ist, daß die Vermietung einer in kirchlichem Eigentum stehenden Wohnung an eine nichteheliche Lebensgemeinschaft geeignet ist, abweichend vom Durchschnittsfall die Glaubwürdigkeit der Kirche zu beeinträchtigen (Anschlußentscheidung zu OLG Hamm KirchE 29, 359).

§ 549 Abs. 2 Satz 1 BGB
LG Aachen, Urteil vom 10. Juli 1992 – 5 S 472/90[1] –

Die Klägerin, eine geschiedene Frau, hatte von der Beklagten, einer kath. Kirchengemeinde, eine Wohnung gemietet. Dort wollte sie mit einem Lebensgefährten eine nichteheliche Lebensgemeinschaft aufnehmen. Die Beklagte hat die mietvertraglich erforderliche Zustimmung zur Untervermietung oder Gebrauchsüberlassung unter Hinweis auf Mißbilligung dieser Lebensform in der katholischen Glaubens- und Sittenlehre verweigert.

Das Amtsgericht hat der auf Erlaubniserteilung gerichteten Klage stattgegeben.

Auf die Berufung der Klägerin hat das Landgericht zunächst den Rechtsentscheid des OLG Hamm vom 23. 10. 1991 – REMiet 1/91 –, KirchE 29, 359, herbeigeführt. Inzwischen ist die Klägerin ausgezogen. Ihrer Erledigungserklärung hat sich die Beklagte nicht angeschlossen. Das Landgericht weist die Klage unter Aufhebung des amtsgerichtlichen Urteils ab.

---

[1] NJW 1992, 2897; FamRZ 1993, 325; AkKR 161 (1992), 223.

Aus den Gründen:

Entgegen der Auffassung der Klägerin ist durch ihren Auszug aus der streitgegenständlichen Wohnung eine Erledigung des Rechtsstreites nicht eingetreten, da ihre Klage von Anfang an unbegründet gewesen ist.

Der Klägerin stand nämlich kein Anspruch aus § 549 Abs. 2 BGB gegen die Beklagte auf Erteilung einer Erlaubnis zur Aufnahme ihres Lebensgefährten in die Wohnung K'straße 60 in H. zu.

Zwar ist inzwischen den Parteien unstreitig, daß ein berechtigtes Interesse der Klägerin im Sinne von § 549 Abs. 2 Satz 1 1. Halbsatz BGB an der Aufnahme ihres Lebensgefährten bestand. Auch stimmen die Parteien darin überein, daß der Erteilung der Erlaubnis hierzu weder ein in dessen Person liegender wichtiger Grund noch eine übermäßige Belegung des Wohnraumes entgegenstand (§ 549 Abs. 2 Satz 1 2. Halbsatz BGB). Die allein zwischen den Parteien streitige Rechtsfrage, ob der Beklagten die Erteilung der Zustimmung zur teilweisen Überlassung der Wohnung aus einem sonstigen Grund, nämlich im Hinblick auf die religiös-moralischen Anschauungen der katholischen Kirche, die sie repräsentiert, nicht zugemutet werden konnte, war indes zugunsten der Beklagten zu entscheiden.

Da die von der Kammer zu beurteilende Rechtsfrage noch nicht Gegenstand eines Rechtsentscheides des Bundesgerichtshofes oder eines Oberlandesgerichts gewesen war, hat die Kammer die Sache dem Oberlandesgericht Hamm gemäß Art. 3 des 3. Gesetzes zur Änderung mietrechtlicher Vorschriften zur Entscheidung (...) vorgelegt. *(Es folgen die Vorlagefrage und der Beschlußtenor der Entscheidung des OLG Hamm vom 23. 10. 1991.)*

In den Gründen des Beschlusses (...) hat das Oberlandesgericht Hamm jedoch ausgeführt, daß im „Durchschnittsfall" die Glaubwürdigkeit der Kirche, um die es im Grunde gehe, nicht ernsthaft in Gefahr gerate, wenn der kirchliche Vermieter sich mit der Aufnahme der Lebensgemeinschaft abfinde. Ein sog. Durchschnittsfall, so das Oberlandesgericht, sei unter anderem durch die Lage der Wohnung in einem sozial normalen Umfeld gekennzeichnet. Eine vom Durchschnittsfall abweichende Besonderheit liege demgegenüber z. B. dann vor, wenn sich Unzuträglichkeiten wegen der Lage der Wohnung in einer die nichteheliche Lebensgemeinschaft ablehnenden Umgebung ergäben.

Gemäß Art. 3 Abs. 1 Satz 5 des 3. Gesetzes zur Änderung mietrechtlicher Vorschriften ist der Rechtsentscheid für die Kammer bindend. Die Kammer hatte danach lediglich noch festzustellen, ob sich das Mietverhältnis zwischen den Parteien als sog. „unauffälliger Durchschnittsfall" darstellt oder ob Besonderheiten vorliegen, die die Erteilung der begehrten Zustimmung für die Klägerin als unzumutbar erscheinen lassen.

Aufgrund des Ergebnisses der von der Kammer im Berufungsverfahren durchgeführten Ortsbesichtigung steht indes zweifelsfrei fest, daß vorliegend ein „Durchschnittsfall" *nicht* gegeben ist. Die Lage der streitgegenständlichen Wohnung ist vielmehr durch Besonderheiten gekennzeichnet, die es für die Beklagte unzumutbar machen, die begehrte Erlaubnis zu erteilen. Die Wohnung im Hause K'straße 60, einem ehemaligen Altenheim, liegt nämlich eindeutig innerhalb einer die nichteheliche Lebensgemeinschaft ablehnenden Umgebung. Das von der Klägerin seinerzeit bewohnte Haus ist nicht nur in unmittelbarer Nähe der M.-Kirche gelegen. Entscheidender ist noch, daß das Haus in einem Bereich liegt, der – auch vom unbefangenen Betrachter – kirchlichem Gebiet zugeordnet wird. Besonders deutlich wird dies an der Tatsache, daß die Zufahrt des Hauses K'straße 60 nur über einen im Eigentum der Kirchengemeinde stehenden Weg möglich ist, der unmittelbar an die M.-Kirche grenzt. Von besonderer Bedeutung ist dabei, daß diese Zufahrt durch ein Eisentor verschlossen werden kann, wodurch unterstrichen wird, daß die gesamten hinter der Zufahrt liegenden Gebäude kirchlichem Bereich zuzuordnen sind. Der kirchliche Charakter des Gebietes, in dem das Haus K'straße 60 liegt, wird auch durch das benachbarte N.-Kloster unterstrichen. Im Haus K'straße 60 befindet sich zudem eine Caritas-Pflegestation und der Garten des Hauses wird alle zwei Jahre zur Veranstaltung des Pfarrfestes genutzt. Darüber hinaus kann nicht unberücksichtigt bleiben, daß sich im Bereich der Zufahrt neben der Kirche alljährlich die Kinder zur ersten heiligen Kommunion und die Teilnehmer des St. Martin-Zuges versammeln.

Insgesamt steht danach für die Kammer zweifelsfrei fest, daß das seinerzeit von der Beklagten bewohnte Haus K'straße 60 *nicht* in einem „normalen sozialen Umfeld" liegt, so daß die vom Oberlandesgericht Hamm im oben genannten Rechtsentscheid für den Durchschnittsfall aufgestellten Grundsätze keine Anwendung finden.

Da die Klägerin danach keinen Anspruch auf Erteilung der begehrten Erlaubnis hatte, war die Klage abzuweisen.

51

Bei der Gewährung von Zuschlägen für eine nach staatlichen Grundsätzen angemessene Alters- und Hinterbliebenenversorgung der an staatlich anerkannten Ersatzschulen beschäftigten Lehrer gemäß § 30 PrivSchG ist die Bestimmung des § 29 Abs. 4 PrivSchG weder direkt noch entsprechend anzuwenden.

Die vertragskirchenrechtliche Freundschaftsklausel bietet keine prozeßhindernde Einrede für die Partei, die sich ohne Einigungsversuch durch einseitige Maßnahme von der vertraglichen Grundlage entfernt hat.

Privatschulfinanzierung 297

§§ 28 Abs. 1, 29 Abs. 4, 30 Abs. 1 und 3 RhldPf.PrivSchG; Landesgesetz vom 22. 6. 1973 zu dem Vertrag vom 15. 5. 1973 zwischen dem Heiligen Stuhl und dem Land Rheinland-Pfalz über Fragen des Schulwesens und der Lehrerfort- und -weiterbildung
OVG Rheinland-Pfalz, Urteil vom 15. Juli 1992 – 2 A 12309/91.OVG[1] –

Der Kläger ist Träger der Kath. Fachschule für Sozialwesen in A. Für den dort eingerichteten staatlich anerkannten Bildungsgang für Erzieher erhält er öffentliche Finanzhilfe gemäß §§ 28 ff. des Landesgesetzes über die Errichtung und Finanzierung von Schulen in freier Trägerschaft – PrivSchG – i.d.F. vom 4. 9. 1970 (GVBl. S. 372).

Durch den angefochtenen Bescheid setzte die Bezirksregierung B. die öffentliche Finanzhilfe für diese Einrichtung im Schuljahr 1988/89 auf insgesamt 563737,33 DM fest. Diese Summe umfaßt einen Personalkostenbeitrag von 454 987,99 DM, einen Versorgungskostenbeitrag von 63 250,54 DM und einen Sachkostenbeitrag von 45 498,80 DM. Weil das vom Beklagten festgestellte Unterrichtssoll an dem fraglichen Bildungsgang um knapp drei Wochenstunden überschritten worden ist, nahm die Festsetzungsstelle sowohl bei den Personalkosten als auch bei den Versorgungskosten eine anteilige Kürzung vor. Bei letzteren beträgt diese 1161,29 DM (918,53 DM für Renten- und 242,76 DM für Zusatzversicherung).

Hiergegen legte der Kläger Widerspruch ein. Er vertrat die Auffassung, Beiträge zur Altersversorgung von Lehrern an Privatschulen unterlägen im Falle einer Überschreitung des Stundensolls keiner anteiligen Kürzung, so daß der genannte Betrag nachzuzahlen sei. Diesen Widerspruch wies die Bezirksregierung zurück. Zur Begründung wurde ausgeführt, aus dem Sinnzusammenhang der Regelung in § 29 Abs. 4 und § 30 PrivSchG müsse gefolgert werden, daß die Bestimmung des § 28 Abs. 12 der Durchführungsverordnung zum Privatschulgesetz – PrivSchGDVO – auch auf die Zuschläge zur Alters- und Hinterbliebenenversorgung anzuwenden sei.

Mit der Klage verfolgt der Kläger sein Begehren weiter. Zur Begründung hat er im wesentlichen vorgetragen: Der vom Beklagten vorgenommene Abzug von 1161,29 DM von den tatsächlichen Aufwendungen für die Alters- und Hinterbliebenenversorgung von Lehrern im Angestelltenverhältnis an der betreffenden Einrichtung sei nicht rechtmäßig. Die Bestimmung des § 30 PrivSchG stelle für die Bezuschussung eindeutig auf die tatsächlichen Aufwendungen ab und enthalte keine dem § 29 Abs. 4 PrivSchG entsprechende Regelung. Stattdessen sei in § 30 Abs. 3 PrivSchG eine andersartige Begrenzung vorgesehen. Während also die Beiträge zu den Personalkosten an die Grenze des § 29 Abs. 4

---
[1] Satz 1 Amtl. Leitsatz. Das Urteil ist rechtskräftig.

PrivSchG gebunden seien, fehle eine derartige Einschränkung bei den Zuschlägen für die Alters- und Hinterbliebenenversorgung gemäß § 30 PrivSchG. Sie könne auch nicht mit Hilfe des § 28 Abs. 12 der DVO zum PrivSchG konstruiert werden.
Das Verwaltungsgericht hat der Klage stattgegeben. Die Berufung des beklagten Landes blieb erfolglos.

Aus den Gründen:
Die Berufung ist zulässig, aber nicht begründet.
Der auf die Gewährung einer gegenüber dem Bescheid vom 8. 2. 1990 weitergehenden öffentlichen Finanzhilfe gemäß §§ 28 ff. PrivSchG i.d.F. vom 4. 9. 1970 (GVBl. S. 372) für die Kath. Fachschule für Sozialwesen in A. gerichteten Klage hat das Verwaltungsgericht zu Recht stattgegeben. Da über den endgültigen Jahresbetrag der Förderungsbeiträge nach dem Privatschulgesetz durch Verwaltungsakt entschieden wird (vgl. § 25 Abs. 8 PrivSchGDVO vom 9. 11. 1987, GVBl. S. 362), ist der Beklagte hierzu allerdings nicht im Wege eines allgemeinen Leistungs-, sondern eines Verpflichtungsausspruchs im Sinne des § 113 Abs. 5 Satz 1 VwGO anzuhalten. Insoweit hat der Kläger mit der Umformulierung seines Antrags in der Berufungsinstanz indessen lediglich eine auch hier noch zulässige Klarstellung seines Begehrens vorgenommen.
Der Zulässigkeit der Klage steht die Regelung des Art. 12 des Vertrages vom 15. 5. 1973 zwischen dem Heiligen Stuhl und dem Land Rheinland-Pfalz über Fragen des Schulwesens und der Lehrerfort- und -weiterbildung i.V.m. dem Landesgesetz hierzu vom 22. 6. 1973 (GVBl. S. 157; im folgenden: Kirchenvertrag) nicht entgegen. Zwar hat dieser Vertrag die öffentliche Förderung der Privatschulen katholischer Träger zum Gegenstand, die im Rahmen der allgemeinen Förderung der Privatschulen erfolgen soll (Art. 2 des Kirchenvertrages), und ist in Art. 12 des Kirchenvertrages bestimmt, daß der Heilige Stuhl und das Land im gemeinsamen Einvernehmen eine freundschaftliche Lösung herbeiführen werden, sollte sich in Zukunft wegen der Auslegung oder der praktischen Anwendung der vertraglichen Regelungen eine Meinungsverschiedenheit ergeben (sog. Freundschaftsklausel; dazu vgl. Hollerbach, Verträge zwischen Staat und Kirche in der Bundesrepublik Deutschland, 1965, S. 249 ff.; ders., in: Friesenhahn/Scheuner, Handbuch des Staatskirchenrechts der Bundesrepublik Deutschland, 1. Bd., 1974, S. 288 ff.). Der Umstand, daß ein Verständigungsversuch, der dieser die Vertragspartner bindenden Regelung gerecht werden könnte, zu der hier in Rede stehenden Frage bislang nicht stattgefunden hat, hindert den Kläger aber nicht, das vorliegende gerichtliche Verfahren zu betreiben. Insoweit wäre vielmehr zunächst der Beklagte, der erst zum Schuljahr 1988/89 zu Lasten der katholischen Kirche von der zuvor über viele Jahre hin

praktizierten Verfahrensweise hinsichtlich der Gewährung von Fördermitteln gemäß Art. 5 des Kirchenvertrages i.V.m. § 30 PrivSchG abgewichen ist, dazu aufgerufen gewesen, die gemäß Art. 12 des Kirchenvertrages vorgesehene schiedlich-friedliche Verständigung mit dem Heiligen Stuhl zu suchen; denn die Freundschaftsklausel verbietet eine einseitige Interpretation des Vertragsrechts (vgl. Hollerbach, aaO, S. 252; Hopfauf NJW 1989, 1263 [1266]). Da sich der Beklagte durch den einseitigen Erlaß der angefochtenen Bescheide indessen aus seinem eigenen freien Willensentschluß heraus von der Grundlage des Art. 12 des Kirchenvertrages entfernt hat, vermittelt ihm das Unterbleiben eines Lösungsversuchs im Sinne dieser vertraglichen Bestimmung nunmehr keine prozeßhindernde Einrede dagegen, daß der Kläger seinen vermeintlichen Anspruch auf Gewährung öffentlicher Fördermittel vor den staatlichen Gerichten durchzusetzen versucht. Der Kläger seinerseits könnte zwar auf der Durchführung eines Verfahrens gemäß Art. 12 des Kirchenvertrages bestehen, er ist aber auch nicht gehindert, zum Schutz seiner vertraglichen Rechte, wie geschehen, unmittelbar von den Rechtsschutzmöglichkeiten der staatlichen Gerichte Gebrauch zu machen (vgl. hierzu Hollerbach, aaO, S. 254 und 262).

Der vom Kläger erhobene Anspruch auf Bewilligung einer weiteren öffentlichen Finanzhilfe in Höhe von 1161,29 DM für die genannte Schule im Schuljahr 1988/89 ist begründet. Er ergibt sich sowohl aus Art. 5 des Kirchenvertrages vom 15. 5. 1973 als auch aus § 30 Abs. 1 PrivSchG, so daß letztlich offenbleiben kann, in welchem Verhältnis diese beiden Anspruchsgrundlagen zueinander stehen. Insoweit spricht freilich vieles dafür, daß der Kläger seinen Anspruch auf jede der beiden genannten Bestimmungen selbständig stützen kann, ohne insbesondere durch den Kirchenvertrag daran gehindert zu sein, als Schulträger an der allgemeinen Förderung der Privatschulen im Lande teilzunehmen. Im übrigen wurden die materiellen Regelungen des Privatschulgesetzes unverändert in den Kirchenvertrag übernommen und lediglich bei der Sachkostenerstattung – Art. 6 des Kirchenvertrages – eine geringere als die im Privatschulgesetz vorgesehene Förderung vertraglich zugesichert (vgl. hierzu die Äußerungen des Ministerpräsidenten Kohl und des Kultusministers Dr. Vogel im Verfahren zum Erlaß des Zustimmungsgesetzes vom 22. 6. 1973, Stenographische Berichte des Landtags Rheinland-Pfalz, 7. Wahlperiode, S. 1371, 1378 und 1506).

Der mit der vorliegenden Klage geltend gemachte Anspruch ist nach dem Wortlaut beider als Anspruchsgrundlage hierfür in Betracht kommender Bestimmungen begründet. Nach Art. 5 des Kirchenvertrages gewährt das Land dem Schulträger einen Zuschlag für eine nach staatlichen Grundsätzen angemessene Alters- und Hinterbliebenenversorgung *in Höhe der tatsächlichen Aufwendungen* (Hervorhebung durch den Senat), jedoch höchstens bis zu einem Gesamtbetrag von 25 v. H. der nach Art. 4 des Kirchenvertrages für hauptberuflich beschäftigte Lehrer gewährten (Personalkosten-)Beiträge. Entsprechend ist in § 30 Abs. 1 PrivSchG bestimmt, daß neben den Beiträgen für die Personalkosten (§ 29) Zuschläge für eine nach staatlichen Grundsätzen angemessene Alters- und Hinterbliebenenversorgung *in Höhe der tatsächlichen Aufwendungen* (Hervorhebung durch den Senat) gewährt werden, wobei diese Zuschläge gemäß § 30 Abs. 3 PrivSchG jedoch nur bis zu 25 v. H. des Gesamtbetrages gewährt werden, der nach § 29 PrivSchG auf die hauptberuflich beschäftigten Lehrer sowie pädagogischen und technischen Fachkräfte entfällt. Diese Bestimmungen schließen es aus, die Zuschläge zur Alters- und Hinterbliebenenversorgung auf der Grundlage entsprechend § 29 Abs. 4 PrivSchG gekürzter Aufwendungen für die Alters- und Hinterbliebenenversorgung zu gewähren; denn dabei würde es sich nicht mehr um die tatsächlichen Aufwendungen hierfür handeln. Ferner steht außer Zweifel und ist zwischen den Beteiligten auch nicht umstritten, daß der hier im Streit befindliche Betrag von 1161,29 DM tatsächlich Aufwendungen des Klägers für eine nach staatlichen Grundsätzen angemessene Alters- und Hinterbliebenenversorgung der an der Kath. Fachschule für Sozialwesen in A. beschäftigten Lehrkräfte betrifft und daß die in Art. 5 des Kirchenvertrages und in § 30 Abs. 3 PrivSchG näher bezeichnete Höchstgrenze im vorliegenden Fall auch unter Einrechnung dieses Betrages nicht erreicht wird. Daraus ergibt sich indessen bereits der Anspruch des Klägers auf Gewährung der von ihm eingeklagten weitergehenden öffentlichen Finanzhilfe.

Der Auffassung des Beklagten, daß diesem Anspruch die in § 29 Abs. 4 PrivSchG bzw. im Schlußprotokoll zu dem Kirchenvertrag (zu Art. 4) entsprechend getroffene Regelung entgegenstehe, kann nicht gefolgt werden. Denn für die Gewährung eines Zuschlages bzw. von Zuschlägen für eine nach staatlichen Grundsätzen angemessene Alters- und Hinterbliebenenversorgung nach Art. 5 des Kirchenvertrages oder § 30 PrivSchG ist nicht diese Regelung, sondern sind allein die zuletzt genannten Bestimmungen maßgebend. Letztere enthalten indessen ebensowenig wie die hierauf bezogenen ergänzenden Erklärungen im Schlußprotokoll zu dem Kirchenvertrag (zu Art. 5) oder die Vorschrift des § 29 PrivSchGDVO eine Einschränkung dahingehend, daß der Zuschlag gemäß Art. 5 des Kirchenvertrages bzw. die Zuschläge gemäß § 30 PrivSchG unter Berücksichtigung der zugewiesenen Lehrer nur für so viele Lehrer gewährt werden, wie zur Deckung des Unterrichtssolls einer vergleichbaren öffentlichen Schule erforderlich sind (so § 29 Abs. 4 PrivSchG für die Gewährung von Beiträgen zu den Personalkosten).

Eine derartige Einschränkung kann aber auch nicht in Art. 5 des Kirchenvertrages oder in § 30 PrivSchG hineingelesen werden. Für eine solche Sichtweise mag zwar zunächst einmal sprechen, daß die Bestimmung des § 28 Abs. 1 PrivSchG von Beiträgen zu den Personal- und Sachkosten spricht, die das Land den staatlich anerkannten Ersatzschulen auf Antrag nach Maßgabe der §§ 29 bis

32 gewährt; hiernach könnten die in § 30 geregelten Zuschläge für die Alters- und Hinterbliebenenversorgung als ein Unterfall der Gewährung von Beiträgen zu den Personalkosten erscheinen, so daß es zunächst einmal naheläge, in der Vorschrift des § 29 PrivSchG über die Gewährung von Personalkostenbeiträgen getroffene (Grund-)Regelungen auch auf den (speziellen) Personalkostenbeitrag gemäß § 30 PrivSchG anzuwenden. Bei näherer Betrachtung scheitert dies indessen nicht nur am eindeutigen Wortlaut des Art. 5 des Kirchenvertrages und des § 30 PrivSchG, die derartiges nicht vorsehen, sondern auch daran, daß zwischen den Regelungen in § 29 PrivSchG einerseits und in § 30 PrivSchG andererseits kein so enger Zusammenhang besteht, wie ihn der Beklagte sieht. Nach der Regelung im Privatschulgesetz erscheinen vielmehr Personalkosten, Aufwendungen für die Alters- und Hinterbliebenenversorgung, laufende Sachkosten und Baukosten bei der Einrichtung und dem Betrieb staatlich anerkannter Ersatzschulen als nebeneinander stehende eigenständige Kostenbereiche, die jeweils auf unterschiedliche Weise staatlich gefördert werden. Demgemäß spricht die Amtliche Begründung zum Entwurf eines Zweiten Landesgesetzes zur Änderung des Landesgesetzes über die Privatschulen in Rheinland-Pfalz (Landtagsdrucksache VI/1847, S. 12, zu Nr. 16) davon, daß „die Beiträge nach einzelnen Kostenbereichen, laufende Personalkosten (§ 29), Kosten der Alters- und Hinterbliebenenversorgung (§ 30), laufende Sachkosten (§ 31 Abs. 1) und Baukosten (§ 31 Abs. 2), aufgeschlüsselt werden". Demgegenüber wird die in jenem Gesetzentwurf ebenfalls bereits vorgesehene zusammenfassende Unterscheidung in Personal- und Sachkosten gemäß § 28 Abs. 1 PrivSchG dort weder erwähnt noch auf irgendeine Weise hervorgehoben. Für die Eigenständigkeit der Regelung des § 30 PrivSchG gegenüber § 29 spricht des weiteren, daß die Zuschläge für eine nach staatlichen Grundsätzen angemessene Alters- und Hinterbliebenenversorgung danach *neben* (Hervorhebung durch den Senat) den Beiträgen für die Personalkosten (§ 29) – und nicht etwa als Teil derselben – gewährt werden.

Darüber hinaus bestehen aber auch keine zwingenden sachlichen Gründe für eine Heranziehung des § 29 Abs. 4 PrivSchG bei der Berechnung der Zuschläge gemäß § 30 PrivSchG (bzw. der § 29 Abs. 4 PrivSchG entsprechenden Passage im Schlußprotokoll zum Kirchenvertrag – zu Art. 4 – auf Art. 5 des Kirchenvertrages).

Denn zum einen erscheint die Bestimmung des § 29 Abs. 4 PrivSchG auch ohne ihre ausdehnende Anwendung in den Bereich des § 30 PrivSchG hinein geeignet und ausreichend, um den ihr vom Gesetzgeber beigemessenen Zweck zu erfüllen und sicherzustellen, daß nicht der Staat selbst durch eine allzu großzügige finanzielle Förderung privater Ersatzschulen den Grundsatz einer Gleichbehandlung privater und staatlicher Schulen zu Lasten der letzteren durchbricht (hierzu vgl. die Äußerungen des Kultusministers Dr. Vogel und des

Abgeordneten Gaddum im Gesetzgebungsverfahren, Stenographische Berichte des Landtags Rheinland-Pfalz, 6. Wahlperiode, S. 2258 und 2446). Erhält ein privater Schulträger, an dessen Schule das Unterrichtssoll einer vergleichbaren öffentlichen Schule spürbar überschritten wird, die auf diese Überschreitung entfallenden Personalkosten gemäß § 29 Abs. 4 PrivSchG nicht erstattet, so wird dies für ihn in der Regel bereits Anlaß genug sein, sein Unterrichtsangebot und den damit einhergehenden Personalaufwand herabzusetzen, so daß auf diese Weise die Vergleichbarkeit mit einer entsprechenden öffentlichen Schule wiederhergestellt wird. Um diese Wirkung herbeizuführen, wird in der Regel nicht noch die Ausdehnung der Kürzung der öffentlichen Finanzhilfe auf die insgesamt erheblich weniger ins Gewicht fallenden Aufwendungen für die Alters- und Hinterbliebenenversorgung erforderlich sein. Keinesfalls kann festgestellt werden, daß § 29 Abs. 4 PrivSchG ohne eine solche Ausdehnung leerliefe.

Zum anderen enthält aber auch die Regelung des § 30 PrivSchG in ihrem dritten Absatz selbst bereits eine eigenständige, den § 29 PrivSchG sogar auf ganz bestimmte Weise in Bezug nehmende Begrenzung der Gewährung von Zuschlägen für die Alters- und Hinterbliebenenversorgung der Höhe nach, so daß auch von daher eine Notwendigkeit für eine nicht ausdrücklich im Gesetz vorgesehene weitere Einschränkung dieser Leistung nicht anzuerkennen ist. Dies gilt um so mehr, als es der Wille des Gesetzgebers war, im Zuge der mit der Novellierung des Privatschulgesetzes im Jahre 1970 angestrebten wesentlichen Verbesserung der Privatschulsubventionierung (vgl. Amtliche Begründung zum Gesetzentwurf der Landesregierung, aaO, S. 11, unter I; Äußerung des Kultusministers Dr. Vogel im Gesetzgebungsverfahren, aaO, S. 2258) die Kosten der Altersversorgung voll durch das Land zu übernehmen, soweit sie 25 % der gesamten Personalkosten nicht überschreiten (Äußerung des Kultusministers Dr. Vogel, aaO, und des Abgeordneten Adamzyk als Berichterstatter für den Kulturpolitischen Ausschuß, aaO, S. 2440). Dabei ging der Gesetzgeber davon aus, daß die zuletzt genannte Begrenzung einem allgemeinen Erfahrungssatz in der Schulverwaltung entspreche und den steigenden Anteil der Versorgungskosten an den Gesamtaufwendungen der Schule berücksichtige (Amtliche Begründung zum Gesetzentwurf der Landesregierung, aaO, S. 12, zu Nr. 16). Angesichts der in diesen Äußerungen zum Ausdruck kommenden gesetzgeberischen Grundvorstellung, die hinsichtlich der Erstattung von Aufwendungen für die Alters- und Hinterbliebenenversorgung von einer gewissen Großzügigkeit geprägt ist, erscheint es nicht angemessen, die Bestimmung des § 30 Abs. 1 PrivSchG dergestalt einzuengen, daß eine dem § 29 Abs. 4 PrivSchG entsprechende Begrenzung der öffentlichen Finanzhilfe in sie hineingelesen wird. Noch weniger ist es nach alledem gerechtfertigt, eine Lückenhaftigkeit des gesetzlichen Regelungswerks anzunehmen, die durch eine entsprechende Anwendung des § 29 Abs. 4 PrivSchG kompensiert werden müßte. Entsprechendes gilt für das Verhältnis der auf Art. 4 des Kirchenvertrages bezogenen Passage im Schlußprotokoll zu diesem Vertrag im Verhältnis zu Art. 5 des Vertrages.

52

Wenn ein versorgungsrechtlicher Anspruch, für den kraft kirchengesetzlicher Zuweisung der Rechtsweg zu den staatlichen Verwaltungsgerichten eröffnet ist, ausschließlich von einer statusrechtlichen Vorfrage abhängt, für die das Kirchengericht zuständig ist, so ist das Verwaltungsgericht gehindert, diese Vorfrage inzident mitzuentscheiden (sog. verkappte Statusfrage).

Art. 140 GG, 137 Abs. 3 WRV
Schl.-Holst. OVG, Urteil vom 16. Juli 1992 – 3 L 414/91[1] –

Die Kläger sind Hinterbliebene des 1988 verstorbenen A., der auf seinen Antrag mit Wirkung vom 1. 1. 1980 als Pastor aus dem Dienst der Beklagten (Nordelbische Ev.-Luth. Kirche) entlassen worden war. Auf den Antrag der Klägerin zu 1, ihr Witwengeld zu bewilligen, wurde ihr gemäß einem Beschluß des Nordelbischen Kirchenamtes mit Wirkung vom 26. 5. 1986 „der einer Pastorenwitwe vergleichbare Status zuerkannt". Für die Zeit vom 1. 1. 1980 bis 25. 5. 1986 lehnte die Beklagte die Gewährung von Witwenpension ab. Die Anträge der übrigen Kläger, ihnen Waisengeld zu bewilligen, lehnte die Beklagte durch weitere Bescheide insgesamt ab.

Sämtliche ablehnenden Bescheide sind Gegenstand des vorliegenden Verwaltungsstreitverfahrens. Die Kläger beantragen, die beklagte Landeskirche unter Aufhebung der angefochtenen Verfügungen etc. zu verurteilen, an sie Witwenpension bzw. Waisengeld zu zahlen. Sie machen im wesentlichen geltend, daß der verstorbene Pastor A. bei Einreichung seines Entlassungsgesuchs geschäftsunfähig gewesen sei. Hierüber hat das Verwaltungsgericht Beweis erhoben und die Klagen abgewiesen.

Auch in zweiter Instanz halten die Kläger ihre Behauptung aufrecht. Die Berufung hatte keinen Erfolg.

Aus den Gründen:

Die Berufungen sind unbegründet. Die Klagen sind zwar zulässig, weil der Verwaltungsrechtsweg gegeben ist (1.). In der Sache haben die Klagen aber

---

[1] Die Revision der Kläger blieb ohne Erfolg; BVerwG, Urteil vom 28. 4. 1994 – 2 C 23.92 – BVerwGE 95, 379 –. Vgl. zu diesem Fragenkreis auch OVG.NW NJW 1994, 3368.

sog. verkappte Statusklage

keinen Erfolg, weil im verwaltungsgerichtlichen Verfahren über die Wirksamkeit der Entlassung eines Pastors nicht zu befinden ist (2.). Auch eine Gleichstellung der Kläger zu 2 bis 4 mit der Klägerin zu 1 ist verwaltungsgerichtlich nicht durchsetzbar (3.).

1. Der Rechtsweg zum Verwaltungsgericht ist gegeben nach § 135 Satz 2 BRRG i.V.m. § 18 KVersG i.d.F. vom 1. 2. 1986 (GVOBl.NELK 1986, 62). Der Feststellung, daß die staatliche Gerichtsbarkeit gegeben ist, bedarf es in diesem Berufungsverfahren auch unter Berücksichtigung des § 17 a Abs. 5 GVG. Nach dieser Vorschrift prüft das Gericht, das über ein Rechtsmittel gegen eine Entscheidung in der Hauptsache entscheidet, nicht, ob der beschrittene Rechtsweg zulässig ist. Im Verhältnis zur kirchlichen Gerichtsbarkeit ist § 17 a GVG nicht anwendbar. Zwar gilt die Vorschrift nicht nur für die ordentlichen Gerichte, sondern auch für andere Gerichtszweige, darunter auch die Verwaltungsgerichtsbarkeit (vgl. § 173 VwGO). Die Regelung erfaßt aber bereits nicht die Verfassungsgerichte als einen Teil der staatlichen Gerichtsbarkeit und ebenfalls nicht die überstaatlichen Gerichte (vgl. Baumbach/Lauterbach/Albers/Hartmann, ZPO, 50. Aufl., § 17 a GVG Anm. 1, 2; Kissel, GVG, § 17 a. F. Anm. 61). Entsprechendes gilt wegen der Autonomie der Religionsgesellschaften (vgl. Art. 140 GG, Art. 137 Abs. 3 WRV) für das Kirchengericht der Beklagten. So käme etwa eine Verweisung eines Rechtsstreits von einem Verwaltungsgericht an das Kirchengericht mit einer dieses bindenden Wirkung nicht in Betracht, da dies einen Eingriff der staatlichen Gerichte in den kirchlichen Bereich darstellen würde.

Die Regelung des § 135 Satz 2 BRRG enthält ein Angebot an die öffentlich-rechtlichen Religionsgesellschaften, die Rechtsverhältnisse ihrer Beamten und Seelsorger entsprechend diesem Gesetz zu regeln und die in Kapitel II Abschn. II normierten Regelungen über den Rechtsweg für anwendbar zu erklären. Davon hat die Beklagte insoweit Gebrauch gemacht, als nach § 18 KVersG für Ansprüche aus diesem Kirchengesetz der Rechtsweg zu den staatlichen Verwaltungsgerichten gegeben ist. Diese Regelung korrespondiert mit § 47 des Einführungsgesetzes zur Verfassung der Beklagten vom 12. 6. 1976 (GVOBl.NELK S. 179) i.d.F. vom 1. 2. 1986 (GVOBl.NELK S. 61). Danach ist kirchliches Gericht für Verfassungs- und Verwaltungsstreitigkeiten nach Art. 117 Abs. 1 der Verfassung der Beklagten vorbehaltlich einer anderweitigen kirchengesetzlichen Regelung das bisherige Kirchengericht der Ev.-Luth. Kirchen in Schleswig-Holstein und Hamburg. Das Kirchengericht entscheidet nach § 3 Abs. 1 a bzw. c des Kirchengesetzes über ein Kirchengericht der Ev.-Luth. Kirchen in Schleswig-Holstein und Hamburg – KGG – (KGVOBl. 1974, 63) in kirchlichen Verwaltungssachen auch über den Antrag auf Aufhebung eines Verwaltungsakts (Anfechtungsklage) und über das Bestehen oder Nichtbestehen eines öffentlich-rechtlichen Rechtsverhältnisses aufgrund des in der Landeskirche geltenden Rechts oder über die Nichtigkeit eines Verwaltungsakts (Feststellungsklage). Demgegenüber entscheidet das Kirchengericht nach § 5 KGG unbeschadet seiner Zuständigkeit für die Entscheidungen auf dem Gebiet des kirchlichen Dienstrechts nach § 3 nicht über vermögensrechtliche Ansprüche aus dem Dienstverhältnis der Inhaber kirchlicher Amts- und Dienststellungen. Die Regelungen sind so zu verstehen, daß die Verwaltungsgerichte nicht zuständig sind für Statusklagen, d. h. Klagen, bei denen es um die dienstrechtliche Stellung selbst geht. Insoweit wäre für Anfechtungs- und Feststellungsklagen die kirchengerichtliche Zuständigkeit nach § 3 Abs. 1 a bzw. c KGG gegeben.

Danach ist vorliegend der – staatliche – Verwaltungsrechtsweg gegeben, da es sich um eine vermögensrechtliche Streitigkeit handelt. Im Streit sind auf versorgungsrechtliche Vorschriften gestützte Ansprüche der Kläger auf Bewilligung von Witwen- bzw. Waisengeld. Daß dabei eine statusrechtliche Vorfrage eine – entscheidende – Rolle spielt, berührt den Streitgegenstand nicht.

2. Für die Frage, ob den Klägern Versorgungsansprüche zustehen, ist auszugehen von §§ 1 a, c, 2 Abs. 1 KVersG, wonach die Versorgung der Hinterbliebenen von Pastoren grundsätzlich in entsprechender Anwendung des für die Beamten der Bundesrepublik Deutschland jeweils geltenden Rechts gewährt wird. Für das Witwen- und Waisengeld sind die Vorschriften der §§ 19, 23 BeamtVG entsprechend anzuwenden. Voraussetzung für den Anspruch ist in beiden Fällen, daß der Pastor im Zeitpunkt seines Todes im aktiven Dienstverhältnis stand bzw. seinerseits einen Anspruch auf Ruhegehalt besaß. Daran fehlt es hier. Der Ehemann bzw. Vater der Kläger ist vor seinem Tode von der Beklagten entlassen worden. Mit der Entlassung sind nach § 97 Abs. 2 PfG a. F. (ABl.EKD 1979, 87) bzw. § 111 Abs. 1 PfG n. F. auch die versorgungsrechtlichen Ansprüche der Familienangehörigen entfallen.

Die staatlichen Verwaltungsgerichte haben von der Wirksamkeit der Entlassung auszugehen. Aus der Ämterautonomie der Kirchen folgt die Unzulässigkeit der Nachprüfung oder Feststellung, ob jemand zu einem bestimmten Zeitpunkt (noch) Seelsorger war (vgl. Baumbach u. a., aaO; Kissel, aaO, § 13 Rdnr. 217).

Zwar ist – wie ausgeführt – für versorgungsrechtliche Ansprüche der Rechtsweg zu den staatlichen Verwaltungsgerichten gegeben. Die verwaltungsgerichtliche Kontrolle erstreckt sich jedoch nicht auf die Vorfrage, ob die Beendigung des kirchlichen Dienstverhältnisses rechtmäßig bzw. rechtswirksam ist. Ihrer Natur nach ist die Entscheidung über die Gültigkeit einer kirchlichen Personalmaßnahme nicht Sache des Staates; sie berührt seinen Zuständigkeitsbereich nicht, ist vielmehr dem Bereich des Selbstverwaltungs- und Selbstbestimmungsrechts der Kirche im Sinne von Art. 140 GG i.V.m. Art. 137 Abs. 3 WRV zuzurechnen (vgl. BVerfG, Beschluß v. 30. 3.

1984[2] – 2 BvR 1994/83 –, NVwZ 1985, 105 m.w.N.). Zu diesen „eigenen Angelegenheiten" der Kirche gehört nach der ständigen Rechtsprechung des Bundesverfassungs- und des Bundesverwaltungsgerichts das kirchliche Amtsrecht einschließlich jedenfalls des Dienstrechts (BVerfG, Beschluß v. 5. 7. 1983[3] – 2 BvR 514/83 –, NJW 1983, 2569; BVerfG, Beschluß v. 1. 6. 1983[4] – 2 BvR 453/83 –, NJW 1983, 2569; BVerwG, Urteil v. 25. 11. 1982[5] – 2 C 38.81 –, NJW 1983, 2582; BVerwG, Urteil v. 25. 11. 1982[6] – 2 C 21.78 –, BVerwGE 66, 240 = NJW 1983, 2580).

Wenn es – wie hier – um versorgungsrechtliche Ansprüche geht, die ausschließlich von einer statusrechtlichen Vorfrage abhängen, für die das Kirchengericht zuständig ist, so sind die Verwaltungsgerichte gehindert, die statusrechtliche Vorfrage – inzident – mit zu entscheiden (vgl. Listl, Staatliche und kirchliche Gerichtsbarkeit, DÖV 1989, 409). Die gegenteilige Auffassung würde im Ergebnis dazu führen, daß die Zuständigkeit des Kirchengerichts in Statusangelegenheiten kirchlicher Bediensteter unterlaufen werden könnte. Statusfragen wirken sich in der Regel auf die Besoldung (vgl. § 22 KBesG) bzw. die Versorgung aus. Auf besoldungs- bzw. versorgungsrechtliche Ansprüche gerichtete Klagen, bei denen es entscheidend auf statusrechtliche Vorfragen ankommt (sog. „verkappte Statusklagen", vgl. Listl, aaO, S. 417), wären dann geeignet, die kirchengerichtliche Zuständigkeit auszuhöhlen. Dies wäre mit dem kirchlichen Selbstverwaltungs- bzw. Selbstbestimmungsrecht nicht zu vereinbaren.

Die Anwendung dieser Grundsätze bedeutet für den vorliegenden Fall, daß das Verwaltungsgericht gehindert ist, die dem Kirchengericht vorbehaltene Statusfrage mit zu prüfen. Der Sachverhalt liegt insoweit anders als der vom Senat durch Urteil vom 7. 11. 1991 – 3 L 217/91 – entschiedene, als es hier um die Rechtmäßigkeit bzw. Rechtswirksamkeit eines dienstrechtlichen Verwaltungsakts geht, während in jenem Verfahren zu klären war, ob ein Schreiben der Kirche in der Weise auszulegen ist, daß damit der Verlust einer Rechtsstellung ausgesprochen ist, wie das Bundesverwaltungsgericht in dem Beschluß vom 30. 1. 1992 – BVerwG 2 B 3.92 –, durch den die Beschwerde gegen die Nichtzulassung der Revision verworfen wurde, betont hat.

3. Die Klagen der Kläger zu 2 bis 4 können auch keinen Erfolg haben, soweit es um Ansprüche seit dem Zeitpunkt geht, zu dem der Klägerin zu 1 von der Beklagten – wie sie es ausdrückt – „durch Gnadenentscheidung" der einer Pastorenwitwe ähnliche Status zuerkannt worden ist mit der Folge, daß die

---

[2] KirchE 22, 64.
[3] KirchE 21, 171.
[4] KirchE 21, 132.
[5] KirchE 20, 217.
[6] KirchE 20, 208.

Klägerin zu 1 seither Witwenpension erhält. Auch hier geht es zunächst um eine Vorfrage, die nicht der Kontrolle durch die – staatliche – Verwaltungsgerichtsbarkeit unterliegt, nämlich die Frage, ob die Kläger zu 2 bis 4 einen Anspruch auf eine entsprechende „Gnadenentscheidung" haben. Insoweit ist die kirchengerichtliche Zuständigkeit nach § 3 Abs. 1 b (Verpflichtungsklage) bzw. c (Feststellungsklage) KGG gegeben, da es sich jedenfalls um eine statusähnliche Frage mit noch ausgeprägteren kirchenspezifischen Bezügen („Gnadenentscheidung") handelt. Auf die Frage, ob die zugunsten der Klägerin zu 1 getroffene Entscheidung der Beklagten rechtmäßig oder rechtswidrig ist und ob es sachliche Gründe gibt, eine Witwe in der Versorgung besser zu stellen als die (Halb-)Waisen (vgl. zur unterschiedlichen Höhe des Witwengeldes einerseits und des Waisengeldes andererseits die §§ 20 Abs. 1 Satz 1, 24 Abs. 1 Satz 1 BeamtVG), kommt es danach nicht an.

53

Die Strafbestimmung des § 15 Abs. 1 FAG ist verfassungskonform und verstößt insbesondere nicht gegen die Freiheit der Religionsausübung.

Art. 4 Abs. 1 u. 2, 5 Abs. 1 Satz 2, 12 Abs. 1 GG
BVerfG, Kammerbeschluß vom 20. Juli 1992 – 1 BvR 1000/91[1] –

Nachdem der Angeklagte, ein kath. Priester, im Jahre 1981 als Pfarrer an die katholische Kirchengemeinde „Maria Verkündigung" in B. versetzt worden war, stellte er fest, daß es in der Kirchengemeinde einen verhältnismäßig hohen Anteil an alten, gebrechlichen Menschen, an Frühinvaliden sowie anderen Menschen gab, die aus gesundheitlichen bzw. persönlichen Gründen nicht in der Lage waren, die Gottesdienste in der Kirche zu besuchen. Um diesen Leuten seelsorgerlich beizustehen, entwickelte der Angeklagte die Idee, Gottesdienste und andere kirchliche Veranstaltungen (beispielsweise Andachten) unter Einsatz eines Senders in die Haushalte der überwiegend katholischen Bevölkerung in B. zu übertragen. Bei der Verwirklichung seines Plans ließ sich der Angeklagte von zwei Grundsätzen leiten: Zum einen durfte der eingesetzte Sender niemanden stören. Zum anderen durfte der Sender nicht über die Grenze der Gemeinde B. hinausgehen. Der Angeklagte beschaffte sich sodann entsprechende Anregungen zum Bau von Sendeanlagen und übertrug seit ca. Oktober 1984 regelmäßig samstags, sonntags und zu anderen kirchlichen Anlässen Gottesdienste sowie sonstige kirchliche Veranstaltungen unter Einsatz sogenannter Kleinsender auf 104,1 bis 104,3 MHz in die Haushalte des Ortes B.

---

[1] NJW 1993, 1190; AkKR 162 (1993), 273.

Das erweiterte Schöffengericht hat den Angeklagten wegen fortgesetzten Errichtens und Betreibens einer Fernmeldeanlage ohne Genehmigung (§ 15 Abs. 1 FAG) zu einer Geldstrafe verurteilt und die Sendeanlagen eingezogen. Berufung und Revision des Angeklagten blieben erfolglos. Seine Verfassungsbeschwerde wurde nicht zur Entscheidung angenommen.

Aus den Gründen:

1. Die Verfassungsbeschwerde ist unzulässig, soweit der Beschwerdeführer rügt, daß die angegriffenen Entscheidungen gegen einfaches Recht, namentlich gegen den strafprozeßrechtlichen Unmittelbarkeitsgrundsatz, die Vorschriften des Strafgesetzbuches über die mittelbare Täterschaft und Bestimmungen des Fernmeldeanlagengesetzes verstießen. Verstöße gegen andere als die in § 90 Abs. 1 BVerfGG genannten Bestimmungen des Grundgesetzes können mit der Verfassungsbeschwerde nicht gerügt werden (BVerfGE 3, 58 [74]; st. Rspr.).

(...)

Da eine Verfassungsbeschwerde auch nicht auf die Menschenrechtskonvention oder die Menschenrechtserklärung der Vereinten Nationen gestützt werden kann (vgl. BVerfGE 74, 102 [128] m.w.N.; BVerfGE 41, 88 [106]), ist die Verfassungsbeschwerde unzulässig, soweit der Beschwerdeführer wegen der Ablehnung seines Antrages auf Anhörung eines von ihm benannten Sachverständigen einen Verstoß gegen Art. 6 EMRK und wegen des Genehmigungserfordernisses für lokalen Kirchenrundfunk Verstöße gegen Art. 19 der Menschenrechtserklärung der Vereinten Nationen und Art. 10 EMRK rügt.

2. Im zulässigen Umfang ist die Verfassungsbeschwerde nicht begründet, weil § 15 Abs. 1 Satz 1 FAG verfassungsgemäß ist und die angegriffenen Entscheidungen von Verfassungs wegen nicht zu beanstanden sind.

a) § 15 Abs. 1 FAG ist mit Art. 103 Abs. 2 GG und Art. 104 Abs. 1 Satz 1 GG vereinbar (wird ausgeführt).

b) § 15 Abs. 1 FAG ist auch mit dem Grundrecht auf Rundfunkfreiheit aus Art. 5 Abs. 1 Satz 2 GG vereinbar.

Das Bundesverfassungsgericht hat bereits im Urteil vom 28. 2. 1961 (BVerfGE 12, 205 ff.) im Hinblick auf das Fernmeldemonopol des Bundes entschieden, daß aus Art. 5 GG nicht hergeleitet werden kann, daß die Veranstalter von Rundfunksendungen notwendig Eigentümer oder Verfügungsberechtigte über die sendetechnischen Anlagen sein und als Veranstalter auch das Recht besitzen müßten, diese Anlagen zu betreiben (BVerfGE 12, 205 [263]).

Danach stellt das strafbewehrte Verbot mit Erlaubnisvorbehalt für den Betrieb eines Rundfunksenders keinen Verstoß gegen Art. 5 Abs. 1 Satz 2 GG (Rundfunkfreiheit) dar.

c) § 15 Abs. 1 FAG ist auch mit dem Grundrecht aus Art. 4 Abs. 1 GG in Verbindung mit Art. 4 Abs. 2 GG vereinbar.

Die Freiheit des religiösen Bekenntnisses und der Religionsausübung sind weit zu verstehen (vgl. BVerfGE 24, 236 [246][2]). Art. 4 Abs. 1 und 2 GG schützen nicht nur die religiöse Überzeugung und die ihr entsprechenden kultischen Handlungen selber, sondern auch die Verbreitung der Glaubensüberzeugungen und ihrer Manifestationen. Das schließt die Verbreitung mit den Mitteln der Technik ein. Infolgedessen fällt auch die Übertragung von Gottesdiensten mittels eines Rundfunksenders in den Schutzbereich dieser Grundrechte. Die strafrechtliche Verfolgung des Beschwerdeführers stellt daher einen Eingriff in Art. 4 Abs. 1 GG in Verbindung mit Art. 4 Abs. 2 GG dar.

Allerdings ist auch die vorbehaltlos gewährleistete Religionsausübungsfreiheit nicht schrankenlos gewährleistet. Die vom Grundgesetz anerkannte Gemeinschaftsbindung des Individuums macht auch Grundrechte, die vorbehaltlos gewährleistet sind, gewissen äußersten Grenzziehungen zugänglich. Jedoch dürfen die Grenzen der Religionsausübungsfreiheit nur von der Verfassung selbst bestimmt werden (vgl. BVerfGE 32, 98 [107 f.][3]; st. Rspr., zuletzt BVerfGE 52, 223 [246 f.][4]). Sie finden sich vornehmlich in den kollidierenden Grundrechten Dritter, deren Schutz dem Staat auferlegt ist (vgl. BVerfGE 41, 29 [50][5]).

Im vorliegenden Fall wird die Religionsausübungsfreiheit durch die Rundfunkfreiheit (Art. 5 Abs. 1 Satz 2 GG) sowie durch diejenigen grundrechtlich geschützten Rechtsgüter, die durch eine Störung des Funkverkehrs gefährdet sind, begrenzt.

Im Hinblick auf die nach wie vor bestehende Knappheit von Sendefrequenzen für Rundfunkveranstaltungen im UKW-Bereich und im Hinblick auf das Erfordernis, freie Meinungsbildung durch Rundfunk zu gewährleisten, bedarf die Zulassung von Rundfunkveranstaltern der Regelung durch ein formelles Gesetz (BVerfGE 57, 295 [320 ff.]; st. Rspr.). Durch die gesetzliche Ausgestaltung soll einerseits die Chancengleichheit von Bewerbern gewahrt werden, andererseits soll sichergestellt werden, daß der Rundfunk nicht einer oder einzelnen gesellschaftlichen Gruppen ausgeliefert wird, sondern seine Aufgabe, der individuellen und öffentlichen Meinungsbildung zu dienen, erfüllt (vgl. BVerfGE 57, 295 [322] m.w.N.).

Eine gesetzliche Regelung ist ferner erforderlich, damit sichergestellt werden kann, daß Funkverkehr, der dem Schutz von Leben und Gesundheit, namentlich der Verkehrsteilnehmer, dient, nicht gestört wird.

---

[2] KirchE 10, 181.
[3] KirchE 12, 294.
[4] KirchE 17, 325.
[5] KirchE 17, 128.

Danach begegnet es keinen verfassungsrechtlichen Bedenken, wenn das FAG das Errichten und das Betreiben eines Rundfunksenders von einer Genehmigung abhängig macht und die Errichtung und den Betrieb ohne Genehmigung mit Strafe bedroht, da das unkoordinierte Betreiben von Rundfunksendern im UKW-Bereich die Rundfunkfreiheit sowie die von Art. 2 Abs. 2 GG geschützten Rechtsgüter Dritter zu beeinträchtigen geeignet ist.

d) Scheidet nach alledem eine Verletzung der Grundrechte des Beschwerdeführers aus Art. 4 Abs. 1 GG in Verbindung mit Art. 4 Abs. 2 GG aus, weil die Beschränkung dieses Grundrechts durch gleichgewichtige Grundrechte gerechtfertigt ist, so entfällt auch ein Verstoß gegen Art. 12 Abs. 1 GG, dessen Schutzumfang insoweit nicht über den der Religionsausübungsfreiheit hinausreichen kann.

e) Soweit der Beschwerdeführer Verfassungsverstöße bei der Anwendung und Auslegung des § 15 Abs. 1 FAG durch die angegriffenen Entscheidungen rügt, lassen diese die vom Beschwerdeführer behaupteten Grundrechtsverstöße nicht erkennen. (wird ausgeführt)

54

Dem Anspruch einer Mieterin, einen Geschiedenen als Lebensgefährten in ihre Wohnung aufzunehmen, kann entgegenstehen, daß die übrigen Wohnungen des Mietobjekts bestimmungsgemäß von katholischen Geistlichen bewohnt werden.

§ 553 BGB
AG Regensburg, Urteil vom 31. Juli 1992 – 8 C 1024/98[1] –

Der Kläger ist Eigentümer mehrerer Häuser in R., die überwiegend von Kanonikern bewohnt werden; sie besitzen einen pfarrhofähnlichen Charakter. Am 1. 3. 1989 vermietete der Kläger die von Kanonikus A. nicht mehr benötigte Wohnung im Erdgeschoß des Anwesens Lu. an die Beklagte; A. bewohnte weiterhin die Wohnung im 1. Stock. Der Mietvertrag der Beklagten enthält unter § 6 Ziff. 6 die Regelung, daß der Mieter ohne Erlaubnis des Vermieters nicht berechtigt ist, die gemieteten Räume einem Dritten zu überlassen. Bei unbefugter Überlassung könne der Vermieter das Mietverhältnis fristlos kündigen, sofern der Mieter die Untervermietung bzw. Gebrauchsüberlassung ungeachtet einer Abmahnung fortsetze. Im Jahre 1991 trug die Beklagte an den Kläger den Wunsch heran, Heinrich M., ihren Lebensgefährten, in die Wohnung aufnehmen zu dürfen. M. ist von seiner Ehefrau geschieden. Dies wurde

---

[1] Der Rechtsstreit endete mit einem Räumungsvergleich, dem der Mitbewohner Heinrich M. beitrat.

vom Kläger nicht gestattet. Gleichwohl nahm die Beklagte den Heinrich M. in die Wohnung auf. Ende 1991 erteilte der Kläger der Beklagten hierwegen eine Abmahnung und forderte die Beklagte auf, die Gebrauchsüberlassung rückgängig zu machen. Auf die Möglichkeit einer fristlosen Kündigung wurde hingewiesen. Die Beklagte weigerte sich, die Gebrauchsüberlassung zu beenden. Daraufhin kündigte der Kläger zum 31. 1. 1992 und widersprach zugleich einer Fortsetzung des Mietverhältnisses.

Der Kläger steht auf dem Standpunkt, die ausgesprochene Kündigung sei unter dem rechtlichen Gesichtspunkt des § 553 BGB begründet. Die vorzunehmende Güterabwägung zwischen den berechtigten Interessen des Mieters und der Unzumutbarkeit für den Vermieter gehe zu seinen, des Klägers, Gunsten aus, zumal die Beklagte bereits vor Abschluß des Mietvertrages darauf hingewiesen worden sei, daß sie die Wohnung nur alleine bewohnen dürfe. Dies habe die Beklagte akzeptiert. Die Unzumutbarkeit für ihn, den Kläger, ergebe sich aus dem Gesichtspunkt der eigenen christlichen Grundsätze; das Verhalten der Beklagten widerspreche den ethischen und moralischen Grundsätzen der katholischen Kirche. Die schutzwürdigen Belange des Vermieters hätten um so größeres Gewicht, als die Beklagte ihre „nichteheliche Lebensgemeinschaft" mit einem Geschiedenen trotz ausdrücklichen Verbotes im „Pfarrhaus" auslebe, d. h. unter den Augen der hier wohnenden Kanoniker.

Das Amtsgericht gibt der Räumungsklage nach Beweisaufnahme statt.

Aus den Gründen:

Die Klage ist zulässig und hat auch in der Sache Erfolg.

Dem Kläger steht ein Anspruch auf Räumung der im Tenor bezeichneten Wohnung zu, da die ausgesprochene Kündigung sich als gerechtfertigt erweist. Sie findet ihre rechtliche Stütze in § 553 BGB. § 553 BGB gibt dem Vermieter das Recht zur fristlosen Kündigung, wenn der Mieter ungeachtet einer Abmahnung des Vermieters einen vertragswidrigen Gebrauch der Sache fortsetzt, der die Rechte des Vermieters in erheblichem Maße verletzt, insbesondere einem Dritten den ihm unbefugt überlassenen Gebrauch beläßt. Die Aufnahme des Zeugen Heinrich M. in die Wohnung der Beklagten erfüllt diese tatbestandlichen Voraussetzungen. Zwar gehört es im Zuge der gewandelten gesellschaftlichen Anschauungen zum natürlichen Gebrauchsrecht des Mieters, darüber zu bestimmen, mit wem er sein Leben teilen will. Auf die Moralvorstellungen des Vermieters oder derjenigen der Mitbewohner kommt es in der Regel nicht an. Das Recht des Wohnungsmieters, eine dritte Person aufzunehmen, kann grundsätzlich nicht abbedungen werden. Es kann jedoch, wie im vorliegenden Falle, unter Erlaubnisvorbehalt gestellt werden, um es dem Vermieter zu ermöglichen, seinen Interessen im Einzelfall Geltung zu verschaffen. Ob diese Erlaubnis zu erteilen ist, bestimmt sich nach einer vorzunehmenden Interessenabwägung zwischen den Interessen des Vermieters und des Mieters. Diese Interessenabwägung fällt im vorliegenden Falle zu Gunsten des Klägers aus. Zu Recht verweist der Kläger darauf, daß es auch dem Eigentümer möglich sein muß, sein Eigentum so zu verwerten, wie er es nach seinen eigenen ethischen und moralischen Prinzipien für richtig hält. Diese mögen im „Normalfall" hinter den Interessen des Mieters an der Aufnahme eines Partners in die Wohnung zurückzustehen haben; etwas anderes muß aber dann gelten, wenn wie hier durch die nichteheliche Lebensgemeinschaft mit einem Geschiedenen gegen fundamentale Grundsätze der katholischen Kirche verstoßen wird und zugleich wegen der besonderen Belegenheit des Mietobjekts als Heim für Kanoniker die Mitbewohner des Mietobjekts, die diese Grundsätze der katholischen Morallehre vertreten und leben, mit diesem Verstoß gegen ihre eigenen Vorstellungen unmittelbar konfrontiert werden. Der besondere Charakter des Mietobjekts hat bei der Interessenabwägung eine besondere Rolle nach Auffassung des Gerichts zu spielen. Anders mag die Interessenabwägung ausfallen in einem Mietobjekt mit anderer Zusammensetzung seiner Bewohner. Weiterhin mußte bei der Interessenabwägung gesehen werden, daß – wie die Beweisaufnahme durch Vernehmung der Zeugin Maria A. ergeben hat – die Beklagte bereits im Zuge der zum Mietvertrag führenden Vorgespräche darauf hingewiesen wurde, daß sie das Mietobjekt nur alleine bewohnen dürfe; die Zeugin A. bekundete, die Beklagte habe sich damit einverstanden gezeigt. Demgegenüber müssen die Gesichtspunkte der Beklagten gegenüber diesen schwerwiegenden Gesichtspunkten, die auf Klägerseite zu sehen sind, zurückstehen. Es mag der Beklagten geglaubt werden, daß sie wegen ihrer eigenen Behinderung auf den Zeugen Heinrich M. als Lebenspartner angewiesen ist und es mag auch dem Zeugen Heinrich M. geglaubt werden, daß er zum Verkauf seiner Eigentumswohnung aus finanziellen Gründen gezwungen war. Eine Pflegebedürftigkeit andererseits im engeren Sinne des Zeugen Heinrich M. hat die Beweisaufnahme nicht bestätigen können. Gleichwohl können die auf Beklagtenseite in die Interessenabwägung einzustellenden Gesichtspunkte als nicht so schwerwiegend gewertet werden, daß sie die berechtigten Belange der Klägerseite aufwiegen könnten. Da die Beklagte trotz Abmahnung die Gebrauchsüberlassung nicht beendet hat, greift das Kündigungsrecht aus § 553 BGB durch. Aus diesem Grunde (§ 556 a Abs. 4 Nr. 2 BGB) kann auch die hilfsweise geltend gemachte Fortsetzung des Mietverhältnisses nicht verlangt werden.

55

Kollidiert in einem Arbeitsverhältnis die Garantie der Kunstfreiheit (Art. 5 Abs. 3 Satz 1 GG) mit einem anderen Verfassungsgut (hier: Freiheit des durch christliche Wertvorstellungen geprägten Gewissens [Art. 4 Abs. 1 GG]) muß ein verhältnismäßiger Ausgleich der gegenläufigen, gleichermaßen verfassungsrechtlich geschützten Interessen mit dem Ziel ihrer Optimierung gefunden werden. Dies ist im Wege fallbezogener Abwägungen zu lösen, wobei im Rahmen des billigen Ermessens nach § 315 BGB unter Umständen dem Arbeitgeber zugemutet werden kann, zumindest kurzfristig die den Gewissenskonflikt auslösenden Leistungen zu erbringen, wenn hierfür auf seiten des Arbeitgebers besondere Gründe vorliegen.

Zu den Abwägungskriterien im Falle der Weigerung eines Konzertmeisters, an einer Operninszenierung mitzuwirken.

LAG Düsseldorf, Urteil vom 7. August 1992 – 9 Sa 794/92[1] –

Der Kläger nimmt die Beklagte auf Entfernung von Abmahnungen aus den Personalakten und auf Zahlung in Anspruch.

Der Kläger steht als stellvertretender Konzertmeister im Philharmonischen Orchester N. in den Diensten der Beklagten. Er ist mit der Tochter eines Pfarrers verheiratet. Im Sommer 1981 entschied er sich – nach seinen Angaben – während eines Ferienaufenthalts in der L' Mission, sein Leben unter die Herrschaft Jesu Christi zu stellen, was nach dem Vorbringen des Klägers nach einer Generalbuße und der Erfahrung der Sündenvergebung für ihn eine völlige Erneuerung seines Lebens bedeutete. Der Kläger beteiligt sich gemeinsam mit seiner Ehefrau aktiv an der Gemeindearbeit. Darüber hinaus arbeitet der Kläger in einem Förderkreis „Junge Theater- und Musikgemeinschaft", der Musiktheaterwerke geistlichen Inhalts aufführt.

In der Spielzeit 1991/92 standen einige Aufführungen des „Troubadour", einer Oper von Giuseppe Verdi, auf dem Spielplan. Die Inszenierung dieser Oper hatte D. H. besorgt. An den Proben und an einigen Aufführungen wirkte der Kläger, der hierfür eingeteilt worden war, zunächst mit. Nachdem ihn jedoch Mitwirkende auf das Geschehen auf und vor der Bühne aufmerksam gemacht und er selbst als Zuschauer einer Aufführung beigewohnt hatte, bat er den künstlerischen Geschäftsführer der Beklagten schriftlich um eine Freistellung von jedweder Mitwirkung an der Inszenierung. Der Kläger begründete dies im wesentlichen damit, daß unter dem „Deckmantel der Sozialkritik" insbesondere im 4. Bild – flankiert von einem obszönen Text im Programmheft –

---

[1] Das Urteil ist rechtskräftig.

Jesus Christus verhöhnt und geschändet werde; dies verwerfe er. Der von dem Kläger kritisierte Text ist im Programmheft abgedruckt. In dem Text werden Hostien und Meßwein mit dem Sperma und Urin Christi gleichgesetzt.

Die Beklagte wies mit einer ausführlichen Begründung den Kläger darauf hin, daß seine Freistellung von der Aufführung nicht erfolgen könne. Der künstlerische Geschäftsführer legte dabei unter anderem dar, daß in der Darstellung nicht die Wiedergabe realer Wirklichkeit zu sehen sei und daß die Grenzen der grundgesetzlich garantierten Freiheit der Kunst nicht überschritten würden. Als „Musiker, der in einem Theaterorchester Dienst tut", sollte der Kläger dies erkennen können. Weitere Bemühungen des Klägers, eine Freistellung zu erwirken, blieben erfolglos, obwohl der Kläger auch anderweitig hätte eingesetzt werden können.

In der Folgezeit blieb der Kläger bei seiner Weigerung, an der Inszenierung mitzuwirken. Wegen der Erkrankung eines anderen Konzertmeisters der Beklagten wurde für eine Aufführung der Oper am 5. 1. 1992 eine externe Aushilfe eingesetzt. Mit Schreiben vom 9. 1. 1992 mahnte die Beklagte die Leistungsverweigerung des Klägers als einen Verstoß gegen die tarifvertraglichen Bestimmungen der §§ 5, 7 TVK ab und forderte ihn unter Androhung von „Konsequenzen für das Beschäftigungsverhältnis" auf, zukünftig den arbeits- und tarifvertraglichen Pflichten nachzukommen. – Nachdem der Kläger auch an der nächstfolgenden Aufführung am 12. 1. 1992 seine Teilnahme verweigert hatte, mahnte ihn die Beklagte mit Schreiben vom 12. 2. 1992 erneut wegen Verstoßes gegen Dienstpflichten ab. – Wegen des Einsatzes einer Ersatzkraft am 5. 1. 1992 und 12. 1. 1992 behielt die Beklagte von den Bezügen des Klägers im Februar 356,20 DM und im März 1992 461,30 DM ein.

Mit der Klage erstrebt der Kläger die Verurteilung der Beklagten, die Abmahnungen vom 9. 1. und 12. 2. 1992 aus den Personalakten zu nehmen und die im Februar und März 1992 einbehaltenen Beträge an ihn auszuzahlen. – Er macht im wesentlichen geltend, die von der Beklagten vorgenommenen Abmahnungen seien zu Unrecht erfolgt, weil eine Leistungsverweigerung aus Gewissensgründen nicht abmahnungsfähig sei. Er, der Kläger, gehe davon aus, daß die in Rede stehende Inszenierung der Oper nicht mehr eine Interpretation des Werkes bedeute, sondern nur noch Blasphemie und Herabsetzung des christlichen Glaubens beinhalte. Angesichts dessen sei die Beklagte auch nicht berechtigt gewesen, ihn, den Kläger, mit den Kosten für einen Ersatzmusiker zu belasten.

Die Beklagte verteidigt sich damit, der Kläger sei als Orchestermusiker lediglich Interpret der Musik und somit bereits von der Bühnendarstellung in seinem Leistungsteil nicht tangiert. Ferner müsse das Theater für seine Funktionsfähigkeit auch das Böse und Unanständige sowie Blasphemische darstellen dürfen. Es sei Sache des Direktionsrechts der Beklagten, darüber zu befinden, welcher Konzertmeister bei welcher Inszenierung eingesetzt werde. Angesichts dessen seien sowohl die Abmahnungen zu Recht erfolgte als auch die Kosten für eine Ersatzkraft vom Kläger eingefordert worden.

Das Arbeitsgericht hat durch eine Inaugenscheinnahme Beweis erhoben und die Klage abgewiesen.

Die Berufung des Klägers hatte Erfolg.

Aus den Gründen:

I. Die Berufung des Klägers (...) ist zulässig. (wird ausgeführt)

II. Auch in der Sache selbst mußte die Berufung des Klägers Erfolg haben und unter Abänderung der arbeitsgerichtlichen Entscheidung zu einer Verurteilung der Beklagten auf Entfernung der Abmahnungen und Zahlung führen.

1. Soweit der Kläger die Entfernung der Abmahnungen vom 9. 1. 1992 und 12. 2. 1992 begehrt, findet die Klage ihre Rechtsgrundlage in einer entsprechenden Anwendung der §§ 242, 1004 BGB, wonach der Arbeitnehmer bei einem objektiv rechtswidrigen Eingriff in das Persönlichkeitsrecht in Form von unzutreffenden oder abwertenden Äußerungen deren Widerruf oder Beseitigung verlangen kann (BAG, Urteil vom 27. 11. 1985 – 5 AZR 101/84 – AP Nr. 93 zu § 611 BGB Fürsorgepflicht = EzA § 611 BGB Fürsorgepflicht Nr. 38 = NZA 1986, 227; BAG, Urteil vom 15. 1. 1986 – 5 AZR 70/84 – AP Nr. 96 zu § 611 BGB Fürsorgepflicht = EzA § 611 BGB Fürsorgepflicht Nr. 39 = NZA 1986, 421).

Die Beklagte muß die streitigen Abmahnungen im Gegensatz zur Auffassung des Arbeitsgerichts entfernen, weil sich der Kläger aus Gewissensgründen zu Recht am 5. 1. 1992 und 12. 1. 1992 geweigert hat, als Orchestermusiker an den Aufführungen der von D. H. inszenierten Verdi-Oper „Der Troubadour" teilzunehmen. Bei zutreffender rechtlicher Würdigung des unstreitigen Sachverhalts war der Kläger durch einen in seiner Person liegenden Grund daran gehindert, die ihm von der Beklagten zugewiesene Tätigkeit als Orchestermusiker zu verrichten.

Aufgrund seines Arbeitsvertrages war der Kläger zwar grundsätzlich verpflichtet, in seiner Eigenschaft als stellvertretender Konzertmeister im Philharmonischen Orchester E. an Opernaufführungen mitzuwirken, weil die im Arbeitsvertrag nur rahmenmäßig umschriebenen Arbeitsaufgaben durch entsprechende Weisungen des Arbeitgebers konkretisiert und damit zur unmittelbaren Leistungspflicht des Arbeitnehmers werden. Entgegen der Auffassung der Beklagten und des Arbeitsgerichts war jedoch im vorliegenden Fall von einer *Einschränkung des Direktionsrechts* der Beklagten aus § 315 BGB i.V.m. Art. 4 GG auszugehen, weil der Kläger der Beklagten einen *Gewissenkonflikt* offenbart und unter Berufung darauf seine musikalische Mitwirkung an den Opernaufführungen abgelehnt hat.

Grundsätzlich kann der Arbeitgeber aufgrund seines Weisungsrechts *einseitig* die im Arbeitsvertrag rahmenmäßig umschriebene Leistungspflicht des Arbeitnehmers nach Zeit, Ort und Art der Leistung bestimmen. Das Weisungsrecht, das seine Grenzen in Vorschriften der Gesetze, des Kollektiv- und des Einzelarbeitsvertragsrechts findet, darf gemäß § 315 Abs. 1 BGB nur nach *billigem Ermessen* ausgeübt werden (vgl. dazu BAG, Urteil vom 24. 5. 1989 – 2 AZR 285/88 – AP Nr. 1 zu § 611 BGB Gewissensfreiheit m. Anm. von Kraft, Raab und Berger-Delhey = EzA § 611 BGB Direktionsrecht Nr. 3 = AR-Blattei Kündigungsschutz, E 302 m. Anm. Kort = SAE 1991, 1 m. Anm. Bydlinski = AuR 1990, 265 m. Anm. Mayer = NZA 1990, 144; BAG, Urteil vom 20. 12. 1984 – 2 AZR 436/83 – AP Nr. 27 zu § 611 BGB Direktionsrecht m. Anm. von Brox = EzA § 1 KSchG Verhaltensbedingte Kündigung Nr. 16 = AR-Blattei Direktionsrecht, Entscheidung 19 m. Anm. Söllner = BB 1986, 385 m. Anm. Reuter = JZ 1985, 1108 m. Anm. von U. Mayer = NZA 1986, 21). Die in § 315 BGB geforderte Billigkeit wird inhaltlich auch durch das *Grundrecht der Gewissensfreiheit* bestimmt (BAG, Urteil vom 20. 12. 1984 – 2 AZR 436/83 – aaO).

Das Bundesarbeitsgericht hat nunmehr nach gefestigter Spruchpraxis (BAG, Urteile vom 20. 12. 1984 – 2 AZR 436/83 – und 24. 5. 1989 – 2 AZR 285/88 – aaO) in Übereinstimmung mit der Rechtsprechung des Bundesverfassungsgerichts (BVerfGE 12, 45 [54 ff.]; 48, 127 [173]; 69, 1 [23]) als auch des Bundesverwaltungsgerichts (BVerwGE 7, 242 [246]; 75, 188 [195][2]; 79, 24 [27]) einen *subjektiven Gewissensbegriff* angenommen und dazu ausgeführt, Gewissen i.S.d. allgemeinen Sprachgebrauchs und des Art. 4 GG sei als ein real erfahrbares seelisches Phänomen zu verstehen, dessen Forderungen, Mahnungen und Warnungen für den Menschen unmittelbar evidente Gebote unbedingten Sollens seien. Als eine Gewissensentscheidung sei jede ernste sittliche, d. h. an den Kategorien von „Gut" und „Böse" orientierte Entscheidung anzusehen, die der einzelne in einer bestimmten Lage als für sich bindend und unbedingt verpflichtend innerlich erfahre, so daß er gegen sie nicht ohne ernste Gewissensnot handeln könne. Das Gewissen könne durch äußere Einflüsse geweckt und veranlaßt werden, zu einem bestimmten Ereignis Stellung zu beziehen und nach innerer Prüfung eine Entscheidung zu treffen. Die von außen kommenden Anregungen könnten verschiedener Art sein. Sie könnten nicht bloß aus religiösen oder ethischen Vorstellungen kommen, vielmehr auch in gefühlsmäßigen Erwägungen, in weltanschaulichen Grundsätzen oder politischen Überzeugungen wurzeln.

Von diesem Gewissensbegriff geht auch die entscheidende Berufungskam-

---

[2] KirchE 24, 305.

mer aus. Denn es geht rechtlich nicht an, eine Gewissensentscheidung nach objektiven Kriterien eingrenzen zu wollen, weil es bereits an Maßstäben fehlt, die eine Einheitsbewertung zuließen. Ebenso verfehlt wäre es, an die Auffassung etwa eines außenstehenden Dritten oder an die allgemeine Ansicht anzuknüpfen. Das Bundesarbeitsgericht (aaO) hat bereits zu Recht darauf aufmerksam gemacht, daß der verfassungsrechtlich geschützte Gewissensbegriff entleert und einer Fremdbestimmung durch einen sich gerade nicht in Gewissensnot befindlichen Beurteiler unterworfen werde, wenn man die Qualifizierung von einem neutralen Schiedsrichter abhängen ließe.

Allerdings hat der Arbeitnehmer, der aus Gewissensgründen eine bestimmte Arbeitsleistung verweigert, seine Entscheidung im einzelnen darzulegen und zu erläutern, um erkennbar werden zu lassen, daß es sich um eine nach außen tretende, rational mitteilbare und intersubjektiv nachvollziehbare Tiefe, Ernsthaftigkeit und absolute Verbindlichkeit einer Selbstbestimmung handelt.

Daß im vorliegenden Fall von einer entsprechenden Gewissensentscheidung des Klägers auszugehen ist, wird auch von der Beklagten nicht in Abrede gestellt. Auch das Arbeitsgericht geht mit insoweit zutreffenden Erwägungen davon aus, daß sich der Kläger in Gewissensnot befunden hat, als er sich am 5. 1. 1992 und 12. 1. 1992 weigerte, an der hier in Rede stehenden Oper musikalisch mitzuwirken. Der Kläger hat im einzelnen seine Gewissensentscheidung durch Tatsachen überprüfbar belegt, die auch von der Beklagten nicht in Zweifel gezogen worden sind. Der Kläger hat sich nicht nur einer religiös geprägten Lebensweise in seiner persönlichen Lebensführung verschrieben, sondern auch nach außen durch tätiges Engagement seine besondere Nähe zum christlichen Glauben unter Beweis gestellt. Ebenso unbestritten ist im vorliegenden Fall der diesem christlichen Glauben zumindest in Teilen widersprechende blasphemische Charakter der Troubadour-Inszenierung, an der der Kläger musikalisch mitzuwirken hatte. An dieser Beurteilung ändert nichts, daß der vom Kläger zu erbringende Arbeitseinsatz nicht die Bühnenhandlung betroffen hat, die den Gewissenskonflikt beim Kläger ausgelöst hat. Ebensowenig ist entscheidend, daß der Kläger während seines musikalischen Tätigseins den Geschehensablauf auf der Bühne überhaupt nicht verfolgen konnte, weil er im sog. Orchestergraben sitzt. Bei der Oper handelt es sich nämlich um eine musikalische Bühnengattung, bei der die Musik ihre vokalen und instrumentalen Ausdrucksmittel zur *Mitgestaltung* der dramatischen Aktion, der Charaktere und der Dialoge nutzt, so daß Musik und Drama eine *untrennbare Einheit* darstellen, was sich zugleich auf die Qualität der Mitwirkung der Darsteller (Sänger) und sonstigen Musiker auswirkt.

Wenn auch vorliegend von einem Gewissenskonflikt des Klägers auszugehen ist, bedeutete dies *für sich allein betrachtet* noch nicht, daß er seine musikalische Mitwirkung am 5. 1. 1992 und 12. 1. 1992 im Orchester ablehnen durfte. Wie nämlich das Bundesarbeitsgericht bereits in seiner Entscheidung vom 20. 12. 1984 (aaO) näher begründet hat, ist das billige Ermessen i.S.v. § 315 BGB unter Abwägung der Interessenlage *beider Vertragsparteien* festzustellen, wobei es eine Frage des Einzelfalles ist, ob die Zuweisung einer Tätigkeit, die den Arbeitnehmer in Gewissenskonflikte bringt, nicht der Billigkeit des § 315 BGB entspricht und der Arbeitnehmer daher nicht verpflichtet ist, diese Tätigkeit auszuüben.

Nur in diesem Zusammenhang ist von Bedeutung, ob der Arbeitnehmer bereits bei Vertragsabschluß damit rechnen mußte, daß ihm derartige mit seinem Gewissen nicht zu vereinbarende Tätigkeiten zugewiesen werden könnten.

Bei der Bewertung dieser entscheidungserheblichen Frage hat die Kammer zugunsten der Beklagten zunächst unterstellt, daß sie sich auf die gebotene Berücksichtigung der grundrechtlich verbürgten Kunstfreiheit, die auch die subjektiv künstlerischen Vorstellungen der Übertragung eines Werks auf die Bühne umfaßt (Art. 5 Abs. 3 S. 1 GG: BVerfGE 30, 173 [189]; 36, 321 [331]; 67, 213 [224]; 77, 240 [251]), berufen kann. In diesem Zusammenhang macht die Beklagte zu Recht darauf aufmerksam, daß eine provokante Inszenierung in der Öffentlichkeit immer zu Ablehnung wie Beifall führt und daß auf der Bühne auch das Böse und Blasphemische dargestellt werden kann.

Kollidiert die Garantie des Art. 5 Abs. 3 S. 1 GG mit einem anderen Verfassungsgut – hier aus Art. 4 Abs. 1 GG – muß ein verhältnismäßiger Ausgleich der gegenläufigen, gleichermaßen verfassungsrechtlich geschützten Interessen mit dem Ziel ihrer Optimierung gefunden werden. Dies ist im Wege fallbezogener Abwägung zu lösen, wobei im Rahmen des billigen Ermessens nach § 315 BGB unter Umständen dem Arbeitnehmer zugemutet werden kann, zumindest kurzfristig die ihn in Gewissenskonflikt stürzenden Leistungen erbringen zu müssen, wenn hierfür auf seiten des Arbeitgebers besondere Gründe vorliegen.

In Anbetracht dieser allgemeinen Grundsätze mußte die streitentscheidende Interessenabwägung zugunsten des Klägers ausfallen: Zunächst einmal bestehen keine Anhaltspunkte dafür, zumindest sind solche von der Beklagten in das Verfahren nicht eingebracht worden, daß der Kläger bei Abschluß seines Anstellungsvertrages mit der Beklagten davon ausgehen mußte – wie in der hier diskutierten Inszenierung des „Troubadour" – in einen Gewissenskonflikt zu geraten. Darauf kommt es nach Auffassung der Berufungskammer entscheidend schon deshalb nicht an, weil sich die sittlichen Wertvorstellungen eines Menschen auch im Verlaufe eines Arbeitslebens grundsätzlich ändern können und damit Gewissenskonflikte auszulösen vermögen, die zuvor nicht aufgetreten sind. Ungeachtet dessen bestehen für die These der Beklagten und des Arbeitsgerichts, der Kläger hätte bereits bei Abschluß des Arbeitsvertrages mit einer derartigen Konfrontation rechnen müssen, keine Anhaltspunkte. Dem Kläger geht es auch nicht darum, seine Arbeitsleistung zu verweigern, weil auf der Bühne das Böse im Menschen dargestellt wird, sondern ausschließlich darum, *in welcher Weise* dieser menschliche Charakterzug auf die Bühne gebracht worden ist.

Bei der Interessenabwägung mußte – und dies hat das Arbeitsgericht übersehen – vor allem ins Gewicht fallen, daß auf seiten der Beklagten keine greifbaren betrieblichen Beeinträchtigungen eintraten, wenn sie den Kläger von der weiteren Wahrnehmung seiner musikalischen Leistungsverpflichtungen bei der Aufführung des „Troubadour" entband. Zwischen den Parteien ist nämlich zu Protokoll des Arbeitsgerichts unstreitig gestellt worden, daß die Beklagte imstande gewesen wäre, den Kläger anderweitig einzusetzen, also seinen ernstzunehmenden Gewissenskonflikt bei einer weiteren Mitwirkung am „Troubadour" vermeiden zu können, ohne daß es damit zu einer Beeinträchtigung ihrer betrieblichen Belange kam.

In Anbetracht dessen durfte die Beklagte den Kläger nach § 315 Abs. 1 BGB nicht mehr als Musiker bei der Troubadour-Aufführung einsetzen, nachdem er ihr seinen ernstzunehmenden Gewissenskonflikt offenbart hatte. War dies aber der Fall, dann kann die Weigerung des Klägers keinen Vertragsverstoß bedeuten, der die Beklagte zu einer Abmahnung berechtigte.

2. Dem Kläger steht auch der von ihm geltend gemachte Zahlungsanspruch gegen die Beklagte zu. Die Forderung in Höhe von insgesamt 810,40 DM netto findet ihre Grundlage in § 611 BGB i.V.m. dem Tarifvertrag bzw. dem Arbeitsvertrag. Danach schuldet die Beklagte für die Monate Februar und März 1992 unstreitig diese Beträge als Vergütung, soweit die Forderungen nicht durch eine Aufrechnung der Beklagten mit entsprechenden Gegenforderungen erloschen sind (§§ 387, 388, 389 BGB). Dies gilt auch für den 5. 1. 1992 und 12. 1. 1992, obwohl der Kläger an diesen beiden Tagen seine Arbeitsleistung nicht erbracht hat. Da nämlich feststeht, daß der Kläger an diesen Tagen oder für diese Tage anderweitig hätte beschäftigt werden können, ist die Beklagte insoweit mit der Annahme der Dienste des Klägers in Verzug geraten, so daß sich eine Vergütungspflicht der Beklagten aus § 615 BGB ergab.

Für den Einsatz von Ersatzmusikern am 5. 1. 1992 und 12. 1. 1992 stehen der Beklagten keine aufrechenbaren Forderungen gegenüber dem Kläger zu. Rechtsgrundlage für einen etwaigen Zahlungsanspruch der Beklagten konnte ein Verzugsschaden i. S. v. § 286 BGB sein, wenn der Kläger am 5. 1. 1992 und 12. 1. 1992 mit der Leistung seiner Dienste in Verzug geraten war (§ 284 Abs. 2 BGB).

Ein derartiger Verzug scheitert im vorliegenden Fall schon daran, daß die Beklagte – wie oben näher begründet worden ist – dem Kläger kraft ihres Direktionsrechts nach § 315 Abs. 1 BGB die musikalische Leistung am 5. 1. 1992 und 12. 1. 1992 überhaupt nicht abverlangen durfte. Aber selbst wenn man davon ausginge, im Falle einer auf eine Gewissensentscheidung gestützten persönlichen Leistungsverhinderung sei die Leistungsstörung nach den Unmöglichkeitsregeln abzuwickeln (so etwa Kohte, NZA 1989, 161), wäre das Ergebnis kein anderes. Denn ein Schadensersatz wegen Nichterfüllung setzt insoweit voraus, daß die aus dem gegenseitigen Vertrag dem einen Teil obliegende Leistungen infolge eines Umstandes, den er zu vertreten hat, unmöglich geworden ist (§ 325 Abs. 1 BGB). *Nicht zu vertreten* sind jedoch auch unverschuldete *persönliche Leistungshindernisse*, die eine Erbringung der Arbeitsleistung als unzumutbar erscheinen lassen (§ 275 BGB) (vgl. Konzen/Rupp, Gewissenskonflikte im Arbeitsverhältnis, S. 133; MünchKomm./Schaub, § 616 BGB, Rdnr. 9; BAG, Urteil vom 25. 10. 1973 – 5 AZR 156/73 – AP Nr. 43 zu § 616 BGB = DB 1974, 343 = BB 1974, 186, 557).

56

Einer muslimischen Schülerin, die eine kath. Bekenntnishauptschule besucht, obgleich eine Gemeinschaftshauptschule in zumutbarer Entfernung erreichbar ist, darf die Teilnahme am Sportunterricht untersagt werden, wenn sie auch bei diesem Unterricht ein den Vorschriften des Koran entsprechendes Kopftuch nicht abnehmen will.

Art. 4 Abs. 1 u. 2, 7 Abs. 1 GG, 12 Abs. 3 u. 6, 13 NW.LV; §§ 20 Abs. 1 NW.SchOG; 8 Abs. 1, 11 Abs. 1 NW.ASchO

VG Köln, Urteil vom 12. August 1992 – 10 K 429/91[1] –

Die Kläger sind türkische Staatsangehörige islamischer Religionszugehörigkeit. Über die Gemeinschaftsgrundschule A'straße in B., die die Tochter der Kläger bis zum Abschluß des Schuljahres 1989/90 besuchte, meldeten die Kläger ihre Tochter zum Beginn des Schuljahres 1990/91 zu der beklagten C.-Schule (kath. Hauptschule) an. Die Kläger hatten nach dem vorgedruckten Anmeldeformular die freie Wahlmöglichkeit zwischen der Städtischen Gemeinschafts-Hauptschule B. und der beklagten Bekenntnisschule. Neben dem vorgedruckten Anmeldungsformular wurde den Klägern bei oder vor der Anmeldung nicht die von der kath. Bekenntnishauptschule vorgedruckte Anmeldekarte mit dem üblichen Zusatz („Wir erklären uns damit einverstanden, daß unser Kind nach den Richtlinien der u. a. Bekenntnisschule erzogen wird") vorgelegt. Die Tochter der Kläger besuchte im Jahre 1990/91 die Klasse 5b der Beklagten. Im Oktober 1990 forderten die Kläger die Beklagte u. a. auf, ihrer Tochter zu gestatten, in einer den Regeln des Islam entsprechenden Kleidung am Sportunterricht teilzunehmen. Die Beklagte lehnte in der Folgezeit den Antrag der Kläger ab und stellte klar, daß die Kläger ihr Kind bei einer

---

[1] Das Verfahren wurde in der Berufungsinstanz (19 A 3374/92 NW.OVG) eingestellt.

kath. Hauptschule angemeldet hätten, auf der die Schüler nach den Grundsätzen des kath. Bekenntnisses unterrichtet und erzogen würden. Aus diesem Grunde könnten die von den Klägern geltend gemachten Ausnahmerechte nicht gewährt werden, da an einer kath. Bekenntnisschule der Sportunterricht in sportgerechter Kleidung bejaht würde. Die Beklagte überwies die Tochter mit Schreiben vom 4. 10. 1990 ab 15. 10. 1990 an die Gemeinschaftshauptschule K. Auf den hiergegen eingelegten Widerspruch der Kläger wurde die Tochter der Kläger mit Schreiben vom 14. 11. 1990 aufgefordert, am Sportunterricht nur noch passiv teilzunehmen, da sie sich weigere, das Kopftuch beim Sportunterricht abzunehmen. Mit Schreiben der Beklagten vom 20. 12. 1990 wurde die Verfügung vom 4. 10. 1990 dahingehend abgeändert, daß die Entscheidung, ob die Schülerin auf die Schule aufgenommen worden sei, davon abhängig gemacht werde, daß die Kläger sich mit der Erziehung ihres Kindes nach den Richtlinien der Bekenntnisschule schriftlich einverstanden erklärten. Die Kläger unterschrieben in der Folgezeit die geforderte Einverständniserklärung nicht, woraufhin ihre Tochter am 28. 1. 1991 aufgefordert wurde, die Schule zu verlassen.

Mit ihrer Klage machen die Kläger geltend, die Verfügung vom 20. 12. 1990 sei sowohl formell als auch materiell rechtswidrig. Sie verstoße insbesondere gegen Art. 4 Abs. 1 u. 2 GG. Ihre Tochter sei in die Hauptschule aufgenommen worden, so daß über ihre Aufnahme nicht mehr zu entscheiden sei. Der Ausschluß der Tochter vom Sportunterricht wegen ihrer Bekleidung mit einem Kopftuch sei aus den genannten Gründen rechtswidrig. Nach Art. 6 Abs. 2 GG seien sie, die Kläger, berechtigt, im Rahmen der Erziehung ihrer Tochter die eigenen religiösen und weltanschaulichen Positionen dem Kinde zu vermitteln und Maßnahmen von außen abzuwehren, die in diesen Bereich eingriffen bzw. ein ihren Anschauungen religiösen und weltanschaulichen Überzeugungen widersprechendes Verhalten des Kindes förderten. Der hohe Rang des Grundrechts der Glaubens- und Gewissensfreiheit sowie das Elternrecht rechtfertigten die von ihnen für ihr Kind begehrte Erlaubnis, mit einem Kopftuch am Sportunterricht teilnehmen zu dürfen.

Im Rahmen eines gerichtlichen Erörterungstermines im Verfahren auf Erlaß einer einstweiligen Anordnung wurde Einigkeit zwischen den Parteien dahingehend erzielt, daß ein Schulverhältnis mit der Tochter der Kläger begründet worden ist.

Die Kläger erklärten hierauf ihren Antrag festzustellen, daß die Tochter S. in die C.-Schule aufgenommen und als Schülerin dieser Schule anzusehen sei, für erledigt. Sie beantragen nunmehr, die Beklagte zu verpflichten, die Teilnahme ihrer Tochter S. am Sportunterricht nicht deshalb zu untersagen, weil diese auch während des Sportunterrichts ein Kopftuch trägt.

Die Beklagte erklärt, daß sie nicht bereit sei, der Tochter der Kläger Sonderrechte im Unterricht aufgrund deren muslimischen Bekenntnisses einzuräumen.

Soweit das Verfahren nicht im Hinblick auf übereinstimmende Erledigungserklärungen einzustellen war, weist das Verwaltungsgericht die Klage ab.

Aus den Gründen:

Die Kläger haben keinen Anspruch auf Teilnahme ihrer Tochter S. am Sportunterricht mit einem Kopftuch.

Nach dem Fächerkanon für die Hauptschule (Sekundarstufe I) gehört das Fach Sport zu den Pflichtunterrichtsfächern, an denen teilzunehmen die Schüler dieser Schulen gemäß § 8 Abs. 1 Satz 1 ASchO verpflichtet sind. Dieser Verpflichtung ist grundsätzlich auch eine islamische Schülerin unterworfen, da im Hinblick auf die Wichtigkeit des Sportunterrichts für den Erziehungsauftrag der Schule nur in besonderen Ausnahmefällen die Schülerin gemäß § 11 Abs. 1 Satz 1 ASchO seitens der Schulaufsichtsbehörde auf Antrag der Eltern vom Unterricht befreit werden kann.

Zwar haben die Kläger insoweit eine Befreiung ihrer Tochter S. vom Sportunterricht aus religiösen Gründen nicht ausdrücklich verlangt; sie haben jedoch deren Teilnahme von dem Tragen eines Kopftuches und damit einer Ausnahme von den allgemein geltenden Regeln abhängig gemacht und dadurch die Beklagte dazu veranlaßt, die Tochter vorläufig von der aktiven Teilnahme am Sportunterricht auszuschließen, da diese ihrer uneingeschränkten Verpflichtung zum Unterrichtsbesuch nicht nachgekommen ist. Dieser Ausschluß ist rechtmäßig. Zwar ist es anerkannt, daß durch Art. 4 Abs. 1 und 2 GG grundsätzlich auch die auf Glaubensgrundsätze des Koran gestützte Bindung an bestimmte Bekleidungsvorschriften im schulischen Bereich geschützt ist. Dies folgt aus dem für den Staat verbindlichen Gebot, weltanschaulich-religiöser Neutralität und dem Grundsatz der Parität der Kirchen und Bekenntnisse (vgl. OVG.NW, Urteil vom 15. 11. 1991[2] – 19 A 2198/91 – m.w.N. in: InfAuslR 1992, 47 ff.; VG Köln, Urteil vom 26. 6. 1990[3] – 10 K 2307/89 –). Dieser Grundsatz gilt jedoch nicht uneingeschränkt für den Besuch jeder Schulart. Nach Art. 7 Abs. 1 GG besteht ein verfassungsrechtlicher Bildungsauftrag des Staates im Bereich der Schulerziehung. Zum staatlichen Gestaltungsbereich, der im Schulwesen von den Ländern wahrgenommen wird, gehört neben der inhaltlichen Gestaltung und Festlegung der Ausbildungsgänge und Unterrichtsziele auch die Entscheidung über die einzuführenden Schularten, unter denen Eltern und Kinder berechtigt sind zu wählen. Durch Art. 12 Abs. 3 und Abs. 6

---

[2] KirchE 29, 396.
[3] KirchE 28, 188.

Satz 2 LV und § 20 Abs. 1 SchOG sind nach nordrhein-westfälischem Recht Bekenntnisschulen für Kinder desjenigen Bekenntnisses eingerichtet worden, das der Schule Namen und Gepräge gibt. Das Recht, wie vorliegend eine kath. Bekenntnisschule zu wählen, besteht demnach – abgesehen von „Zwangsminderheiten" im Sinne des Art. 13 LV – grundsätzlich nur für Kinder kath. Bekenntnisses, denn die im Lande Nordrhein-Westfalen eingerichteten Bekenntnisschulen sind solche im formalen wie auch im materiellen Sinn (vgl. OVG.NW, Beschluß vom 30. 8. 1991 – 19 B 2279/91 –; OVG.NW, Urteil vom 28. 5. 1982[4] – 5 A 464/81 –). Kinder eines anderen Bekenntnisses können demnach zwar ausnahmsweise in solche Bekenntnisschulen aufgenommen werden, haben aber – anders als beim Besuch einer zur Erfüllung der gesetzlichen Schulpflicht vom Staat zur Verfügung gestellten allgemeinen Schule – keinen Anspruch darauf, ihre auf andersartigen Glaubensvorschriften – hier denjenigen des Koran – beruhenden Bindungen an bestimmte Bekleidungsvorschriften durchzusetzen. Daß die Tochter der Kläger in der Lage ist, eine in zumutbarer Entfernung bestehende Gemeinschaftshauptschule zu besuchen, um ihrer Schulpflicht zu genügen und um sich den Zugang zu einer öffentlichen Schule der Wohngemeinde zu sichern (Art. 13 LV) hat die Kammer im Urteil vom gleichen Tage in Sachen 10 K 4800/91, auf das in vollem Umfange bezug genommen wird, ausgeführt. Die von den Klägern zum Ausdruck gebrachte Entscheidung, ihr Kind nur mit einer dem Koran entsprechenden Kopfbedeckung seiner Teilnahmepflicht am Sportunterricht genügen zu lassen, stellt demnach den beim Besuch einer kath. Bekenntnisschule nicht durchsetzbaren Wunsch nach Verwirklichung ihrer Glaubensgrundsätze und damit im Ergebnis eine unzulässige Verweigerung der von dieser Schule zulässigerweise geforderten, ihren Bildungszielen entsprechenden Teilnahmepflicht am Sportunterricht dar. Die Versagung der geforderten Sonderrechte für die Tochter der Kläger und der daraus resultierende Ausschluß von der aktiven Sportausübung sind daher rechtens.

57

Die Aufnahme einer muslimischen Schülerin in eine katholischen Bekenntnisschule kann widerrufen werden, wenn sich nachträglich herausstellt, daß die Eltern religiös bedingte Sonderrechte (hier: nach Geschlechtern getrennten Schwimmunterricht, Tragen eines Kopftuchs auch beim Sportunterricht) geltend machen.

---

[4] KirchE 20, 66.

Art. 4 Abs. 1 u. 2, 6 Abs. 2 GG, 8 Abs. 1, 12, 13 NW.LV;
§§ 20, 26 NW.SchOG, 11 Abs. 1 NW.ASchO, 49 Abs. 2 NW.VwVfG
VG Köln, Urteil vom 12. August 1992 – 10 K 4800/91[1] –
Die Kläger sind türkische Staatsangehörige islamischer Religionszugehörigkeit. Sie meldeten ihre im Jahre 1979 in der Türkei geborene Tochter F. nach Abschluß der 4. Grundschulklasse im Januar 1990 bei der beklagten Hauptschule an. Das sonst üblicherweise bei der Anmeldung zur Unterschrift vorgelegte Formular der genannten Schule, in welchem sich die Eltern schriftlich damit einverstanden erklären, daß ihr Kind nach den Grundsätzen des katholischen Bekenntnisses erzogen wird, wurde den Klägern bei oder vor der Anmeldung nicht vorgelegt. Sie wurden erst nach Abgabe der Anmeldungsunterlagen und nachdem ihre Tochter die Schule im Schuljahr 1990/91 in der Klasse 5b der Beklagten besuchte, aufgefordert, eine solche Erklärung zu unterschreiben.

Im Oktober 1990 verlangten die Kläger – zunächst ohne einen förmlichen Antrag – von der Schule, für ihre Tochter einen nach Geschlechtern getrennten Schwimmunterricht einzurichten und, falls dies nicht möglich sei, sie vom koedukativen Schwimmunterricht zu befreien; ferner begehrten sie, ihr zu gestatten, in einer den Regeln des Islam entsprechenden Kleidung am Sportunterricht teilzunehmen. Dieses Ansinnen lehnte die beklagte Schule mit Schreiben vom 4. 10. 1990 ab und führte aus, die Kläger hätten ihr Kind bei einer kath. Hauptschule angemeldet, auf der die Schüler nach den Grundsätzen des kath. Bekenntnisses unterrichtet und erzogen würden. Aus diesem Grunde könnten die von den Klägern geltend gemachten Ausnahmerechte nicht gewährt werden, da an einer kath. Bekenntnisschule der Sportunterricht, die sportgerechte Kleidung und die Koedukation im Sport bejaht würden. Mit gleichem Schreiben überwies die beklagte Schule die Tochter der Kläger ab dem 15. 10. 1990 an die Gemeinschaftshauptschule B. Gegen diese Verfügung legte zunächst die Interessengemeinschaft muslimischer Schüler in B., deren Mitglied die Kläger sind, am 9. 10. 1990 Widerspruch ein. Am 15. 10. 1990 untersagte die Schulleitung der Tochter der Kläger die weitere Teilnahme am Unterricht und lehnte mit Verfügung vom 16. 10. 1990 den Antrag der Kläger, die Tochter vom koedukativen Schwimmunterricht zu befreien, ab. Gleichzeitig verfügte die beklagte Schule, daß die Tochter der Kläger nicht mehr am allgemeinen Sportunterricht teilnehmen dürfe, da sie sich weigere, ihr Kopftuch beim Sport abzulegen.

Die Kläger legten gegen sämtliche Verfügungen der Schule Widerspruch ein. Ende Oktober 1990 wies die beklagte Schule die Kläger schriftlich darauf hin, daß ihre Tochter ohne Unterzeichnung der angeforderten Einverständniserklä-

---

[1] Das Urteil ist rechtskräftig. Vgl. zu diesem Fragenkreis auch BVerwGE 94, 82 u. RiA 1994, 198.

rung die Schule ohne Rechtsverhältnis besuche. Im November 1990 teilte sie den Klägern mit, daß die Tochter, da sie sich weigere, das Kopftuch beim Sportunterricht abzulegen, vorläufig nur passiv an diesem teilnehmen dürfe. Vom Schwimmunterricht sei die Tochter bis zur Entscheidung über den Widerspruch betreffend den Schulwechsel befreit. Im Dezember 1990 erging ein weiteres Schreiben der beklagten Schule an die Kläger, mit der die Verfügung vom 4. 10. 1990 dahingehend abgeändert wurde, daß die Entscheidung, ob die Tochter der Kläger auf die Schule aufgenommen werde, davon abhängig gemacht werde, daß die Eltern sich mit der Erziehung des Kindes nach den Richtlinien der Bekenntnisschule schriftlich einverstanden erklärten. Eine schriftliche Erklärung der Eltern hierüber wurde mit Fristsetzung bis zum 11. 1. 1991 eingefordert; danach werde eine Aufnahme der Tochter auf die Schule abgelehnt.

Die Kläger unterschrieben die geforderte Einverständniserklärung nicht. Sie erhoben Klage u. a. auf Feststellung des Bestehens eines Schulverhältnisses und beantragten den Erlaß einer einstweiligen Anordnung zwecks weiterer Teilnahme am Unterricht. Bei einem gerichtlichen Erörterungstermin im Anordnungsverfahren wurde Einigkeit zwischen den Parteien dahingehend erzielt, daß ein Schulverhältnis mit der Tochter der Kläger bereits begründet worden sei. Im Februar 1991 verlangte die beklagte Schule erneut die Unterschrift der Kläger unter die Einverständniserklärung bis zum 6. 3. 1991 und wies darauf hin, daß bei Nichtabgabe dieser Erklärung beabsichtigt sei, die Aufnahme der Tochter in die Schule zu widerrufen. Ferner wies die Beklagte darauf hin, daß die Tochter der Kläger verpflichtet sei, an allen Veranstaltungen der Schule so teilzunehmen, wie sie angeboten würden.

Nachdem die Kläger nach wie vor die geforderte Erklärung nicht abgaben, widerrief die Beklagte mit dem angefochtenen Bescheid ihre Entscheidung über die Aufnahme der Tochter der Kläger in die Schule. Zur Begründung führte sie aus, die Voraussetzungen für einen Widerruf nach § 49 Abs. 2 Nr. 3 VwVfG lägen vor. Sie sei als kath. Bekenntnisschule nicht verpflichtet, Schüler anderer Glaubensrichtungen aufzunehmen. Trotzdem sei sie bereit, solche Schüler aufzunehmen, wenn die Eltern die von der Schule geforderte Einverständniserklärung unterschrieben, wonach sie damit einverstanden sind, daß die Kinder dort nach den Richtlinien der kath. Bekenntnisschule erzogen werden. Diese angewandten Erziehungsziele zu akzeptieren, sei unabdingbare Voraussetzung für die Aufnahme von Andersgläubigen in die Schule. Bei Aufnahme der Schülerin F. im August 1990 sei man davon ausgegangen, daß sich ihre Eltern den Erziehungs- und Lehrmethoden der Schule nicht widersetzen würden, weil sie ihre Tochter bewußt auf einer kath. Schule angemeldet hätten. Trotz zahlreicher Aufforderungen hätten die Kläger jedoch die von der Schule geforderte Erklärung nicht unterzeichnet. Wenn der Schulleiter gewußt hätte, daß die Kläger sich weigern würden, ihre Tochter nach den kath. Erziehungsprinzipien erziehen zu lassen, indem sie Sonderrechte im Hinblick auf den Sport und den Schwimmunterricht geltend machten, hätte er die Aufnahme der Tochter verweigert.

Der Widerspruch der Kläger wurde zurückgewiesen. Mit der hierauf erhobenen Anfechtungsklage vertreten die Kläger die Auffassung, der Widerruf der Aufnahme ihrer Tochter F. in die Schule sei rechtswidrig und verletze sie in ihren Rechten. Nach der in Kenntnis der islamischen Religionszugehörigkeit erfolgten Aufnahme in die Schule, die sie ausgewählt hätten, weil sie für ihr Kind den kürzesten Schulweg möglich mache, seien keine neuen Tatsachen eingetreten, durch welche die Beklagte berechtigt wäre, die Aufnahme in die Schule zu verweigern. Vielmehr handele es sich lediglich um eine neue Beurteilung von Tatsachen, die bereits bei der Aufnahmeentscheidung vorgelegen hätten und der Schule bekannt gewesen seien. Das Bekenntnis der Kläger und ihrer Tochter zum Islam habe bereits bei der Entscheidung über die Aufnahme in die Schule bestanden. Zu keiner Zeit – weder bei der Anmeldung noch später – habe man sich damit einverstanden erklärt, daß die Tochter F. nach den Grundsätzen der kath. Bekenntnisschule erzogen werden dürfe; ein solches Einverständnis sei bei der Aufnahme in die Schule auch nicht gefordert worden.

Die Beklagte trägt vor, der Schulleiter habe nicht in bewußter Kenntnis der Tatsache, daß die Kläger sich der Erziehung ihrer Tochter nach den Grundsätzen der kath. Bekenntnisschule widersetzen würden, die Aufnahme in die Schule vorgenommen. Dies werde bestätigt durch den Schriftverkehr, der nach Beginn des Schuljahres zwischen den Parteien geführt worden sei.

Das Verwaltungsgericht weist die Klage ab.

Aus den Gründen:

Die zulässige Klage ist unbegründet.

Die Kläger sind durch die Entscheidung der Beklagten, das Schulverhältnis zu beenden, nicht in ihren Rechten verletzt (§ 113 Abs. 1 VwGO).

Die aufgrund rechtsgültiger Anmeldung der Kläger gemäß § 5 Abs. 2 ASchO vom Schulleiter vollzogene Aufnahme der Tochter F. in die kath. Hauptschule B. konnte gemäß § 49 Abs. 2 Ziffer 3 VwVfG seitens der Schule widerrufen werden.

Die Kläger haben – erstmals nach Aufnahme ihrer Tochter in die beklagte Schule – im Oktober 1990 konkret gefordert, man möge ihre Tochter aus Glaubensgründen vom koedukativen Schwimmunterricht befreien bzw. ihr einen nach Geschlechtern getrennten Schwimmunterricht ermöglichen und man solle ihrer Tochter die Teilnahme am Sportunterricht in einer den Regeln des Koran entsprechenden Kleidung – insbesondere mit Kopftuch – erlauben. In der Folgezeit haben die Kläger dieses Begehren durch eine entsprechende Antragstellung bei der Beklagten unter Bezugnahme auf die ihnen zustehenden Grundrechte aus

Art. 4 Abs. 1 u. 2, 6 Abs. 2 GG untermauert. Sie haben sich geweigert, ihre Tochter ohne die beantragten Sonderregelungen am Schwimm- und Sportunterricht teilnehmen zu lassen und haben die Unterzeichnung der von der Beklagten mehrfach geforderten Erklärung, wonach sie sich einverstanden erklären sollten, ihr Kind nach den Grundsätzen des katholischen Bekenntnisses erziehen zu lassen, abgelehnt. Dieses Verhalten der Kläger stellt sich als eine erst nachträglich zutage getretene streng religiöse Einstellung der Kläger dar, welche aus der bei der Aufnahme der Tochter allein gemachten Angabe der islamischen Religionszugehörigkeit nicht zu entnehmen war; letztere allein machte es für den Schulleiter nicht ohne weiteres erkennbar, daß aus einer streng gläubigen Einstellung Ausnahmerechte für die Tochter der Kläger hergeleitet werden sollten. Hätten die Kläger ihre auf ihre islamische Religionszugehörigkeit gegründeten und mit ihren Grundrechten aus Art. 4 Abs. 1 und 2, Art. 6 Abs. 2 GG begründeten Ansprüche auf teilweise Befreiung vom Unterricht gemäß § 11 Abs. 1 Satz 1 ASchO bzw. auf eine von ihnen angestrebte andersartige Ausgestaltung des Schwimmunterrichts sowie eine von den übrigen Schülerinnen abweichende Bekleidung beim Sportunterricht und damit auf eine von ihnen gewünschte besondere Erziehung aus von dem die Schule prägenden Bekenntnis abweichenden religiösen Gründen bereits bei der Anmeldung zum Ausdruck gebracht, hätte der Schulleiter – wie er überzeugend dargetan hat – die Aufnahme der Tochter F. abgelehnt. Die Schule hat nämlich dargelegt, daß es zu den Erziehungsprinzipien und Lehrmethoden der kath. Hauptschule gehöre, daß die Schüler sämtlich am koedukativen Schwimmunterricht teilnehmen und in sportgerechter, den einschlägigen, allgemein geltenden schulischen Regelungen und auch den katholischen Vorstellungen von der Stellung der Frau in der Gesellschaft entsprechender Turnkleidung im Unterrichtsfach Sport ausgebildet werden. Von diesen Prinzipien abzuweichen bestehe für die beklagte Schule keinerlei Veranlassung und auch keine Bereitschaft.

Zu einer solchen Ablehnung der Aufnahme wäre der Schulleiter auch berechtigt gewesen. Zwar gewähren Art. 4 Abs. 1 und Art. 6 Abs. 2 GG sowie Art. 8 Abs. 1 Satz 2 LV das Recht der Eltern, die Erziehung und Bildung ihrer Kinder auch in religiöser Hinsicht zu bestimmen. Daraus folgt der in § 26 Abs. 1 SchOG auch einfach gesetzlich begründete Anspruch der Eltern darauf, unter den vom Staat im Rahmen seiner Schulhoheit eingerichteten Schularten wählen zu dürfen (vgl. BVerfG, Beschluß vom 17. 12. 1975[2] – 1 BvR 548/68 –, BVerfGE 41, 88 [107]; OVG.NW, Urteil vom 27. 2. 1981[3] – 5 A 1128/80 – OVGE 36, 31 ff.; OVG.NW, Beschluß vom 3. 1. 1989[4] – 19 B 2262/88 –; OVG.NW, Beschluß vom 30. 8. 1991 – 19 B 2279/91 –) und sich dabei für eine Bekenntnis-

---
[2] KirchE 15, 145.
[3] KirchE 18, 411.
[4] KirchE 27, 1.

schule zu entscheiden. Es liegt in der Entscheidung des Landesparlaments, welche Schularten eingeführt werden. Eltern und Kinder haben nur ein Recht darauf, unter den vom Staat im Rahmen seiner Schulhoheit eingerichteten Schularten zu wählen. Durch Art. 12 Abs. 3 und 4 und Abs. 6 Satz 2 LV sowie § 20 Abs. 1 SchOG sind Bekenntnisschulen für Kinder des Bekenntnisses eingerichtet worden, das der Schule Namen und Gepräge gibt. Das Recht, die kath. Bekenntnisschule zu wählen, besteht demnach grundsätzlich nur für Kinder dieses Bekenntnisses. Zwar darf das Wahlrecht der Eltern zwischen den vom Staat eingerichteten Schularten nicht mehr als sachlich vertretbar begrenzt werden. Daraus kann jedoch kein Recht der Eltern abgeleitet werden, daß der Staat eine bestimmte, an ihren Wünschen orientierte Schulart zur Verfügung stellen muß. Ein solches Recht nehmen die Kläger aber für sich in Anspruch, wenn sie für ihre Tochter F. die genannten Sonderrechte beim Schwimm- und Turnunterricht aufgrund ihrer andersartigen religiösen Überzeugung fordern. Die nordrhein-westfälische Bekenntnisschule ist nicht nur eine materielle Bekenntnisschule, d. h. eine Schule, in der nach den Grundsätzen eines bestimmten Bekenntnisses unterrichtet und erzogen wird. Sie ist darüber hinaus eine formale Bekenntnisschule, d. h. in ihr sind Schüler und Lehrer des gleichen Bekenntnisses organisatorisch zusammengefaßt. Die Homogenität der Schüler ist nach Art. 12 Abs. 3 und 4 und Abs. 6 Satz 2 LV und dem mit Abs. 6 Satz 2 wortgleichen § 20 SchOG wesensbestimmend. Bei einer dem Begehren der Kläger stattgebenden Entscheidung würde dieser Charakter faktisch aufgegeben mit der Folge, daß eine von der Verfassung und dem Gesetz nicht eingerichtete Schulart, nämlich eine ausschließlich materielle Bekenntnisschule, eine Schule geschaffen würde, in der hinsichtlich der Schüler jede Art Bekenntnis nebeneinander bestehen könnte und jede Art hieraus resultierender Sonderinteressen in unterrichtlicher Hinsicht durchgesetzt werden könnte (vgl. OVG.NW, Urteil vom 28. 5. 1982[5] – 5 A 464/81 –; OVG.NW, Beschluß vom 30. 8. 1991 – 19 B 2279/91 –). Um dieses zu verhindern, hätte der Schulleiter in Kenntnis der von den Klägern unter Berufung auf ihr religiöses Bekenntnis beanspruchten Sonderregelungen der bekenntnisfremden Tochter der Kläger den Zugang zur kath. Bekenntnisschule zu Recht versagt, da wegen des Vorhandenseins einer Gemeinschaftshauptschule in B. die für alle Kinder angeboten wird, der Anspruch der Tochter auf Zugang zu einer öffentlichen Schule der Wohngemeinde (Art. 13 LV) gesichert ist. Diese Schule ist für die Tochter der Kläger auch in zumutbarer Entfernung erreichbar. Die Kläger wohnen nämlich in B. in der L'Straße, die genannte Gemeinschaftshauptschule (...) ist von der Tochter auf einem unter 3,5 km liegenden, durch befestigte Fußwege und markierte Übergänge gesicherten Fußweg (vgl. §§ 5 Abs. 2, 6 Abs. 2 SchfKVO) zu erreichen.

---

[5] KirchE 20, 66.

Aus den o. g. Grundsätzen zum Charakter der Bekenntnisschule, wonach ausschließlich Schüler des jeweiligen Bekenntnisses Anspruch auf Aufnahme in die betreffende Bekenntnisschule haben, sofern die Möglichkeit besteht, eine Gemeinschaftsschule nordrhein-westfälischer Prägung zu besuchen, ergibt sich auch, daß ohne den Widerruf der Aufnahme der Tochter F. in die kath. Bekenntnisschule das öffentliche Interesse gefährdet wäre, da andernfalls die gemäß Art. 12 Abs. 4 und Abs. 6 Satz 2 LV und § 20 Satz 1 SchOG als wesentliches Element der Bekenntnisschule vorausgesetzte Homogenität der Schüler gefährdet wäre.

58

Die Anerkennung einer kirchlich getragenen und gebundenen Evangelischen Tagungs- und Begegnungsstätte als Beschäftigungsstelle des Zivildienstes setzt nicht deren weltanschaulich und religiös neutrale Betätigung voraus.

Art. 3 Abs. 3, 4 Abs. 1, 33 Abs. 3, 140 GG, 136 Abs. 1 u. 4, 137 Abs. 1 WRV;
§§ 1, 2a, 4 ZDG
BVerwG, Urteil vom 14. August 1992 – 8 C 67.91[1] –

Der Kläger ist ein eingetragener Verein, dessen Mitglieder eine evangelische Landeskirche, eine evangelische Kirchengemeinde sowie mehrere evangelische Kirchenbezirke sind. Er betreibt eine Evangelische Tagungs- und Begegnungsstätte. Das Bundesamt für den Zivildienst erkannte diese als Beschäftigungsstelle für den Zivildienst an und bewilligte ihr einen Zivildienstplatz im Tätigkeitsbereich „handwerkliche Tätigkeiten". Auf Weisung des Bundesministers für Jugend, Familie, Frauen und Gesundheit (jetzt: Bundesminster für Frauen und Jugend) nahm das Bundesamt die Anerkennung mit der Begründung zurück: Die Tagungsstätte werde nicht weltanschaulich neutral betrieben, sondern überwiegend zu religiösen Zwecken genutzt. Da ihr Hauptzweck in der Verbreitung oder Vertiefung religiösen Gedankenguts liege, sei ein für den Einsatz von Zivildienstleistenden in Betracht kommender sozialer Bereich nicht vorhanden.
Der Kläger hat nach erfolglosem Widerspruch Anfechtungsklage erhoben, die in beiden Vorinstanzen ohne Erfolg geblieben ist. Das Berufungsgericht hat im wesentlichen ausgeführt: Es sei bereits fraglich, ob die Tagungsstätte noch in hinreichendem Umfang Aufgaben im sozialen Bereich durchführe. Soweit ihre

---

[1] Amtl. Leitsatz. BVerwGE 90, 320; NVwZ 1993, 693; ZevKR 29 (1994), 332. Nur LS: NJW 1993, 2885.
Nach Zurückverweisung haben die Beteiligten den Rechtsstreit in der Hauptsache übereinstimmend für erledigt erklärt. Die Beklagte wurde mit den Kosten belastet, weil sie den angefochtenen Beschluß aufgehoben und damit dem Klagebegehren entsprochen hat; OVG.NW, Beschluß vom 18. 3. 1993 – 25 A 1280/89 – (unv.).

Veranstaltungen diesem Bereich zugeordnet werden könnten, seien sie jedenfalls nicht weltanschaulich neutral, sondern Teil der volkskirchlichen Arbeit der evangelischen Kirche.

Die vom Bundesverwaltungsgericht zugelassene Revision des Klägers führte zur Aufhebung des angefochtenen Urteils und Zurückverweisung der Sache an das Oberverwaltungsgericht.

Aus den Gründen:

Die Revision ist begründet. Das angefochtene Urteil verletzt Bundesrecht. Zur abschließenden Entscheidung bedarf es weiterer tatsächlicher Feststellungen. Das zwingt zur Zurückverweisung (vgl. §§ 137 Abs. 1 Nr. 1 u. 2, 144 Abs. 3 Nr. 2 VwGO).

Gemäß § 4 Abs. 2 Satz 1 ZDG ist die Anerkennung von Beschäftigungsstellen zurückzunehmen oder zu widerrufen, wenn eine der in § 4 Abs. 1 Satz 1 ZDG genannten Voraussetzungen nicht vorgelegen hat oder nicht mehr vorliegt. Nach § 4 Abs. 1 Satz 1 Nr. 1 ZDG kann eine Beschäftigungsstelle auf ihren Antrag u. a. dann anerkannt werden, „wenn sie insbesondere Aufgaben im sozialen Bereich durchführt". Zum sozialen Bereich im Sinne des § 4 Abs. 1 Satz 1 Nr. 1 ZDG gehört über die spezifischen Aufgaben der Sozialarbeit und Sozialhilfe hinaus auch die Förderung gesellschaftlicher Beziehungen, sofern sie sich als Hilfe oder Fürsorge darstellt (Urteil vom 29. 4. 1988[2] – BVerwG 8 C 69.86 – BVerwGE 79, 274 [277 f.]). Nach den im angefochtenen Urteil getroffenen tatsächlichen Feststellungen, gegen die beachtliche Verfahrensrügen nicht erhoben worden sind (vgl. § 137 Abs. 2 VwGO), obliegen der vom Kläger unterhaltenen Einrichtung Aufgaben im sozialen Bereich in dem dargelegten Sinne der Förderung gesellschaftlicher Beziehungen unter dem Blickwinkel der Hilfe und Fürsorge. Die Evangelische Tagungs- und Begegnungsstätte B. steht insbesondere für Tagungen und Freizeiten von Gemeinden und Gemeindegruppen, Bildungsveranstaltungen und Freizeitangeboten unterschiedlicher Zielgruppen, Fortbildungsveranstaltungen der Kirchengemeinden, Kirchenbezirke, Kirchenkreise und der Landeskirche, für Veranstaltungen kirchlicher Werke und Dienste, für landeskirchliche Veranstaltungen, für Bildungs- und Freizeitveranstaltungen sonstiger Einrichtungen sowie für Maßnahmen der Jugendpflege zur Verfügung.

Die zunehmende Inanspruchnahme der Tagungsstätte durch nichtkirchliche Gesellschaftsgruppierungen sowie ihre Entwicklung zu einem „regionalen Kulturzentrum", in dem Konzerte, Kunstausstellungen sowie für jedermann zugängliche Diskussionsveranstaltungen stattfinden, stellt ihre Anerkennungsfähig-

---

[2] KirchE 26, 82.

keit als Beschäftigungsstelle des Zivildienstes – entgegen den im angefochtenen Urteil geäußerten Bedenken des Berufungsgerichts – nicht in Frage. § 4 Abs. 1 Satz 1 Nr. 1 Halbsatz 1 ZDG beschränkt den zulässigen Aufgabenkreis von Beschäftigungsstellen des Zivildienstes nicht auf den sozialen Bereich und die weiteren ausdrücklich genannten Bereiche des Umweltschutzes, des Naturschutzes und der Landschaftspflege. Diese Tätigkeitsgebiete sind vielmehr lediglich beispielhaft („insbesondere") aufgeführt. Das bestätigt § 1 ZDG, der den Kreis der insgesamt in Betracht kommenden „Aufgaben des Zivildienstes" allgemein umschreibt und erheblich weiter zieht. Danach erfüllen im Zivildienst anerkannte Kriegsdienstverweigerer „Aufgaben, die dem Allgemeinwohl dienen, vorrangig im sozialen Bereich". Die in § 2a Abs. 1 Satz 2 ZDG getroffene Regelung belegt ebenfalls, daß Beschäftigungsstellen auch andere als die in § 4 Abs. 1 Satz 1 Nr. 1 Halbsatz 1 ZDG bezeichneten Aufgaben wahrnehmen dürfen. Denn gemäß § 2a Abs. 1 Satz 2 ZDG hat der Beirat für den Zivildienst den Bundesminister für Jugend, Familie, Frauen und Gesundheit unter anderem in der Frage zu beraten, „welche Aufgaben den Zivildienstpflichtigen (Dienstpflichtigen) außerhalb des sozialen Bereichs zugewiesen werden sollen". Da die Gebiete des Umweltschutzes, des Naturschutzes und der Landschaftspflege in § 4 Abs. 1 Satz 1 Nr. 1 Halbsatz 1 ZDG neben dem sozialen Bereich bereits ausdrücklich aufgeführt sind, kann sich die Beratungspflicht des Beirats sinnvollerweise nicht auf diese, sondern nur auf anderweitige, im Gesetz selbst noch nicht näher bezeichnete Aufgabenbereiche beziehen. Das ergibt sich nicht allein aus dem Wortlaut und Sinnzusammenhang der gesetzlichen Vorschriften. Es folgt vielmehr vor allem auch aus dem Zweck der in den §§ 1 und 4 Abs. 1 Satz 1 Nr. 1 Halbsatz 1 ZDG getroffenen Bestimmung der Aufgaben des Zivildienstes unter Berücksichtigung der Entstehungsgeschichte:

§ 1 ZDG hat durch das Dritte Gesetz zur Änderung des Gesetzes über den zivilen Ersatzdienst vom 25. 6. 1973 (BGBl. I S. 669) seine seither geltende Fassung erhalten, weil sich die bisherige Aufgabenstellung des Zivildienstes mit Blick auf die steigende Zahl der anerkannten Kriegsdienstverweigerer als zu eng erwiesen hatte. Aus Gründen der Dienstgerechtigkeit sollen Zivildienstpflichtige unter Beibehaltung des Vorrangs der Aufgaben im sozialen Bereich auch zu allen anderen, dem Allgemeinwohl dienenden Tätigkeiten, die mit einer Gewissensentscheidung gegen den Kriegsdienst vereinbar sind, herangezogen werden können (vgl. die Begründung des Gesetzentwurfs, BT-Drucks. 7/177, S. 9 f., sowie den Schriftlichen Bericht des Ausschusses für Arbeit und Sozialordnung – Bericht des Abgeordneten Ziegler – vom 23. 3. 1973, BT-Drucks. 7/404, S. 2 [zu Art. 1 Nr. 3 und Art. 1 Nr. 5]).

§ 4 Abs. 1 Satz 1 Nr. 1 ZDG ist durch das Kriegsdienstverweigerungsneuordnungsgesetz (KDVNG) vom 28. 2. 1983 (BGBl. I S. 203) vollständig neu gefaßt worden, um unter Beibehaltung des Vorrangs des sozialen Bereichs auch andere für die Allgemeinheit wichtige Bereiche für den Zivildienst zu erschließen und dadurch das Angebot an Dienstplätzen so zu erweitern, daß jederzeit alle verfügbaren Zivildienstpflichtigen herangezogen werden können (vgl. die Begründung des Gesetzentwurfs, BT-Drucks. 9/2124, S. 10 [II] und 15 [zu Art. 2]). Die gesetzliche Ausrichtung des Zivildienstes auf das Gemeinwohl erlaubt flexible Aufgabenstellungen (vgl. Urteil vom 29. 4. 1988, aaO, S. 279). Der unbestimmte ausfüllungsbedürftige Begriff Allgemeinwohl deckt – wie die synonymen Begriffe Wohl der Allgemeinheit (Art. 14 Abs. 3 Satz 1 GG) oder Gemeinwohl – „eine Vielfalt von Sachverhalten und Zwecken" (BVerfG, Urteil vom 18. 12. 1968 – 1 BvR 638, 673/64 und 200, 238, 249/65 – BVerfGE 24, 367 [403]; ebenso BVerwG, Urteil vom 9. 6. 1978 – BVerwG 4 C 54.75 – BVerwGE 56, 71 [75 f.]). Die konkrete Bedeutung des Begriffs ist mit Blick auf den jeweiligen gesetzlich geregelten Sachbereich zu bestimmen (BVerfG, Urteil vom 18. 12. 1968, aaO, S. 403 f.; BVerwG, Urteil vom 9. 6. 1978, aaO, S. 75). Einen Anhalt für die Definition des „Allgemeinwohls" im Sinne des § 1 ZDG bieten die Vorschriften der §§ 51 bis 68 AO in der Fassung der Bekanntmachung vom 16. 3. 1976 (BGBl. I S. 613). Die dort geregelten steuerrechtlichen Voraussetzungen der Gemeinnützigkeit stecken weitgehend das Aufgabenfeld ab, auf das sich auch § 1 ZDG mit seiner Zielsetzung eines Dienstes für das Allgemeinwohl bezieht (vgl. Urteil vom 29. 4. 1988, aaO, S. 278; s. auch Nr. 2.1 Abs. 2 Satz 2 der Richtlinien des Bundesministers für Frauen und Jugend zur Durchführung des § 4 ZDG in der Fassung vom 1. 2. 1991). Zwar mag sich der in § 1 ZDG verwendete Begriff „Allgemeinwohl" nicht völlig mit dem der „Gemeinnützigkeit" im Sinne des § 52 AO decken. Die in § 52 Abs. 2 Nr. 1 und 2 AO angeführten gemeinnützigen Betätigungen (Förderung von Wissenschaft und Forschung, Bildung und Erziehung, Kunst und Kultur, der Religion, der Völkerverständigung, der Entwicklungshilfe, des Umwelt-, Landschafts- und Denkmalschutzes, der Jugendhilfe, der Altenhilfe, des öffentlichen Gesundheitswesens und des Wohlfahrtswesens) umschreiben aber jedenfalls beispielhaft den Kreis von Aufgaben, die dem Allgemeinwohl dienen und im Zivildienst erfüllt werden dürfen. Insoweit kann zur Begriffsbestimmung des Allgemeinwohls im Sinne des § 1 ZDG auf die in § 52 Abs. 2 Nr. 1 und 2 AO genannten gemeinnützigen Ziele zurückgegriffen werden (vgl. auch Harrer/Haberland, ZDG, 3. Aufl. 1986, § 1 Anm. 2 [S. 79 f.]).

Auch mit der Durchführung von Konzerten und Kunstausstellungen nimmt der Kläger Aufgaben wahr, die dem Allgemeinwohl dienen. Gleiches gilt für seine allgemein zugänglichen Diskussionsveranstaltungen und Freizeitangebote für nichtkirchliche Gruppen und Institutionen.

Ebensowenig entfallen die Anerkennungsvoraussetzungen des § 4 Abs. 1 Satz 1 Nr. 1 ZDG deshalb, weil der Kläger sich nicht weltanschaulich neutral, sondern im Rahmen der volkskirchlichen Arbeit der evangelischen Kirche betätigt. Das vom Berufungsgericht angenommene vermeintliche Erfordernis einer „Begrenzung des Zivildienstes auf den Bereich einer formal streng weltanschaulichen Neutralität" läßt sich aus § 4 Abs. 1 Satz 1 Nr. 1 ZDG nicht entnehmen. Wortlaut, Sinnzusammenhang und Zweck der Vorschrift geben in dieser Richtung nichts her. Aufgaben, die dem Allgemeinwohl dienen, insbesondere im „sozialen Bereich", werden in großem Umfang gerade auch von kirchlichen Einrichtungen, namentlich der beiden großen Kirchen, wahrgenommen. Religionsgemeinschaften des öffentlichen Rechts bedienen sich insbesondere vielfältig privatrechtlicher Organisationen wie der des Klägers, die im Auftrag und unter dem Einfluß der jeweiligen Religionsgemeinschaft zur Erfüllung unterschiedlicher Aufgaben im sozialen und sonstigen allgemeinwohlorientierten Bereich tätig werden. Kirchliche Organisationen leisten vor allem vielfältige karitative und soziale Dienste. Sie verfügen des weiteren über ein umfangreiches und breitgefächertes Angebot auf dem Gebiet des Bildungs- und Erziehungswesens. Beispielhaft zu nennen sind die beiden großen Wohlfahrtsverbände der Katholischen Kirche und der Evangelischen Kirche, der Deutsche Caritas-Verband und das Diakonische Werk, die jeweils zahlreiche Einrichtungen der Wohlfahrtspflege, der Kinder- und Jugenderziehung, der Altenpflege, der Krankenpflege und der Gesundheitsvorsorge unterhalten (zur karitativen Betätigung der Kirchen und Religionsgemeinschaften sowie zum Bildungs- und Erziehungswesen siehe im einzelnen Weides, Die Religionsgemeinschaften im Steuerrecht, Festschr. Rechtswiss. Fakultät Köln, 1988, S. 885 [906 f.] und die dort S. 890 Fn. 18 und 19 zitierten Darstellungen). Erfüllen derartige kirchliche oder kirchlich gebundene Organisationen unmittelbar und ausschließlich gemeinnützige, mildtätige und kirchliche Zwecke, gewähren ihnen das Einkommensteuerrecht (§ 44c Abs. 1 Satz 1 Nr. 1 EStG), das Körperschaftsteuergesetz (§ 5 Abs. 1 Nr. 9 KStG), das Vermögensteuergesetz (§ 3 Abs. 1 Nr. 12 VStG), das Gewerbesteuergesetz (§ 3 Nr. 6 GewStG), das Erbschaft- und Schenkungsteuerrecht (§ 13 Abs. 1 Nr. 16 lit. b ErbStG), das Grundsteuerrecht (§ 3 Abs. 1 Nr. 3 lit. b GrStG) und das Umsatzsteuerrecht (§ 12 Abs. 2 Nr. 8 lit. a UStG) allgemeine Steuerbefreiungen. Außerdem sind Zuwendungen Dritter bei deren Einkommensteuerveranlagung als Sonderausgaben abzugsfähig (§ 10b Abs. 1 EStG i.V.m. § 48 EStDV). Für die in den aufgeführten Einzelgesetzen normierten Befreiungstatbestände gelten die in den §§ 51-68 AO bezeichneten allgemeinen gesetzlichen Erfordernisse der Erfüllung gemeinnütziger, mildtätiger und kirchlicher Zwecke. Auch die Förderung der Religion stellt gemäß § 52 Abs. 2 Nr. 1 AO eine gemeinnützige Förderung der Allgemeinheit dar; ebenso verhielt es sich schon während der Geltung des Steueranpassungsgesetzes (BFH, Urteil vom 6. 6. 1951 - III 69/51 - BStBl. 1951 III S. 148 [149]). Das gilt auch dann, wenn sich die Tätigkeit einer Körperschaft mit religiöser Zielsetzung nicht in der Einwirkung auf ihre Mitglieder erschöpft, sondern über den Kreis der Mitglieder hinaus wirken soll und darauf gerichtet ist, die Allgemeinheit auf geistig-sittlichem Gebiet selbstlos zu fördern (§ 52 Abs. 1 Sätze 1 und 2 i.V.m. Abs. 2 Nr. 1 AO; vgl. BFH, Urteil vom 6. 6. 1951, aaO, S. 149; Weides, aaO, S. 906 m.w.N. [Fn. 108]). So ist etwa eine Stiftung, deren satzungsmäßiger Zweck und Tätigkeit in der Führung eines Erholungsheims auf christlicher Grundlage und mit seelsorgerischer Betreuung besteht, als gemeinnützig anzuerkennen, sofern sie nicht zu steuerpflichtigen Betrieben derselben oder ähnlichen Art mehr als zur Erfüllung des gemeinnützigen Zwecks erforderlich in Wettbewerb tritt (vgl. BFH, Urteil vom 28. 10. 1960[3] – III 134/56 – BStBl. 1961 III S. 109 [110 f.]). Ebenso ist die Übermittlung religiösen Wissens- und Erkenntnisstoffs, die religiöse Belehrung und Fortbildung von Laien in kirchlichen Bildungsanstalten (Evangelischen Akademien) als gemeinnützige Betätigung zu beurteilen (vgl. BFH, Urteil vom 14. 11. 1958[4] – III 303/56 – BStBl. 1959 III S. 81 [82 f.]). Die den Kirchen und Religionsgemeinschaften sowie den von ihnen getragenen gemeinnützigen Organisationen gewährten Steuervorteile tragen ihrer hohen gesamtgesellschaftlichen Bedeutung Rechnung. Sie bringen zum Ausdruck, daß aus der Sicht des Gesetzgebers eine billigenswerte und deshalb staatlich zu fördernde Betätigung für das Allgemeinwohl gegeben ist. Die Verfolgung kirchlicher Zwecke wird steuerrechtlich auch ohne Rücksicht darauf gefördert, ob sie zugleich staatlichen Belangen dient, wie es bei kirchlichen Betätigungen in der Krankenpflege, im Erziehungswesen, in der Entwicklungshilfe oder im Denkmalschutz der Fall ist. Die in § 54 Abs. 2 AO aufgeführten Beispiele verdeutlichen, daß kirchliche Zwecke um der Religionsfreiheit der Bürger und der Religionsgemeinschaften selbst staatlich gefördert werden sollen (vgl. Weides, aaO, S. 906). Insgesamt beruht die umfassende steuerrechtliche Förderung von Kirchen und Religionsgemeinschaften auf der Erwägung des Gesetzgebers, ihnen eine ihrer gesamtgesellschaftlichen Bedeutung entsprechende öffentliche Stellung zu gewährleisten und die finanziellen Möglichkeiten zu sichern, ihre ureigensten Ziele zu verfolgen (vgl. Weides, aaO, S. 889). Dem liegt eine in seiner Bedeutung weit über das Steuerrecht hinausreichende Einschätzung der Förderungswürdigkeit der Kirchen und Religionsgesellschaften sowie ihrer Betätigung zugrunde. Die Anerkennung als Beschäftigungsstelle für Zivildienstleistende stellt wirtschaftlich betrachtet ebenso wie Steuerbefreiungen eine Subvention dar. Die Beschäftigungsstellen müssen zwar für Unterkunft, Verpflegung und Arbeitskleidung sorgen (§ 6 Abs. 1 ZDG). Sie bekommen jedoch die den Zivildienstleistenden „zustehenden Geldbezüge" ersetzt (§ 6 Abs. 2 Sätze 1 u. 2 ZDG). Für die Annahme, der Gesetzgeber habe

---

[3] KirchE 5, 248.
[4] KirchE 4, 365.

steuerbefreiten gemeinnützigen kirchlichen Einrichtungen aus Gründen der weltanschaulichen Neutralität die öffentliche Förderung durch Anerkennung als Beschäftigungsstelle des Zivildienstes vorenthalten wollen, bedürfte es mit Blick auf die seit jeher als förderungswürdig anerkannte Bedeutung dieser Einrichtungen für Staat und Gesellschaft eines Anhalts im Gesetz. Daran fehlt es sowohl in § 4 Abs. 1 Satz 1 Nr. 1 als auch vor allem in § 1 ZDG. Diese Vorschrift weist vielmehr den schon immer zu einem erheblichen Teil von den beiden großen Kirchen wahrgenommenen allgemeinwohlorientierten Aufgabenbereich uneingeschränkt dem Zivildienst zu.

Entgegen der Revisionserwiderung der Beklagten ist ein weltanschauliches Neutralitätsgebot auch kein „ungeschriebenes Tatbestandsmerkmal" der Anerkennungsvoraussetzung des § 4 Abs. 1 Satz 1 Nr. 2 Halbsatz 1 ZDG, wonach die Beschäftigungsstelle die Gewähr bieten muß, daß die Beschäftigung der Zivildienstleistenden dem Wesen des Zivildienstes entspricht. Die gesetzlich zugelassenen Arten des Einsatzes von Zivildienstleistenden ergeben sich allein aus den §§ 1 und 4 Abs. 1 Satz 1 Nr. 1 ZDG. Tätigkeiten, die den dort bezeichneten Anforderungen genügen, namentlich dem Allgemeinwohl dienen, entsprechen dem – hinsichtlich seiner Aufgabenstellung vor allem in § 1 ZDG umschriebenen – „Wesen des Zivildienstes". Das im ersten Halbsatz des § 4 Abs. 1 Satz 1 Nr. 2 ZDG zusätzlich geforderte und im zweiten Halbsatz mit einem hinzugefügten Belastungsvergleich erläuterte Gewährbieten bezieht sich insoweit auf die in den §§ 1, 4 Abs. 1 Satz 1 Nr. 1 ZDG bestimmten Tätigkeitsmerkmale. Eine Beschäftigungsstelle, die Zivildienstpflichtige zur Durchführung von Aufgaben im Sinne dieser Vorschriften verwendet, genügt, was die Art der Beschäftigung angeht, zugleich der Anforderung des § 4 Abs. 1 Satz 1 Nr. 2 Halbsatz 1 ZDG (vgl. auch Urteil vom 29. 4. 1988, aaO, S. 279 f.).

Die in § 4 Abs. 1 Satz 1 Nr. 3 ZDG getroffene Regelung und deren Entstehungsgeschichte bestätigen, daß das Zivildienstgesetz die weltanschauliche Neutralität des Beschäftigungsbereichs im Sinne des angefochtenen Urteils nicht verlangt. Nach § 4 Abs. 1 Satz 1 Nr. 3 ZDG, der seine geltende Fassung durch das Kriegsdienstverweigerungsneuordnungsgesetz vom 28. 2. 1983 (aaO) erhalten hat, muß eine Beschäftigungsstelle sich bereit erklären, „Dienstpflichtige, die den von ihr geforderten Eignungsvoraussetzungen entsprechen, ohne besondere Zustimmung zur Person des Dienstpflichtigen zu beschäftigen, sofern nicht die Beschäftigung wegen ihrer Eigenart an die Person des Dienstpflichtigen besondere, über die geforderten Voraussetzungen hinausgehende Anforderungen stellt". Zu den von der Beschäftigungsstelle erlaubtermaßen geforderten Eignungsvoraussetzungen zählt die Begründung des Gesetzentwurfs (BT-Drucks. 9/2124, S. 15 f.) ausdrücklich auch die Religionszugehörigkeit.

Überdies sieht § 2a Abs. 2 Nr. 3 ZDG die Besetzung des Beirates für den Zivildienst unter anderem mit je einem Vertreter der evangelischen und der katholilischen Kirche vor. Diese „Mitarbeit der beiden großen Religionsgemeinschaften entspricht" – wie die Begründung zu dieser durch das Dritte Gesetz zur Änderung des Gesetzes über den zivilen Ersatzdienst vom 25. 6. 1973 (BGBl. I S. 669) eingefügten Vorschrift (BT-Drucks. 7/177, S. 10 f.) hervorhebt – „den Aufgaben, die diese bei der Betreuung der Dienstleistenden übernommen haben".

Die dem angefochtenen Urteil entscheidungstragend zugrundeliegende Auslegung des einfachen Bundesrechts ist schließlich auch nicht verfassungsrechtlich geboten. Daß die dem Staat durch Art. 3 Abs. 3, Art. 4 Abs. 1, Art. 33 Abs. 3 und Art. 140 GG i.V.m. Art. 136 Abs. 1 und 4 sowie Art. 137 Abs. 1 WRV auferlegte weltanschaulich-religiöse Neutralität (vgl. BVerfG, Beschluß vom 17. 2. 1965[5] – 1 BvR 732/64 – BVerfGE 18, 385 [386]; Urteil vom 14. 12. 1965[6] – 1 BvR 413, 416/60 – BVerfGE 19, 206 [216]; Beschlüsse vom 16. 10. 1968[7] – 1 BvR 241/66 – BVerfGE 24, 236 [246] und vom 11. 4. 1972[8] – 2 BvR 75/71 – BVerfGE 33, 23 [28]) und die Parität der Kirchen und Bekenntnisse (vgl. BVerfG, Beschlüsse vom 28. 4. 1965[9] – 1 BvR 346/61 – BVerfGE 19, 1 [8], vom 16. 10. 1968, aaO, S. 246 und vom 11. 4. 1972, aaO, S. 28) bei der Handhabung der Anerkennung von Beschäftigungsstellen für Zivildienstleistende verpflichtend sind, bedarf keiner Erörterung (vgl. in diesem Zusammenhang auch Urteil vom 25. 5. 1984[10] – BVerwG 8 C 108.82 – Buchholz 448.0 § 11 WPflG Nr. 35 S. 6 [19]). Die Anerkennung einer von der evangelischen oder katholischen Kirche getragenen und an diese religiös gebundenen gemeinnützigen Einrichtung als Beschäftigungsstelle des Zivildienstes verletzt aber die Bekenntnisneutralität und Religionsparität nicht. Die Anerkennung als Beschäftigungsstelle kommt im wirtschaftlichen Ergebnis der steuerrechtlichen Anerkennung als gemeinnützig gleich. Mit einer solchen öffentlichen Förderung der Erledigung von dem Allgemeinwohl dienenden Aufgaben mischt sich die Beklagte nicht gleichsam parteiergreifend in die Auseinandersetzungen der Religionsgesellschaften und Weltanschauungsgemeinschaften ein. Begünstigt werden vielmehr kirchlich gebundene Organisationen wie Organisationen ohne kirchliche oder sonstige religiöse Bindung oder Zielsetzung gleichermaßen.

Aus der Pflicht zur religiösen und konfessionellen Neutralität folgt allerdings, daß der Staat Religionsgesellschaften keine Hoheitsbefugnisse gegenüber Personen verleihen darf, die ihr nicht angehören (vgl. BVerfG, Urteil vom 14. 12. 1965, aaO, S. 216). Auch unter diesem Blickwinkel ist jedoch eine Anerkennung selbst unmittelbar kirchlicher Beschäftigungsstellen – wie etwa Kirchenge-

---

[5] KirchE 7, 172.
[6] KirchE 7, 338.
[7] KirchE 10, 181.
[8] KirchE 12, 410.
[9] KirchE 7, 183.
[10] KirchE 22, 108.

meinden – nicht ausgeschlossen (vgl. auch Harrer/Haberland, aaO, § 1 Anm. 4 [S. 81]). Zwar ist die Anerkennung nach § 4 Abs. 1 ZDG ein Akt der „Beleihung" (vgl. BGH, Urteil vom 16. 5. 1983 – III ZR 78/82 – BGHZ 87, 253 [256]) zumindest insoweit, als sie für das Verhältnis zwischen der Beschäftigungsstelle und den Zivildienstleistenden strafbewehrte öffentlich-rechtliche Anordnungsgewalt (§ 30 Abs. 1 Satz 1 i.V.m. den §§ 3 Satz 1 und 54 ZDG) sowie Disziplinargewalt (§ 61 Abs. 2 ZDG) begründet (vgl. Urteil vom 19. 8. 1988 – BVerwG 8 C 84.86 – Buchholz 448.11 § 4 ZDG Nr. 2, S. 8 [13]). Durch die staatliche Anerkennung einer kirchlichen Beschäftigungsstelle wird dieser jedoch keine Befugnis verliehen, der jeweiligen Kirche nicht angehörende Personen zu Dienstleistungen für diese heranzuziehen. Bei der Zuweisung von Zivildienstpflichtigen an eine anerkannte kirchliche Beschäftigungsstelle ist vielmehr zu beachten, daß niemand gezwungen werden darf, eine Religionsgesellschaft zu unterstützen, der er nicht als Mitglied verbunden ist. Dem trägt die bereits erwähnte Vorschrift des § 4 Abs. 1 Satz 1 Nr. 3 Halbsatz 2 ZDG Rechnung.

Daß die Beklagte im Rahmen des ihr durch § 4 Abs. 1 Satz 1 ZDG eingeräumten Anerkennungsermessens (vgl. dazu Urteile vom 29. 4. 1988, aaO, S. 281 f. und vom 19. 8. 1988, aaO, S. 14) aus Bedarfserwägungen von der Anerkennung kirchlich gebundener Beschäftigungsstellen absehen darf, stellt die gesetzliche Anerkennungsfähigkeit des Klägers im Sinne des § 4 Abs. 1 Satz 1 ZDG nicht in Frage.

Die dem Kläger im angefochtenen Urteil als anerkennungsfeindlich zur Last gelegten „Veranstaltungen der Industrie" lassen sich freilich mangels dazu getroffener tatsächlicher Feststellungen des Berufungsgerichts nicht ohne weiteres dem weiten Bereich von Aufgaben, die dem Allgemeinwohl dienen, zuordnen. Insoweit bedarf es vielmehr weiterer Sachaufklärung, weil der Umfang dieser Veranstaltungen für die Anerkennungsfähigkeit als Beschäftigungsstelle des Zivildienstes nicht unerheblich ist. Mit 2515 von insgesamt 9880 Teilnehmertagen des Jahres 1988 entfiel auf sie rund ein Viertel der gesamten Veranstaltungen der Tagungs- und Begegnungsstätte (wird weiter ausgeführt).

59

Die Aufnahme von Mitgliedern der eigenen Religionsgemeinschaft in die vom Vermieter genutzte Wohnung begründet keine Bedarfslage hinsichtlich anderweitig vermieteter Räumlichkeiten.

Art. 4 Abs. 2 GG; § 564 b Abs. 2 Nr. 2 BGB
AG Köln, Urteil vom 25. August 1992 – 217 C 14/92[1] –

---

[1] WuM 1994, 211. Das Urteil ist rechtskräftig.

Die Beklagten sind Mieter der Wohnung 1. Etage links gemäß Mietvertrag v. 1. 7. 1981. Die Kläger haben das Haus am 12. 3. 1991 erworben. Die monatliche Miete beträgt 312,00 DM. Mit Schreiben v. 29. 8. 1991 kündigten die Kläger das Mietverhältnis zum 31. 8. 1992 wegen Eigenbedarfs zur Unterbringung von Hausstandsangehörigen. Bei diesen Hausstandsangehörigen handelt es sich um Angehörige einer Glaubensgemeinschaft, der auch die Kläger angehören. Zum Zeitpunkt der Kündigung sollen 13 weitere Personen im Hause der Kläger als Mitglieder dieser Glaubensgemeinschaft gewohnt haben, deren Zahl sich inzwischen aber auf 18 Personen erhöht hat. Im Erdgeschoß des Hauses betreibt die Glaubensgemeinschaft ein Restaurant. Außerdem befindet sich dort noch ein von den männlichen Mitgliedern der Glaubensgemeinschaft genutztes Bad. In der 1. Etage befindet sich die 52 qm große Wohnung der Beklagten, sowie zwei als Lagerraum und als Gastraum von der Glaubensgemeinschaft genutzte Zimmer. In der 2. Etage wohnt ein weiterer Mieter. Daneben stehen der Glaubensgemeinschaft 2 Wohnungen mit 5 Räumen zur Verfügung.

Die Kläger behaupten, sie benötigten die Wohnung der Beklagten für ihre Hausstandsangehörigen, da von diesen nicht jeder über ein eigenes Zimmer verfüge. Die Mitglieder der Glaubensgemeinschaft lebten mit den Klägern in einer gemeinsamen Wohnung, führten mit diesen einen gemeinsamen Haushalt und gingen gemeinsam ihren religiösen Handlungen nach. Von den 17 benannten Mitgliedern der Glaubensgemeinschaft lebten 6 Personen ständig im Hause, 2 Personen seien zur Zeit auf Pilgerreise in Indien und 5 weitere Personen befänden sich tagsüber auf Missionen unterwegs und hielten sich nur am Wochenende im Hause auf. Ob eine Fluktuation der Mitglieder der Glaubensgemeinschaft stattfinde und wieviele Gäste beherbergt würden, sei unerheblich. Außerdem liege keine Fluktuation vor.

Die Beklagten behaupten, bei den Mitgliedern der Glaubensgemeinschaft handele es sich nicht um Hausstandsangehörige, da diese Personen nicht ständig im Hause der Kläger lebten. Die Fluktuation unter den Mitgliedern der Glaubensgemeinschaft sei groß. Die Kläger hätten auch keine vernünftigen Gründe zur Überlassung von Wohnraum an die Mitglieder der Glaubensgemeinschaft. Diese seien vielmehr Untermietern gleichgestellt.

Das Amtsgericht weist die Räumungsklage, die auch auf weitere Kündigungen gestützt wurde, ab.

Aus den Gründen:

Den Klägern steht kein Anspruch auf Rückgabe der Wohnung durch die Beklagten gemäß § 556 BGB zu, da das Mietverhältnis weder durch die Kündigung v. 29. 8. 1991 noch durch die Kündigungen v. 18. 12. 1991 und 7. 2. 1992 beendet worden ist. Diese Kündigungen waren allesamt unbegründet.

Mietrecht 339

Das Mietverhältnis ist auch nicht durch die Eigenbedarfskündigung der Kläger v. 29. 8. 1991 zum 31. 8. 1992 beendet worden.

Dabei kann hier dahinstehen, ob es sich bei den Mitgliedern der Glaubensgemeinschaft um Hausstandsangehörige i. S. des § 564b Abs. 2 Nr. 2 BGB handelt. Darunter sind Personen zu verstehen, die mit dem Vermieter seit längerer Zeit und auf Dauer in der Wohnung leben (Jauernig, BGB, 6. Aufl., § 564 b Anm. 2 c, cc). Die Kläger haben nicht mitgeteilt, seit wann, insbesondere wie lange vor Ausspruch der Kündigung, die von ihnen aufgenommenen Mitglieder der Glaubensgemeinschaft bereits in der Wohnung lebten. Dagegen haben sie eingeräumt, daß von 17 angegebenen Personen nur 6 ständig im Hause des Klägers leben. Der Zeuge A. hat auch eingeräumt, daß Herr K. und Frau G. nicht mehr zur Glaubensgemeinschaft gehören, obwohl die Kläger insoweit eine dauerhafte Aufnahme in ihre Wohnung behauptet haben. Somit spricht schon das Vorbringen der Kläger dagegen, die Mitglieder der Glaubensgemeinschaft als Hausstandsangehörige anzusehen, da die im Hause lebenden Mitglieder ständig wechseln und nur wenige Personen dort regelmäßig übernachten.

Dies ist jedoch unerheblich, da die Kläger die Wohnung der Beklagten für die Mitglieder der Glaubensgemeinschaft nicht benötigen. „Benötigen" im Sinne des § 564 b Abs. 2 Nr. 2 BGB setzt mehr als eine bloße Bedarfssituation voraus. Der Vermieter muß mit den Bedarfspersonen in einem gewissen sozialen Kontakt stehen und für den Wohnbedarf der Bedarfspersonen eine gewisse Verantwortung haben. Die Rechtsprechung fordert insoweit vernünftige und nachvollziehbare Gründe für das Vorliegen des Eigenbedarfs. Daran fehlt es hier. Die Wohnsituation der Glaubensgemeinschaft ist immerhin so gut, daß sie im 1. Stock ein Gastzimmer und einen Lagerraum einrichten konnte. Außer dem gemeinsamen Glauben verbindet die Kläger mit den von ihnen aufgenommenen Personen nichts. Die Kläger haben einen etwaigen Eigenbedarf quasi selbst verschuldet. Wollte man die Aufnahme der Mitglieder einer Glaubensgemeinschaft als Grund für eine Eigenbedarfskündigung anerkennen, könnte künftig jeder Vermieter durch Gründung einer Zweckgemeinschaft Eigenbedarf begründen, sofern der die Mitglieder dieser Gemeinschaft bei sich aufnimmt. Dies ist in § 564 b Abs. 2 Nr. 2 BGB nicht vorgesehen und widerspricht auch Art. 14 des Grundgesetzes.

Dies gilt insbesondere für Zweckgemeinschaften, bei denen es auf die Zugehörigkeit des einzelnen Mitgliedes zur Gemeinschaft nicht ankommt, denen ein Mitgliederwechsel immanent ist. Im Grunde genommen stehen Mitglieder solcher Gemeinschaften Untermietern gleich. Durch die Aufnahme von Untermietern aber kann ein Vermieter keinen Eigenbedarf herbeiführen. Im Unterschied zur freiwilligen Aufnahme der Mitglieder der Glaubensgemeinschaft durch den Kläger erfordert § 564 b Abs. 2 Nr. 2 BGB eine wirtschaftliche, soziale oder moralische „Zwangslage" des Vermieters, die seinen Eigenbedarf vernünftig oder nachvollziehbar erscheinen läßt. Der bloße Wille, die Wohnung dritten Personen zu überlassen, reicht nicht.

Die Kläger können sich auch nicht auf Art. 4 GG stützen, da die gemeinsame Religionsausübung nicht ein gemeinsames Wohnen der Mitglieder einer Glaubensgemeinschaft erfordert.

Die Eigenbedarfskündigung der Kläger kann auch deshalb keinen Erfolg haben, weil die Kläger nicht erläutert haben, weshalb sie ausgerechnet die Wohnung der Beklagten beanspruchen, und nicht die der Mieter im 2. Stock. Diese Wohnung erscheint für die Zwecke der Kläger viel geeigneter, da sie im 2. Stock schon zwei Räume zu Wohnzwecken nutzen. Diese Etage liegt auch näher zum Dachgeschoß, in dem die Glaubensgemeinschaft nach der Aussage des Zeugen A. seit Anfang des Jahres in erster Linie ihren religiösen Handlungen nachgeht. Die Beklagten können somit gemäß § 556 a BGB auf jeden Fall eine Fortsetzung des Mietverhältnisses verlangen.

60

Für eine Klage, die einen Anspruch aus Mitarbeitervertretungsrecht des Diakonischen Werkes der EKD zum Gegenstand hat (hier: Rechtsanwaltskosten aus Geltendmachung eines Anspruchs auf Freistellung für eine Fortbildungsveranstaltung) ist der Rechtsweg zu den staatlichen Arbeitsgerichten nicht gegeben.

Art. 140 GG, 137 Abs. 3 WRV
BAG, Urteil vom 9. September 1992 – 5 AZR 456/91[1] –

Der beklagte Verein ist eine dem Diakonischen Werk der EKD angeschlossene Einrichtung. Er wendet die Ordnung für die Mitarbeitervertretungen in diakonischen Einrichtungen vom 24. 9. 1973 i.d.F. vom 10. 6. 1988 (im folgenden: MVO) an. Der Kläger ist Arbeitnehmer des Beklagten und stellvertretender Vorsitzender der Mitarbeitervertretung. Für die Mitarbeitervertretung beauftragte er einen Rechtsanwalt, eine einstweilige Verfügung mit dem Ziel seiner Freistellung für eine Fortbildungsveranstaltung zu erwirken (ArbG Oldenburg 5 BV Ga 1/90). Der Beklagte weigerte sich, die entstandenen Anwaltskosten zu erstatten. Die Mitarbeitervertretung rief daraufhin die Schiedsstelle des Diakonischen Werkes Hannover nach der Mitarbeitervertretungsordnung an. Diese stellte das Verfahren ein, nachdem die Beteiligten keine Anträge gestellt hatten.

---

[1] MDR 1993, 1214; AP Art. 140 GG Nr. 40; EzA § 611 BGB Nr. 39; NZA 1993, 597; AkKR 161 (1992), 580. Nur LS: BB 1993, 796; RdA 1993, 123; ZTR 1993, 298.

Mit seiner Klage nimmt der Kläger den Beklagten auf Erstattung der verauslagten Antwaltskosten in Anspruch. Er hat vorgetragen, der Klageanspruch stelle einen Aufwendungsersatzanspruch aus dem Arbeitsverhältnis dar. Daher sei die Zuständigkeit der Gerichte für Arbeitssachen im Urteilsverfahren gegeben. Die Mitarbeitervertretungsordnung sei kein Kirchengesetz, vielmehr handele es sich bei ihr lediglich um den Beschluß eines Organs eines eingetragenen Vereins. Zwischen Mitarbeitervertretung und Arbeitgeber würden keine rechtlichen Beziehungen begründet, diese bestünden allein zwischen Arbeitgeber und Arbeitnehmer. Der Klageanspruch sei deshalb dem Arbeitsvertragsrecht zuzuordnen.

Der Beklagte meint, die Gerichte für Arbeitssachen seien nicht zuständig, weil der Klageanspruch allein aus der Tätigkeit des Klägers als Mitglied der Mitarbeitervertretung resultiere. Im übrigen bestehe keine Erstattungspflicht, weil die Hinzuziehung des Anwalts nicht vorher gemäß § 28 Abs. 2 MVO anerkannt worden sei.

Das Arbeitsgericht hat die Klage abgewiesen, weil die Zuständigkeit der Gerichte für Arbeitssachen nicht gegeben sei. Das Landesarbeitsgericht[2] hat die Berufung des Klägers zurückgewiesen. Dagegen wendet sich die Revision, mit der der Kläger sein Klageziel weiter verfolgt.

Die Revision blieb ebenfalls ohne Erfolg.

Aus den Gründen:

Die Revision ist unbegründet. Das Landesarbeitsgericht hat zutreffend erkannt, daß für die Entscheidung über den Klageanspruch die Gerichte für Arbeitssachen nicht zuständig sind.

1. Der Kläger macht gegenüber dem Beklagten einen Erstattungsanspruch geltend, der nach seiner Ansicht dem Arbeitsverhältnis zuzuordnen ist und seine Rechtsgrundlage in § 242 BGB finden soll. Dem kann jedoch nicht gefolgt werden. Vielmehr ist der Klageanspruch zu bestimmen als ein Anspruch aus dem Mitarbeitervertretungsrecht. Der Kläger hat, wie er selbst vorträgt, in seiner Eigenschaft als stellvertretender Vorsitzender der Mitarbeitervertretung und für die Mitarbeitervertretung einen Rechtsanwalt beauftragt, eine einstweilige Verfügung zu erwirken mit dem Ziel, seine, des Klägers, Freistellung für eine Fortbildungsveranstaltung zu erreichen. Der Anspruch auf Dienstbefreiung wird in § 18 Abs. 3 Satz 1 MVO geregelt und stellt sich damit als ein Anspruch aus dem Mitarbeitervertretungsrecht dar. Aber auch der Anspruch der Klägers auf Erstattung der von ihm verauslagten Anwaltsgebühren könnte seine Rechtsgrundlage nur in der Mitarbeitervertretungsordnung finden, die in § 28 Abs. 2

---

[2] LAG Niedersachsen KirchE 29, 291.

MVO regelt, daß die Einrichtung „auch die weiteren erforderlichen Kosten, insbesondere für die Inanspruchnahme sachkundiger Personen" trägt, „wenn die Erforderlichkeit von der Leitung der Einrichtung vorher anerkannt ist". Die Stellung des Klägers als Mitglied der Mitarbeitervertretung kann nicht hinweggedacht werden, ohne daß der Klageanspruch in seiner konkreten Gestalt entfiele. Danach erweist sich die vom Kläger verlangte Kostenerstattung als Anspruch aus dem Mitarbeitervertretungsrecht.

Für Streitigkeiten aus dem Mitarbeitervertretungsrecht sind die Gerichte für Arbeitssachen jedoch nicht zuständig, vielmehr liegt die alleinige Entscheidungskompetenz bei der Schiedsstelle (§ 28 Abs. 4, §§ 45 ff. MVO).

2. a) Bei den vom beklagten Verein betriebenen verschiedenen Sozialeinrichtungen handelt es sich um kirchliche Einrichtungen im Sinne von Art. 140 GG i.V.m. Art. 137 Abs. 3 WRV. Nach diesen Verfassungsbestimmungen ordnet und verwaltet jede Religionsgesellschaft ihre Angelegenheiten selbständig innerhalb der Schranken des für alle geltenden Gesetzes. Der beklagte Verein ist – worüber zwischen den Parteien kein Streit herrscht – eine der christlichen Nächstenliebe verpflichtete Einrichtung innerhalb einer ev. Landeskirche. Er kann daher von dem verfassungsrechtlich garantierten Selbstordnungs- und Selbstverwaltungsrecht Gebrauch machen. Das ist, soweit für den Streitfall von Bedeutung, geschehen durch die vom Landesarbeitsgericht als unstreitig festgestellten Übernahme und Anwendung der Mitarbeitervertretungsordnung des Diakonischen Werkes der EKD. Daß dieses Verfahren nicht auf einem Kirchengesetz beruht, ist rechtlich ohne Bedeutung. Der beklagte Verein verfügt über eine eigene Rechtspersönlichkeit und ist daher rechtlich gesehen kein Teil der verfaßten Kirche. Er kann sich aber aufgrund Satzungsrechts in gleicher Weise wie die verfaßte Kirche auf die Verfassungsgarantie des Selbstordnungs- und Selbstverwaltungsrechts berufen (BVerfGE 70, 138[3] = AP Nr. 24 zu Art. 140 GG).

b) Das vom beklagten Verein angewandte Mitarbeitervertretungsrecht ist Kirchenrecht (vgl. BAGE 61, 376 [381 f.][4] = AP Nr. 34 zu Art. 140 GG, zu 2 a der Gründe, m.w.N.). Das Selbstordnungs- und Selbstverwaltungsrecht der Religionsgesellschaften umfaßt auch die Befugnis zur selbständigen Kontrolle des selbst gesetzten Rechts durch kircheneigene Gerichte (vgl. nur BAG, aaO, ebenfalls m.w.N.). Von dieser Befugnis hat die Mitarbeitervertretungsordnung des Diakonischen Werkes der EKD Gebrauch gemacht. Die von ihr eingerichtete Schiedsstelle ist ein kirchliches Gericht, das rechtsstaatlichen Anforderungen genügt, wie der Erste Senat in seinem Beschluß vom 25. 4. 1989 bereits ausführlich dargelegt hat (BAGE 61, 376 [384 f.] = AP Nr. 34 zu Art. 140 GG,

---

[3] KirchE 23, 105.
[4] KirchE 27, 123.

zu 3 b der Gründe, m.w.N.; vgl. insoweit noch aus neuester Zeit Richardi, Arbeitsrecht in der Kirche, 2. Aufl., S. 300 f.; Schilberg, Rechtsschutz und Arbeitsrecht in der evangelischen Kirche, 1992, S. 111, 119 ff., 242; BGB-RGRK, 12. Aufl., Anh. III § 630 BGB: Kirchenarbeitsrecht [Gehring] Rz 180, 211).

c) Für die Entscheidung über den Klageanspruch ist mithin ausschließlich die Schiedsstelle nach der Mitarbeitervertretungsordnung (§§ 45 ff. MVO) zuständig. Staatliche Gerichte sind zur Entscheidung nicht befugt. Die Vorinstanzen haben die Klage daher zu Recht als unzulässig angesehen.

61

Zur Frage, ob bei Pauschalierung von Kirchenlohnsteuer die Nichtzugehörigkeit von Arbeitnehmern zu einer steuererhebenden Religionsgemeinschaft geltend gemacht werden kann.

Art. 140 GG, 137 Abs. 6 WRV; §§ 40 ff. EStG, 168 AO,
1 Abs. 1 Nr. 1a NW.KiStG

FG Köln, Urteil vom 9. September 1992 – 11 K 2419–2420/87[1] –

Die Klägerin, ein bundesweit tätiges Reinigungsunternehmen, beschäftigt überwiegend teilzeitbeschäftigte Arbeitnehmer, für die sie die Lohnsteuer pauschaliert und übernommen hat (§ 40 a EStG). Von der für den Monat März 1986 angemeldeten und abgeführten, ebenfalls pauschalierten Kirchensteuer entfiel ein Teilbetrag von ⅔ auf die röm.-kath. Kirche und ein Teilbetrag von ⅓ auf die ev. Kirche. Von den von der Klägerin beschäftigten Teilzeitkräften gehörten nach Angaben der Klägerin rd. 42 v. H. keiner steuerberechtigten Religionsgemeinschaft an. Diese Nichtzugehörigkeit ergebe sich aus den eigenen Angaben der Arbeitnehmer auf einem von der Klägerin entwickelten Formblatt. Die Klägerin hält die Erhebung der pauschalierten Kirchensteuer von den Arbeitnehmern, die keiner kirchensteuerberechtigten Religionsgemeinschaft angehören, für nicht zulässig. Sie beantragt deshalb, die pauschalierte Kirchensteuer entsprechend herabzusetzen. Darüber hinaus ist sie der Auffassung, daß die Pauschalierung der Kirchensteuer für die teilzeitbeschäftigten Arbeitnehmer und die Übernahme dieser Steuer durch sie als Arbeitgeberin rechtswidrig sei, insbesondere hinsichtlich der Höhe des Steuersatzes.

Der Senat wies die Klage ab.

---

[1] EFG 1993, 398. Die Revision der Klägerin führte zur Aufhebung des angefochtenen Urteils und Zurückverweisung der Sache an das Finanzgericht; BFH, Urteil vom 7. 12. 1994 – I R 24/93 – BFHE 176, 382. Das Finanzgericht (11 K 1672–1673/95) hatte bei Redaktionsschluß (1. 3. 1996) noch nicht erneut über das Klagebegehren entschieden.

Aus den Gründen:
Die Klage ist nicht begründet (...).

Gem. § 40 a EStG kann im Rahmen einer dort zugelassenen Pauschalierung der Lohnsteuer für Teilzeitbeschäftigte der Arbeitgeber unter Verzicht auf die – sonst erforderliche – Vorlage der Lohnsteuerkarte bei Arbeitnehmern, die nur kurzfristig oder im geringen Umfang und gegen geringen Arbeitslohn beschäftigt werden, die Lohnsteuer mit einem Pauschalsteuersatz von 10 v. H. des Arbeitslohnes erheben. Davon hat die Klägerin durch entsprechende Antragstellung Gebrauch gemacht. Entsprechend §§ 40 a Abs. 4, 40 Abs. 3 EStG hatte die Klägerin somit als Arbeitgeberin die pauschale Lohnsteuer zu übernehmen. Sie wurde dadurch Schuldnerin der pauschalen Lohnsteuer, die „nur insoweit" eine „Unternehmenssteuer" ist, als sie aus Praktibilitätsgründen (wegen der durch Pauschalierung vereinfachten Erhebung) in verfahrensrechtlich-technischer Hinsicht vom Arbeitgeber, der formell gesehen alleiniger Steuerschuldner ist, erhoben wird (...).

Hinsichtlich der hier bei pauschalierter Lohnsteuer – mit Hauptantrag der Klägerin – insgesamt umstrittenen Kirchensteuer stellt der BFH (BFHE 159, 82, BStBl. II 1990, 993[2]) fest, daß der Antrag auf Pauschalierung der Lohnsteuer auch die Pauschalierung der Kirchensteuer nach sich ziehe (...). Die pauschale Kirchensteuer knüpfe als Maßstabssteuer an die pauschale Lohnsteuer an. Dabei handele es sich materiell-rechtlich um Steuern, die dadurch entstünden, daß der Arbeitnehmer eine nichtselbständige Arbeit mit Einkunftserzielungsabsicht ausübe und damit einen Besteuerungstatbestand i. S. des § 38 AO verwirkliche. Der Arbeitgeber übernehme dem Grunde nach nur die in der Person des Arbeitnehmers verwirklichte Steuerschuld (§ 40 Abs. 3 Satz 1 EStG). Die Schuldübernahme führe zwar zu einer Befreiung des Arbeitnehmers von seiner eigenen Steuerschuld, diese sei jedoch wiederum nur erhebungstechnischer Art.

Maßgebend ist danach der Antrag des Arbeitgebers auf Lohnsteuerpauschalierung. Der Senat schließt daraus, daß bei bestehenbleibendem Antrag auf Lohnsteuerpauschalierung eine individuelle Kirchensteuererhebung zu 9 v. H. nicht zulässig ist.

Der Senat sieht auch im hier zu beurteilenden Fall keinen Anlaß, abweichend von diesen Grundsätzen zu entscheiden. Zwar ist, worauf die Klägerin hinweist, das BFH-Urteil BFHE 159, 82, BStBl. II 1990, 993 zum Hamburger KiStG ergangen, das entgegen dem NW. KiStG. für die Pauschalierung der Kirchensteuer einen gesonderten, von der *kirchlichen* Behörde festgestellten Steuersatz vorsieht, und zu § 40 EStG, der im Gegensatz zu § 40 a EStG die Vorlage der Lohnsteuerkarte voraussetzt. Das BFH-Urteil enthält jedoch Grundsätze, die über § 40 EStG hinausgehen und die hier zur Anwendung kommen, soweit

---

[2] KirchE 27, 326.

dem nicht § 40 a EStG, insbesondere wegen der dort nicht erforderlichen Vorlage der Lohnsteuerkarte, entgegensteht.

Zunächst ist davon auszugehen, daß hinsichtlich der Kirchensteuer nur Regelungen der betroffenen Religionsgemeinschaften und der Bundesländer maßgebend sind, in deren Bereich die betroffenen Arbeitnehmer und Angehörigen dieser Kirchen wohnen oder ihren Arbeitsplatz haben. Die zwar bundesweit tätige Klägerin hat ihren Geschäftssitz in Nordrhein-Westfalen. Durch Einbeziehung der Art. 137 ff. WRV in Art. 140 GG ist die Kirchensteuererhebung auf Grund der bürgerlichen Steuerlisten nach Maßgabe der landesrechtlichen Bestimmungen vorzunehmen. Die Festsetzung des Kirchensteuersatzes erfolgt in Nordrhein-Westfalen auf der Grundlage des NW. KiStG und des Kirchensteuerhebesatzes, der entsprechend den §§ 16 und 17 NW. KiStG im Einvernehmen der Kirchen und des Landes-Kultus- und Finanzministeriums festgelegt wird. Wer dabei federführend tätig wird, ist nicht entscheidend; es kommt auf die einvernehmliche Bekanntgabe des Steuersatzes an, die hinsichtlich des Normalkirchensteuersatzes von 9 v. H. durch FinMinErlaß NW vom 27. 11. 1985 S 2442-1-VC 1 (BStBl. I 1985, 692) erfolgt ist und hinsichtlich des auf 7 v. H. geminderten Pauschalkirchensteuersatzes durch FinMinErlaß NW vom 7. 2. 1975 S 2447-11-VB 4 (DB 1975, 330). Zweifel an der Rechtsstaatlichkeit und wirksamen Bekanntmachung der Kirchensteuerhebesätze hat der Senat nicht.

Der Umstand, daß das BFH-Urteil BFHE 159, 82, BStBl. II 1990, 993 zu einem Fall des § 40 EStG ergangen ist, während hier ein Fall des § 40 a EStG streitig ist, führt allerdings zu einer abweichenden Beurteilung. Der Gesetzgeber hat die Pauschalierung der Lohnsteuer zugelassen in besonderen Fällen und gem. § 40 EStG sowie gem. § 40 a EStG bei Teilzeitbeschäftigten und gem. § 40 b EStG bei bestimmten Zukunftsleistungen. All diesen Fällen ist gemeinsam, daß es sich jeweils um eine größere Anzahl von Arbeitnehmern handelt, deren Individualbesteuerung viel Arbeitsaufwand erfordert. Daher ist aus Praktikabilitätsgründen durch Pauschalierung eine Erleichterung vorgesehen und die Übernahme der Lohnsteuer und Kirchensteuer durch den Arbeitgeber als eigene Steuerschuld, letzteres jedoch nur in verfahrensrechtlich-technischer Hinsicht.

Die Absenkung des für die individuelle Kirchensteuer auf 9 v. H. festgesetzten Hebesatzes auf 7 v. H. für die Pauschalkirchenlohnsteuererhebung trägt, wie das BVerfG in seinem Beschluß HFR 1977, 295[3] feststellt, dem „Umstand Rechnung, daß nicht alle Arbeitnehmer einer (kirchensteuererhebungsberechtigten) Kirche angehören". Dies versteht der Senat dahin, daß damit nicht die subjektive Kirchensteuerpflicht, die ja vom Glaubensbekenntnis abhängt, für alle pauschalierten Lohnsteuerpflichten fingiert werden soll, sondern daß, um die in der Pauschalierung liegende Verwaltungsvereinfachung zu gewährleisten,

---

[3] KirchE 16, 73.

der auf 7 v. H. abgesenkte Steuersatz eine Schätzung der Besteuerungsgrundlagen darstellt. Geschätzt wird auf diese Art und Weise nicht, *wer* kirchensteuerpflichtig ist, sondern der Anteil der Lohnkirchensteuer, der bei Anwendung des Satzes von 9 v. H. auf die kirchensteuerpflichtigen Lohneinkünfte entfiele. Mit dieser Schätzung von 7 v. H. der Lohnsteuersumme wird generalisierend ermittelt, welche Kirchensteuer in Höhe von 9 v. H. sich als Zuschlagsteuer aus der Lohnsteuersumme der kirchensteuerpflichtigen Arbeitnehmer ergäbe.

Die Klägerin kann somit mit ihrem Hauptantrag keinen Erfolg haben.

Der BFH stellt in seinem Urteil BFHE 159, 82, BStBl. II 1990, 993 grundsätzlich darauf ab, daß die Mitgliedschaft des Arbeitnehmers in einer kirchensteuererhebungsberechtigten Körperschaft unabdingbare Tatbestandsvoraussetzung für die pauschale Erhebung der Kirchensteuer sei. Insoweit folgt er wohl den BVerfG-Urteilen vom 14. 12. 1965 – 1 BvR 413 und 416/60[4] – (BStBl. I 1966, 187); – 1 BvR 31 und 32/62[5] – (BStBl. I 1966, 192); – 1 BvR 606/60[6] – (BStBl. I 1966, 196); – 1 BvR 586/58[7] – (BStBl. I 1966, 200), die allerdings nicht das hier anstehende Problem der Kirchensteuer-Pauschalierung betrafen. In Fällen der §§ 40, 40 b EStG liegt dem Arbeitgeber eine Lohnsteuerkarte vor, deren auch die Konfessionszugehörigkeit betreffende Eintragungen er in die Lohnkonten zu übernehmen hat, in Fällen des § 40 a EStG dagegen nicht. Wenn der BFH dem Arbeitgeber den Nachweis gestattet, daß einige seiner Arbeitnehmer keiner kirchensteuererhebungsberechtigten Körperschaft angehören, mit der Folge, daß bei den nachgewiesenermaßen nichtkirchensteuerpflichtigen Arbeitnehmern die Erhebung von Kirchensteuer nicht gestattet ist, so ist die Nachweisführung in Fällen der §§ 40, 40 b EStG relativ leicht anhand vorliegender Lohnsteuerkarten bzw. Lohnkonten, aber auch schon mit einer dem Wesen der Pauschalierung widersprechenden Arbeitserschwernis verbunden.

Bei den hier zu beurteilenden Fällen nach § 40 a EStG ist dies aber nur unter Aufgabe der durch das Pauschalierungsverfahren ermöglichten Vereinfachung durchführbar. Hier müßte die Lohnsteuerkarte oder eine, die Religionszugehörigkeit ausweisende Lohnbescheinigung oder andere der Urkunden i. S. der 1. Alternative des im FinMinErlaß NW vom 21. 12. 1990 S 2447 - 11 - VB 6 angefordert werden, womit die Voraussetzungen der individuellen Kirchensteuererhebung zum Steuersatz von 9 v. H. vorlägen. Ließe man die vom FinMinErlaß NW vom 21. 12. 1990 als 2. Alternative zugelassene Möglichkeit einer vom Arbeitnehmer unterschriebenen Wissenserklärung genügen, wären andere Unterlagen erforderlich, womit die durch das Pauschalierungsverfahren

---

[4] KirchE 7, 338.
[5] KirchE 7, 310.
[6] KirchE 7, 352.
[7] KirchE 7, 323.

gewährleistete Arbeitserleichterung weitgehend oder ganz entfallen und Möglichkeiten zu Manipulation und Mißbrauch eröffnet würden.

Der vom BFH zugelassene Einzelnachweis der Nichtangehörigkeit von Arbeitnehmern bei steuererhebungsberechtigten Religionsgemeinschaften durch den Arbeitnehmer steht mit dem System der Steuerpauschalierung nicht in Einklang. Bei Aussonderung der nachgewiesenermaßen nicht kirchenlohnsteuerpflichtigen Arbeitnehmer, von denen nach Auffassung des BFH die Kirchensteuererhebung nicht gestattet ist, aus der Zahl aller lohnsteuerpflichtigen Arbeitnehmer des Betriebes verringert sich das Aufkommen der mit 7 v. H. pauschal erhobenen Kirchensteuer je nach Betrieb in unterschiedlichem Umfang; das durch Art. 140 GG, Art. 137 Abs. 6 WRV gewährleistete Recht auf Kirchensteuererhebung würde ausgehöhlt oder zumindest eingeschränkt, wenn im Pauschalierungsverfahren der Einzelnachweis zugelassen und gleichwohl die Kirchensteuer mit pauschal 7 v. H. bemessen würde. Denn dann würde weniger Kirchensteuer erhoben, als den kirchensteuerberechtigten Körperschaften eigentlich zustehen würde. Ein Ausgleich der Differenz von 9 v. H. und 7 v. H. im Rahmen einer überbetrieblichen Betrachtung wäre nicht mehr möglich.

Dabei hat der Senat auch bedacht, daß das Kirchensteueraufkommen, das bei individueller Erhebung mit 9 v. H. (abzüglich Kinderfreibeträge) außer den beiden großen Kirchen, denen bundesweit im Jahre 1988 rund 86 v. H. und landesweit im Jahre 1991 rund 85 v. H. der Kirchensteuerpflichtigen insgesamt angehört haben, auch den kleineren Kirchen (den altkatholischen, ev.-lutherischen, ev.-reformierten, ev.-französischen, unitarischen und freireligiösen Religionsgemeinschaften sowie den jüdischen [israelitischen] Kultusgemeinden) mit zusammen 16 bzw. 15 v. H. zusteht. Dagegen ist das mit 7 v. H. auf die mit 10 v. H. abgeführte Lohnsteuer erhobene Kirchensteueraufkommen im Pauschalierungsverfahren allein auf die ev. Kirche und die röm.-kath. Kirche zu ⅓ bzw. ⅔ Anteil aufzuteilen. Bei hohem Ausländereinsatz und möglichem Nachweis der Nichtzugehörigkeit eines Teils dieser Arbeitnehmer in einer kirchensteuererhebungsberechtigten Religionsgemeinschaft unterschreitet bei Anwendung des BFH-Urteils BFHE 159, 82, BStBl. II 1990, 993 das Kirchensteueraufkommen je nach Betrieb den Mindestkirchensteuerhebesatz von 7 v. H.

Nach der Überzeugung des Senats, daß der Einzelnachweis im Rahmen des Lohnsteuer und Kirchensteuerpauschalierungsverfahrens nicht zulässig ist, kann somit auch der Hilfsantrag der Klägerin, die Kirchensteuerfestsetzung im Hinblick auf die „nachgewiesenermaßen keiner kirchensteuererhebungsberechtigten Religionsgemeinschaft angehörigen" Arbeitnehmer aufzuheben, keinen Erfolg haben.

62

Soweit nach § 4 a Abs. 2 Nr. 2 TierSchG die Ausnahmegenehmigung für das betäubungslose Schlachten warmblütiger Tiere nur erteilt werden darf, wenn zwingende Vorschriften einer Religionsgemeinschaft den Genuß nicht geschächteter Tiere untersagen, wird weder das Grundrecht der Freiheit der Berufsausübung (Art. 12 Abs. 1 GG) noch das Grundrecht auf ungestörte Religionsausübung (Art. 4 Abs. 2 GG) verletzt.

Für die in Deutschland lebenden Moslems läßt sich eine Beeinträchtigung ihrer Religionsausübung durch § 4 a TierSchG bereits deshalb nicht feststellen, weil durch religiöse Vorschriften des Koran der Genuß von Fleisch, das durch Schlachten nach vorheriger Betäubung des Tieres gewonnen wird, nicht untersagt ist.

Zur Frage, ob weitergehende religiöse Vorschriften (Verbot des Verzehrs von Fleisch nicht geschächteter Tiere) von hier lebenden Moslems als verbindlich angesehen werden.

OVG Hamburg, Urteil vom 14. September 1992 – OVG Bf III 42/90[1] –

Die Klägerin begehrt eine Ausnahmegenehmigung nach dem Tierschutzgesetz für Tierschlachtungen ohne vorherige Betäubung des Tieres. Sie betreibt die Kantine in der Moschee der Gesellschaft der türkischen Arbeitnehmer in Hamburg und Umgebung zur Gründung und Erhaltung einer Moschee e. V. und beliefert auch Moslems außerhalb der Katine und außerhalb Hamburgs mit Fleisch- und Wurstwaren. Im Mai 1988 beantragte sie die Genehmigung, Schlachtungen nach islamischem Ritus durchführen zu dürfen, und trug vor, sie sei im Rahmen ihres Geschäftsbetriebs streng an die Beachtung der Regeln des Islam gebunden.

Mit dem angefochtenen Bescheid lehnte die Beklagte die Erteilung einer Ausnahmegenehmigung nach § 4 a Abs. 2 Nr. 2 TierSchG mit der Begründung ab, die Klägerin habe nicht dargetan, daß das Schächten von Tieren erforderlich sei, um den Bedürfnissen der islamischen Religionsgemeinschaft zu entsprechen. Nach den Aussagen maßgebender islamischer Rechtsgelehrter (welche die Beklagte in einem vorangegangenen Schreiben bezeichnet hatte) sei eine Elektrobetäubung der Tiere vor dem Schlachten durchaus mit den religiösen Vorschriften des Islam vereinbar.

Hiergegen erhob die Klägerin Widerspruch und machte geltend, es könne nicht auf die Auffassung islamischer Rechtsgelehrter ankommen, sondern allein darauf, daß diejenigen Moslems, die von ihr mit Fleisch- und Wurstwaren

---

[1] NVwZ 1994, 592; GewArch 1993, 464. Die Revision der Klägerin wurde zurückgewiesen; BVerwG, Urteil vom 15. 6. 1995 – 3 C 31.93 – BVerwGE 99, 1.

beliefert würden, eine Betäubung der Tiere vor dem Schlachten nach dem Koran für verboten hielten.

Der Widerspruch wurde von der Beklagten zurückgewiesen. Zur Begründung berief sich die Beklagte erneut auf die Aussagen islamischer Rechtskundiger sowie des Botschaftsrats der türkischen Botschaft in Bonn, wonach sich dem Koran kein Verbot entnehmen lasse, die zu schlachtenden Tiere vorher, z. B. durch Elektroschock, zu betäuben. Die Klägerin habe nicht nachgewiesen, daß gerade diejenigen Personen, welche von ihr mit Fleisch beliefert würden, einer Glaubensrichtung des Islam angehörten, deren religiöse Vorschriften den Verzehr von Fleisch auch solcher Tiere untersagten, bei denen vor dem Schlachten eine nicht zum Tode führende Elektrobetäubung durchgeführt worden sei.

Die hierauf von der Klägerin erhobene Verpflichtungsklage wurde vom Verwaltungsgericht[2] abgewiesen.

Auch die Berufung der Klägerin hatte keinen Erfolg.

Aus den Gründen:

Die zulässige Berufung ist nicht begründet.
...
II. Die Berufung bleibt in der Sache ohne Erfolg. Die angefochtenen Bescheide der Beklagten sind rechtmäßig (§ 113 Abs. 5 Satz 1 VwGO).

Gemäß § 4 a Abs. 1 TierSchG (– in der Fassung der Bekanntmachung vom 18. 8. 1986 – BGBl. I S. 1319, m. Änd.) darf ein warmblütiges Tier nur geschlachtet werden, wenn es vor Beginn des Blutentzugs betäubt worden ist. Ein Schlachten ohne Betäubung (Schächten) ist nur nach einer von der zuständigen Behörde erteilten Ausnahmegenehmigung gemäß § 4 a Abs. 2 Nr. 2 TierSchG zulässig.

§ 4 a Abs. 2 Nr. 2 TierSchG ist in der hier allein in Betracht kommenden zweiten Alternative anwendbar, derzufolge die Ausnahmegenehmigung erteilt werden darf, soweit es erforderlich ist, den Bedürfnissen von Angehörigen bestimmter Religionsgemeinschaften zu entsprechen, denen zwingende Vorschriften dieser Gemeinschaft den Genuß von Fleisch nicht geschächteter Tiere untersagen. Die Regelung in § 4 a Abs. 1 und Abs. 2 TierSchG begegnet keinen verfassungsrechtlichen Bedenken; es besteht somit entgegen der Auffassung des Verwaltungsgerichts kein Grund für ihre verfassungskonforme Auslegung (1.). Die Klägerin hat auch keinen Anspruch auf Erteilung der Ausnahmegenehmigung (2.).

1. Soweit nach § 4 a Abs. 2 Nr. 2 TierSchG die Ausnahmegenehmigung für das betäubungslose Schlachten warmblütiger Tiere nur erteilt werden darf,

---

[2] VG Hamburg KirchE 27, 246.

wenn zwingende Vorschriften einer Religionsgemeinschaft den Genuß von Fleisch nicht geschächteter Tiere untersagen, wird weder das Grundrecht der Freiheit der Berufsausübung nach Art. 12 Abs. 1 GG (a) noch das Grundrecht auf ungestörte Religionsausübung nach Art. 4 Abs. 2 GG verletzt (b).

a) Hinsichtlich solcher Personen, die den Beruf des Schlachters ausüben oder den Handel mit Fleisch und Fleischerzeugnissen betreiben, ist § 4 a TierSchG, der das betäubungslose Schlachten warmblütiger Tiere von einer behördlichen Ausnahmegenehmigung abhängig macht, eine die Berufsausübung beschränkende Vorschrift und tangiert somit den Schutzbereich des Art. 12 Abs. 1 GG. Dieses Grundrecht ist gemäß Art. 19 Abs. 3 GG seinem Wesen nach auch auf juristische Personen anwendbar, die – wie die Klägerin – ein Gewerbe betreiben und ihren Sitz in der Bundesrepublik haben (von Münch, Kommentar zum Grundgesetz, 3. Aufl., Art. 12 Rdnr. 6 m.w.N., Art. 19 Rdnr. 32). Es handelt sich insoweit jedoch um eine verfassungsrechtlich zulässige Einschränkung der Freiheit der Berufsausübung.

Nach Art. 12 Abs. 1 Satz 2 GG kann die Berufsausübung durch Gesetz oder aufgrund eines Gesetzes geregelt werden. Eine solche Beschränkung der Freiheit der Berufsausübung, wie sie § 4 a TierSchG für den Beruf des Schlachters darstellt, ist verfassungsrechtlich bereits zulässig, soweit vernünftige Erwägungen des Gemeinwohls sie zweckmäßig erscheinen lassen (BVerfG, Urt. v. 11. 6. 1958, BVerfGE 7, S. 377 [405]). Den hier zu berücksichtigenden Gelangen eines effektiven Tierschutzes mit einer dem Verhältnismäßigkeitsprinzip entsprechenden Forderung, Tieren nicht ohne vernünftigen Grund Schmerzen, Leiden oder Schäden zuzufügen, wird in § 4 a TierSchG Rechnung getragen. Bei der Bewertung dieser Belange des Tierschutzes, die auf der Grundkonzeption eines ethisch ausgerichteten Tierschutzes im Sinne einer Mitverantwortung des Menschen für das seiner Obhut anheimgegebene Lebewesen beruht, handelt es sich um eine vernünftige Erwägung des Gemeinwohls, die geeignet ist, die Freiheit der Berufsausübung einzuschränken (Lorz, TierSchG, 4. Aufl., Einf. Rdnr. 37; BVerfG, Beschluß v. 2. 10. 1973, BVerfGE 36, 47 [57 ff.]; Beschluß v. 20. 6. 1978, BVerfGE 48, 376 [389]). Es ist auch nicht ersichtlich, daß Schlachter oder Fleischhändler durch die Regelung in § 4 a Abs. 2 Nr. 2 TierSchG in ihrer Berufsausübung unverhältnismäßig eingeschränkt werden oder gar in die Gefahr existentieller Not geraten.

b) Für Anhänger von Religionsgemeinschaften, die es aus religiösen Gründen für verboten halten, Fleisch von Tieren zu essen, die nach vorheriger Betäubung geschlachtet wurden, stellt das mit einem Genehmigungsvorbehalt versehene Verbot des betäubungslosen Schlachtens nach § 4 a TierSchG keine Verletzung des Grundrechts auf ungestörte Religionsausübung dar.

Das Recht auf ungestörte Religionsausübung gemäß Art. 4 Abs. 2 GG ist Bestandteil der dem einzelnen oder der religiösen oder weltanschaulichen Vereinigung zustehenden Glaubens- und Bekenntnisfreiheit. Zum Begriff der Religionsausübung, der extensiv auszulegen ist, gehören neben kultischen Handlungen und der Ausübung sowie Beachtung der religiösen Gebräuche – wie Gottesdienst, Gebete, Empfang der Sakramente, Prozession – auch alle anderen Äußerungen des religiösen oder weltanschaulichen Lebens. Dieses Grundrecht steht nicht nur Kirchen und Religions- oder Weltanschauungsgemeinschaften zu, sondern auch Personenvereinigungen, die sich nicht die allseitige, sondern nur die partielle Pflege des religiösen oder weltanschaulichen Lebens zum Ziel gesetzt haben. Dabei ist für die Frage, was im Einzelfall als Ausübung von Religion oder Weltanschauung zu betrachten ist, das Selbstverständnis der jeweiligen Vereinigung zu beachten (Herzog, in Maunz-Dürig, Kommentar zum GG, Art. 4 Rdnr. 102 f.; von Münch, aaO, Art. 4 Rdnr. 41–43; BVerfG, Beschluß v. 16. 10. 1968[3], BVerfGE 24, 236 [246 ff.]). Die so verstandene Religionsausübung wird nach Art. 4 Abs. 2 GG als „ungestörte" gewährleistet; dies bedeutet, daß die Religionsausübung nicht behindert und natürlich erst recht nicht verhindert oder unmöglich gemacht werden darf (von Münch, aaO, Rdnr. 46). Das Grundrecht nach Art. 4 Abs. 2 GG ist außerdem seinem Wesen nach (Art. 19 Abs. 3 GG) nur auf natürliche Personen und auf solche inländischen juristischen Personen anwendbar, die religiöse Vereinigungen sind und deren Zweck die Pflege und Förderung eines religiösen Bekenntnisses ist (Herzog, aaO, Rdnr. 36; BVerfG, Beschluß v. 4. 10. 1965[4], BVerfGE 19, 129 [132]; Beschluß v. 13. 1. 1971[5], BVerfGE 30, 112 [120]). Die – wie im Fall der Klägerin – rein gewerbliche Betätigung ist dagegen vom Schutzbereich des Art. 4 Abs. 2 GG nicht umfaßt (vgl. Herzog, aaO, Rdnr. 104 Fußn. 77; BVerwG, Urteil v. 14. 11. 1980[6], BVerwGE 61, 152 [160 f.]).

aa) § 4 a Abs. 1 i.V.m. Abs. 2 Nr. 2 TierSchG beeinträchtigt das Recht auf ungestörte Religionsausübung nicht. Die Ausnahmeregelung des § 4 a Abs. 2 Nr. 2 TierSchG erfaßt in der ersten Alternative sogar den Fall, daß der Glaube Anhängern einer Religionsgemeinschaft gebietet, im Rahmen eines vorgeschriebenen religiösen Rituals Tiere zu schächten oder schächten zu lassen oder Fleisch (in bestimmter Menge oder etwa an bestimmten Tagen) zu essen, welches von geschächteten Tieren stammt. Die im vorliegenden Fall allein in Betracht kommende zweite Alternative der Vorschrift, wonach auch schon ein auf zwingenden religiösen Vorschriften beruhendes *Verbot*, das Fleisch nicht geschächteter Tiere zu verzehren, die Erteilung einer Ausnahmegenehmigung rechtfertigt, entspricht keinem aus Art. 4 Abs. 2 GG fließenden Erfordernis.

---

[3] KirchE 10, 181.
[4] KirchE 7, 242.
[5] KirchE 12, 2.
[6] KirchE 18, 311.

Durch das Gesetz werden diejenigen Gläubigen, die ein derartiges religiöses Verbot als für sich verbindlich ansehen, nicht unmittelbar gehindert, dieses Verbot zu achten. Geht man davon aus, daß das tierschutzrechtliche Verbot des betäubungslosen Schlachtens bundeseinheitlich beachtet wird und Tiere nur in Ausnahmefällen geschächtet werden, so führt diese gesetzliche Regelung lediglich dazu, daß Fleisch oder Fleischerzeugnisse von geschächteten Tieren in der Bundesrepublik nur unter erschwerten Bedingungen erworben werden können. Derjenige Gläubige, der aus religiösen Gründen den Verzehr von Fleisch nicht geschächteter Tiere für verboten hält, muß also im Regelfall in der Bundesrepublik auf den Genuß von Fleisch und Fleischerzeugnissen verzichten oder die Fleischhändler, die ihn beliefern, veranlassen, Fleisch aus – in der Regel islamischen – Ländern zu importieren, in denen Tiere betäubungslos geschlachtet werden. Der Umstand, daß in der Bundesrepublik Tiere gemäß § 4 a Abs. 1 TierSchG nur nach vorheriger Betäubung geschlachtet werden, führt im Hinblick auf Personen, die den Verzehr des Fleisches solcher Tiere aus religiösen Gründen für verboten halten, also nicht zu unmittelbaren Eingriffen in die Religionsausübung dieser Personen, sondern zu Erschwernissen in ihrer allgemeinen Lebensführung, wenn diese streng nach religiösen Vorschriften ausgerichtet sein soll.

Art. 4 Abs. 2 GG schützt jedoch nicht vor derartigen religiös bedingten Erschwernissen der Lebensführung. Das Recht auf ungestörte Religionsausübung ist lediglich ein Abwehrrecht gegen staatliche Eingriffe in den Schutzbereich dieses Freiheitsrechts (Herzog, aaO, Rdnr. 108; Zippelius, BK-GG, Drittbearbeitung, Art. 4 Rdnr. 63) und sichert darüber hinaus auch einen Raum für die aktive Betätigung der Glaubensüberzeugung (BVerfG, Beschluß v. 16. 10. 1979[7], BVerfGE 52, 223 [241]). Dieses Grundrecht begründet jedoch keinen Rechtsanspruch gegenüber dem Staat, die allgemeinen Gesetze in einer Weise zu gestalten, daß durch religiöse Vorschriften oder einen bestimmten Glauben oder eine Weltanschauung bestehende Beschränkungen in der Lebensführung des Gläubigen sich im täglichen Leben möglichst gering belastend auswirken.

Einen solchen Rechtsanspruch könnte der Gesetzgeber auch gar nicht gerecht werden. Religiöse und nicht religiöse weltanschauliche Bekenntnisse, die durch Art. 4 Abs. 1 GG gegenüber staatlichen Eingriffen geschützt sind, sind vielfältig und führen fast alle zu den unterschiedlichsten Beschränkungen in der Lebensführung, welche die jeweilige Religion oder Weltanschauung ihren Gläubigen bzw. Anhängern auferlegt. Es erscheint nicht möglich, daß der Staat das gesellschaftliche Leben durch die allgemeinen Gesetze in einer Weise gestaltet, daß alle Anhänger jeglicher Religion oder Weltanschauung die nach ihrer jeweiligen Überzeugung allein richtige Lebensführung in das gesellschaftliche

---

[7] KirchE 17, 325.

Leben ihres Umfeldes problemlos einordnen können. In einem demokratischen Rechtsstaat, in dem die gesetzlichen Vorschriften auf Mehrheitsentscheidungen beruhen, werden die allgemeinen Gesetze zumeist auf die Lebensbedürfnisse und -gewohnheiten der Mehrheit der Bevölkerung Rücksicht nehmen (vgl. zur Regelung über die Sonn- und staatlichen Feiertage: Hamel, in Bettermann/Nipperdey/Scheuner, Die Grundrechte, IV/1, S. 90). Anhänger anderer Religionen und Weltanschauungen haben zwar nach Art. 4 Abs. 1 und 2 GG das Recht, sich frei zu ihrer Überzeugung zu bekennen und ihre Religion frei von staatlichen Eingriffen oder Störungen auszuüben. Die Verfassung gibt ihnen jedoch keinen Anspruch auf eine besondere Art der Gestaltung der allgemeinen Lebensverhältnisse durch den Staat, die der durch ihren Glauben oder ihre Weltanschauung vorgeschriebenen Lebensführung optimal entgegenkommt (vgl. dazu: BVerwG, Urteil v. 10. 1. 1979[8], BVerwGE 57, 215 [219]; Beschluß v. 28. 3. 1979[9], BVerwGE 63, 215 [218]; vgl. zum nichtsakralen Glockenschlagen: BVerwG, Urteil v. 30. 4. 1992[10] - 7 C 25.91 -). Der Einzelne kann nicht verlangen, daß *seine* Überzeugung zum Maßstab der Gültigkeit allgemeiner Gesetze oder ihrer Anwendung gemacht wird (BVerfG, Beschluß v. 18. 4. 1984, BVerfGE 67, 26 [37]; im Ergebnis auch: BVerwG, Beschluß v. 6. 5. 1983[11], DÖV 1983, 773 f.; BayVfGH, Entscheidung v. 8. 11. 1985, BayVGHE 18, 124 f.).

Auch ohne den vom Bundesverfassungsgericht vertretenen weiten Begriff der Religionsausübung einzuengen und nur die häusliche oder öffentliche Kommunikation der Glaubensinhalte hierunter zu verstehen – wozu das Schächten nicht gehören würde – (vgl. Preuß, AK-GG, Art. 4 Rdnr. 24), stellt somit § 4 a Abs. 1 i.V.m. Abs. 2 Nr. 2 TierSchG im Hinblick auf Gläubige, die den Verzehr von Fleisch nicht geschächteter Tiere aus religiösen Gründen für verboten halten, keinen Eingriff in deren Grundrecht auf ungestörte Religionsausübung dar. Für diesen Personenkreis ist das Schächten von Tieren nicht Teil der Religionsausübung, sondern lediglich Bedingung für die Gewinnung eines nach ihren religiösen Begriffen einwandfreien – aber verzichtbaren – Nahrungsmittels (Zippelius, aaO, Rdnr. 105; im Ergebnis auch: Gucht, JR 1974, 15 [16]; BVerwG, Urteil v. 10. 1. 1979, BVerwGE 57, 215 [219]). § 4 a Abs. 2 Nr. 2 TierSchG betrifft in der hier einschlägigen zweiten Alternative daher nicht den Bereich der Religionsausübung, sondern lediglich den der Nahrungsaufnahme, und führt auch insoweit nicht mittelbar zu einem Zwang für den einzelnen Gläubigen, die religiösen Vorschriften zu mißachten, da zum einen der Import von Fleisch geschächteter Tiere möglich ist und zum anderen Fleisch kein

---

[8] KirchE 17, 149.
[9] KirchE 17, 208.
[10] KirchE 30, 211.
[11] KirchE 21, 115.

notwendiger Bestandteil der menschlichen Ernährung ist. Vielmehr kann der Bedarf an Eiweiß auch durch pflanzliche Nahrung oder den Verzehr von Fisch gedeckt werden.

Der zum Teil in Rechtsprechung und Literatur vertretenen Auffassung, das grundsätzliche Verbot des Schächtens von Tieren sei, auch wenn es lediglich um die Gewinnung von Fleisch gehe, das nach religiösen Vorstellungen zum Verzehr geeignet sei, als Eingriff in das Grundrecht auf ungestörte Religionsausübung anzusehen (vgl. das von der Klägerin eingereichte Urteil des Verwaltungsgerichts Berlin vom 19. 3. 1979 – VG 14 A 224.77 –, Amtsgericht Balingen, Urteil v. 14. 1. 1981[12], NJW 1982, 1006 f.; Kuhl/Unruh, DÖV 1991, 94 [98, 101]), folgt der Senat aus den genannten Gründen nicht. Mit einer derart weiten Auslegung des Begriffs der Religionsausübung, über die ohnehin extensive Auslegung durch das Bundesverfassungsgericht hinaus, verlöre dieser Begriff seine normative Kontur.

Der Unterschied zwischen dem Schächten von Tieren als religiöse Handlung, die durch das Grundrecht des Art. 4 Abs. 2 GG geschützt ist, und dem Schächten als Bedingung für die Gewinnung eines nach religiösen Vorschriften einwandfreien Lebensmittels hat auch bei der Einfügung des § 4 a in das Tierschutzgesetz Berücksichtigung gefunden. In dem Entwurf eines Ersten Gesetzes zur Änderung des Tierschutzgesetzes vom 10. 4. 1985 (BT-Drucks. 10/3158) hatte es in § 4 a Abs. 2 zunächst geheißen, die Ausnahmegenehmigung für das Schächten dürfe nur insoweit erteilt werden, „als es erforderlich ist, den Bedürfnissen von Angehörigen bestimmter Religionsgemeinschaften zu entsprechen, denen Vorschriften ihrer Religionsgemeinschaft das Schächten vorschreiben oder den Genuß von Fleisch nicht geschächteter Tiere untersagen". In der Begründung war insoweit ohne weitere Differenzierung auf die in Art. 4 Abs. 2 GG gewährleistete ungestörte Religionsausübung sowie auf das Gesetz zu dem Europäischen Übereinkommen vom 10. 5. 1979 über den Schutz von Schlachttieren vom 9. 12. 1983 (BGBl. II S. 770) verwiesen worden. Auch der federführende Ausschuß für Ernährung, Landwirtschaft und Forsten nahm zur Begründung des einzufügenden § 4 a TierSchG auf Art. 4 Abs. 2 GG sowie auf Art. 17 Abs. 1 des Gesetzes zu dem Europäischen Übereinkommen vom 10. 5. 1979 (aaO) Bezug und wies des weiteren darauf hin, daß das vom Rechtsausschuß vorgeschlagene Erfordernis von religiösen Vorschriften, die das Schächten „zwingend" vorschrieben, nicht in den Entwurf aufgenommen worden sei, weil sonst Andersgläubige die religiösen Vorschriften der islamischen oder jüdischen Religionsgemeinschaften interpretieren müßten (Bericht des Ausschusses vom 25. 3. 1986, BT-Drucks. 10/5259, S. 33–35, 38). Nachdem der Bundestag diese Beschlußempfehlung angenommen hatte, rief der Bundesrat

---

[12] KirchE 18, 381.

den Vermittlungsausschuß an und wies dabei u. a. in Übereinstimmung mit der hier vertretenen Rechtsauffassung darauf hin, daß das Schächten nur in einigen Fällen zum echten Bestandteil des religiösen Bekenntnisses und damit zu einer Handlung geworden sei, die als solche weltanschaulichen Charakter besitze. Im Gegensatz dazu würden Handlungen, die nur Ausdruck einer religiösen Grundhaltung seien, selbst aber keine religiöse Betätigung beinhalteten, nicht vom Grundrechtsschutz des Art. 4 Abs. 2 GG umfaßt (Unterrichtung durch den Bundesrat v. 20. 5. 1986, BT-Drucks. 10/5523, S. 1). Daraufhin kam es zu einer Beschlußempfehlung des Vermittlungsausschusses vom 5. 6. 1986 (BT-Drucks. 10/5617), in der § 4 a Abs. 2 Nr. 2 TierSchG die schließlich als Gesetz verabschiedete Fassung erhielt (Erstes Gesetz zur Änderung des Tierschutzgesetzes vom 12. 8. 1986 – BGBl. I S. 1309 –), also die insofern engere Voraussetzung für die Erteilung der Ausnahmegenehmigung festlegt, als nunmehr auf „zwingende" Vorschriften der jeweiligen Religionsgemeinschaft abgestellt wurde.

Wenn § 4 a Abs. 2 Nr. 2 TierSchG gleichwohl die Erteilung einer Ausnahmegenehmigung für ein Schlachten ohne Betäubung nicht nur ermöglicht, wenn das Schächten durch die Vorschriften einer Religionsgemeinschaft als religiöse Handlung zwingend vorgeschrieben ist, sondern auch, wenn der Genuß von Fleisch nicht geschächteter Tiere nach zwingenden Vorschriften der Religionsgemeinschaft untersagt ist, so wird hiermit nicht einem aus Art. 4 Abs. 2 GG fließenden Verfassungserfordernis entsprochen, sondern es wird dem Grundsatz der Verhältnismäßigkeit Rechnung getragen. Für die Gläubigen solcher Religionsgemeinschaften, die den Verzehr von Fleisch nicht geschächteter Tiere aus religiösen Gründen untersagen, bedeutet – wie bereits ausgeführt – das Verbot des betäubungslosen Schlachtens nach § 4 a Abs. 1 TierSchG eine Einschränkung ihrer Lebensführung in der Bundesrepublik, da sie nach ihrem Verständnis einwandfreies Fleisch oder Fleischerzeugnisse entweder nur aus dem islamischen Ausland beziehen können, was den Erwerb solcher Nahrungsmittel erschweren und verteuern dürfte, oder auf den Genuß von Fleisch verzichten müssen. Da andererseits in der Bundesrepublik Fleisch und Fleischerzeugnisse ein durchaus übliches Nahrungsmittel in allen Kreisen der Bevölkerung darstellen, kann sich angesichts des wachsenden islamischen und auch jüdischen Bevölkerungsteils durchaus die Frage der Verhältnismäßigkeit der gesetzlichen Vorschrift stellen, durch die einem nicht unerheblichen Teil der Bevölkerung der Verzicht auf ein Nahrungsmittel oder jedenfalls der erschwerte Erwerb dieses Nahrungsmittels zugemutet wird, welches für alle anderen Mitbürger selbstverständlich ist.

Durch § 4 a Abs. 2 Nr. 2 TierSchG hat der Gesetzgeber dem Grundsatz der Verhältnismäßigkeit aber ausreichend Rechnung getragen. Anders als bei der hier nicht gebotenen Beachtung der Grundrechte aus Art. 4 Abs. 1 und 2 GG, bei denen es auf die zahlenmäßige Stärke oder soziale Relevanz einer bestimmten Glaubenshaltung nicht ankommt (BVerfG, Beschluß v. 19. 10. 1971[13], BVerfGE 32, 98 [106]; Beschluß v. 11. 4. 1972[14], BVerfGE 33, 23 [28 f.]), durfte der Gesetzgeber nämlich bei der nach dem Grundsatz der Verhältnismäßigkeit gebotenen Abwägung zwischen den Belangen des Tierschutzes und den Interessen der Anhänger bestimmter Religionsgemeinschaften an der uneingeschränkten Möglichkeit, Fleisch und Fleischerzeugnisse zu erwerben, auf „zwingende Vorschriften" der Religionsgemeinschaft abstellen, womit sichergestellt ist, daß die Belange eines ethisch ausgerichteten Tierschutzes nicht bereits dann zurücktreten müssen, wenn Einzelne aus religiösen Gründen den Verzehr von Fleisch nicht geschächteter Tiere als verboten ansehen, sondern erst dann, wenn dies durch zwingende Vorschriften einer Religionsgemeinschaft – also für einen zahlenmäßig nicht unerheblichen Bevölkerungsanteil – verbindlich vorgeschrieben ist und das Schächten somit auch nicht nur eine traditionelle Schlachtmethode darstellt.

bb) Wollte man entgegen der hier vertretenen Auffassung annehmen, daß § 4 a Abs. 1 i.V.m. Abs. 2 Nr. 2 TierSchG den Schutzbereich des Art. 4 Abs. 2 GG berührt, soweit er für Angehörige von Religionsgemeinschaften, die den Verzehr von Fleisch nicht geschächteter Tiere aus religiösen Gründen für verboten halten, das betäubungslose Schlachten von Tieren von einer behördlichen Ausnahmegenehmigung abhängig macht, so wäre jedenfalls davon auszugehen, daß § 4 a Abs. 2 Nr. 2 TierSchG einer verfassungsmäßigen Einschränkung des Grundrechts auf ungestörte Religionsausübung entspricht.

Das Grundrecht des Art. 4 Abs. 2 GG steht zwar nicht unter einem Gesetzesvorbehalt. Gleichwohl werden nach der Rechtsprechung des Bundesverfassungsgerichts solche vorbehaltlosen Grundrechte nicht schrankenlos gewährleistet. Die vom Grundgesetz anerkannte Gemeinschaftsbindung des Individuums macht auch vorbehaltlose Grundrechte gewissen äußersten Grenzziehungen zugänglich. Diese Grenzen dürfen jedoch nur von der Verfassung selbst bestimmt werden und nicht durch die allgemeine Rechtsordnung oder durch unbestimmte Klauseln ohne verfassungsrechtlichen Ansatzpunkt (BVerfG, Beschluß v. 24. 2. 1971, BVerfGE 30, 173, 193 f.; Beschluß v. 19. 10. 1971, BVerfGE 32, 98 [107 f.]; Beschluß v. 11. 4. 1972, BVerfGE 33, 23 [29]). Deshalb sind nur kollidierende Grundrechte Dritter oder andere mit Verfassungsrang ausgestattete Rechtswerte ausnahmsweise imstande, vorbehaltlose Grundrechte zu begrenzen (BVerfG, Beschluß v. 26. 5. 1970, BVerfGE 28, 243 [260 f.]).

§ 4 a Abs. 2 Nr. 2 TierSchG ist Ausdruck dieser sog. immanenten Grundrechtsschranken, da dem Rechtsgut des Tierschutzes, dem durch das grund-

---

[13] KirchE 12, 294.
[14] KirchE 12, 410.

sätzliche Verbot des Schächtens Rechnung getragen wird, Verfassungsrang zukommt, er also Teil der grundgesetzlichen Werteordnung ist und die in dieser Vorschrift liegende Einschränkung des Grundrechts aus Art. 4 Abs. 2 GG in Anbetracht des kollidierenden Rechtsgutes des Tierschutzes auch verhältnismäßig ist.

(1) Der Tierschutz findet in Art. 74 Nr. 20 GG Erwähnung; er gehört danach zu den Gegenständen der konkurrierenden Gesetzgebung. Bereits hieraus sowie aus der Entstehungsgeschichte dieser Kompetenznorm läßt sich der Verfassungsrang des Rechtsgutes Tierschutz herleiten.

Der insoweit bestehenden Kritik, daß eine Kompetenznorm lediglich regele, ob der Bund oder die Länder für die Gesetzgebung auf einem bestimmten Sachgebiete zuständig seien, jedoch keine materielle Bedeutung habe, und der Verfassungsrang eines Schutzgutes deshalb nicht aus ihr hergeleitet werden könne (vgl. Dreier, DVBl. 1980, 471 [473 f.]; Erbel, DVBl. 1986, 1235 [1249]; Kloepfer, JZ 1986, 205 [206 f.]; Brandhuber, NJW 1991, 725 [728]; Kuhl/ Unruh, DÖV 1991, 94 [100]), ist entgegenzuhalten, daß das Bundesverfassungsgericht wiederholt den Verfassungsrang von Rechtswerten aus Kompetenznormen hergeleitet hat (Beschluß v. 26. 5. 1970, BVerfGE 28, 243 [261]; Urteil v. 13. 4. 1978, BVerfGE 48, 127 [159 f.]; Beschluß v. 20. 12. 1979, BVerfGE 53, 30 [56]; Urteil v. 24. 4. 1985[15], BVerfGE 69, 1 [21 f.]).

Außerdem ist hier zu berücksichtigen, daß die den Tierschutz umfassende Kompetenznorm des Art. 74 Nr. 20 GG erst mit dem 29. Gesetz zur Änderung des Grundgesetzes vom 18. 3. 1971 (BGBl. I S. 207) in das Grundgesetz eingefügt wurde. Bei der damaligen Schaffung einer umfassenden Bundeszuständigkeit für die neue gesetzliche Regelung des Tierschutzes lag das Konzept für ein alsbald nach der Grundgesetzänderung zu erlassendes Tierschutzgesetz bereits vor, das auch die Versuche an lebenden Tieren und das Schlachten umfaßte (vgl. Antrag v. 22. 9. 1966, BT-Drucks. V/934; Begründung zum Entwurf eines Gesetzes zur Änderung des Grundgesetzes v. 4. 7. 1970, BT-Drucks. VI/1010, S. 3). Der Verfassungsgeber ging bei der Einfügung der Kompetenznorm in das Grundgesetz davon aus, daß damit die verfassungsrechtlichen Probleme hinsichtlich des zu erwartenden Tierschutzgesetzes beseitigt seien, obwohl dieses u. a. (hinsichtlich der Einschränkung von Tierversuchen) erkennbar auch zu Beschränkungen des ebenfalls vorbehaltlosen Grundrechts nach Art. 5 Abs. 3 GG führen sollte (vgl. Bericht des Innenausschusses v. 17. 6. 1969, BT-Drucks. V/4422; Begründung zum Gesetzesentwurf v. 4. 7. 1970, aaO; Bericht des Rechtsausschusses v. 11. 12. 1970, BT-Drucks. VI/1584). Die Entstehungsgeschichte des 29. Gesetzes zur Änderung des Grundgesetzes rechtfertigt somit die Annahme, daß der Verfassunggeber hiermit auch eine ver-

---

[15] KirchE 23, 80.

fassungsrechtliche Grundentscheidung für einen ethisch ausgerichteten Tierschutz getroffen hat, der durch die Kompetenznorm des Art. 74 Nr. 20 GG eine grundsätzliche Anerkennung und Billigung erfahren hat (so auch: Gucht, JR 1974, 15 [17]; Stober, NuR 1982, 173 [174]; v. Loeper/Reyer, ZRP 1984, 205 [211]; v. Heydebrand/Gruber, ZRP 1986, 115 [118]; Kluge ZRP 1992, 141 [143 f.]). Der ethisch ausgerichtete Tierschutz kann somit als ein mit Verfassungsrang ausgestattetes Schutzgut angesehen werden.

(2) Jedenfalls in Verbindung mit dem Grundrecht der Menschenwürde nach Art. 1 Abs. 1 GG kommt dem Tierschutz Verfassungsrang zu. Der Mensch besitzt die in Art. 1 Abs. 1 GG zur Grundlage staatlichen Handelns gemachte Menschenwürde, weil er als vernunftbegabtes Wesen die Fähigkeit hat, eigenes Handeln zu reflektieren und sein Handeln nach bestimmten Wertvorstellungen auszurichten und zu steuern. Zeigt sich aber gerade in der Fähigkeit, bewußt verantwortlich und fürsorglich mit anderen Mitgeschöpfen umzugehen, die achtenswerte Würde des Menschen, so ist der Gesetzgeber durch die Verfassung gehalten, den Tierschutz als Ausdruck dieser bewußten Verantwortung und Fürsorge zu fördern (Erbel, aaO, 1251, 1256; v. Heydebrand/ Gruber, aaO; Brandhuber, aaO, 728; a. A. Klopfer, aaO, 208 f.; Kuhl/Unruh, aaO, 100 f.; Kluge, aaO, 144). Das Rechtsgut des Tierschutzes beansprucht somit über das Grundrecht nach Art. 1 Abs. 1 GG auch Geltung gegenüber dem Grundrecht auf ungestörte Religionsausübung nach Art. 4 Abs. 2 GG (in diesem Sinne auch: von Münch, Gewissen und Freiheit, 1983, Nr. 21, S. 23, 32).

(3) Ist somit § 4 a Abs. 2 Nr. 2 TierSchG als Ausdruck der immanenten Schranken des Grundrechts aus Art. 4 Abs. 2 GG anzusehen, mit denen dem aus der Verfassung herzuleitenden Rechtswert des Tierschutzes Rechnung getragen wird, so kann hinsichtlich der Verhältnismäßigkeit des einschränkenden Gesetzes auf die obigen Ausführungen (II 1 b aa der Entscheidungsgründe) verwiesen werden. Mit der in § 4 a Abs. 2 Nr. 2 TierSchG vorgesehenen Ausnahmegenehmigung unter der Voraussetzung, daß zwingende Vorschriften bestimmter Religionsgemeinschaften den Genuß von Fleisch nicht geschächteter Tiere untersagen, wird das Grundrecht aus Art. 4 Abs. 2 GG einerseits ausreichend berücksichtigt. Andererseits ist gewährleistet, daß das Rechtsgut des Tierschutzes nur in Fällen, in denen die Freiheit der Religionsausübung tangiert wäre, zurücktritt und nicht bereits dann, wenn das Schächten in bestimmten religiösen Kreisen lediglich eine traditionelle Schlachtmethode darstellt. Insoweit darf nicht unberücksichtigt bleiben, daß selbst unter der Annahme, daß der Schutzbereich des Art. 4 Abs. 2 GG tangiert ist, nicht die eigentlichen sakralen Handlungen in einer Religionsgemeinschaft durch die Regelung in § 4 a Abs. 1 und Abs. 2 Nr. 2 zweite Alternative TierSchG betroffen sind, sondern allenfalls ein Randbereich der Religionsausübung, in welchem es

um religiöse Speisevorschriften geht, deren Einhaltung durch diese Regelung nicht unmittelbar behindert wird.

cc) Schließlich läßt sich gerade für die in der Bundesrepublik lebenden Moslems eine Beeinträchtigung ihrer Religionsausübung durch § 4 a Abs. 1 i.V.m. Abs. 2 Nr. 2 TierSchG bereits deshalb nicht feststellen, weil durch die religiösen Vorschriften des Koran der Genuß von Fleisch nicht geschächteter Tiere nicht untersagt wird.

Bereits dem Wortlaut der hier einschlägigen Sure 5, Vers 4 des Koran, wonach es – neben dem ohnehin für den Verzehr verbotenen Blut und Schweinefleisch – verboten ist, das Fleisch von Tieren zu verzehren, die erdrosselt, zu Tode geschlagen, gestürzt oder gestoßen oder von reißenden Tieren angefressen wurden, läßt sich allein entnehmen, daß das Fleisch von Tieren, die auf andere Art als durch Schlachtung zu Tode gekommen sind, für den Verzehr verboten ist, nicht aber, daß das Tier betäubungslos zu schlachten ist.

Daß diese religiöse Vorschrift auch in der genannten Weise zu verstehen ist, ist durch die im Verwaltungsverfahren und im Gerichtsverfahren beigebrachten sachverständigen Aussagen islamischer Rechtskundiger bestätigt worden. Den Stellungnahmen des Rektors der Al-Azhar-Universität vom 25. 2. 1982 (abgedruckt in: DudT 1982, S. 85), des Dr. N. vom Fachbereich Theologie der Universität Hatay/Izmir vom 7. 6. 1985 und des Leiters der Islamischen Gemeinschaft in Hamburg Dr. A. vom 14. 10. 1985 kommt angesichts der Sachkunde dieser Person eine besondere Bedeutung zu. In der gutachtlichen Äußerung des Dr. A. vom 14. 10. 1985 sowie in dem von der Klägerin beigebrachten Aufsatz „Die islamische Methode des Schlachtens" (Al-Islam 1990 Nr. 2, S. 10) werden insbesondere die Bedingungen für eine rituelle Schlachtung nach islamischen Vorschriften im einzelnen beschrieben. Das Verbot einer vorherigen Betäubung des Tieres folgt hieraus nicht. Dies erscheint auch nicht angesichts des Umstandes zweifelhaft, daß Dr. A. später das Schreiben des Arbeitskreises islamischer Gemeinden vom 18. 3. 1989 mitunterzeichnet hat. Auch in diesem Schreiben findet sich nur eine Behauptung, aber kein Nachweis dafür, daß der islamische Glaube das Schächten zwingend vorschreibt.

Für die Behauptung der Klägerin, die Stellungnahme des Rektors der Al-Azhar-Universität vom 25. 2. 1982 gelte allein für die besonders schwierigen Lebensbedingungen von Moslems im nichtislamischen Ausland, sind ebensowenig Anhaltspunkte erkennbar wie für die Behauptung, es handele sich offensichtlich um einen aus dem Zusammenhang gerissenen Textauszug. Das Gericht hat von dem gesamten in arabischer Sprache verfaßten Schreiben eine Übersetzung durch einen vereidigten Übersetzer anfertigen lassen.

Auch hinsichtlich des Vorbringens der Klägerin, es gebe beim Gebot des Schächtens Unterschiede zwischen der sunnitischen und der schiitischen Glaubensrichtung, so daß die Stellungnahme (...) eines Vertreters der schiitischen Glaubensrichtung (...) nicht maßgebend sein könne, ist es bei der bloßen Behauptung geblieben. Hiergegen spricht insbesondere, daß von seiten der Klägerin in der mündlichen Verhandlung (...) der Rektor der Al-Azhar-Universität als eine für Sunniten erste Autorität bezeichnet worden ist und daß Dr. N., von dessen Schreiben vom 7. 6. 1985 das Gericht ebenfalls eine Übersetzung durch einen vereidigten Übersetzer hat anfertigen lassen, ein Vertreter der sunnitischen Glaubensrichtung ist.

Gegen diese Behauptung spricht des weiteren, daß sich dem Protokoll über die Konferenz in Jeddah vom 5.–7. 12. 1985 zu Islamischen Anforderungen an Lebensmittel tierischen Ursprungs, an der mehrere islamische Rechtsgelehrte teilnahmen, keinerlei Unterschiede der islamischen Glaubensrichtung zu den Schlachtmethoden entnehmen lassen. Das betäubungslose Schlachten wird in diesem Protokoll zwar als die richtige islamische Schlachtmethode beschrieben; die vorherige Betäubung wird jedoch als mit dem islamischen Glauben vereinbar akzeptiert, wenn sie dem Tier nicht zusätzliche Schmerzen zufügt.

Darüber hinaus läßt sich der in diesem Protokoll enthaltenen Zusammenfassung der islamischen Speisevorschriften (S. 2 ff.) entnehmen, daß sogar das Fleisch der auf natürliche Weise betäubten Tiere, die erwürgt, erschlagen, gestürzt oder von wilden Tieren angefallen worden sind, noch als für den Verzehr geeignet anzusehen ist, wenn das Tier jedenfalls geschlachtet wurde, also bis dahin noch am Leben war (S. 4), und daß – abgesehen von dem von vornherein verbotenen Schweinefleisch – auch das Fleisch der von Juden oder Christen geschlachteten Tiere als nicht verboten anzusehen ist (S. 5), was sich im übrigen auch aus Sure 5, Vers 7 des Koran ergibt (...).

Hinsichtlich des Schreibens der türkischen Botschaft vom 29. 7. 1982, in welchem ebenfalls die Auffassung vertreten wird, das Tier dürfe vor der Schlachtung betäubt werden, wichtig sei nur, daß es nicht schon dabei sterbe, ist zwar einzuräumen, daß die türkische Botschaft nicht von vornherein als eine für religiöse Fragen des Islam kompetente Stelle anzusehen ist, gleichwohl vermag sie eine in Kreisen der türkischen Moslems akzeptierte Auslegung der religiösen Vorschriften wiederzugeben. Zudem ist die in dem genannten Schreiben vertretene Auffassung später durch das an die Botschaft der Republik Türkei gerichtete Schreiben vom 2. 6. 1986 des Höchsten Rates für religiöse Angelegenheiten bestätigt worden.

Schließlich ist auch der von der Beklagten eingereichten Erklärung des Muslimrates Jakarta vom 9. 6. 1978 eindeutig zu entnehmen, daß die Betäubung des Tieres vor der Schlachtung kein Verstoß gegen islamische Vorschriften ist, daß sie vielmehr als „legal und rein" anzusehen ist.

In Anbetracht der genannten dem Gericht vorliegenden Stellungnahmen – auch sunnitisch – islamischer Sachverständiger, welche die Frage eines nach islamischen Vorschriften bestehenden Verbots des Schlachtens von zuvor betäubten Tieren übereinstimmend verneinen, hat das Gericht die von der Klägerin in der mündlichen Verhandlung (...) beantragte Beweiserhebung durch Einholung eines weiteren Sachverständigengutachtens abgelehnt. Die große Anzahl der übereinstimmenden sachverständigen Äußerungen läßt keinen Zweifel zu, daß die von der Klägerin behaupteten islamischen Vorschriften, wonach der Genuß von Fleisch nicht geschächteter Tiere verboten sein soll, nicht bestehen. Die Klägerin hat auch keinen sunnitischen Sachverständigen benannt, der demgegenüber über eine überlegene Sachkunde verfügen könnte.

2. Die Klägerin hat keinen Anspruch auf Erteilung einer Ausnahmegenehmigung für das betäubungslose Schlachten von Tieren gemäß § 4 a Abs. 2 Nr. 2 TierSchG, da die Voraussetzungen dieser Vorschrift nicht vorliegen. Ob der Kundenkreis der Klägerin überhaupt als eine Religionsgemeinschaft i. S. dieser Vorschrift anzusehen ist, kann offenbleiben. Nach dem Vorbringen der Klägerin kann jedenfalls nicht angenommen werden, daß neben den religiösen Vorschriften des Koran, die nach den obigen Ausführungen ein Verbot des Schlachtens nach vorheriger Betäubung des Tieres nicht enthalten, gerade von dem Kreis ihrer Kunden andere religiöse Vorschriften als verbindlich angesehen werden, wonach der Verzehr von Fleisch nicht geschächteter Tiere verboten ist.

Mit dem von der Klägerin eingereichten Rechtsgutachten der Religionsgelehrten der Gesellschaft für türkische Arbeitnehmer in Hamburg und Umgebung zur Gründung und Erhaltung einer Moschee e. V. vom 10. 4. 1990 kann die nach religiösen Vorschriften zwingende Notwendigkeit des Schächtens von Tieren nicht begründet werden. In diesem Rechtsgutachten wird ebenso wie in den übrigen genannten gutachtlichen Äußerungen (insbesondere von Dr. A. vom 14. 10. 1985) auf Sure 5, Vers 4 des Koran Bezug genommen, und es werden die Regeln für das rituelle Schlachten beschrieben, wonach 1. die Person, welche das Tier schlachtet, Moslem sein muß, 2. mit einem scharfen Messer und nur einem Schnitt die vier Halsschlagadern sowie die Luft- und Speiseröhre durchschnitten werden müssen, 3. der Körper des Tieres in Richtung Mekka gelegt sein muß, 4. der Name Gottes beim Schlachten gerufen werden muß, 5. das Tier sich nach Beendigung des Schlachtens noch schwach bewegen muß. Dabei wird in dem Rechtsgutachten wiederum deutlich, daß es sich zum einen allein um Bedingungen handelt, deren Einhaltung es den Anhängern des islamischen Glaubens ermöglicht, Fleisch für die menschliche Ernährung zu gewinnen (S. 2 des Gutachtens), nicht aber um – für sich genommen – zwingend gebotene Handlungen der Religionsausübung.

Zum anderen läßt sich auch dieser Darstellung im Rechtsgutachten vom 10. 4. 1990 kein Hinweis entnehmen, daß gerade das betäubungslose Schlachten zu den Bedingungen eines rituellen Schlachtens gehört. Vielmehr weisen die Äußerungen auf S. 3 des Gutachtens, wonach der Islam zur Glaubensrichtung gehört, die aus der abrahamitischen Tradition entstand, die Schlachtung bis zum heutigen Tag auf Abraham zurückgeführt und von allen Religionsgruppen im orientalischen Raum auf diese Weise durchgeführt wird, darauf hin, daß das Schächten lediglich eine traditionelle und in allen islamischen Ländern praktizierte Schlachtmethode ist. Dies allein ist jedoch nicht ausreichend, um eine Ausnahmegenehmigung gemäß § 4 a Abs. 2 Nr. 2 TierSchG zu rechtfertigen. Im Gesetzgebungsverfahren ist der Wille des Gesetzgebers, zwischen dem lediglich traditionellen Schächten und dem aus religiösen Gründen zwingend vorgeschriebenen Schächten zu differenzieren, deutlich zum Ausdruck gekommen (Unterrichtung des Bundestages durch den Bundesrat v. 20. 5. 1986, BT-Drucks. 10/5523; vgl. auch: Lorz, Das neue Tierschutzrecht, NJW 1987, 2049 [2050]).

Wenn sich das Rechtsgutachten vom 10. 4. 1990 letztlich darauf stützt, es könne niemand mit Gewißheit sagen, ob das Tier den Betäubungsakt überlebt habe (S. 3, 6 des Gutachtens), so ist dem zum einen entgegenzuhalten, daß bereits gemäß § 4 Abs. 1 Nr. 3 Fleischhygienegesetz in der Fassung der Bekanntmachung vom 24. 2. 1987 (BGBl. I S. 649) sowie schon nach § 1 Satz 1 der Verordnung über das Schlachten von Tieren vom 21. 4. 1933 (RGBl. I S. 212) unter dem Begriff des Schlachtens gerade die Tötung eines Tieres durch Blutentzug zu verstehen ist. Auch nach deutschem Recht ist also im Schlachthof, den die Klägerin jedenfalls gemäß § 4 des Gesetzes über das Vieh- und Fleischzentrum Hamburg vom 19. 9. 1986 (GVBl. S. 288) zu benutzen hätte, darauf zu achten, daß das betäubte Tier im Zeitpunkt des Entblutungsschnitts noch lebt. Die Klägerin stünde bei von ihr durchgeführten Schlachtungen somit nicht in einer Sondersituation. Nach den Angaben des Amtstierarztes Dr. X. in der mündlichen Verhandlung (...), die von seiten der Klägerin nicht bestritten worden sind, läßt sich im übrigen durch das Ertasten oder Abhören des Herzschlages sowie durch das nach dem Schlachtschnitt pulsierend austretende Blut feststellen, daß das Tier nur betäubt worden und nicht durch den Betäubungsakt bereits zu Tode gekommen ist. Dementsprechend ist das Fleisch von Tieren, die nach vorheriger Betäubung unter Aufsicht eines islamischen Tierarztes im Vieh- und Fleischzentrum Hamburg geschlachtet wurden, der bei jedem betäubten Tier die Lebenszeichen überprüft, auch in islamische Länder exportiert worden. Das Gericht hat deshalb die mit dem Beweisantrag zu 2. der Klägerin unter Beweis gestellte Tatsache als wahr unterstellt und den Beweisantrag abgelehnt. Selbst wenn man annehmen wollte, daß im Einzelfall Tiere bereits durch den Betäubungsakt mittels Bolzenschusses zu Tode kommen, so ist doch jedenfalls durch den bei den Schlachtungen anwesenden islamischen Tierarzt sichergestellt, daß dies entdeckt wird und daß das Fleisch dieser Tiere nicht an die islamischen Fleischhändler gelangt.

Zum anderen stehen diejenigen Moslems, die ihr Fleisch von einem Händler beziehen, notwendigerweise immer vor der letztlich nicht zu beseitigenden

Ungewißheit, ob alle rituellen Schlachtbedingungen erfüllt worden sind. So könnten auch die Kunden der Klägerin nicht völlige Gewißheit erlangen, ob bei der Schlachtung des Tieres, dessen Fleisch sie verzehren, der Name Allahs gerufen wurde, ob der Körper des Tieres in Richtung Mekka lag und ob nur ein einziger Entblutungsschnitt zum Tod des Tieres geführt hat. Sie müssen also bei ihrem Händler Erkundigungen über die angewandte Schlachtmethode einziehen und müssen insoweit den Angaben ihres Händlers vertrauen. Haben sie aber zuvor diese Erkundigungen eingezogen, so ist der Verzehr des Fleisches auch erlaubt, für in nicht-islamischen Ländern lebende Moslems sogar dann, wenn diese Riten wirklich nicht befolgt sind (vgl. S. 8 des Protokolls über den Kongreß in Jeddah vom 5.–7. 12. 1985: „... Muslims may eat meat from the slaughtered animals ... after ensuring that they are free of whatever may render them forbidden."; vgl. auch die Nachweise bei: Gräf, Jagdbeute und Schlachttier im islamischen Recht, Bonn 1959, S. 342 Fußn. 272).

Daß dies auch von den Kunden der Klägerin in dieser Weise gesehen wird, zeigt der Umstand, daß die Klägerin in der Vergangenheit und gegenwärtig Fleisch- und Fleischerzeugnisse verkauft hat bzw. verkauft, obwohl sie nach dem unwidersprochenen Vorbringen der Beklagten ihr Fleisch aus Schlachtbetrieben in Schleswig-Holstein bezieht, in denen nach vorheriger Betäubung der Tiere geschlachtet wird.

Da sich die Klägerin den Inhalt des von ihr eingereichten Rechtsgutachtens vom 10. 4. 1990 ausdrücklich zu eigen gemacht hat (...), sich aus diesem Gutachten aber nicht ergibt, daß es den Kunden der Klägerin nach zwingenden religiösen Vorschriften untersagt ist, das Fleisch von Tieren zu essen, die nach vorheriger Betäubung geschlachtet wurden, bedurfte es auch keiner weiteren Beweiserhebung durch Anhörung der von der Klägerin benannten Sachverständigen. Wenn gleichwohl von seiten der Klägerin in der mündlichen Verhandlung betont worden ist, daß ihre Kunden zumeist Arbeiter ohne hohen Bildungsgrad seien, die davon überzeugt seien, daß das Schächten religiös zwingend vorgeschrieben sei, so ist dem entgegenzuhalten, daß die Kunden der Klägerin von ihren Religionsgelehrten über den Inhalt der religiösen Speisevorschriften nicht ausreichend informiert worden sind, die irrige Annahme eines zwingenden Verbots aber unerheblich ist.

Auch das von der Klägerin vorgelegte Ergebnis einer Unterschriftensammlung unter ihren Kunden rechtfertigt keine andere Betrachtungsweise. Abgesehen davon, daß es sich keineswegs um eine repräsentative Umfrage im Kundenkreis der Klägerin handelt, der sicher nicht aus einer festen Anzahl von 742 Personen besteht, ergibt sich aus der Antwort auf die zu beantwortende Frage keine religiöse Überzeugung des jeweiligen Unterzeichners. Der Unterschriftenbogen bezieht sich lediglich auf ein „islamisches Gebot des Schächtens", was nach den obigen Ausführungen gerade nicht existiert.

Wenn nach alledem das betäubungslose Schlachten nicht durch religiöse Vorschriften zwingend geboten ist, sondern die vorherige Betäubung des Tieres, durch die also nicht bereits sein Tod verursacht wurde, ebenso möglich ist und mit dem Wunsch nach betäubungslosem Schlachten somit nur völlige Gewißheit erlangt werden soll, daß das Tier im Zeitpunkt der Schlachtung noch lebte, so muß dem Gebot des Tierschutzes gegenüber diesem Wunsch nach Gewißheit, die auf andere Weise erlangt werden kann, der Vorrang eingeräumt werden. Ein Anspruch der Klägerin auf Erteilung einer Ausnahmegenehmigung nach § 4 a Abs. 2 Nr. 2 TierSchG besteht somit nicht. Da die Tatbestandsvoraussetzungen dieser Vorschrift nicht erfüllt sind, ist der Beklagten insoweit auch kein Ermessen eröffnet.

63

Ein Bericht nach Lohnsteueraußenprüfung, der nur Aussagen in bezug auf die Lohnsteuerpauschalierung enthält, ist nicht als Mitteilung im Sinne von § 202 Abs. 1 Satz 3 AO in bezug auf pauschalierte Lohnkirchensteuer anzusehen.

VG Hannover – Kammern Hildesheim –, Urteil vom 25. September 1992
– 3 Hi A 21/89[1] –

Die Klägerin wendet sich gegen ihre Heranziehung zur pauschalierten Kirchensteuer auf Zuführungen zur Pensionskasse.

Mit Lohnsteueranmeldung vom 15. 12. 1983 meldete die Klägerin für das Jahr 1982 Lohnsteuer sowie hierauf entfallende pauschalierte Lohnkirchensteuer auf Zuführungen zur Pensionskasse gemäß § 40 b EStG gemäß hierauf gerichtetem Antrag an. Der zugleich gegen diese Anmeldung erhobene Widerspruch wurde mit dem Widerspruchsbescheid zurückgewiesen. Hierauf hat die Klägerin am 15. 2. 1988 Klage erhoben.

Mit dem Bescheid vom 16. 6. 1988 teilte der Beigeladene (Finanzamt) gegenüber der Klägerin die pauschalierte Lohnkirchensteuer zwischen den evangelischen und katholischen Kirchen auf. Die Klägerin hat die Klage auf diesen Bescheid erstreckt, nunmehr mit dem Antrag, die Lohnsteueranmeldung vom 15. 12. 1983, soweit in ihr Kirchensteuer angemeldet worden ist, geändert durch den Festsetzungsbescheid des Finanzamts vom 16. 6. 1988, einschließlich des dazu ergangenen Widerspruchsbescheides der Beklagten (kirchensteuererhebende Kirchen in Niedersachsen) aufzuheben. Zur Begründung meint sie, es

---

[1] Das Urteil ist rechtskräftig. Vgl. zu diesem Fragenkreis auch BFHE 176, 382; OVG Rheinland-Pfalz BB 1995, 286.

gebe keine Rechtsgrundlage für die Erhebung pauschalierter Lohnkirchensteuer; jedenfalls aber dürfe pauschalierte Lohnkirchensteuer nicht in dem Umfang erhoben werden, wie geschehen, weil nahezu ein Drittel ihrer Arbeitnehmer keiner Kirche mehr angehörten und im Fall der Pauschalierung daher nicht sichergestellt sei, daß auch nicht für diese Arbeitnehmer Lohnkirchensteuer erhoben werde. Bezüglich der Aufteilung der Lohnkirchensteuer unter die evangelischen und katholischen Kirchen sei bereits Festsetzungsverjährung eingetreten.

Das Verwaltungsgericht weist die Klage ab.

Aus den Gründen:

Die Klage ist (...) nicht begründet.

Die Kammer hält eine Rechtsgrundlage für die Erhebung pauschalierter Lohnkirchensteuer für gegeben. Sie folgt insoweit den Ausführungen des Oberverwaltungsgerichts Lüneburg in dem Urteil vom 17. 7. 1991[2] – 13 L 96/81 – (Nds.Rpfl. 1991, 281) und der darin in bezug genommenen Rechtsprechung des Bundesfinanzhofs.

Auch soweit die Klägerin meint, bei der Pauschalierung könne das Gebot, von nicht kirchenzugehörigen Arbeitnehmern keine Lohnkirchensteuer zu erheben, nicht hinreichend befolgt werden, teilt die Kammer diese Auffassung nicht. Insoweit verweist sie auf die Ausführungen in ihren zwischen denselben Beteiligten wie vorliegend ergangenen Urteil vom heutigen Tage – 3 Hi A 17/89 –[3].

Entgegen der Ansicht der Klägerin war die Steuerfestsetzung vom 15. 12. 1983 für das Jahr 1992 auch ohne die erst später vorgenommene Aufteilung der Lohnkirchensteuer zwischen den evangelischen und katholischen Kirchen rechtlich bedenkenfrei. Denn es handelt sich um einen Veranlagungszeitraum vor dem Jahre 1983. Zu dieser Zeit bestand in Niedersachsen noch eine Steuergemeinschaft zwischen evangelischen und katholischen Kirchen (vgl. hierzu: § 8 der Zusatzvereinbarung zum Loccumer Vertrag vom 19. 3. 1955 – Nds.MBl. S. 438). Die rechtliche Zulässigkeit einer solchen zwischen verschiedenen Kirchen getroffenen Finanzvereinbarung ist unstrittig (BVerfG, Beschluß v. 23. 10. 1978[4] – NJW 1979, 209). Das Abführen der Kirchensteuer an eine zwischen zwei Kirchen gebildete Steuergemeinschaft ist auch als hinreichende Bestimmung hinsichtlich der Steuerart jedenfalls dann anzusehen, wenn sich – wie hier – aus der zwischen den Konfessionen getroffenen Steuervereinbarung die genaue quotenmäßige Aufteilung zwischen den Konfessionen ergibt. Denn

---

[2] KirchE 29, 238.
[3] KirchE 30, 367.
[4] KirchE 17, 93.

damit steht von vornherein fest, welche Steuermittel jeweils welcher Konfession zustehen (VG Stade, Urteil v. 18. 3. 1988[5] – 3 VG A 2/88 –).

Im übrigen ist die nachträglich noch vorgenommene ebenfalls angefochtene Aufteilung nicht rechtswidrig und verletzt die Klägerin nicht in ihren Rechten. Denn die Aufteilung enthält keine neue Festsetzung, sondern lediglich die verbindliche Erklärung darüber, wie die Beklagten den von der Klägerin aufzubringenden nach wie vor gleichen Steuerbetrag aufteilen. Sie wiederholt inhaltlich lediglich was bereits zuvor aufgrund der zwischen den Kirchen getroffenen Finanzvereinbarung feststand. Fehlt es aber an einer Festsetzung, greifen auch die Vorschriften über die Festsetzungsverjährung nicht ein. Abgesehen davon wäre die Festsetzungsverjährung am 16. 6. 1988 entgegen der Ansicht der Klägerin noch nicht eingetreten gewesen.

Nach § 169 Abs. 2 Nr. 2 AO beträgt die Festsetzungsfrist 4 Jahre. Sie beginnt gemäß § 170 Abs. 2 Nr. 1 AO mit Ablauf des Kalenderjahres 1983. Wird vor Ablauf der Festsetzungsfrist mit einer Außenprüfung begonnen, so läuft nach § 171 Abs. 4 Satz 1 AO die Festsetzungsfrist für Steuern, auf die sich die Außenprüfung erstreckt, nicht ab, bevor die aufgrund der Prüfung zu erlassenden Steuerbescheide unanfechtbar geworden sind. Nach § 171 Abs. 4 Satz 3 AO endet die Frist jedoch spätestens nach 4 Jahren nach Ablauf des Kalenderjahres, in dem die Schlußbesprechung stattgefunden hat.

Mit Prüfungsanordnung vom 24. 11. 1983 ordnete das Finanzamt für Großbetriebsprüfung H. bei der Klägerin eine Lohnsteueraußenprüfung für den Zeitraum vom 1. 1. 1981 bis zum 30. 11. 1983 an. Die Prüfung begann am 7. 12. 1983 und erstreckte sich auch auf die Festsetzung der Kirchensteuer für diesen Zeitraum. Die Schlußbesprechung wurde am 16. 9. 1985 abgehalten. Nach alledem endete die Festsetzungsfrist für die festgesetzte Lohnkirchensteuer gemäß § 171 Abs. 4 Satz 3 AO mit Ablauf des 31. 12. 1989, mithin nach dem Ergehen des Aufteilungsbescheides vom 16. 6. 1988.

Der Umstand, daß die Klägerin den Bericht über die Lohnsteueraußenprüfung vom 18. 10. 1985 mit der Feststellung, daß die Lohnsteuer nach § 40 b EStG ordnungsgemäß pauschaliert worden sei, wenige Tage später bereits erhalten hat, führt hier nicht zu einem früheren Ablauf der Festsetzungsfrist gemäß § 171 Abs. 4 Satz 1 2. Alternative AO, nämlich drei Monate nach der Mitteilung gemäß § 202 Abs. 1 Satz 3 AO, d. h. des Prüfungsberichts. Denn dieser Bericht enthält nur Aussagen in bezug auf die *Lohnsteuer*pauschalierung nach § 40 d EStG, nicht jedoch eine Aussage zur Kirchensteuerpauschalierung. Hiernach ist der Bericht über die Lohnsteueraußenprüfung vom 18. 10. 1985 nicht als Mitteilung im Sinne des § 202 Abs. 1 Satz 3 AO in bezug auf die

---

[5] KirchE 26, 50.

Lohnkirchensteuer anzusehen. Das hat zur Folge, daß die Ablaufhemmung nach § 171 Abs. 4 Satz 1 AO bei Ergehen des Aufteilungsbescheides noch nicht aufgehoben war.

64

Zur Frage, ob bei Pauschalierung von Kirchenlohnsteuer die Nichtzugehörigkeit von Arbeitnehmern zu einer steuererhebenden Religionsgemeinschaft geltend gemacht werden kann.

Art. 140 GG, 137 Abs. 6 WRV; § 40 EStG
VG Hannover – Kammern Hildesheim –, Urteil vom 25. September 1992
– 3 Hi A 17/89[1] –

Die Klägerin wendet sich gegen ihre Heranziehung zur pauschalen Lohnkirchensteuer.

Im Rahmen einer Lohnsteueraußenprüfung für den Zeitraum vom 1. 1. 1981 bis 31. 12. 1985 beantragte die Klägerin eine Versteuerung bestimmter Leistungen nach § 40 Abs. 1 EStG. Es handelte sich dabei um Beschäftigung von Aushilfskräften bei Sonderschauen und Ausstellungen, ADAC-Beiträge leitender Mitarbeiter, Sachgeschenke zu besonderen Anlässen, geldwerte Vorteile aus Dienstwohnungen, verbilligte Stromlieferungen an Wohnungsinhaber, besondere Veranstaltungen, Treffen der Außendienstmitarbeiter und deren Ehefrauen mit Führungskräften, Reisekosten für einen bestimmten Kreis von 120 Personen, Reisekosten für rund 100 leitende Mitarbeiter des Außendienstes, Essensmarken für Hunderte von Mitarbeitern im Bundesgebiet.

Die Klägerin wurde daraufhin durch die angefochtenen Nachforderungsbescheide des Finanzamts für die Kalenderjahre 1981 bis 1985 zu einer Nachentrichtung von Lohnsteuern sowie hierauf entfallenden Kirchensteuern herangezogen. Dabei setzte das Finanzamt zugunsten der Beklagten sowie der von ihr vertretenen anderen Kirchen für die Kalenderjahre 1981 und 1982 nicht nach Konfessionen aufgeteilte Kirchensteuern in Höhe von 6 % der Lohnsteuer sowie für die Kalenderjahre 1983, 1984 und 1985 ev. Kirchensteuern und kath. Kirchensteuern fest (letztere Beträge sind ebenfalls jeweils 6 % der pauschalen Lohnsteuer). Die Klägerin legte hiergegen hinsichtlich der pauschalierten Kirchensteuer Widerspruch ein und machte zur Begründung im wesentlichen geltend, die Festsetzung sei rechtswidrig, weil hierfür eine gesetzliche Ermächtigungsgrundlage fehle. Die gem. § 40 EStG pauschalierte Lohnsteuer sei eine

---

[1] Das Urteil ist rechtskräftig. Vgl. zu diesem Fragenkreis auch BFHE 176, 382; OVG Rheinland-Pfalz BB 1995, 286.

Unternehmenssteuer eigener Art. Hierauf dürfe Kirchensteuer nicht entrichtet werden, weil insoweit die nach § 2 Abs. 1 Nds.KiStRG erforderliche Maßstabssteuer fehle; im übrigen sei sie als juristische Person, die keiner Konfession angehören könne, nicht zur Entrichtung von Kirchensteuern verpflichtet. Die Beklagte, die zugleich für die übrigen kirchensteuerberechtigten Kirchen in Niedersachsen Entscheidungen über Rechtsbehelfe gegen Bescheide über die Nachforderung pauschalierter Kirchensteuern zu treffen hat (Ev.-Luth. Landeskirche Hannovers), wies den Widerspruch als unbegründet zurück.

Die Klägerin meint, die Erhebung der angefochtenen Kirchensteuern sei rechtswidrig. Aus den landesrechtlichen Verweisungsnormen der §§ 6 Abs. 2 Nr. 1 und 12 Abs. 6 Nds.KiStRG auf die Lohnsteuervorschriften könne eine entsprechende Anwendbarkeit der Regelungen der §§ 40 ff. EStG über die Pauschalierung der Lohnsteuern auf Kirchensteuern nicht abgeleitet werden. Vielmehr sei sie eine als solche unzulässige Unternehmenssteuer eigener Art und nicht Lohnsteuer. Wenn gleichwohl von letzterem ausgegangen werde, sei der Betrag der pauschal erhobenen Kirchensteuer herabzusetzen, weil in den Jahren von 1981 bis 1985 bereits mehr als ein Viertel ihrer Arbeitnehmer keiner Kirche angehört hätten und auch zu der pauschal erhobenen Kirchensteuer nach der Rechtsprechung des Bundesverfassungsgerichts die einer Kirche nicht angehörenden Arbeitnehmer nicht herangezogen werden dürften.

Die Beklagten (kirchensteuerberechtigte Kirchen in Niedersachsen) sind der Auffassung, eine sachgerechte Auslegung der Vorschriften des EStG über die Pauschalierung der Lohnsteuer sowie der Verweisungsnormen des KiStRG ergebe, daß der Gesetzgeber eine lückenlose Steuererhebung habe gewährleisten wollen. Mit der gesetzlich erlaubten, vereinfachten Erhebung der Lohnsteuern aufgrund einer Pauschalierung, die eine Schuldübernahme der von den Arbeitnehmern zu entrichtenden Lohnsteuer auf den Arbeitgeber zur Folge habe, habe der Gesetzgeber nicht das der Kirche verfassungsrechtlich gewährte Besteuerungsrecht einschränken wollen. Der Umstand, daß ein bestimmter Anteil der Arbeitnehmer der Klägerin keiner steuererhebungsberechtigten Kirche angehöre, gebiete nicht die geforderte Kirchensteuer entsprechend zu senken, denn es sei nicht nachgewiesen, um welche Arbeitnehmer es sich handele, auch nicht, daß die mit pauschaler Lohnsteuer belegten Leistungen gleichmäßig kirchenzugehörigen und nichtkirchenzugehörigen Arbeitnehmern, also mithin entsprechend ihren jeweiligen Anteilen an der Arbeitnehmerschaft, zugeflossen seien. Gerade im Hinblick auf derartige Unsicherheiten sei die pauschal erhobene Kirchensteuer gegenüber der individuell erhobenen auf den Satz von 6 % gesenkt worden.

Das Verwaltungsgericht weist die Klage ab.

Aus den Gründen:

Die Klage ist nicht begründet.

Insoweit folgt die Kammer der Rechtsprechung des Oberverwaltungsgerichts Lüneburg, wie sie bereits in dem Beschluß über den die vorliegende Klage betreffenden Antrag auf Gewährung vorläufigen Rechtsschutzes vom 2. 11. 1988[2] (- 2 Hi VG D 3/86/13 OVG B 318/88 - Nds.Rpfl. 1989, 15) Ausdruck gefunden hat, und insbesondere dem Urteil vom 17. 7. 1991[3] (- Nds.Rpfl. 1991, 281 = NVwZ 1992, 291), das die Kammer nachstehend zur näheren Begründung heranzieht.

Dort heißt es dem Inhalt nach im einzelnen:

a) Die pauschalierte Lohnsteuer ist Bemessungsgrundlage für die Lohnkirchensteuer, weil erstere nur insoweit Unternehmenssteuer ist (und nicht Lohnsteuer), als sie aus Praktikabilitätsgründen in verfahrensrechtlich-technischer Sicht vom Arbeitgeber erhoben wird und dieser formell gesehen alleiniger Steuerschuldner ist. Materiell-rechtlich handelt es sich jedoch um eine von der Lohnsteuer des Arbeitnehmers abgeleitete Steuer; der Arbeitgeber übernimmt dem Grunde nach nur die in der Person des Arbeitnehmers verwirklichte Steuerschuld, die allerdings der Höhe nach eine Veränderung erfährt (BFH, Urteil v. 30. 11. 1988 - BFHE 159, 82; ebenso Schmidt, BStG, 10. Aufl., § 40 Anm. 1 m. Nachw.; Wagner, Die Pauschalierung der Lohn- und Kirchensteuer 1988, S. 61 ff. m. Nachw.; zustimmend auch Herden/Gmach, NJW 1991, 1030). Damit ist zugleich der Einwand der Klägerin hinfällig, als juristische Person gehöre sie keiner Kirche an und sei deshalb gem. § 3 Abs. 1 KiStRG nicht kirchensteuerpflichtig.

Für die Kirchensteuer in der Form des Zuschlages zur pauschalierten Lohnsteuer besteht in Niedersachsen eine ausreichende gesetzliche Grundlage. (wird ausgeführt)

Die Klägerin kann auch keine Minderung der streitigen Steuer mit der Begründung beanspruchen, von ihren Arbeitnehmern hätten von 1981 an steigend - inzwischen bis zu 31,0 vom Hundert im Jahre 1987 - keiner Kirche angehört. Insoweit führt das Oberverwaltungsgericht Lüneburg in dem vorgenannten Urteil vom 17. 7. 1991 aus:

Schon mit der Herabsetzung des regulären Hebesatzes der Kirchenlohnsteuer von 9 % auf 6 % wird ausgeglichen, daß ein bestimmter Prozentsatz der Lohnsteuerpflichtigen keiner der beiden steuerberechtigten Kirchen angehört. Damit soll sichergestellt werden, daß – in pauschaler Vereinfachung (Unterstreichung hinzugesetzt) *– für niemanden Kirchenlohnsteuer entrichtet wird, der nicht persönlich kirchensteuerpflichtig ist. Da diese Stufe der Pauschalierung das allgemeine Verhältnis der kirchenangehörigen zu den nichtkirchenan-*

---

[2] KirchE 26, 350.
[3] KirchE 29, 238.

gehörigen Arbeitnehmern bereits in der Höhe des ermäßigten Hebesatzes berücksichtigt, kommt dessen weitere Minderung durch Rückgriff auf die individuellen Verhältnisse in einem bestimmten Betrieb nicht in Betracht (Giloy, BB 1978, 1058; Starck, aaO, S. 8f.). In dem Umstand, daß in die Pauschalierung notwendigerweise auch die Lohnsteuer von nichtkirchenangehörigen Arbeitnehmern einbezogen wird, liegt auch kein Verfassungsverstoß. Zwar hat das Bundesverfassungsgericht wiederholt die Heranziehung von natürlichen Personen, die nicht Kirchenmitglieder sind, zu Kirchensteuern für verfassungswidrig erklärt (BVerfGE 30, 419 [421][4] m. Nachw.). In seinem Beschluß vom 17. 2. 1977[5] (1 BvL 343/74, DÖV 1977, 448) hat das Bundesverfassungsgericht aber ausdrücklich die Rechtslage nach dem EStG 1975 in seine Prüfung einbezogen und die Erhebung der pauschalierten Kirchenlohnsteuer auch nach neuem Einkommensteuerrecht für zulässig erachtet; es hat dabei darauf hingewiesen, daß der geringere Steuersatz dem Umstand Rechnung trage, daß möglicherweise nicht alle Arbeitnehmer einer Kirche angehören. In der Rechtsprechung ist demgemäß die Kirchensteuererhebung im pauschalierten Verfahren auch ohne die Feststellung einer ursprünglichen individuellen Lohnkirchensteuerschuld des einzelnen Arbeitnehmers als verfassungsgemäß angesehen worden (BFH, Urteil v. 9. 11. 1982, aaO, 92; OVG Lüneburg, Urteil v. 29. 3. 1987, SchlHA 1987, 189; FG Hamburg, Urteil v. 29. 10. 1986[6]; FG Köln, Beschluß v. 28. 4. 1986[7], EFG 1987, 136 sowie Urteil v. 26. 10. 1988[8], EFG 1989, 137), weil die Erhebung der pauschalierten Kirchensteuer auch für nicht der Kirche angehörende Arbeitnehmer sich aus dem Wesen der Pauschalierung ergibt und ein Abstellen auf die tatsächliche Kirchenzugehörigkeit mit Rücksicht auf den Vereinfachungszweck der Pauschalierung dem Sinn und Zweck des Gesetzes widerspreche (im Ergebnis ebenso Wagner, Pauschalierung, S. 154 ff. aufgrund einer entsprechenden Anwendung des § 162 Abs. 1 AO).
Demgegenüber beruft sich die Klägerin ohne Erfolg auf die neuere Rechtsprechung des Bundesfinanzhofs (Urteil v. 30. 11. 1989 – aaO). Danach ist zwar die Mitgliedschaft des Arbeitnehmers in einer kirchensteuererhebungsberechtigten Religionsgesellschaft unabdingbare Tatbestandsvoraussetzung für die Erhebung der pauschalen Lohnkirchensteuer. Deren Erhebung ist aber auch nach Auffassung des Bundesfinanzhofs nur dann nicht gestattet, wenn der betroffene Arbeitnehmer nachgewiesenermaßen keiner Kirche angehört. Diesen Nachweis muß der Arbeitgeber führen. Solange er nicht in einer den Zwecken des Lohnsteuerabzugs gerecht werdenden Weise für einzelne Arbeitnehmer den Nachweis erbracht hat, daß sie keiner kirchensteuererhebungsberechtigten Körperschaft angehören, dürfen das Finanzamt und das Gericht auch hinsichtlich des pauschalen Lohnkirchensteuerabzugs von der persönlichen Kirchensteuerpflicht der betroffenen Arbeitnehmer ausgehen (ebenso Schmidt, aaO, § 40 Anm. 1 m.w.N.; Erl. d. MF. v. 10. 9. 1990, Nds.MBl. S. 1202 sowie RdErl. v. 10. 1. 1991, Nds.MBl. S. 114).

Diesen erforderlichen Nachweis hat die Klägerin hier nicht geführt (s. insbesondere zur Art und Weise der Führung des Nachweises Erlaß vom 10. 1. 1991 – aaO). Die Kammer hat es auch nicht für rechtlich geboten erachtet, die Klägerin aufzufordern, insoweit vorhandene Nachweise vorzulegen. Einmal hat die Klägerin selber stets vorgetragen, auf diese Nachweise komme es

---

[4] KirchE 12, 101.
[5] KirchE 16, 73.
[6] KirchE 24, 275.
[7] KirchE 24, 115.
[8] KirchE 26, 340.

rechtlich an und sie könne sie namentlich führen. Zum andern läßt sich nach den Ausführungen des Steueramtsrats L. in der mündlichen Verhandlung (...) bei sechs von zehn der im Tatbestand genannten pauschal versteuerten Leistungen, die zudem den größeren Anteil an den zu versteuernden Beträgen ausmachen, nicht feststellen, welchen Arbeitnehmern sie im einzelnen zugeflossen sind, mithin auch nicht der Nachweis erbringen, ob diese einer steuererhebungsberechtigten Kirche angehörten oder nicht.

Im Hinblick einerseits auf den Zweck der Pauschalierung, nämlich der Vereinfachung der Lohnsteuererhebung, andererseits darauf, daß die Steuerpflicht grundsätzlich nur kirchenangehörige Arbeitnehmer trifft, ist es auch nicht geboten, die Nichtkirchenzugehörigkeit einzelner Arbeitnehmer hinsichtlich derjenigen Leistungen festzustellen, bei denen dies grundsätzlich möglich wäre.

Dies dürfte schon mangels der Möglichkeit des Arbeitgebers, sich für die hier in Betracht kommenden Jahre auf die Anforderungen zum Nachweis der nicht einer Kirche angehörenden Arbeitnehmer einzustellen (s. Nr. 4 Abs. 2 des Erlasses des Nds. MF. v. 10. 9. 1991 – aaO), tatsächlich unmöglich sein. Die Wahrscheinlichkeit, daß die Nichtzugehörigkeit auch nur eines Arbeitnehmers unerkannt bleibt, wird folglich – abgesehen von tatsächlich besonders gelagerten Fällen – nicht beseitigt. Das hat zur Folge, daß bezüglich *sämtlicher* Arbeitnehmer die pauschale Besteuerung durchzuführen ist (vgl. BFH, Urteil v. 30. 11. 1988 – aaO). Eine prozentuale Berechnung der Klägerin über den Anteil der Kirchenmitglieder an ihrer Gesamtbelegschaft kann den notwendigen individuellen Nachweis der fehlenden Kirchenmitgliedschaft des einzelnen Arbeitnehmers nicht ersetzen. Das gilt auch deshalb, weil nicht dargetan ist, ob sich die hier der Pauschalierung gem. § 40 Abs. 1 EStG unterworfenen Bezüge auf die Arbeitnehmer der Klägerin genau entsprechend dem prozentualen Anteil ihrer Kirchenmitgliedschaft verteilt haben.

Aber auch unterstellt, es könnte der Klägerin gelingen, wie sie es vorträgt, hinsichtlich bestimmter Leistungen den vollständigen und den gestellten Anforderungen genügenden Nachweis zu erbringen, bedürfte es dessen aus Rechtsgründen nicht.

Denn gelänge der vollständige Nachweis darüber, welche Empfänger dieser Leistungen einer Kirche angehörten und welche nicht, wäre es folgerichtig, hinsichtlich dieser Leistungen für die kirchenzugehörigen Arbeitnehmer insoweit nicht nur den Pauschsteuersatz von sechs vom Hundert, sondern den individuellen Steuersatz von neun vom Hundert zu erheben, weil insoweit für die Herabsetzung des Steuersatzes auf sechs vom Hundert der Grund entfiele, nämlich die Wahrscheinlichkeit, daß auch nur ein nichtkirchenzugehöriger Arbeitnehmer zur Kirchensteuer herangezogen würde. Die Folge wäre bezüglich der nach dem Willen der Klägerin insgesamt pauschal zu versteuernden Leistungen ein „Mischsteuersatz" aus individueller und pauschalierender Besteuerung. Dieser aber wäre schon aus Gründen des Verstoßes gegen Art. 3 GG deshalb unzulässig, weil die Klägerin dadurch stärker belastet würde als bei einer wie bisher durchgeführten Pauschalierung, dies jedenfalls für den Fall, daß in den Gruppen der Arbeitnehmer, die die vorgenannten Leistungen erhalten haben, die kirchenzugehörigen Arbeitnehmer im Verhältnis zu den nichtkirchenzugehörigen überproportional vertreten sind. Ferner würden die erforderlichen Ermittlungen und Berechnungen das mit der Pauschalierung verfolgte Ziel der Vereinfachung der Steuerfestsetzung zumindest beeinträchtigen.

Das Oberverwaltungsgericht Lüneburg hat in dem Urteil vom 17. Juli 1991 zu der Frage der Zulässigkeit der Erhebung pauschaler Lohnkirchensteuer für Arbeitnehmer in Werken der Klägerin jenes Verfahrens außerhalb des Landes Niedersachsen Ausführungen gemacht, die auch hier einschlägig sind:

Macht der Arbeitgeber von der pauschalen Besteuerung Gebrauch, so sind sämtliche Arbeitnehmer, für die der Pauschalsteuersatz ermittelt worden ist, in das pauschale Verfahren einzubeziehen; es wäre unzulässig, einige davon individuell zu besteuern. Ebenso kommt nur eine Nacherhebung von Lohnsteuer nach den allgemeinen Grundsätzen in Betracht, wenn der Arbeitgeber Einwendungen aus den steuerlichen Verhältnissen seiner Arbeitnehmer geltend machen will (Schmidt, aaO, § 40 Anm. 2, 4). Gem. § 40 Abs. 3 Satz 3 und 4 EStG bleiben der pauschal besteuerte Arbeitslohn und die pauschale Lohnsteuer bei einer Veranlagung zur Einkommensteuer und bei Lohnsteuerjahresausgleich außer Ansatz; die pauschale Lohnsteuer ist weder auf die Einkommensteuer noch auf die Jahreslohnsteuer anzurechnen. Mit dieser Entpersonalisierung der Steuer, bei der aus der Fülle der individuellen Verhältnisse der Durchschnitt gebildet und von allen persönlichen Elementen, die auf den Lohnempfänger bezogen sind, abgesehen wird, wäre es nicht vereinbar, bei der daran anknüpfenden pauschalen Kirchensteuer (hinzuzusetzen ist hier: für bestimmte Teile des pauschal zu versteuernden Lohnes) wieder eine Berufung auf persönliche Verhältnisse des Arbeitnehmers zuzulassen. Beantragt der Arbeitgeber die Pauschalierung der Lohnsteuer, so muß er auch die entsprechende Pauschalierung der Kirchensteuer hinnehmen (Wagner, Pauschalierung, S. 136 ff.). Auf dem Prinzip, daß die Besteuerungsgrundlage nicht mehr in Frage gestellt werden darf, beruht auch die Regelung des § 10 Abs. 2 Satz 4 KiStRG; danach sind Rechtsbehelfe, die sich gegen die Besteuerungsgrundlage richten, unzulässig, wenn die Kirchensteuer u. a. auf der Grundlage der Veranlagung zur Einkommensteuer erhoben worden ist.

Hiernach kann die pauschalierte Lohnsteuer dem einzelnen Arbeitnehmer nicht mehr zugeordnet werden. Dem würde es auch widersprechen, etwa im Wege eines Kompromisses (vgl. hierzu Erl. d. Nds.MF. v. 10. 9. 1990 – aaO, Nr. 4 Abs. 1 Satz 2) die nichtkirchenzugehörigen Arbeitnehmer entsprechend ihrem prozentualen Anteil an der Gesamtzahl aus der Gesamtsumme der pauschalen Kirchensteuer herauszurechnen.

65

Die Erhebung eines Zuschlags zu den Friedhofsgebühren anläßlich der Bestattung eines Verstorbenen, der nicht Mitglied einer der Arbeitsgemeinschaft christlicher Kirchen in der Bundesrepublik Deutschland angehörenden Religionsgemeinschaft war, auf einem kirchlichen Friedhof mit Monopolstellung verstößt gegen den aus dem Gleichheitssatz des Art. 3 Abs. 1 GG abzuleitenden Grundsatz der leistungsgerechten Gebührenbemessung.

Niedersächs.OVG, Urteil vom 27. Oktober 1992 – 8 L 4451/91[1] –

Der Kläger ist Alleinerbe von Frau N., die am 16. 3. 1990 in einer Wahlgrabstätte auf dem Friedhof der beklagten Ev.-luth. Kirchengemeinde beigesetzt wurde. Frau N. gehörte der Neuapostolischen Kirche an. Im Ortsteil A. der Gemeinde B. gibt es keinen weiteren Friedhof.

Nach § 6 Abs. 1 Nr. 2 a der Friedhofsgebührenordnung der Beklagten vom 6. 5. 1988 (ABl. für den Landkreis Goslar 1988, 238) beträgt die Gebühr für die Verleihung des Nutzungsrechts an einer Wahlgrabstätte für 30 Jahre je Grabstelle 840,- DM. Daneben sieht die Friedhofsgebührenordnung in § 6 Abs. 1 Nr. 8 a einen Zuschlag von 50 v. H. der Gebühr für eine Grabstelle vor, wenn ein Verstorbener bestattet wird, der nicht Mitglied einer der Arbeitsgemeinschaft christlicher Kirchen in der Bundesrepublik Deutschland (ACK) angehörenden Religionsgemeinschaft war. Die Neuapostolische Kirche gehört der Arbeitsgemeinschaft nicht an.

Mit dem angefochtenen Bescheid zog die Beklagte den Kläger zu Gebühren aus Anlaß der Beerdigung von Frau N. heran. Unter anderem wurde für die Wahlgrabstätte 840,- DM berechnet. Die in dem Bescheid-Vordruck unter I. 4 a) vorgesehene Rubrik „Zuschlag zu den unter Nr. 1–3 genannten Gebühren anläßlich der Bestattung eines Verstorbenen, der nicht Mitglied einer der Arbeitsgemeinschaft christlicher Kirchen in der Bundesrepublik Deutschland und Berlin (West) angehörenden Religionsgemeinschaft war", weist einen Betrag von 420,- DM aus.

Gegen die Erhebung dieses Zuschlags legte der Kläger Widerspruch ein, der vom Kirchenkreisamt mit der Begründung zurückgewiesen wurde, daß die Neuapostolische Kirche, der Frau N. angehört habe, nicht Mitglied in der Arbeitsgemeinschaft christlicher Kirchen sei und Frau N. deshalb nicht über die Kirchensteuern zur Unterhaltung und Verwaltung des Friedhofs beigetragen habe.

---

[1] Amtl. Leitsatz. DVBl. 1993, 266. Nur LS: AkKR 161 (1992), 597. Das Urteil ist rechtskräftig. Vgl. zu diesem Fragenkreis auch Niedersächs.OVG NVwZ 1995, 807; OVG Bremen NVwZ 1995, 804; VG Bremen NVwZ-RR 1994, 659.

Der Klage, mit der der Kläger die Aufhebung des Gebührenbescheids hinsichtlich des sog. Dissidentenzuschlags begehrt, hat das Verwaltungsgericht stattgegeben.
Die Berufung der Beklagten wurde zurückgewiesen.

Aus den Gründen:

Die Berufung der Beklagten ist nicht begründet. Das Verwaltungsgericht hat der Klage zu Recht stattgegeben. Der (...) gegen den Kläger festgesetzte sog. Nicht- und Andersgläubigenzuschlag (auch Dissidentenzuschlag genannt) zu den Gebühren für die Verleihung eines Nutzungsrechts an einer Wahlgrabstätte auf dem Friedhof der Beklagten ist rechtswidrig.

1. Gegen die Zulässigkeit der Klage bestehen keine Bedenken.

Das Verwaltungsgericht ist zutreffend davon ausgegangen, daß für das Klagebegehren der Rechtsweg zu den Verwaltungsgerichten gemäß § 40 Abs. 1 Satz 1 VwGO gegeben ist. Die Einrichtung und Unterhaltung von kirchlichen Friedhöfen ist keine innerkirchliche Angelegenheit, bei der die Kirchen aufgrund ihres durch Art. 140 GG i.V.m. Art. 137 Abs. 3 WRV gewährleisteten Selbstbestimmungsrechts von der staatlichen Gerichtsbarkeit ausgenommen sind. Das Friedhofswesen gehört zu den Aufgaben, die von Staat und Kirche gemeinsam wahrgenommen werden und zu erfüllen sind. Ist eine Kirchengemeinde Träger eines Friedhofs, handelt sie im Rahmen der für alle geltenden Gesetze und ist dabei der staatlichen Gerichtsbarkeit unterworfen, unabhängig davon, ob der kirchliche Friedhof Monopolcharakter hat oder nicht (vgl. BVerwGE 25, 364[2]; BVerwG, Beschluß v. 31. 5. 1990[3], NJW 1990, 2079). Hat sie das Benutzungsverhältnis – wie die Beklagte durch die Friedhofsordnung vom 10. 5. 1974 und die Friedhofsgebührenordnung v. 6. 5. 1988 – öffentlich-rechtlich geregelt, ist für sich daraus ergebende Streitigkeiten der Verwaltungsrechtsweg eröffnet (vgl. Urteil d. Senats v. 10. 6. 1988[4], KStZ 1989, 52 = NVwZ 1990, 94, und v. 23. 8. 1991 – 8 L 40/89 –). Das gilt auch für den hier streitigen Bescheid über die Erhebung von Friedhofsgebühren.

...

2. Die Klage hat auch in der Sache Erfolg. Der Bescheid der Beklagten (...) in der Gestalt des Widerspruchsbescheides des Kreiskirchenamtes (...) ist insoweit aufzuheben, als darin ein Zuschlag auf die Nutzungsgebühr für die Grabstelle von 420,- DM gefordert wird. Denn dafür fehlt es an einer wirksamen Rechtsgrundlage.

---

[2] KirchE 8, 254.
[3] KirchE 28, 127.
[4] KirchE 26, 159.

§ 6 Abs. 1 Nr. 8 a der Friedhofsgebührenordnung der Beklagten sieht einen Zuschlag von 50 v. H. der Gebühr für eine Grabstelle anläßlich der Bestattung eines Verstorbenen vor, der nicht Mitglied einer der Arbeitsgemeinschaft christlicher Kirchen in der Bundesrepublik Deutschland angehörenden Religionsgemeinschaft war (sog. ACK-Klausel). Diese Bestimmung führte zu einer Mehrbelastung des Klägers von 420,- DM, da die am 16. 3. 1990 in einer Wahlgrabstätte auf dem Friedhof der Beklagten in B. beigesetzte N., deren Alleinerbe er ist, Mitglied der Neuapostolischen Kirche war, die nicht der Arbeitsgemeinschaft christlicher Kirchen angehört. Die Erhebung dieses Zuschlages verstößt gegen den aus dem Gleichheitssatz des Art. 3 Abs. 1 GG abzuleitenden Grundsatz der leistungsgerechten Gebührenbemessung.

Art. 3 Abs. 1 GG ist verletzt, wenn eine Gruppe von Normadressaten anders behandelt wird, obwohl zwischen beiden Gruppen keine Unterschiede von solchem Grad und solchem Gewicht bestehen, daß sie die ungleiche Behandlung rechtfertigen können (vgl. BVerfGE 78, 232 [247]). Dieser Grundsatz beherrscht auch das gesamte öffentlich-rechtlich geordnete Gebührenrecht. Daraus folgt, daß eine gleiche Inanspruchnahme einer öffentlichen Einrichtung zu gleich hohen Gebühren, eine unterschiedliche Inanspruchnahme hingegen zu entsprechend unterschiedlichen Gebühren führen muß (vgl. etwa OVG Lüneburg, Urteil v. 13. 2. 1990[5], NVwZ-RR 1991, 206; Lohmann, in: Driehaus, Kommunalabgabenrecht, § 6 Rdnr. 684). Damit wird bei gleichartigen Umständen eine gleichmäßige Belastung der Pflichtigen entsprechend dem Ausmaß ihrer Benutzung gewährleistet. Der aus dem Gleichbehandlungsgebot entwickelte Grundsatz, daß eine Benutzungsgebühr nach Art und Umfang der Inanspruchnahme zu bemessen ist, findet seinen Ausdruck auch in den Kommunalabgabengesetzen der Bundesländer (vgl. etwa § 5 Abs. 3 Satz 1 Nieders.KAG, § 10 Abs. 3 Satz 1 Hess.KAG, § 6 Abs. 3 NW.KAG). Obwohl das Niedersächsische Kommunalabgabengesetz hier nicht direkt anwendbar ist, weil es in seinem § 1 Abs. 1 (nur) Gemeinden und Landkreise ermächtigt, kommunale Abgaben nach Maßgabe dieses Gesetzes zu erheben, sind die in diesem Gesetz niedergelegten zentralen Grundsätze des kommunalen Gebührenrechts jedenfalls insoweit auf den kirchlichen Bereich übertragbar, als sie Ausprägungen verfassungsrechtlicher Gewährleistungen – wie des Prinzips der leistungsgerechten (leistungsproportionalen) Gebührenbemessung (früher als Grundsatz der speziellen Entgeltlichkeit bezeichnet, vgl. dazu Lichtenfeld, in: Driehaus, aaO, § 6 Rdnr. 751, und Lohmann, aaO) – und als solche Teil des für alle geltenden Gesetzes im Sinne des Art. 140 GG i.V.m. Art. 137 Abs. 3 WRV sind. Das ist für den Bereich des kirchlichen Begräbniswesens jedenfalls dann der Fall, wenn eine Kirchengemeinde einen Friedhof unterhält, der eine Mono-

---

[5] KirchE 28, 20.

polstellung in dem betreffenden Ort innehat (vgl. OVG Lüneburg, Urteil v. 26. 1. 1984[6], NVwZ 1987, 708). Dazu im einzelnen:
In der Samtgemeinde X., deren Mitgliedgemeinde B. ist, gibt es keine kommunalen Friedhöfe, sondern nur Friedhöfe in kirchlicher Trägerschaft. Die einzige öffentliche Begräbnisstätte im Ortsteil A. ist der von der beklagten Ev.-luth. Kirchengemeinde betriebene Friedhof. Da nach geltendem Recht grundsätzlich ein Friedhofs- und Bestattungszwang besteht (vgl. dazu Engelhardt, in: HdbStKirchR, 2. Bd., 1975, S. 791 f.; Weber, ZevKR 33 [1988], 15 [27]), sind die Angehörigen eines aus A. stammenden Verstorbenen praktisch verpflichtet, die Leiche (bzw. bei Feuerbestattungen die Aschenreste) auf dem Friedhof der Beklagten bestatten zu lassen. Dem Benutzungszwang, der die allgemeine Handlungsfreiheit des Art. 2 Abs. 1 GG einschränkt, muß aus verfassungsrechtlichen Gründen als notwendiges Korrelat das Recht der Angehörigen gegenüberstehen, den Ort der Bestattung unter Beachtung des letzten Willens des Verstorbenen zu bestimmen. Dies wird in den meisten Fällen der Friedhof der Gemeinde bzw. des Gemeindeteils seines letzten Wohnsitzes sein. Besitzt ein kirchlicher Friedhof – wie hier – eine Monopolstellung, muß er nicht nur Mitgliedern der eigenen Kirchengemeinde, sondern auch Angehörigen anderer Konfessionen oder Bekenntnislosen aus dem Gemeindegebiet zur Verfügung stehen (vgl. Engelhardt, aaO, S. 792 f.; Weber, aaO, S. 27 f.). Dieser Rechtslage trägt § 1 Abs. 2 der Friedhofsordnung der Beklagten insoweit Rechnung, als ihr Friedhof danach ohne Rücksicht auf das jeweilige Bekenntnis oder das Fehlen eines Bekenntnisses der Bestattung von Personen dient, die bei ihrem Ableben ihren Wohnsitz in der Ev.-luth. Kirchengemeinde Gemeinde B., Ortsteil A. hatten, sowie derjenigen, die bei ihrem Tode ein Recht auf Beisetzung in einer bestimmten Grabstätte besaßen. Hinsichtlich der Erhebung von Friedhofsgebühren behandelt die Beklagte zu bestattende Verstorbene hingegen unterschiedlich, indem sie bei der Bestattung von Verstorbenen, die nicht Mitglied einer der Arbeitsgemeinschaft christlicher Kirchen angehörenden Religionsgemeinschaft waren, eine um 50 % höhere Gebühr für eine Grabstelle fordert.

Die Monopolstellung eines kirchlichen Friedhofs begründet aber nicht nur einen Zulassungsanspruch der Einwohner der betreffenden Gemeinde bzw. des betreffenden Gemeindeteils, sondern wirkt sich auch auf die Regelung des Benutzungsverhältnisses aus. Der kirchliche Friedhofsträger verläßt damit, daß er in einer politischen Gemeinde oder einem Gemeindeteil den allein verfügbaren Friedhof bereitstellt, den Bereich, in dem er als Einrichtung einer Religionsgemeinschaft seine Angelegenheiten autonom ordnen und verwalten darf (Art. 140 GG i.V.m. Art. 137 Abs. 3 WRV), insoweit, als auch er – wie ein kommunaler Friedhofsträger, den er ersetzt – hinsichtlich der allgemeinen Nutzungsregelun-

---

[6] KirchE 22, 4.

gen (Bereitstellung von Grabstellen, Gebührenbemessung) den Gleichheitssatz und dessen gebührenrechtliche Ausprägung zu beachten hat. Insoweit steht er einem kommunalen Friedhofsträger rechtlich gleich. Ob er auch bekenntnisfremde religiöse Bestattungszeremonien dulden muß, kann hier dahingestellt bleiben. Bei der Verwaltung von Friedhöfen, denen kein Monopolcharakter zukommt, unterliegen die Kirchen im Hinblick auf das in Art. 140 GG i.V.m. Art. 137 Abs. 3 WRV gewährleistete kirchliche Selbstbestimmungsrecht demgegenüber geringeren Beschränkungen. Allerdings sind sie auch dann nicht von gewissen rechtsstaatlichen Mindestanforderungen befreit, die bei jeder Abgabenerhebung zu beachten sind (vgl. OVG Hamburg, Urteil v. 25. 1. 1983, KirchE 21, 19).

Nach diesen Maßstäben verstößt die Erhebung des streitigen Zuschlags gegen den zumindest insoweit auch von den Kirchen zu beachtenden verfassungsrechtlichen Grundsatz der Gleichbehandlung (ebenso Gaedke, Handbuch des Friedhofs- und Bestattungsrechts, 6. Aufl. 1992, S. 98; a. A. OVG Lüneburg, Urteil v. 28. 6. 1954[7], OVGE 8, 421; Sperling, ZevKR 33 [1988], 35 [45]). Denn Art und Umfang der Inanspruchnahme des Friedhofs der Beklagten wird durch die Zugehörigkeit oder Nichtzugehörigkeit des Toten zu einer in der Arbeitsgemeinschaft christlicher Kirchen zusammengeschlossenen Religionsgemeinschaft nicht beeinflußt. Zwar ist nicht zu beanstanden, daß in § 6 der Friedhofsgebührenordnung der Beklagten unterschiedliche Gebühren für die verschiedenartigen Grabstätten (Reihengrabstätte, Wahlgrabstätte, Urnenreihengrabstätte und Grabstelle für anonymes Urnenbegräbnis) vorgesehen sind. Innerhalb der jeweiligen Grabstättenart dürfen jedoch keine unterschiedlichen Gebühren gefordert werden, weil insofern die Leistung der Beklagten und das Ausmaß der Benutzung gleich sind. In dieser Hinsicht läßt sich der streitige Zuschlag mit dem sog. Auswärtigenzuschlag bei kommunalen Friedhöfen mit Monopolstellung vergleichen, den die überwiegende Meinung ebenfalls unter Hinweis auf den gebührenrechtlichen Grundsatz der speziellen Entgeltlichkeit für unzulässig hält (vgl. etwa OVG Lüneburg, Urteil v. 25. 1. 1978, OVGE 35, 321; OVG Münster, Urteil v. 23. 10. 1978, NJW 1979, 565 = KStZ 1979, 49; Gaedke, aaO, S. 98; Scholz, in: Driehaus, aaO, § 6 Rdnr. 612; a. A. OVG Lüneburg, Urteil v. 11. 5. 1965, KirchE 7, 196; Dahmen/Driehaus/Küffmann/Wiese, Kommentar zum KAG für das Land Nordrhein-Westfalen, 3. Aufl., § 2 Rdnr. 45).

Eine andere rechtliche Beurteilung ergibt sich nicht aus der verfassungsrechtlichen Gewährleistung des kirchlichen Selbstbestimmungsrechts. Nach Art. 140 GG i.V.m. Art. 137 Abs. 3 Satz 1 WRV ordnet und verwaltet jede Religionsgemeinschaft ihre Angelegenheiten selbständig innerhalb der Schranken des für

---

[7] KirchE 2, 280.

alle geltenden Gesetzes. Diese Regelung ist dahin zu verstehen, daß für die Kirchen nicht jedes allgemeine staatliche Gesetz gilt (BVerfGE 42, 312 [333][8]). Trifft etwa ein Gesetz die Kirche in ihrer Besonderheit als Kirche härter als andere, indem es ihr Selbstverständnis, insbesondere ihren geistig-religiösen Auftrag beschränkt, dann muß es hinter der kirchlichen Autonomie zurücktreten (BVerfGE 42, 312 [334]).

Zwar nehmen die Kirchen auch bei der Verwaltung ihrer Friedhöfe eigene Angelegenheiten wahr, jedoch erfüllen sie dabei nach der in Rechtsprechung und Literatur herrschenden Meinung (vgl. BVerwGE 25, 364; OVG Münster, Urteil v. 28. 9. 1989[9], ZevKR 36 [1991], 74; Weber, ZevKR 33 [1988], 15 [20 ff.]; a. A. v. Campenhausen, in: v. Mangoldt/Klein, Das Bonner GG, Bd. 14, 3. Aufl., Art. 140 Rdnr. 69 ff.; Renck, DÖV 1992, 485), die der Senat teilt, zugleich eine öffentliche Aufgabe. Dem steht Art. 13 des Ergänzungsvertrages vom 4. 3. 1965 zum Loccumer Vertrag in Verbindung mit Nr. 11 des abschließenden Protokolls vom 4. 3. 1985 nicht entgegen. Dort ist lediglich festgelegt, daß die im Eigentum oder in der Verwaltung der Kirchengemeinden stehenden Friedhöfe kirchliche Einrichtungen sind und in demselben Umfang wie die kommunalen Friedhöfe staatlichen Schutz genießen. Dies schließt nicht aus, daß die Kirchengemeinden mit der Bereitstellung von Friedhöfen auch staatliche bzw. kommunale Versorgungsfunktionen erfüllen. Tun sie das, dann nehmen sie sich damit (auch) anderer als der aus ihrem Glaubensauftrag erwachsenden Aufgaben an. Soweit dies geschieht, gibt ihnen das kirchliche Selbstbestimmungsrecht nicht die Befugnis, gegenüber ihren Mitgliedern (und erst recht nicht gegenüber Außenstehenden) abweichend von den Gewährleistungen des Grundgesetzes regelnd tätig zu werden (vgl. Engelhardt, aaO, S. 793 f.; Weber, ZevKR 33 [1988], 15 [29]). Daraus folgt, daß die Festsetzung der Gebühren für Monopolfriedhöfe in kirchlicher Trägerschaft nicht zum verfassungsrechtlich geschützten innerkirchlichen Kreis der Glaubens- und Kultusfragen und damit nicht zum Kernbereich kirchlicher Selbstbestimmung gehört, in dem das Grundgesetz nur eingeschränkt gelten mag.

Bei der Regelung des Benutzungsverhältnisses ist die Kirchengemeinde hinsichtlich eines solchen Friedhofs mithin an die (staatlichen) Grundrechte ebenso gebunden wie ein kommunaler Friedhofsträger. Zu einer Konkurrenz zwischen den Grundrechten und der verfassungsrechtlich gewährleisteten kirchlichen Autonomie kann es bei der Erhebung von Gebühren für die Benutzung eines kirchlichen Monopolfriedhofs nicht kommen, weil die Bindung an Art. 3 Abs. 1 GG den Friedhofsträger bei der Gestaltung seiner Friedhofsgebührenordnung

---

[8] KirchE 15, 320.
[9] KirchE 27, 267.

weder inhaltlich im Bekenntnisbereich noch härter als andere Friedhofsträger in vergleichbarer Situation trifft.

Mit der Monopolstellung des Friedhofs der Beklagten und dem faktischen Benutzungszwang für die Einwohner von A. wäre es auch nicht zu vereinbaren, wenn mit der Erhebung einer höheren Gebühr eine übermäßige Belegung durch Nicht- oder Andersgläubige verhindert werden sollte. Vielmehr muß jedem Berechtigten gleichermaßen und damit grundrechtskonform die Benutzung des Friedhofs gewährleistet sein. Dazu steht der in § 6 Abs. 1 Nr. 8 a der Friedhofsgebührenordnung der Beklagten vorgesehene Zuschlag in Widerspruch. Er ist geeignet, das Benutzungsrecht solcher Einwohner von B. zu erschweren, die den in der Arbeitsgemeinschaft christlicher Kirchen zusammengeschlossenen Religionsgemeinschaften nicht angehören, aber in ihrem Wohnort bestattet werden wollen, ohne dort auf einen anderen Friedhof ausweichen zu können.

Die Beklagte vermag den streitigen Zuschlag auch nicht mit dem Argument zu rechtfertigen, daß die Gebühreneinnahmen nicht ausreichten, um die Kosten für die Verwaltung des Friedhofs zu begleichen, so daß sie daneben auf eine indirekte Finanzierung aus Kirchensteuermitteln angewiesen sei. Zwar kann dieser Umstand bei einem kirchlichen Friedhof ohne Monopolstellung durchaus beachtlich sein, weil dann der kirchliche Träger in der Gestaltung der Rechtsverhältnisse freier ist und deshalb auch die Benutzung von einer bestimmten Glaubenshaltung abhängig machen darf. Wird in einem solchen Fall die Bestattung Konfessionsfremder zugelassen, mag die Festsetzung eines höheren Gebührensatzes als bei der Bestattung von Mitgliedern der Kirchengemeinde (und wegen der vereinbarten Gegenseitigkeit auch von Angehörigen der übrigen in der Arbeitsgemeinschaft christlicher Kirchen zusammengeschlossenen Kirchen und kirchlichen Gemeinschaften) unter dem Gesichtspunkt einer gerechten Lastenverteilung auf alle Friedhofsbenutzer zulässig sein (vgl. Gaedke, aaO, S. 97). Handelt es sich dagegen um einen kirchlichen Friedhof mit Monopolstellung, muß – wie oben ausgeführt – eine grundrechtskonforme Benutzung gewährleistet sein, die einschließt, daß das Recht der Angehörigen, den Verstorbenen auf einem Friedhof der Gemeinde seines letzten Wohnsitzes zu bestatten, nicht durch die Erhebung eines sog. Nicht- und Andersgläubigenzuschlags beeinträchtigt wird. Im übrigen hat es die Beklagte – worauf das Verwaltungsgericht zu Recht hingewiesen hat – in der Hand, durch Erhebung auskömmlicher allgemeiner Gebühren eine Subventionierung ihres Friedhofs aus Kirchensteuermitteln und damit eine mögliche Benachteiligung ihrer Mitglieder zu verhindern.

Aber selbst wenn eine sachliche Berechtigung für die Erhebung eines solchen Zuschlags zu den Friedhofsgebühren darin gesehen werden könnte, daß für die Unterhaltung eines kirchlichen Friedhofs mit Monopolstellung regelmäßig Zuschüsse aus dem Kirchensteueraufkommen geleistet werden müssen, würde dies im vorliegenden Fall zu keinem anderen Ergebnis führen. Voraussetzung hierfür wäre zunächst, daß durch die Friedhofsgebühren die Kosten für die Unterhaltung und Verwaltung des Friedhofs nicht gedeckt werden können (OVG Lüneburg, Urteil v. 28. 6. 1954, OVGE 8, 421). Ein derartiges Defizit hat die Beklagte jedoch weder für das maßgebliche Jahr 1990 noch für andere Jahre nachgewiesen. Ihre Behauptung, daß eine indirekte Finanzierung der für den Friedhof anfallenden Verwaltungstätigkeit auch aus anderen kirchlichen Geldern (Steuermitteln) erfolgt sei, reicht nicht aus. Sie hätte dies durch eine genaue Aufstellung über die jährlichen Einnahmen aus den Gebühren und über die jährlichen persönlichen und sächlichen Kosten für Unterhaltung und Verwaltung des Friedhofs belegen müssen. Ohne diese Unterlagen kann nicht festgestellt werden, ob die Mitglieder der Beklagten tatsächlich laufend auf dem Wege über die von ihnen entrichteten Kirchensteuern zur Unterhaltung des Friedhofs mittelbar beigetragen haben. Zwar hat die Beklagte im Berufungsverfahren ein Berechnungsmuster über den vom Kirchenkreisamt für den Friedhof der Beklagten zu erbringenden Verwaltungsaufwand vorgelegt, doch mußte dieses nicht einer näheren Prüfung unterzogen werden, weil die Beklagte zu der vorrangig zu behandelnden Frage, wie hoch das Gebührenaufkommen im Jahre 1990 war, weder konkrete Aussagen gemacht noch aussagekräftige Unterlagen wie etwa den entsprechenden Friedhofsetat beigebracht hat. Welche Kosten für die Unterhaltung und Verwaltung des Friedhofs der Beklagten überhaupt in Ansatz gebracht werden dürfen und ob der Gebührensatz von 840,- DM für die Verleihung eines Nutzungsrechts an einer Wahlgrabstätte für 30 Jahre und damit auch der angefochtene 50 %ige Zuschlag auf diese Gebühr auf einer ordnungsgemäßen Kalkulation beruht, bedurfte deshalb aus Anlaß dieses Falles keiner Entscheidung.

Aus alledem ergibt sich, daß § 6 Abs. 1 Nr. 8 a der Friedhofsgebührenordnung der Beklagten wegen Verstoßes gegen Art. 3 Abs. 1 GG nichtig ist, so daß die Beklagte den streitigen Zuschlag nicht erheben durfte. Da die Klage bereits aus diesem Grund Erfolg haben muß, kommt es nicht darauf an, ob auch – wie das Verwaltungsgericht angenommen hat – Art. 3 Abs. 3 GG verletzt ist. Insofern soll lediglich darauf hingewiesen werden, daß Zweifel bestehen könnten, ob die Beklagte mit dieser Regelung – wie erforderlich – gezielt Staatsbürger wegen ihres Glaubens oder ihrer religiösen Anschauung benachteiligen will. Möglicherweise ist die Benachteiligung lediglich eine (nicht beabsichtigte) Nebenfolge finanzieller Erwägungen.

66

Dem durch Übertritt zum Islam begründeten persönlichen Interesse, einen muslimischen Vornamen zu führen, kann unter Wahrung des öffentlichen Interesses an einer Identifizierung des Trägers dadurch entsprochen werden, daß ein solcher Name dem bereits vorhandenen Vornamen beigefügt wird.

§ 3 Abs. 1 NÄG

VG Koblenz, Urteil vom 27. Oktober 1992 – 2 K 2499/91 Ko[1] –

Der Kläger stellte im April 1990 den Antrag auf Änderung seiner Vornamen Dirk Olaf in die Vornamen Abdul-Faruk Cetin. Er habe fünf Jahre lang mit seiner Mutter, die mit einem türkischen Staatsangehörigen verheiratet sei, in der Türkei gelebt; 1981 sei er nach Berlin zurückgekehrt und habe dort die mittlerweile wieder geschiedene Ehe mit einer türkischen Staatsangehörigen geschlossen. Seit 1987 gehöre er dem Islam an, habe ein Dolmetscherdiplom für die türkische Sprache erworben und beabsichtige, den Antrag zu stellen, eine gegen ihn erkannte Haftstrafe in einem türkischen Gefängnis verbüßen zu können. Der Vornamensänderung bedürfe es zur Vereinfachung seiner religiösen und kulturellen Integration in der Türkei. Er sei im Schuldnerverzeichnis eingetragen; seine Strafhaft ende voraussichtlich im Juli 1995. Der Kläger legte eine im Juli 1990 aufgenommene Erklärung über seinen Austritt aus der katholischen Kirche sowie eine eidesstattliche Erklärung seiner Mutter vor, wonach ihr jetziger Ehemann der leibliche Vater des Klägers sei.

Mit dem angefochtenen Bescheid lehnte die Kreisverwaltung den Namensänderungsantrag des Klägers ab. Zur Begründung wurde ausgeführt, außer dem Übertritt zum islamischen Glauben, der nicht belegt sei, seien die vom Kläger dargelegten Gründe weder aktuell noch in absehbarer Zeit gegeben; die Einfügung in eine neue familiäre oder soziale Umwelt sei dem Kläger ebensowenig möglich wie die Übersiedlung in einen islamischen Staat. Der vom Kläger dagegen eingelegte Widerspruch wurde durch Widerspruchsbescheid des Kreisrechtsausschusses zurückgewiesen.

Mit der Klage verfolgt der Kläger sein Begehren weiter. Er macht geltend, die Beibehaltung seiner Vornamen behindere ihn in der Berufsausübung als „islamischer Seelsorger". Der Kläger hat eine „eidesstattliche Erklärung" seiner Mutter, seines Stiefvaters und seines Stiefbruders vorgelegt, wonach er im Jahre 1987 im Beisein der Erklärenden zum Islam konvertiert sei. Außerdem hat der Kläger seine Tätigkeit als islamischer Seelsorger bei der Verbandsgemeindeverwal-

---

[1] Die Berufung des Klägers wurde zurückgewiesen; OVG Rheinland-Pfalz, Urteil vom 22. 6. 1993 – 7 A 12338/92 –, unv.

tung N. gewerberechtlich angemeldet. Er hat des weiteren einen Auszug aus dem Vereinsregister beim Amtsgericht X. zur Gerichtsakte gereicht, wonach im September 1992 die türkisch-islamische Gesellschaft Y. mit dem Kläger als Vorsitzenden eingetragen worden ist.

Mit der Verpflichtungsklage erstrebt der Kläger in erster Linie die Änderung seines Vornamens gemäß dem ursprünglichen Antrag an die Verwaltungsbehörde, hilfsweise den bisherigen Vornamen um den Namen „Abdul-Faruk Cetin I."[2] zu ergänzen.

Der Beklagte (Land Rheinland-Pfalz, vertreten durch den örtlich zuständigen Landrat) meint, es sei zweifelhaft, ob das vom Kläger angezeigte Gewerbe (islamische Seelsorge) bei Verbüßung einer mehrjährigen Haftstrafe überhaupt betrieben werden könne. Durch die Ablehnung der Vornamensänderung werde der Kläger nicht in seinen Grundrechten auf freie Entfaltung der Persönlichkeit, Glaubens-, Vereinigungs- und Berufsfreiheit verletzt; es stehe ihm auch ohne Namensänderung frei, sich bei der Ausübung seiner Religion des Taufnamens zu bedienen.

Das Verwaltungsgericht weist die Klage ab.

Aus den Gründen:

Die Klage (...) ist mit dem in erster Linie verfolgten Begehren zulässig, aber unbegründet.

Der Kläger hat keinen Anspruch auf Ersetzung seiner Vornamen „Dirk Olaf" durch die Vornamen „Abdul-Faruk Cetin". Der Beklagte hat das Begehren des Klägers im Ergebnis zu Recht auf der Grundlage der §§ 11, 1, 3 Abs. 1 des Namensänderungsgesetzes – NÄG – vom 5. 1. 1938 (BGBl. III-401-1 mit späteren Änderungen) abgelehnt. Nach diesen Vorschriften darf eine Vornamensänderung nur ausgesprochen werden, wenn sie durch einen wichtigen Grund gerechtfertigt ist. Ein die Änderung des Namens rechtfertigender Grund im Sinne des § 3 Abs. 1 NÄG liegt vor, wenn die Abwägung aller für und gegen die Namensänderung streitenden schutzwürdigen Belange ein Übergewicht der für die Änderung sprechenden Interessen ergibt; dies gilt für die Änderung eines Vornamens ebenso wie für die Änderung eines Familiennamens; von der Änderung des Familiennamens unterscheidet sich die Änderung des Vornamens insoweit nur, als den öffentlichen Interessen, auf die bei der Änderung eines Vornamens Bedacht zu nehmen ist, ein geringeres Gewicht zukommt als dem öffentlichen Interesse am unveränderten Fortbestand eines Familiennamens (vgl. BVerwG, Beschluß v. 1. 2. 1989, Buchholz 402.10 § 11 NÄG Nr. 3).

---

[2] Anmerkung der Herausgeber: Bei dem hier anonymisierten Namensteil „I." handelt es sich um einen muslimischen Familiennamen.

Namensänderung

Das öffentliche Interesse an der Beibehaltung der Vornamen Dirk Olaf des Klägers wiegt nach Überzeugung der Kammer schwerer als das Interesse des Klägers an ihrer Ersetzung durch muslimische Vornamen. Dies ergibt sich daraus, daß der Kläger im Schuldnerverzeichnis eingetragen und zu einer mehrjährigen Haftstrafe verurteilt ist, so daß seine künftige Identifizierung gewährleistet sein muß. Diese kann aber erschwert werden, wenn in den öffentlichen Registern die Vornamen „Dirk Olaf" ersatzlos gestrichen und nicht etwa – wie beispielsweise beim Geburtsnamen, der nach einer Eheschließung nicht weitergeführt wird – erhalten bleiben. Unter solchen Umständen können Schwierigkeiten bei einer künftigen Identifizierung zusätzlich dadurch entstehen, daß die bisherigen (deutschen) Vornamen durch ausländische ersetzt werden. Insbesondere in Verbindung mit einem türkischen Familiennamen, den der Kläger nach seinem Vorbringen anzunehmen beabsichtigt, können sich auf diese Weise auch Zweifel an der Nationalität des Klägers ergeben.

Demgegenüber sind die schutzwürdigen Interessen des Klägers an einer Ersetzung seiner Vornamen „Dirk Olaf" durch türkische Vornamen geringer zu bewerten. Zwar hat die Kammer aufgrund des Lebenslaufes des Klägers und der von ihm dargestellten Aktivitäten keinen Zweifel daran, daß er sich ernsthaft und auf Dauer dem türkisch-islamischen Kulturkreis zugewandt hat, zum moslemischen Glauben übergetreten ist und für sich die Verpflichtung empfindet, geistlich-seelsorgerliche Aufgaben wahrzunehmen. Der Kläger hat aber weder vorgetragen noch ist sonst ersichtlich, daß es der Ersetzung der Vornamen „Dirk Olaf" bedarf, um ihm eine ungehinderte Religions- und Berufsausübung zu ermöglichen. Vielmehr hat der Kläger Presseartikel muslimischer Autoren vorgelegt, in denen konvertierten Muslimen deutscher Staatsangehörigkeit empfohlen wird, sich im Wege der Vornamensergänzung muslimische Vornamen beizulegen. Daß mit einer solchen Vornamensergänzung auch die schutzwürdigen Interessen des Klägers gewahrt werden, ergibt sich schon daraus, daß das deutsche Namensrecht keine Verpflichtung kennt, sämtliche Vornamen zu führen; der Namensträger ist nicht einmal gehalten, seine Vornamen in der durch den Anfangsbuchstaben abgekürzten Form zu benutzen. Im Falle einer Vornamensergänzung wäre es dem Kläger mithin unbenommen, sich im beruflichen und privaten Bereich ausschließlich der muslimischen Vornamen zu bedienen.

Gleichwohl kann das in diese Richtung gehende Hilfsbegehren des Klägers nicht zum Erfolg führen. Es ist nämlich unzulässig, weil es insoweit an dem beim Beklagten zu stellenden Antrag fehlt, der jedoch Voraussetzung für eine Vornamensergänzung ist. Das in diesem Verfahren hilfsweise zum Ausdruck gebrachte Namensergänzungsbegehren reicht insoweit nicht aus. Dieses Begehren ist auch nicht etwa in dem vom Kläger gestellten Antrag auf Änderung seiner Vornamen enthalten. Vornamensänderung durch Ersetzung der bisherigen Vornamen einerseits und Vornamensergänzung durch Beifügung weiterer Vornamen unter Beibehaltung der bisherigen sind rechtlich zu unterscheidende Vorgänge. Ungeachtet dessen könnte der Hilfsantrag aber auch deshalb wohl keinen Erfolg haben, weil der Kläger die Ergänzung seiner Vornamen „Dirk Olaf" durch drei muslimische Vornamen und einen muslimischen Familiennamen, nämlich „I." begehrt. Ein Familienname kann aber im Regelfall nicht als Vorname gewählt werden. Ein „Herausstreichen" des als Vornamen gewählten Namens „I." aus dem Antrag des Klägers kommt ebenfalls nicht in Betracht, weil die Entscheidung, welche Vornamen in welcher Kombination gewählt werden, allein dem Namensträger zusteht.

67

In der schriftlichen Anhörung der Mitarbeitervertretung muß zweifelsfrei kenntlich gemacht sein, auf welche Tatsachenkomplexe der kirchliche Arbeitgeber die Kündigung des Arbeitnehmers zu stützen beabsichtigt. Ist bei einem von mehreren Kündigungsgründen dieses Erfordernis nicht erfüllt, fehlt es insoweit an einer ordnungsgemäßen, für die Wirksamkeit der Kündigung unabdingbaren Anhörung.

§ 30 Abs. 1 MAVO
LAG Köln, Urteil vom 28. Oktober 1992 – 7 Sa 692/92[1] –

Der Kläger war ab 1. 2. 1990 Assistenzarzt im Krankenhaus der Beklagten, einer kath. Ordensgemeinschaft. Der Dienstvertrag ist befristet bis zum 31. 1. 1993 und bestimmt, daß die Richtlinien für Arbeitsverträge in den Einrichtungen des Deutschen Caritas-Verbandes (AVR) in der jeweils geltenden Fassung gelten sollen und das Arbeitsverhältnis gemäß § 14 Abs. 1 AVR kündbar sein sollte, die Tätigkeit des Klägers sollte auch seiner Weiterbildung zum Arzt für Anästhesie dienen.

Die Beklagte hat dem Kläger mit Schreiben vom 3. 5. 1991 zum 30. 6. 1991 gekündigt und mit Schreiben vom 9. 8. 1991 zum 30. 9. 1991. Der Kläger hat gegen beide Kündigungen Klage erhoben. Die erste Klage (Feststellungsantrag) wurde durch Teil-Anerkenntnis-Urteil des Arbeitsgerichts erledigt. Mit der vorliegenden Klage macht der Kläger geltend, die Kündigung vom 9. 8. 1991 sei sozial nicht gerechtfertigt und rechtsunwirksam aufgrund von § 30 MAVO. Nach § 30 Abs. 1 MAVO sind der Mitarbeitervertretung vor jeder ordentlichen Kündigung nach Ablauf der Probezeit durch den Dienstgeber schriftlich die

---

[1] LAGE § 611 BGB, kirchl. Arbeitnehmer, Nr. 7. In der Revisionsinstanz (BAG 2 AZR 664/92) wurde ein Vergleich geschlossen.

Absicht der Kündigung und der Gründe hierfür mitzuteilen. Nach § 30 Abs. 5 MAVO ist eine ohne Einhaltung des Verfahrens nach den Absätzen 1 und 2 ausgesprochene Kündigung unwirksam. Der Kläger macht insoweit geltend, die Beklagte habe den im Kündigungsschreiben vom 9. 8. 1991 angegebenen zweiten Kündigungsgrund, nämlich sein Schreiben an die Provinzoberin vom 2. 7. 1991, im Anhörungsschreiben an die Mitarbeitervertretung vom 2. 8. 1991 nicht als Kündigungsgrund angegeben.

Die Beklagte hat im wesentlichen geltend gemacht: Der Kläger habe mit seinem Kollegen Dr. F. verabredet, daß dieser ihn auch bei Abwesenheit in Narkoseprotokolle als Mitanästhesist einträgt, um so die für die Weiterbildung erforderlichen (1800) selbständigen Anästhesien zusammenzubekommen. Das sei auch geschehen. Der Kläger sei ab 18. 2. 1991 abwesend gewesen und gleichwohl habe Dr. F. ihn in der Zeit vom 21.–26. 2. 1991 in den (14) Narkoseprotokollen der HNO-Abteilung als Mitanästhesist aufgeführt. Das sei für den ausbildenden Chefarzt Dr. O. auf keinen Fall tolerierbar gewesen. Er habe für den Kläger am Ende seiner Ausbildung ein wahrheitsgemäßes Zeugnis zu erstellen gehabt, das Auskunft habe geben müssen über die menschliche und fachliche Eignung für das Fach Anästhesiologie.

Das Arbeitsgericht hat die Klage abgewiesen. Die Berufung des Klägers hatte Erfolg.

Aus den Gründen:

I. Die Beklagte war zwar trotz Befristung des Arbeitsverhältnisses zu der Kündigung vom 9. 8. 1991 berechtigt, § 3 des Dienstvertrages der Parteien und § 14 Abs. 1 AVR. Die Kündigung ist jedoch rechtsunwirksam aufgrund von § 1 Abs. 1 KSchG und § 30 Abs. 5 MAVO.

1. Nach § 1 Abs. 1 KSchG ist die Kündigung des Arbeitsverhältnisses gegenüber einem Arbeitnehmer, dessen Arbeitsverhältnis in demselben Betrieb oder Unternehmen ohne Unterbrechungen länger als 6 Monate bestanden hat, rechtsunwirksam, wenn sie sozial ungerechtfertigt ist. Das Dienstverhältnis der Parteien war ein Arbeitsverhältnis. Es hat auch ohne Unterbrechung länger als 6 Monate bestanden, nämlich rund 1 1/2 Jahre. Die Kündigung der Beklagten ist auch sozial ungerechtfertigt.

Als sozial ungerechtfertigt ist eine Kündigung anzusehen, wenn sie nicht durch Gründe, die in der Person oder in dem Verhalten des Arbeitnehmers liegen, oder durch dringende betriebliche Erfordernisse, die einer Weiterbeschäftigung des Arbeitnehmers in diesem Betrieb entgegenstehen, bedingt ist, § 1 Abs. 2 Satz 1 KSchG. Mit „bedingt" meint das Gesetz, daß die Kündigung aufgrund der genannten Umstände bei verständiger Würdigung in Abwägung der Interessen der Vertragsparteien und des Betriebes billigenswert und angemessen erscheinen muß, vgl. Hueck, Kündigungsschutzgesetz, 10. Aufl., Rdnr. 69 zu § 1. Daß diese Voraussetzungen vorgelegen haben, muß im Prozeß der Arbeitgeber darlegen und beweisen, § 1 Abs. 2 Satz 4 KSchG. Der Vorwurf der Beklagten, der Kläger habe mit seinem Kollegen Dr. F. verabredet, daß dieser ihn trotz Abwesenheit in Narkoseprotokolle als Mitanästhesist eintrage, erfüllt diese Voraussetzungen nicht. Diese Verabredung verletzte in erster Linie Interessen des ausbildenden Chefarztes Dr. O., nicht Interessen der Beklagten. Dr. O. hatte ein Interesse an der Zuverlässigkeit seiner Zeugnisse. Im übrigen spricht die Lebenserfahrung für die Annahme, daß nach Bekanntwerden der Falscheintragungen schon durch eine einfache Rüge erreicht werden konnte, daß Falscheintragungen in der Zukunft unterblieben. Es ist daher nicht gerechtfertigt, dem Kläger jegliches Vertrauen zu entziehen. Im übrigen hat der Kläger eine Verabredung mit Dr. F., wie die Beklagte sie geltend macht, bestritten und hat die Beklagte für ihre Version der Abrede einen Beweis nicht angetreten.

2. Im übrigen ist die Kündigung der Beklagten rechtsunwirksam aufgrund von § 30 Abs. 5 MAVO, die unstreitig Inhalt des Arbeitsverhältnisses der Parteien ist.

a) Nach § 30 Abs. 1 MAVO sind vor jeder ordentlichen Kündigung nach Ablauf der Probezeit durch den Dienstgeber der Mitarbeitervertretung schriftlich die Absicht der Kündigung und die Gründe hierfür mitzuteilen. Nach § 30 Abs. 5 MAVO ist eine ohne Einhaltung dieses Verfahrens ausgesprochene Kündigung unwirksam.

b) Die Beklagte hat in ihrem Anhörungsschreiben an die Mitarbeitervertretung vom 2. 8. 1991 geschrieben:

„Wir beabsichtigen, das Arbeitsverhältnis ordentlich unter Einhaltung einer Kündigungsfrist von 6 Wochen zum 30. 9. 1991 zu kündigen.
Für die beabsichtigte arbeitgeberseitige Kündigung sind folgende Gründe maßgebend:
Bewußt wahrheitswidrige Ausfüllung der Narkoseprotokolle im Zeitraum vom 21. 2. bis 26. 2. 1991 (Dr. F. hat Dr. F. als Mit-Anästhesist aufgeführt, obwohl Dr. F. in diesem Zeitraum nicht im Hause anwesend war, Dr. F. hat ein diesbezügliches Angebot des Dr. F. nicht abgelehnt, obwohl er wissen mußte, daß diese Vorgehensweise nicht rechtens ist und demzufolge nicht geduldet werden kann).
Zerrüttung des Dienstverhältnisses durch Störung des Arbeitsfriedens, intensive Störung der kooperativen Betreuung des Ärztlichen Direktors vom 3. 5. 1991.
Wir beantragen hiermit Ihre Zustimmung zu der beabsichtigten erneuten Kündigung zum 30. September 1991."

Das Schreiben des Klägers vom 2. 7. 1991 ist dort als Kündigungsgrund also nicht angegeben. Daß es dem Anhörungsschreiben beigegeben war, ändert nichts daran, daß es in dem Anhörungsschreiben nicht als Kündigungsgrund aufgeführt ist. Die schlichte Vorlage einer Urkunde besagt noch nicht, daß deren Inhalt ein Kündigungsgrund sein soll. Die mündliche Mitteilung, daß eine

Urkunde Kündigungsgrund sein solle, soll nach § 30 Abs. 1 MAVO gerade nicht genügen.

c) Die Erklärung der Mitarbeitervertretung, daß aufgrund des Inhaltes der ihr dargelegten Schriftstücke, insbesondere „des Schriftsatzes zwischen der Ehrwürdigen Mutter A. und Dr. F./Dr. F. vom 2. 7. 91" sie der Kündigung zustimme, vermag die Nichtbeachtung der Formvorschrift des § 30 Abs. 1 MAVO nicht zu heilen. Die Vorschrift dient nicht nur Interessen der Mitarbeitervertretung, sondern auch Interessen des betroffenen Arbeitnehmers (vgl. § 30 Abs. 5 MAVO). Es soll auch in seinem Interesse klar sein, was der Arbeitgeber als Kündigungsgrund geltend macht, und eine diesbezügliche Zeugenvernehmung nicht erforderlich sein. Zur Feststellung, daß die Beklagte auch die Äußerung des Klägers im Schreiben vom 2. 7. 1991 gegenüber der Mitarbeitervertretung als Kündigungsgrund geltend gemacht hatte, wäre aber eine Zeugenvernehmung erforderlich, denn es ist nicht ausgeschlossen, daß die Mitarbeitervertretung von sich aus die Äußerung des Klägers im Schreiben vom 2. 7. 1991 als Kündigungsgrund aufgefaßt hat, ohne daß zuvor der Vertreter der Beklagten gegenüber der Mitarbeitervertretung dieses Schreiben als Kündigungsgrund geltend gemacht hatte.

Die Nichteinhaltung der Formvorschrift des § 30 Abs. 1 MAVO hinsichtlich des Kündigungsgrundes „Schreiben des Klägers an die Provinzoberin vom 2. 7. 1991" hat gemäß § 30 Abs. 5 MAVO zumindest zur Folge, daß sich die Beklagte auf diesen Kündigungsgrund zur Rechtfertigung ihrer Kündigung nicht berufen kann.

II. Der Auflösungsantrag der Beklagten ist unbegründet. (wird ausgeführt)

68

Für einen Antrag, die Durchführung einer Kirchenvorstandswahl zu untersagen, ist der Verwaltungsrechtsweg nicht gegeben.

Art. 140 GG, 137 Abs. 3 WRV; § 40 Abs. 1 VwGO
VG Gelsenkirchen, Beschluß vom 2. November 1992 – 4 L 3076/92[1] –

Die Antragsgegnerin, eine kath. Kirchengemeinde, hatte für den 8./9. 11. 1992 die Wiederholung einer im November 1991 ausgeführten Kirchenvorstandswahl angeordnet. Der Antragsteller, dessen aktives und passives Wahlrecht von der Antragsgegnerin und der kirchlichen Aufsichtsbehörde bestritten

---

[1] Die Beschwerde des Antragstellers wurde v. OVG.NW (Beschluß v. 2. 12. 1992 – 5 B 4546/92 – unv.) unter Bezugnahme auf die Gründe des angefochtenen Beschlusses zurückgewiesen.

wird, begehrt den Erlaß einer einstweiligen Anordnung des Inhalts, daß der Antragsgegnerin die Wiederholung der Kirchenvorstandswahl untersagt wird. Das Verwaltungsgericht lehnt den Antrag ab.

Aus den Gründen:

Der Antrag, der Antragsgegnerin im Wege einer einstweiligen Anordnung die Durchführung der für den 7. und 8. 11. 1992 anberaumten Wiederholung der Kirchenvorstandswahl zu untersagen, ist unzulässig, weil der Verwaltungsrechtsweg gemäß § 40 Abs. 1 VwGO nicht gegeben ist.

Bei dem vorliegenden Streit über die Rechtmäßigkeit der Neuwahl zum Kirchenvorstand am 9./10. 11. 1991 und der davon abhängigen Frage der Berechtigung einer Wiederholungswahl handelt es sich nicht um eine öffentlich-rechtliche Streitigkeit i. S. des § 40 Abs. 1 VwGO; er betrifft vielmehr innerkirchliche Maßnahmen, die gemäß Art. 140 GG i.V.m. Art. 137 Abs. 3 WRV dem staatlichen Zuständigkeitsbereich entzogen sind.

Der Antragsteller wendet sich dagegen, daß ihm von der Antragsgegnerin und dem Bischöflichen Generalvikariat Münster das aktive und passive Wahlrecht bei der Kirchenvorstandswahl abgesprochen wird. Wahl und Zusammensetzung des Kirchenvorstandes sind Gegenstand kirchlicher Organisation und Vermögensverwaltung und somit nach herrschender Auffassung dem innerkirchlichen Bereich zuzuordnen (vgl. u. a. Kopp, VwGO, § 40 Rdnr. 39 m.w.N.; OVG Münster, Urteil vom 23. 8. 1977[2] – VIII A 1813/75 –; in NJW 1978, 905 m.w.N.).

Dem steht nicht entgegen, daß die Einzelheiten der Kirchenvorstandswahl in dem Gesetz über die Verwaltung des katholischen Kirchenvermögens vom 24. 7. 1924 – VVG –, also einem staatlichen Gesetz, geregelt sind. Die Kammer schließt sich insoweit der Auffassung des Oberverwaltungsgerichts Münster, aaO, S. 906 an und stellt für die Zuordnung einer Maßnahme zum innerkirchlichen Bereich nicht auf die staatlicherseits vorgegebenen rechtlichen Rahmenbedingungen, sondern auf den materiellen Charakter der Maßnahme ab, der nach dem oben Gesagten als innerkirchlich zu qualifiziert ist. – Eine andere Beurteilung rechtfertigt sich schließlich nicht daraus, daß sich die Antragsgegnerin und das Bischöfliche Generalvikariat bei der Beurteilung der Wahlberechtigung und Wählbarkeit des Antragstellers an Vorschriften des Melderechtsrahmengesetzes (MRRG) orientiert haben. Wie sich aus der Entscheidung des Bischöflichen Generalvikariats vom 16. 1. 1992 ergibt, handelt es sich um eine *entsprechende* Anwendung dieser Vorschriften im Rahmen des VVG, die den materiellen Charakter der Kirchenvorstandswahl ebensowenig berührt, wie die Anwendung des VVG selbst.

---

[2] KirchE 16, 166.

69

Der sog. Halbteilungsgrundsatz findet nur Anwendung, wenn die Religionsgemeinschaften, denen die in konfessionsverschiedener Ehe lebenden Ehegatten angehören, von ihrem Besteuerungsrecht Gebrauch machen.

§§ 10 b EStG, 6 Abs. 4 BW.KiStG
BFH, Beschluß vom 3. November 1992 – I B 87/92[1] –

Die Klägerin gehört der Christengemeinschaft, der Kläger, ihr Ehemann, der ev. Kirche an. Die Christengemeinschaft, eine nichtsteuererhebende Körperschaft des öffentlichen Rechts, wird von der Klägerin durch freiwillige Beitragszahlungen unterstützt. Die Parteien streiten über die Auslegung von § 6 Abs. 4 BW.KiStG (Halbteilungsgrundsatz in konfessionsverschiedener Ehe).

Das beklagte Finanzamt meint, diese Vorschrift finde nur Anwendung, wenn beide Ehegatten steuererhebenden Religionsgemeinschaften angehören.

Das Finanzgericht[2] hat die Klage abgewiesen.

Die Nichtzulassungsbeschwerde wurde zurückgewiesen.

Aus den Gründen:

2. Die Kirchensteuererhebung nach dem Gesetz über die Erhebung von Steuern durch öffentlich-rechtliche Religionsgemeinschaften in Baden-Württemberg i.d.F. der Bekanntmachung vom 15. 6. 1978 – KiStG – (GBl. 1978, 369, BStBl. I 1978, 403) geht in § 6 Abs. 1 von der in der Person des Steuerpflichtigen gegebenen Bemessungsgrundlage aus (Individualprinzip). Von diesem Prinzip wird in § 6 Abs. 4 KiStG eine Ausnahme gemacht, wenn Ehegatten verschiedenen steuererhebenden Religionsgemeinschaften angehören und zur Einkommensteuer zusammen veranlagt werden. Die Voraussetzungen des § 6 Abs. 4 KiStG sind jedoch im Streitfall nicht erfüllt. Die Kläger gehörten bis zum 5. 6. 1986 gemeinsam nur einer Religionsgemeinschaft an. Zwar trat die Klägerin am 5. 6. 1986 aus der ev. Kirche aus. Sie trat jedoch nicht in eine andere steuererhebende Religionsgemeinschaft ein. Die Christengemeinschaft ist vielmehr eine nichtsteuererhebende Körperschaft des öffentlichen Rechts. Der klare Gesetzeswortlaut und der Sinn der Vorschrift schließen es aus, unter die steuererhebenden Religionsgemeinschaften auch solche zu fassen, die Kirchensteuern erheben könnten, es aber tatsächlich nicht tun. § 6 Abs. 4 KiStG stellt darauf ab, daß die verschiedenen Religionsgemeinschaften tatsächlich Kirchensteuern erheben.

---

[1] BFH/NV 1993, 320. Vgl. zu diesem Fragenkreis auch Niedersächs. OVG NVwZ-RR 1994, 355.
[2] FG Baden-Württemberg KirchE 30, 222.

3. Die in § 6 Abs. 4 KiStG vorgenommene Differenzierung zwischen steuererhebenden und nichtsteuererhebenden Religionsgemeinschaften ist verfassungsrechtlich unbedenklich. Zum einen können Religionsgemeinschaften in der Rechtsform der Körperschaft des öffentlichen Rechts frei wählen, ob sie das Steuererhebungsrecht in Anspruch nehmen wollen oder nicht. Machen sie von dieser Möglichkeit keinen Gebrauch, so kann nicht von einer Benachteiligung gesprochen werden. Zum anderen ist es gerade der Sinn des § 6 Abs. 4 KiStG, den sog. Halbteilungsgrundsatz nur dann anzuwenden, wenn die Kirchensteuererhebung durch die andere Religionsgemeinschaft sichergestellt ist. Die Anwendung des Halbteilungsgrundsatzes soll nicht die kirchensteuerpflichtigen Ehegatten entlasten. Diese sollen als Kirchensteuern insgesamt den Betrag entrichten, den sie auch bei einer Bemessung nach dem Individualprinzip zu entrichten hätten. Nach dem Individualprinzip hätte aber der Kläger die ihm gegenüber festgesetzte evangelische Kirchensteuer entrichten müssen. Der Halbteilungsgrundsatz beinhaltet deshalb nur den Steuerverzicht der einen Religionsgemeinschaft zugunsten einer anderen. Er baut auf der Vorstellung auf, daß das Einkommen der Eheleute von beiden je zur Hälfte erwirtschaftet wurde. Diese Annahme soll jedoch nur gelten, wenn die durch den Steuerverzicht begünstigte Religionsgemeinschaft auch tatsächlich Kirchensteuern erhebt. Daran fehlt es im Streitfall.

4. Verfassungsrechtlich kommt auch der Tatsache, daß die Klägerin der Christengemeinschaft in 1986 erhebliche Beträge zuwendete, keine Bedeutung zu. Derartige Zuwendungen haben einen anderen Rechtscharakter als die Steuerzahlungen. Sie können unter den Voraussetzungen des § 10 b des Einkommensteuergesetzes als Sonderausgaben abgesetzt werden. Dann mindern sie die Bemessungsgrundlage für die Einkommen- und Kirchensteuern. Zwar würden sich die Kläger günstiger stehen, wenn die Zuwendungen an die Christengemeinschaft gewissermaßen als Zahlungen auf die ev. Kirchensteuerschuld angesehen werden könnten. Abgesehen davon, daß diese Frage letztlich nur im Steuererhebungsverfahren entschieden werden könnte, ist kein Grund ersichtlich, weshalb der Gesetzgeber verfassungsrechtlich gezwungen sein könnte, freiwillige Zuwendungen an die eine Religionsgemeinschaft wie Anzahlungen auf die Steuerschuld gegenüber einer anderen Religionsgemeinschaft zu behandeln.

5. Sind aber die Voraussetzungen des § 6 Abs. 4 KiStG nicht erfüllt und besteht auch verfassungsrechtlich kein Gebot, § 6 Abs. 4 KiStG entgegen dem Wortlaut der Vorschrift anzuwenden, so ist der Kläger entsprechend dem in § 6 Abs. 1 KiStG verankerten Individualprinzip zu besteuern. Diese Rechtsfolge hält der erkennende Senat für eindeutig. Der Zulassung der Revision bedarf es deshalb nicht.

70

Ein Anspruch auf Sozialhilfe umfaßt auch die Kosten für religiös bedingten Bestattungsaufwand in angemessener Höhe (hier: rituelle Waschungen des Leichnams nach islamischen Vorschriften).

Art. 3 Abs. 3 GG; § 15 BSHG
VG Berlin, Urteil vom 3. November 1992 – 8 A 286/89[1] –

Der Kläger, der im Jahr 1989 im laufenden Sozialhilfebezug stand, begehrt die Erstattung von Kosten für die Waschung seiner am 16. 2. 1989 verstorbenen und am 23. 2. 1989 bestatteten Tochter Ayse.

Der Beklagte erteilte der Firma L. einen Kostenübernahmeschein für die erforderlichen Bestattungskosten. Die Firma L. stellte für die Beerdigung auf dem städtischen Friedhof am Columbiadamm insgesamt 770,56 DM in Rechnung. Hierin enthalten war u. a. ein Betrag für die Desinfektion des Leichnams. Der Beklagte übernahm des weiteren die vom Friedhofsamt N. in Rechnung gestellten Kosten. Am 28. 2. 1989 legte der Kläger eine türkisch abgefaßte und mit dem Vermerk „Waschung" versehene Quittung des Türkisch-Islamischen Friedhofs- und Bestattungsvereins e. V. über 150,– DM vor und beantragte die Erstattung dieses Betrages. Der Beklagte lehnte die Kostenerstattung ab, weil Kosten, die im Zusammenhang mit der Religionsausübung stünden, nicht zu übernehmen seien.

Mit der nach erfolglosem Widerspruch erhobenen Klage verfolgt der Kläger sein Begehren weiter. Der Türkisch-Islamische Friedhofs- und Bestattungsverein hat dem Verwaltungsgericht auf Anfrage mitgeteilt, daß für das Waschen der Leiche durch einen Vorbeter in dem auf dem Türkischen Friedhof am Columbiadamm vorhandenen Waschraum 100,– DM und für Desinfektionsmittel, Seife, Strom und Raumreinigung weitere 50,– DM in Rechnung gestellt werden.

Die Klage hatte Erfolg.

Aus den Gründen:

Die Klage ist (...) begründet.

Der Beklagte hat dem Kläger entsprechend § 15 BSHG die Übernahme der erforderlichen Kosten der Bestattung von Ayse bewilligt, wobei er sich allerdings über die im einzelnen erforderlichen Ausgaben keine Gedanken gemacht haben dürfte. Bei den vom Kläger geltend gemachten Kosten für die Waschung seines verstorbenen Kindes auf dem Türkischen Friedhof ... handelt es sich

---

[1] NVwZ 1994, 617. Das Urteil ist rechtskräftig.

um für die Bestattung gläubiger Muslime erforderliche Kosten. Denn das Maß des Erforderlichen ist unter Berücksichtigung der jeweils herrschenden Lebensgewohnheiten zu bestimmen. In der Bundesrepublik sind religiös motivierte Beerdigungszeremonien allgemein üblich. Dieser Tatsache tragen auch die zwar außer Kraft getretenen, nach Kenntnis der Kammer aber gleichwohl weiterhin angewandten Ausführungsvorschriften über Bestattungskosten in der Sozialhilfe vom 17. 12. 1976 (ABl. S. 291) Rechnung. Diese sehen bei Bestattungen auf katholischen und evangelischen Friedhöfen die Übernahme der Kosten für die Benutzung der Kapelle für eine Trauerfeier vor. Bei Bestattungen auf landeseigenen Friedhöfen werden gleichfalls die Kosten für die Benutzung einer Feierhalle übernommen. Neben den für die Beleuchtung, das Ausschmücken der Kapelle bzw. Halle und die Benutzung der Orgel gewährten Kosten übernimmt der Beklagte danach auch die Kosten für einen Organisten und einen Redner.

Der christlichen Trauerfeier entspricht bei Angehörigen des islamischen Glaubens die rituelle Waschung der Leiche, wie sie der Kläger für seine Tochter durch den Türkisch-Islamischen Friedhofs- und Bestattungsverein hat durchführen lassen. Hierbei handelt es sich (...) um eine religiöse Zeremonie. Denn rituelle Waschungen aus verschiedenen Anlässen haben für praktizierende Muslime große Bedeutung. So wird der Leichnam alsbald nach dem Sterben dreimal gewaschen, wobei die 36. Sure des Korans gelesen wird, bevor er zur Moschee oder zum Friedhof getragen wird (vgl. hierzu Politik – Kurz und Aktuell Nr. 32, Zusammenleben mit Muslimen, Eine Handreichung, hg. v. d. Landeszentrale für politische Bildungsarbeit in Berlin, Mai 1980, S. 33-35).

Daß diese rituellen Waschungen üblicherweise in speziell hierfür vorgesehenen Räumen auf Friedhöfen erfolgen, ergibt sich zur Überzeugung der Kammer aus der eingeholten Stellungnahme des Türkisch-Islamischen Friedhofs- und Bestattungsvereins, die sich mit der in der oben zitierten Schrift enthaltenen Empfehlung, auf Friedhöfen Waschräume für die Toten bereitzuhalten, deckt.

Die geltend gemachten Kosten überschreiten auch der Höhe nach nicht den Rahmen des Angemessenen. Sie liegen vielmehr unter den für christliche und auch weltliche Trauerfeiern vom Beklagten regelmäßig übernommenen Kosten, da jedenfalls im vorliegenden Fall daneben keine weiteren Kosten für die Benutzung einer Feierhalle oder Kapelle geltend gemacht worden sind. Dies gilt selbst dann, wenn daneben noch ein Redner in Anspruch genommen wurde, den die Firma L. mit 90,80 DM in Rechnung gestellt hat (...).

Der Anerkennung des religiös bedingten Bestattungsaufwands als erforderlich steht auch nicht das Urteil des Bundesverwaltungsgerichts vom 10. 10. 1959 (FEVS 6, S. 281) entgegen, wonach Stolgebühren, d. h. von Kirchen für kirchliche Amtshandlungen erhobene Gebühren, nicht zum „nötigenfalls" nach § 6 Abs. 1 Satz 2 RGr zu übernehmenden Bestattungsaufwand gehören. Dabei kann offenbleiben, ob diese Entscheidung auf § 15 BSHG, der von „erforderlichen" Kosten spricht, übertragen werden kann oder ob nicht durch diese Wortwahl eine Erweiterung des Hilfeanspruchs erfolgen sollte (so Schellhorn/ Jirasek/Seipp, BSHG, 13. Aufl. § 15 Rz. 2 unter Berufung auf das Gesetzgebungsverfahren). Denn das Bundesverwaltungsgericht hat in dieser Entscheidung zugleich ausgeführt, daß ein Verstoß gegen den Gleichheitsgrundsatz des Art. 3 Abs. 3 GG dann gegeben sei, wenn der Sozialhilfeträger die Kosten der Bestattungsfeier der einen Religionsgemeinschaft erstatte, einer anderen Religionsgemeinschaft oder deren Amtsträger aber verweigern würde. Da der Beklagte regelmäßig die Kosten für christliche Trauerfeiern übernimmt, gebietet es somit auch der Gleichheitsgrundsatz, entsprechende Kosten für Begräbnisse von Angehörigen anderer Glaubensrichtungen gleichfalls zu tragen.

71

Nur wenn gravierende besondere Umstände zu Gunsten eines kirchlichen Arbeitnehmers sprechen, rechtfertigt sein Kirchenaustritt nicht die fristlose Kündigung des Dienstverhältnisses.

§§ 626 BGB, 1 KSchG
ArbG Herford, Urteil vom 11. November 1992 – 2 Ca 782/92[1] –

Die 1967 geborene ledige Klägerin arbeitete seit Mai 1988 als Erzieherin in einem Kindergarten der Beklagten (ev. Kirchengemeinde). Auf das Arbeitsverhältnis der Parteien finden auf Grund der Vereinbarung der Parteien im schriftlichen Arbeitsvertrag die Bestimmungen des Bundes-Angestelltentarifvertrages in der für die Angestellten im Bereich der Ev. Kirche von Westfalen jeweils gültigen Fassung (BAT-KF) Anwendung. Am 30. 3. 1992 erklärte die Klägerin auf der Geschäftsstelle des Amtsgerichts O. ihren Austritt aus der ev. Kirche. Bevor das Kreiskirchenamt O. am 13. 4. 1992 von dem Kirchenaustritt Kenntnis erhielt, wurde das Arbeitsverhältnis der Parteien von der Klägerin fristgerecht zum 30. 6. 1992 gekündigt. Unter dem 16. 4. 1992 hat die Beklagte ihrerseits das Dienstverhältnis, und zwar fristlos, gekündigt.

Die Klägerin hat Kündigungsschutzklage erhoben und trägt im wesentlichen vor, im Hinblick darauf, daß sie selbst das Arbeitsverhältnis fristgerecht zum 30. 6. 1992 kündigte, könne der von ihr erklärte Austritt aus der ev. Kirche die ausgesprochene fristlose Kündigung nicht rechtfertigen. Zur Vermeidung einer fristlosen Kündigng sei es der Beklagten zumutbar gewesen, mit milderen Mitteln auf den von ihr erklärten Kirchenaustritt zu reagieren. In Gesprächen

---

[1] Das Berufungsverfahren (7 Sa 12/93 LAG Hamm) wurde durch Vergleich beendet.

zwischen dem 13. 4. und 16. 4. 1992 mit den Pfarrern der Beklagten sei sie nicht aufgefordert worden, den Kirchenaustritt rückgängig zu machen. Sie bestreitet eine ordnungsgemäße Beteiligung der Mitarbeitervertretung der Beklagten vor dem Ausspruch der fristlosen Kündigung.
Das Arbeitsgericht weist die Klage ab.

Aus den Gründen:

Die Klage ist nicht begründet.
Die von der Beklagten nach ordnungsgemäßer Beteiligung der Mitarbeitervertretung in einem Schreiben vom 16. 4. 1992 ausgesprochene fristlose Kündigung ist rechtswirksam.
Der von der Klägerin erklärte Kirchenaustritt ist ein ausreichender rechtfertigender Grund nach §§ 626 Abs. 1 BGB für die von der Beklagten ausgesprochene fristlose Kündigung des Arbeitsverhältnisses der Parteien. Aus der Regelung des § 54 BAT-KF, wonach als Grund zur fristlosen Kündigung insbesondere der Austritt des Angestellten aus der ev. Kirche gilt, kann nicht auf die Rechtswirksamkeit der von der Beklagten ausgesprochenen fristlosen Kündigung geschlossen werden. Die sachliche Rechtfertigung der Kündigung eines kirchlichen Arbeitsverhältnisses ist auch nach den kündigungsschutzrechtlichen Vorschriften der §§ 1 KSchG, 626 BGB zu beurteilen. Das Bundesverfassungsgericht hat in seinem grundlegenden Beschluß vom 4. 6. 1985[2] (AP Nr. 24 zu Art. 140 GG) in den Leitsätzen ausgeführt:

„Den Kirchen ist es ermöglicht, in den Schranken des für alle geltenden Gesetzes den kirchlichen Dienst nach ihrem Selbstverständnis zu regeln und die spezifischen Obliegenheiten kirchlicher Arbeitnehmer verbindlich zu machen. Welche kirchlichen Grundverpflichtungen als Gegenstand des Arbeitsverhältnisses bedeutsam sein können, richtet sich nach den von der verfaßten Kirche anerkannten Maßstäben. Im Streitfall haben die Arbeitsgerichte die vorgegebenen kirchlichen Maßstäbe für die Bewertung vertraglicher Loyalitätspflichten zugrundezulegen, soweit die Verfassung das Recht der Kirchen anerkennt, hierüber selbst zu befinden. Es bleibt danach grundsätzlich den verfaßten Kirchen überlassen, verbindlich zu bestimmen, was „die Glaubwürdigkeit der Kirche und ihrer Verkündigung erfordert", was „spezifisch kirchliche Aufgaben" sind, was „Nähe" zu ihnen bedeutet, welches die „wesentlichen Grundsätze der Glaubens- und Sittenlehre" sind und was als – gegebenenfalls schwerer – Verstoß gegen diese anzusehen ist."

Richardi (Arbeitsrecht in der Kirche, 2. Aufl., § 6 IV 1 Anm. 49) führt aus:

„Mit dem Kirchenaustritt verweigert das Kirchenglied die Erfüllung seiner Grundpflichten gegenüber der Kirche. Das staatliche Recht kann deshalb einen kirchlichen Arbeitgeber nicht zwingen, das Arbeitsverhältnis mit einem Arbeitnehmer, der den Kirchenaustritt erklärt hat, aufrechtzuerhalten und ihn weiterhin als Mitglied der kirchlichen Dienstge-

---

[2] KirchE 23, 105.

meinschaft anzusehen. Durch den Kirchenaustritt schließt der Arbeitnehmer sich selbst aus der kirchlichen Dienstgemeinschaft aus und hebt die Geschäftsgrundlage seines Arbeitsverhältnisses auf. Für den Wegfall der Geschäftsgrundlage ist arbeitsrechtlich die Rechtsfigur der außerordentlichen Kündigung vorgesehen. Deshalb ist ein Arbeitgeber nach allgemeinen zivilrechtlichen Grundsätzen berechtigt, sich von einer vertraglichen Bindung zu lösen, wenn sein Vertragspartner die Geschäftsgrundlage des Vertragsverhältnisses beseitigt."

Auch wenn der Auffassung Richardis, der Kirchenaustritt eines kirchlichen Arbeitnehmers berechtige in jedem Fall – entsprechend den Grundsätzen des Wegfalls der Geschäftsgrundlage – zum Ausspruch einer fristlosen Kündigung, nicht zu folgen sein sollte, müssen gravierende, besondere Umstände zu Gunsten eines kirchlichen Arbeitnehmers zu berücksichtigen sein, um unter Berücksichtigung der vom Bundesverfassungsgericht aufgestellten Maßstäbe einen Kirchenaustritt nicht als einen so schweren Loyalitätsverstoß, der eine fristlose Kündigung rechtfertigt, ansehen zu können. Die Beklagte weist zutreffend im Schriftsatz vom 22. 10. 1992 darauf hin, daß besondere Umstände – wie z. B. ein schuldhaftes Verhalten der Beklagten oder eine besondere soziale Schutzbedürftigkeit der Klägerin – nicht vorliegen, um den nach kirchlichem Verständnis offensichtlich auch für die Klägerin erkennbar schweren Loyalitätsverstoß als nicht so schwerwiegend beurteilen zu können, daß die Fortsetzung des Arbeitsverhältnisses für die Beklagte bis zum Ablauf der ordentlichen Kündigungsfrist zumutbar erscheinen kann.

Da die Beklagte am 13. 4. 1992 Kenntnis von dem Kirchenaustritt der Klägerin erhielt, wurde die im Schreiben der Beklagten vom 16. 4. 1992 ausgesprochene Kündigung innerhalb von zwei Wochen nach Kenntnis von den für die Kündigung maßgebenden Tatsachen ausgesprochen (§ 626 Abs. 2 BGB).

Die von der Beklagten ausgesprochene fristlose Kündigung ist auch nicht aufgrund einer unzureichenden Beteiligung der Mitarbeitervertretung vor dem Kündigungsausspruch als rechtsunwirksam anzusehen. Nach § 32 Abs. 5 des Kirchengesetzes über die Bildung von Mitarbeitervertretungen in kirchlichen Dienststellen (Mitarbeitervertretungsgesetz) unterliegen außerordentliche Kündigungen nicht der Mitbestimmung durch die Mitarbeitervertretung. Diese ist jedoch vorher zu hören. Auch wenn nicht ausdrücklich in § 32 Abs. 4 Mitarbeitervertretungsgesetz – wie dies bei einer während der Probezeit ohne Beteiligung der Mitarbeitervertretung und nach Beendigung der Probezeit ohne Zustimmung der Mitarbeitervertretung ausgesprochenen ordentlichen Kündigung der Fall ist – festgelegt ist, daß eine ohne vorherige Anhörung der Mitarbeitervertretung ausgesprochene fristlose Kündigung rechtsunwirksam ist, muß ein derartiger Verstoß gegen die Beteiligung der Mitarbeitervertretung als so schwerwiegend angesehen werden, daß die ausgesprochene fristlose Kündigung hierdurch als rechtsunwirksam anzusehen ist.

Aus der Bekundung des Zeugen N. und dem Inhalt seines Schreibens vom

15. 4. 1992 an den Vorsitzenden des Presbyteriums der Beklagten ergibt sich, daß die Beklagte ihrer Verpflichtung, die Mitarbeitervertretung vor dem Ausspruch der fristlosen Kündigung zu hören, ausreichend nachgekommen ist. (wird ausgeführt)

72

Für Rechtsstreitigkeiten über die ordnungsgemäße Wahl von Amtsträgern einer Religionsgemeinschaft ist der Rechtsweg zu den staatlichen Gerichten grundsätzlich nicht eröffnet.

Art. 140 GG, 137 Abs. 3 u. 5 GG
BVerwG, Beschluß vom 20. November 1992 – 7 B 48.91[1] –

Der Kläger gehört der beklagten jüdischen Gemeinde an und wendet sich gegen die Wahl eines Mitglieds der Revisions- und Wahlkommission der Gemeinde. Das Verwaltungsgericht hat die Klage abgewiesen, weil für das Begehren des Klägers der Rechtsweg zu den staatlichen Gerichten nicht eröffnet sei; der Verwaltungsgerichtshof hat die Berufung des Klägers mit derselben Begründung zurückgewiesen.

Auch die Beschwerde, mit der der Kläger die Zulassung der Revision erreichen möchte, hatte keinen Erfolg. Die Sache hat nach Auffassung des Senats nicht die als Zulassungsgrund allein geltend gemachte grundsätzliche Bedeutung (§ 132, Abs. 2 Nr. 1 VwGO).

Aus den Gründen:

Die Beschwerde meint, die vom Kläger angegriffene Wahl verstoße gegen die Satzung der beklagten Gemeinde, und wirft darum sinngemäß die für grundsätzlich bedeutsam und klärungsbedürftig gehaltene Frage auf, ob die Einhaltung der Satzung einer vom Staat als Körperschaft des öffentlichen Rechts anerkannten Kultusgemeinde der Kontrolle staatlicher Gerichte unterliege. Dieses Vorbringen kann indes die Zulassung der Revision nicht rechtfertigen. Entgegen der Annahme der Beschwerde erfordert die vorliegende Sache keine weitere Klärung der Voraussetzungen, unter denen die staatlichen Gerichte in Angelegenheiten der Religionsgemeinschaften zur Entscheidung berufen sind. Vielmehr haben die Vorinstanzen ihre Kontrollzuständigkeit auf der Grundlage der bisherigen Rechtsprechung des Bundesverfassungs- und des Bundesverwaltungsgerichts offensichtlich zu Recht verneint.

---

[1] Amtl. Leitsatz. NVwZ 1993, 673; Buchholz 11 Art. 140 GG Nr. 51. Nur LS: NJW 1993, 2885.

Der Ausschluß des staatlichen Rechtswegs für das Anliegen des Klägers folgt aus dem den Religionsgemeinschaften nach Art. 140 GG in Verbindung mit Art. 137 Abs. 3 WRV zustehenden Recht, ihre Angelegenheiten innerhalb der Schranken des für alle geltenden Gesetzes selbständig zu ordnen und zu verwalten sowie ihre Ämter ohne Mitwirkung des Staates oder der bürgerlichen Gemeinde zu verleihen. Dieses Recht der Religionsgemeinschaften zur selbständigen Regelung ihrer eigenen Angelegenheiten umfaßt auch die Freiheit von der staatlichen Gerichtsbarkeit, soweit nicht durch die jeweilige Angelegenheit unmittelbar die Belange des Staates berührt sind (vgl. BVerfGE 18, 385 [387 f.].)[2]; BVerwGE 25, 226 [229 ff.].)[3]; 66, 241 [242 ff.].)[4]; 68, 62 [63][5]; BVerwG, Beschluß vom 31. 5. 1990[6] – BVerwG 7 CB 31.89 – Buchholz 11 Art. 150 GG Nr. 45). Wie bereits der Wortlaut des Art. 137 Abs. 3 WRV ergibt, erstreckt sich der verfassungsrechtlich gewährleistete Autonomiebereich der Religionsgemeinschaften über Glaubens- und Kultusfragen hinaus auch auf ihre innere Organisation einschließlich der Organisation ihrer Ämter und der Festlegung des zugehörigen Amtsrechts (vgl. BVerfGE 18, 385 [388]; BVerfG, NVwZ 1985, 1057[7]; BVerwGE 66, 241 [243]). Infolgedessen sind Rechtsstreitigkeiten, die die Einhaltung des von einer Religionsgemeinschaft selbst gesetzten Amtsrechts betreffen, grundsätzlich der Entscheidungskompetenz der staatlichen Gerichte entzogen. Um eine derartige Rechtsstreitigkeit handelt es sich hier, weil der Kläger der Beklagten vorwirft, sie habe die in ihrer Satzung für die Mitglieder der Revisions- und Wahlkommission festgelegten Wählbarkeitsvoraussetzungen mißachtet. Ein unmittelbarer Bezug der streitigen Wahl zum staatlichen Zuständigkeitsbereich ist schon deshalb nicht anzunehmen, weil die Revisions- und Wahlkommission, um deren ordnungsgemäße Zusammensetzung es dem Kläger geht, ihrerseits nur im innerorganisatorischen Bereich der Beklagten tätig wird. Allein aus der Anerkennung der Beklagten als Körperschaft des öffentlichen Rechts (Art. 140 GG i.V.m. Art. 137 Abs. 5 WRV) läßt sich ihre Unterwerfung unter die staatliche Gerichtsbarkeit nicht herleiten (vgl. BVerfGE 18, 385 [386 f.]; BVerwGE 25, 226 [229]). Dasselbe gilt für den Umstand, daß sie – offenbar wegen ihrer öffentlich-rechtlichen Verfassung – für ihre Satzung die Genehmigung des Hessischen Kultusministers erhalten hat.

---

[2] KirchE 7, 172.
[3] KirchE 8, 213.
[4] KirchE 20, 208.
[5] KirchE 21, 251.
[6] KirchE 28, 127.
[7] KirchE 22, 64.

73

Ein eingetragener Verein (hier: deutscher Zweig der Scientology-Kirche) genießt Persönlichkeitsschutz im Rahmen seines satzungsmäßigen Zwecks. Ob der Verein eine hervorgehobene und vom sittlichen Standpunkt aus wertvolle Funktion erfüllt, ist unerheblich. Zur Sorgfaltspflicht der Presse bei Verbreitung nachteiliger Tatsachen.

Art. 2, 19 Abs. 3 GG; §§ 823 Abs. 1, 824 BGB
OLG Stuttgart, Urteil vom 25. November 1992 – 4 U 149/92[1] –

Der Kläger, ein rechtsfähiger Verein mit Sitz in M., versteht sich als Teil der in vielen Ländern verbreiteten Scientology-Kirche und bezeichnet sich als die für die Bundesrepublik Deutschland zuständige Dachorganisation dieser religiösweltanschaulichen Bewegung. Die Beklagte ist Verlegerin der Tageszeitung „A." sowie der Zeitschrift „B.". In der Ausgabe vom 1. 7. 1991 der Tageszeitung „A." erschien ein Artikel unter der Überschrift „Aufruhr in D., Scientologen wollen Burg Katzenstein kaufen". In der Ausgabe Nr. 34 des Magazins „B." berichtet die Beklagte unter der Überschrift „Sekten" u. a. auch über die Scientology-Bewegung. Dabei stellt sie folgende Behauptung auf: „Das besonders Gefährliche: Sekten arbeiten mit vielen Unterorganisationen. Beispiele: Hinter der Kommission für Verstöße der Psychiatrie gegen Menschenrechte oder der Kommission zum Schutze des Bürgers gegen Datenmißbrauch verbirgt sich die Scientology-Sekte Deutschlands! Die ist auch im Immobiliengeschäft sehr aktiv." Der Kläger, der mit der vorliegenden Klage die Beklagte auf Unterlassung in Anspruch nimmt, behauptet, bei der Artikelüberschrift in der A.-Zeitung wie auch bei der Äußerung, die Scientology-Sekte sei im Immobiliengeschäft sehr aktiv, handle es sich um unwahre Tatsachenbehauptungen, die ihn in seinem Persönlichkeitsrecht verletzten.

Die Beklagte trägt vor, durch die streitgegenständlichen Artikel sei der Kläger nicht individuell betroffen. Außerdem seien die Äußerungen sachlich zutreffend. Sie seien nicht geeignet, das Persönlichkeitsrecht des Klägers zu verletzen, da die Äußerungen keinen ehrenrührigen Inhalt hätten.

Das Landgericht hat der Klage nach Beweisaufnahme stattgegeben. Die Berufung der Beklagten wurde zurückgewiesen.

---

[1] NJW-RR 1993, 733. Vgl. zu diesem Fragenkreis auch BVerfG NVwZ 1995, 471; OLG Frankfurt NJW 1995, 876 u. 878; OLG Köln AfP 1993, 759; OLG München AfP 1993, 769 u. NVwZ 1994, 203; VGH.BW JZ 1993, 105; BayVGH NVwZ 1994, 787.

Aus den Gründen:

Die zulässige Berufung des Beklagten ist nicht begründet. Dem Kläger stehen die geltend gemachten Unterlassungsansprüche zu, weil die Beklagte durch die angegriffenen Äußerungen das Persönlichkeitsrecht des Klägers verletzt hat.

1. Die Auffassung der Beklagten, dem Kläger könne grundsätzlich kein Persönlichkeitsschutz zugebilligt werden, trifft nicht zu.

Voraussetzung für die Schutzfähigkeit eines Vereins oder einer Gemeinschaft gegen beeinträchtigende falsche Tatsachenbehauptungen ist, daß dieser bzw. diese eine rechtlich anerkannte gesellschaftliche (auch wirtschaftliche) Aufgabe („soziale Funktion") erfüllt (Wenzel, Das Recht der Wort- und Bildberichterstattung, 3. Aufl., 5.88; BGHSt 6 191; OLG Stuttgart NJW 1976, 630). Dabei ist nicht erforderlich, daß der Verein oder die Gemeinschaft eine besonders hervorgehobene und vom sittlichen Standpunkt aus wertvolle Funktion erfüllt. Es ist vielmehr ausreichend, daß die von der Vereinigung gemäß ihrer Satzung gewählte Aufgabe rechtlich anerkannt, d. h. zulässig ist.

Der Persönlichkeitsschutz reicht so weit wie der schutzwürdige Vereins- oder Gesellschaftszweck geht. Bei der natürlichen Person ist klar, daß jeder Mensch umfassenden Persönlichkeitsschutz genießt. Das gilt auch für die juristische Person – der Kläger ist ein eingetragener Verein – im Rahmen ihres satzungsmäßigen Zwecks. Falls, wie von der Beklagten behauptet, der Kläger in Wirklichkeit ein wirtschaftlicher Verein wäre, so genösse auch ein solcher im oben beschriebenen eingeschränkten Umfang Persönlichkeitsschutz.

2. Die Behauptungen der Beklagten sind nicht ehrenrührig im Sinne von § 186 StGB, da es an einem Verächtlichmachen oder Herabwürdigen in der öffentlichen Meinung fehlt. Aber der Vereinszweck ist auch durch § 823 Abs. 1 (allgemeines Persönlichkeitsrecht) und, im Bereich verletzten wirtschaftlichen Interesses, durch § 824 BGB geschützt. § 824 BGB gewährt Schutz gegen nicht ehrenrührige wahrheitswidrige Behauptungen, falls Kredit und Fortkommen beeinträchtigt werden. Durch Art. 2, 19 Abs. 3 GG ist es geboten, daß einem Idealverein über § 823 Abs. 1 GG derselbe Schutz zuerkannt wird wie einer Handelsgesellschaft über § 824 BGB. An die Stelle von „Kredit und Fortkommen" tritt hier die Verfolgung des Vereinszwecks des Idealvereins, im vorliegenden Fall also die Verbreitung der eigenen Weltanschauung und die Werbung von Mitgliedern. Das aber wird im gegebenen Fall durch die beanstandeten Behauptungen der Beklagten beeinträchtigt.

Es ist daher entscheidungserheblich, ob die von der Beklagten aufgestellten Tatsachenbehauptungen wahr sind oder nicht.

3. Der Senat hat nach ergänzender Beweisaufnahme und unter Berücksichtigung des erstinstanzlichen Beweisergebnisses die Überzeugung gewonnen, daß die Behauptung der Beklagten, „die Scientologer wollen die Burg Katzenstein

kaufen", nicht der Wahrheit entspricht und auch nicht im Zeitpunkt der Veröffentlichung entsprochen hat. (wird ausgeführt)

4. Hinsichtlich der Äußerung, die Scientology-Sekte Deutschland sei auch im Immobiliengeschäft sehr aktiv, hat das Landgericht zu Recht festgestellt, daß diese Tatsachenbehauptung zu Lasten der Beklagten als unwahr zu behandeln ist, da die Beklagte der ihr obliegenden Darlegungslast nicht genügt hat. Sie trägt auch in zweiter Instanz keine substantiierten Behauptungen vor. Sie beschränkt sich darauf, mit Pressezitaten und einem Hinweis auf eine Landtagsdrucksache die Richtigkeit der behaupteten Tatsache zu belegen. In diesen zitierten Äußerungen ist jedoch nur allgemein von Aktivitäten der Scientology-Sekte die Rede, ohne daß ein einziger konkreter Fall genannt wäre, in dem der Kläger oder einer seiner Unterorganisationen in der bezeichneten Weise aktiv geworden wäre.

Davon zu trennen ist die Frage – und insoweit werden von der Beklagten eine Reihe konkreter Fälle vorgetragen –, ob einzelne Mitglieder des Klägers oder einer seiner Unterorganisationen im Immobilienbereich aktiv tätig sind. Vom Beklagten werden keine Tatsachen vorgetragen, aufgrund deren der Schluß gezogen werden könnte, die Aktivitäten einzelner Mitglieder im Immobilienbereich könnten dem Kläger oder seinen Unterorganisationen zugerechnet werden. Es liegt auf der Hand, daß es einen wesentlichen Unterschied macht, ob gesagt wird: der Kläger bzw. eine Scientology-Organisation betätigt sich im Immobilienbereich, oder: es gibt Scientologen bzw. Mitglieder des Klägers, die im Immobiliengeschäft sehr aktiv sind. Im ersten Fall ist der Kläger direkt betroffen und – im Falle der Unwahrheit – in seinem sozialen Geltungsanspruch, wie er von ihm selbst definiert wird, verletzt. Im zweiten Fall ist der Kläger genauso wenig betroffen wie eine sonstige Religions- und/oder Weltanschauungsgemeinschaft, von der behauptet wird, einige ihrer Mitglieder würden sich in der beschriebenen Weise wirtschaftlich betätigen.

Die Entscheidung des Bundesverfassungsgerichts vom 9. 10. 1991 – 1 BvR 1555/88 – (BVerfGE 85, 1) gibt keinen Anlaß für eine andere Beurteilung. Das Bundesverfassungsgericht führt in dieser Entscheidung aus, die Anforderung an die Darlegungspflicht werde überspannt, wenn jemand, der eine herabsetzende Behauptung über Dritte aufstellt, die nicht seinem eigenen Erfahrungsbereich entstammt und seine eigenen Überprüfungsmöglichkeiten übersteigt, sich zur Begründung seiner Behauptung nicht auf unwidersprochene Pressemitteilungen beziehen darf. Weiter heißt es dort:

„Zwar gilt im allgemeinen, daß eine unbewiesene Tatsachenbehauptung herabsetzenden Charakters nicht deswegen zulässig wird, weil sie auch von anderen unwidersprochen aufgestellt worden ist. Es steht dem Gekränkten frei, gegen einzelne Schädiger vorzugehen und andere zu verschonen. Die Motive seiner Auswahl spielen dabei keine Rolle. Allerdings lassen sich diese Grundsätze nicht unbesehen auf eine Fallgestaltung übertragen, in

der die nachteilige Behauptung zunächst unwidersprochen in der Presse oder anderen öffentlich zugänglichen Quellen erschienen ist. *Der Presse obliegt zwar nach der Rechtsprechung der Zivilgerichte eine besondere Sorgfaltspflicht bei der Verbreitung nachteiliger Tatsachen. Vom einzelnen darf eine vergleichbare Sorgfalt aber nur verlangt werden, soweit er Tatsachenbehauptungen aus seinem eigenen Erfahrungs- und Kontrollbereich aufstellt. Dagegen ist es ihm bei Vorgängen von öffentlichem Interesse, namentlich solchen aus nicht transparenten Politik- und Wirtschaftsbereichen, regelmäßig nicht möglich, Beweise oder auch nur Belegtatsachen aufgrund eigener Nachforschungen beizubringen. Er ist insoweit vielmehr auf die Berichterstattung durch die Medien angewiesen."*

Das Bundesverfassungsgericht macht hier also eine deutliche Unterscheidung zwischen den Sorgfaltspflichten des einzelnen und denjenigen der Presse bei der Verbreitung nachteiliger Tatsachen. Nur die Sorgfaltspflichten des einzelnen sind eingeschränkt, weil es ihm bei Vorgängen von öffentlichem Interesse regelmäßig nicht möglich ist, eigene Nachforschungen anzustellen. Anderes gilt jedoch für die Presse, die über wesentlich mehr Möglichkeiten der Überprüfung von Tatsachenbehauptungen verfügt.

Ebensowenig kann sich die Beklagte auf die Entscheidung des Kammergerichts vom 31. 3. 1992 berufen (9 U 3070/91). Der dort zugrundeliegende Sachverhalt unterscheidet sich wesentlich von dem vorliegenden. Denn dort konnte sich das auf Unterlassung in Anspruch genommene Presseorgan nicht nur auf andere Presseveröffentlichungen, sondern auch auf eine unwidersprochen gebliebene amtliche Verlautbarung der zuständigen Ermittlungsbehörde berufen. Es kann deshalb nicht davon ausgegangen werden, daß das Kammergericht die unterschiedlich hohen Anforderungen an die Sorgfaltspflicht bei Presseorganen einerseits und Einzelpersonen andererseits, wie sie in der zitierten Entscheidung des Bundesverfassungsgerichts zum Ausdruck kommen, übersehen hat.

74

Halbteilungsgrundsatz und Kappungsregelung im nordrhein-westfälischen Kirchensteuerrecht sind auch in Anbetracht des BFH-Urteils vom 8. 5. 1991 (KirchE 29, 123) als rechtmäßig anzusehen.

§ 6 Abs. 1 Nr. 1 NW.KiStG
FG Köln, Urteil vom 25. November 1992 – 11 K 1660/92[1] –

Der Kläger hatte im Streitjahr 1990 Einkünfte aus selbständiger Tätigkeit, aus Kapitalvermögen und aus Vermietung und Verpachtung, seine Ehefrau Ein-

---

[1] EFG 1993, 401. Die Revision des Klägers hatte z. T. Erfolg, BFH, Urteil vom 29. 6. 1994 – 1 R 132/93 – BFHE 175, 189 –. Sie führte u. a. zur Aufhebung des angefochtenen Kirchensteuerbescheids, soweit sich dieser gegen den Kläger richtete. Vgl. zu diesem Fragenkreis auch BFHE 177, 303 u. Niedersächs.OVG NVwZ-RR 1994, 355.

künfte aus unselbständiger Arbeit und aus Kapitalvermögen in unterschiedlicher Höhe. Für den Kläger, der der röm.-kath. Kirche angehört und der zusammen mit seiner evangelischen Ehefrau zur Einkommensteuer und Kirchensteuer veranlagt wurde, ist die Kirchensteuer nach dem sog. Halbteilungsgrundsatz berechnet und festgesetzt worden. Die aus den zu versteuernden Einkünften beider Ehegatten abgeleitete Kirchensteuer ist für den Kläger und seine Ehefrau hälftig als kath. Kirchensteuer bzw. ev. Kirchensteuer festgesetzt worden.

Hiergegen wendet sich der Kläger unter Berufung auf das BFH-Urteil vom 8. 5. 1991[2] – I R 26/86 – (BFHE 164, 573, HFR 1991, 666) mit seiner Klage. Zur Begründung trägt er vor: Der Einwand des Beklagten, das zum BayKiStG ergangene BFH-Urteil sei in Nordrhein-Westfalen nicht anwendbar, könne nicht überzeugen, weil der vom BFH verworfene Berechnungs- und Zurechnungsgrundsatz in beiden KiStG identisch sei. Der Kläger begehrt, die ev. Kirchensteuer ausschließlich gegen seine Ehefrau und ausschließlich nach deren Einkommen festzusetzen.

Das Finanzgericht weist die Klage ab.

Aus den Gründen:

Die Klage kann sachlich keinen Erfolg haben.

Die Kirchensteuer wird in Nordrhein-Westfalen aufgrund des NW.KiStG erhoben, das in § 6 Abs. 1 Nr. 1 vorschreibt, daß, wenn Ehegatten verschiedenen steuerberechtigten Kirchen angehören und die Voraussetzungen für eine Zusammenveranlagung zur Einkommensteuer vorliegen, die Kirchensteuer von beiden Kirchen je zur Hälfte erhoben wird (sog. Halbteilungsgrundsatz). Aus § 6 Abs. 1 letzter Satz NW.KiStG geht die gesetzlich verankerte Bestimmung hervor, daß die Ehegatten als Gesamtschuldner haften.

Zwar sieht auch das BayKiStG in Art. 9 Abs. 1 vor, daß, wenn nicht dauernd getrennt lebende umlagepflichtige Ehegatten verschiedenen umlageberechtigten Gemeinschaften angehören (sog. konfessionsverschiedene Ehe), die Umlage in den Fällen der Zusammenveranlagung für jede der beteiligten Gemeinschaften aus der Hälfte der Einkommensteuer erhoben wird. Der Halbteilungsgrundsatz ist also im bayerischen wie im nordrhein-westfälischen KiStG in etwa gleich geregelt worden. Unterschiedlich geregelt ist in beiden Bundesländern jedoch die Gesamtschuldnerschaft im Hinblick auf die Kirchensteuer. In Bayern gibt es eine, zu ihrer Rechtswirksamkeit eine gesetzliche Ermächtigungsgrundlage erfordernde AusfVO zum KiStG, die in § 11 vorschreibt, daß bei Gesamtschuldnerschaft der Ehegatten jeder Ehegatte die ganze Kirchensteuer

---

[2] KirchE 29, 123.

schuldet, auch wenn ein Ehegatte einer anderen umlageberechtigten Gemeinschaft angehört...
Dies ist eine RechtsVO zu Art. 10 BayKiStG, der seinerseits vorschreibt: Wenn beide Ehegatten einer umlageberechtigten Gemeinschaft angehören und zur Einkommensteuer zusammenveranlagt werden, sind sie für die Kirchensteuer Gesamtschuldner. In dem vom Kläger zitierten BFH-Urteil BFHE 104, 573, HFR 1991, 666 ist der vorgenannte § 11 AusfVO zum BayKiStG wegen Fehlens einer gesetzlichen Ermächtigungsgrundlage für rechtswidrig erklärt worden. Dagegen ist in Nordrhein-Westfalen die Gesamtschuldnerschaft auch im Hinblick auf die Kirchensteuer per Gesetz geregelt worden. Das BFH-Urteil trifft nur die bayerische VO-Regelung. Auf die bayerische Problematik braucht hier nicht näher eingegangen zu werden.

Das Recht Kirchensteuer zu erheben, ist gewissen Religionsgesellschaften vom Staat verliehen worden. Aus der aus der WRV und dem GG herzuleitenden Pflicht des Staates zur religiösen und konfessionellen Neutralität folgt, daß der Staat einer Religionsgemeinschaft keine Hoheitsrechte gegenüber Personen übertragen darf, die ihr nicht angehören. Dieser Grundsatz, daß die Kirchensteuer nicht auf Nichtmitglieder ausgeweitet werden darf, ist vom BVerfG durch Urteile vom 14. 12. 1965 - 1 BvR 413, 416/60[3] - (BVerfGE 19, 206); 1 BvL 31, 32/62[4] (BVerfGE 19, 226, BStBl. I 1966, 192) und 1 BvR 606/60[5] (BVerfGE 19, 268, BStBl. I 1966, 196) im Hinblick auf glaubensverschiedene Ehen, bei denen ein Ehepartner keiner kirchensteuererhebungsberechtigten Religionsgemeinschaft angehört, bestätigt worden. Dieser Grundsatz trifft aber auch, wie das BFH-Urteil BFHE 164, 573, HFR 1991, 666 ausdrücklich feststellt, auf konfessionsverschiedene Ehen wie der hier zu beurteilenden zu. Das bedeutet aber lediglich, daß der Beklagten gegen den röm.-kath. Kläger keine ev. Kirchensteuer festsetzen darf. Der Halbteilungsgrundsatz bei konfessionsverschiedenen Ehen und bei Zusammenveranlagung ist dadurch nicht ausgeschlossen (BVerfG-Beschluß vom 20. 4. 1966[6], 1 BvR 16/66 - BStBl. I 1966, 694; BFH-Urteil vom 21. 3. 1969[7] - VI 59/65 - BFHE 96, 209, BStBl. II 1969, 632). Nur bei - hier nicht vorliegender - getrennter Veranlagung wird die Kirchensteuer aus dem eigenen Einkommen des Kirchensteuerschuldners berechnet. Bei Zusammenveranlagung bleibt es dem Beklagten unbenommen, den Kläger als Gesamtschuldner für ev. Kirchensteuer seiner Ehefrau in Anspruch zu nehmen, denn entgegen der bayerischen VO-Regelung ist in Nord-

---

[3] KirchE 7, 338.
[4] KirchE 7, 310.
[5] KirchE 7, 352.
[6] KirchE 8, 67.
[7] KirchE 10, 349.

rhein-Westfalen sowohl die Gesamtschuld als auch der Halbteilungsgrundsatz durch § 6 Abs. 1 NW.KiStG gesetzlich geregelt.

Rechtlich ist zu unterscheiden zwischen der Steuergläubigerschaft, die dem Beklagten gegenüber dem röm.-kath. Kläger nicht zusteht und einer Haftung aus Gesamtschuldnerschaft, die einen ursprünglichen Nichtschuldner in die Haftung einbezieht. Hierauf kommt es an. Dem aus wirtschaftlicher Betrachtungsweise erhobenen Einwand des Klägers, daß es im Ergebnis auf das gleiche hinauslaufe, ob er als direkter Schuldner oder als haftender Gesamtschuldner in die Pflicht genommen werde, vermag der Senat nicht zu folgen, geschweige, darin eine Verfassungswidrigkeit zu sehen.

Der Halbteilungsgrundsatz ist, wie der Kläger zutreffend erkennt, ein Berechnungs- und Zurechnungsgrundsatz, der die Steuerpflicht des Kirchenmitglieds weder dem Grund, noch der Höhe nach berührt, sondern lediglich eine verwaltungstechnische und arbeitseinsparende Bedeutung hat. Wenn dem Antrag des Klägers entsprochen wurde, dann hätte das Erzbistum gegen ihn einen Kirchensteueranspruch in voller (doppelter) Höhe von 9 v. H. der auf ihn entfallenden Einkommensteuer abzüglich evtl. Kinderfreibeträge. Daß hier die röm.-kath. Kirchensteuer gegen den Kläger nur zur Hälfte festgesetzt wurde und er sich als röm.-kath. Ehepartner gegen seine Inanspruchnahme als Gesamtschuldner für gegen seine Ehefrau festgesetzte ev. Kirchensteuer wendet, ändert nichts am Ergebnis, denn bei Stattgabe seines Antrages hätte wegen widerstreitender Steuerfestsetzung gem. § 174 AO auch die röm.-kath. Kirchensteuer zu seinen Lasten geändert werden müssen.

Die Problematik des vorliegenden Falles liegt also in der Steueraufkommensverteilung zwischen den steuererhebungsberechtigten Kirchen. Eine individuelle Erfassung der Kirchensteuer nach Kirchenangehörigkeit und individuellem Einkommen des jeweiligen Steuerpflichtigen erfordert mehr Arbeitsaufwand als eine Einigung zwischen den – beiden großen – Kirchen, die bei konfessionsverschiedenen Ehen der Höhe nach feststehende Kirchensteuer sich je zur Hälfte zuzuweisen. Nach dem Gesetz der großen Zahl gleichen sich etwaige Differenzen bei dieser internen Aufteilung des Kirchensteueraufkommens zumindest landes- oder bundesweit aus. Dem Steuerbürger geht bei Anwendung des Halbteilungsgrundsatzes nichts verloren.

Der Senat hat auch keine Bedenken gegen die Gesetzmäßigkeit und Übereinstimmung des Halbteilungsgrundsatzes mit dem GG. Das BVerfG hat diesen Grundsatz lediglich bei glaubensverschiedenen Ehen, also in Fällen, in denen einer der zusammenveranlagten Ehegatten *keiner* kirchensteuererhebungsberechtigten Kirche angehört, für verfassungswidrig erklärt (BVerfGE 19, 206). Soweit das BFH-Urteil BFHE 164, 573, HFR 1991, 666 feststellt, daß das BVerfG in dem vorgenannten Urteil lediglich Veranlassung hatte, sich zu glaubensverschiedenen Ehen zu äußern, nicht dagegen, etwas über die

Besteuerung konfessionsverschiedener Eheleute auszusagen, folgt dem der Senat (...)

Dem steht entgegen der Ansicht des Klägers auch nicht die „übliche Kappungsregelung" der Kirche bei höher verdienenden Kirchenmitgliedern entgegen, wonach auf Antrag die zunächst gem. Kirchensteuersatzbeschluß in Nordrhein-Westfalen mit 9 v. H. abzüglich evtl. Kinderfreibeträge der jeweiligen Einkommensteuer bzw. Lohnsteuer festzusetzende Kirchensteuer auf 4 v. H. vom zu versteuernden Einkommen herabgesetzt werden kann, was bei Anwendung des Halbteilungsgrundsatzes der Höhe nach zu Differenzen führt. Die Kappungsregelung setzt, wenn sie auch von den Kirchen „vorsorglich zur Vermeidung von Kirchenaustritten höherverdienender Kirchenmitglieder" allgemein angewandt wird, Erlaßbedürftigkeit i. S. der in den §§ 163, 227 AO genannten Unbilligkeit voraus, von deren Vorliegen im Regelfall jedenfalls nicht ausgegangen werden kann. Ein höherer Erlaß durch Kappung, hier berechnet aus der Differenz zwischen der gegen den röm.-kath. Kläger festzusetzenden vollen Kirchensteuer von 9 v. H. abzüglich Kinderfreibeträge und 4 v. H. seines zu versteuernden Einkommens, ist rechtlich nicht durchsetzbar. Auch deshalb hat der Senat keine Zweifel an der Rechtmäßigkeit des bei konfessionsverschiedenen Ehen anzuwendenden Halbteilungsgrundsatzes.

Im übrigen besteht die Möglichkeit, unter Verzicht auf den Splittingtarif die Vollanrechnung der Kirchensteuer zu erreichen, wenn es günstiger ist. Den vom Kläger dagegen vorgebrachten Bedenken vermag der Senat nicht zu folgen.

75

In Bayern unterliegt der Träger eines kirchlichen Altenpflegeheims, das über einen eigenen Leichenraum verfügt, nicht dem Benutzungszwang für ein gemeindliches Leichenhaus.

Art. 24 BayGO, 20 BayBestG
BayVGH, Urteil vom 8. Dezember 1992 – 4 B 90.2014[1] –

Die Beklagte (Zivilgemeinde) machte das Ev. Altenpflegeheim E. der Inneren Mission M.e.V. (Kläger) im April 1988 darauf aufmerksam, daß aufgrund von § 10 Abs. 1 der gemeindlichen Friedhofssatzung die im Altenpflegeheim verstorbenen Personen unmittelbar nach der Leichenschau in das gemeindliche Leichenhaus zu bringen seien. Ausnahmen von dieser Regelung seien in der Friedhofssatzung nicht vorgesehen. Der Leiter des Heims beantragt daraufhin Befreiung vom Zwang zur Benutzung des gemeindlichen Leichenhauses. Die

---

[1] NVwZ 1993, 702; BayVBl. 1993, 402. Das Urteil ist rechtskräftig.

Angehörigen der verstorbenen Bewohner des Heims könnten nicht selten erst mehrere Stunden nach dem Tod der Heimbewohner dort eintreffen. Nach der Ankunft der Angehörigen würde zusammen mit den Mitarbeitern und anderen Pflegeheimbewohnern die kirchliche Aussegnung im Pflegeheim vorgenommen. Die gemeinsame Feier sei für Angehörige und Mitarbeiter eine große Hilfe, mit Sterben und Tod in richtiger Weise umzugehen. Anders als ein Privathaus verfüge das Altenpflegeheim über einen gesonderten Leichenaufbewahrungsraum, in dem der Verstorbene verbleiben könne, bis er zum Heimatfriedhof überführt werde.

Die Beklagte lehnte den Antrag ab. Der Zwang zur Benutzung des gemeindlichen Leichenhauses sei in § 10 Abs. 1 der Friedhofssatzung aus Gründen des öffentlichen Wohls angeordnet. Eine Ausnahme sei dort nicht vorgesehen. Für eine Befreiung vom Benutzungszwang müßte die Satzung geändert werden. Hierfür bestehe aber keine Notwendigkeit. Das im Jahr 1988 auf dem gemeindlichen Friedhof neu gebaute Leichenhaus habe rund 390 000 DM gekostet. Sie, die Beklagte, sei verpflichtet, die Kosten für das Leichenhaus über Gebührenerhebungen zu finanzieren. Nachdem mehr als die Hälfte der jährlichen Sterbefälle im Gemeindegebiet auf das Ev. Altenpflegeheim entfielen, wäre bei einer Befreiung vom Zwang zur Benutzung des Leichenhauses für Verstorbene des Altenpflegeheims durch Satzungsänderung der dadurch entstehende Gebührenausfall nicht mehr vertretbar; zudem entstünden ihr, der Beklagten, noch zusätzliche Ausgaben für vermehrte Überwachungsaufgaben.

Die nach erfolglosem Widerspruch erhobene Klage, mit der der Kläger zunächst Befreiung vom Leichenhauszwang beantragt hat, wurde vom Verwaltungsgericht abgewiesen. In zweiter Instanz verfolgt der Kläger sein Klageziel weiter, beantragt nunmehr jedoch die Feststellung, daß der Leichenraum des Ev. Altenpflegeheims nicht vom Benutzungszwang für das gemeindliche Leichenhaus umfaßt wird. Mit diesem Antrag hatte der Kläger Erfolg.

Aus den Gründen:

Die Berufung hat Erfolg.
Das Urteil des Verwaltungsgerichts ist abzuändern.
Die – geänderte – Klage ist zulässig.
Der Kläger hat ein berechtigtes Interesse an der Feststellung, daß der Leichenraum im Evangelischen Altenpflegeheim nicht vom Benutzungszwang für das gemeindliche Leichenhaus umfaßt wird (§ 43 Abs. 1 VwGO). Denn die Beklagte hatte ihn im Schreiben vom 21. 4. 1988 darauf hingewiesen, daß die verstorbenen Bewohner seines Altenpflegeheims unmittelbar nach der Leichenschau in das gemeindliche Leichenhaus zu bringen seien und nicht im Leichenraum des Altenheims aufbewahrt werden dürften. Kläger und Beklagte

stehen insoweit in einem feststellungsfähigen Rechtsverhältnis zueinander, als sinngemäß festgestellt werden kann, daß der Benutzungszwang für das Leichenhaus der Beklagten nicht zum Nachteil des Leichenraums des Klägers verfügt werden darf (vgl. Art. 20 Abs. 3 Nr. 3 BestG i.V.m. Art. 24 Abs. 3 GO). Der Kläger kann sein behauptetes Recht aus Art. 24 Abs. 3 GO nicht durch Verpflichtungsklage – etwa als Anspruch auf Befreiung vom Benutzungszwang – verfolgen (vgl. Art. 43 Abs. 2 VwGO), weil ein solcher Anspruch weder in der Satzung der Beklagten über die Benützung der gemeindeeigenen Friedhöfe (Friedhofssatzung) noch in einem Gesetz – etwa Art. 24 Abs. 3 GO – eingeräumt ist. Aus diesem Grund hält das Gericht auch die Änderung der Klage von einem Verpflichtungsantrag, der in erster Instanz gestellt wurde, zu einem Feststellungsantrag, wie er in der Berufungsinstanz gestellt wurde, für sachdienlich und zulässig. Im übrigen hat sich die Beklagte in der mündlichen Verhandlung auch auf die geänderte Klage eingelassen (vgl. § 91 Abs. 1 und 2 VwGO).

Die Klage ist begründet.

Die Beklagte hat in § 10 Abs. 1 Sätzen 2 und 3 der Friedhofssatzung den Benutzungszwang für das gemeindliche Leichenhaus angeordnet. Die Vorschriften lauten: „Die in der Gemeinde N. Verstorbenen sind unmittelbar nach der Leichenschau in das Leichenhaus zu verbringen. Das gilt auch für Transporte nach auswärts." Daß unter „das Leichenhaus" im Sinne der Bestimmung nicht irgendein Leichenhaus, sondern nur das gemeindliche Leichenhaus der Beklagten gemeint ist, ergibt sich aus der Verwendung des bestimmten Artikels und daraus, daß es im Gebiet der Beklagten nur dieses eine gemeindliche Leichenhaus gibt, das sich überdies im gemeindlichen Friedhof der Beklagten befindet, dessen Benützung in der Friedhofssatzung geregelt ist. Wenn unter „das Leichenhaus" ein anderes als das gemeindliche Leichenhaus zu verstehen wäre, könnte die Regelung nicht in einer Benutzungssatzung für kommunale Einrichtungen der beklagten Gemeinde nach Art. 24 Abs. 1 Nr. 2 GO stehen, sondern müßte sich in einer Verordnung gemäß Art. 17 Abs. 1 BestG befinden (vgl. Nr. 2.2.3 der Bekanntmachung des Bayer. Staatsministeriums des Innern vom 17. 9. 1987, MABl. S. 687; Die Fundstelle 1972 Rdnr. 567).

Die Friedhofssatzung enthält keine Befreiungsvorschrift. Eine solche befindet sich nicht in § 10 Abs. 3 Friedhofssatzung, welcher lautet: „Die kirchlichen Handlungen werden durch die Satzung nicht berührt." Die Vorschrift bezieht sich ersichtlich nicht auf kirchliche Einrichtungen und Sachen, wie es ein Leichenraum ist, sondern auf kirchliche Handlungen, z. B. Totenweihe, Aussegnung, Prozession und ähnliche. Auch Art. 24 Abs. 3 GO räumt den Kirchen, anerkannten Religionsgemeinschaften und weltanschaulichen Gemeinschaften keinen Anspruch auf Erteilung einer Befreiung gegenüber den Gemeinden ein, sondern sagt schlicht, daß der Benutzungszwang zum Nachteil dieser Organisationen nicht verfügt werden darf.

Ob die Anordnung des Benutzungszwangs für ein bestimmtes gemeindliches Leichenhaus auf der Rechtsgrundlage von Art. 20 Abs. 3 Nr. 3 Satz 1 BestG i.V.m. Art. 24 Abs. 1 Nr. 2 GO grundsätzlich zulässig ist, kann und braucht hier nicht allgemein und für alle Fälle gleich entschieden zu werden (vgl. dazu Klingshirn, Bestattungsrecht in Bayern, Stand: Mai 1992 Erl. XIV Rdnr. 8; OVG Bremen vom 12. 12. 1967 GewArch 1988, 136; Weber, Benutzungszwang für Trauerhallen (Friedhofskapellen) und friedhofseigene Leichenkammern auf kommunalen Friedhöfen, NVwZ 1987, 641; Gaedke, Benutzungszwang für kommunale Bestattungseinrichtungen? BayVBl. 1972, 290; Grasser, Totenbestattung als öffentliche Aufgabe, BayVBl. 1072, 291; Bayerischer Bürgermeister 1955, 142; Die Fundstelle 1955 Rdnr. 242; Die Fundstelle 1972 Rdnr. 367; Die Fundstelle 1974 Rdnr. 677). „Die baldige Entfernung der Leichen aus der Umgebung der Lebenden ist für die öffentliche Gesundheitspflege von großer Wichtigkeit besonders dann, wenn es sich um Leichen von Personen handelt, die an übertragbaren Krankheiten gestorben sind", heißt es in der auch heute noch gültigen Ministerialentschließung vom 8. 7. 1911 (BayBS VI I S. 33). Hierin sind Gründe des öffentlichen Wohls bezeichnet, die den Zwang zur Benutzung von Leichenhäusern rechtfertigen können.

Nach Art. 24 Abs. 3 GO, auf den Art. 20 Abs. 3 Nr. 3 Satz 2 BestG ausdrücklich Bezug nimmt, darf der Benutzungszwang aber nicht zum Nachteil von Bestattungseinrichtungen der Kirchen, anerkannter Religionsgemeinschaften oder solcher weltanschaulicher Gemeinschaften verfügt werden, deren Bestrebungen den allgemein geltenden Gesetzen nicht widersprechen. Dabei macht es nach dem Wortlaut keinen Unterschied, ob zuerst der kirchliche Leichenraum bestand und danach das gemeindliche Leichenhaus, die Friedhofssatzung und der Benutzungszwang geschaffen wurden, oder ob der kirchliche Leichenraum erst zuletzt errichtet wurde. Wäre der Benutzungszwang gleichwohl zum Nachteil einer kirchlichen Einrichtung verfügt, so wäre die Satzung insoweit wegen Verstoßes gegen höherrangiges Recht nichtig. § 10 Abs. 1 Satz 2 der Friedhofssatzung des Beklagten ist nach seinem Wortlaut auslegungsfähig; denn die Vorschrift enthält keine ausdrückliche Regelung über den kirchlichen Leichenraum im vorstehend beschriebenen Sinn. Sie ist gesetzeskonform so zu verstehen, daß sie den Leichenraum im Altenpflegeheim E. nicht umfaßt.

Der Leichenraum im Keller des Neubaus des Evangelischen Altenpflegeheims der Inneren Mission (...) ist eine kirchliche Bestattungseinrichtung. Daß Leichenräume – und nicht nur Leichenhäuser – Bestattungseinrichtungen sind, ergibt sich aus Art. 7 BestG. Im vorliegenden Fall ist der Leichenraum zwar nur ein Annex zum Altenpflegeheim. Dies ändert jedoch nichts daran, daß er – bestattungsrechtlich gesehen – auch eine Bestattungseinrichtung ist. Es ist nicht vorgetragen und auch sonst nicht ersichtlich, daß der streitgegenständliche Leichenraum des Klägers nicht den hierfür bestehenden öffentlich-rechtlichen Vorschriften entspräche oder sonst unzureichend wäre (vgl. § 19 BestVO; Nr. II des Ministerialerlasses vom 8. 7. 1911, aaO). Der streitgegenständliche Leichenraum ist eine Einrichtung der Ev.-Luth. Kirche in Bayern. Er gehört zwar der Inneren Mission und wird auch von dieser betrieben; nach § 2 seiner Satzung in der Fassung vom 8. 7. 1981, zuletzt geändert durch Beschluß der Mitgliederversammlung vom 9. 6. 1987, gehört der Kläger im Sinne der Durchführungsbestimmungen zum Kirchengesetz über die Innere Mission vom 16. Mai 1947 dem Diakonischen Werk der Ev.-Luth. Kirche in Bayern – Landesverband der Inneren Mission e. V. an. Das Diakonische Werk, in dem speziell die karitativen Aktivitäten der Ev.-Luth. Kirche organisiert sind, ist Teil dieser Kirche. Der Kirchenbegriff ist insoweit nicht auf kultische Handlung und Übungen im engeren Sinne (Gebete, Gottesdienste, sakrales Glockengeläut, Prozession) beschränkt, sondern umfaßt auch die religiös-karitativen Aktivitäten der Kirche (vgl. dazu BVerfGE 24, 236 [246][2]). Vorliegend ist noch darauf hinzuweisen, daß der Leichenraum unmittelbar mit dem Sterben und dem Tod des Menschen zu tun hat und insofern dem Glaubensbereich der Kirche auch im engeren Sinne nahesteht. Die Voraussetzung des § 24 Abs. 3 Satz 2 GO, daß die kirchliche Einrichtung, zu deren Nachteil der Benutzungszwang nicht verfügt werden darf, unmittelbar religiösen oder weltanschaulichen Zwecken dienen muß, ist bei einem Leichenraum somit erfüllt. Anzumerken ist überdies, daß der streitgegenständliche Leichenraum auch deshalb eingerichtet wurde, damit die kirchliche Aussegnungsfeier vom Hausgeistlichen im Beisein der Bewohner des Heimes, des Pflegepersonals und der Angehörigen im Altenheim abgehalten werden kann.

Finanzielle Erwägungen der beklagten Gemeinde für die Anordnung des Benutzungszwanges können, wie sich aus dem Aufbau, dem Wortlaut und dem Sinn des Art. 24 GO ergibt, dem „Kirchenprivileg" in Abs. 3 der Bestimmung nicht entgegengehalten werden. Auch der Gedanke, daß die Gemeinde ihrer Aufgabe zur Überwachung des Bestattungswesens nach Art. 14 BestG leichter nachkommen kann, wenn die Leichen im gemeindlichen Leichenhaus aufbewahrt werden, kann angesichts der dargestellten Rechtslage keine entscheidende Bedeutung erlangen. Falls, wie das Landratsamt meint, der sogenannte Pflegenotstand in Altenheimen Grund für ungenügende Beachtung bestattungsrechtlicher Vorschriften im Evangelischen Altenpflegeheim sein sollte, so müßten die aufsichtsführenden Behörden (Gemeinde und Landratsamt) auf eine Abstellung festgestellter Mängel dringen (vgl. Art. 14 Abs. 1 BestG).

---

[2] KirchE 10, 181.

76

Zur Frage, ob bei Inanspruchnahme von sog. Kirchenasyl die tatbestandlichen Voraussetzungen der Verhängung von Abschiebungshaft vorliegen.

§ 57 Abs. 2 AuslG
OLG Köln, Beschluß vom 9. Dezember 1992 – 16 Wx 192/92[1] –

Der Betroffene, ein jugoslawischer Staatsangehöriger, ist aufgrund einer rechtskräftigen Ordnungsverfügung vom 27. 12. 1990 verpflichtet, das Gebiet der Bundesrepublik Deutschland zu verlassen. Am 5. 8. 1992 kam dem Antragsteller (Oberkreisdirektor des X-Kreises) aufgrund einer Mitteilung des Betroffenen zur Kenntnis, daß diesem in der Antoniter-Kirche in K. sog. Kirchenasyl gewährt wurde. Am 23. 11. 1992 wurde der Betroffene festgenommen. Das Amtsgericht verhängte gegen ihn Abschiebungshaft für die Höchstdauer von 6 Wochen. Auf die sofortige Beschwerde des Betroffenen hat das Landgericht diesen Beschluß aufgehoben.

Die weitere sofortige Beschwerde des Antragstellers blieb ohne Erfolg.

Aus den Gründen:

Die sofortige weitere Beschwerde ist zulässig (§§ 3, 7 FEG, 29 Abs. 1 Satz 3 FGG). In der Sache hat das Rechtsmittel keinen Erfolg, weil das Ergebnis des angefochtenen Beschlusses nicht von Rechtsfehlern beeinflußt ist (§ 27 FGG).

Das Landgericht hat die amtsgerichtliche Haftanordnung aufgehoben. Dabei ist es davon ausgegangen, daß der äußere Tatbestand des § 57 Abs. 2 Satz 1 Nr. 2 AuslG zwar erfüllt sei, wonach ein Ausländer zur Sicherung der Abschiebung auf richterliche Anordnung in Haft zu nehmen ist, wenn „die Ausreisefrist abgelaufen ist und der Ausländer seinen Aufenthaltsort gewechselt hat, ohne der Ausländerbehörde seine Anschrift anzugeben, unter der er erreichbar ist". Bei verfassungskonformer Anwendung dieser Regelung unter Berücksichtigung des Verhältnismäßigkeitsgebots (BVerfG NJW 1978, 2446), dem in Fällen der Freiheitsentziehung besondere Bedeutung zukomme (BVerfGE 35, 185), habe die Vorschrift nur die Bedeutung einer indiziellen Vermutung dafür, daß der Ausländer sich der Abschiebung entziehen wolle. Diese Vermutung sei allerdings im Einzelfalle widerlegbar. So liege es auch hier. Dem Antragsteller sei bereits seit August 1992 bekannt, daß der Betroffene sich in der Antoniterkirche in K. aufhalte. Dies zeige, daß er nicht beabsichtige, seinen Aufenthalt zu verheimlichen. Er habe vielmehr die „Flucht" in die Öffentlichkeit angetreten.

---

[1] NJW 1993, 707; JMBl.NW 1993, 107. Nur LS: DVBl. 1993, 330; AkKR 161 (1992), 598. Vgl. zu diesem Fragenkreis auch AG Wolfratshausen NJW 1996, 942.

Demgegenüber greifen die zur Begründung der sofortigen weiteren Beschwerde vom Antragsteller geltend gemachten Gesichtspunkte im Ergebnis nicht durch.

Der Beschwerdeführer meint, die Inhaftierung des Betroffenen sei zwingend geboten, weil der Tatbestand des § 57 Abs. 2 Satz 1 Nr. 2 AuslG erfüllt sei. Dies trifft bereits nach dem Wortlaut der Regelung nicht zu. Dem Antragsteller ist die derzeitige Anschrift des Betroffenen nämlich nicht nur bekannt geworden, etwa durch die seinen Aufenthalt in der Antoniterkirche begleitenden Berichte der lokalen Presse, vielmehr hat der Betroffene, wie der Antragsteller selbst vorträgt, ihm bereits am 5. 8. 1992 seinen Aufenthalt in der Antoniterkirche mitgeteilt. Die Angabe der Anschrift erfolgte mithin nicht aus Anlaß der Festnahme am 23. 11. 1992, sondern zu einem Zeitpunkt, der lange vor der Festnahme des Betroffenen lag. Daß eine Inhaftierung auch dann noch gerechtfertigt sein soll, wenn der Ausländer sich zwar vorübergehend nach Ablauf der Ausreisefrist unter einer unbekannten Anschrift aufgehalten hatte, er dieses Versäumnis aber im weiteren Verlaufe freiwillig nachholt, ohne konkretem Druck durch eine bevorstehende Verhaftung ausgesetzt zu sein, ist dem Wortlaut des Gesetzes nicht zu entnehmen. Der Haftgrund des § 57 Abs. 2 Satz 1 Nr. 1 AuslG setzt nämlich u. a. voraus, daß der Ausländer keine Anschrift angegeben hat, „unter der er erreichbar ist". Daß diese Voraussetzung nicht irgendwann einmal, sondern (auch noch) zum Zeitpunkt der Festnahme vorliegen muß, zeigt nicht nur die Verwendung des Präsens („zu erreichen ist"). Dies folgt vor allem aus dem ausschließlich präventiven Zweck der Inhaftierung, die Abschiebung des Ausländers zu sichern. Die Vollziehung der Abschiebung ist zwar gefährdet, wenn die Anschrift des Ausländers unbekannt ist. Diese Gefährdung rechtfertigt es nach dem Willen des Gesetzgebers, den Ausländer in Haft zu nehmen, wenn er gleichwohl aufgegriffen wird, um die künftige Abschiebung zu sichern. Ist dagegen die Anschrift bekannt, entfällt der Haftgrund jedenfalls dann, wenn die Kenntnis nicht auf Recherchen der Behörde, sondern auf den freiwilligen Angaben des Ausländers beruht. Daß die Anschrift vorübergehend unbekannt war, ist für die Beurteilung, ob zum Zeitpunkt der Festnahme der Haftgrund des § 57 Abs. 2 Satz 1 Nr. 2 AuslG vorliegt, unerheblich. Der Grundsatz, daß die Haftvoraussetzungen zum Zeitpunkt der Festnahmen vorliegen müssen, läßt sich beispielhaft auch den in der Strafprozeßordnung geregelten Voraussetzungen für die Anordnung der Untersuchungshaft entnehmen (§§ 112 ff. StPO). Es bedarf keiner weitergehenden Darlegung, daß die Untersuchungshaft bei Vorliegen der übrigen Voraussetzungen nicht etwa deshalb angeordnet werden könnte, weil der Beschuldigte früher einmal keinen festen Aufenthalt hatte, zum Zeitpunkt der Festnahme aber über einen solchen verfügt (§ 113 Abs. 2 Satz 1 Nr. 2 StPO).

Dem kann auch nicht entgegengehalten werden, daß ein zunächst untergetauchter Ausländer einer sich abzeichnenden Festnahme durch die Angabe seiner Anschrift entgehen könne. Erfolgt die Bekanntgabe der Anschrift erst im unmittelbaren Zusammenhang mit der Festnahme auf die drohende Inhaftierung hin, so ändert dies nichts mehr am Vorliegen des Haftgrundes des § 57 Abs. 2 Satz 2 AuslG zum Zeitpunkt der Festnahme. Im übrigen wird auch bei einer vor der Festnahme erfolgten Bekanntgabe der Anschrift regelmäßig unter Berücksichtigung der Umstände, die im jeweiligen Einzelfall zur Bekanntgabe der Anschrift geführt haben, zu prüfen sein, ob die vorangegangene unterlassene Angabe der Anschrift gleichwohl den Verdacht begründen kann, der Ausländer wolle sich der Abschiebung entziehen, weil etwa die Bekanntgabe seiner Anschrift wegen einer bevorstehenden Festnahme nur erfolgte, um einen Haftgrund auszuräumen. Eine dahingehende hinreichend konkrete Feststellung rechtfertigte die Inhaftierung gem. § 57 Abs. 2 Satz 1 Nr. 5 AuslG.

Für einen solchen Haftgrund bestehen aber nach den vom Landgericht ohne Rechtsfehler getroffenen tatrichterlichen Feststellungen keine Anhaltspunkte. Zu Recht hat das Landgericht in diesem Zusammenhang darauf abgehoben, daß nicht zu befürchten sei, der Betroffene wolle sich etwa durch die Verdunkelung seines Aufenthaltsorts der Abschiebung entziehen. Vielmehr habe er durch die „Zuflucht", die er in der Antoniterkirche gesucht und gefunden habe, die „Flucht" in die Öffentlichkeit angetreten.

Schließlich liegen auch die Voraussetzungen eines Haftgrundes nach § 57 Abs. 2 Satz 1 Nr. 4 AuslG nicht vor, wonach in Haft genommen werden kann, wer sich „in sonstiger Weise" der Abschiebung entzogen hat. Zwar nutzt der Betroffene durch seinen ständigen Aufenthalt im Kirchenbereich die Zurückhaltung aus, die sich die Behörde dort insbesondere mit Rücksicht auf religiöse Empfindungen und überkommene gesellschaftliche Anschauungen bei der Anwendung unmittelbaren Zwanges auferlegt. Eine vom Betroffenen herbeigeführte „Entziehung" ist damit jedoch nicht verbunden. Der Zugriff auf den Betroffenen ist dem Antragsteller aus Rechtsgründen im Kirchenbereich nicht verwehrt. Mit dem Aufenthalt dort ist eine den Zugriff erschwerende Entziehung in rechtlicher Hinsicht nicht verbunden. Allein der Umstand aber, daß die Behörde derzeit von einem Zugriff innerhalb des Kirchenbereichs aufgrund freiwilliger Selbstbeschränkung absieht, rechtfertigt die Annahme einer dem Betroffenen anzulastenden Entziehung nicht.

77

1. Das Mitarbeitervertretungsrecht der katholischen Kirche (MAVO) gilt aufgrund des Selbstbestimmungsrechts der Kirchen nach Art. 140 GG, Art. 137 Abs. 3 WRV nicht nur in den Einrichtungen der verfaßten Kirche

(§ 1 Abs. 1 Ziff. 2 MAVO), sondern auch in privatrechtlichen Einrichtungen sonstiger kirchlicher Rechtsträger (§ 1 Abs. 1 Ziff. 4 MAVO).

2. Ausnahmeregelungen können auch in kirchlichen Ausführungsbestimmungen dann auf vergleichbare Fälle analog angewendet werden, wenn diesen Ausnahmeregelungen erkennbar ein bestimmtes System zugrunde liegt, die vergleichbaren Fälle jedoch formal entgegen diesem System und der „ratio legis" nicht ausdrücklich in die Regelung mit einbezogen worden sind (im Anschluß an BAGE 21, 106 = AP Nr. 1 zu § 5 RechtsstellungsG).

§§ 626 BGB, 1, 9 KSchG, 295 ZPO, 1, 3, 30, 31 MAVO
BAG, Urteil vom 10. Dezember 1992 – 2 AZR 271/92[1] –

Die Klägerin ist aufgrund eines schriftlichen Dienstvertrages seit Dezember 1981 als leitende Ärztin der Fachabteilung Anästhesie im Hospital N. in G. beschäftigt. Das Hospital ist eine selbständige kirchliche Stiftung im Sinne des § 2 Abs. 4 StiftG NW. Sie wurde im Jahre 1849 durch Beschlüsse des Gemeinderats der Stadt G., des Bischofs Franz von Paderborn und des Königs Friedrich-Wilhelm von Preußen errichtet. § 2 der Satzung vom 25. 10. 1983 besagt, daß die Stiftung ausschließlich und unmittelbar kirchliche, gemeinnützige und mildtätige Zwecke verfolgt und daß das Hospital Kranke ohne Unterschied der Religion, der Rasse und des Geschlechts aufnimmt. Die Stiftung wird durch den Vorstand vertreten, der aus acht katholischen Mitgliedern besteht (§ 2); geborene und ständige Mitglieder des Vorstands sind die jeweiligen Pfarrer der katholischen Kirchengemeinden P., C. und M. sowie der Bürgermeister der Stadt G., sofern katholischen Glaubens (§ 4). Die übrigen vier Mitglieder werden von den von der Stadtvertretung gewählten Wahlmännern und vom Hospital-Vorstand als wechselnde Mitglieder gewählt. Die pflegerische Leitung des Hospitals ist den Barmherzigen Schwestern aus dem Orden des hl. Vincenz von Paul des Mutterhauses Paderborn übertragen (§ 9). Sollte der Vorstand des Paderborner Mutterhauses an der Erfüllung der übernommenen Pflichten gehindert sein, so muß der Hospital-Vorstand eine andere katholische geistliche Genossenschaft berufen, soweit dies möglich ist. Der Vorstand wählt die hauptamtlich anzustellenden Ärzte, die dem Charakter der Anstalt Rechnung tragen sollen (§ 10). Im Falle der Auflösung der Stiftung fällt ihr Vermögen den katholischen Kirchengemeinden P. und C. in G. zu (§ 17). Die Satzung ist durch das Erzbischöfliche Generalvikariat als kirchliche Stiftungsaufsichtsbehörde am 14. 11. 1983 genehmigt worden.

---

[1] Amtl. Leitsätze. DB 1993, 1371; NZA 1993, 593; EzA § 611 BGB Nr. 38; AP Art. 140 GG Nr. 41; AkKR 161 (1992), 582. Nur LS: RdA 1993, 127; AuR 1993, 121; BB 1993, 656.

Die Leitung der anästhesistischen Abteilung wird seit 1981 im Kollegialsystem von zwei gleichberechtigten leitenden Ärzten geführt. Im Rahmen dieses Kollegialsystems trägt jeder der Abteilungsärzte die volle ärztliche und rechtliche Verantwortung für den gesamten Aufgabenbereich. In diesem Rahmen war von Anfang an eine Aufgabenteilung zwischen dem operativen Bereich und der Intensivstation in der Form vorgenommen worden, daß die Chefärzte in einem Zweitage-Rhythmus entweder für die Intensivbetreuung, den Kreißsaal und die Konsiliartätigkeit oder für den OP zuständig waren. Nach Ziff. 2.1 Abs. 3 des Dienstvertrages steht der Klägerin ein Vorschlagsrecht bei der Auswahl des weiteren leitenden Abteilungsarztes zu, sobald die Stelle zu besetzen ist. Bei Meinungsverschiedenheiten zwischen den Abteilungs- bzw. Belegärzten und der Abteilung Anästhesie trifft der leitende Arzt in organisatorischen Fragen die abschließende Entscheidung (Ziff. 2.1. Abs. 7). Dem Abteilungsarzt Anästhesie obliegt (Ziff. 2.3. Abs. 4): a) die präoperative, operative und postoperative anästhesiologische Versorgung der Kranken aller operativen Abteilungen, b) die Behandlung bzw. Mitbehandlung aller Fälle außerhalb des operativen Bereichs, soweit das Fachgebiet der Anästhesie berührt wird, c) die ärztliche und organisatorische Leitung der allen Abteilungen des Krankenhauses zur Verfügung stehenden interdisziplinären Intensiv- und Pflegestation, d) die Leitung des Rettungswesens.

Die Mitarbeiter für den stationären und ambulanten Dienst stellt der Träger des Hospitals ein (Ziff. 2.4.). Die Einstellung, Versetzung, Abordnung, Beurlaubung oder Entlassung ärztlicher Mitarbeiter erfolgt im Einvernehmen mit dem leitenden Arzt. Vor entsprechenden Maßnahmen bei Mitarbeitern der Abteilung im medizinisch-technischen Dienst, bei Pflegepersonen in herausgehobener Stellung sowie bei Schreibkräften steht dem leitenden Arzt ein Anhörungsrecht zu. Er ist ferner gegenüber den nachgeordneten Mitarbeitern der Abteilung in ärztlichen Angelegenheiten anordnungsberechtigt. Die Befugnis, Arbeitszeugnisse auszustellen, steht dem leitenden Arzt nicht zu. Auf Verlangen des Trägers hat der Arzt unter Beachtung der arbeitsrechtlichen Grundsätze über die Zeugniserteilung eine fachliche Beurteilung des Mitarbeiters abzugeben.

Für ihre Tätigkeit bezog die Klägerin eine im Rahmen der Vergütungsgruppe I der Anlage 1 a zu den AVR des Deutschen Caritasverbandes pauschal vereinbarte Jahresvergütung.

Im Jahre 1989 kam es zu einer Kontroverse zwischen den Parteien, weil die Beklagte vor Einstellung eines weiteren Abteilungsarztes im Kollegialsystem die Klägerin zwar gemäß Ziff. 2.1 des Dienstvertrages beteiligt hatte, ihrem Besetzungsvorschlag aber nicht gefolgt war.

Im Dezember 1989 und Mai 1990 sah sich die Beklagte veranlaßt, der Klägerin Abmahnungen wegen Fehlverhaltens bei Ausübung des ärztlichen

Dienstes zu erteilen; die dort erhobenen Vorwürfe wurden von der Klägerin bestritten. Als Belegärzte unter Hinweis auf fortlaufende anästhesiologische Probleme im Verantwortungsbereich der Klägerin deren fristlose Entlassung forderten, verfügte der ärztliche Direktor zunächst ab 25. 5. 1990 die Suspendierung vom Wochenenddienst und sodann ab 28. 5. 1990 die Freistellung vom regulären Dienst. Noch am selben Tage wurde der Klägerin eine fristlose, hilfsweise eine ordentliche Kündigung überreicht. Mit der Kündigung verwies die Beklagte auf eine völlig unzureichende Arbeitsleistung der Klägerin, auf eine Störung des Betriebsfriedens und eine Gefährdung der Entwicklung sowie des Bestandes des Hospitals. Gleichzeitig erteilte sie der Klägerin Hausverbot und forderte sie unter Fristsetzung zu Abgabe der in ihrem Besitz befindlichen Schlüssel auf. Die Klägerin weigerte sich, diesem Verlangen vor rechtskräftigem Abschluß des Kündigungsschutzverfahrens nachzukommen.

Am 15. 10. 1990 fand auf Wunsch der Beklagten eine Sitzung der Mitarbeitervertretung statt mit dem Ziel der Erörterung des Vorschlages, die leitenden Abteilungsärzte in Zukunft als Mitarbeiter in leitender Stellung zu behandeln. Mit Schreiben vom 19. 10. 1990 kündigte die Beklagte das Arbeitsverhältnis mit der Klägerin vorsorglich erneut fristlos, hilfsweise fristgerecht. Am 6. 3. 1991 fand in den Räumen der Beklagten ein Schlichtungsgespräch unter Mitwirkung des Vorsitzenden der Ärztekammer A. statt. An diesem Gespräch nahmen neben der Klägerin auch ihre ehemaligen ärztlichen Kollegen teil. Ziel des Gesprächs war es, nach Möglichkeiten einer kollegialen, dem Wohl der Patienten dienenden Zusammenarbeit zwischen den Ärzten zu suchen. Die Kollegen der Klägerin lehnten jedoch endgültig eine weitere Zusammenarbeit mit der Klägerin ab. Deswegen sprach die Beklagte mit Schreiben vom 20. 3. 1991 vorsorglich eine weitere ordentliche Kündigung zum 30. 9. 1991 aus.

Im vorliegenden Verfahren hat die Klägerin u. a. die Unwirksamkeit der Kündigungen geltend gemacht, die Weiterbeschäftigung zu unveränderten Arbeitsbedingungen sowie die Verpflichtung der Beklagten begehrt, das Betreten des Krankenhauses zu dulden. Zur Begründung hat sie vorgetragen, die Beklagte habe die Mitarbeitervertretung vor Ausspruch der Kündigung vom 28. 5. 1990 nicht beteiligt, so daß diese Kündigung schon aus diesem Grunde unwirksam sei, §§ 30 Abs. 5, 31 Abs. 3 MAVO. Im übrigen hat die Klägerin das Vorliegen verhaltensbedingter Kündigungsgründe bestritten.

Die Beklagte, die Klageabweisung beantragt und hilfsweise Auflösungsanträge stellt, hat die Auffassung vertreten, schon die Kündigung vom 28. 5. 1990 habe das Arbeitsverhältnis der Parteien rechtswirksam beendet. Mit dieser Kündigung habe sie nicht gegen zwingende Bestimmungen der MAVO verstoßen. Diese trete ausschließlich durch Dekret des Bischofs bzw. bei selbständigen Rechtsträgern durch Satzung in Kraft. Da sie als kirchliche Stiftung nicht dem Kirchenrecht unterstellt sei und ihre Satzung die Anwendung der MAVO nicht erwähne, sie außerdem nicht Mitglied des Caritasverbandes geworden sei, sei sie zur Beachtung der MAVO nicht gehalten. – Im übrigen seien nach Ausspruch der Abmahnung vom 11. 5. 1990 weitere Fälle einer unzureichenden anästhesistischen Versorgung bekannt geworden. Auch diese werden von der Klägerin bestritten.

Das Arbeitsgericht hat nach Durchführung einer Beweisaufnahme durch Zeugenvernehmung unter Abweisung der Klage im übrigen festgestellt, das Arbeitsverhältnis sei durch die Kündigung vom 28. 5. 1990 nicht aufgelöst worden. Es hat ferner unter Zurückweisung der Auflösungsanträge der Beklagten festgestellt, daß das Arbeitsverhältnis durch die Kündigung der Beklagten vom 19. 10. 1990 nicht vor dem 31. 3. 1991 beendet worden ist.

Gegen dieses Urteil haben die Klägerin Berufung und die Beklagte Anschlußberufung eingelegt. Das Landesarbeitsgericht hat das Urteil des Arbeitsgerichts auf die Berufung der Beklagten teilweise abgeändert und festgestellt, daß das Arbeitsverhältnis durch die Kündigung der Beklagten vom 28. 5. 1990 nicht beendet worden ist. Im übrigen hat es die Klage abgewiesen und die Berufung der Klägerin zurückgewiesen. Gegen dieses Urteil richten sich im Umfang ihres jeweiligen Unterliegens die Rechtsmittel der Klägerin und der Beklagten.

Das Rechtsmittel der Klägerin führte zur Aufhebung des Berufungsurteils, soweit die Kündigung der Beklagten vom 19. 10. 1990 für gerechtfertigt erklärt wird, und in diesem Umfange zur Zurückverweisung des Rechtsstreits an die Vorinstanz. Die Anschlußrevision der Beklagten hatte keinen Erfolg.

Aus den Gründen:

Die Revision der Klägerin ist begründet; sie führt zur teilweisen Aufhebung des Berufungsurteils und zur Zurückverweisung des Rechtsstreits (§ 565 ZPO), während die Anschlußrevision der Beklagten unbegründet ist.

Gegenstand des Revisionsverfahrens sind die Kündigungen vom 28. 5. 1990, 19. 10. 1990 und 20. 3. 1991, die Auflösungsanträge der Beklagten mit den Beendigungszeitpunkten 30. 9. 1990, 31. 3. 1991 und 30. 9. 1991, der Weiterbeschäftigungsantrag der Klägerin, das Begehren der Klägerin auf Zutritt zu sämtlichen Einrichtungen des Krankenhauses sowie auf Zuweisung der Patienten der Schmerztherapie. Denn die Klägerin hat gegen das Urteil des Arbeitsgerichts im Umfang ihres Unterliegens Berufung und gegen das Urteil des Landesarbeitsgerichts im Umfang ihres Unterliegens Revision eingelegt. Die Beklagte hat ebenfalls jeweils im Umfang ihres Unterliegens gegen das Urteil des Arbeitsgerichts Anschlußberufung und gegen das Urteil des Landesarbeitsgerichts Anschlußrevision eingelegt.

I. Das Landesarbeitsgericht hat angenommen, die Kündigung vom 28. 5. 1990 sei wegen Verstoßes gegen die Anhörungspflicht der Mitarbeitervertretung gemäß § 31 Abs. 1, § 30 Abs. 1 MAVO, also aus sonstigen Gründen im Sinne des § 13 Abs. 3 KSchG, unwirksam. Das Mitarbeitervertretungsrecht sei gemäß Art. 140 GG, 137 WRV autonomes Recht der Kirchen und entfalte nicht nur eine Bindung innerhalb der kirchlichen Organisation selbst, sondern auch darüber hinaus unmittelbar gegenüber den im kirchlichen Dienst beschäftigten Arbeitnehmern, so daß der Dienstgeber die Mitarbeitervertretung (MAV) entsprechend der eigenen kirchenrechtlichen Mitarbeitervertretungsregelung zu beteiligen habe. Die Rechtssetzungsbefugnis der Kirchen erstrecke sich vor allem auf diejenigen Mitarbeiter, die als Arbeitnehmer aufgrund eines privatrechtlichen Vertragsverhältnisses tätig seien. In den Anwendungsbereich der MAVO falle sowohl der als öffentlich-rechtliche Körperschaft anerkannte kirchliche Bereich als auch der privatrechtlich organisierte Rechtsträger. Da in der Diözese Paderborn die MAVO durch den Bischof in Kraft gesetzt worden sei, habe die Beklagte als kirchliche Stiftung des privaten Rechts im Sinne des § 1 Abs. 1 Ziff. 2 bzw. 4 MAVO die Mitarbeitervertretung vor der Entlassung der Klägerin beteiligen müssen. Die Klägerin sei nämlich zur Zeit der ersten Kündigung nicht als Mitarbeiterin in leitender Stellung im Sinne des § 3 Abs. 2 Nr. 3 und 4 MAVO aus dem Kreis der Mitarbeiter ausgegrenzt. Die hierfür gemäß § 3 Abs. 2 Satz 2 MAVO notwendige Entscheidung habe die Beklagte vor dem 28. 5. 1990 in bezug auf die im Hospital tätigen Abteilungsärzte nicht getroffen, obwohl dies aufgrund der Ausführungsbestimmungen des Erzbistums Paderborn vom 28. 11. 1986 möglich gewesen sei.

II. Zutreffend ist das Landesarbeitsgericht davon ausgegangen, die von der Beklagten am 28. 5. 1990 ausgesprochene Kündigung aus wichtigem Grund und die hilfsweise ausgesprochene ordentliche Kündigung seien wegen Verstoßes gegen § 30 Abs. 5, § 31 Abs. 3 MAVO unwirksam und der diesbezüglich von der Beklagten gestellte Auflösungsantrag sei unbegründet.

1. Die Arbeitsgerichte sind gemäß § 2 Abs. 1 Nr. 2 ArbGG für bürgerliche Rechtsstreitigkeiten zwischen Arbeitgebern und Arbeitnehmern aus dem Arbeitsverhältnis zuständig. Soweit sich die Kirchen der Privatautonomie zur Begründung von Arbeitsverhältnissen bedienen, findet das staatliche Arbeitsrecht Anwendung (vgl. Senatsurteil vom 21. 10. 1982[2] – 2 AZR 591/80 – AP Nr. 14 zu Art. 140 GG, zu B I 1 der Gründe; BAGE 45, 250, 253 f.[3] = AP Nr. 16 zu Art. 140 GG, zu I 3 c der Gründe; BAGE 51, 238, 241 f.[4] = AP Nr. 25 zu

---

[2] KirchE 20, 160.
[3] KirchE 22, 53.
[4] KirchE 24, 72.

Art. 140 GG, zu B I der Gründe). Macht dabei ein kirchlicher Arbeitnehmer geltend, eine Kündigung des kirchlichen Arbeitgebers sei unwirksam, weil er die kirchliche Mitarbeitervertretung nicht ordnungsgemäß beteiligt habe, so hat das Arbeitsgericht auch dies zu überprüfen (vgl. BAG, Urteil vom 19. 1. 1983 – 7 AZR 60/81 – unv.; Senatsurteil vom 4. 7. 1991[5] – 2 AZR 16/91 –; Richardi, Arbeitsrecht in der Kirche, 1. Aufl., § 14 IV 2, S. 193 f.; Duhnenkamp, Das Mitarbeitervertretungsrecht im Bereich der evangelischen Kirche 1985, S. 36 ff.; Dütz, Aktuelle kollektivrechtliche Fragen des kirchlichen Dienstes, in: Essener Gespräche zum Thema Staat und Kirche, Bd. 18, S. 67, 105).

2. Nach § 30 Abs. 1 MAVO sind der Mitarbeitervertretung vor jeder ordentlichen Kündigung nach Ablauf der Probezeit durch den Dienstgeber schriftlich die Absicht der Kündigung und die Gründe hierfür mitzuteilen. Eine entsprechende Pflicht enthält § 31 Abs. 1 MAVO für die außerordentliche Kündigung. Danach ist der Mitarbeitervertretung vor einer außerordentlichen Kündigung die Absicht der Kündigung mitzuteilen. Eine ohne Einhaltung des Verfahrens ausgesprochene Kündigung ist unwirksam (§ 30 Abs. 5, § 31 Abs. 3 MAVO). Nach den tatsächlichen Feststellungen des Berufungsgerichts, an die der Senat gebunden ist, hat die Beklagte das Anhörungsverfahren vor Ausspruch der Kündigung vom 28. 5. 1990 nicht eingeleitet.

3. Das Landesarbeitsgericht hat zutreffend angenommen, das von der Beklagten unterhaltene Hospital unterfalle dem sachlichen und räumlichen Anwendungsbereich der Mitarbeitervertretungsordnung für den Bereich des Erzbistums Paderborn (KABl. Paderborn 1986, S. 147).

a) Das Hospital ist nach § 1 Abs. 1 Ziff. 4 MAVO eine caritative Einrichtung der Beklagten, die der katholischen Kirche im Sinne der Verwirklichung einer ihr wesentlichen Aufgabe, nämlich der Caritas, zugeordnet und organisatorisch mit ihr satzungsgemäß verbunden ist. Das ergibt sich aus dem Zweck der Anstalt, der Beteiligung der Ordensschwestern an der Erfüllung des Stiftungszwecks, aus der Zusammensetzung des Vorstands und aus den satzungsmäßigen Mitwirkungsbefugnissen des Erzbischofs.

b) Die MAVO hat im Erzbistum Paderborn Rechtswirksamkeit erlangt durch die Inkraftsetzung des Erzbischofs, der als Ortsbischof nach katholischem Verständnis oberster Gesetzgeber für den jeweiligen Diözesanbereich ist (c. 391 § 2 CIC), wobei seine Rechtssetzungsbefugnis nicht nur den Bereich der als öffentlich-rechtliche Körperschaft organisierten Kirche (auch Amtskirche, korporierte oder verfaßte Kirche genannt), sondern ebenso die privatrechtlich organisierten Einrichtungen erfaßt. Die dagegen von der Beklagten erhobenen Einwendungen greifen nicht durch.

aa) Die Beklagte meint, dem Berufungsgericht könne zwar darin gefolgt

---

[5] KirchE 29, 214.

werden, daß der Bischof zu Paderborn auf der Grundlage des Art. 140 GG, 137 WRV eine umfassende Rechtssetzungsbefugnis habe. Dies bedeute aber auch, daß es den Religionsgesellschaften überlassen bleibe, darüber zu entscheiden, ob Mitarbeitervertretungen errichtet werden sollen, wie sie zusammengesetzt sind und welche Befugnis sie haben. Hieraus folge, daß es dem Bischof überlassen bleibe, ob er für sämtliche Bereiche der Kirche von seiner Rechtssetzungsbefugnis Gebrauch mache oder selbständigen Einrichtungen eine Satzungsautonomie zubillige. Somit unterliege es der bischöflichen Entscheidung, ob er die Wahrnehmung kirchlicher und caritativer Aufgaben in Rechtsformen zulasse, die seiner kirchenrechtlichen Rechtssetzungsbefugnis unterliegen, oder ob er sich auf eine bloße Kirchenaufsicht beschränke, in diesem Rahmen der Einrichtung im übrigen jedoch die Rechtssetzungsbefugnis belasse.

Der Auffassung der Beklagten kann nicht gefolgt werden. Sie läßt außer acht, daß der Erzbischof von Paderborn als diözesaner Gesetzgeber aufgrund Art. 140 GG, 137 Abs. 3 WRV die Rechtssetzungsbefugnis im Bereich des Mitarbeitervertretungsrechts nicht nur für die Dienststellen und Einrichtungen der verfaßten Kirche beansprucht, sondern für alle Einrichtungen auf Diözesangebiet, die, obwohl rechtlich verselbständigt, „Wesens- und Lebensäußerung der Kirche" sind. Das ergibt sich schon aus der Präambel der MAVO für den Bereich des Erzbistums Paderborn, die auszugsweise folgenden Wortlaut hat (KABl., aaO): „... Deshalb wird aufgrund des Rechtes der katholischen Kirche, ihre Angelegenheiten selbst zu regeln, die folgende Ordnung für Mitarbeitervertretungen erlassen." In § 1 MAVO heißt es dann, „Mitarbeitervertretungen seien zu bilden bei den Dienststellen, Einrichtungen und sonstigen selbständig geführten Stellen der sonstigen kirchlichen und caritativen Rechtsträger, unbeschadet deren Rechtsform". Typische Trägerformen der sonstigen kirchlichen und caritativen Einrichtungen in diesem Sinne sind die GmbH, der eingetragene Verein, die eingetragene Genossenschaft und – wie vorliegend – die Stiftung des privaten Rechts. § 1 Abs. 1 Ziff. 4 MAVO enthält gerade keine Einschränkung, wonach die MAVO in diesen privatrechtlich organisierten Einrichtungen nur dann Anwendung finde, wenn sich die Einrichtung in ihrer Satzung der MAVO unterwerfe. Das zeigt, daß der Erzbischof von Paderborn diesen Einrichtungen gerade keine Satzungsautonomie zubilligt.

bb) Die Revision macht ferner geltend, zwischen den Parteien bestehe Einigkeit darüber, daß die Beklagte eine kirchliche Stiftung sei. Dies bedeute jedoch lediglich, daß sie der kirchlichen Aufsicht unterliege, nicht aber deren Rechtssetzungsbefugnis. Der Beklagten obliege es daher, selbst darüber zu entscheiden, ob und in welcher Weise Mitarbeitervertretungsrecht Anwendung finde.

Die Beklagte stellt mit diesen Ausführungen die Rechtssetzungsbefugnis des Ortsbischofs für das von ihr in privatrechtlicher Form unterhaltene Hospital in Abrede. Ob der Ortsbischof als Organ der verfaßten Kirche auch für privatrechtliche Einrichtungen unmittelbar geltendes Recht setzen kann, ist allerdings nicht unumstritten.

(1) Bietmann (Betriebliche Mitbestimmung im kirchlichen Dienst, S. 75) nimmt an, der Ortsbischof könne autonomes kirchliches Recht nur für den Bereich der verfaßten Kirche, also den als öffentlich-rechtliche Körperschaft anerkannten kirchlichen Bereich schaffen. Für die sonstigen privatrechtlich organisierten kirchlichen Einrichtungen könne das Mitarbeitervertretungsrecht nur auf der Grundlage der Satzungsautonomie Verbindlichkeit erlangen. Zwischen der Amtskirche und den privatrechtlich organisierten kirchlichen Einrichtungen sei nämlich im staatlichen Bereich zu unterscheiden. Eine Ausdehnung der aus dem Korporationsstatus abgeleiteten Rechtsetzungsbefugnis auf privatrechtlich organisierte Einrichtungen sei nicht möglich (im Ergebnis ebenso Nell-Breuning, AuR 1979, 1 [5]). Der Raum, der den Kirchen zur selbständigen Regelung überlassen bleibe (§ 118 Abs. 2 BetrVG, § 112 BPersVG) und der Raum, den sie selbständig zu regeln in der Lage sei, sei nicht deckungsgleich. So entstehe eine „empfindliche Lücke" im Anwendungsbereich des Mitarbeitervertretungsrechts (so Nell-Breuning, aaO).

(2) Dem hält Richardi (Arbeitsrecht in der Kirche, 2. Aufl., § 17 Rz 6; ders., NZA 1986, Beil. 1 S. 3, 10) zu Recht entgegen, mit dieser Argumentation werde für die Rechtssetzungsgewalt des Bischofs eine Schranke errichtet, für die ausschließlich die staatliche Sicht maßgebend sei. Bereits dieser Ansatz widerspreche der Verfassungsgarantie des Selbstbestimmungsrechts in Art. 137 WRV. Für die rechtlich verselbständigten Rechtsträger müsse die Satzung zwar die Zuordnung zur Kirche festlegen. Für die Geltung des Mitarbeitervertretungsrechts sei die Zuordnung zur Kirche durch die Satzung nur eine Voraussetzung, nicht aber deren Geltungsgrund; denn die Satzungsautonomie umfasse nicht die Kompetenz zum Erlaß einer arbeitsrechtlichen Mitbestimmungsordnung. Die Satzungsautonomie stelle nichts anderes als eine Form der rechtsgeschäftlichen Autonomie dar. Es gebe keine originäre Autonomie eines privatrechtlich organisierten Verbandes, die es gestatte, für Personen, die zu dem Verband in einem Arbeitsverhältnis stehen, ein Repräsentationsmandat zu schaffen, wie es der Betriebsrat nach dem Betriebsverfassungsgesetz ausübe und wie es auch die Mitarbeitervertretung nach dem kirchlichen Mitarbeitervertretungsrecht sei vielmehr allein die Verfassungsgarantie des Selbstbestimmungsrechts in Art. 137 WRV. Die Befugnis, ein Mitarbeitervertretungsrecht zu schaffen, habe nach der Kompetenzverteilung des Staatskirchenrechts die *Religionsgesellschaft*, nicht die *Einrichtung* einer Religionsgesellschaft. Wenn den Kirchen die selbständige Ordnung eines Personalvertretungsrechtes überlassen bleibe, so komme darin zum Ausdruck, daß der kirchliche Gesetzgeber entsprechend der für ihn kirchenrechtlich maßgebenden Kompetenz Inhalt und Geltungsbereich einer Mitarbeitervertretungsordnung festlege.

(3) Der Auffassung von Richardi stimmt der Senat zu. Die Regelungs- und Verwaltungsbefugnis gemäß Art. 140 GG, 137 Abs. 3 WRV steht der Kirche nicht nur hinsichtlich ihrer körperschaftlichen Organisation und ihrer Ämter zu, sondern – wie das Bundesverfassungsgericht (BVerfGE 24, 236 [246][6]; BVerfGE 46, 73 [87][7]) entschieden hat – auch hinsichtlich ihrer Vereinigungen, die sich nicht die allseitige, sondern nur die partielle Pflege des religiösen oder weltanschaulichen Lebens ihrer Mitglieder zum Ziel gesetzt haben. Voraussetzung dafür ist, daß der Zweck der Vereinigung gerade auf die Erreichung eines solchen Zieles gerichtet ist. Das gilt ohne weiteres für organisatorisch oder institutionell mit Kirchen verbundene Vereinigungen wie kirchliche Orden, deren Daseinszweck eine Intensivierung der gesamtkirchlichen Aufgaben enthält. Es gilt aber auch für andere selbständige oder unselbständige Vereinigungen, wenn und soweit ihr Zweck die Pflege oder Förderung eines religiösen Bekenntnisses oder die Verkündigung des Glaubens ihrer Mitglieder ist. Maßstab für das Vorliegen dieser Voraussetzungen kann das Ausmaß der institutionellen Verbindung mit einer Religionsgemeinschaft oder die Art der mit der Vereinigung verfolgten Ziele sein (BVerfGE, aaO). In diesem Sinne gehört es eben auch zur autonomen Wesens- und Lebensäußerung der Kirche, wenn der Ortsbischof die Jurisdiktionsbefugnis auch für die privatrechtlich organisierten „Einrichtungen" der Kirche in Anspruch nimmt (ebenso Bleistein/Thiel, MAVO-Kommentar, 2. Aufl., § 1 Rz 18; Frey/Schmitz-Elsen/Coutelle, MAVO-Kommentar, 3. Aufl., § 1 Rz 17; Jurina, Das Dienst- und Arbeitsrecht im Bereich der Kirchen der Bundesrepublik Deutschland, 1979, S. 162).

4. Frei von Rechtsfehlern ist auch die Annahme des Berufungsgerichts, die Klägerin sei nicht als Mitarbeiterin in leitender Stellung im Sinne des § 3 Abs. 2 Nr. 3 und 4 MAVO von den übrigen Mitarbeitern ausgegrenzt. Nach den tatsächlichen Feststellungen des Berufungsgerichts, an die der Senat gebunden ist (§ 561 ZPO), hat die Beklagte die nach § 3 Abs. 2 Satz 2 MAVO erforderliche Entscheidung vor dem 28. 5. 1990 in bezug auf die im Hospital tätigen Abteilungsärzte nicht getroffen. Die Beklagte hat insoweit auch keine Einwendungen erhoben.

5. Da die Kündigung vom 28. 5. 1990 schon wegen nicht ordnungsgemäßer Beteiligung der Mitarbeitervertretung unwirksam ist, braucht nicht mehr geprüft zu werden, ob ein wichtiger Grund zur Kündigung vorlag und ob die hilfsweise ausgesprochene ordentliche Kündigung sozial gerechtfertigt ist.

6. Das Berufungsgericht hat zu Recht den Auflösungsantrag der Beklagten (Beendigungszeit: 30. 9. 1990) zurückgewiesen. Das gilt vorliegend schon deshalb, weil der Arbeitgeber eine Auflösung des Arbeitsverhältnisses nach § 9 KSchG nur verlangen kann, wenn die Kündigung lediglich nach § 1 KSchG

---

[6] KirchE 10, 121.

sozialwidrig ist; ist die Kündigung bereits aus anderen Gründen - wie hier wegen Verstoßes gegen die §§ 30, 31 MAVO - unwirksam, ist dem Arbeitgeber nach der Rechtsprechung des Bundesarbeitsgerichts die Stellung eines Auflösungsantrages verwehrt (BAGE 35, 30 = AP Nr. 6 zu § 9 KSchG 1969; 40, 56 = AP Nr. 9, aaO). Daran ist auch für den vorliegenden Fall festzuhalten.

III. Das Landesarbeitsgericht hat angenommen, die von der Beklagten am 19. 10. 1990 ausgesprochene Kündigung aus wichtigem Grund sei wirksam. Diese Kündigung sei nicht schon wegen Verstoßes gegen die Anhörungspflicht aus den Gründen des § 31 Abs. 1, Abs. 3 MAVO rechtsunwirksam. Die Beklagte sei nämlich am 19. 10. 1990 nicht mehr verpflichtet gewesen, die Mitarbeitervertretung vor Ausspruch der beabsichtigten Kündigung anzuhören. Vielmehr sei die Klägerin zu diesem Zeitpunkt rechtswirksam als Mitarbeiterin der MAVO ausgegrenzt, § 3 Abs. 2 Satz 2, Abs. 2 Nr. 4 MAVO. Dieses Ausgrenzungsverfahren habe die Beklagte am 15. und 16. 10. 1990 nach Beteiligung der Mitarbeitervertretung ordnungsgemäß und rechtzeitig vor Ausspruch dieser weiteren Kündigung durchgeführt. Einer zusätzlichen kirchenaufsichtlichen Genehmigung im Sinne des § 3 Abs. 2 Satz 4 MAVO habe es dabei nicht bedurft, weil diese Genehmigung gemäß Abs. 2 Satz 2 der Ausführungsbestimmungen vom 3. 11. 1986 als erteilt gelte.

Dem stimmt der Senat zu, wobei er im Hinblick auf die vorhergehenden Überlegungen weiter von der Verbindlichkeit der MAVO ausgeht.

1. Die Klägerin ist - das sieht auch die Revision nicht anders - wirksam aus dem Bereich der Mitarbeiter nach § 3 Abs. 2 MAVO ausgegrenzt worden. Nach § 3 Abs. 2 gelten als Mitarbeiter im Sinne der MAVO nicht Mitarbeiter, die zur selbständigen Entscheidung über Einstellungen, Anstellungen oder Kündigungen befugt sind (Ziff. 3) sowie sonstige Mitarbeiter in leitender Stellung (Ziff. 4).

a) Nach den tatsächlichen Feststellungen des Landesarbeitsgerichts, die nicht mit Verfahrensrügen angegriffen worden sind, war die Klägerin nicht zur selbständigen Entscheidung über Einstellungen, Anstellungen oder Kündigungen befugt.

b) Das Landesarbeitsgericht hat im Rahmen seiner rechtlichen Würdigung den Begriff des sonstigen Mitarbeiters in leitender Stellung zutreffend beurteilt. Es hat ausgeführt, in der MAVO gehe es nicht um Personen mit unternehmerischer Entscheidungsautonomie, sondern allein darum, wer nach kirchlichem Verständnis eine leitende Funktion ausübe, durch die er Aufgaben und Tätigkeiten der kirchlichen Einrichtung beeinflussen könne. Mitarbeiter in leitender Stellung sei auch der in paritätischer Leitung tätige Abteilungsarzt, zumal auch er weisungsunabhängig im Sinne des § 34 NW.KhG sei und aufgrund des Anstellungsvertrages die volle ärztliche und rechtliche Verantwortung für den gesamten Aufgabenbereich der Fachabteilung Anästhesie und Schmerztherapie trage.

c) Diese Würdigung des Landesarbeitsgerichts kann vom Revisionsgericht nur daraufhin nachgeprüft werden, ob die Bewertungsmaßstäbe im Rahmen einer Gesamtwürdigung vertretbar angewandt und alle wesentlichen Tatsachen ohne Verstoß gegen Denkgesetze oder allgemeine Erfahrungssätze berücksichtigt worden sind. Dagegen ist die Reichweite des Bestimmungsrechts des Dienstgebers rechtlich unbeschränkt überprüfbar (ähnlich für den Begriff des leitenden Angestellten im Sinne des § 5 BetrVG: ständige Rechtsprechung des BAG seit Beschluß vom 5. 4. 1974 – 1 ABR 19/73 – BAGE 26, 36 [59] = AP Nr. 1 zu § 5 BetrVG 1972, zu IV 2 der Gründe; vgl. etwa auch BAGE 51, 19 [28] = AP Nr. 30 zu § 5 BetrVG 1972, zu C II 3 der Gründe), wenn auch angesichts des kirchlichen Selbstbestimmungsrechts dieser Überprüfungsmaßstab zusätzlich eingegrenzt ist. Danach ist davon auszugehen, daß der Mitarbeiter jedenfalls in leitender Stellung sein muß, ohne daß der MAVO indessen die näheren Kriterien zu entnehmen sind (ebenso Bleistein/Thiel, aaO, § 3 Rz 26; Frey/Schmitz-Elsen/Coutelle, aaO, § 3 Rz 15). Wegen des Selbstbestimmungsrechts der Kirchen sind die diesbezüglichen Überlegungen des Landesarbeitsgerichts zur Einstufung einer Chefärztin für Anästhesie als leitende Mitarbeiterin jedenfalls in ihrer Eigenschaft als Abteilungsärztin nicht als rechtsfehlerhaft anzusehen. Denn in der MAVO geht es, wie das Landesarbeitsgericht zutreffend ausgeführt hat, nicht um die Person mit unternehmerischer Entscheidungsautonomie, sondern in Ausgestaltung des kirchlichen Selbstbestimmungsrechts nach Art. 137 Abs. 3 WRV darum, wer nach kirchlichem Selbstverständnis eine leitende Funktion ausübt, durch die er Aufgaben und Tätigkeit der kirchlichen Einrichtung beeinflussen kann (Bleistein/Thiel, aaO, § 3 Rz 27; Richardi, Arbeitsrecht in der Kirche, 1. Aufl., S. 205). Das ist, was den hilfreichen, caritativen Einsatz im Krankenhaus angeht, bei einem Abteilungsarzt, der das Bild des Krankenhauses in der Öffentlichkeit mitbestimmt, der Fall.

2. Ist die Klägerin vom Landesarbeitsgericht zu Recht als leitende Mitarbeiterin beurteilt und damit die Ausgrenzungsentscheidung der Beklagten unter Beteiligung der MAV (§ 3 Abs. 2 Satz 2 MAVO) als grundsätzlich wirksam anzusehen, so bedurfte diese Entscheidung nach § 3 Abs. 2 Satz 4 MAVO grundsätzlich noch der Genehmigung der kirchlichen Aufsichtsbehörde. In den Ausführungsbestimmungen des Erzbistums Paderborn vom 3. 11. 1986 (KABl. Paderborn 1986 Nr. 193) ist ausdrücklich nur eine Regelung für die in § 1 Abs. 1 Satz 2 MAVO genannten Einrichtungen der Kirchengemeinden, Kirchenstiftungen und Kirchengemeindeverbände, also Körperschaften des *öffentlichen* Rechts erfolgt, nämlich, daß als Mitarbeiter in leitender Stellung die Mitglieder der Betriebsleitung der Krankenhäuser, die Abteilungsärzte, die Heimleiter und mit ähnlichen Leitungsfunktionen betraute Mitarbeiter gelten. Der Senat ist der Auffassung, daß diese Ausnahmebestimmung ausnahmsweise analog für eine

privatrechtliche Stiftung, also einen der in § 1 Abs. 1 Satz 4 MAVO genannten sonstigen kirchlichen Rechtsträger angewandt werden kann, wenn dort selbständig im kirchlichen Auftrag Krankenhäuser mit Betriebsleitung, Abteilungsärzten usw. geführt werden.

a) Dabei ist zunächst der irrtümlichen Vorstellung zu begegnen, wonach Ausnahmebestimmungen angeblich stets nur eng, also nicht über ihren Regelungsbereich hinaus ausgelegt werden dürfen (vgl. z. B. Eneccerus/Nipperdey, BGB, Allgem. Teil 1, 15. Aufl., § 48 I 2; Larenz, Methodenlehre der Rechtswissenschaft, 6. Aufl., S. 353, 355; Palandt/Heinrichs, BGB, 52. Aufl., Einl. Rz 45). Einigkeit herrscht insoweit, daß auch bei Ausnahmesätzen Analogie nicht ausgeschlossen ist, soweit der rechtspolitische Grund auch auf andere ähnliche Fälle zutrifft und sonst die Ausnahmevorschrift eines wesentlichen Teils ihrer praktischen Bedeutung entkleidet würde; vielmehr ist in jedem Fall auf die ratio legis abzustellen (so Staudinger/Coing, BGB, 12. .Aufl., Einl. Rz 153). Dies entspricht auch der Rechtsprechung des BAG (vgl. BAGE 1, 329 = AP Nr. 5 zu § 76 BetrVG mit zust. Anm. von A. Hueck und BAGE 21, 106 = AP Nr. 1 zu § 5 RechtsstellungsG).

b) Für die hier zu entscheidende Frage einer analogen Anwendung der Ausführungsbestimmungen vom 3. 11. 1986 ist nicht zu übersehen, daß ein rechtsähnlicher Tatbestand vorliegt. Ob nämlich ein Krankenhaus in Form einer öffentlich-rechtlichen oder einer privatrechtlichen Stiftung von der Kirche selbst oder auf Grund ihres Selbstverständnisses in ihrem Auftrag geführt wird, macht – was die Stellung der Abteilungsärzte angeht – keinen Unterschied. Das sieht auch die Klägerin in ihrer Erwiderung auf die Anschlußrevision nicht anders. Zur Zeit der Gründung der Beklagten im Jahre 1849 hat man auch noch nicht so deutlich den heute bekannten Unterschied zwischen öffentlich-rechtlicher und privatrechtlicher Stiftung gemacht. Nach heutigem Verständnis wäre vielleicht sogar davon auszugehen, daß eine durch Beschlüsse des Gemeinderates der Stadt G., des Bischofs von Paderborn und des Königs von Preußen erfolgte Stiftung öffentlich-rechtlichen Charakter hat. Die Beteiligung der Stadtgemeinde und des Staatsrepräsentanten zeigt zumindest, daß es sich nicht um eine rein privatrechtliche Stiftung handelte. Zu dieser Annahme führt allein die spätere gesetzliche Regelung von 1896 in §§ 80 ff. BGB und die Bestimmung der §§ 2 Abs. 4, 29 NW.StiftG vom 21. 6. 1977 (GV.NW S. 274), wonach auch vor Inkrafttreten des BGB errichtete alte Kirchenstiftungen als kirchliche Stiftung im Sinne des Gesetzes gelten, wenn sie überwiegend kirchlichen Aufgaben dienen.

c) Jedenfalls läßt sich den Ausführungsbestimmungen des Erzbischofs von Paderborn vom 3. 11. 1986 (aaO) die Absicht entnehmen, für Krankenhaus-Abteilungsärzte in kirchlichen Einrichtungen generell auf eine ausdrückliche kirchenaufsichtliche Genehmigung zu verzichten. Wenn dieser Verzicht schon für die dem Bischof unmittelbar unterstehenden Dienststellen und Einrichtungen der öffentlich-rechtlichen Kirchengemeinden, Kirchenstiftungen und Kirchengemeindeverbände gilt, um wieviel mehr dann für die Einrichtungen der sonstigen kirchlichen und caritativen Rechtsträger im Sinne des § 1 Abs. 1 Ziff. 4 MAVO, wenn diese privatrechtlich organisiert sind, dem Bischof also ferner stehen. Insofern entspricht es einem Gebot der Konsequenz, wenn sich einerseits die Jurisdiktionsbefugnis des Bischofs, was die Geltung der MAVO angeht, auf diese sonstigen selbständigen kirchlichen Träger nach § 1 Abs. 1 Ziff. 4 MAVO erstreckt (s. o. unter II), dann ist aber gleichzeitig auch anzunehmen, daß der Genehmigungsverzicht angesichts der lückenhaften bischöflichen Regelungen ebenfalls für solche Krankenhäuser gilt, die eine privatrechtlich organisierte Repräsentation kirchlicher Wesens- und Lebensäußerung sind. Sinn und Zweck der Ausführungsbestimmungen vom 3. 11. 1986 ist es offensichtlich, die Herausnahme von Abteilungsärzten an kirchlichen Krankenhäusern aus dem Kreis der von der Mitarbeitervertretung betreuten Mitarbeiter wegen der möglichen Interessenskollisionen zu erleichtern, wenn der Dienstgeber dies anstrebt. Dann erscheint es nur folgerichtig, den Grundsatz der Entbehrlichkeit kirchenaufsichtlicher Genehmigung im Einzelfall auf die vorliegende Fallkonstellation auszudehnen (ebenso Bleistein/Thiel, aaO, § 3 Rz 26, die davon ausgehen, daß für Krankenhäuser und Heime eine generelle Genehmigung erteilt worden sei, wenn die Chefärzte, Oberinnen, Verwaltungsleiter zu leitenden Mitarbeitern bestimmt wurden).

3. Ist auch im vorliegenden Fall von einer generellen Genehmigung im vorstehenden Sinne auszugehen, so bedurfte es einer Anhörung der Mitarbeitervertretung bei der Kündigung der Klägerin vom 19. 10. 1990 nicht, so daß diese Kündigung nicht etwa schon aus formellen Gründen unwirksam ist. Die Revision rügt aber zu Recht eine Verletzung materiellen Rechts bei der Anwendung des § 626 BGB.

a) Das Landesarbeitsgericht hat angenommen, der fristlosen Kündigung vom 19. 10. 1990 liege ein wichtiger Grund zugrunde, wovon gemäß § 626 BGB immer dann auszugehen sei, wenn Tatsachen vorlägen, aufgrund derer dem Kündigenden unter Berücksichtigung aller Umstände des Einzelfalles und Abwägung der Interessen beider Vertragsteile die Fortsetzung des Arbeitsverhältnisses bis zum Auslaufen der Kündigungsfrist nicht zugemutet werden könne. Diese Tatsachen lägen vor in der beharrlichen Weigerung der Klägerin, die Schlüssel zum Hospital und zu den Zimmern herauszugeben, in der anästhesistischen Tätigkeit der Klägerin in der gynäkologischen Praxis ihres Ehemanns und in der berechtigten Weigerung aller Abteilungsärzte einschließlich der gynäkologischen Belegärzte, mit der Klägerin auch nur einen weiteren Tag zusammenzuarbeiten.

b) Der Senat ist an die tatsächlichen Feststellungen des Landesarbeitsgerichts

gebunden (§ 561 ZPO), weil die Klägerin keine zulässige Revisionsrüge erhoben hat. Ihre prozessuale Rüge, mit der „mangelnde Sachaufklärung" durch das Landesarbeitsgericht bemängelt wird, entbehrt der Konkretisierung (...).
c) Die Anwendung des § 626 Abs. 1 BGB durch das Berufungsgericht kann vom Revisionsgericht nicht uneingeschränkt nachgeprüft werden. Die Überprüfung hat sich darauf zu beschränken, ob das angefochtene Urteil den Rechtsbegriff des wichtigen Grundes verkannt oder unrichtig angewendet hat. Das Revisionsgericht kann insoweit nur nachprüfen, ob ein bestimmter Vorgang für sich genommen überhaupt geeignet ist, einen wichtigen Grund im Sinne des § 626 BGB zu bilden, und ob das Berufungsgericht alle vernünftigerweise in Betracht kommenden Umstände, die für oder gegen die außerordentliche Kündigung sprechen, bedacht und abgewogen hat (ständige Rechtsprechung: BAG Urteil vom 9. 12. 1982 – 2 AZR 620/80 – BAGE 41, 150, 158 = AP Nr. 73 zu § 626 BGB, zu II 2 der Gründe). Die Ausführungen des Landesarbeitsgerichts halten auch dieser eingeschränkten Überprüfung nicht stand. (wird ausgeführt)

78

Sofern die Aufnahme von Zusätzen in Kirchenaustrittserklärungen nicht allgemein gesetzlich ausgeschlossen ist, sind jedenfalls solche Zusätze unschädlich, die eindeutig nur Ausdruck des religiösen Bekenntnisses und der eigenen religiösen Bindung sind. Zusätze in der Austrittsbescheinigung, die lediglich die staatskirchenrechtliche Rechtslage wiedergeben, machen die behördliche Erklärung nicht unwirksam.

LG Mainz, Beschluß vom 10. Dezember 1992 – 8 T 219/92[1] –

Der Beteiligte zu 1 hat am 2. 7. 1992 zu Niederschrift des Amtsgerichts A. folgendes erklärt:

„Hiermit trete ich aus der Steuergemeinschaft der römisch-katholischen Kirche aus. Von dem Austritt unberührt bleibt die Zugehörigkeit zur Glaubensgemeinschaft. Ich werde projektbezogene Hilfe auch weiterhin in einem Umfang leisten, der den Betrag der Kirchensteuer übersteigt."

Der Rechtspfleger erteilte ihm darauf eine unter die Niederschrift der Erklärung gesetzte Bescheinigung mit dem Wortlaut: „Vorstehender Austritt ist wirksam vollzogen."

---

[1] Rpfleger 1993, 275. Auf die Beschwerde des beteiligten Ordinariats hat das OLG Zweibrücken (Beschluß vom 30. 6. 1993 – 3 W 33/93 – ZfJ 1994, 190) den vorliegenden Beschluß aufgehoben und das Amtsgericht angewiesen, die strittige Kirchenaustrittsbescheinigung einzuziehen und dem Beteiligten zu 1 eine neue Bescheinigung ohne Zusätze zu erteilen.

Dagegen legte der Beteiligte zu 2 (Diözese M.) Erinnerung ein und trug zur Begründung im wesentlichen vor:
In der Beschränkung der Austrittserklärung auf die Steuergemeinschaft der röm.-kath. Kirche sei eine unzulässige Bedingung des Kirchenaustritts zu sehen und die Austrittserklärung daher unwirksam. Eine Steuergemeinschaft der röm.-kath. Kirche gebe es nicht, sondern lediglich das Bistum und die Kirchengemeinden als öffentlich-rechtliche Körperschaften, die berechtigt seien, aufgrund der bürgerlichen Steuerlisten nach Maßgabe der landesrechtlichen Bestimmungen Steuern zu erheben. Die Beschränkung der Austrittserklärung auf die lediglich steuerrechtlichen Wirkungen sei deshalb eine unzulässige Bedingung, da der Beteiligte zu 1 nicht sämtliche im staatlichen Bereich eintretenden Rechtsfolgen in die Erklärung einbezogen hätte. Der Wegfall der Kirchensteuer sei nicht die einzige Rechtsfolge des Austritts. Solche Erklärungen, die sich auf den innerkirchlichen Bereich bezögen, dürften von staatlichen Stellen nicht als Kirchenaustritte entgegengenommen werden. In der Bescheinigung über die Austrittserklärung dürften Vorbehalte nicht aufgenommen sein. Dadurch würde der Zweck der Bescheinigung, Klarheit für den Rechtsverkehr herzustellen, verfehlt. Eine solche Bescheinigung mit Zusätzen müßte eingezogen werden.

Der Beteiligte zu 1 erklärte daraufhin am 10. 9. 1992 zu Protokoll des Amtsgerichts A., er habe zum Ausdruck bringen wollen, daß der von ihm erklärte Kirchenaustritt sich allein auf die bürgerlich-rechtlichen Wirkungen erstrecken solle; weitere Wirkungen als der Wegfall der Kirchensteuerpflicht seien nur schwer denkbar und praktisch kaum relevant. Wenn von ihm eine Erklärung verlangt werde, derzufolge er aus der Kirche insgesamt austreten solle, so sei das für ihn unzumutbar. Die Kirche als Glaubensgemeinschaft möchte er nicht verlassen.

Durch Beschluß vom 10. 9. 1992 half das Amtsgericht A. der Erinnerung teilweise ab und zog die dem Beteiligten zu 1 erteilte Bescheinigung vom 2. 7. 1992 ein. Gleichzeitig wurde eine neue Bescheinigung folgenden Inhalts erteilt:

„Es wird bescheinigt, daß Herr N. aus der römisch-katholischen Kirche, Diözese M., in ihrer Eigenschaft als öffentlich-rechtliche Körperschaft ausgetreten ist. Es wird klargestellt, daß sich der Austritt nur auf die bürgerlich-rechtlichen Wirkungen beschränkt."

Der weitergehenden Erinnerung wurde nicht stattgegeben.
In den Gründen des Beschlusses ist ausgeführt, daß der Beteiligte zu 1 bereits am 2. 7. 1992 wirksam aus der röm.-kath. Kirche in ihrer Eigenschaft als öffentlich-rechtliche Körperschaft ausgetreten sei. Der durch das Gesetz, die bürgerlichen Wirkungen des Austritts aus einer Kirche oder Religionsgemeinschaft betreffend geregelte Kirchenaustritt könne sich ausschließlich auf die bürgerlich-rechtlichen Wirkungen des Kirchenaustritts beziehen, wegen der Neutrali-

tätspflicht des Staates in religiösen Angelegenheiten jedoch nicht auf die Zugehörigkeit zur Glaubensgemeinschaft. Bezüglich dieser Zugehörigkeit kenne die röm.-kath. Kirche auch keine einseitige Lösung durch Willenserklärung. Der Antragsteller habe in seiner ergänzenden Erklärung vom 10. 9. 1992 klargestellt, daß er die bürgerlich-rechtlichen Wirkungen insgesamt gemeint habe, die eben hauptsächlich in der Steuerpflicht bestünden, weshalb der Beteiligte zu 1 wirksam aus der Kirche ausgetreten sei. Ein Großteil der Rechtsprechung halte die sog. „modifizierte Austrittserklärung" für zulässig. Die zunächst erteilte Bescheinigung sei jedoch einzuziehen und durch die neuerteilte zu ersetzen, da aus ihr der irrtümliche Schluß hätte gezogen werden können, daß der Beteiligte zu 1 lediglich aus der Steuergemeinschaft habe austreten wollen. Für die Klarstellung insoweit bestehe ein Bedürfnis, da weithin die Meinung vorhanden sei, daß der der zuständigen staatlichen Stelle gegenüber erklärte Austritt bereits unmittelbar die innerkirchliche Zugehörigkeit bzw. die Zugehörigkeit zur Glaubensgemeinschaft berühre. Der Antragsteller habe am 10. 9. 1992 klargestellt, daß er die bürgerlich-rechtlichen Wirkungen des Austritts insgesamt akzeptiere. Es sei also nur das weitergegeben worden, was Zweck der gesetzlichen Regelung sei.

Das Bischöfliche Ordinariat hat seine Erinnerung trotz der Änderung der Bescheinigung aufrechterhalten und zur Begründung ausgeführt, eine Kirchenaustrittsbescheinigung, in die eine sog. modifizierte Kirchenaustrittserklärung aufgenommen worden sei, sei zu Unrecht ausgestellt worden und deshalb für unwirksam zu erklären.

Der Richter hat der Erinnerung gegen die durch den Rechtspfleger ausgestellte Bescheinigung, insoweit ihr nicht abgeholfen wurde, ebenfalls nicht abgeholfen und das Verfahren zur Entscheidung dem Landgericht vorgelegt.

Dort blieb die nunmehr als Beschwerde zu behandelnde Erinnerung ohne Erfolg.

Aus den Gründen:

Das Gesetz, die bürgerlichen Wirkungen des Austritts aus einer Kirche oder Religionsgemeinschaft betreffend (für den ehemaligen Regierungsbezirk Rheinhessen) vom 10. 9. 1878 hat die Entgegennahme der Kirchenaustrittserklärung und die Erteilung einer Bescheinigung über den Vollzug den Amtsgerichten übertragen (Art. 3 Abs. 1 und 6). Gem. § 1 Nr. 4 b des Landesgesetzes vom 11. 6. 1974 über die Übertragung von Aufgaben auf den Rechtspfleger sind die damit zusammenhängenden Geschäfte des Amtsgerichts auf den Rechtspfleger übertragen worden. Nach § 2 des vorgenannten Landesgesetzes sowie Art. 3 des Landesgesetzes, die Ausführung des Gesetzes über die Angelegenheiten der freiwilligen Gerichtsbarkeit betreffend (für den ehemaligen Regierungsbezirk Rheinhessen) vom 18. 7. 1899 finden im wesentlichen die Vorschriften des

Rechtspflegergesetzes und des Gesetzes über die Angelegenheiten der freiwilligen Gerichtsbarkeit Anwendung.

Die danach zulässige Beschwerde hat jedoch in der Sache keinen Erfolg. Nachdem der Rechtspfleger in Form der Abhilfe die Bescheinigung über den Kirchenaustritt in abgeänderter Form erteilt hat, ist nur noch die Bescheinigung vom 10. 9. 1992 Gegenstand der Überprüfung. Diese hat ergeben, daß die dem Beteiligten zu 1 unter dem Datum vom 10. 9. 1992 ausgestellte Bescheinigung zu Recht erteilt wurde, da der Beteiligte zu 1 eine wirksame Austrittserklärung abgegeben hat und die Bescheinigung auch keinen unzulässigen Zusatz enthält.

Nach Art. 3 Abs. 2 des Gesetzes für den ehemaligen Regierungsbezirk Rheinhessen die bürgerlichen Wirkungen des Austritts aus einer Kirche betreffend hat derjenige, der aus einer Kirche austreten will, den Austritt bei dem Amtsgericht zu erklären, das für seinen Wohnsitz zuständig ist. Nach Abs. 6 der vorgenannten Bestimmung hat das Amtsgericht über den vollzogenen Austritt eine Bescheinigung zu erteilen.

Die Erteilung einer Bescheinigung setzt demgemäß grundsätzlich voraus, daß eine wirksame Kirchenaustrittserklärung abgegeben wurde. Die von dem Antragsteller am 2. 7. 1992 zu Protokoll gegebene Erklärung, ergänzt durch seine Erklärung vom 10. 9. 1992, – allgemein als „modifizierte Austrittserklärung" bezeichnet – steht nicht im Widerspruch zu dem Rechtsgrundsatz, daß eine einseitige, rechtsgestaltende Willenserklärung nicht an Bedingungen oder Vorbehalte geknüpft werden darf, sondern die Rechtslage eindeutig klären muß. Die staatliche Regelung des Kirchenaustritts ist notwendiger Ausfluß des Umstandes, daß gem. Art. 137 WRV i.V.m. Art. 140 GG zwar grundsätzlich von der Trennung von Kirche und Staat auszugehen ist, die Religionsgemeinschaften aber gleichzeitig als Körperschaften öffentlichen Rechts mit Besteuerungsrecht anerkannt sind. Das staatliche Recht regelt lediglich die Frage, ob ein Staatsbürger aus dem Gesichtspunkt weltlichen Rechts als Mitglied einer bestimmten Kirche zu betrachten ist mit den sich daraus für den staatlichen Bereich ergebenden rechtlichen Folgen, deren spürbarste und bekannteste die Pflicht zur Entrichtung der Kirchensteuer ist. Die Mitgliedschaft in der Kirche – jedenfalls bei der röm.-kath. Kirche, deren Kodex den einseitigen Austritt des Mitglieds nicht kennt – ist alleine nach innerkirchlichem Recht von den dafür zuständigen Stellen zu beurteilen und wird durch die vor der staatlichen Stelle abgegebene Erklärung nicht unmittelbar berührt. Es liegt einzig und allein in der Entscheidung der Kirche, ob sie daraus Folgerungen herleitet (vgl. OLG Frankfurt NJW 1977, 1732[2]; OLG Oldenburg NJW 1970, 713[3] u. NJW 1972, 777[4];

---

[2] KirchE 16, 143.
[3] KirchE 11, 136.
[4] KirchE 12, 333.

OLG Hamm NJW 1971, 149[5]; BVerwG NJW 1979, 2322 ff.[6]; a. A. OVG Hamburg NJW 1975, 1900[7]; differenzierend und bezogen auf die ev.-luth. Kirche: BayVGH NJW 1977, 1306[8]).

Ein Zusatz, daß die Zugehörigkeit zur Glaubensgemeinschaft von dem Austritt unberührt bleibe, spricht somit lediglich eine Selbstverständlichkeit aus und bewirkt unter keinem rechtlichen Gesichtspunkt eine unzulässige Einmischung des Staates in innerkirchliche Verhältnisse (vgl. von Campenhausen, HdbStKirchR, Bd. 1, S. 664). Eine andere Beurteilung ist nur gerechtfertigt, wenn die Wirkung des Austritts davon abhängig gemacht wird, daß die Kirche ihrerseits hieran keine Sanktionen knüpft oder wenn die Auswirkung der Austrittserklärung im Hinblick auf innerkirchliches Recht durch den Erklärenden beschränkt würde. Ist der Zusatz hingegen – wie hier – eindeutig nur Ausdruck des religiösen Bekenntnisses und der eigenen religiösen Bindung, so berührt er nach Auffassung der Kammer die Wirksamkeit der Austrittserklärung nicht. Allerdings haben mehrere Bundesländer auf die steigende Zahl der „modifizierten" Austrittserklärungen und den sich daran entzündenden Meinungsstreit damit reagiert, daß sie gesetzliche Regelungen geschaffen haben, die jeglichen Zusatz untersagen. Dies ist vom Bundesverwaltungsgericht in der vorgenannten Entscheidung für zulässig erachtet worden, weswegen dort auch der Anspruch auf Erteilung einer entsprechenden Bestätigung im Ergebnis versagt wurde. Entsprechende gesetzliche Beschränkungen bestehen jedoch hier nicht; das Gesetz, die bürgerlichen Wirkungen des Austritts aus einer Kirche betreffend sagt hierzu nichts aus.

Es ist desweiteren nicht zu beanstanden, daß die dem Antragsteller erteilte Bescheinigung nicht nur schlicht den Kirchenaustritt bestätigt. Sofern hinzugefügt ist, daß der Austritt aus der „Kirche in ihrer Eigenschaft als öffentlich-rechtliche Körperschaft" erfolge und klargestellt werde, daß sich der Austritt nur auf die bürgerlich-rechtlichen Wirkungen beschränke, so kommt darin zum Ausdruck, daß hiermit nicht gleichzeitig die Loslösung von der Glaubensgemeinschaft erklärt werde. Ob unschädliche Zusätze in die Bescheinigung aufgenommen werden dürfen oder gegebenenfalls auf Wunsch des Austretenden aufgenommen werden müssen, ist streitig und wird auch von Vertretern der Meinung, daß solche Zusätze die Wirksamkeit der Austrittserklärung nicht berühren, verneint (OLG Oldenburg NJW 1972, 778 a. E.; OLG Frankfurt NJW 1977, 1733). Die einschlägigen gesetzlichen Vorschriften zur Regelung des Kirchenaustritts sagen hierzu nichts aus. Die Frage ist deshalb nach allgemeinen

---

[5] KirchE 11, 317.
[6] KirchE 17, 183.
[7] KirchE 14, 144.
[8] KirchE 15, 190.

Rechtsgrundsätzen zu entscheiden. Da die Bescheinigung für den Gebrauch im Rechtsverkehr bestimmt ist (vgl. z. B. § 69 a PStG), muß ihr Inhalt klar und eindeutig sein, weshalb sie keine Zusätze, Vorbehalte oder Bedingungen enthalten darf, die geeignet sind, Zweifel an der Wirkung des Austritts im Rechtsverkehr aufkommen zu lassen. Für die Kammer ist kein Grund ersichtlich, weshalb die Beurteilung dieser Frage zu einem anderen Ergebnis führen sollte als die Abwägung bei der Prüfung der Wirksamkeit der Austrittserklärung. Wenn die entsprechenden Zusätze lediglich die eindeutige Gesetzeslage wiedergeben, so sind sie auch nicht geeignet, Sicherheit und Klarheit des Rechtsverkehrs zu beeinträchtigen. Da die Wirkungen in bezug auf das staatliche Recht ausdrücklich in vollem Umfang einbezogen sind (der Ausdruck bürgerlich-rechtlich greift insoweit ersichtlich die Bezeichnung des Gesetzes „bürgerliche Wirkungen" auf), könnten Unklarheiten sich lediglich bei der Kirche selbst auswirken. Diese hat aber ohnehin selbständig und in völliger Unabhängigkeit darüber zu befinden, ob und gegebenenfalls welche Konsequenzen sie an die Austrittserklärung gegenüber einer staatlichen Stelle knüpft. Es kann in diesem Zusammenhang dahingestellt bleiben, ob jeweils nach den Umständen des Einzelfalles der Austretende einen Anspruch darauf erheben kann, daß Zusätze in die Bescheinigung mitaufgenommen werden. Jedenfalls machen nach Auffassung der Kammer Zusätze wie die im vorliegenden Fall eine Bescheinigung nicht unwirksam, so daß diese auch nicht einzuziehen ist.

79

Das Interesse der Allgemeinheit an Erhaltung und Fortbestand der Prägung eines Ortskerns durch religiös-kunsthandwerklich orientierte Betriebe (hier: Oberammergau) kann es rechtfertigen, durch Bebauungsplan Vergnügungsstätten dort näher bezeichneter Art auszuschließen.

§ 1 Abs. 9 BauNVO
BayVGH, Urteil vom 11. Dezember 1992 – 2 N 90.2791[1] –

Die Antragstellerin möchte auf dem Grundstück Fl. Nr. N. Gemarkung Oberammergau, X-Gasse 10, einen Spielsalon einrichten; in dem dafür vorgesehenen Raum hat sich bisher ein Textilgeschäft befunden. Im Spielsalon sollen 3-4 Billardtische und 6 Geldspielgeräte aufgestellt werden. Eine für den Spielsalon beantragte Baugenehmigung hat das Landratsamt G. bisher nicht erteilt.
Die Antragsgegnerin (Zivilgemeinde) beschloß am 7. 12. 1988, für das

---

[1] GewArch 1993, 258; VerwR 1993, 282. Das Urteil ist rechtskräftig. Vgl. zu diesem Fragenkreis auch OVG Niedersachsen NdsRPfl. 1993, 304.

Ortszentrum, in welchem sich auch die X-Gasse befindet, einen Bebauungsplan (Nr. 16) zur Festsetzung eines Mischgebietes unter Ausschluß verschiedener Arten von Vergnügungsstätten aufzustellen. Der Bebauungsplan wurde nach Beteiligung der Bürger und der Träger öffentlicher Belange am 13. 6. 1989 als Satzung beschlossen und, nachdem das Landratsamt G. eine Rechtsverletzung nicht geltend gemacht hatte, am 23. 8. 1989 bekannt gemacht. Er setzt für das Ortszentrum, im wesentlichen umfassend die B'Straße bis zur A'Brücke, die D'Straße bis zum Grundstück Fl. Nr. 342 sowie die E'Straße bis zum Grundstück Fl. Nr. 441, als Art der baulichen Nutzung ein Mischgebiet fest, in welchem nach § 1 Abs. 9 BauNVO als gewerbliche Nutzungen allgemein ausgeschlossen werden a) Spielhallen, b) Sex-Kinos, Video-Peep-Shows und Betriebe mit entsprechenden Live-Darbietungen. Ausnahmen können in Einzelfällen bis zu einer Nutzfläche von 30 m² zugelassen werden, wenn durch die Ansiedlung derartiger Einrichtungen negative Auswirkungen auf die Entwicklung des Ortskerns nicht zu befürchten sind. In der Begründung des Bebauungsplanes wird ausgeführt, der historisch gewachsene Ortskern solle saniert und ortsplanerisch fortentwickelt werden. Im Bereich um Passionstheater, Pilatushaus, Pfarrkirche und künftiges Rathaus sowie der E'Straße und Teilen der B'Straße als den unmittelbaren Eingangsbereichen zum Ortszentrum müßten Spielhallen, Sexkinos, Video-Peep-Shows und Betriebe mit entsprechenden Live-Darbietungen ausgeschlossen werden, weil der Ortskern überwiegend geprägt werde von gewerblicher Nutzung der Gebäude im Erdgeschoß sowie von Wohnnutzung im Obergeschoß. Die gewerbliche Nutzung bestehe ihrerseits überwiegend in gastronomischen Betrieben, Banken und Einzelhandelsgeschäften. Letztere böten in ungewöhnlich starkem Umfang kunstgewerbliche Artikel mit religiösen Motiven an. Zu diesen vorhandenen Nutzungen stünden die ausgeschlossenen Nutzungen in einem unerträglichen Gegensatz, der für eine geordnete städtebauliche Entwicklung des Ortszentrums von Oberammergau nicht hingenommen werden könne. Die ausgeschlossenen Nutzungen würden zudem die Wohnqualität in ihrer Nähe mindern, womit die Wohnnutzung langfristig aus dem Ortszentrum verdrängt werde. Ebenso könnten die ausgeschlossenen Nutzungen anderes „seriöses" Gewerbe, das nicht so hohe Mieten zahlen könne wie die meist nicht an Ladenschlußzeiten gebundenen ausgeschlossenen Nutzungen, veranlassen, sich nach einem anderen Standort umzusehen oder sich gar nicht erst anzusiedeln.

Am 24. 9. 1990 beantragte die Antragstellerin beim Bayerischen Verwaltungsgerichtshof, den Bebauungsplan Nr. 16 der Antragsgegnerin für nichtig zu erklären. Sie trägt vor, es lägen keine besonderen städtebaulichen Gründe im Sinne von § 1 Abs. 9 BauNVO vor, die den vorgenommenen Ausschluß bestimmter Vergnügungsstätten rechtfertigten. Der Ortskern von Oberammergau mit gewerblicher Nutzung der Häuser im Untergeschoß und Wohnnutzung im Obergeschoß sei nichts Typisches, auch diene er mit einer Ansammlung von Bauten und Betrieben nur dem übermäßigen Ansturm des Fremdenverkehrs. Eine kleine Spielhalle störe darin nicht, weil in Oberammergau noch keine solche vorhanden sei. Andere Einrichtungen wie Nachtbars oder Striptease- und Varietédarbietungen sowie Videovorführ- und Verleihläden seien, obwohl städtebaulich von größerem Gewicht, dennoch nicht ausgeschlossen worden. Willkürlich sei der Geltungsbereich des Bebauungsplans festgelegt worden, weil nicht nur der eigentliche Ortskern von dem Ausschluß der Vergnügungsstätten betroffen sei. Verschiedene Supermärkte oder Schaufenster mit Kitschartikeln oder ein Geschäft, das ganzjährig Weihnachtsartikel verkaufe, seien für das Ortsbild weit bedeutsamer als eine nach außen nicht in Erscheinung tretende Spielhalle. Allenfalls eine Massierung von Spielhallen, die einen Ortsteil zu einem Vergnügungsviertel umwandelten, könne städtebaulich von Bedeutung sein.

Die Antragsgegnerin trägt vor, der Bebauungsplan diene dem Ziel, den historisch gewachsenen Ortskern zu sanieren, ortsplanerisch neu zu gestalten und fortzuentwickeln. Er wolle verhindern, daß Spielhallen, was durch allgemeine Erfahrungen und durch Untersuchungen, z. B. auch durch eine Studie des Deutschen Instituts für Urbanistik, belegt sei, Einzelhandel, Dienstleistungsunternehmen und Wohnungen verdrängten, nachdem Spielhallen wegen ihrer hohen Verdienstspannen höhere Mieten bezahlen könnten als die im Plangebiet vorhandenen 120 Einzelhandels- oder Dienstleistungsbetriebe, längere Ladenöffnungszeiten hätten und in den Abendstunden und am Wochenende auch benachbarte Wohnbebauung beeinträchtigten. Das geschäftliche Niveau sinke in ihrer unmittelbaren Umgebung, so daß sich „seriöses" Gewerbe um andere Standorte umsehe oder gar nicht mehr erst ansiedle. Solchen Entwicklungen entgegenzutreten, sei ein besonderer städtebaulicher Grund im Sinne von § 1 Abs. 9 BauNVO. Da Vergnügungsstätten eine Sogwirkung ausübten, indem sie weitere solche Einrichtungen nach sich zögen, wenn sie erst einmal erfolgreich und gewinnbringend betrieben würden, dürfe die Antragsgegnerin bereits vorbeugend planerisch tätig werden, noch bevor ein Gebiet durch Häufung von Vergnügungsstätten in ein Vergnügungsviertel „umkippe". Die Antragsgegnerin habe ein besonderes Interesse daran, ihren Ortskern und Hauptgeschäftsbereich als attraktiven Fremdenverkehrs- und Passionspielort zu erhalten. Der Geltungsbereich des Bebauungsplanes Nr. 16 erfasse den gewachsenen Ortskern und Hauptgeschäftsbereich sowie den Wohnbereich um das Passionstheater, ferner den unmittelbaren Ortseingang im Bereich der B'- und E'Straße. Soweit der Flächennutzungsplan über den Geltungsbereich des Bebauungsplanes Nr. 16 hinaus im Ortszentrum ein zentrales Mischgebiet vorsehe, sei er nicht in den Geltungsbereich dieses Bebauungsplans einbezogen worden, damit die genannten Vergnügungsstätten nicht völlig ausgeschlossen würden. Es bestehe kein Anspruch darauf, daß bestimmte Grundstücksflächen in den Geltungsbereich des Bebauungsplanes einbezogen würden. Der Bebauungsplan verstoße auch nicht gegen das Abwägungsgebot, wenn er Gesichtspunkte, die aus städtebaulicher Sicht bedeutungslos sind, berücksichtige, nämlich einen krassen, unerträglichen Gegensatz der ausgeschlossenen Vergnügungsstätten zu den vorhandenen Nutzungen, insbesondere zur dargebotenen profanen Kunst. Denn diese Erwägungen hätten das Abwägungsergebnis nicht beeinflußt, nachdem städtebaulich zulässige Gründe der Erhaltung der bestehenden Gebietsstruktur den Ausschluß bestimmter Vergnügungsstätten nach § 1 Abs. 9 BauNVO rechtfertigten.

Die Landesanwaltschaft Bayern hält den Antrag ebenfalls nicht für begründet. § 1 Abs. 5 BauNVO nenne die städtebaulichen Ziele nur beispielhaft und nicht abschließend. Es stelle ein städtebauliches Ziel dar, den historisch gewachsenen Charakter Oberammergaus, der von dem Passionsspiel und der Holzschnitzerei geprägt werde, zu erhalten. Der weit über Deutschland hinaus bekannte Ort habe eine erhebliche kulturelle und religiöse Bedeutung. Diese Sonderstellung rechtfertige den nach § 1 Abs. 9 BauNVO möglichen Ausschluß von Spielhallen.

Die Antragsgegnerin hat am 7. 7. 1989 eine Satzung über die förmliche Festlegung des Sanierungsgebietes „Ortskern Oberammergau" in Kraft gesetzt. Sie gilt im wesentlichen für den alten Ortskern östlich der Ammer; der Geltungsbereich des Bebauungsplanes Nr. 16 liegt innerhalb des Geltungsbereiches der Sanierungssatzung.

Der Senat lehnt den Antrag ab.

Aus den Gründen:

1. Der Antrag ist zulässig.

Der Bebauungsplan Nr. 16 kann als Satzung (§ 10 BauGB) nach § 47 Abs. 1 Nr. 1 VwGO auf seine Gültigkeit hin im Normenkontrollverfahren überprüft werden. Die Antragstellerin ist antragsbefugt, weil ihr durch die Anwendung des Bebauungsplans ein Nachteil droht: Ist die Spielhalle in der vorgesehenen Größe und Ausstattung ohne den angefochtenen Bebauungsplan im Ortszentrum nach § 34 Abs. 1 und 2 BauGB i.V.m. § 6 Abs. 2 Nr. 8, § 4 Abs. 3 Nr. 2 BauNVO an sich zulässig, so steht ihr gegenwärtig bauplanungsrechtlich nur der Vergnügungsstättenausschluß des Bebauungsplanes Nr. 16 entgegen. Der Antragstellerin erwächst daher durch den Bebauungsplan Nr. 16 ein Nachteil im Sinne von § 47 Abs. 2 Satz 1 VwGO.

2. Der Antrag ist unbegründet.

Der angefochtene Bebauungsplan Nr. 16 leidet nicht an materiell-rechtlichen Mängeln.

a) Die Antragstellerin will nach der Begründung des Bebauungsplanes ihren historisch gewachsenen Ortskern sanieren, wozu sie bereits am 7. 6. 1989 eine Sanierungssatzung erlassen hat, und ihn gleichzeitig unter Erhaltung seines Charakters fortentwickeln. Zur Fortentwicklung hat sie insbesondere, nachdem der Durchgangsverkehr der Bundesstraße 23 durch den Bau einer Umgehungsstraße nicht mehr wie bisher durch das alte Ortszentrum fließt, sondern den Ort im Westen umfährt, ein Verkehrskonzept für den alten Ortskern erarbeitet, das sie in der mündlichen Verhandlung (...) unter Vorlage eines Planes näher erläutert hat. Es sieht im Ortszentrum zahlreiche verkehrsberuhigte Bereiche und Fußgängerzonen vor. Neben der Verkehrsberuhigung zielt die städtebauliche Absicht der Antragsgegnerin dahin, die Voraussetzungen für den Fremdenverkehr nicht nur zu erhalten, sondern zu verbessern. Dazu soll der besondere Charakter des Ortes, der ihn von anderen Fremdenverkehrsorten abhebt, gewahrt werden. Erneuerung und Fortentwicklung bestehender Ortsteile unter Wahrung ihrer Eigenart sind nach § 1 Abs. 5 Satz 2 Nrn. 4 und 5 BauGB mögliche Ziele der gemeindlichen Bauleitplanung.

In einem Bebauungsplan, der u. a. auch die Art der baulichen Nutzung durch Baugebietstypen festlegen kann (§ 9 Abs. 1 Nr. 1 BauGB), können nach § 1 Abs. 9 BauNVO (in der hier maßgebenden Fassung der Bekanntmachung der Baunutzungsverordnung vom 15. 9. 1977, BGBl. I S. 1763, geändert durch Verordnung vom 19. 12. 1986, BGBl. I S. 2665) bei Vorliegen besonderer städtebaulicher Gründe innerhalb bestimmter Arten von Nutzungen (z. B. gewerblicher Nutzungen) bestimmte Arten von *Anlagen* ausgeschlossen werden. Dadurch kann der Ortsgesetzgeber noch feiner differenzieren als durch einen nach § 1 Abs. 5 BauNVO möglichen Ausschluß von Arten von *Nutzungen*, die an sich vom Baugebietstyp her gesehen in einem Baugebiet zulässig sind (BVerwG, Beschlüsse vom 22. 5. 1987, BVerwGE 77, 308 [315] = DVBl. 1987, 1001 [1003] und BVerwGE 77, 317 [320] = DVBl. 1987, 1004 [1005]). Die verglichen mit § 1 Abs. 9 BauNVO 1977 engeren Voraussetzungen des § 25 c Abs. 3 Satz 2 BauNVO 1990 müssen für den Bebauungsplan Nr. 16 nicht erfüllt sein. Denn diese Vorschrift erfaßt unbeschadet der Tatsache, daß sie nur gilt, wenn *ohne* Festsetzung eines Baugebietstyps Bestimmungen über die Zulässigkeit von Vergnügungsstätten für ein im Zusammenhang bebautes Gebiet erlassen werden (Fickert/Fieseler, BauNVO, 7. Aufl. 1992, Rdnr. 19 zu § 25 c), nur solche Bebauungspläne, die nach Inkrafttreten der Baunutzungsverordnung in der Fassung der Bekanntmachung vom 23. 1. 1990 (BGBl. I S. 132), also nach dem 27. 1. 1990 (vgl. Art. 4 der Verordnung), erlassen worden sind. Der Bebauungsplan Nr. 16 ist jedoch vor diesem Zeitpunkt in Kraft gesetzt worden.

Besondere städtebauliche Gründe, die in der Nutzung der Grundstücke im Geltungsbereich des Bebauungsplanes Nr. 16 ihre Wurzeln haben und damit einen städtebaulichen Bezug aufweisen (dazu BVerwG v. 22. 5. 1987, BVerwGE

77, 308 [312] = DVBl. 1987, 1001 [1002]; v. 4. 6. 1991, Buchholz 406.12 § 1 BauNVO Nr. 12), liegen für den angefochtenen Bebauungsplan und den darin enthaltenen Ausschluß bestimmter Vergnügungsstätten vor. Der Bebauungsplan setzt in Übereinstimmung mit der vorhandenen Struktur des Ortszentrums von Oberammergau, die auch von der Antragstellerin nicht in Frage gestellt wird, ein Mischgebiet fest. Von den damit an sich in einem solchen Gebiet nach § 6 Abs. 2 Nr. 4 BauNVO 1977 zulässigen Vergnügungsstätten schließt er Spielhallen, Sexkinos, Video-Peep-Shows und Betriebe mit entsprechenden Live-Darbietungen aus. Das vom Bebauungsplan Nr. 16 erfaßte Zentrum weist nach der Begründung des Planes eine Massierung von Betrieben auf, die kunstgewerbliche Artikel, häufig Schnitzarbeiten mit religiösen Motiven, anbieten; 46 derartigen Betrieben stehen 74 andere gewerbliche Betriebe gegenüber. Zusammen mit den periodisch stattfindenden Passionsspielen geben die religiös-kunstgewerblich orientierten Betriebe dem Ort Oberammergau ein besonderes Gepräge und auch einen besonderen Ruf als Fremdenverkehrsort, wie die Antragsgegnerin in der mündlichen Verhandlung (...) näher dargelegt hat. Sie will diese besondere Eigenart des Ortes erhalten und zwar auch zur Sicherung des Fremdenverkehrs. Die mit dem Bebauungsplan Nr. 16 ausgeschlossenen Arten von Vergnügungsstätten sind geeignet, den besonderen Charakter des Ortszentrums allein durch ihre Existenz zu gefährden. Denn das Publikum erwartet sie als typische Begleiterscheinungen städtischen Lebens nicht in einem gerade für seinen religiösen Bezug bekannten Gebirgsort. Deshalb besteht die Gefahr, daß die für den Ort typische religiös-handwerkliche Prägung durch die Zulassung der in Rede stehenden Betriebe verlorenginge. Die Erhaltung und der Fortbestand einer besonderen Struktur und Prägung, die in einer Einrichtung wie dem Passionsspiel und der es begleitenden Massierung von Betrieben einer bestimmten Richtung ihre Wurzeln haben, stellen besondere städtebauliche Gründe im Sinne von § 1 Abs. 9 BauNVO dar. Sie rechtfertigen es, gewisse Arten von Vergnügungsstätten, wie sie der Bebauungsplan Nr. 16 nennt, auszuschließen, weil sie mit dieser Struktur unvereinbar sind. Die Antragsgegnerin konnte sich dabei im Rahmen des ihr zustehenden planerischen Ermessens abwägungsfehlerfrei dafür entscheiden, die fraglichen Vergnügungsstätten generell auszuschließen. Sie war nicht gehalten, Vergnügungsstätten mit geringerem „Störpotential" (in Bezug auf die schützenswerte Ortsstruktur) in geringer, allenfalls noch vertretbarer Zahl zuzulassen. Damit kommt es entscheidungserheblich nicht mehr darauf an, ob die ausgeschlossenen Arten von Vergnügungsstätten auch andere Nutzungen wie Wohnen und Gewerbe stören oder verdrängen können, wie die Antragsgegnerin ebenfalls in der Begründung des Bebauungsplans ausführt. Ebenso ist es unschädlich, daß noch in der Fassung der Begründung des Bebauungsplans Nr. 16 vom 15. 12. 1988 Gesichtspunkte des Jugendschutzes zur Rechtfertigung des Ausschlusses bestimmter Vergnügungsstätten herangezogen wurden; denn in die Begründung des endgültig als Satzung beschlossenen Bebauungsplanes wurden derartige Gründe nicht mehr aufgenommen. Selbst wenn solche Erwägungen auch heute noch für den Erlaß des Bebauungsplanes mitbestimmend sein sollten, ist das rechtlich unschädlich, weil bereits die städtebaulichen Gründe der Erhaltung und des Fortbestandes der bestehenden Struktur eine tragfähige Grundlage für den Ausschluß bestimmter Vergnügungsstätten bilden (BVerwG v. 29. 7. 1991, DÖV 1991, 30).

b) Der Ausschluß bestimmter Vergnügungsstätten im Bebauungsplan Nr. 16 verstößt nicht gegen den Grundsatz, daß Bebauungspläne erst und nur insoweit aufzustellen sind, als sie erforderlich sind (§ 1 Abs. 3 BauGB). Auch ist er mit dem Grundsatz der Verhältnismäßigkeit von Zweck und Mittel, der für jede Beschränkung des Eigentums, also auch für seine Sozialbindung (Art. 14 Abs. 1 Satz 2) konkretisierende Bebauungspläne gilt (dazu BVerfG v. 8. 7. 1976, BVerfGE 42, 263 [294]; v. 1. 3. 1979, BVerfGE 50, 290 [341]; v. 12. 6. 1979, BVerfGE 52, 1 [29/30]; v. 8. 1. 1985, BVerfGE 68, 361 [372/373]; v. 12. 3. 1986, BVerfGE 72, 66 [78]; v. 23. 11. 1988, BVerfGE 79, 174 [198]), vereinbar.

Für den Erlaß des Bebauungsplanes Nr. 16 besteht eine sachliche Notwendigkeit. Die Antragstellerin bestreitet sie mit dem Hinweis, daß ihre Spielhalle mit nur drei bis vier Billardtischen und sechs Geldspielgeräten weder die Wohnruhe stören noch andere Gewerbebetriebe in Mitleidenschaft ziehen könne. Der Bebauungsplan Nr. 16 erschöpft sich jedoch nicht darin, nur die geplante Spielhalle der Antragstellerin zu verhindern. Er will vielmehr generell bestimmte Arten von Vergnügungsstätten, die mit der vorhandenen Struktur des Zentrums von Oberammergau unvereinbar sind, zur Erhaltung dieser Struktur aus dem Ortszentrum heraushalten. In andern Ortsteilen, namentlich in dem neuen Ortsteil von Oberammergau (...), gilt der Bebauungsplan Nr. 16 nicht. Dort richtet sich die Zulässigkeit von Spielhallen nach den dafür derzeit maßgebenden allgemeinen Vorschriften. Es steht der Antragstellerin frei, dort eine Spielhalle zu eröffnen und die dafür nötige Baugenehmigung zu beantragen, wo Spielhallen geringeren strukturellen Bedenken begegnen als gerade im historischen Ortszentrum.

Die Antragsgegnerin ist auch berechtigt, über den Bebauungsplan Nr. 16 gewisse Arten von Vergnügungsstätten aus dem Ortszentrum fernzuhalten, noch bevor eine Entwicklung einsetzt, welche die bestehende Struktur des Zentrums ernsthaft in Frage stellt. Denn die Steuerungsmöglichkeit, welche § 1 Abs. 3 BauGB i.V.m. § 1 Abs. 9 BauNVO der Gemeinde einräumt, darf nicht erst genutzt werden, wenn eine unerwünschte Entwicklung in Teilabschnitten bereits eingetreten ist, sondern schon dann, wenn sie sich abzeichnet. Das Vorhaben der Antragstellerin in der ursprünglich wesentlich größer vorgesehenen Dimension (nämlich 3 Billardtische, 1 Fußballspiel, 1 Dartspiel, 1 Schachcomputer, 3–5 Videogeräte, 2 Flipper, 7 Geldspielgeräte sowie verschiedene

Münzautomaten [...] rechtfertigte es, einer Entwicklung, die sich damit anzubahnen drohte und welche die Antragsgegnerin aus städtebaulichen Gründen nicht wünschte, entgegenzuwirken, zumal nicht gänzlich auszuschließen ist, daß der Spielhalle der Antragstellerin weitere ähnliche Einrichtungen folgen.

c) Die Antragsgegnerin hat den räumlichen Geltungsbereich des Bebauungsplanes Nr. 16 abwägungsfehlerfrei abgegrenzt (wird ausgeführt).

80

Die Strafandrohung für bestimmte Formen der Religionsausübung im privaten Bereich (hier: Sektionen 298 B und 298 C des Pakistanischen Strafgesetzbuches) stellt für sich allein noch keine Verfolgung dar, wenn die Strafnorm in der herrschenden Rechtsanwendungspraxis der ausländischen Strafgerichte nur auf die Religionsausübung in der Öffentlichkeit angewandt wird.

Art. 16 Abs. 2 GG
BVerwG, Urteil vom 15. Dezember 1992 – 9 C 61.91[1] –

Die im Jahre 1957 geborene Klägerin, eine pakistanische Staatsangehörige, die der Glaubensgemeinschaft der Ahmadis angehört, reiste im September 1984 in die Bundesrepublik Deutschland ein. Nach ihren Angaben traf sie hier erstmals mit ihrem Ehemann, einem seit 1980 in Deutschland lebenden und – wie sie vorträgt – inzwischen als asylberechtigt anerkannten Landsmann, zusammen. Die Ehe war, wie die Klägerin weiter angegeben hat, noch vor ihrer Ausreise aus Pakistan von den Eltern „arrangiert" worden. Den alsbald nach der Einreise gestellten, mit Zugehörigkeit zur Ahmadi-Glaubensgemeinschaft begründeten Asylantrag der Klägerin lehnte das Bundesamt für die Anerkennung ausländischer Flüchtlinge ab. In der mündlichen Verhandlung vor dem Verwaltungsgericht hat die Klägerin ausweislich des Tatbestandes des erstinstanzlichen Urteils angegeben, ihre Familie sei in der Zeit von 1981 bis 1984, als sie in Karachi neben der Ahmadi-Moschee gewohnt habe, immer wieder von Moslems belästigt worden. Im Herbst 1983 sei das Wohnhaus von einer fanatisierten Menge angegriffen worden; die Polizei habe die Randalierer vertrieben und das Haus in der Folgezeit bewacht.

Das Verwaltungsgericht hat der Klage stattgegeben, der Verwaltungsgerichtshof Baden-Württemberg hat die Berufung des Bundesbeauftragten für Asylan-

---

[1] Auszug aus den Amtl. Leitsätzen. DÖV 1993, 390; DVBl. 1993, 327. Nur LS: FamRZ 1993, 955; AkKR 161 (1992), 596. Im Veröffentlichungszeitraum (1992) sind noch folgende Entscheidungen bekanntgeworden, die u. a. die asylrechtl. Relevanz religiöser Tatbestände erörtern: BVerfG BayVBl. 1992, 369 (Pakistan), DVBl. 1992, 821 (Pakistan), NVwZ 1992, 1081 (Türkei); BVerwGE 90, 127 (Iran), BVerwG NVwZ 1993, 192 (Türkei).

gelegenheiten zurückgewiesen. Zur Begründung hat der Verwaltungsgerichtshof ausgeführt: Die Klägerin sei asylberechtigt, denn ihr stehe im Falle einer Rückkehr nach Pakistan mit beachtlicher Wahrscheinlichkeit ein Leben unter Verbotsnormen und Strafbestimmungen bevor, die als Eingriffe in die Religionsausübung im nachbarschaftlich-kommunikativen Bereich ihr das religiöse Existenzminimum nähmen. In Pakistan stünden nämlich die Sektionen 298 B und 298 C des Pakistanischen Strafgesetzbuches (PPC) in Geltung. Diese Normen erfaßten nach Inhalt und Reichweite auch Verhaltensweisen, die dem internen Bereich der Religionsausübung zuzuordnen seien. Schon der Wortlaut der Vorschriften unterscheide insoweit nicht zwischen Außen- und Innenbereich, sondern erfasse jegliche religiöse Äußerung und Betätigung unabhängig von ihrer Außenwirkung. Auch nach Sinn und Zweck der Bestimmungen, wie sie insbesondere vom Bundes-Shariat-Gericht in seiner Entscheidung vom 28. 10. 1984 verdeutlicht worden seien, sollten Betätigungen erfaßt werden, die zum forum internum gehörten. Die Vorschriften sollten sicherstellen, daß die Ahmadis, die nach der Auffassung des Bundes-Shariat-Gerichts entgegen ihrer Selbsteinschätzung keine Moslems seien, sich nicht Moslems nennen oder direkt oder indirekt als Moslems auftreten oder moslemische Kultsymbole oder Riten benutzen. Das den Ahmadis damit abverlangte Verzichtsverhalten, insbesondere der Verzicht auf den Gebrauch des überkommenen Glaubensbekenntnisses, berühre den Kern der religiösen Überzeugung der Ahmadis. Würden diese das gesetzliche Verbot befolgen, würden sie tragende Inhalte ihres Glaubens aufgeben und damit ihre Religion so, wie sie selbst diese verstehen, nicht mehr ausüben. Damit griffen die Sektionen 298 B und 298 C PPC in das religiöse Existenzminimum der Ahmadis ein. Der Senat habe bereits in seinem Urteil vom 1. 2. 1990 – A 12 S 183/89 – ausgeführt, daß nach den genannten Strafbestimmungen des Pakistanischen Strafgesetzbuches religiöse Betätigungen im privaten Bereich auch tatsächlich bestraft worden seien. Es sei unerheblich, wie groß die Wahrscheinlichkeit einer Verurteilung wegen privater Religionsausübung sei, der Verfolgungseingriff liege darin, daß für jeden Ahmadi das Verbot, seine Religion auszuüben, auch im privaten Bereich gelte, und daß dieses Verbot mit einer Strafsanktion bewehrt sei, die nicht lediglich auf dem Papier stehe.

Die Revision des Bundesbeauftragten führte zur Aufhebung des Berufungsurteils und Zurückverweisung der Sache an den Verwaltungsgerichtshof.

Aus den Gründen:

Die Klägerin ist nicht – bereits – asylberechtigt aufgrund der gesetzlichen Regelung über die Gewährung von Familienasyl, hier aufgrund der am 1. 7. 1992 in Kraft getretenen und deshalb im Revisionsverfahren anzuwendenden

(vgl. etwa Urteil vom 16. 1. 1986 – BVerwG 3 C 66.84 – BVerwGE 72, 339 [340] m.w.N.) Regelung des § 26 Abs. 1 des Asylverfahrensgesetzes in der zur Zeit gültigen Fassung (BGBl. I S. 1733). Denn die Anerkennung des Ehegatten eines Asylberechtigten als gleichfalls asylberechtigt erfordert nach dieser Vorschrift u. a., daß die Ehe schon in dem Staat bestanden hat, in dem der Asylberechtigte politisch verfolgt wird. *(wird weiter ausgeführt)*
Der Klägerin steht ein Asylrecht auch nicht aufgrund des Art. 16 Abs. 2 Satz 2 GG zu. Die Klägerin hat Pakistan nicht als Verfolgte verlassen. Ihre Ausreise im Jahre 1984 stand nicht mehr in nahem zeitlichen Zusammenhang mit der Verfolgung, welche die Ahmadis bei dem Pogrom des Jahres 1974 erlitten hatten (vgl. zu diesem Erfordernis im einzelnen Urteil vom 30. 10. 1990 – BVerwG 9 C 60.89 – BVerwGE 87, 52). Die von der Klägerin geschilderten Versuche fanatischer Moslems, in das Wohnhaus ihrer Familie einzudringen, sind dem pakistanischen Staat nicht zuzurechnen und deshalb keine Verfolgung im Sinne des Art. 16 Abs. 2 Satz 2 GG. Wie die Klägerin selbst angegeben hat, hat die Polizei die Angreifer vertrieben, das Haus und die Umgebung in der Folgezeit gesichert und neuen Übergriffen erfolgreich vorgebeugt.

Eine der Klägerin vor ihrer Ausreise widerfahrene Verfolgung liegt schließlich auch nicht darin, daß sie damals unter der Geltung der im April 1984 eingeführten Sektionen 298 B und 298 C des Pakistanischen Strafgesetzbuches (PPC) und damit unter der Geltung von Rechtsvorschriften hat leben müssen, die bestimmte Formen der Ausübung des Glaubens der Ahmadis mit Strafe bedrohen. Zwar läßt die Erklärung eines bestimmten Verhaltens als strafbar durch Schaffung eines entsprechenden Straftatbestandes durch den staatlichen Gesetzgeber eine jedermann treffende Pflicht zum Unterlassen des damit verbotenen Verhaltens entstehen; ist Gegenstand der auf diese Weise erzwungenen Unterlassung eine asylrechtlich geschützte Glaubensbetätigung, so stellt grundsätzlich bereits die Existenz der Strafnorm politische Verfolgung dar (vgl. etwa Urteil vom 25. 10. 1988 – BVerwG 9 C 37.88 – BVerwGE 80, 321). Dennoch rechtfertigt im vorliegenden Fall allein das In-Geltung-Stehen der Sektionen 298 B und 298 C PPC bereits während des Aufenthalts der Klägerin in Pakistan nicht den Schluß, daß die Klägerin damals aufgrund der Existenz dieser strafbewehrten Verbotsnormen von religiöser Verfolgung betroffen war. Vielmehr läßt sich nach den weiteren tatsächlichen Feststellungen des Berufungsgerichts nicht ausschließen, daß die Existenz der Strafbestimmungen keine religiöse Verfolgung der Ahmadis dargestellt hat.

Grund hierfür ist allerdings nicht, daß den Ahmadis durch die Sektionen 298 B und 298 C PPC – wie der Beteiligte meint – nur der Verzicht auf solche Glaubensbetätigungen abverlangt wird, die nicht zu dem durch Art. 16 Abs. 2 Satz 2 GG geschützten internen Bereich der Religionsausübung gehören. Nach den Feststellungen des Verwaltungsgerichtshofs verbieten die Sektionen 298 B und 298 C PPC den Ahmadis nämlich auch die Religionsausübung im internen Bereich. Das Bundesverfassungsgericht hat diesen Bereich definiert als den für die Gewährleistung des religiösen Existenzminimums und des Kerns der Religionsfreiheit unverzichtbaren internen Bereich der religiösen Gemeinschaft, nämlich die Religionsausübung im häuslich-privaten Bereich sowie das Gebet und den Gottesdienst abseits der Öffentlichkeit in persönlicher Gemeinschaft mit anderen Gläubigen dort, wo man sich nach Treu und Glauben unter sich wissen darf (BVerfGE 76, 143[2]). Daß die Strafvorschriften auch den internen Bereich erfassen, entnimmt der Verwaltungsgerichtshof vorrangig dem Fehlen jeglichen Hinweises sowohl im Text und im Regelungszusammenhang der Vorschriften als auch in den Darlegungen des Bundes-Shariat-Gerichts im Urteil vom 28. 10. 1984 darauf, daß generell und auch bezüglich der Anwendbarkeit dieser Strafbestimmungen zwischen dem forum internum und dem forum externum differenziert werden muß (in diesem Sinne auch Bundesverfassungsgericht, Beschluß vom 23. 9. 1991 – 2 BvR 1350/89, 2 BvR 1352/89 –). Gegen diese Feststellungen des Verwaltungsgerichtshofs zum Inhalt des ausländischen Rechts haben die Parteien keine Rügen erhoben. Deshalb ist auch der Frage nicht weiter nachzugehen, ob das Schweigen des pakistanischen Gesetzes und des Bundes-Shariat-Gerichts hierzu in der Tat in diesem Sinne zu verstehen ist oder sich nicht aus der Unanwendbarkeit der Kategorien „forum internum" und „forum externum" auf die Religionsausübung eines Moslems erklärt.

Eine Verfolgung durch die bezeichneten Strafbestimmungen läßt sich den Feststellungen des Berufungsgerichts jedoch deshalb nicht entnehmen, weil das Berufungsgericht die Rechtspraxis in Pakistan nicht ausreichend berücksichtigt hat. Es läßt sich nicht ausschließen, daß die Sektionen 298 B und 298 C PPC keinen Verfolgungscharakter aufweisen, weil sie, mögen sie auch geltendes pakistanisches Recht sein, nicht eine Zwangs- und Nötigungswirkung entfalten, aufgrund derer sich die Ahmadis zum Verzicht auf asylrechtlich geschützte Glaubensbetätigungen veranlaßt sehen müssen. Zwar ist es – nach westlichem Verständnis – gerade Merkmal einer Strafnorm, das in ihrem Tatbestand beschriebene Verhalten zu einem jedermann grundsätzlich verbotenen Tun zu machen und auf diese Weise die Rechtsunterworfenen in ihrem Verhalten zu bestimmen. Das gilt aber nur für Staaten, deren rechtliche und soziale Ordnung vor allem anderen auf der vorbehaltlosen Verbindlichkeit und Maßgeblichkeit des Gesetzes gegründet ist, nicht hingegen für solche Staaten, in denen sich die Grenzen menschlicher Betätigungsfreiheit einerseits sowie Inhalt und Reichweite der Verpflichtungen des einzelnen gegenüber Staat und Gesellschaft

---

[2] KirchE 25, 217.

andererseits gleichrangig oder sogar vorrangig aus sonstigen Äußerungen staatlicher oder religiöser Autoritäten ergeben. Handelt ein Staat bei Bewältigung eines Sachverhalts, der vom Gesetz in bestimmter Weise geregelt ist, nicht einmal im Prinzip gemäß der Gesetzesvorschrift, sondern folgt er sonstigen Anordnungen oder Vorgaben, so steht hinter der Gesetzesbestimmung ungeachtet ihrer formalen Geltung kein staatlicher Wille, in jedem Fall nach ihr zu verfahren und sie durchzusetzen. Verhält sich ein Staat über längere Zeit so, verliert die Norm weitgehend ihre verhaltensbestimmende Wirkung. Die Furcht, von der in der Norm vorgesehenen Strafe getroffen zu werden, schwindet bei den Rechtsunterworfenen, das in der Norm ausgesprochene Verbot wird nicht mehr als zwingend auferlegt angesehen, die Passivität des Staates, seine Hinnahme und Tolerierung des an sich Verbotenen, beraubt die Norm ihres verpflichtenden Charakters und damit ihrer als Zwang empfundenen Wirkung.

Auf der Grundlage der tatsächlichen Feststellung des Berufungsgerichts zur Praxis der pakistanischen Strafgerichte liegt die Annahme nicht fern, daß den Gesetzesbestimmungen der Sektionen 298 B und 298 C PPC – ungeachtet ihrer tatbestandsmäßigen Anwendbarkeit auf die Ausübung des Ahmadi-Glaubens im privaten Bereich – die Wirkung, den einzelnen Ahmadi von der Ausübung seines Glaubens auch im Privatbereich abzuhalten, gänzlich abgeht, weil der pakistanische Staat die interne Glaubensausübung der Ahmadis in aller Regel nicht bestraft, sondern toleriert. Zwar hat das Berufungsgericht ausgeführt, die genannten Strafbestimmungen seien tatsächlich auch in solchen Fällen angewandt worden, in denen es ausschließlich um religiöse Betätigung im Privatbereich gegangen sei. Wegen dieser Verurteilungen bezieht sich das Berufungsgericht auf sein Urteil vom 1. 2. 1990 – A 12 S 183/89 –. In diesem Urteil hat der Verwaltungsgerichtshof zum Beleg dafür, daß religiöse Betätigungen im internen Bereich bestraft werden, zum einen auf eine Auskunft des Auswärtigen Amtes vom 14. 12. 1989 Bezug genommen. Von den in dieser Auskunft ausgeführten Verurteilungen bezeichnet der Verwaltungsgerichtshof „jedenfalls" eine als eine Bestrafung wegen Glaubensausübung im privaten Bereich (S. 16 des Urteils des Verwaltungsgerichtshofs Baden-Württemberg vom 1. 2. 1990 – A 12 S 183/89 –). Zum anderen beruft sich der Verwaltungsgerichtshof auf „zahlreiche Vorfälle strafrechtlicher Maßnahmen, wie sie der Senat in seinem Urteil vom 13. 7. 1989 – A 12 S 181/89 – geschildert hat". Die im Urteil vom 13. 7. 1989 genannten Strafverfahren betrafen allerdings ganz überwiegend Glaubensbetätigungen in der Öffentlichkeit, nur einige wenige der mehreren hundert Verfahren hatten eine eindeutig dem Privatbereich zugehörige Religionsausübung zum Gegenstand. Danach hat es trotz der seit nunmehr acht Jahren bestehenden Strafbarkeit der Ausübung des Glaubens der Ahmadis im Privatbereich und trotz der in die Tausende gehenden Gottesdienste und sonstigen religiösen Zusammenkünfte im Privatbereich, welche die vier Millionen in

Pakistan lebenden Ahmadis mit Wissen ihrer moslemischen Umwelt und unter den Augen der Polizei täglich veranstalten, nur einige wenige Bestrafungen wegen Religionsausübung im Privatbereich gegeben. Dann aber liegt die Annahme nahe, daß dies seinen Grund nicht etwa in Beweisschwierigkeiten der Strafverfolgungsbehörden und Gerichte, sondern darin hat, daß die pakistanischen Strafgerichte die Sektionen 298 B und 298 C PPC in aller Regel nicht auf die Glaubensbetätigung der Ahmadis in forum internum anwenden. Dies würde bedeuten, daß nach der Rechtsanwendungspraxis der pakistanischen Gerichte die Religionsausübung der Ahmadis im privaten und im nachbarschaftlich-kommunikativen Bereich vom pakistanischen Staat toleriert wird. Wäre es so, läge in der Existenz der Sektionen 298 B und 298 C PPC ungeachtet ihrer tatbestandsmäßigen Anwendbarkeit auch auf die Ausübung des Glaubens der Ahmadis im forum internum kein Verfolgungseingriff.

Das Berufungsgericht hat dem Umstand, daß Bestrafungen wegen interner Glaubensbetätigung nach den Sektionen 298 B und 298 C PPC bisher nur in verschwindend geringer Zahl festzustellen sind, keine rechtliche Bedeutung beigelegt und infolgedessen auch nicht geprüft, worin diese geringe Zahl von Verurteilungen ihren Grund hat. Diese Prüfung hat es nunmehr nachzuholen. Kommt es dabei zu dem Ergebnis, daß die Sektionen 298 B und 298 C PPC in der Rechtsanwendungspraxis der pakistanischen Strafgerichte bis zur Ausreise der Klägerin in aller Regel nicht als Grundlage für eine Bestrafung der Glaubensausübung der Ahmadis im Privatbereich herangezogen worden sind und stellt es weiter fest, daß diese Praxis auch heute noch vorherrscht, so ist die Klägerin nicht asylberechtigt, und es steht ihr auch kein Abschiebungsschutz nach § 51 Abs. 1 AuslG zu.

81

Im Verwaltungsprozeß betr. die Aufstellung von Hinweisschildern auf ihre Gottesdienste genießt eine Kirchengemeinde keine Gebührenbefreiung.
Der Streitwert eines solchen Verfahrens richtet sich nach § 13 Abs. 1 Satz 2 GKG.

Art. 140 GG, 138 WRV; § 8 Abs. 1 Nr. 4 PrGKG
Niedersächs. OVG, Beschluß vom 22. Dezember 1992 – 12 L 110/89[1] –

Die Klägerin, eine Ev.-Freikirchliche Gemeinde, hat vom beklagten Landkreis verlangt, straßenverkehrsrechtliche Anordnungen zum Aufstellen von Hinweisschildern auf ihre Gottesdienste zu erlassen. Nach Klagerücknahme in

---

[1] NVwZ 1993, 704. Vgl. zu diesem Fragenkreis auch OLG Oldenburg NdsRPfl. 1993, 297.

der mündlichen Verhandlung hat der Kostenbeamte gegen sie gemäß § 11 Abs. 1 GKG u. a. Gerichtsgebühren in Ansatz gebracht.

Die hiergegen eingelegte Kostenerinnerung, mit der die Klägerin Gebührenbefreiung geltend macht, blieb ohne Erfolg.

Aus den Gründen:

I. Die Erinnerung der Klägerin gegen die Kostenrechnung (...) bleibt erfolglos. Die Klägerin ist nämlich für das Verfahren um die Gestattung zur Ausstellung von Hinweisschildern auf ihre Gottesdienste nicht von Gerichtsgebühren befreit (...).

Nach § 2 Abs. 3 Satz 1 GKG finden etwaige auf Bundes- oder Landesrecht beruhende Bestimmungen über die hier von der Klägerin als Kirche geltend gemachte (persönliche) Befreiung von den Gerichtsgebühren in den Verfahren vor den Verwaltungsgerichten keine Anwendung. (Abgesehen davon sieht das Niedersächsische Gesetz über die Gebührenbefreiung, Stundung und Erlaß von Kosten in der Gerichtsbarkeit – vom 10. 4. 1973, Nds.GVBl S. 111, geändert durch Art. I des Gesetzes vom 2. 3. 1992, Nds.GVBl S. 58 – § 1 Abs. 1 für Kirchen im verwaltungsgerichtlichen Verfahren ohnehin keine Gebührenbefreiung vor.) Die Klägerin wäre daher nur dann von der Entrichtung der Gerichtsgebühren befreit, wenn sich dies aus höherrangigem Recht, nämlich der Verfassung, und zwar dort aus Art. 140 GG und den insoweit fortgeltenden Kirchenrechtsartikeln der Weimarer Reichsverfassung (vom 11. 8. 1919, RGBl. S. 1383) ergäbe. Dies ist indessen nicht der Fall.

Allerdings sieht Art. 138 Abs. 1 WRV vor, daß die „auf Gesetz, Vertrag oder besonderen Rechtstiteln beruhenden Staatsleistungen an die Religionsgesellschaft durch die Landesgesetzgebung abgelöst werden". Hieraus ist geschlossen worden, daß eine nach früherem Recht zugunsten einer Kirche (Religionsgesellschaft) bestehende Befreiung von den Gerichtsgebühren auch unter Geltung der Weimarer Reichsverfassung als sogenannte ablösungspflichtige (negative) „Staatsleistung" im Sinne des Art. 138 Abs. 1 WRV anzusehen war, die unter Geltung des Grundgesetzes über Art. 140 GG fortgilt (vgl. OVG Lüneburg, Beschl. v. 7. 1. 1987[2] – 13 B 141/86 –, NVwZ 1987, 704). Da die Klägerin im Landkreis N. und damit im Gebiet des ehemaligen Landes Preußen ihren Sitz hat, wäre nach der soeben dargestellten Ansicht zu erwägen, ob sich eine (persönliche) Kostenbefreiung der Klägerin aus § 8 Abs. 1 Nr. 4 PrGKG (vom 25. 6. 1895, PrGS S. 203 [294] i.d.F. vom 28. 10. 1992, PrGS S. 301; Nds.GVBl Sb. III S. 215) ergeben könnte. Aber auch dies ist schon deshalb zu verneinen, weil die Gebührenbefreiung nach § 8 Abs. 1 Nr. 4 PrGKG in Verwaltungsstreit-

---

[2] KirchE 25, 1.

verfahren auf solche Fälle beschränkt war, in denen die Kirchen oder Kirchengemeinden als Eigentümer oder Verwalter des ihnen gewidmeten besonderen Vermögens Partei in einem Verwaltungsprozeß waren (PrOVG, Urteil v. 3. 10. 1891 – Rep. I. C. 72/91 –, PrOVGE 21, 431; OVG Lüneburg, aaO, m.w.N.). Um einen derartigen Streitfall hat es sich hier aber nicht gehandelt; denn die Klägerin erstrebte mit ihrer Klage die Verpflichtung des beklagten Landkreises, straßenverkehrsrechtliche Anordnungen zum Aufstellen von Hinweisschildern auf Gottesdienste zu erlassen. Eine derartige Verpflichtung steht anders als etwa eine Streitigkeit um eine Kirchenbaulast nicht in dem soeben dargestellten und von § 8 Abs. 1 Nr. 4 PrGKG geforderten Zusammenhang mit dem besonderen Zwecken gewidmeten Kirchenvermögen. Im übrigen wäre eine Gebührenbefreiung der Klägerin auch dann zu verneinen, wenn man der Auffassung sein sollte, das anhängig gewesene Klageverfahren sei unter die von § 8 Abs. 1 Nr. 4 PrGKG erfaßten Streitgegenstände gefallen. Der Senat ist nämlich der Auffassung, daß die Gewährung persönlicher Gebührenbefreiung *keine* (negative) Staatsleistung im Sinne des Art. 138 Abs. 1 WRV darstellt. Dies hat das Bundesverfassungsgericht in seinem Beschluß vom 28. 4. 1965[3] – 1 BvR 346/61 – (BVerfGE 19, 1 [16] = NJW 1965, 1427 [1429] = DÖV 1966, 57) überzeugend begründet (ebenso: OVG Münster, Beschluß v. 15. 7. 1969 – V B 144/68 –, DÖV 1970, 102). Der gegenteiligen Ansicht des 13. Senates des ehemaligen Oberverwaltungsgerichts für die Länder Niedersachsen und Schleswig-Holstein (Beschl. v. 7. 1. 1987, aaO, S. 704 f.) vermag sich der Senat nicht anzuschließen.

II. Der Wert des Streitgegenstandes ist für das Berufungsverfahren gemäß § 13 Abs. 1 Satz 2 GKG auf 6000,- DM festzusetzen. Wenn die Klägerin demgegenüber meint, der Streitwert müsse nach dem Preis festgesetzt werden, der voraussichtlich von der Schilderfabrik für die zwei Schilder verlangt würde, kann dies zu keiner anderen Streitwertfestsetzung führen. Die Klägerin wollte in dem Klageverfahren ein behördliches Handeln, nämlich die Verpflichtung der Straßenverkehrsbehörde zu einer straßenverkehrsrechtlichen Anordnung, mit Hilfe des Verwaltungsgerichts durchsetzen; dieses behördliche Handeln kann bei der Streitwertfestsetzung nicht mit Hilfe des Kaufpreises für die Hinweisschilder bewertet werden. Vielmehr ist insoweit mangels Anhaltspunkten bei der Streitwertfestsetzung auf die Bestimmung des § 13 Abs. 1 Satz 2 GKG zurückzugreifen.

---

[3] KirchE 7, 183.

82

Öffentliche Einrichtungen wie Kirchen und Kapellen dürfen nur mit Genehmigung des zuständigen Bischofs als „katholisch" bzw. „römisch-katholisch" bezeichnet werden.

§ 12 BGB

LG Rottweil, Urteil vom 23. Dezember 1992 – 3 O 1058/92[1] –

Der Beklagte, die „Vereinigung St. Pius X e. V.", ist ein privatrechtlich organisierter eingetragener Verein, dessen Mitglieder Anhänger des französischen Erzbischofs Marcel Lefebvre sind. Der Verein unterhält in verschiedenen Orten Deutschlands Einrichtungen zur Betreuung seiner Mitglieder; so hat der Verein auch in S. im Gebäude H'straße 4 Räumlichkeiten angemietet, um dort Meßfeiern abzuhalten. Dieses Gebäude befindet sich in unmittelbarer Nähe der von der Klägerin (Diözese Rottenburg-Stuttgart) unterhaltenen katholischen Kirche St. Laurentius. An der Hauswand des Gebäudes H'straße 4 hat der beklagte Verein eine Hinweistafel mit der Aufschrift: „Priesterbruderschaft St. Pius X/Kapelle sel. Bernhard v. Baden/röm. kath. Oratorium" angebracht. Die Klägerin hat weder der Errichtung und Einrichtung der Kapelle noch deren Bezeichnung als „röm. kath. Oratorium" zugestimmt und hat auch keine Erlaubnis erteilt. Im August 1992 wurde der beklagte Verein erfolglos von der Klägerin unter Fristsetzung aufgefordert, die Bezeichnung „römisch-katholisch" künftig nicht mehr für seine Einrichtungen zu verwenden und das Hinweisschild am Gebäude H'straße 4 zu entfernen.

Die Klägerin wendet sich mit ihrer Klage gegen die Verwendung der Bezeichnung „römisch-katholisch" durch den beklagten Verein. Sie ist der Ansicht, durch die nicht gestattete Bezeichnung der Kapelle in S. als „röm. kath. Oratorium" werde ihr Namensrecht verletzt. Durch die Verwendung dieser Bezeichnung bestehe eine erhebliche Verwechslungsgefahr mit einer Einrichtung der römisch-katholischen Kirche, die als Körperschaft des öffentlichen Rechts anerkannt ist. Zwischen ihr, der Klägerin, und dem beklagten Verein bestehe keine Verbindung, so seien die Amtsträger des beklagten Vereins keine Geistlichen der Diözese, der beklagte Verein sei in keiner Weise bei der Klägerin inkorporiert und sei auch keine Untergliederung. Aufgrund der Verwendung der Bezeichnung „röm. kath." bestehe jedoch die Gefahr, daß die Öffentlichkeit fälschlicherweise rechtliche, personelle oder organisatorische Zusammenhänge mit der katholischen Amtskirche herstelle.

Die Klägerin beantragt, 1. den Beklagten zu verurteilen, die sich auf dem am Gebäude H'straße 4 in S. angebrachten Hinweisschild befindliche Bezeichnung

---

[1] Das Urteil ist rechtskräftig. Vgl. hierzu auch die Nachweise bei OLG Köln, KirchE 30, 41, Fn. 1.

„röm. kath." zu entfernen, 2. den Beklagten zu verurteilen, es bei Meidung eines für jeden Fall der Zuwiderhandlung fälligen Ordnungsgeldes zu unterlassen, die Bezeichnungen „röm. kath." oder „römisch-katholisch" in jeglicher Wortverbindung in der Öffentlichkeit im Bereich der Diözese Rottenburg-Stuttgart zu verwenden.

Der Beklagte trägt vor, er vertrete keine Auffassungen, die im Widerspruch zur Lehre der katholischen Kirche stünden, dies ergebe sich bereits aus der Vereinssatzung; der Beklagte sei im Verhältnis zur Klägerin keine „andere" Religionsgemeinschaft. Die Grundsätze über den Namensgebrauch seien vorliegend nicht anzuwenden, da die Benutzung der Bezeichnungen „röm. kath." oder „römisch-katholisch" keinen Namensgebrauch darstelle, sondern zur Kennzeichnung der vertretenen Glaubensinhalt diene, für die eine andere Bezeichnung nicht zur Verfügung stehe. Aus diesem Grund, weil nämlich nur Glaubensinhalte gekennzeichnet werden sollten, könne auch das aus dem Wirtschaftsleben stammende Kriterium der Verwechslungsgefahr keine Rolle spielen. Die Kirche sei kein Gewerbetreibender; vielmehr biete sich ein Vergleich mit dem Familiennamen, dessen Benutzung nicht untersagt werden könne, an. Selbst wenn ein Namensgebrauch zu bejahen wäre, sei die Widerrechtlichkeit desselben unter Berücksichtigung des Grundrechts aus Art. 4 GG zu beurteilen und zu verneinen. Die Mitglieder des Beklagten seien nicht exkommuniziert; ihnen stehe das Recht zu, sich zum katholischen Glauben zu bekennen; dieses Recht werde dadurch beeinträchtigt, daß sie Veranstaltungen des Beklagten nicht mehr als katholisch bezeichnen dürften. Auch dies sei aber Teil der Glaubensfreiheit.

Das Landgericht gibt der Klage statt, im Klageantrag zu 2 jedoch mit der Maßgabe, daß dem Beklagten untersagt wird, die genannten Bezeichnungen *in bezug auf seine Einrichtungen und Veranstaltungen* im Bereich der Diözese Rottenburg-Stuttgart zu verwenden.

Aus den Gründen:

Die Klage ist zulässig und überwiegend begründet.

I. 1. Das angerufene Gericht ist für den vorliegenden Rechtsstreit zuständig. Die hier streitentscheidende Frage, ob der Beklagte die Bezeichnung „römisch-katholisch" verwenden darf oder nicht, ist eine Frage des Namensrechts des § 12 BGB, wobei es auf die Glaubensinhalte, die die Parteien jeweils mit dem Begriff verbinden und über die zu entscheiden dem weltlichen Gericht verwehrt wäre, nicht ankommt.

2. Die örtliche Zuständigkeit des Landgerichts ergibt sich aus § 32 ZPO; dabei ist jedenfalls im Rahmen der von Amts wegen erfolgenden Zuständig-

keitsprüfung von einer weiten Auslegung des Begriffs der unerlaubten Handlung auszugehen (vgl. Zöller, 16. Aufl., § 32 Rdnr. 4; Baumbach-Lauterbach, 43. Aufl., § 32 Anm. 2), worunter auch die den Klagegrund bildende Namensrechtsverletzung zu zählen ist. Die Zuständigkeit ist auch für das Unterlassungsbegehren der Klägerin gegeben.

3. Die Klägerin ist als Teilkirche gemäß der kirchenrechtlichen und gemäß Art. 140 GG, Art. 137 WRV anerkannten Organisationsstruktur Körperschaft des öffentlichen Rechts und damit parteifähig gemäß § 50 ZPO. Sie wird vertreten durch den Bischof, dieser wiederum in laufenden Verwaltungs- und Rechtsangelegenheiten durch den Generalvikar.

4. Die von der Klägerin gestellten Anträge sind zulässig; der Antrag Ziffer 2 ist nicht wegen mangelnder Bestimmtheit unzulässig. Der Antrag ist zum einen grundsätzlich der Auslegung zugänglich, § 133 BGB, wobei die Klagebegründung heranzuziehen ist. Der Rahmen der gerichtlichen Entscheidungsbefugnis gemäß § 308 ZPO wird erkennbar abgegrenzt. Im übrigen wird das Risiko eines (teilweisen) Unterliegens der Klägerin nicht auf den Beklagten abgewälzt (Zöller, 16. Aufl., § 253 Rdnr. 13).

II. Die Klägerin begehrt zu Recht die Beseitigung der Bezeichnung „röm. kath." auf dem Hinweisschild für die Kapelle des Beklagten in S.; der Anspruch der Klägerin ergibt sich aus § 12 BGB.

Gemäß § 12 Satz 1 BGB kann der Berechtigte, also der Namensträger, von demjenigen, der seinen Namen unbefugt gebraucht, die Beseitigung dieser Beeinträchtigung verlangen, wenn durch den unbefugten Namensgebrauch Interessen verletzt werden. Diese Voraussetzungen für einen Beseitigungsanspruch sind gegeben.

1. Der Name ist das äußere Kennzeichen einer Person und dient zu ihrer Unterscheidung von anderen, mithin zu ihrer Identifikation. Dabei betrifft § 12 BGB nach seiner Stellung im Gesetz zunächst nur den bürgerlichen Namen einer natürlichen Person; der Schutzbereich des § 12 BGB ist jedoch erheblich weiter, so daß auch Namen juristischer Personen, auch solcher des öffentlichen Rechts wie derjenige der katholischen Kirche als Körperschaft des öffentlichen Rechts (Soergel/Heinrich, 12. Aufl., § 12 Rdnr. 29, 30) erfaßt werden (vgl. Jauernig, 4. Aufl., § 12 Anm. 2 b) bb); Palandt-Heinrichs, 50. Aufl., § 12 Rdnr. 9).

2. Dabei unterfallen auch namensartige Kennzeichen wie die im Streit befindliche Bezeichnung „römisch-katholisch" oder abgekürzt „röm. kath.", die unabhängig vom gesetzlichen Namen (der im Falle der Klägerin „Diözese Rottenburg-Stuttgart" lautet) geführt werden, dem Schutz des § 12 BGB, sofern sie geeignet sind, auf die Person des Namensträgers hinzuweisen und diesen von anderen zu unterscheiden und sofern sie Verkehrsgeltung besitzen (Palandt-

Heinrichs, 50. Aufl., § 12 Rdnr. 10 ff.). Die Bezeichnung „katholisch" oder mit gleichem Sinngehalt „römisch-katholisch" wird in der Öffentlichkeit als Identifizierungsmerkmal der römischen Amtskirche mit dem Papst an der Spitze angesehen, ist mithin der wesentliche Teil des Namens der Kirche als Organisation (deren Teil wiederum die Klägerin ist) und unterfällt somit dem Namensschutz nach § 12 BGB, ohne jedoch dem bürgerlichen Namen, für den Namensführungspflicht besteht, vergleichbar zu sein. Der Umfang der Verkehrsgeltung ergibt sich zwanglos bereits aus der mannigfaltigen Verwendung der Begriffe „katholisch" bzw. „römisch-katholisch" zur namensmäßigen Kennzeichnung der römischen Amtskirche im Bereich des staatlichen Rechts; beispielhaft sei verwiesen auf Art. 8 LV Baden-Württemberg, das Reichskonkordat vom 12. 9. 1933 (RGBl. II, S. 679) den Vertrag des Freistaates Preußen mit dem Heiligen Stuhl (PrGS 1929 S. 151), das Konkordat zwischen dem Heiligen Stuhl und dem Freistaat Baden vom 12. 10. 1932 (= Dürig Nr. 160) sowie das Württembergische Kirchengesetz, dort §§ 5, 62, 72, 73 und auch darauf, daß auf den Lohnsteuerkarten der Mitglieder der römischen Amtskirche der Begriff „römisch-katholisch" mit „rk" abgekürzt wird. Mithin geht die Bedeutung der Bezeichnung „römisch-katholisch" über die bloße Beschreibung von Glaubensinhalten deutlich hinaus.

3. Das mit dem Namen „römisch-katholisch" (gleichzusetzen mit „katholisch") verbundene Namensrecht der Kirche hat der Beklagte dadurch verletzt, daß er die von ihm errichtete und betriebene Kapelle in S. als „römischkatholisches Oratorium" bezeichnet hat. Mit der Anbringung der Hinweistafel mit der Aufschrift „röm. kath. Oratorium" hat der Beklagte den Namen der Kirche – deren Rechte die Klägerin für ihren Amtsbezirk wahrnimmt – gebraucht, indem er nämlich die Bezeichnung dazu benutzt, um sich selbst bzw. zumindest eine von ihm betriebene Einrichtung namensmäßig so zu bezeichnen (Palandt-Heinrichs, 50. Aufl., Rdnr. 19 ff.; Soergel-Heinrich, 12. Aufl., § 12 Rdnr. 174).

a) Die breite Öffentlichkeit verbindet mit der Bezeichnung „römisch-katholisch" für Einrichtungen, Veranstaltungen, Kirchen oder Kapellen die Vorstellung, diese Einrichtung werde von der katholischen Amtskirche oder eine Teilgliederung derselben getragen oder betrieben, jedenfalls aber mit deren Einverständnis. Diese Verbindung wird durch die Öffentlichkeit und das breite Publikum auch dann hergestellt, wenn sich – wie hier – noch weitere Bezeichnungen auf dem Hinweisschild befinden; dies ist um so mehr zu bejahen, als der Beklagte einen Hinweis auf seine Rechtsform unterlassen hat. Die bloße Hinzufügung von „Priesterbruderschaft St. Pius X" weist für die breite Öffentlichkeit ohne entsprechendes spezielles Wissen keineswegs darauf hin, daß es sich hierbei um Anhänger des Alterzbischofs Lefebvre handelt, vielmehr deutet dieser Zusatz für das breite Publikum darauf hin, daß hier ein der katholischen

Kirche angehöriger bzw. in ihr integrierter Orden oder eine ähnliche Gliederung die Kapelle mit Genehmigung oder sogar im Auftrag der katholischen Amtskirche betreibt. Aus der für die breite Öffentlichkeit bei Verwendung des Begriffs „römisch-katholisch" nicht erkennbaren völligen Trennung der Klägerin und des Beklagten folgt die für einen Beseitigungsanspruch erforderliche Verwechslungsgefahr; sie ist dann zu bejahen, wenn personelle oder organisatorische Zusammenhänge oder Zustimmung des Namensträgers vermutet werden (Palandt-Heinrichs, 50. Aufl., § 12 Rdnr. 22). Die Gefahr ist um so eher zu bejahen, je stärker die Verkehrsgeltung ist. Dabei ist kein zwingender Grund ersichtlich, den Begriff der Verwechslungsgefahr nur im Zusammenhang mit dem Wirtschaftsleben zu verwenden; dies ist nicht daraus zu entnehmen, daß ein überwiegender Teil der zu Namensrechtsverletzungen vorliegenden Entscheidungen im wirtschaftlichen oder wettbewerbsrechtlichen Bereich ergangen ist. Mit Bejahung der Verwechslungsgefahr kann dahinstehen, ob zugunsten der Klägerin als Körperschaft des öffentlichen Rechts nicht eine entsprechende Anwendung der Grundsätze aus dem öffentlichen Namensrecht in Betracht kommen könnte (hierzu Soergel-Heinrichs, aaO, § 12 Rdnr. 136 m.w.N.).

Im vorliegenden Fall besteht keinerlei organisatorische Verbindung zwischen dem – rein privatrechtlich organisierten – Beklagten und der Klägerin als Körperschaft des öffentlichen Rechts, der Beklagte ist weder eine Untergliederung der Klägerin noch in sie inkorperiert; die Klägerin hat auch unwidersprochen vorgetragen, daß „Amtsträger" des Beklagten keine Geistlichen der Diözese sind, so daß jedenfalls insoweit auch eine personelle Trennung gegeben ist.

b) Auch hat die Klägerin nicht ihre Zustimmung erteilt, woraus gleichzeitig die Unbefugtheit der Verwendung der Bezeichnung „römisch-katholisch" resultiert. Eine Rechtfertigung der Benutzung ergibt sich auch nicht aus kirchenrechtlichen Vorschriften, die im Falle einer Erlaubniserteilung eine über den innerkirchlichen Bereich hinausgehende Wirkung haben, deren Berücksichtigung im Rahmen der Prüfung der Befugtheit des Beklagten dem weltlichen Gericht daher nicht versagt ist. Unwidersprochen hat die Klägerin ausgeführt, daß die Gestattung der Verwendung der hier streitigen Bezeichnung gemäß c. 216, 300 CIC durch die Klägerin erfolgen kann, daß der Beklagte über eine solche Erlaubnis aber gerade nicht verfügt. Diese Erlaubnis hat der Beklagte, da die Klägerin ausschließliche Inhaberin des Namensrechts in ihrem Verwaltungsbereich ist, auch nicht durch die Formulierung seiner Zwecke in seiner Satzung („Förderung der römisch-katholischen Religion ...") erlangt.

Ob sich die *Mitglieder* des Beklagten als „katholisch" oder „römisch-katholisch" bezeichnen oder bezeichnen dürfen, hat auf die Frage der Berechtigung des beklagten Vereins zur Verwendung der Bezeichnung „röm. kath." keinen Einfluß. Im übrigen dürfte die Verwendung des Begriffs durch die Mitglieder, also natürliche Personen, im Zusammenhang mit der vertretenen eigenen Glaubensüberzeugung erfolgen. Dies, wie auch die Frage, ob der Beklagte „die Förderung der römisch-katholischen Religion" verfolgt, sind aber nicht Fragen des Namenrechtes, sondern Glaubensfragen; hierüber wird vorliegend nicht entschieden.

4. Das Gericht hat nicht verkannt, daß auch der Beklagte als juristische Person das Grundrecht der Glaubens- und Bekenntnisfreiheit bzw. der Religionsausübungsfreiheit für sich in Anspruch nehmen kann (vgl. BVerfG 24, 236 [246][2]). Durch Art. 4 Abs. 1 und 2 GG geschützte Rechtspositionen sind jedoch durch das Verbot für den Beklagten, seine Einrichtungen und Veranstaltungen als „römisch-katholisch" zu bezeichnen, nicht verletzt. Die Freiheit nach Art. 4 GG umfaßt die innere Freiheit, zu glauben oder nicht zu glauben, und die äußere Freiheit, den Glauben in der Öffentlichkeit zu manifestieren. Sie unterliegt jedoch – auch wenn das Grundrecht des Art. 4 GG selbst schrankenlos gewährt wird – immanenten Schranken, wenn und soweit sie mit Rechten Dritter, insbesondere wenn diese wieder aus Art. 4 GG herrühren, kollidieren. Hier ist zu berücksichtigen, daß auch die Klägerin Grundrechtsschutz für sich in Anspruch nehmen kann; eine Lösung des Spannungsverhältnisses bzw. der Kollisionslage hatte zugunsten der Klägerin als Teil der Amtskirche zu erfolgen.

III. 1. Aus der Bejahung des Beseitigungsanspruchs und daraus, daß der Beklagte darauf beharrt, die Bezeichnung „römisch-katholisch" weiterhin zu gebrauchen – womit die Wiederholungsgefahr gegeben ist –, folgt ein Unterlassungsanspruch der Klägerin gem. § 12 Satz 2 BGB.

2. Jedoch konnte die Unterlassungsverpflichtung des Beklagten nicht in dem von der Klägerin mit ihrem Antrag Ziff. 2 geltend gemachten Umfang ausgesprochen werden. Bereits aus dem Zusammenhang des Klagantrags und aus dem zur Begründung der Klage heranzuziehenden Namensschutzrecht folgt, daß dem Beklagten nicht generell die Verwendung des Begriffs „römisch-katholisch", mithin also auch die bloße Namensnennung, untersagt werden kann. Vielmehr kann von dem Beklagten Unterlassung der Verwendung der Bezeichnung „römisch-katholisch" nur in solchem Zusammenhang verlangt werden, wie er vom Schutzbereich des Namensrechts gedeckt wird, nämlich der Gebrauch der Bezeichnung im Zusammenhang mit Einrichtungen und Veranstaltungen des Beklagten. Dem darüber hinausgehenden Antrag der Klägerin, der auf ein generelles Verbot hinauslaufen würde, der aber als ein „weniger" die Unterlassung des Gebrauchs der Bezeichnung für Veranstaltungen und Einrichtungen des Beklagten enthält, war daher nicht stattzugeben.

---

[2] KirchE 10, 181.

Sachregister

Die Seitenzahlen verweisen jeweils auf die erste Seite der Entscheidung.

A

Ämterhoheit, kirchl., s. Amt
Ahmadiyya-Gemeinschaft,
  Pakistan, Asylrecht 438
Allgemeinwohl/Gemeinwohl,
  Begriff 329
Amt, kirchl., Ämterhoheit 396
Angelegenheiten, eigene, d. Kirchen u. Religionsgemeinschaften, s. Autonomie, Schrankenformel
Angestellte, kirchl., s. Arbeitsrecht
Anliegerbeitrag, kommunaler, Kirchengrundstück 209, 238
Arbeitsrecht kirchl. Arbeitnehmer
– Eingruppierung, tarifl. 5, 181
– Kirchenaustritt 393
– Kündigung, Beteiligung der Mitarbeitervertretung 225, 340, 384, 393, 412
– Mitarbeiter in leitender Stellung, Ausgrenzung 412
– Schlichtungsausschuß 225
– Arzt 384, 412
– Kirchenmusiker 5
– Pfarrsekretär 5
– Sozialpädagoge 181
Arbeitsrecht im nichtkirchlichen Bereich, Arbeitsverweigerung aus religiös motivierter Gewissensentscheidung 313
Asylrecht 438
– s. auch Kirchenasyl
Autonomie d. Kirchen u. Religionsgemeinschaften
– Ämterhoheit 303, 396
– Arbeitsrecht, kirchl. 225, 412
– Friedhofs- u. Bestattungswesen 204, 373

– Grade, kirchl. akademische .. 121
– Kirchgeldregelungen 255
– Mitarbeitervertretungsrecht 340, 412
– Namensrecht 116
– Organisation u. Vermögensverwaltung 387

B

Baden-Württemberg, Kirchensteuerrecht 219, 222, 389
Baurecht, öffentl.
– Bebauungsplan, relig.-kunsthandwerkliche Prägung eines Ortskerns 431
– Betsaal, islam., Baugenehmigung 93
– Erschließungsbeitrag f. kirchl. Grundstück 209, 238
Bekenntnis, Begriff 52
Bekenntnisfreiheit s. Glaubens- u. Bekenntnisfreiheit
Bekenntnisschule
  s. Schulwesen
Berufsfreiheit, verf.-rechtl. Schutz
– Betrieb eines kirchl. Lokalsenders 307
– Schächten 348
– Zulassung zu kirchl. Hochschule 185
Beschimpfung von kirchl. Einrichtungen etc. (§ 166 StGB) s. Strafrecht
Besoldung u. Versorgung, kirchl., s. Dienstrecht, kirchl.
Bestattung s. Friedhofs- u. Bestattungswesen
Betsaal, islam., Baugenehmigung 93

Sachregister

Bhagwan-(Osho-)Bewegung 151, 164, 270
Bischof, kath., Rechtsetzungsbefugnis 412
Bistum s. Diözese

D

DDR, ehem., Dienst in Baueinheit, Verweigerung aus Gewissensgründen 36
Dienstrecht, kirchl. (Geistliche, Kirchenbeamte u.a.), vermögensrechtl. Ansprüche, statusrechtl. Vorfrage, Rechtsweg .. 303
Dienstrecht, öffentl., Personalrat, Beteiligung bei Einsatz von gestellten Lehrkräften 195
Diözese, röm.-kath., Parteifähigkeit 41, 116

E

Ehe
– glaubensverschiedene, Kirchensteuer, Kirchgeld .. 1, 219, 255
– konfessionsverschiedene, Kirchensteuer 222, 389, 401
Ehe- u. Kindschaftsrecht, internat. u. ausl.
– Adoption 149
– Handschuhehe, sog. 15
– Verstoßung 138
– Iran 149
– Libanon 138
– Pakistan 15
– Trinidad u. Tobago 149
Eigene Angelegenheiten d. Kirchen u. Religionsgemeinschaften s. Autonomie, Schrankenformel
Eigentum, verf.-rechtl. Schutz, Zuweisung eines Kirchengebäudes an russ.-orth. Kirchenvereinigung 104
Eingruppierung, tarifl. 5, 181
Elternrecht, Schulwesen ... 131, 139, 248, 266, 320, 323
Ersatzdienst s. Wehr- u. Zivildienst

Erschließungsbeitrag f. kirchl. Grundstück 209, 238

F

Feiertagsrecht/Feiertagsschutz 124
Finanzzuwendungen, staatl./kommunale
– für religionskritische Kunst .. 20
– für Warnungen vor sog. Jugendsekten 151, 164
Freundschaftsklausel, Vertragskirchenrecht 296
Friedhofs- u. Bestattungswesen
– Aufhebung eines kirchl. Friedhofs 204
– Bestattung nach islam. Ritus 86, 391
– Bestattungsgebühr, sog. Dissidentenzuschlag 373
– Leichenhaus, kommunales, Benutzungszwang 405
– Monopolfriedhof, kirchl. 373

G

Gebührenfreiheit, öff.-rechtl., f. Kirchen u. Religionsgemeinschaften 39, 443
Geistlicher, vermögensrechtl. Ansprüche gegen die Kirche, Rechtsweg 303
Gemeinde, pol., Finanzzuwendung für Warnung vor sog. Jugendsekten 164
Genehmigung, kirchenbehördl., Kündigung von Arbeitnehmern 412
Gerichtskosten, Befreiung 39
Gesetz, für alle geltendes (Art. 140 GG, 137 Abs. 3 WRV) s. Schrankenformel
Gestellungsvertrag 195
Gewissensfreiheit, verf.-rechtl. Schutz
– Arbeitsverhältnis 303
– Gewissenstäter, Strafzumessung 237
– Steuerpflicht 34

Sachregister

- s. auch Glaubens- u. Bekenntnisfreiheit
- **Glaubens- und Bekenntnisfreiheit**, verf.-rechtl. Schutz
- sog. negative 252
- Bekenntnis, Weltanschauung, Begriff 52, 151
- Bezeichnung „römisch-katholisch" 446
- Gewissenstäter, Strafzumessung 237
- Kunstförderung 20
- u. Kunstfreiheit 313
- Namensänderung 262
- Objektivierbarkeit der Glaubensüberzeugung 189, 240
- Rundfunksender, kirchl., Betrieb 307
- Schächten, Verbot 97, 240
- Schulwesen, priv. Grundschule 52, 70
- Schulwesen, Kopftuch beim Sportunterricht 320
- Schulwesen, Schulpflicht 131
- Schulwesen, koedukativer Sexualkundeunterricht 248
- Schulwesen, koedukativer Sportunterricht 139, 189, 323
- Steuerpflicht 34
- Warnung vor sog. Jugendsekten 151, 164, 270
- s. auch Religionsausübung

Gleichheitssatz/Willkürverbot
- Berichterstattung, regierungsamtl., über sog. Jugendsekten   270
- Bestattungsaufwand, Sozialhilfe 391
- Friedhofsgebühren, sog. Dissidentenzuschlag 373
- Kirchensteuer, Kirchgeld 1, 255
- Schächten, Verbot 240
- Schulwesen, öffentl., Religionsunterricht 266

Glocken, Stundenschlag, Einschränkung 91, 211

Grade, akademische, einer kirchl. Hochschule 121

H

Halbteilungsgrundsatz, Kirchensteuer 219, 222, 389, 401

Handschuhehe, sog., Gültigkeit nach dt. Recht 15

Hochschulwesen
- akademische Grade, kirchl. .. 121
- Hochschule, kirchl., Studienplatzvergabe 185

I

Immissionsschutz, Zeitschlag von Kirchturmuhr 91, 211

Islam
- Bekleidungsvorschriften 139, 320, 323
- Bestattung nach islamischem Ritus, Kostenaufwand, Sozialhilfe 86, 391
- Betsaal, Baugenehmigung ... 93
- Ehe u. Kindschaftsrecht ... 15, 138, 149
- Namensänderung 262, 381
- Schächten, staatl. Verbot 97, 240, 348
- Sexualerziehung 248

Israelitische Kultusgemeinde s. Jüdische Glaubensgemeinschaft

J

Jüdische Glaubensgemeinschaft
- Friedhof, israelitischer, Verkauf 204
- Kultusgemeinde, Wahlanfechtung 396

Jugendgefährdende Schriften (§ 1 Abs. 1 GjS), Photomontage Papstbild/pornographische Szene 10

Jugendhilfe, freie, Warnung vor sog. Jugendreligionen 164

Jugendreligionen/Jugendsekten, sog. 151, 164, 270

Sachregister

K

Kindergarten, kirchl., tarifl. Eingruppierung d. Dienstkräfte 181
Kirche als Einrichtung, Begriff 405
Kirchenasyl 410
Kirchenaustritt
– modifizierte Kirchenaustrittserklärung 426
– Kündigung eines kirchl. Dienstverhältnisses 393
Kirchengebäude
– Eigentumsverhältnisse, russ.-orth. Kirche 104
– Erschließungsbeitrag 209, 238
Kirchengemeinde
– Hinweisschilder f. Gottesdienste, Aufstellung 443
– Kindergarten, tarifl. Eingruppierung d. Dienstkräfte 181
– Kirchengrundstück, Erschließungsbeitrag 209, 238
– Kirchengrundstück, res sacra 180
– Kirchenvorstand, Wahl 387
Kirchengut
– russ.-orth. Kirche in Deutschland, Grundvermögen 104
– res sacra, Charakter 104, 180
Kirchenmusiker, Werbungskosten 49
Kirchensteuer
– Baden-Württemberg 219, 222, 389
– Niedersachsen 364, 367
– Nordrhein-Westfalen 343, 401
– Rheinland-Pfalz 1
– Ehe, glaubensverschiedene ..1, 219, 255
– Ehe, konfessionsverschiedene 222, 389, 401
– Gerichtsgebühren 39
– Halbteilungsgrundsatz 219, 222, 389, 401
– Kappungsgrenze 401
– Kirchgeld 1, 255
– Pauschalierung 343, 364, 367
Kirchgeld 1, 255
Kirchturm, Uhr, Stundenschlag, Immissionsschutz 91, 211

Kommunale Selbstverwaltung, Warnung vor sog. Jugendreligionen 164
Kriegsdienstverweigerung s. Wehr- u. Zivildienst
Kündigung s. Arbeitsrecht
Kunstförderung 20
Kunstfreiheit, verf.-rechtl. Schutz 10, 313

L

Lärm, ruhestörender, Stundenschlag einer Kirchturmuhr .. 91, 211
Lebensführungsaufwand als Besteuerungsgrundlage f. Kirchensteuer/Kirchgeld 1, 255
Lebensgemeinschaft, nichtehel., in kirchl. Mietwohnung 294, 310
Lehrer s. Schulwesen
Leichenbestattung s. Friedhofs- u. Bestattungswesen

M

Mietrecht, nichtehel. Lebensgemeinschaft in kirchl. Mietwohnung 294, 310
Mitarbeiter, kirchl., s. Arbeitsrecht, Dienstrecht
Mitarbeitervertretung, kirchl. 225, 340, 384, 393, 412
Modifizierte Kirchenaustrittserklärung s. Kirchenaustritt

N

Nachbarrecht, Turmuhr, Zeitschlag 91, 211
Nachversicherung von Geistlichen, Ordensangehörigen etc. 174
Namensrecht, Vorname, Änderung wg. Religionswechsels 262, 381
Namensschutz, Bezeichnung „römisch-katholisch" .. 41, 116, 446
Nationalsozialismus, NS-Gesetzgebung, Rechtsgültigkeit 104

Neutralitätsgebot
- kirchl. Einrichtung als Beschäftigungsstelle d. Zivildienstes 329
- Warnung vor sog. Jugendreligionen 151, 164, 270

Niedersachsen, Kirchensteuerrecht 364, 367

Nordelbische Ev.-Luth. Kirche, Kirchgeldregelung 255

Nordrhein-Westfalen, Kirchensteuerrecht 343, 401

O

Öffentliche Sache, res sacra 104, 180

Orden u. Genossenschaften, geistl.
- Nachversicherung 174
- Unterhaltsanspruch ggü. Ordensmitglied 7

Osho-Bewegung s. Bhagwan-Bewegung

P

Pakistan
- Ahmadiyya-Gemeinschaft, Asylrecht 438
- Eherecht 15

Pauschalierung, Kirchensteuer 343, 364, 367

Persönlichkeitsrecht, allgemeines
- Pressefreiheit 252
- Verein 398

Pfarre s. Kirchengemeinde

Presse, Sorgfaltspflicht 398

Pressefreiheit, verf.-rechtl. Schutz
- Lokalrundfunk, kirchl. 307
- Photomontage Papstbild/pornographische Szene 10
- Verlautbarung über Spende an Scientology-Kirche 252

Privatschulfinanzierung 296

Prozeßrecht
- einstweilige Anordnung, Rechtsverhältnis i.S.v. § 123 Abs. 1 Satz 2 VwGO 248

- Gebührenbefreiung f. Kirchen 39, 443
- Parteifähigkeit, röm.-kath. Bistum 41
- Rechtskraft, Identität d. Streitgegenstandes 91
- Schiedsspruch, kirchl. 225
- s. auch Rechtsweg

R

Rechtsweg
- Arbeitsverhältnis, kirchl. 412
- Friedhofsgebühren 373
- Kirchenvorstandswahl, Untersagung 387
- Mitarbeitervertretung, kirchl., Aufwendungsersatz 340
- Namensschutz f. kirchl. Einrichtungen 41, 116
- sog. verkappte Statusklage eines Geistlichen 303
- Unterlassungsklage gegen Zeitschlag einer Kirchturmuhr 91
- Wahlanfechtung, Gemeindeamt 396

Rehabilitierung nach Verurteilung wegen Verweigerung des Dienstes in einer Baueinheit (ehem. DDR) 36

Religion, Begriff 155

Religionsausübung, verf.-rechtl. Schutz
- Bekleidungsvorschriften, islamrechtl., Beachtung 139, 320, 323
- Benutzung der Bezeichnung „römisch-katholisch" 116
- Benutzung eines Kirchengebäudes 104
- Rundfunksender, kirchl. 307
- Schächten nach islamrechtl. Vorschriften 97, 240, 348
- gemeinsames Wohnen 337

Religionsgemeinschaft, Begriff, wirtschaftl. Betätigung 151

Religionsunterricht
- Gestellungsvertrag 195
- sog. Randstunden 266

Res sacrae 104, 180

Sachregister

Rheinland-Pfalz, Kirchensteuerrecht 1
Rundfunkfreiheit, verf.-rechtl. Schutz, kirchl. Lokalsender .. 307
Russ.-orth. Kirche, Grundvermögen in Deutschland 104

S

Sachen, öffentl., s. res sacrae
Satzungsautonomie kirchl. Einrichtungen 412
Scientology-Kirche 252, 398
Sekte, relig., Warnung vor S. 151, 164, 270
Selbstbestimmungsrecht der Kirchen und Religionsgemeinschaften s. Autonomie, Schrankenformel
Selbstverwaltung, kommunale, Warnung vor sog. Jugendreligionen 164
Sozialhilfe, Bestattung nach islam. Ritus 86, 391
Sozialpädagoge in kirchl. Kindergarten, tarifl. Eingruppierung 181

Sch

Schächten, Verbot 97, 240, 348
Schrankenformel (Art. 140 GG, 137 Abs. 3 WRV) 373
Schulwesen, kirchl./privat
- Bekenntnisschule, Elternrecht, Grundschule 52, 70
- Lehrer, Alters- u. Hinterbliebenenversorgung, Finanzierung 296
- Weltanschauungsschule 70

Schulwesen, öffentl.
- Bekenntnisschule, Aufnahme bekenntnisfremder Schüler 320, 323
- Bildungsziele 131
- Erziehungsauftrag, staatl. u. Elternrecht 131, 144, 189, 248, 320, 323
- Gestellungsvertrag f. Religionslehrer 195
- Kopftuch beim Sportunterricht 320
- Religionsunterricht, sog. Randstunden 266
- Schulpflicht 131, 189
- Sexualkundeunterricht, koedukativer 248
- Sportunterricht, koedukativer 139, 189, 323

St

Staats- u. Kommunalleistungen an Kirchen u. Religionsgemeinschaften
- Gebührenbefreiung 39, 443
- Privatschulfinanzierung 296
Steuerpflicht 34
Stiftung, kirchl. 412
Strafrecht
- Beschimpfung von relig. Bekenntnissen, Einrichtungen und Gebräuchen (§ 166 StGB) 10
- Betrug, Angebot sog. Teufelsaustreibung 216
- Strafzumessung, Zivildienstflucht 237
- Verbreitung jugendgefährdender Schriften 10
Straße, Erschließungsbeitrag, Kirchengrundstück 209, 238
Studienplatzvergabe, kirchl. Hochschule 185

T

Teufelsaustreibung, sog. 216
Tierschutz 97, 240, 348
Toleranzgebot 20, 270
Turmuhr, Glockenschlag, Immissionsschutz 91, 211

U

Universität, kath., Studienplatzvergabe 185
Unterhaltsrecht, Anspruch ggü. Ordensmitglied 7

V

Verein, allgem. Persönlichkeitsrecht 398

Verfahrensrecht s. Prozeßrecht
Verfolgung aus relig. Gründen s. Asylrecht
Vermögensrecht, kirchl., s. Kirchengut
Versicherungswesen, Nachversicherung 174
Versorgung u. Besoldung s. Dienstrecht, kirchl.
Verstoßung, islamrechtl. 138
Vertragskirchenrecht, sog. Freundschaftsklausel 296

Warnung vor sog. Jugendreligionen, Rechtsgrundlagen 151, 164, 270
Wehr- u. Zivildienst
– Beschäftigungsstelle d. Zivildienstes, Anerkennung 329
– Zeugen Jehovas 36, 237
Weltanschauung, Begriff 70, 151
Weltanschauungsschule s. Schulwesen
Werbungskosten, Kirchenmusiker 49

W

Wahl, Untersagung, Anfechtung 387, 396

Z

Zeugen Jehovas, Wehr- u. Zivildienstverweigerung 36, 237